개정증보판 한국근대민족운동사 연구

改訂增補版

韓國近代民族運動史 研究

愼 鏞 廈

일조각

Studies in the National Independence Movement of Modern Korea

(Revised and Enlarged Edition)

Shin, Yong-ha

ILCHOKAK

개정증보판
머리말

널리 아시는 바와 같이, 한국근대사는 외세의 침략에 대한 한국민족의 '민족투쟁'의 역사로 점철되어 있다.

외세의 침략 가운데서도 특히 일본 제국주의·군국주의자들의 침략은 간교하고 잔혹하였다. 한국민족은 1905년 국권의 일부를 강탈당해 일제의 半식민지가 되었고, 1910년 국권을 완전히 강탈당해 완전 식민지로 떨어지는 한국민족 역사상 최대의 위기와 고통을 겪었다.

한국민족은 일본 제국주의를 타도하고 민족의 자유와 해방과 독립을 쟁취하기 위해서 온 민족이 참으로 피어린 투쟁을 모든 부문에서 완강하게 전개하였다. 한국민족의 일본제국주의 타도와 자유 해방 독립을 위한 민족투쟁은 참으로 헌신적이고 완강하며 열정적이어서 전 세계 약소민족 독립운동의 모범이 되었으며, 그들에게 상당한 영향을 주었다.

한국민족의 근대민족운동은 마침내 1945년 연합국과 함께 일본 제국주의를 타도하고 민족의 자유와 해방과 독립을 쟁취하는 데 성공하였다. 저자는 그러므로 한국 근대민족운동은 한국근대사의 골간을 이루는 부문이라고 생각한다.

이 책은 한국 근대민족운동에 대한 저자의 논문 9편을 모은 것이다. 이 책의 초판에서는 8편을 수록했었는데, 이번에 개정증보판을 내면서 「대한민국 임시정부의 수립과 활동의 역사적 의의」 1편을 증보하였다.

이번 개정증보판에서는 새 세대 독자들이 읽기에 편하도록 본문 서술을 모두 한글로 바꾸고, 각주의 자료부분 등에만 원래의 한자를 남기었다.

이 책 초판에 수록된 8편의 논문에서 저자가 새로 밝히면서 강조한 부분에 대한 간단한 설명은 초판의 책 머리말을 참고해 주시기 바란다.

개정증보판에서 추가한 「대한민국 임시정부의 수립과 활동의 역사적 의의」의 제9논문은 전 민족적 3·1운동의 성과의 하나로 성립한 '대한민국 임시정부'의 민족운동을 성립부터 1945년 광복 때까지 포괄적으로 다룬 논문이다. 이 논문에서 저자는 임시정부가 3·1운동 때 3·1운동 기획단계에서 이미 초기 조직자들이 임시정부 수립을 기획, 천명한 사실을 밝혀서 임시정부가 3·1운동의 아들임을 명백히 하였다. 또한 3개 이상 각지에 수립된 임시정부를 자기를 희생하면서 통합하는 데 성공한 독립운동 선구자의 헌신과 고매한 사상 및 활동을 주목하였다.

저자는 또한 임시정부의 활동 가운데 연통제, 외교활동, 교육·홍보활동, 참의부 등의 군사활동, 한인애국단의 특공작전, 광복군의 창군과 선전포고, 연합정부 형성, 카이로선언에의 영향 등에 역점을 두어 설명하였다. 특히 임시정부가 연합군과 합동하여 최후의 순간까지 일본 제국주의 타도를 위한 투쟁을 전개하면서 1945년 여름 연합군에 동행하여 한국에 진입하려고 투쟁했음을 주목하여 강조하였다. 논문의 끝에서는 한국 근대민족운동사와 한국근대사에서 대한민국 임시정부가 갖는 역사적 의의를 정리하였다.

이 책에 수록한 아홉 편의 논문들에서 필자는 시종일관 사회사학의 방법론인 구조사적 방법과 업적 중심의 설명을 중시하였다. 저자는 일제 관헌의 수사기록의 영향을 받은 것일 수 있는 민족운동가들의 인맥·조직의 갈등과 파쟁 등은 중시하지 않았다. 원래 사회사학과 역사사회학은 '개인 이름을 빼어

버린' 역사, '세력'과 '집단'의 역사를 중시해왔기 때문이다.

이 책 구판의 난해했던 한문을 국문 전용의 읽기 쉬운 신판으로 책 전체 원고를 바꾸어 교정하고 입력해 준 서울대학교 대학원 사회학과 박영대 박사 후보에게 깊이 감사드린다.

한국학 연구와 보급에 대한 지원의 뜻으로 이 책의 개정증보판을 내어주신 일조각 김시연 사장님과 교열·교정에 정성을 기울여 주신 편집부 직원 여러분에게 깊이 감사드리는 바이다.

2017년 광복절을 맞으며

저자 삼가 씀

초판
머리말

한국근대사는 외세의 침략에 대한 한국민족의 투쟁의 역사로 점철되어 있다. 그리하여 한국 근대민족운동의 역사는 한국근대사의 골간을 이루고 있는 부문이라고 말할 수 있을 것이다.

특히 일본제국주의자들은 소위 '정한론(征韓論)' 이후 이미 19세기부터 기회만 있으면 한국을 침략하여 식민지화하려고 끊임없이 책동하면서 침략정책을 집행해 왔다. 그 때문에, 한국민족은 생존과 자주독립과 자유로운 발전을 위하여 무엇보다도 먼저 일제의 침략을 막기 위한 강렬한 민족운동을 전개하지 않으면 안 되었다. 일제에게 1905년 '을사 5조약'에 의하여 국권을 빼앗기기 이전도 그러했지만, 특히 그 이후에는 한국민족은 민족의 자유와 해방을 위하여 일본제국주의를 타도하고 몰아내기 위한 참으로 피어린 투쟁을 전개해야만 하였다. 그리고 한국민족은 일본 제국주의를 타도하기 위한 민족운동의 혈전에서 당시 식민지·반식민지 상태의 전 세계 약소민족들의 본보기가 될 만큼 용감하고 영웅적인 투쟁을 전개하여 큰 성과를 내었다.

이 책은 1904년 이후의 한국민족의 민족운동·독립운동에 대하여 저자가 쓴 논문들 중에서 8편을 뽑아 모은 것이다.

첫 번째 논문인 「한말 의병운동의 기점에 대한 신고찰」은, 종래 대한제국 성립 이후의 의병운동 봉기의 기점을 1905년 5월 원용팔(元容八)의 의병 봉기로부터 시작된 것으로 보아온 해석에 대하여 비판하고, 이보다 약 1년 앞선 1904년 7·8월에 서울·경기 지방을 비롯한 전국 각 지방에서 의병봉기가 있었음을 증명하여, 한말 의병운동의 기점을 1905년으로부터 1904년으로 1년 끌어올리고 그 역사적 의미를 설명한 논문이다. 이와 함께 이 논문에서는 한말 의병운동의 단계설정에 대하여 종래의 '3단계설'을 '4단계설'로 수정했으며, 의병운동과 애국계몽운동의 관계에 대하여 종래 '대립'을 강조해 오던 견해를 극복하고 '상호보완' 관계로 보는 견해를 몇 가지 역사적 사실을 들어 정립했으며, 의병운동의 중요한 역사적 의의를 정리하였다.

두 번째 논문인 「전국 '십삼도창의대진소'의 연합의병운동」은, 1907년 하반기에 편성되어 1908년 전반기에 '서울탈환작전'을 전개한 '십삼도창의대진소' 연합의병부대의 국권회복을 위한 항일무장투쟁을 학술적으로는 처음으로 상세히 고찰한 논문이다. 종래 학계에서는 십삼도연합의병의 존재 여부에 대해서조차 회의적으로 보는 견해가 있었다. 이 논문에서는 전국십삼도창의대진소 연합의병의 실재를 증명하고 그 편성과 삼산전투·마전전투 등 초기의 의병전쟁을 실증적으로 밝혔으며, 십삼도창의대진소의 연합의병부대가 '제1차 서울탈환작전'을 전개했을 뿐만 아니라, 그 다음 '제2차 서울탈환작전'도 감행했었음을 처음으로 밝혔다. 이와 함께 이 논문에서는 13도창의대진소의 연합의병운동과 두 차례에 걸친 '서울탈환작전'이 갖는 역사적 의의를 검토하였다.

세 번째 논문인 「홍범도 의병부대의 항일무장투쟁」은, 머슴·포수 출신 의병장 홍범도가 1907년 의병부대를 편성하여 봉기한 때부터 1910년 만주·노령으로 망명할 때까지의 국내에서의 의병무장투쟁을 처음으로 상세히 밝힌 논문이다. 이 논문에서는 홍범도 연구도 겸하여, 홍범도의 출생과 성장과정, 홍범도 의병부대의 편성과정과 조직체계를 밝히고, 후치령전투·장항리전투를 비롯해서 홍범도 의병부대가 수행한 23개의 전투 내용을 실증적으로 밝혔다.

또한 일본군의 홍범도 의병부대에 대한 대응책을 고찰하고, 한말 의병부대들 가운데에서 홍범도 의병부대가 가진 특징을 밝혀 그 승전의 요인의 기초를 분석했으며, 홍범도의 국외로의 망명 과정을 구명하였다.

네 번째 논문인 「신민회의 독립군기지 창건운동」은, 한말 국권회복을 위한 대표적 애국계몽단체인 신민회가 교육구국운동, 학회운동, 민족문화운동, 실업구국운동, 청년운동 등을 전개했을 뿐만 아니라, 무엇보다도 독립전쟁전략을 채택하여 독립군기지 창건운동을 전개하고 독립군의 무장투쟁을 준비한 단체임을 밝힌 논문이다. 이 사실은 이 논문에서 처음 밝힌 것이 아니라, 1977년의 「신민회의 창건과 그 국권회복운동」에서 신민회 활동의 일환으로 이미 밝혔던 것인데, 그후 학계에서 독립군기지 창건운동을 신민회의 가장 특징적인 중요한 활동으로 주목해 온 경향이 있었으므로 다시 이 주제를 중심으로 보완하여 정리한 것이다. 이 논문에서는 신민회의 독립전쟁전략, 만주에서의 독립군기지 창건운동, 신흥무관학교·동림무관학교·밀산무관학교 등의 설립을 밝혔으며, 신민회의 독립군기지 창건운동의 역사적 의의를 통해서 신민회를 대표적 결사체로 한 한말 애국계몽운동이 의병무장투쟁을 외면하거나 경시한 운동이 아니라 도리어 항일무장투쟁을 준비하고 지원한 운동임을 밝혔다.

다섯 번째 논문인 「신한청년당의 독립운동」은, 1918년 8월에 중국 상해에서 조직된 작은 독립운동단체인 신한청년당이 성취한 경이로운 성과를 밝힌 논문이다. 저자는 1977년의 3·1운동 봉기에 관한 논문에서 상해 신한청년당이 3·1운동의 진원임을 밝히고 이 부분을 독립논문으로 상세히 쓰겠다고 약속한 바 있는데, 이 논문은 9년 후에야 겨우 이 약속을 이행한 논문이다. 이 논문에서는 신한청년당이 파리 평화회의에 민족대표를 파견했으며, 국내에 당원들을 밀파하여 독립시위운동을 일으키도록 종용했고, 일본에도 당원들을 파견하여 재일본 한국유학생에게 독립운동을 고취하여 2·8 독립선언에 연결됨으로써 3·1운동의 진원이 되었음을 밝혔으며, 만주·노령에도 당원을 파견하여 이 지역에서의 독립운동의 고양에 크게 작용했음을 밝혔다. 이와 동시에 이 논문은 신한청년당이 상해 임시정부 수립의 주도세력의 하나였음을 밝혔고, 그 후의 기관지 『신한청년(新韓青年)』의 간행, 한국노병회의 조직, 미국의원단과 동방피압박민족대회(극동인민대표대회)에 대한 외교활동 등을 구명하였다.

여섯 번째 논문인 「3.1 독립운동의 전개과정」은, 한국민족 독립운동의 분수령을 이룬 3·1운동의 전체적 과정을 체계화하여 재정리한 논문이다. 이 논문에서는 3·1운동의 태동과 초기조직화를 수행한 7개 흐름의 독립운동 세력집단의 3·1운동 준비 활동, 민족대연합전선의 형성과정, 독립선언서의 작성·인쇄·배포 과정, 민족대표의 선정 과정, 거사 일자의 결정 과정, 국내에서의 독립만세 시위의 전개 과정, 국외에서의 독립시위운동의 전개 과정, 3·1운동의 민족사적 의의와 세계사적 의의를 구명하여 고찰하였다.

일곱 번째 논문인 「독립군의 봉오동전투와 청산리독립전쟁」은, 3·1운동 후 독립군의 항일무장투쟁 중에서 독립군이 가장 큰 승전을 한 봉오동전투와 청산리전투의 전체 내용과 과정을 고찰한 논문이다. 이 논문에서는 3·1운동 직후 만주와 노령에서의 독립군단체들의 결성과 국내진입작전의 시작, 대한북로독군부 연합부대의 편성과 그 봉오동전투에서의 승리, 일제의 압력에 굴복한 중국군의 출동과 독립군부대들의 근거지 대이동, 일본군의 독립군 '토벌'을 목적으로 한 간도침입작전의 규모와 내용, 청산리독립전쟁의 개념과 그 전투들의 구체적 내용, 독립군의 승전의 규모와 승전의 요인 등을 구명하였다. 또한 이 논문에서도 저자가 수년 이래 밝히고 있는 바와 같이 청산리독립전쟁에서는 김좌진 장군이 지휘한 정예의 북로군정서 독립군과 함께 홍범도 장군이 지휘한 대한독립군, 국민회군, 의군부, 한민회군, 광복단, 의민단, 신민단 등 독립군연합부대가 참가하여 큰 승리를 쟁취했음을 구명하였다.

여덟 번째 논문인 「홍범도의 대한독립군의 항일무장투쟁」은, 홍범도가 만주·노령으로 망명하여 3·1운동 직후 대한독립군을 창설하고 독립군부대들 중에서 최초로 국내진입을 감행한 이래의 그의 독립군 무장활동을 처음으로 상세히 밝힌 논문이다. 이 논문에서는 홍범도의 대한독립군의 초기의 국내진입작전, 대한독립군이 군무도독부 및 국민회군과 연합한 대한북로독군부의 편성과 봉오동전투, 대한독립군의 이도구로의 근거지 이동과 청산리독립전쟁에의 참가 및 전투, 대한독립군의 노령 이동과 흑하사변, 이르쿠츠크 이동과 대한독립군의 해체, 홍범도의 그 후의 독립군 재건활동과 중앙아시아 이주 후의 홍범도의 만년을 고찰하였다. 이 논문은 이 책의 세 번째 논문인 「홍범도 의병부대의 항일무장투쟁」의 속편에 해당하는 것으로서, 저자는 이 두 편이 합쳐져서 저자의 '홍범도연구'를 구성하고 있는 것이라고 생각하고 있다.

한국근대사에서 민족운동사·독립운동사의 사실과 업적이 풍부하고 찬란함에 비례해서 그에 대한 연구도 많은 학자들에 의하여 풍부하게 진전되어야 할 것은 당연한 일이다. 저자도 이러한 과제를 짊어진 학계의 일원으로 능력은 부족하지만 미력이나마 정성을 다하여 이 부문의 연구에 참여해서 종사해 왔다. 그러나 민족운동사·독립운동사 부문과 모든 부문의 연구 논문을 쓸 때마다 저자의 능력부족을 스스로 절감하여 방황한 때가 매우 많았다.

이 책에 수록된 논문들은 모두 한국 근대 민족운동사와 독립운동사를 엄격하게 학문적으로 밝히려고 노력한 글들이지만, 저자의 능력부족으로 잘못 고찰한 부분도 있을 것이다. 이러한 부분은 선배와 동학들의 질정을 받아 발견되는 대로 다른 기회에 고치려고 한다.

이 책이 우리나라 민족운동사와 독립운동사를 밝히는 데 조금이라도 기여하고 외세의 압력 속에서 민족정체성을 정립하는 데 조금이라도 도움이 된다면 그 이상 다행이 없겠다.

이 책의 출판을 맡아주신 일조각 한만년 사장님과 교정에 많은 성의를 기울여 주신 편집부 여러분들께 깊이 감사하는 바이다.

1988년 5월

저자

차례

제3장 홍범도 의병부대의 항일무장투쟁

제4장 신민회의 독립군기지 창건운동

제6장 3·1 독립운동의 전개과정

제7장 독립군의 봉오동전투와 청산리독립전쟁

제8장 홍범도의 대한독립군의 항일무장투쟁

제9장 대한민국 임시정부의 수립과 활동의 역사적 의의

제1장

한말 의병운동의 기점에 대한 신고찰

1. 세 개의 문제제기

이 논문에서는 한말 의병운동에 대한 지금까지의 학계의 연구성과들 중에서 세 가지 기본적 문제에 대한 학계의 종래의 해석에 수정을 제안하여 연구자들의 토론에 부치려고 한다.

첫째의 문제제기는, 종래 대한제국 설립 이후 구한말 의병(재)봉기의 기점을 1905년 5월 원용팔(元容八)의 의병봉기로부터 시작되는 것으로 해석해 왔는데, 이보다 약 1년 앞서 1904년 7, 8월에 서울·경기 지방을 비롯한 전국 여러 곳에 의병봉기가 있었다는 새로운 역사적 사실들이 발견되고 있음을 보고하고, 한말 의병운동의 기점을 1905년으로부터 1904년으로 1년 올려 잡을 것을 제안하려는 것이다.

둘째의 문제제기는, 이와 관련하여 한말 의병운동의 단계 설정을 종래의 '3

단계설'로부터 '4단계설'로 수정하여 한 단계를 더 설정할 것을 제안하려는 것이다.

셋째의 문제제기는, 한말 의병운동과 애국계몽운동의 관계에 대하여 종래 '대립'을 강조해 오던 견해를 극복하고 그 '상호보완적' 관계를 확고히 정립할 것을 몇가지 역사적 사실들을 사례로 들어 제안하려는 것이다.

2. 한말 의병운동의 기점문제

1) 1904년의 의병봉기

을미의병을 별도로 할 때, 한말 의병운동이 1905년 5월 강원도 원주에서의 원용팔의 봉기로부터 시작된다는 해석에 대하여 필자도 의문을 갖지 않았었다. 그런데 1986년 3월에 모 신문사에서 당시 프랑스 신문과 잡지에 게재되었던 한국사태에 대한 사진·삽화전람회를 개최하면서 그 일부를 신문에 연재했는데, 한국인 세 사람이 일본군에 총살당하는 장면이 있었다. 며칠 후에 일본에 있는 지우(知友) 강창일(姜昌一)씨로부터 당시에 일본군이 펴낸 『일로전쟁사진화보(日露戰爭寫眞畵報)』 제10권에 그 삽화의 원본이 되는 똑같은 사진이 게재되어 있다고 그 사진을 복사하여 필자에게 보내왔다. 주목한 것은 그 사진의 설명에 세 사람을 '비적(匪賊)'이라고 표현하고 있는 사실이었다. 일제는 '의병'을 '비적' '폭도(暴徒)'라고 불렀으므로 이들이 '의병'이 아닌가 즉각 의문을 갖게 되었다. 특히 '匪'자는 '무장한' 적대 집단을 말하는데 사용되었으므로 이들이 '의병'을 가리킨 것임이 틀림없다고 생각되었다. 그 사진설명의 전문은 다음과 같았다.

> "8월 27일 한국 용산 부근에서 우리의 군용철도에 방해를 가하였다가 체포된 비적 김성삼(金聖三), 이춘근(李春勤), 안순서(安順瑞)의 3인, 9월 20일 군법회의에서 사

형선고를 받고 21일 오전 10시 마포가도 철도 건널목의 산기슭에서 총살되었다."[1]

위의 설명문에는 연도가 없어 『대한매일신보』를 찾아보니, 다음과 같이 그것이 1904년의 일임이 밝혀졌다.

"경의철도를 방해하는 자 김성삼, 이춘근, 안순서 3명을 본일 상오 10시에 일본 장관들이 공덕리에 나가서 포살하엿더라."[2]

위의 자료들에서 1904년 8월 27일 3명의 의병이 일본군의 경의철도 부설을 방해하는 무장활동을 하다가 체포되어 1904년 9월 21일 일본군에게 서울 마포의 공덕리 부근 산기슭에서 총살당했음을 알 수 있다. 그렇다면 1904년 여름에 의병운동이 봉기한 것은 아닐까? 여기서 시사를 얻어 관계자료를 찾아보니 1904년 여름에 의병운동의 봉기가 시작되었음을 방증하는 자료들이 발견되기 시작하였다.

우선 1904년 7월 1일자의 『황성신문』에는 "배일창의(排日倡義)하자는 통문이 전 평리원(平理院) 판사 허위(許蔿) 등의 이름을 빌려 13도에 발송되었는데 이를 발견하면 소각해 버리라는 내부(內部)의 훈령이 나갔다"는 요지의 다음과 같은 보도가 있었다.

"하허인(何許人)이 배일창의하자고 심삽도에 통문을 발송하얏는데 평리원 판사 허위씨 등의 성명을 투모(偸冒)하므로, 재작일(再昨日) 내부에서 각도에 발훈(發訓)하야 격문을 도즉소화(到卽燒火)하라 하얏더라."[3]

이 통문이 과연 '의병봉기'를 촉구하는 통문인가를 찾아 헤맸는데, 이 '통문'은 『주한일본공사관기록』에 수집되어 번역해서 철해져 있었다. 그 전문은 다음과 같다.

---

1 『日露戰爭寫眞畵報』 제10권의 사진설명문 참조.

2 『대한매일신보』, 1904년 9월 21일자, '잡보(포살삼인)'.

3 『황성신문』, 1904년 7월 1일자, '雜報(僞文偸名)

격문(檄文)

백성들에게 삼가 대의를 통고한다. 우리들은 『춘추』라는 역사 책에서 복수를 중요시하고, 왕은 강토를 지키기에 힘써야 한다고 들었다. 원수가 있으되 복수를 아니하면 사람이 사람 노릇을 할 수 없고, 국토가 있으되 지키지 못하면 나라가 나라 노릇을 할 수 없다. 이것이 바로 고금에 통하는 뜻이다. 일본은 우리나라에 대하여 전번에 두 번이나 왕릉을 욕보였고 근래 을미사변으로 국모를 시해하여 우리의 원수가 되었으니, 저들과 같은 하늘 밑에서 살 수 없음은 어린 아이와 부녀자도 모두 아는 사실이다.

저들은 최근 용암포사건으로 러시아인을 내쫓을 구실을 삼아서 의로운 깃발을 올린다고 하여 돌연히 출병해서 우리의 외부(外部)를 위협하고 「협약」(제1차 항일의정서를 의미…필자)을 체결하였다.

첫째, "시정(施政)을 개선하고 (일본)의 충고를 받아들인다." 이것은 언뜻 보기에 좋은 것 같으나 실은 우리의 내정(內政)을 간섭하려는 것이다.

둘째, "대한의 황실 및 영토가 위험한 경우에는 필요한 임기응변의 조치를 빨리 취한다." 이것은 겉으로는 우리를 위하는 것 같으나, 실은 우리의 국권(國權)을 빼앗으려는 것이다.

셋째, "군략상(軍略上) 필요한 지점을 (일본이) 때에 따라 사용한다." 이것은 말과 행동이 어긋남을 나타내는 것이요, 우리나라를 집어삼키려는 뜻을 부드럽게 나타낸 것이다.

이 협약은 구절마다 (국제)공법에 위배될 뿐 아니라, 전국의 이(利)를 취하는 데 털끝 하나 놓치지 않았다. 서북지방의 어채(漁採)와 철도는 이미 저들의 손아귀에 들어갔으며, 말이 뛰어 달리듯 우리 국토에 들어와 섞여 사니 국내가 황폐하게 되었는데, 여기에다 또 이 조약을 인정하였으니 일국의 강토는 어찌 되는가. 의리로 보더라도 악독한 원수는 꼭 보복해야 하고, 시세(時勢)로 보더라도 강토는 꼭 보존해야 한다. 앉아서 망하기를 기다리느니보다 온갖 힘을 다하고 마음을 합하여 빨리 계책을 세우자. 진군하여 이기면 원수를 보복하고 국토를 지키며, 불행히 죽으면 같이 죽자. 백성의 마음이 단결하여 한 소리에 서로 응(應)하면 용기가 백배하고 충신의 갑옷과 인의(仁義)의 창이 분발되어 곧 나아가니 저들의 강제(强制)와 오만은 꺾일 것이다. 여러 동지들에게 원하노니, 이 피 쏟아지는 원한을 같이 하자. 비밀리 도내(道內) 각 동지들에게 빨리 통고하여 옷을 찢어 깃발을 만들고, 호미와 갈고리를 부숴 칼을 만들고 곳곳에 모여 형세가 서로 돕고 머리와 끝이 서로 닿으면 우리들은 의군(義軍)을 규합하여 순리(順理)에 좇게 되니 하늘이 도울 것이다. 저들과 러시아 군대가 서로 싸우니 병사가 전쟁 때문에 서로 피곤하고 백성이 보급품 옮기기에 응접할 틈이 없다. 또 저들의 정당(政黨) 민당(民黨)이 서로 갈등하여 국론(國論)이 미정(未定)되니 이러한 난국은 틀린 전략을 가져올 것이다. 이것이 바로 우리들의 필승의 기회이니 때를 놓치지 말고 지지부진한 의심을 말자. 5월 그믐날 일시에 거사하면 종사(宗社)가 다행하며 백성과 신하가 다행이다.

광무(光武) 8년 음력 5월 5일

발문(發文)	평리원 판사(平理院 判事)	허 위(許 蔿)
	전의관(前議官)	이상천(李相天)
	농상공부(農商工部) 상공국장	박규병(朴圭秉)
	한성재판소 수반판사(首班判事)	김연식(金璉植)
	전참봉(前參奉)	정훈모(鄭薰謨)[4]

이 통문은 '의군'을 일으킬 것을 통고하는 격문임이 분명하다. 의병 봉기의 지정일자인 음력 5월 말일(29일)은 양력 7월 12일이니, 1904년 7월에는 '의병봉기'가 명백하게 촉구된 것이고, '격문'과 '통문'이 서울과 경기도 일대를 비롯한 전국 13도에 널리 돌게 된 것이다.

이 격문의 초안자가 누구인지는 아직 명확치 않다. 허위 등의 이름은 '투명(偸名)'이라고 『황성신문』은 보도했으나, 여기에는 약간 주목해야 할 사실이 있다. 이 보다 6개월 후인 1904년 12월에 허위 등은 정우회(政友會)를 조직하여 공공연히 앞장서서 매국단체 일진회(一進會)를 성토하고 「일진회성토문」을 발표했는데, 이 성토문의 서명자는 허위(許蔿), 윤이병(尹履炳), 송수만(宋秀萬), 이상천(李相天), 정훈모(鄭薰謨), 박정빈(朴正斌), 김연식(金璉植) 등이었다.[5] 즉 의병봉기 격문의 서명자와 6개월 후의 「일진회성토문」의 서명자가 대부분 일치하는

4 『駐韓日本公使館記錄』, 1904년도분(『對日獨立宣言』 번역, 一叉文庫, pp. 62~64).
5 「旺山先生年譜」, 『許蔿全集』, 亞細亞文化社版, p. 535 참조.

것이다. 경상도 선산(善山) 출신이며 여기에다 생활기반을 두었던 허위가 그 후 의병봉기는 선산에서 하지 않고 경기도 연천(漣川)·적성(積城) 일대에서 한 것도 이와 관련하여 주목할 필요가 있는 것이다. 즉 이 최초의 의병봉기의 격문을 지어 전국에 발송한 세력집단과 그 후의 경기 의병장 허위·박정빈 등의 세력집단 사이에는 깊은 연계가 있었음이 분명한 것이다(필자는 격문의 발통 세력을 이은찬(李殷瓚) 집단이라고 추정하고 있는데, 아직 확증을 제시할 수 있는 연구단계는 아니다).

이 격문(통문)이 발통(發通)된 얼마 후인 1904년 7월 24일 정오경에는 마침내 서울 문 밖(동대문 밖) 10리(韓里) 지점에 마침내 일단의 '의병'이 나타나서 8명의 일본군에 대하여 소총 수십발을 사격하면서 공격했다가 사라진 사건이 발생하였다. 일제 측 자료에 의하면, 일본공사는 본국에 다음과 같이 전보로 보고하였다.

> "본일 정오가 지나자마자 문외(門外) 약 1리 허(許)의 처에서 아(我) 병사 8명에 대하여 불의에 원방(遠方)으로부터 소총 수십발을 방총(放銃)한 자들이 있다는 급보에 접하고 아군사령부에서는 목하 병(兵)을 파(派)하여 정찰 중이다. 사실이 명료하게 되면 다시 전보하겠으나 본관의 소견으로서는 이 역시 저들 무뢰잡배가 아등(我等)이 소수임을 깔보고 위갈적(威喝的) 행위를 한 것이 아닌가 생각된다."[6]

여기서 주목할 것은 일본군 8명을 소수라고 깔보았다는 것은 이 의병대가 8명보다는 더 많았으며 소총 수십발을 발사했다는 사실이다. 이것은 명백하게 의병대의 일본군에 대한 무장 공격인 것이다.

그리고 약 1개월 후인 1904년 8월 27일에는 김성삼, 이춘근, 안순서 등의 일단이 일본군의 군용철도로서 부설중이던 경의철도(京義鐵道)를 파괴했다가 위의 3명은 일본군에게 체포되어 9월 21일 총살당한 것이었다.[7]

---

6 『일본외교문서』, 제37권 제1책, 문서번호 제680호, 1904년 7월 24일조, 在韓國林公使ヨリ 小村外務大臣宛(電報), 「排日集會解散事情報告ノ件」, p. 60.

7 『황성신문』, 1904년 9월 23일자, '잡보(雜報) 항변무급(抗辨無及)' 참조. 『조선일보』, 1986년 3

이뿐만 아니라 1904년 8월에는 평안북도 안주에서 일단의 의병대가 국민들의 창의를 호소하면서 일본군 병참부를 습격했다가, 이 중에서 우기순(禹紀舜), 우내순(禹迺舜), 김윤흥(金允興), 이응몽(李應夢), 나희규(羅凞奎) 등 5명은 일본군에게 체포되어 8월 28일(음력 7월 18일) 일본군에 의해 총살당하였다.

"안주주(安州駐) 일본병참사령관 산전정직(山田定直)씨가 이용관(李容觀)씨에게 조회(照會)하되 거○월(去○月)에 의병이 남하하야 습래(襲來)안주 시(時)에 희천거(熙川居) 우기순, 우내순, 김윤흥, 이응몽, 나희규 등 5인이 여적(與敵)으로 동심협력하여 약탈군비품하고 우방요언(又放謠言)하야 동요민심한 그 죄적이 심현고(甚顯故)로 음력 7월 18일 의군율(依軍律) 총살하얏다고 내부에 보고하얏더라."[8]

또한 9월 8일에는 음력 7월 18일 (양력 8월 28일)자로 된 통문이 "황성(서울) 의병소 김(金)"의 명의로 강원도 춘천에 나붙었는데, 일제의 황무지 개간 약탈 시도와 인부 강제 모집을 규탄하고 음력 8월 초 10일(양력 9월 19일) 포군을 모집하여 의병을 일으켜서 경기도 여주(驪州)에 모여 서울로 진군하자는 내용이었다.

"강원도 관찰사 주석면(朱錫冕)씨의 보고에 의한 즉 본월 8일에 음력 7월 18일 출(出) 황성의병소 대장이라 칭한 김성인(金姓人)의 불서기명자거주(不書其名子居住)하고 윤도부하(輪到府下) 춘천 향교중(鄕校中)한 내개(內開)에 산림천택여인정모집(山林川澤與人丁募集)을 불가시허지개의(不可施許之槪意)라. 유지인(有志人)은 모솔포군(募率砲軍)하고 래월(內月) 초 10일에 래회우여주(來會于驪州)하여 전왕경성(前往京城) 운운(云云)하얏스니 즉 차겸요지여(此歉擾之餘)에 민심의구하야 전파비등(傳播沸騰)에 무이안업(無以安業)이라 하얏더라."[9]

월 29일자에서 한진수(韓鎭洙)씨(87세, 대한노인회 마포지부장)의 증언에 의하면, "해방 전 고종사촌형 오기선(吳基善) 씨와 동네 어른들로부터 3의사가 당시 용산역에 있던 일본군 보급 기지창을 폭파하려다 그것이 여의치 않자 경의철도에 폭발물을 매설, 철로를 폭파시켰다는 말을 했다. 당시 파손된 철도를 원상복구하는 데 20여 일이 걸렸다고 들었다" 참조.

8 『황성신문』, 1904년 9월 8일자, '잡보(오민총살(五民銃殺))'

9 『황성신문』, 1904년 9월 15일자, '잡보(익명칭의(匿名稱義))'

강원도에서는 이 통문이 널리 전파되어 의병봉기의 기운이 널리 퍼졌던 것을 알 수 있다.

1904년 7·8·9월에 걸쳐 전국 각 지방에서 의병봉기가 시작되었다는 사실은 대한제국 정부가 당황하여 각 도별로 '의병'과 동학(여기서는 일진회를 의미)을 효유하기 위한 순찰사를 파견하기로 1904년 9월 23일 정부회의에서 결정한 사실에서 이를 간접적으로 재확인할 수 있다.

> "3작일(三昨日) 정부회의에서 각도 동학(東學)과 의병을 효유진압(曉諭鎭壓)하기 위하야 순찰사를 택차(擇差) 하기로 취결(取決)하고 주본(奏本)하얏는데 경기도에 조경준(趙慶濬), 충청도에 정인표(鄭寅杓), 경남에 이성열(李聖烈), 경북에 정규회(鄭奎會), 전남에 안종덕(安鍾悳), 전북에 박제빈(朴齊斌), 강원도에 한진창(韓鎭昌), 황해도에 홍우석(洪祐晳)씨 등이더라."[10]

대한제국 정부가 전국 각도에 '의병'과 동학을 효유하고 진압하기 위한 순찰사를 파견했다는 사실은 1904년 9월 23일 이전에 전국 각지방에서 '의병'의 봉기가 있었기 때문에 정부회의에서 이러한 목적의 순찰사의 선임과 파견이 결정된 것이라고 볼 수 있다.

또한 김윤식(金允植)의 『속음청사(續陰晴史)』는 일본의 인부(人夫) 강제동원이 자심했던 평안북도의 여러 군(郡)들에서 1904년 양력 12월에 도처에 '의병'이 봉기했고 이것이 유인석(柳麟錫)의 영향하에서 일어난 것임을 다음과 같이 기록하였다.

> "평안북도 여러 군(郡)들에서는 도처에서 의병이 봉기하여 읍마다 소모(召募)하였다. 을미의병장 유인석은 병신(丙申)년간에 강을 건너 (만주로) 넘어갔다가 그후 강을 건너 돌아와서 개천(价川)에 거주했는데, 이번의 의병 역시 이 사람으로부터 나왔다. 대개 일진회를 타파하고자 한 것이었다."[11]

---

10 『황성신문』, 1904년 9월 26일자, '잡보(순찰차하(巡察差下)'

11 김윤식, 『속음청사』, 국사편찬위원회판, 하권, 1904년 12월 29일조, p. 121 참조.

또한 김윤식의 『속음청사』는, 1904년 양력 12월 21일에 전달된 것으로, 전라도에서는 기우만(奇宇萬)을 대장으로 한 '의병'이 봉기하고, 충청도에서도 공주 유회(儒會)에서 의병을 일으켜 일진회를 공격했으므로 다수의 사상자가 발생했다고 기록하였다.[12] 1905년 양력 1월부터의 일기에는 전국 각지에서의 의병봉기의 기록이 더 자주 줄을 이어 나오고 있다.

앞으로 1904년도의 자료들에서 이 해에 봉기한 의병들의 자료가 더 발견될 것임은 예측될 수 있는 일이다.

그러나 여기까지의 고찰만으로써도 우리는 한말 의병운동의 기점을 1905년 5월 강원도 원주에서의 원용팔(元容八)의 봉기에서 구해온 것은 너무 늦은 것임을 명확히 알 수 있다. 한말 의병운동 (재)봉기의 기점은 적어도 1년 앞당겨 1904년 7·8월로 잡아보는 것이 역사적 사실과 일치하는 것이다. 그러므로 여기서는 한말 의병운동 재봉기의 기점을 1904년 7·8월로 1년 올려서 설정하여 한말 의병운동을 해석할 것을 제의하는 바이다.

2) 1904년 의병봉기의 배경

한말 의병무장투쟁이 1904년 여름 서울·경기 지역과 평안도 지역에서 먼저 봉기하게 된 배경에는 일본 제국주의의 주권침탈의 본격화라는 사실이 존재하고 있었다. 일제는 한국을 지배하기 위하여 2월 8일 인천항에 정박해 있던 러시아 군함 2척과 여순항에 정박해 있던 러시아 군함 2척을 기습하여 격침시킨 다음, 2월 10일에는 대러시아 선전포고를 하여 마침내 러·일전쟁을 도발하였다.

일본군은 그 길로 서울에 침입하여 궁궐을 에워싸고 위협해서 1904년 2월 23일 다음과 같은 내용의 소위 '한일의정서(韓日議定書)'를 강제 체결했다.[13]

---

12 『속음청사』 하권, 1904년 12월 31일조, p. 121 참조.

13 황현, 『매천야록』, 국사편찬위원회판, pp. 302~303 참조.

제1조 한일 양제국 간에 항구불역(恒久不易)의 친교를 보지(保持)하고 동양평화를 확립하기 위하여 대한제국정부는 대일본제국정부를 확신하고 시설(施設)개선에 관한 그 충고를 용인할 것.

제2조 대일본제국정부는 대한제국의 황실을 확실한 친의(親誼)로 안전 강녕(康寧)케 할 것.

제3조 대일본제국정부는 대한제국의 독립 급(及) 영토보전을 확실히 보증할 것.

제4조 제3국의 침해에 유(由)하여 혹은 내란으로 인하여 대한제국황실의 안녕과 영토보전에 위험이 있을 경우에는 대일본제국정부는 속히 임기 필요한 조치를 행함이 가(可)함. 연(然)이나 대한제국정부는 우(右) 대일본제국정부의 행동이 용이케 하기 위하여 십분 편의를 여(與)할 것. 대일본제국정부는 전항(前項) 목적을 성취하기 위하여 군략상 필요한 지점을 수기(隨機) 수용함을 득(得)할 것.

제5조 대한제국정부와 대일본제국정부는 상호의 승인을 거치지 않고 후래(後來)에 본협정 취지에 위반할 협약을 제3국 간에 정립(訂立)함을 득(得)치 못할 것.

제6조 본협약에 관련되는 미실세조(未悉細條)는 대일본제국 대표와 대한제국 외부대신 간에 임기 협정할 것.[14]

이러한 한일의정서는 대한제국의 독립과 황실의 안녕, 동양평화의 확립을 형식상의 명분으로 거짓 내세우면서, ① 일제의 대한제국에 대한 내정간섭(시설개선에 관한 충고 용인), ② 군용토지 수용(군략상 필요한 지점을 수기 수용), ③ 러일전쟁 협력(제3국의 침해에 대한 대일본제국 정부의 행동을 용이케 하기 위한 편의 제공), ④ 한국인의 의병 및 항일 무장투쟁에 대한 일본의 탄압 가능(내란 등 위험이 있을 경우의 일본 정부의 신속한 필요한 조치의 시행 허용), ⑤ 러시아와의 협정 체결 배제(본협정 취지에 위반하는 협정의 제3국과의 체결 불가능)를 규정한 일제의 매우 일방적이고 매우 침략적인 협정으로서, 대한제국의 주권이 크게 침해된 협약이었다. 이 때문에 이 한일의정서가 '대한제국의 독립'과 '동양평화의 확립'이라는 미사여구의 분식에도 불구하고 당시에 예리한 지식인들에게 본질이 포착되고 비판되어, 1904년 음력 5월 5일(양력 6월 18일) 허위·이상천·박규병·

14 『구한국관보』, (호외), 광무 8년(1904년) 3월 8일자, 아세아문화사판, 제13권, p. 217 참조.

김연식·정훈모 등의 의병 봉기를 촉구하는 최초의 격문에서 집중적으로 성토된 것이었다.

일제는 남의 국토 위에서 러일전쟁을 도발한 후, 이의 수행을 위한 군용철도로서 '경의선' 부설을 결정하고 1904년 3월 12일에 우선 용산-마포 간의 경의선 철도공사를 착공하였다. 뿐만 아니라 일제는 한국에 불법 상륙시킨 일본군을 정비하여 소위 '한국주차군(韓國駐箚軍)'을 편성하였다. 일제의 한국주차군은 처음에는 1개 사단 규모로 편성되었다가 곧 2개 사단 규모로 확충되어 일제의 한국 주권 침탈 자행의 무력으로 동원된 일본군이었다.

일제는 한국 주권침탈을 위한 현지 무력이 정비되자, 1904년 5월 30일 일본의 원로회의에서 '제국의 대한방침', '대한시설강령'이라 불리는 한국에 대한 주권침탈과 이권 침탈의 기본정책을 확립하여 일본 천황의 재가를 받았다. 일제의 이러한 침탈의 첫 사업의 하나로 일본정부는 1904년 6월 6일 주한일본공사 임권조(林權助, 하야시 곤스케)를 통해서 한국정부에게 전국의 황무지 개간권을 요구하는 소위 '황무지개척권위임계약안'이라는 것의 승인을 강요해 왔다.[15] 이것은 장삼등길랑(長森藤吉郞, 나가모리 도키치로)이라는 일본인에게 50년간 전국 토지의 약 3할이 되는 미간지의 개간권과 그 수익권을 넘겨 달라는 요구였다.[16] 일제는 이를 강요하는 무단체제로서 1904년 9월부터 서울과 그 일원에 군사경찰제도의 실시와 함경도에 군정의 실시를 선포해서 일본군이 치안을 담당하도록 하고 한국인의 저항을 일본군이 직접 탄압하도록 하였다.[17]

한국인들은 일제의 미간지 점탈 책동에 대하여 1904년 7월 13일 송수만(宋秀萬)·심상진(沈相震) 등이 중심이 되어 보안회(保(輔)安會)를 조직하여 저항운동을 시작함으로써 대항하였다.[18] 일제는 즉각 보안회 대판회장 송수만과 송인

---

15 윤병석, 「일본인의 황무지개척권요구에 대하여」, 『역사학보』 제22집, 1964 참조.

16 『매천야록』, pp. 308~309 및 김윤식, 『속음청사』 하권, pp. 99~100.

17 『속음청사』 하권, pp. 104~105 참조.

18 신용하, 「한말 보안회의 창립과 민족운동」, 『한국사회사학회논문집』 제34집, 1994; 『한말애국계몽운동의 사회사』, 나남, 2004 재수록.

섭(宋寅燮)을 체포하여 이를 박해 탄압하였다.[19]

보안회는 그 집회소를 곡동의 한어학교로 정하고 300여 명의 회원을 조직하여 원세성(元世性)을 대판회장으로 선출한 다음 일제의 미간지 점탈 책동을 규탄하였다.[20] 보안회는 7월 20일 수천 명의 회중이 모여 집회를 열고 외부(外部)에 미간지 개간권 허여 요청을 거부토록 촉구하는 결의를 하여 공함을 보내었다.[21] 보안회는 7월 21일에는 회원 3천~4천 명이 모여 일제 성토대회를 열고 일대 시위를 감행하였다. 일제는 일본군 100여 명을 투입하여 무력으로 이를 탄압했으며,[22] 원세성, 김상진, 정인호(鄭寅琥), 신학균(申學均) 등 보안회 간부들을 체포하였다.[23] 보안회는 7월 21일에도 일제 규탄대회를 열었는데, 일본군이 연설자를 체포해 가려 하자 군중들이 이에 저항하여 격투가 벌어졌다.[24] 한국인의 저항을 탄압하려고 일제는 일본군 약 5,000명을 서울에 추가 투입했으나,[25] 한국인의 저항은 조금도 누그러지지 않았다. 한국민중들의 격렬한 저항운동에 밀린 대한제국 외부는 1904년 7월 24일 미간지 개간권을 요구했던 일본공사의 공문을 일본공사에게 반환하였다.[26] 일제 측도 집요한 막후 교섭과 위협을 자행하다가 결국 이를 일시 체념하고 후일로 미루었다.[27]

일제의 전국 미간지 점탈 책동과 이에 대항한 보안회를 선두로 한 한국민중의 반항투쟁의 고조는 이 시기 의병봉기의 또 하나의 배경을 이루었다고 볼 수 있다.

또한 일본군은 미간지 점탈 책동뿐만 아니라 군용지 수용 등도 그들의 뜻대

---

19 『매천야록』, p. 312 및 『황성신문』 1904년 7월 18일자, '잡보(일착한신(日捉韓紳))' 참조.
20 『황성신문』, 1904년 7월 19일자, '잡보(보안이소(輔安移所))' 참조.
21 『황성신문』, 1904년 7월 21일자, '잡보(일조격환(日照繳還))' 참조.
22 『황성신문』, 1904년 7월 22일자, '잡보(보안회상황(輔安會狀況))' 참조.
23 『속음청사』 하권, p. 104 및 『황성신문』, 1904년 7월 23일자, '잡보(일병포박회원(日兵捕縛會員))' 참조.
24 『황성신문』, 1904년 7월 25일자, '잡보(백씨격분(白氏激忿))' 참조.
25 『황성신문』, 1904년 7월 27일자, '잡보(일병속입(日兵續入))' 참조.
26 『황성신문』, 1904년 7월 29일자, '잡보(일우격조(日又檄照))' 참조.
27 『매천야록』, p. 316 및 『황성신문』, 1904년 8월 4일자, '잡보(황무안귀결(荒蕪案歸決))' 참조.

로 자행하려 책동하였다. 예컨대, 일본군은 서울 근교에 대해서만도 남문 안의 창동 후편 서록(西麓) 성벽을 따라서 전생서(典牲署)로부터 갈월리(葛月里)를 직향하여 사촌리(沙村里)를 거쳐서 두모동(豆毛洞)까지 이르러 응봉(鷹峰)으로 장충단(奬忠壇)을 거쳐서 창동 동록(東麓) 성벽까지 1만 8천여보의 토지에 푯말을 세우고 이를 군용지로 점령하여 수용해 버렸다.[28] 일본군은 또한 인천 앞바다의 월미도를 군용지로 점령하여 수용해 버렸다.[29] 특히 주목해야 할 것은 군용철도로서 경의철도를 부설하려고 서울로부터 신의주까지의 철도용지를 한국 민간인 소유주의 동의없이 모두 수용해서 그들의 군용지로 만들었다는 사실이다. 철원군에서와 같이 전선주용 간목(桿木)을 180주 기한부로 강제 징발하거나,[30] 평안남도에서처럼 대석재료를 대규모로 강제 징발한 예도 비일비재하였다.[31] 일본군의 이러한 불법적 군용지·철도용지 수용 및 물자·재료의 강제 징발과 이에 대한 한국민중의 반항투쟁도 또한 이 시기 최초의 의병봉기의 또 하나의 배경이 되었다고 볼 수 있다.

1904년 여름 최초의 의병봉기에 또 하나의 중요한 배경을 이룬 것은 일본군의 철도부설 및 군수물자 운반을 위한 역부(인부)의 징발이었다.[32] 일본군 사령부가 경의철도 부설에 동원할 한국인 역부의 징발을 외부를 통하여 대한제국 정부에 요청하자 내부(內部)는 당시 6~7월이 농번기여서 농사에 지장이 막심하므로 추수 후에 이를 시행할 것을 외부에 알렸다.[33] 그러자 일본군 사령부는 이번에는 대한제국 정부 내부에 직접 역부의 동원을 요청하여 각 부에 훈령을 발하도록 했으며,[34] 내부협판을 방문케 하여 역부의 동원을 독려케 하였

28 『황성신문』, 1904년 8월 27일자, '잡보(군지조사(軍地調査))' 참조.
29 『황성신문』, 1904년 8월 30일자, '잡보(일점월도(日占月島))' 참조.
30 『황성신문』, 1904년 7월 9일자, '잡보(농무가렴(農務可念))' 참조.
31 『황성신문』, 1904년 8월 17일자, '잡보(평남정상(平南情狀))' 참조.
32 『매천야록』, p. 314 참조.
33 『황성신문』, 1904년 7월 6일자, '잡보(치도대추(治道待秋))' 참조.
34 『황성신문』, 1904년 8월 11일자, '잡보(훈모역부(訓募役夫))' 참조.

다.[35] 대한제국 정부 내부가 경기도·충청도·전라도·경상도 등에 역부의 동원 훈령을 발하자, 일본군사령관 원구(原口, 하라구치)는 대한제국 정부 내부에 요청해서 황해도와 평안도에서도 역부를 동원케 하여, 함경도를 제외한 전국에서 역부가 징발 동원당하게 되었다.[36]

일본군의 한국인 역부 징발의 방법은 소정의 임금을 주기로 하고 각도·각 군별로 역부의 동원 인원을 배당하여 의무적으로 이를 동원하는 방법을 택하였다. 예컨대, 신천(信川)군에는 600명이 배당되었고,[37] 김포(金浦)군과 양천(陽川)군에는 각각 300명씩 배당되었으며,[38] 중화(中和)로부터 안주(安州)까지는 11,600여 명이 동원되었고,[39] 개성(開城)으로부터 김천(金川)까지는 1,349명이 동원되었다.[40] 특히 평안도에서는 배당 동원된 역부를 청국(淸國) 영토 안에까지 보내어 투입해서 한국 국민들을 경악케 하였다.[41] 비록 소정의 임금을 지불한다고 하지만, 한국인들의 거부에도 불구하고 일본군의 이러한 한국인 역부의 강제 배당·징발은 즉각 한국인들의 광범위한 반발과 민심동요를 일으켜 경기도 파주(坡州)군에서와 같이 '민요'가 일어날 지경에 이르게 되었다.[42] 평안도에서도 역부의 강제 징발로 민심이 크게 놀라 동요하여 민요가 일어날 형편에 이르렀다.[43] 이에 놀란 대한제국 정부는 전국 각도에 훈령을 발하여 자원자만 모집케 하라고 명령했고,[44] 한성부윤(漢城府尹)도 각 방곡(坊曲)에 고시하

35 『황성신문』, 1904년 8월 12일자, '잡보(면상모역(面商募役))' 참조.

36 『속음청사』 하권, p. 107 및 『황성신문』, 1904년 8월 17일자, '잡보(양도모정(兩道募丁))' 참조.

37 『황성신문』, 1904년 8월 15일자, '잡보(신천민정(信川民情))' 참조.

38 『황성신문』, 1904년 8월 16일자, '잡보(모역치요(募役致擾))' 참조.

39 『황성신문』, 1904년 8월 17일자, '잡보(평남정상(平南情狀))' 참조.

40 『황성신문』, 1904년 8월 16일자, '잡보(개윤보고(開尹報告))' 참조

41 정교(鄭喬), 『대한계년사(大韓季年史)』 하권, 국사편찬위원회판, p. 134 및 『황성신문』, 1904년 8월 18일자, '잡보(민정경요(民情驚擾))' 참조.

42 『황성신문』, 1904년 8월 16일자, '잡보(모역치요(募役致擾))' 참조.

43 『황성신문』, 1904년 8월 17일자, '잡보(평남정상(平南情狀))' 및 동상신문, 8월 18일자, '잡보(민정경요(民情驚擾))' 참조.

44 『황성신문』, 1904년 8월 27일자, '잡보(금늑모(禁勒募))' 참조.

여 역부모집에 대한 민심의 동요를 무마하려 하였다.[45] 그러나 이러한 정부의 당황한 무마노력에도 불구하고 경기도를 선두로 한 전국에서 일본군의 역부 징발에 저항하는 '민요(民擾)'가 폭발하기 시작하였다.

1904년 8월 27일 경기도 고양(高陽)군에서 일본군의 역부 징발에 항의하는 민요가 일어나 민중들이 관아로 몰려들어가서 비오듯 투석을 했으므로 관리들과 일본군이 모두 피신하게 되었다.[46] 충청북도 청주에서도 역부 징발에 항의하는 민요가 일어났다.[47] 경기도 교하(交河)에서도 민중 3,000여명이 일본군의 역부징발에 항의하여 민요를 일으킨 것을 일본군이 출동하여 겨우 '진압'하였다.[48] 경기도 시흥(始興)에서는 일본군과 관청의 역부 징발에 항의하여 25개 동민이 1904년 9월 14일 봉기해서 관아에 쳐들어 갔다. 군수 박우양(朴嵎陽)이 서울에 있다가 민요의 소식을 듣고 일본군 2명을 대동하여 군청에 도착하자 민요를 일으킨 군중들은 군수와 그 아들 및 일본군 2명을 모두 살해하여 처단해 버렸다.[49] 이에 경악한 일제는 일본군을 시흥에 파견하여 '난민(亂民)'들을 닥치는대로 체포하였다.[50] 일본군은 대한제국 정부에 대하여 수모자(首謨者)를 조속히 색출하여 조처할 것을 요구해 왔다.[51] 이후에도 일본군의 역부 징발에 저항하는 '민요종기(民擾踵起: 농민폭동의 연속적 봉기)'[52] 현상이 광범위하게 확산되었다. 이러한 일본군의 역부 징발에 저항하는 '민요'는 바로 의병봉기의 전주곡으로서 '민요'에 참가한 민중들이 무장을 갖추어 대오를 편성하면 바로 의병의 봉기가 되는 것이었다.

---

45 『황성신문』, 1904년 8월 16일자, '잡보(효유인민(曉諭人民))' 참조.
46 『황성신문』, 1904년 8월 29일자, '잡보(고양민요(高陽民擾))' 참조.
47 『황성신문』, 1904년 8월 31일자, '잡보(청주민요(淸州民擾))' 참조.
48 『황성신문』, 1904년 8월 1일자, '잡보(교하민요(交河民擾))' 참조.
49 『황성신문』, 1904년 9월 16일자, '잡보(민요파쉬(民擾파倅))' 및 같은 신문, 9월 17일자, '잡보(시흥요보(始興擾報))' 참조.
50 『황성신문』, 1904년 9월 23일자, '잡보(대안철병(待安撤兵))' 참조.
51 『황성신문』, 1904년 9월 24일자, '잡보(청속조처(請速措處))' 참조.
52 『황성신문』, 1904년 9월 30일자, '잡보(조복치요(照覆致擾))' 참조.

위에서 든 사태를 배경으로 하여 일찍이 1904년 7·8·9월부터 서울과 경기도 지방에서부터 러·일전쟁 후의 한말 의병무장투쟁의 재봉기의 첫 봉화가 솟아오른 것이었다.

3. 한말 의병운동의 단계설정 문제

한말 의병운동의 기점을 1년 앞당겨 올린 것은 의병운동의 단계설정에 대한 수정을 불가피하게 요구하는 것이라고 할 수 있다. 갑오·을미의병운동을 별도로 할 때, 한말 의병운동의 단계 설정에 대해서는 종래의 뛰어난 연구들에서 모두 3단계설이 널리 사용되어 왔다. 예컨대, 대표적 견해로는 ① 재기(再起)의 단계(1905.4.~1907.7.), ② 고조(高潮)의 단계(1907.8.~1909.10.), ③ 퇴조(退潮)와 전환의 단계(1909.10~1914)의 구분이 그것이다.[53]

종래의 단계설정의 문제점은 의병운동의 과제와 목표가 달라진 '국권' 피탈의 '전', '후'가 명백히 구분되고 있지 않는 것에 있다고 할 수 있다. 즉 1905년 11월 17일 소위 '을사 5조약'이 강제되어 외교권을 비롯한 국권의 일부가 피탈되고 1906년 2월 1일에는 통감부(統監府)가 설치되어 통감통치가 시작됨으로써 그 이전의 의병운동의 과제와 그 이후의 의병운동의 과제와 성격이 현저히 달라졌는데도 불구하고, 단계 설정에 이것이 반영되어 구분되지 않고 있는 것이다. 1905년 11월 17일 이전의 의병운동이 '제1차 한·일의정서' 폐기를 중심으로 일제의 침략을 막아 '국권의 수호'를 목표로 전개한 의병운동이었다고 한다면, 그 이후의 의병운동은 일제를 몰아내어 빼앗긴 국권을 다시 찾으려고 한, '국권의 회복'을 목표로 한 의병운동이었다. 이것은 그 과제의 성격

---

53 ① 강재언(姜在彦), 「반일의병운동의 역사적전개(反日義兵運動の歷史的展開)」, 『조선근대사연구』, 1970, pp. 329~334.
② 이광린(李光麟), 『한국사강좌 5(근대편)』, 일조각, 1981, pp. 501~518 참조.

한말 의병 모습(1908년, 맥켄지 촬영)

에 큰 변동이 발생한 것이었으므로 의병운동의 단계 설정에서도 반드시 반영하여 구분할 필요가 있는 것이라고 생각된다.

그러므로 여기서는 이 점을 특히 고려하여 한말 의병운동을 다음과 같이 4단계로 설정하고, '4단계설'을 제의하려고 한다.[54]

제1단계는 한말 의병운동의 '재봉기(또는 봉기)의 단계'이다. 1904년 7·8월부터 1905년 11월까지의 의병운동이 이 단계에 해당한다. 일본 제국주의자들은 대한제국을 침략하여 식민지화할 것을 목적으로 1904년 2월 8일 인천항과 여순항에 정박해 있는 러시아 군함 각 2척을 기습 공격하여 격침시키고 이틀 후인 2월 10일에 대러시아 선전포고를 하여 러·일전쟁을 도발한 다음 대규모의 일본군을 대한제국의 영토 위에 불법 상륙시켰다. 일제는 서울에 침입해서 대한제국 정부를 위협하여 일본군의 한국내 군용지 수용과 내정간섭을 인정하는 것을 골자로 한 '제1차 한·일의정서'를 1904년 2월 23일 강제로 조인케 하였다. 뿐만 아니라 일제는 한국에 침입시킨 일본군 중에서 제13사단과 추가

54 '을미의병'을 여기서는 '한말'에 포함시키지 아니하여, 대한제국 성립 이후부터의 의병운동만 대상으로 해서 단계설정을 했지만, 만일 '을미의병'을 포함한다면 이것은 '5단계'로 설정할 수 있다.

1개 여단, 기병 4개 중대 및 2천 명의 헌병대를 차출하여 1904년 4월 3일에 일본군의 한국주차군을 편성하였다. 이것은 일제가 무력으로 한국을 지배할 준비체제를 만들어 가는 것이었다.

일제는 1904년 6월 6일에는 일본공사를 시켜서 대한제국 외부(外部)에 '전국황무지개간권'을 요구해 왔으며, 군용철도로서 경의선을 부설하려고 그 권리를 빼앗아 간 다음 철도 부설 등에 한국인 인부를 군별로 할당하여 강제 징발하기 시작하였다. 또한 일본군은 7월 20일에는 자의적으로 일제가 만든 '군사경찰훈령'에 의하여 일본군 점령지역에서 한국의 치안을 일본군이 담당한다고 한국 정부에 통고해 왔다. 일본군은 서울과 경기도 일원을 비롯하여 그들의 불법 점령지역 일대에서 함부로 한국인을 처벌해가며 일본군의 군정을 실시하다시피 하였다. 뿐만 아니라 일제는 1904년 8월 22일 「한·일 외국인고문용빙에 관한 협정서」를 강제로 체결케 하여 대한제국 정부의 각부에 일본인 고문들을 임명해서 한국 내정에 깊이 간섭하고 통제하였다. 일제는 이와 같이 러·일전쟁 도발과 동시에 한국 '국권을 침해'하여 식민지 점령의 단계적 조치를 자행하면서도, 언제나 표면과 입으로는 '한국독립의 부식과 동양평화의 유지'를 위한 것이라고 거짓 선전하였다. 또한 일본군의 강압에 눌린 대한제국 정부도 일제가 한국독립의 지원을 위해 와 있는 것이니 러·일전쟁에서 일본을 후원하라고 국민들에게 본 뜻에 없는 훈령들을 내리었다. 이것은 일제의 한국 침략에 대한 한국민의 응전에 많은 혼란을 야기한 것이 사실이었다.

그러나 사태를 예리하게 관찰하고 있던 일부의 한국인 사이에서는 일제의 러·일전쟁 도발과 한국주차군의 편성 및 각종 정책이 명백히 한국 '국권의 침해'이며 한국의 국권을 찬탈하기 위한 전단계 정책임을 간취하고 1904년 7·8월부터 '의병봉기'를 시작한 것이었다. 즉 제1단계의 '(재)봉기의 단계의 의병 운동은 일제의 무력에 의한 '국권의 침해'에 대항하여 '국권의 수호'를 목적으로, 다가오는 국권의 피탈을 막기 위하여 봉기한 것이었다. 이것은 을사5조약에 의하여 국권이 피탈된 후 '국권의 회복'을 목적으로 한 의병 운동과는 목표와 성격이 다르므로 일단 구분하여 단계를 설정할 필요가 있는 것이다.

제1단계의 의병운동은 앞서 본 바와 같이 1904년 7·8월에 봉기하여 12월까지에는 서울, 경기도, 평안도, 전라도, 충청도 일대에서 봉기했으며, 1905년에 들어오면 1월에 서상무(徐想懋) 등이 충청북도 충주에서 봉기했고,[55] 5월에는 강원도 원주에서 원용팔(元容八), 경기도 지평에서 이문호(李文鎬), 광주(廣州)에서 구만서(具萬書) 등이 봉기했으며,[56] "경기도, 강원도, 충청북도 및 경상북도 일대에서 의병이 일어났는데 모두 토왜(討倭)를 주장하였다"[57]고 기록되었다. 일제 측의 자료에 의거하여 충청북도 한 지역만 보아도, '을사 5조약' 직전인 1905년 10월 현재 충청북도 일대의 의병수가 죽산(竹山)이 200명, 단양(丹陽)이 270명, 청풍(淸風)이 100명, 영춘(永春)이 50명, 매포(梅浦)가 40명으로서 그 세가 창궐하고 있다고 일제 측 자신이 보고하였다.[58]

제1단계의 의병운동은 일제의 '국권침해'에 일찍이 대항하여 일제의 무력침략에 대해 서는 이것이 국권을 강탈하려는 것이므로 '의병'의 무장투쟁으로 응전해야 함을 전국민에 게 일찍이 알려주고, 1896년 봄에 사라졌던 의병운동을 일제가 한반도에 불법 상륙한 1904년에 즉각 '재봉기'케 한 점에 중요한 역사적 의의가 있다고 할 수 있다.

제2단계의 의병운동은 '확대기의 단계'의 의병운동이다. 종래의 '재봉기의 단계'가 여기에 해당한다고 볼 수 있고, 명칭만 새로 만들어 붙인 것이다. 이 단계부터는 기존의 해석에 특별히 크게 수정할 것이 없으므로 상세한 설명은 생략한다. '확대기의 단계'는 1905년 11월 17일 '을사 5조약'이 강제되어 외교권을 비롯한 국권의 일부를 빼앗기고 1906년 2월 1일 일제통감부가 설치되어

---

55 김윤식, 『속음청사』 하권, 1905년 1월 10일조, p. 123 참조.

56 황현, 『매천야록』, 국사편찬위원회판, p. 338 참조.

57 황현, 『매천야록』, p. 335 참조.

58 충주방면 의병 창궐의 상황에 관한 보고의 건(忠州方面義兵猖獗の狀況に關し報告の件), 재한 추원(在韓 萩原 임시대리공사→계(桂)외무대신), 1905년 10월 15일 전신, 『조선독립운동』 (김정명 편), 제1권, pp. 3~4 참조.

소위 일제의 '통감통치'가 시작된 시기부터 1907년 7월 31일 군대해산이 결정된 때까지의, '국권의 회복'을 목적으로 해서 전단계의 의병운동이 확대된 단계의 의병운동이다.

제3단계의 의병운동은 '고양기의 단계'의 의병운동이다. 1907년 8월 1일 군대해산을 거부하여 대한제국의 구군인들이 봉기해서 의병에 합류한 때부터 일본군의 '남한대토벌작전'에 대항하여 격전을 치른 1909년 10월까지의 시기가 이 단계에 해당한다. 이 단계의 의병운동에서는 구군인들의 의병운동에의 합류에 따라 의병부대들에 막강한 전투력이 생기고 이에 고취된 각계 각층의 국민들이 의병으로 봉기해서 의병운동이 최고조에 달했다. 이 단계의 의병투쟁은 전국 도처에서 일본군을 공격하고 섬멸하여 일제 침략에 대타격을 주고 일제의 한국 병탄 일정을 지연시켰다. 또한 이 시기에는 13도창의대진소(十三道倡義大陣所)의 연합의병부대가 편성되어 두 차례에 걸친 '서울 탈환작전'의 시도가 있었다.

제4단계의 의병운동은 '퇴조와 독립군으로의 전환의 단계'의 의병운동이다. 1909년 11월부터 1914년 5월까지의 시기가 이 단계에 해당한다. 이 단계에서 의병부대들은 무기와 탄약의 고갈로 말미암아 더욱 증강된 일본군의 공격과 탄압을 막아낼 수 없어서 국내에서는 의병무장투쟁이 거의 불가능하게 되었으므로 의병운동은 급격히 퇴조되어 갔다. 그러나, 한편 남은 의병부대들은 강인하게 항일무장투쟁을 전개하면서 국외로 망명하여 독립군으로 형태와 내용을 전환시켜 나갔다.

여기서 한말 의병운동의 제1단계 즉 '1904년 7·8월~1905년 11월의 (재)봉기의 단계'를 따로 떼어 한 단계 더 설정한 것은 한말 의병운동의 역사적 성격 변동과 전개과정을 더욱 정밀하게 고찰할 수 있게 해 줄 뿐 아니라, 일제가 러·일전쟁을 도발하면서 한국에 불법 상륙하자 한국민족이 즉각 항일의병무장투쟁을 전개한 사실을 밝혀, 한국민족의 애국적 전통을 더 선명히 밝혀 주는 효과가 있는 것이라고 생각된다.

4. 의병운동과 애국계몽운동의 관계문제

셋째의 문제제기인 한말 의병운동과 애국계몽운동의 관계의 문제에 대해서는 종래 그 '대립'과 '갈등'과 '상호경시'의 관점이 강조되어 왔다. 그리하여 애국계몽운동을 중시하는 학자들은 의병운동이 무기나 군사훈련이나 전술에 있어서 비교도 할 수 없을 만큼 열세여서 싸움도 되지 않는 무모한 무장투쟁을 하여 귀중한 민족의 전력과 애국적 국민들의 목숨을 희생시킨 소모전이라고 비판하거나 소극적으로 평가하는가 하면, 다른 한편에서는 애국계몽운동이란 친일적 개화파들이 무장투쟁을 할 용기와 애국심이 없으면서 명분상 사회적 지도급 지위를 유지하기 위하여 전개한 일종의 친일개화운동에 불과한 것이라고 보거나 소극적으로 평가하면서 진정한 애국운동은 항일무장투쟁인 의병운동뿐이라고 주장하기도 하였다.[59]

이러한 극단적인 주장들은 모두 피상적인 관찰에 불과한 것이다. 의병운동과 애국계몽운동은 방법과 형태만 달랐을 뿐 동일한 목표를 달성하기 위한 국권회복운동의 양면이었다고 볼 수 있으며, 두 개의 운동이 모두 적극적인 국권회복운동이었고, 서로 '상호보완적'이었던 것이 역사적 사실이었다.[60]

의병운동은 국권을 빼앗긴 이상 패하여 죽더라도 총을 들지 않을 수 없다고 결의한 사람들의 항일무장투쟁으로서, 당시 이 운동은 승패를 초월하여 봉기한 것이었으며, 즉각의 결전을 요구한 것이었다. 이 운동은 패전을 각오한 것이었으나 가장 강렬한 애국주의의 전통을 수립하여 그 후의 국권회복운동과 독립운동을 크게 고취한 것이었다.

한편 애국계몽운동은 자기민족의 '실력', '힘'이 일본제국주의의 '실력' '힘'

---

59 박성수, 「1907~1901년간의 의병전쟁에 대하여」, 『한국사연구』 제1집, 1968; 「구한말 의병전쟁과 유교적 애국사항」, 『대동문화연구』 제6·7합집, 1970; 「의병전쟁의 신분·의식구조」, 『한국사학』 제2집, 1980 참조.

60 신용하, 「신민회의 창건과 그 국권회복운동」 (상·하), 『한국학보』 제8~9집, 1977; 「한말 애국계몽사상과 운동」, 『한국사학』 제1집, 1980 참조.

보다 현저히 부족하다는 사실을 객관적으로 인식한 사람들이 국권회복의 장기전에서 '최후의 승리'를 거두기 위하여 전개한 민력양성운동이었다.

종래 의병운동과 애국계몽운동을 상호대립적인 것으로 보아 온 것은 잘못된 것이었다. 두 방법과 형태의 국권회복운동의 목표가 완전히 합일되었기 때문에 구조적으로 의병운동과 애국계몽운동은 상호 보완적이었다.

의병운동이 치열하게 전개되었기 때문에 1907년 고종양위 직후 일제에게 병탄되었을 뻔했던 나라가 3년의 기간을 더 얻었으며, 바로 애국계몽운동이 가장 치열하게 전개되어 뿌리를 깊이 내린 시기가 1907년부터 1909년까지의 기간이었다. 의병운동의 전력의 소모는 구조적으로 애국계몽운동의 전력의 더 큰 생산을 위한 보위전의 역할을 수행한 것으로서, 의병전쟁은 소모전이 아니라 보위전이었다.

한편 애국계몽운동이 치열하게 전개되었기 때문에 의병운동의 지원세력이 강화되고 근대교육을 받은 중견간부들이 공급되어 의병전쟁이 근대적 독립항전으로 실질적인 큰 전과를 올리며 더욱 장기간 더욱 치열하게 전개될 수 있었다. 또한 애국계몽운동이 국외에 독립군 기지를 창건했기 때문에 의병운동의 '퇴조기-제4단계'에 의병이 독립군으로 전환하여 발전해서 장기적 항일무장투쟁의 독립전쟁을 전개할 수 있었다.

의병운동은 '고조의 단계'(1907년 8월 이후)부터는 성격이 현저히 변화하여 애국계몽운동에 결코 적대적이지 않았을 뿐 아니라 오히려 이를 적극적으로 보호하고 지원하였다. 애국계몽운동의 핵심인 신교육구국운동에 대한 의병운동의 태도를 여러 사례에서 확인할 수 있다.

예컨대, 1907년 9월 13일 의병들이 충청북도 충주군 황강(黃岡)을 습격하여 일본인들이 세운 학교인 줄 알고 찬명(賛明)학교를 부숴버리려고 하다가, 그것이 개화자강파가 세운 학교로서 농업을 비롯한 실업과 신지식을 가르치는 학교임을 알고 이를 옹호하고 돌아갔다.[61]

61 『황성신문』, 1907년 10월 2일자, '잡보(의중농교(義重農校))' 참조.

또한 1910년 1월에는 의병들이 경기도 양평군 서종면(西終面)에 있는 문성(汶成)학교에 찾아가서 그 학교 학생들에게 열심히 수업하라고 권고하고 기부금 3원까지 기증하고 돌아갔다.

> "일전 의병 10여 명이 양평군 서종면 성문학교에 내도(來到)하야 해교(該校) 학원을 대하야 열심수업하라고 권면하고 금화 3원을 증여하얏다더라."[62]

여기서는 두 개의 사례만을 들었지만, 의병들이 학회를 옹호하고 신식학교(주로 사립학교)를 보호하며, 『대한매일신보』 등 언론구국활동을 적극 지원한 사례는 매우 많다.

한편 애국계몽운동이 의병운동을 지원한 사례를 들면, 가장 대표적 예로서 『대한매일신보』의 경우를 들 수 있다. 『대한매일신보』는 한·영합작으로 만들어서 일본의 신문지법의 제약을 벗어난 다음, 일제가 의병을 '폭도'라고 부르며 그러한 용어로 보도할 것을 요구하는 것을 무시하고 '의병'이라는 용어로 부르면서 의병운동을 애국운동이라고 지지하고 적극적으로 성원하였다. 의병운동의 고양기에는 『대한매일신보』는 '의병소식'의 고정란을 두어 이를 보도할 정도였다. 항일 의병무장투쟁을 전개하다가 일제에게 체포된 의병부대 간부가 일제 측에 진술한 당시의 기록의 하나를 예로 들면 다음과 같다.

> "본인이 허위와 같이 있을 당시(작년: 1907년 음력 9월 24일~25일경) 허위는 13도 인민과 각국 영사관에 보낼 격문을 작성하여 부하 대장 김범호(金範浩)로 하여금 송달케 하였으나, 그는 세사에 어두움을 들어 매일신보사로 하여금 송부할 것을 제의하였음. 김범호는 허위가 포천 소요산에 있는 홍국사의 진중에 있을 때 돌아와서 그 소임을 다하였음을 보고하였음.
>
> 또한 대한매일신보사에서는 음력 9월 10일 강원도의 폭도 이인영(李麟榮)으로부터 13도관찰사와 각국 영사관에게 보내는 격문이 날인이 되어 보내어 온 것도 있었음. 들은 바에 의하면, 동인(同人)으로부터도 신보사에 송부 관계를 신청하였었다고 함.

62 『대한매일신보』, 1901년 1월 23일자, '잡보(의병의연(義兵義捐))'

많은 폭도들은 『대한매일신보』의 격문에 의하여 분개하고 일어난 자들로서 지금 그 성명을 열거하기는 곤란하나 그 중 저명한 자의 예를 들면 작년 허위의 군에 몸을 던진 양주(陽州)인 이동섭(李東燮)으로서 그는 항상 『대한매일신보』를 읽고 분개하였으며, 특히 그 사설에 느낀 바 커서 술을 마시고 격분한 나머지 드디어 의병이 되었다고 하였음."[63]

위의 간단한 자료에서 우리는 애국계몽운동이 의병운동을 얼마나 적극적으로 지원했으며, 애국계몽운동과 의병운동이 얼마나 상호보완적이었는가를 잘 알 수 있다. 우선 관동창의대장 이인영은 그의 13도 관찰사와 각국 영사관에 보내는 격문을 대한매일신보사에 보내어 송달해 줄 것을 부탁했고, 대한매일신보사는 이를 다 송달해 주었을 뿐 아니라 이를 신문에 보도해 준 것이었다. 그뿐만 아니라 관동창의대장 이인영의 이름으로 된 「해외동포들에게 보내는 격문(*Manifesto to all koreans in All Parts of the World*)」이 해외에 영문으로 발송되어 샌프란시스코에서 일본 총영사가 이를 필사해서 그들의 본국에 보낸 것이 『일본외교문서』에 수록되어 있는데,[64] 이것도 『대한매일신보』(*The Korea Daily News*라는 영자신문도 발행하고 있었음)에서 영역하여 발송해 준 것임을 이 자료에서 알 수 있다.

또한 허위가 전국 13도 국민과 각국 영사관에 보내는 격문도 이것을 대한매일신보사에 의뢰하여 대한매일신보사가 이를 송달해 주었다는 것도 알 수 있다. 뿐만 아니라 양주인 이동섭의 예에서 볼 수 있는 바와 같이, 『대한매일신보』의 기사, 특히 그 사설을 읽고 분개하여 의병이 된 사람들도 다수 있었던 것도 알 수 있다. 이것은 애국계몽운동과 의병운동이 실제에 있어서 매우 상호보완적 관계를 가지고 있었음을 잘 나타내는 것이라고 볼 수 있다.

가장 온건한 점진적 애국계몽운동가라고 알려져 있는 안창호까지도 의병운

63 『주한일본공사관기록』, 경비발(警秘發) 제786호, 1908년 6월 4일조, '大韓每日申報ト暴徒' 참조.
64 『일본외교문서』 제41권, 제1책, 문서번호 제 856호, '在桑港韓國人へ韓國ヨリ送付越排日的 檄文ニ關スル件' 참조.

동을 지원하여 긴밀한 연락을 했다는 기록이 있다.[65]

한말 의병운동과 애국운동의 관계가 상호보완적이라는 사실을 명확히 인식하는 것은 한말 의병운동의 역사적 의의를 명료하게 인식하는데 큰 도움을 줄 수 있을 것이다. 한말 의병운동의 역사적 의의로서는 특히 다음의 몇가지 사실이 강조되어 지적될 수 있다.

첫째, 한말 의병운동은 애국주의를 높이 발양했을 뿐 아니라 전국민에게 민족적 각성과 애국주의를 크게 고취하였다. 한말 의병운동은 나라와 겨레가 위급할 때 한국민족은 자기 목숨보다도 먼저 나라를 위하여 헌신하는 높은 애국주의를 발양하는 민족임을 과시했으며, 전국민에게 애국주의를 높이 고취하여 더욱 높은 차원의 민족적 각성을 크게 고취하였다.

둘째, 한말 의병운동은 반침략 민족운동을 전민족적·전국적 항일무장투쟁으로 발전시켰다. 한말 의병운동 이전에도 반침략 무장투쟁은 있어 왔으나 거의 모두가 특정계급층이 전개한 무장투쟁이었다. 예컨대, 갑오농민전쟁은 절반 정도의 전국적인 대규모의 반침략 민족운동이었으나 농민계층이 추진한 운동이었다. 한말 의병운동은 일제의 무력침략에 대항하는 민족운동에서 무장투쟁의 중요성을 확고히 정립하여 전개했을 뿐 아니라, 그것을 민족의 각계각층이 모두 참여한 전민족적 항일무장투쟁으로 발전시켰으며, 전국 방방곡곡에서 모두 봉기한 완전히 전국적인 무장투쟁으로 발전시켰다.

셋째, 한말 의병운동은 일본 제국주의의 한국에 대한 완전식민지로의 병탄을 약 3년간 지연시켰다. 1907년 고종의 강제 양위와 군대해산 직후 의병무장투쟁의 대대적 고양이 없었으면 그해 말에 일제에게 병탄되었을 뻔했던 나라가 의병무장투쟁의 고양으로 말미암아 1910년 8월까지 약 3개년간 병탄을 지연시킨 것이었다.

65 『신정판 안도산전서』, p. 77. "이응준(李應俊)의 말에 의하면, 이즈음 도산은 남대문 밖 제중원 숙직실에 유숙하고 있었다 하며, 의병대장들에게 보내는 연락통신과 격려 편지를 한국 종이에 잘게 기록하여 그것을 한 줄씩 베어 노끈을 꼬아서 인편으로 비밀리에 보냈다" 참조.

넷째, 한말 의병운동은 앞서 지적한 바와 같이 애국계몽운동을 보위하고 고취하였다. 국권회복운동의 한 산맥으로 의병무장투쟁이 치열하게 전개되어 일제의 병탄을 약 3년 지연시켰기 때문에 이 기간에 애국계몽운동은 국민들 사이에 뿌리를 깊이 내리어 큰 성과를 낼 수 있었으며, 총을 들고 목숨을 건 격렬한 의병무장투쟁이 한편에서 전개되었기 때문에 일제의 강대한 무력이 이에 대항하기에 급급해서 붓을 든 애국계몽운동을 완전히 탄압할 수가 없어 결국 의병운동이 애국계몽운동을 보위한 것이었다. 또한 의병무장투쟁의 헌신적 애국주의는 애국계몽운동가들과 국민들을 감동시켜 애국계몽운동에 더욱 열정적 헌신을 하도록 애국계몽운동을 고취하였다. 따라서 한말 의병운동은 결코 소모전이 아니라 국권회복운동·독립운동의 미래의 전력을 생산하고 있는 애국계몽운동을 보위함으로써 더 큰 전력의 생산을 위한 보위전이 된 것이었다.

다섯째, 한말 의병운동은 그 이전까지 서로 대립하면서 별개로 민족운동을 전개하고 있던 위정척사사상과 개화사상을 처음으로 결합시키기 시작하여 한국 근대민족운동과 근대민족주의의 발전에 하나의 중요한 이정표를 만들었다. 특히 1907년 8월 이후 제3단계(고양의 단계) 이후의 의병운동에서는 위정척사파와 개화파는 처음으로 연합과 통합을 시작하여 그후 한국독립운동사에서 이 두 사조의 통합과 발전에 하나의 큰 계기를 만들었다.

여섯째, 한말 의병운동은 그 후 독립군 무장투쟁의 원류와 선구가 되었다. 일제 강점기의 독립군 무장투쟁에는 무관학교 설립과 독립군기지 창건을 중심으로 한 애국계몽운동파의 기원과, 직접적으로 독립군을 조직한 의병운동 기원의 두 개의 기원이 있었다. 한말 의병운동은 그 퇴조기에 의병들이 만주와 노령 등지에 망명하여 독립군 창건을 추진함으로써 독립군의 직접적 기원의 하나를 이룬 것이었다.

〔독립기념관 한국독립운동사연구소 제1회 학술심포지엄(1987년 8월 5일) 발표논문〕

제2장
전국 '십삼도창의대진소'의 연합의병운동

1. 머리말

한국역사에는 외래 침략자들의 침입으로 말미암아 겨레와 나라가 위기에 빠질 때마다 백성들이 자발적으로 '의병'을 일으켜 겨레와 나라를 구하려고 목숨을 바쳐 싸우는 민족적 전통이 이어져 내려왔다. 근대에 이르러 일본제국주의자들이 한국을 식민지화하려고 침략했을 때에도 전국 방방곡곡에서 한국 백성들이 자발적으로 '의병'을 일으켜 국권을 지키고 회복하기 위한 치열한 의병전쟁을 전개하였다.

박은식은 '의병'을 정의하여, 의병은 '민군'으로서 국가가 위급할 때에 즉각 '의(義)'로써 분기하여 조정의 징발령을 기다리지 않고 종군하여 싸우는 사람으로 우리 민족의 '국수(國粹, 나라의 정수)'라고 다음과 같이 기록하였다.

"의병이란 것은 민군(民軍)이다. 국가가 위급할 때에 즉각 의(義)로써 분기하여 조정의 징발령을 기다리지 않고 종군하여 적개(敵愾)하는 사람이다.

우리 민족은 본래부터 충의가 돈독하여 삼국시대부터 외환을 당함에 있어서 의병의 적공이 가장 탁월하고 현저하였다. 조선왕조에 들어와서는 선조 때에 왜구에게 짓밟힘이 8년이나 되었는데, 혹은 향신(鄕紳)이, 혹은 승려들이 모두 초야에서 분기하였다. 그들은 털끝만치도 정부의 병력제도에 의거함이 없이 오직 충의의 격려로써 사방에서 모여들어 죽음을 각오하고 용감히 싸웠으며, 적이 물러갈 때까지 앞사람이 쓰러지면 뒷사람이 계속하였다. 수훈(殊勳)과 정절(貞絶)은 일월처럼 맑게 빛났으며 강상(綱常)을 부식(扶植)하고 강토를 회복하는데 크게 힘입은 바 있었다. 즉 의병은 우리 민족의 국수(國粹)인 것이다."[1]

한국 민족에게는 이러한 '의병'의 전통이 있었기 때문에, 1905년 일본 제국주의자들에게 국권을 빼앗기게 되자, 전투를 제대로 할 줄 모르는 문사들과 병기가 없는 농민들이 순국할 뜻을 결연히 세우고 의병으로 봉기해서 적과 싸워 시체가 들에서 썩어도 후회하지 않게 된 것이라고 박은식은 다음과 같이 설명하였다.

"비록 선비들은 전투를 배우지 않았으며 농민들은 병기가 없을지라도 그들은 그러나 순국할 뜻을 결연히 세우고 맨주먹으로 칼날에 무릅써 맞서서, 뼈는 들판에 드러나고 뇌와 살갗은 창 끝에 발라지면서도 조금도 후회하는 뜻이 없었다. 이야말로 역사로 충의를 배양해 온 효과가 아니겠는가. 일본이 2개 사단의 병력을 출동시켜 7, 8년간 전쟁을 한 것도 의병의 저항이 있었기 때문이니, 이 사람들이 아니었더라면 우리는 짐승이나 다름이 없었을 것이다."[2]

일본 제국주의자들은 한국을 침략하여 식민지화할 것을 목적으로 1904년 2월 8일 인천과 여순항에 정박해 있는 제정 러시아 군함 각 2척을 기습 공격하여 격침시키고 이틀 후인 2월 10일 대러시아 선전포고를 하여 러·일전쟁을 도발한 다음 대규모의 병력을 불법적으로 한국에 상륙시켰다. 대한제국 정부

---

1 朴殷植,『韓國獨立運動之血史』,『朴殷植全書』上卷(단국대학교 동양학연구소판), 465~466쪽.

2 박은식,『한국독립운동지혈사』,『박은식전서』상권, p. 466.

는 전운이 감돌자 이미 1월 23일에 엄정 중립을 선언했음에도 불구하고 일본군은 불법으로 서울에 침입하여 대한제국 정부를 위협해서 일본군의 한국내 군용지 수용을 인정하는 것을 골자로 한 「제1차 한·일의정서」를 2월 23일 강제로 조인케 하였다. 뿐만 아니라 일제는 1940년 4월 3일에는 한국에 침입한 일본군 중에서 1개 사단과 1개 여단을 차출하여 일본군의 '한국주차군 사령부'를 편성하였다. 이것은 일제가 무력으로 한국을 지배할 야욕을 명확히 드러내 보인 것이었으므로 한국 국민들에게 큰 충격을 주었다.

일제는 1904년 6월 6일에는 일본공사를 시켜서 대한제국 외부에 '전국황무지개간권'을 요구해 왔으며, 7월 20일에는 자의적으로 자기들이 만든 '군사경찰훈령'에 의하여 한국의 치안을 일본군이 담당한다고 통고해 왔다. 일본군은 서울과 경기도 일원을 비롯해서 그들이 필요하다고 인정하는 지역에서는 함부로 한국인을 처벌해 가며 일본군의 군정을 실시하였다.

뿐만 아니라 일제는 8월 22일 「한·일외국인고문용빙에 관한 협정서」를 강제로 체결케 하여 대한제국 정부의 각부에 일본인 고문들을 임명해서 한국내정에 깊이 간섭하고 이를 통제케 하였다. 일제는 이와 같이 러·일전쟁 도발과 동시에 한국을 침략하여 식민지 강점의 단계적 조치를 자행하면서도 언제나 '한국독립의 유지와 동양평화의 실현'을 위해 러·일전쟁을 비롯한 모든 정책을 집행하는 것이라고 거짓 선전하였다.

한국 국민들 사이에서는 일제의 구호와는 달리 일제의 한국침략 정책이 강행되어 가는 것을 보고 국가주권의 위급함을 절감하여 1904년 여름부터 서울과 경기지방을 중심으로 해서 한국 국민들의 '의병'운동이 일어나기 시작하였다. 이듬해인 1905년에 들어서자 러·일전쟁의 전세는 일본 측에 더욱 유리하게 전개되었다. 그에 따라 일제도 4월 1일 「통신기관위탁에 관한 협정서」를 강제 조인케 하여 통신권을 강탈해 갔으며, 주청한국공사관(4월), 주영한국공사관(5월), 주미한국공사관(7월) 등을 폐쇄시키고, 4월 13일에는 친위대를 폐지하여 시위대로 개편하는 형식을 취하면서 대한제국의 군대수를 절반으로 감축시켰다. 일제는 러·일전쟁에서 승리하여 마침내 1905년 9월 5일 러·일강화조약(포츠머스 조약)을 체결해서 국제열강의 최종 양해를 얻게 되자 한국 궁궐을 포위하고 무력으로 강요하여 1905년 11월 17일 소위 '을사 5조약'을 강요해서 외교권을 비롯한 한국의 국권의 일부를 강탈하였다. 일제는 1905년 12월 20일 '한국통감부 급(及) 이사청관제'를 제정 공포하고, 1906년 2월 1일 통감부와 이사청을 설치하여 일제의 소위 '통감통치'를 본격적으로 시작하였다.

일제가 한국의 국권을 이와 같이 강탈해 나가자 한국 국민들 사이에서의 의병운동은 점차 확대되어 1904년에는 주로 서울·경기지방과 서북지방에서 일어났던 의병이 1905년 5월에는 강원도에서 원용팔(元容八) 의병부대가 봉기해서 산맥을 타고 강원도뿐만 아니라 충청북도와 경상북도에까지 파급되기 시작하였다. 이렇게 해서 구국을 위하여 봉기한 한말의 의병운동은 1914년까지 치열하게 전개되었는데, 그 전개과정은 다음과 같이 4단계로 나누어 볼 수 있다.[3]

제1단계는 '(재)봉기의 단계'이다. 일제가 러·일전쟁을 도발하여 일본군이 불법으로 한국에 침입해서 서울과 각지를 점령하기 시작한 시기부터 이듬해 11월 17일 '을사 5조약'을 강제당하기 전까지 국권을 지키기 위하여 전개한 의병운동이다. 1904년 7·8월부터 시작된 서울·경기지방의 의병운동과 1905년 봄부터 강원도 원주에서 원용팔 의병부대가 봉기하고 경기도 지평(砥平)에서 이문호(李文鎬) 의병부대, 광주에서 구만서(具萬書) 의병부대가 봉기하여 활동한 시기가 이 단계에 해당한다.

제2단계는 '확대기의 단계'이다. 1905년 11월 17일 '을사 5조약'이 강제되어 국권의 일부를 빼앗기고 1906년 2월 1일 일제 통감부가 설치되어 소위 일제의 통감통치가 시작된 이후부터 1907년 7월 31일까지의 기간에 국권을 회복

3 「의병운동」의 여기서의 '4단계' 구분은 1940년 이후의 한말의병에 한정된 것이고, 만일 우리가 1895~1896년의 '을미의병'을 포함시키는 경우에는 '5단계' 구분을 하는 것이 합리적인 것이라고 생각된다.

하기 위하여 전개한 의병운동의 단계이다. 1906년 5월에 충청남도 홍산에서 기병한 민종식(閔宗植) 의병부대의 홍주성전투, 6월 전라남도 순창에서 진출한 최익현(崔益鉉) 의병부대, 7월에 임실에서 기병한 강재천(姜在天) 의병부대, 남원에서 봉기한 양한규(梁漢奎) 의병부대, 1906년 5월 경상북도 영양에서 기병한 김순현(金淳鉉) 의병부대, 영해에서 봉기한 신돌석(申乭石) 의병부대, 진보에서 봉기한 이하현(李夏鉉) 의병부대, 영천에서 봉기한 정환직(鄭煥直)·정용기(鄭鏞基) 의병부대 등이 활동한 시기가 이 단계에 해당된다.

제3단계는 '고양기의 단계'이다. 1907년 8월 1일 일제에 의한 대한제국 군대해산 후 해산당한 구군인들이 봉기하여 의병에 합류한 것을 계기로 전국 방방곡곡에서 수많은 의병장들의 지휘하에 의병부대들이 봉기하고, '십삼도창의대진소'의 의병연합부대를 편성하여 서울 탈환작전을 시도했으며, 1909년 10월 말일까지 전개된 일제의 '남한대토벌작전'에 대해서도 용감히 싸운 의병운동의 고양기가 이 단계에 해당한다.

제4단계는 '퇴조와 독립군으로의 전환의 단계'이다. 1909년 11월 1일부터 의병운동이 전반적으로 퇴조하면서 독립군으로의 형태전환을 추진한 1914년 5월까지의 시기가 이 단계에 해당한다.

이 논문에서는 항일 의병운동의 제3단계인 의병운동 고양기에서 중요한 의병운동이었던 전국 '십삼도창의대진소' 연합의병부대의 편성과 그 의병전투, 서울 탈환작전 등을 종래 밝혀지지 않았던 부분들을 중심으로 하여 고찰하려고 한다.

2. 군대해산 후의 전국 의병운동의 고양

일제는 '을사 5조약'을 강제하여 대한제국의 국권의 일부를 빼앗아간 다음 1906년 2월 1일 통감부를 설치하고 통감통치를 자행하면서 한국을 반식민지 상태로 만들었다가, 1907년 6월의 헤이그밀사사건을 구실로 악용하여 1907년 7월 19일 황제 고종을 강제로 양위시켰다. 일제는 이완용 매국내각에게 강요하여 7월 24일 '정미 7조약'을 강제 체결해서 한국정부의 각부에 일본인 차관을 임명하여 소위 '차관통치'를 시작하였다. 7월 31일에는 일제가 작성한 군대해산조칙을 새 황제 순종으로부터 재가받은 형식을 취하여 8월 1일에는 병사들을 기만해서 훈련원에 집합시켜 대한제국 군대의 해산식을 강행케 하였다.[4] 이것은 일제가 한국을 무장해제 시켜서 완전히 무방비 상태로 만들고는 한국을 완전식민지로 병탄하기 위한 준비를 자행한 것이었다.

당시 대한제국 군대의 배치 상황은 서울에 시위대(侍衛隊) 제1연대(3개 대대)와 제2연대(3개 대대)가 있었고, 지방에는 진위대(鎭衛隊, 8개 대대)를 두어 이들을 수원, 청주, 원주, 대구, 광주, 해주, 안주, 북청에 배치하고, 각 진위대 아래 분대를 주요지방에 파견 주둔시키고 있었다. 1개 대대는 약 500~600명으로 구성되어 있었다.[5]

일제는 이 감축되어 얼마 남지 않은 군대마저도 황궁호위용 1개 대대를 남기고는 모두 해산시키기로 한 것이었다.

그러나 한국군은 이에 복종하지 않고 봉기하기 시작하였다.[6] 시위대 제1연대 제1대대장 박승환 참령은 일제의 한국군 해산에 항의하여 부하 장병들을 운동장에 집합시켜 놓고 대대장실에서 "군인으로 나라를 지키지 못하고 신하로써 충성을 다하지 못하니 만번 죽어 아깝지 않다(軍不能守國 臣不盡忠 萬死無惜)"이라는 유서를 써놓고 권총으로 자결하여 순국하였다. 이것은 '군인들은 죽음으로써 나라를 지키라'는 명령과 같은 것이 되어 제1연대 제1대대 병사들이 해산을 거부하고 봉기하였다. 제1연대 제1대대가 봉기했다는 통보를 받은

---

4 「韓國軍隊は一大隊を殘し全部解散の件」, 1907년 7월 28일, 「珍田외무차관의 西園寺총리대신에의 보고」, 『조선독립운동』(김정명 편) 제1권, 1967, pp. 15~16 참조.

5 『독립운동사』(독립운동사편찬위원회 편) 제1권, 「의병항쟁사」, 1972, pp. 469~470 참조.

6 ① 성대경, 「한말의 군대해산과 그 봉기」, 『성대사림』 제1집, 1965
② 김의환, 「정미년(1907) 조선군대해산과 반일 의병투쟁」, 『향토서울』 제26집, 1966 참조.

제2연대 제1대대 병사들도 견습 참위 남상덕(南相悳)의 지휘아래 봉기하였다.[7] 봉기한 대한제국 군대 병사들은 미리 병영을 포위하고 있던 일본군과 8월 1일 오전 8시부터 11시 40분까지 무려 3시간 40분동안 치열한 전투를 벌인 다음 시가로 나와 남대문과 서소문 사이에서 탄약이 떨어질 때까지 일본군과 치열한 시가전을 전개하였다.[8] 봉기한 대한제국 시위대 군인들은 탄약이 떨어져 더 싸울 수 없게되자 시민들의 비호를 받으며 성밖으로 나가 '의병'부대에 합류하였다. 황현은 "그 곧 성 밖으로 달아난 자는 모두 의병에 합류하였다"[9]고 기록했으며, 송상도(宋相燾)도 "남은 군인들은 각자 흩어져 정미년 8로 의병이 다시 일어난 것은 이로써부터이었다"[10]고 기록하였다. 일제 측도 "해산된 군인의 대부분은 지방에 도망하여 폭도의 무리에 뛰어들어 오랫동안 화란의 불길을 종식하지 못하게 한 원인이 되었다"고 기록하였다.[11]

일제는 서울 시위대의 해산에 뒤이어 8월 3일~19일 사이에 지방 진위대도 차례로 해산시켜 나갔다. 그러나 지방 진위대의 한국군도 해산을 거부하고 봉기하기 시작하였다. 8월 5일에는 원주진위대가 해산을 거부하여 대대장 대리 김덕제(金德濟)와 특무정교(特務正校) 민긍호(閔肯鎬)의 지휘 아래 시민들과 함께 봉기해서 원주읍을 점령하고, 우편국·경찰서·군청 등을 습격하여 무기고를 열어서 무장을 강화하여 의병부대로 전환하였다.[12] 또한 여주분견대도 해산을 거부하고 봉기하여 여기에 합류하였다. 그들은 두 부대로 나누어 김덕제 의병부대는 약 600명이 평창·강릉 방면으로부터 양양·간성·통주 방면으로 진출하여 의병전쟁을 전개하기 시작했으며, 민긍호 의병부대는 약 1,000명이 제천·충주·죽산·장호원·여주·홍천 방면으로 진출하여 도처에서 일본군 수

---

7 박은식, 『한국통사』, 『박은식전서』(단국대학교 동양학연구소판) 상권, pp. 323~327 참조.

8 「八月一日における南大門附近戰闘詳報報告の件」, 「衛秘發 제14호」, 1907년 8월 3일조, 「제13사단참모장의 비서관에의 보고」, 『조선독립운동』(김정명 편) 제1편, pp. 16~19 참조.

9 황현, 『매천야록』(국사편찬위원회판), p. 247. "其直徒城外者 皆全與義兵合" 참조.

10 송상도, 『기려수필(騎驢隨筆)』(국사편찬위원회판) 남상덕조, p. 121 참조.

11 『조선폭도토벌지』(조선주차군사령부 편찬), 『조선독립운동』 제1권, p. 139.

12 박은식, 『한국통사』, 『박은식전서』 상권, pp. 327~328 참조.

비대를 격파하면서 치열한 의병전쟁을 전개하기 시작하였다.[13]

뒤이어 8월 9일에는 수원진위대 소속의 강화분견대 병사들이 해산을 거부하고 봉기하였다. 그들은 부교(副校) 지홍윤(池弘允)과 연기우(延基羽) 등의 지휘 아래 주민들과 함께 약 600명이 무기고를 점령하여 무장하고 강화읍을 점령한 다음 일진회 회원인 친일파 군수를 처단했으며, 찾아온 일본군과 치열한 교전을 하여 그들을 물리치고 경기도와 황해도 방면으로 진출하여 의병전쟁을 전개하기 시작하였다.[14]

이 밖에도 홍주분견대(청주진위대 소속)의 48명의 전체 병사들이 해산을 거부하고 봉기를 시도하다가 소대장에게 속아 실패하였다. 진주분견대(대구진위대 소속) 병사들도 해산을 거부하고 봉기를 시도하다가 일본군의 급습을 받고 무장해제를 당하였다. 또한 안동분견대(대구진위대 소속)의 병사들도 해산을 거부하고 의병에 합류했다는 사실을, "오직 안동·원주 양 진위대는 군대해산에 앞서 기회를 틈타 총을 메고 흩어져서 왜가 크게 고민하였다"[15]는 기록에서 알 수 있다. 또한 북청진위대의 일부 병사들도 해산에 항의하여 군대해산 이후 개별적으로 의병에 합류하였다.[16] 뿐만 아니라 대한제국의 군대는 해산 당시에 집단적으로 봉기하지 않은 경우에도 해산 후 귀가한 다음 다수의 군인들이 의병부대에 들어가 합류하여 의병으로 전환하였다. 이에 대하여 일제 측도 "해산 당시는 폭동을 일으키지 않은 자까지도 해산 후 폭도로 되어 한국 각지를 교란하여 일본인의 피해가 심하고, 수년 사이에 한국의 지방은 모두 이 해산병의 폭도화에 의해 위험지역으로 변했다"고 기록하였다.[17]

일제에 의하여 강제 해산당한 군인들의 봉기와 의병으로의 전환은 제2단계의 의병운동(1905.11.17.~1907.7.31.)이 퇴조하고 있던 기세에 새로운 활력을 불어

---

13 『조선폭도토벌지』, 『조선독립운동』 제1권, pp. 139~140 참조.

14 박은식, 『한국통사』, 『박은식전서』 상권, p. 326 참조.

15 황현, 『매천야록』, p. 427. "惟安東·原州兩隊 擔銃而散 倭甚苦之" 참조.

16 황현, 『매천야록』, p. 432 참조.

17 『조선병합사(釋尾東邦)』, 1926, p. 385.

넣은 것이 되었다. 직업군인들의 의병부대에의 합류는 의병부대들로 하여금 실질적인 전투능력을 갖게 하여 의병운동이 본격적인 국권회복전쟁으로 되게 하였다. 이에 따라 전국 각지에서 힘을 얻은 농민들과 청년들과 유생들이 무수히 의병을 일으키게 되어 의병 무장투쟁은 새로운 고양기에 들어가게 되었다.[18]

군대해산 후 구군인들의 의병에의 합류가 수반한 특징으로서는 ① 일본군경에 대한 직접적 항전, ② 의병 및 의병장 구성에 있어서의 군인 출신과 평민 출신 의병장의 비중의 현저한 증가, ③ 의병부대들의 전투성·조직성·기동성·지속성의 증가와 일본군에의 타격력의 증강, ④ 민족적 모순의 선명한 부각과 의병운동의 전국적 확대를 들 수 있다.[19]

해산군인들의 봉기와 의병에의 합류에 고취되어 전국 각지에서 일어난 의병들의 봉기는 전국 방방곡곡에 걸친 것이어서 여기서는 도저히 그 이름들도 다 들기 어렵다. 그 중에서 규모가 크고 중요한 의병부대의 봉기만을 들어보면, 우선 경기도에서는 허위가 김주묵(金溱默)·왕회종(王會鍾) 등의 추대를 받고 연천·적성 등지에서 의병을 일으켰다.[20] 황현은 "전참찬 허위가 연천에서 의병을 일으켜 민긍호·이강년(李康年)과 상응해서 병격이 크게 떨치었다"고 기록하였다.[21] 허위는 주로 경기도 연천·적성·양천·파주·개성·삭녕·안협·토산 1이천 등지에서 다수의 의병을 모집하였다.[22] 『대한매일신보』는 허위 의병장의 의병모집 상황을 다음과 같이 보도하였다.

"(……) 의병은 적성·삭녕·안협·토산 등지에서 장정을 모집하는데 수효는 목하에

18 박성수, 「1907~1910년간의 의병전쟁에 대하여」, 『한국사연구』 제1집, 1968 참조.

19 강재언, 「反日義兵運動の歷史的展開」, 『조선근대사연구』, 1970, pp. 272~273 참조.

20 신용하, 「허위의 의병활동」, 『나라사랑』 제27집, 1977; 『한국근대사와 사회변동』(문학과지성사), 1980, pp. 56~78 참조.

21 황현, 『매천야록』, p. 439.

22 『대한매일신보』, 1907년 9월 7일자, '잡보(지방소식)', 9월 13일자 '잡보(파주)', 9월 14일자 '잡보(지방소식)' 및 9월 22일자 '잡보(지방소식)' 참조.

4, 5백명에 달하였다고 하고, 15일 이천군에 의병 5백명이 습래(襲來)한다는 보(報)를 문(聞)하고 해군수(該郡守)는 군내에 무기를 수합하야 하시든지 피란한다 하며, 의병은 평강·신계 방면으로 출몰하야 격문을 비전하는데 대략 여좌하니 '대저 일본은 임진 이래로 한국인의 적이 되어 수십년래로 각지에 침입 욍행하니, 일인과 혼거하면 한국 인민이 멸망에 지할 것인고로 인민을 구제하기로 의병을 모집하였사오니 철곡 물품을 수력 기부하라' 하얏다더라."[23]

허위 의병부대는 한편으로 강화분견대의 해산군인인 연기우 부대를 포섭하여 전투능력이 크게 강화되었으며, 강원도 일대에서 활동하던 해산군인인 김규식 부대를 포섭하여 군세가 크게 떨쳤다. 일제는 그후 허위 의병부대의 활동에 대하여 다음과 같이 기술하였다.

"피고(허위)는 전 의정부 참찬인데, (……) 때마침 같은 목적으로 이미 내란을 일으키고 경기도 삭녕군에 집결하여 진을 친 김주묵·왕회종 등이 초빙하여 맞이하는 것을 기회로 융희 원년 음력 8월 그들의 진으로 갔으며, 그후 다시 각기 수백 명의 부하를 가진 적괴 김규식·연기우·황순일(黃淳一)·황재호(黃在浩)·이인영·박종한(朴宗漢)·김춘(준)수(金春(俊)洙)·이종협(李鍾協)·이홍응(李弘應) 등을 규합하여 군사의 지위에서 작전 방략을 짜고 이를 각 부장에게 가르치며 부장을 지휘하여 융희 2년 5월까지 삭녕·양주·장단·철원·춘천·토산 등의 군내에서 십수회 토벌군과 교전하다……"[24]

허위 의병부대가 10월까지 전개한 다수의 유격전 중에서 몇 가지 큰 작전을 들면, 1907년 9월 철원읍을 점령하고 연천군 우편취급소장을 비롯한 다수의 일본인을 처단했으며,[25] 9월 하순 포천군 외북면에서 일본군 70명과 교전하여 이를 소탕하였다.[26] 1907년 10월 초에는 포천의 일본군 수비대와 교전하

23 『대한매일신보』 1907년 9월 21일자, '잡보(지방소식)' 참조.
24 「허위판결선고서」, 『독립운동사자료집』(독립운동사편찬위원회 편), 별집1, 「의병항쟁 재판기록」, pp. 450~451 참조.
25 『폭도사편집자료』, 융희 2년 11월 18일조, 「강원도관찰사 이규완 보고」 참조.
26 『대한매일신보』, 1907년 10월 1일자, '잡보(지방소식)' 참조.

여 이를 격퇴했고,[27] 10월 18일(음력 9월 12일)에는 의병 약 300명을 투입해서 안협읍을 점령하여 일진회 회원들을 색출한 뒤 처단하였다.[28] 1907년 양력 11월 초에는 약 300명의 병력으로 포천군 고자촌에서 일본군 1개 소대와 교전하여 이를 소탕했으며,[29] 11월 17일(음력 10월 13일)에는 의병 약 300명을 투입하여 다시 철원읍을 점령하고 우편취급소를 소각하여 일제의 통신망을 마비시켰으며 일본인 순사와 친일파들을 처단하였다.[30]

허위 의병부대는 이와 같이 의병무장투쟁을 전개하는 한편, 또한 정치외교활동과 선전사업도 전개하여, 의병장 허위는 1907년 음력 9월 24, 25일경 13도 인민들과 각국 영사관에게 보내는 격문을 작성해서 부하 대장 김범호(金範浩)를 서울에 잠입시켜 각국 영사관에 보내고 『대한매일신보』에 보내어 게재케 하였다.

> "본인(허위의 부장 이병채(李秉埰)…필자)이 허위와 같이 있을 당시(작년 음력 9월 24~25일경) 허위는 심삼도인민과 각국 영사관에 보낼 격문을 작성하여 부하대장 김범호로 하여금 송달하게 했으나, 그는 세사에 어두움을 들어 매일신보사로 하여 송부할 것을 제의하였음. 김범호는 허위가 포천 소요산에 있는 홍국사의 진중에 있을 때 돌아와서 그 소임을 다하였음을 보고하였음."[31]

의병장 허위의 의와 같은 『대한매일신보』를 통한 격문의 선전 활동은 의병운동을 고양시키는데 일정한 기여를 하였다.

> "많은 폭도들은 『대한매일신보』의 격문에 의하여 분개하고 일어난 자들로서 지금 그 성명을 일일이 열거하기는 곤란하나, 그 중 저명한 자의 예를 들면 작년 허위의 군에 몸을 던진 양주인 이동섭으로서 그는 항상 『대한매일신보』를 읽고 분개했으며, 특

27 『대한매일신보』, 1907년 10월 3일자, '잡보(지방소식)' 참조.
28 『폭도사편집자료』, 융희 2년 11월 18일조, 「강원도관찰사 이규완 보고」 참조.
29 『대한매일신보』, 1907년 11월 12일자, '잡보(지방소식)' 참조.
30 『폭도사편집자료』, 융희 2년 11월 18일조, 「강원도관찰사 이규완 보고」 참조.
31 『주한일본공사관기록』, 「경비발 제786호」, 융희 2년 6월 4일조, 「大韓每日申報ㅏ暴徒」.

히 그 사설에 느낀 바가 커서 술을 마시고 격분한 나머지 드디어 의병이 되었다고 하였음."[32]

경기도에서는 허위 의병부대 이외에도, 그에 앞서 양근에서 이은찬(李殷瓚) 의병부대가 봉기하여, 경기도뿐만 아니라 강원도·황해도 일대에까지 진출하면서,[33] 강인하고 치열한 항일무장투쟁을 전개하고 이인영 의병부대 및 허위 의병부대와 합병하면서 대규모 전투를 전개하였다.[34] 양주에서는 권준(權俊) 의병부대와 박래병(朴來秉)·김석하(金錫夏) 의병부대가 봉기하여 양평·영평 등지에서 활동하였다.[35] 파주에서는 조인환(曺仁煥) 의병부대가 봉기하여 활동했으며, 개성 부근에서는 현덕호(전 시위대 제1연대 제1대대 향관) 의병부대, 여주 부근에서는 김봉기(金鳳基) 의병부대, 양근 일대에서는 신창현(申昌鉉) 의병부대가 신출귀몰한 유격전을 전개하며 일제 헌병분견소를 여러 차례 기습하여 섬멸하였다.

강원도에서는 민긍호 의병부대와 김덕제 의병부대 이외에도, 원주에서 1907년 9월 초순에 이인영 의병부대가 봉기하였다.[36] 이인영은 을미의병을 일으킨 후 문경에서 은퇴생활을 하며 다시 의병을 일으킬 생각을 하고 있던 중 군대해산 직후에 봉기한 이은찬·이구채 등이 약 500명의 의병부대를 이끌고 찾아와 의병대장에 추대하자 이에 응해서 1907년 9월 2일(음력 7월 25일) 원주에서 봉기하여 관동창의대장이 되어 전국 8도에 격문을 보내고 의병을 소모하였다. 이에 응하여 수천 명의 백성들이 의병으로 그의 산하에 모이자 그는 부서를 편성하고 의병무장투쟁을 시작하였다.[37] 이인영은 또한 국내 동포들에

---

32 『주한일본공사관기록』, 「경비발 제786호」, 융희 2년 6월 4일조, 「大韓每日申報ト暴徒」.
33 『이은찬판결선고서』, 『독립운동사자료집』(독립운동사편찬위원회 편) 별집1, 「의병항쟁 재판기록」, pp. 254~255 참조.
34 박은식, 『한국독립운동지혈사』, 『박은식전서』 상권, pp. 467~468 참조.
35 박진식, 「1907~1910년 경기지역 의병항쟁의 성격」, 『기전문화연구』 제6집, 1975 참조.
36 「이인영판결선고서」, 『독립운동사자료집』(독립운동사편찬위원회 편) 별집1, 「의병항쟁 재판기록」, pp. 371~372 참조.
37 「제1회이인영문답조서」, 『한국독립운동』 제1권, pp. 39~40.

게 뿐만 아니라 음력 9월 10일경에는 각국 영사관에 보내는 격문을 작성하여 부하대장 김세영을 서울에 잠입시켜 각국 영사관에 발송하였고,[38] 『대한매일신보』에도 게재하였다.[39]

또한 이인영은 1907년 9월 25일, '대한관동창의대장'의 이름으로 다음과 같은 「해외동포들에게 보내는 격문(Manifesto to All Koreans in All Parts of the World)」도 작성하여 국외에 있는 동포들에게 발송하였다.

> "동포여! 우리는 단결하여 조국에 우리 자신을 바쳐서 독립을 회복하지 않으면 안 된다. 우리는 야만적 일본인들의 극악한 죄악과 만행을 전세계에 고발하지 않으면 안 된다. 일본인들은 교활하고 잔인하며 진보와 인도의 적이다. 우리는 이러한 모든 일본인들과 그들의 첩자들과 그들의 동맹자들과 야만적 일본군을 격살하기 위하여 우리의 최선을 다하지 않으면 안된다."[40]

이인영 의병부대는 의병장 허위·이강년·민긍호 등과 긴밀한 연락을 취해가면서, 의병무장투쟁은 최후로 경기도에 들어가 서울을 포위하고 서울을 탈환해야 목적을 달성할 수 있다고 보고, 일본군 수비대와 수차례의 격전을 전개하여 이를 물리치며 횡성·춘천을 거쳐 경기도 지평을 향해서 진군하였다.

강원도에서는 민긍호 의병부대, 김덕제 의병부대, 이인영 의병부대 이외에도, 울진 부근에서 박준성(朴準成, 전 원주진위대 참위) 의병부대, 인제 부근에서

---

38 「제2회이인영문답조서」, 『한국독립운동』 제1권, pp. 49~50.

39 『주한일본공사관기록』, 「경비발 제786호」, 융희 2년 6월 4일조, 『大韓每日申報社ト暴徒』, "또한 대한매일신보사에는 음력 9월 10일경 강원도의 폭도 이인영으로부터 13도관찰사와 각국 영사관에 보내는 격문이 거대한 날인이 되어 보내온 것도 있었음. 들은 바에 의하면 동인으로부터도 신보사에 송부 관계를 신청하였다고 함" 참조.

40 『일본외교문서』 제41권, 제1책, 문서번호 856, 「在桑港韓國人ヨリ送付越ノ排日的檄文ニ關スル件」, "Compatriot, we must unite and to consecrate ourselves to our land and restore our independence. We must appeal to the whole world about grievous wrongs and outrages of barbarous Japanese. They are cunning and cruel and are enemies of progress and humanity. We must all do our best to kill all Japanese, their spies, allies and soldiers.

손재규(孫在奎, 전 원주진위대 참위) 의병부대와 박여성(朴汝成) 의병부대, 금강산 장안사 일대를 근거지로 한 고중록(高重錄) 의병부대, 춘천 부근에서 지용기(池龍起)·이인재(李寅在) 의병부대, 삼척 지방에서는 변학기(邊鶴基) 의병부대와 김운선(金雲仙) 의병부대들이 봉기하여 일본군과 치열한 의병전쟁을 전개하였다.

황해도에서는 평산 지방에서 박정빈(朴正斌)·이진용(李鎭龍) 의병부대가 봉기하여 강화도에서 상륙한 지홍윤 의병부대와 서로 호응하면서 활동했으며, 장단에서는 평민출신 김수민(金秀敏) 의병부대가 봉기하여, 이인영·이은찬 의병부대 및 허위 의병부대와 합병하면서,[41] 강인한 항일무장투쟁을 전개하였다.[42] 토산·금산 등지를 중심으로 이종협·서상열 의병부대, 옹진에서 허덕천·민효식 의병부대, 김천에서 고원직 의병부대, 수안·곡산에서 채응언(蔡應彦) 의병부대가 봉기하여 일본군과 치열한 의병전쟁을 전개하였다.

충청남북도에서는 제천에서 이강년(李康年) 의병부대가 더욱 큰 규모로 재봉기하여 강원도의 이인영 의병부대 및 경기도의 허위 의병부대와 긴밀한 연락을 취하면서 풍기·문경·단양·연풍·영월·죽령·소백산맥 일대에서 일본군 수비대를 격파하였다.[43] 이강년 의병부대는 이인영으로부터 경기도에 집결하라는 통문을 받고 경기도 건천 지방으로 지출하였다.[44] 이강년 의병부대는 1908년 7월까지 충청도·강원도·경기도 일대에 걸쳐 치열한 항일무장투쟁을 전개하였다.[45]

보은 속리산에서는 노병대(盧炳大) 의병부대가 봉기했는데 처음에는 200명이었던 의병이 서울시위대 해산군인들이 합류함으로써 곧 1천 명의 대규모 의병부대로 성장하여 활동하였다.[46] 또한 박여성(朴汝成) 의병부대가 이동하여

41 「김수민판결선고서」, 『독립운동사자료집』 별집1, 「의병항쟁 재판기록」, pp. 76~77 참조.

42 박은식, 『한국독립운동지혈사』, 『박은식전서』 상권, p. 471 참조.

43 『雲崗先生倡義日錄』, 『독립운동사자료집』(독립운동사편찬위원회 편) 제1권, 「의병항쟁사자료집」, pp. 205~309 및 pp. 689~736 참조.

44 김의환, 「한말의병운동의 분석: 이강년부대를 중심으로」, 『한국근대사연구논집』, 1972 참조.

45 「이강년판결선고서」, 『독립운동사자료집』 별집1, 「의병항쟁 재판기록」, p. 466 참조.

46 송상도, 『기려수필』 노병대조, p. 130. "丁未八月 與金雲老·宋昌憲·前主事林容憲等 入俗離山

충주·음성·제천 등지에서 활동했으며, 청주에서는 한봉수(韓鳳洙) 의병부대가 봉기하였다. 또한 충청남도에서는 공주에서 김순오(金順五) 의병부대, 계룡산에서는 이종원(李鍾元) 의병부대, 연산·은진에서는 김부길(金夫吉) 의병부대가 봉기하였다.

경상북도에서는 전년에 영해에서 봉기한 평민 출신 의병장 신돌석(申乭石) 의병부대가 일월산과 백암산을 근거지로 의병부대의 규모를 강화하며 신출귀몰한 유격전을 전개하면서 일본군에게 큰 타격을 주었다.[47] 영천에서는 정용기(鄭鏞基) 의병부대가 동대산에서 재봉기하여 청송·영천·청하 등지에서 활동했으며, 정용기가 전사하자 그의 부친 정환직(鄭煥直)이 의병장이 되어 흥해·영덕·청송 일대에서 치열한 의병전쟁을 전개하였다.[48] 안동에서는 백남규(白南奎, 안동분견대 부위) 의병부대, 이광열(李光烈) 의병부대, 유시연(柳時淵) 의병부대 등이 봉기하여 영양·청송·안동 일대에서 활동하였다.[49] 예천에서는 장윤덕(張胤德) 의병부대가 봉기하여 인근 지방에서 이강년 의병부대와 긴밀한 연락을 맺으며 활동하였다.

전라남북도에서는 1907년 9월 10일 순창에서 김동신(金東臣) 의병부대가 봉기하여 치열한 항일무장투쟁을 전개하였다.[50] 김동신 의병부대는 봉기 직후 동복의 일제 경찰관분소를 습격하고, 남원 사장(沙場)에서 일본군을 격파했으며, 구례의 일제 경찰관분소를 습격하여 무기를 노획하였다. 또한 김동신 의병부대는 지리산을 근거지로 해서 경상남도에 진출하여 함양군 좌전(左田)에서 일본군 수비대를 격파하고, 안의군 월성에서도 일본군 수비대를 공격하여

中擧義時 應募者二百餘人 解散京兵數百 又來附 不幾衆至千餘" 참조.

47 박은식, 『한국독립운동지혈사』, 『박은식전서』 상권, p. 470 및 『독립운동사』(독립운동사편찬위원회 편) 제1권, 「의병항쟁사」, pp. 574~576 참조.

48 『산남의진사(山南義陣史)』, 『독립운동사자료집』 제3권, 「의병항쟁사자료집」, pp. 373~406 및 pp. 945~961 참조.

49 『유의사전(柳義士傳)』, 『독립운동사자료집』 제3권, 「의병항쟁사자료집」, pp. 207~219 및 pp. 895~897 참조.

50 『조선폭도토벌지』, 『조선독립운동』 제1권, pp. 155~156 참조.

타격을 주었으며, 거창군 매학(梅鶴)에서도 일본군 수비대를 공격하여 격파하였다. 김동신 의병부대의 눈부신 활동은 전라도 일대의 의병운동의 고양에 큰 영향을 끼쳤다.[51] 또한 동복에서 고광순(高光洵) 의병부대가 봉기하여,[52] 무장·법성포·고창·장성 등지에서 활동했다.[53] 임실에서는 이석용(李錫庸) 의병부대,[54] 홍덕에서는 유병기(劉秉淇) 의병부대, 남원에서는 전해산(全海山) 의병부대,[55] 함평에서는 조경환(曺京煥) 의병부대, 심남일(沈南一) 의병부대[56]와 김준(金準, 泰元) 의병부대, 보성에서는 머슴 출신인 안계홍(安桂洪) 의병부대,[57] 장성에서는 김용구(金容球) 의병부대,[58] 장흥에서는 강무경(姜武景) 의병부대, 해남에서는 황두일(黃斗一) 의병부대, 임실에서는 이남규(李南圭) 의병부대, 남원에서는 이학사(李學士) 의병부대 등이 봉기하여 일본군 수비대와 치열한 의병전쟁을 전개하였다.[59]

경상남도에서는 문태수(文泰守) 의병부대가 안의에서 봉기하여 전라도 무주 덕유산을 근거지로 해서 영남지방뿐만 아니라 호남·호서 지방에까지 진출하여 치열한 의병전쟁을 전개했으며, 장영읍을 점령하기도 하였다.[60] 가야산과

51 『독립운동사』 제2권, , 「의병항쟁사」, pp. 589~593 참조.

52 『삼의사행장』, 『독립운동사자료집』 제3권, 「의병항쟁사자료집」, pp. 277~303 및 pp. 917~924 참조.

53 『호남의병열전』, 『독립운동사자료집』 제2권, 「의병항쟁사자료집」, pp595~679 및 pp. 931~961 참조.

54 『정재이석용창의일록(靜齋李錫庸倡義日錄)』, 『독립운동사자료집』 제2권, 「의병항쟁사자료집」, pp. 507~560 및 pp. 895~914 참조.

55 『전해산진중일기』, 『독립운동사자료집』 제2권, 「의병항쟁사자료집」, pp. 369~505 및 pp. 845~893 참조.

56 『심남일실기』, 『독립운동사자료집』 제2권, 「의병항쟁사자료집」, pp. 561~593 및 pp. 951~929 참조.

57 『담산실기(澹山實記)』, 『독립운동사자료집』 제3권, 「의병항쟁사자료집」, pp. 317~371 및 pp. 929~944 참조.

58 『의소일기(義所日記)』, 『독립운동사자료집』 제2권, 「의병항쟁사자료집」, pp. 681~711 및 pp. 963~974 참조.

59 최근무, 「을사·경술간(1905~1910) 의병전쟁에 관한 연구 – 전북지방을 중심으로」, 『전주교대논문집』 제16집, 1980 참조.

60 『독립운동사』 제1권, 「의병항쟁사」, p. 616 참조.

지리산에서는 서명국(徐明國) 의병부대가 맹활약을 하였다. 양산에서는 서병희(徐炳熙) 의병부대가 봉기하고, 거창에서는 전성범(全聖範) 의병부대, 산청에서는 박동의(朴東義) 의병부대, 하동에서는 이백응(李白應) 의병부대가 봉기하여 활동하였다.

함경북도에서는 포수 출신인 홍범도·차도선(洪範圖·車道善) 의병부대가 북청군에서는 봉기하여 삼수·갑산·북청·장진·후창 일대에서 활동했으며, 후치령(厚峙嶺) 전투를 비롯하여 무려 37회에 걸친 일본군 수비대와의 전투를 감행하면서 신출귀몰하는 유격전으로 일본군에게 큰 타격을 주었다.[61] 고원에서는 윤동섭(尹東燮, 해산군인) 의병부대, 장진에서는 송상봉(宋相鳳) 의병부대와 양혁진(梁爀〔赫〕鎭)·한영준(韓永俊) 의병부대, 영흥에서는 노희태(盧熙泰, 해산군인) 의병부대와 김정호(金正浩) 의병부대, 북청에서는 최동율(崔東律) 의병부대가 봉기하여 치열한 의병전쟁을 감행하였다.[62]

평안남북도에서는 순천에서 김여석(金汝錫) 의병부대가 봉기하여 덕천·맹산 등지에서 일본군과 치열한 의병전쟁을 전개하여 큰 성과를 거두었다.[63] 이밖에도 양덕에서는 신응두(申應斗) 의병부대와 김개복(金改福) 의병부대, 상원에서는 천영석(天永錫) 의병부대, 성천에서는 서광도(徐光道) 의병부대가 봉기하여 용감한 항일무장투쟁을 전개하였다.

국내에서뿐만 아니라 국외에서도 의병운동이 일어나서 노령 연해주 연추(煙秋)에서는 안중근(安重根)이 이범윤(李範允)을 총대장으로 추대하고 최재형(崔在亨)의 재정지원을 받아 국외 의병인 300명의 이범윤·안중근 의병부대를 편성하고 국내진입작전을 준비하였다.[64]

이밖에도 여기서 낱낱이 이름을 다 들 수 없는 수많은 소규모 의병부대들

61 신용하, 「홍범도의병부대의 항일무장투쟁」, 『한국민족운동사연구』 제1집, 1986 참조.
62 박은식, 『한국독립운동지혈사』, 『박은식전서』 상권, p. 472 참조.
63 박은식, 『한국독립운동지혈사』, 『박은식전서』 상권, p. 471 참조.
64 신용하, 「안중근의 사상과 의병운동」, 『한국사학』 제2집, 1980; 『한국민족독립운동사연구』(을유문화사), 1985, pp. 141~204 참조.

이 전국 각지에서 무수히 봉기하여 각처에서 일본군 수비대를 기습하면서 과감한 항일유격전을 전개하였다.

1907년 8월 1일의 대한제국 군대해산과 해산군인의 봉기 및 의병에의 합류는 의병운동 고양에 하나의 결정적 계기가 되어 이 해 말까지에는 한국인들이 '금수강산'이라고 부르는 한반도의 높고 낮은 봉우리마다 한국 민중들의 항일무장투쟁을 알리는 봉화가 높이 치솟아 올랐다.

3. '십삼도창의대진소'의 성립

대한제국 군대해산 후 각지에서 봉기한 의병부대들과 의병장들은 부대별로 국권회복을 위한 의병전쟁을 전개하면서도 상호간에 긴밀한 연락을 취하고 있었다. 『대한매일신보』는 각 지역 의병부대들과 의병장들의 상호 연락·연계관계의 예를 다음과 같이 보도하였다.

13도창의총대장 이인영

> "평안도 의병은 황해도 의장 박기섭(朴基燮)과 연락하고, 황해도 의병은 장단 의장 김수민(金秀敏)과 상련하고, 김수민은 철원 의장 전참위 김규식(金奎植)과 연통하고, 김규식은 적성 마전 의장 허위와 상통하고, 허위는 지평·가평 등지의 이인영과 통섭하고, 이인영은 제천·영동 등지의 이강년과 상통하고, 이강년은 원주 등지의 의장 민긍호와 연접되어 상호통모한다 하고."[65]

전국 각 지방 의병부대들의 이러한 긴밀한 상호 연락의 조건 위에서 이인영 의병부대와 허위 의병부대는 전국의 의병부대들이 분산적으로 싸우지 말고

65 『대한매일신보』, 1908년 11월 28일자, '잡보(지방소식)'

하나의 통합된 지휘부 밑에서 항일무장투쟁을 전개하면서 경기지방으로 모여 서울을 포위하고 궁극적으로는 서울에 진입해서 수도 서울을 탈환하여 일제 통감부와 담판을 하고 일제를 한국에서 몰아내는 연합의병운동을 전개할 것을 추구하였다. 당시 경기도에서는 허위 의병부대 등이 활동하고 있었고, 인접 지방에서는 강원도의 이인영 의병부대와 민긍호 의병부대가 가장 막강한 의병부대로서 일본군과 치열한 의병전쟁을 전개하고 있었으며, 충청북도와 강원도 접경지대에서는 이강년 의병부대 등이 활동하고 있었다. 따라서 연합의병운동은 우선 허위 의병부대와 이인영·민긍호 의병부대가 중심이 되어 추진하면 형성될 수 있는 것이었다. 다행히 이인영 의병부대의 중군장 이은찬(李殷瓚)은 허위가 1895년 의병운동을 일으켰을 때의 동일한 의병부대의 막료이며 동지였으므로,[66] 두 주력부대 사이에는 연합의병운동의 실현에 대한 합의가 용이하게 이루어질 수 있었다. 이인영 의병부대와 허위 의병부대 사이에 충분한 사전 협의와 합의가 이루어진 후에, 이인영은 1907년 음력 10월(양력 11월) 전국 각 지방의 의병장들에게 의병부대들을 통일해서 연합의병부대와 통합사령부를 창설하여 서울을 향해서 경기지방으로 진군하자는 다음과 같은 격문을 서북양도(평안도와 함경도)를 제외한 전국에 보내고 이에 호응하는 의병부대들은 경기도 양주에 모일 것을 호소하였다.

> "용병의 요체는 그 고독을 피하고 일치단결하는데 있은 즉, 각도의 의병을 통일하여 궤제지세(潰堤之勢)를 타서 근기에 범입하면 천하를 들어 우리의 가물(家物)이 되게 할 수는 없을지라도 한국의 해결에 유리함을 볼 수 있을 것이다."[67]

66 『旺山許蔿先生擧義事實大略』, 『독립운동사자료집』(독립운동사편찬위원회 편) 제2권, p. 234 및 p. 793에 의하면, 허위가 1895년 말 민비시해와 단발령에 반대하여 의병을 일으켰을 때에 허위와 이은찬은 모두 이기찬(李起燦)을 대장으로 한 의병부대의 간부였다.

67 『대한매일신보』, 1907년 7월 29일자, '의병총대장 이인영 씨 약사(속)', "用兵之要는 避其孤獨而在御一致團結 則統一各道之兵ㅎ、야 秉潰堤之勢ㅎ、야 犯入近畿면 擧天下는 不能爲我家物이나 可見有利於韓國之解決矣" 참조.

이인영은 원주에서 이러한 격문을 전국에 발송함과 동시에 우선 그가 활동하는 지역인 강원도와 그 인근지방의 의병부대들을 다음과 같이 하나로 통일하였다.[68]

관동창의대장	이인영(李麟榮)
총독장(摠督將)	이구채(李球采)
중군장	이은찬(李殷瓚)
좌군장	방인관(方仁寬)
우군장	권중희(權重熙)
유격장	김해진(金海鎭)
좌선봉장	정봉준(鄭鳳俊)
우선봉장	김병화(金炳和)
후군장	채상준(蔡相俊)
운량관(運糧官)	현리보(玄履甫)
재무관	신창선(申昌先)
	민춘원(閔春元)
좌총독장	김현복(金顯福)
우총독장	이귀성(李貴成)
진위대사령부	민긍호(閔肯鎬)

이인영이 관동창의대장으로서 경기도 지평에 이르렀을 때는 16진의 병을 합하여 약 6천명에 달하는 의병들이 모여들었다. 이인영이 지휘하는 관동창의소의 의병부대는 지평에서 약 1개월간 유진하면서 일본군과 세 차례의 접전을 하고, 일제 통감에게 성토격서를 보낸 다음 홍천·춘천을 거쳐 경기도

68 『暴徒ニ關スル編冊』, 「원비발 제50호」, 융희 원년 11월 28일조, 「원주경무분서의 경무국에의 보고」, 『한국독립운동사자료』(국사편찬위원회판) 제8권, p. 157 참조.

양주에 이르러 허위 의병부대와 이강년 의병부대를 비롯한 다수의 의병부대들을 만나 합류하게 되었으며, 이때 의병의 총수는 48진에 약 1만 명에 달하게 되었다.[69] 그 내역은 강원도 의병이 민긍호 의병부대 2,000명과 이인영 의병부대 1,000명을 비롯해서 약 6,000명이었고, 경기도의 허위 의병부대가 약 2,000명, 충청도의 이강년 의병부대가 500명, 황해도의 권중희 의병부대가 500명, 평안도의 방인관 의병부대가 80명, 함경도의 정봉준 의병부대가 80명, 전라도의 문태수 의병부대가 100명 등 모두 48진에 약 1만명이었다.[70] 이인영은 이 1만명 중에서 해산군인의 숫자가 민긍호 의병부대에 포함된 800명, 이은찬·이구채가 인솔하고 온 80명, 서울·강화·청주의 해산병 등 당시 약 3,000명 정도였다고 설명하였다.[71]

이인영의 격문에 호응하여 1907년 음력 11월 경기도 양주에 모인 의병장들은 회의를 열어 협의한 후에 연합의병부대로서 '십삼도창의대진소(十三道倡義大陣所)'를 성립시키고 관동창의대장 이인영을 '십삼도창의총대장'으로 추대하였다.[72] 이에 1907년 음력 11월 경기도 양주에서 전국적인 연합의병부대로서 '십삼도창의대진소'가 성립된 것이었다.

십삼도창의대진소의 이인영 총대장은 「이인영문답조서」에 의하면, 1907년 음력 11월 각 의병부대에 도별로 진명을 내리고 지휘체계를 다음과 같이 정비하였다.[73]

십삼도창의총대장	이인영
전라창의대장(전라도)	문태수

69 「十三道倡義大將李麟榮逮捕の件」, 『조선독립운동』(김정명 편) 제1권, p. 38 참조.

70 박은식, 『한국독립운동지혈사』, 『박은식전서』 상권, p. 466 및 「제3회 이강영문답조서」, 『조선독립운동』 제1권, p. 52 참조.

71 「제3회이인영문답조서」, 『조선독립운동』 제1권, p. 53 참조.

72 「제3회이인영문답조서」, 『조선독립운동』 제1권, p. 51 참조.

73 「제3회이인영문답조서」, 『조선독립운동』 제1권, p. 51 참조.

호서창의대장(충청도)	이강년
교남(嶠南)창의대장(경상도)	신돌석
진동(鎭東)창의대장(경기도·황해도)	허위·(亞將) 박정빈
관동창의대장(강원도)	민긍호
관서창의대장(평안도)	방인관
관북창의대장(함경도)	정봉준

각 의병부대는 또한 '창의유진소(倡義留陳所)'라는 명칭으로 불리기도 하였다. 예컨대 문태수 의병부대는 '전라창의유진소'라고 불리우고 그 의병장 문태수는 '전라창의대장'이 되는 것과 같은 것이었다.

그런데 『대한매일신보』는 1개월 후인 1908년 1월 초순(음력 전년 12월)의 '십삼도창의대진소'의 편성을 위의 「이인영문답조서」와는 약간 달리 다음과 같이 기록하였다.[74]

십삼도창의대진소 총대장	이인영
군사장	허위
관동창의대장	민긍호
호서창의대장	이강년
교남창의대장	박정빈
진동창의대장	권중희
관서창의대장	방인관
관북창의대장	정봉준

박은식의 『한국독립운동지혈사』(1920)는 이 조직구성을 십삼도창의대진소

74 『대한매일신보』, 1909년 7월 30일자, '의병총대장 이인영 씨의 약사(속)' 참조.

의 조직으로 취하였다.[75] 『대한매일신보』와 『한국독립운동지혈사』가 기록한 십삼도창의대진소 연합의병부대의 조직에는 새로이 '군사장'의 직책이 나타나고 여기에 진동창의대장 허위가 선임되고 있다. 그리고 진동창의대장에는 황해도 의병장이었다가 이인영의 관동창의대진소의 우군장으로 편입되어 있던 권중희가 선임되었다. 또한 교남창의대장군이 신돌석으로부터 박정빈으로 교체되고 있으며, 전라창의대장 문태수의 이름이 보이지 않고 있다.[76]

여기서 주목할 것은 십삼도창의대진소의 실제의 내부 구성은 이인영 의병부대, 허위 의병부대, 민긍호 의병부대, 이강년 의병부대의 연합으로 구성되어 있었으며, 그 중에서도 이인영 의병부대와 허위 의병부대가 골간을 이루고 있었다는 사실이다. 그밖의 각도 의병장은 주로 이인영 의병부대와 허위 의병부대의 차급 의병장이나 막료를 출신도를 고려하여 도별로 창의대장에 임명해서 '전국십삼도'의 체제를 갖춘 것이었다. 예컨대, 관서창의대장 방인관은 이인영의 격문에 응하여 80명의 의병을 이끌고 이인영 의병부대(관동창의대진소)의 좌군장으로 활동하고 있던 의병장이었으며, 관북창의대장 정봉준은 이인영의 격문에 응하여 80명의 의병을 이끌고 역시 이인영의 관동창의대진소의 좌선봉장으로 활동하던 의병장이었고, 진동창의대장 권중희는 이인영부대(관동창의대진소)의 우군장으로 활동하고 있던 의병장이었다. 또한 교남창의대장 박정빈은 허위 의병부대의 아장이었으며, 허위가 진동창의대장에 선임되었을 때에도 그의 아장으로 활동했었다.

그러므로 여기서 자신있게 추정할 수 있는 것은 「이인영문답조서」에 기록된 1907년 음력 11월의 '십삼도창의대진소'의 처음의 각 도 의병장은 이때 실제로 양주에 도착된 의병장뿐만 아니라 이인영의 의병통일을 호소하는 격문에 호응 회신을 보내온 미도착 의병장들도 포함해서 선임된 조직구성이었다

---

75 박은식, 『한국독립운동지혈사』, 『박은식전서』 상권, pp. 466~467 참조.

76 '교남창의대장'을 신돌석으로부터 박정빈으로 교체한 문제에 대하여 종래 모든 연구들은 신돌석 의병장이 평민출신이었기 때문에 양반유생출신인 이인영이 신분차별에 의거하여 교체한 것이었다고 설명해 왔는데, 이것은 전혀 근거를 갖고 한 설명들은 아니었다.

는 사실이다. 그러나 1개월 이상을 십삼도창의대진소가 양주 근방에 이동하며 머물러 있는 동안에도 신돌석 의병장과 문태수 의병장은 양주에 도착하지 않은 것이 분명하다. 일제의 『폭도에 관한 편책』의 이 시기 기록을 보면 신돌석은 여전히 일월산 부근에서, 문태수는 장성 부근에서 활동하고 있기 때문이다. 따라서, 필자의 견해로는 성립 1개월 후인 1907년 12월의 십삼도창의대진소의 조직 구성에 대한 『대한매일신보』의 기록에서 신돌석과 문태수가 제외된 것은 서울 진입탈환작전을 전개하기 위하여 전국연합 의병부대가 출진할 때까지 이 중요한 두 의병장이 양주에 도착하지 않았기 때문이라고 본다. 즉 『대한매일신보』와 박은식의 『한국독립운동지혈사』에 기록된 전국 '십삼도창의대진소'의 각도 의병장들은 그들이 서울탈환작전을 전개하기 직전까지 대진소에 실제로 도착한 의병장들만 도별로 배정된 것이었다.

또한 여기서 반드시 지적해 두어야 할 것은 '십삼도창의대진소'라 할지라도 당시 전국의 무수한 의병부대들을 총연합하여 총지휘한 것은 아니라는 사실이다. 당시 전국 각 지방에는 수많은 의병부대와 의병장들이 있었으며, 그들은 이인영 의병장의 의병통일 격문에 찬성한 경우일지라도 각지의 일본군과 싸우는 조건에 따라 즉각 진지를 떠나서 경기도 양주로 집합할 처지에 있지 않은 경우가 많았다. 실제로 '십삼도창의대진소'를 구성한 큰 의병부대는 주로 '중부지방'에서 항일무장투쟁을 전개하고 있던 ① 이인영 의병부대, ② 허위 의병부대, ③ 이강년 의병부대, ④ 민긍호 의병부대 등 4대 의병부대이었으며, 나머지 각도 의병부대와 창의대장들은 그들의 연합의병부대가 '전국적' 연합임을 상징화시키기 위하여 이 4대 의병부대 내의 다음 서열의 의병장들을 주로 출신도별로 각도 창의대장으로 배정한 것이었다고 판단된다.[77]

77 '십삼도창의대진소'가 실제로 중부지방에서 항일무장투쟁을 전개하고 있던 위의 사대의병부대들의 연합이라는 사실은 그것만으로도 놀랄 만한 대진전이라고 말할 수 있는 것이었다. 당시 일본군 2개 사단의 주차군이 각 지방에서 의병을 '토벌'하고 있던 조건에서 단시일에 전국 의병부대나 의병장들이 한 곳에 모여 통일의병부대를 편성하는 것은 불가능하였다. 이러한 조건에서 전국적으로 가장 막강한 4대 의병부대가 하나로 통일연합하고 그 밖의 도에 대하여 상

한말 십심도창의 대진소 의병 모습(1908년, 맥켄지 촬영)

한편 일본헌병대의 자료에는 '십삼도창의대진소'가 서울탈환작전을 전개하기 직전인 1907년 음력 12우러말의 조직 구성을 다음과 같이 기록한 것이 있다.[78]

십삼도창의총대장(十三道倡義總大將)	이인영
군사장(軍師長)	허위
호서장(湖西長)	이강년
진동장(鎭東長)	이태영
안무장(安撫長)	김춘(준)수
대대장(大隊長)	연기우

일제 헌병대의 이 기록은 십삼도창의대진소의 전체의 조직구성이 아니라 서울탈환작전을 전개하기 위하여 출진한 선봉대의 조직체계를 기록한 것으로 이해된다.

이상과 같은 과정으로 1907년 말에 전국 연합의병부대로서 '십삼도창의대

징적 의병대장들을 임명한 것은 '전국 십삼도'라는 상징적 용어를 사용하기에 부족함이 없는 전국적인 것이었다고 상대적 의미에서 말할 수 있을 것이다.

78 「十三道倡義大將 李麟榮逮捕の件」, 『조선독립운동』 제1권, p. 38 참조.

진소'가 성립되어 서울진입·서울탈환 작전을 추진하게 된 것이었다.

4. 십삼도창의대진소의 삼산전투·마전전투와 의병전쟁

십삼도창의대진소는 그 성립과정에서와 서울진입·서울탈환작전을 전개하기 이전에도 일본군과 여러 차례 접전하여 치열한 의병전쟁을 전개하였다. 이 중에서도 대표적 의병전쟁이 1907년 양력 11월 7, 8일에 있었던 '삼산전투(三山戰鬪)'와 '마전전투(麻田戰鬪)'였다.

이인영의 지휘아래 십삼도창의대진소를 수립하기 위하여 이인영 의병부대가 경기도 지평에 도착한 직후 다른 곳에서도 이인영의 격문에 호응하여 각지 의병장들이 의병부대들을 이끌고 지평에 모여들기 시작하였다. 그들은 일단 지평에 모여 다시 양주로 가서 서울로 향하려고 하였다. 이때 의병부대들은 경기도 지평군 상동면 삼산리, 산매실동 등 각처에 주둔하여 부근 일대에서 군자금을 모집하였다.[79] 이들의 숫자는 처음에는 이인영의 인솔하에 약 1천명이었으나,[80] 곧 2천명으로 증가했으며,[81] 각지에서 의병부대들이 모여든 결과 약 5천명에까지 달하게 되었다.[82] 의병부대들은 서울로 통하는 도로선에 있는 송용동(松用洞), 이운리(伊雲里), 판관대동(板館垈洞)에 20~30명씩의 보초를 세우고 일본군의 기습공격에 대비하면서 양주로의 이동을 준비하고 있었다.[83]

---

79 『暴徒ニ關スル編冊』, 「京秘發 第44號의 1」, 1907년 11월 5일條, 「원주분견소의 경무국장에게의 보고」, 『한국독립운동사자료』 第8卷, p. 93 참조.

80 『暴徒ニ關スル編冊』, 「京秘發 第44號의 1」, 1907년 11월 5일條, 「원주분견소의 경무국장에게의 보고」, 『한국독립운동사자료』 第8卷, p. 93 참조.

81 『暴徒ニ關スル編冊』, 「原秘發 第46號의 1」, 1907년 11월 10일條, 「원주분견소의 경성경시청에의 보고」, 『한국독립운동사자료』 第8卷, p. 104 참조.

82 『暴徒ニ關スル編冊』, 「韓憲警 乙 第404號」, 융희 2년 4월 9일조, 「한국주차헌병대장 明石元二郎의 내부경무국장 松井茂에게의 통보」, 『한국독립운동사자료』 第10卷, pp. 128~129 참조.

83 『暴徒ニ關スル編冊』, 「原秘發 第46號의 1」, 1907년 11월 10일條, 「원주분견소의 경성경시청에의 보고」, 『한국독립운동사자료』 第8卷, p. 104 참조.

이인영 의병부대를 비롯하여 각지 의병부대들이 지평군 삼산리에 대규모로 집합하고 있다는 보고를 받은 일본군은 원주수비대를 출동시켰을 뿐 아니라 서울로부터 적창(赤倉) 대위가 인솔하는 토벌중대를 파견했으며,[84] 11월 6일에는 판부(坂部)소좌가 인솔하는 1개 중대와 산포대(山砲隊)까지 출동시켰다.[85] 그리하여 지평군 삼산리 일대를 약 6백 명의 일본군이 출동하여 공격하기 시작하였다.[86]

이인영 의병부대를 비롯하여 십삼도창의대진소를 수립하려고 모여든 각지 의병부대 5천 명은 1907년 양력 11월 7일 오전 9시부터 그날 해가 질 때까지 찾아온 일본군 대부대와 치열한 전투를 전개하였다. 연합의병부대는 숫적으로 우세했으며 적개심에 불타고 있었으므로 물러서지 않고 용감하게 일본군을 공격하여 이들을 패주시켰다. 일본군은 의병부대를 도저히 '토벌'할 수 없자 오전 9시~11시 사이와 이튿날 오후 1시~3시 사이의 의병 '토벌'작전에서는 이색적으로 산포대를 내세워 산포의 포격까지 동원하지 않을 수 없을 만큼 치열한 전투가 만 2일간 전개되었다.

"11월 7일 오전 9시로부터 11시에 지(至)하는, 그리고 8일 오후 1시로부터 3시 사이에 지평방면에서 산포의 포격이 있었다. 생각건대 판부대(坂部隊)가 폭도를 포격한 것이다."[87]

이 전투에서 일본군은 수십 명의 사상자를 내었으며 연합의병부대도 일본

84 『暴徒ニ關スル編冊』, 「京秘發 第44號의 1」, 1907년 11월 5일條, 「원주분견소의 경무국장에게의 보고」, 『한국독립운동사자료』 第8卷, p. 94 참조.

85 『暴徒ニ關スル編冊』, 「原秘發 第46號의 1」, 1907년 11월 10일條, 「원주분견소의 경성경시청에의 보고」, 『한국독립운동사자료』 第8卷, p. 105 참조.

86 『暴徒ニ關スル編冊』, 「韓憲警 乙 第404號」, 융희 2년 4월 9일조, 「한국주차헌병대장의 내부경무국장에게의 통보」, 『한국독립운동사자료』 第10卷, p. 129 참조.

87 『暴徒ニ關スル編冊』, 「原秘發 第46號의 1」, 1907년 11월 10일條, 「원주분견소의 경성경시청에의 보고」, 『한국독립운동사자료』 第8卷, p. 105.

군의 추산에 의하면 약 200~300명의 사상자를 내었다.[88] 이것이 '삼산전투'인바, 의병전쟁 중에서 매우 규모가 크고 일본군이 큰 피해를 입은 전투였다. 십삼도창의대진소의 간부로 활동하던 중 후에 탄약을 구입하려고 서울에 잠입했다가 일제에게 체포된 의병장 김훈(金壎)은 삼산전투에 대하여 다음과 같이 응답하였다.

"허위급(及) 이인영과 행동을 공히 하던 간에 일본군과 충돌 전투한 일이 수십회인바, 취중(就中) 지평군 삼산에서 전투하였을 시는 의병의 수 약 5천 명, 일본병 5·6백 명으로 다수의 사상자를 출(出)한 대충돌이었다."[89]

연합의병부대는 이틀간의 치열한 삼산전투에서 일본군을 쳐 물리치고 11월 8일 밤 어둠을 타서 연합의병부대를 부대별로 나누어 삼산 부근에서 철수해서 여러 갈래의 길로 목적지인 양주를 향하여 이동하였다.

지평에서 '삼산전투'가 전개되고 있던 무렵에 허위 의병부대는 약 1천 명의 병력으로 마전읍의 서남쪽인 두일성(斗日城) 천신면(川新面) 쪽으로부터 진출하여 1907년 양력 11월 8일 마전읍을 포위해서 오전 10시경부터 공격을 시작하여 일본군 마전헌병대를 섬멸하고 마전읍을 점령하였다. 허위 의병부대는 8일 낮을 마전읍에서 일본군과 친일잔당을 소탕하면서 지내다가 일본군 금화(金化)수비대가 찾아오자 이를 격퇴한 다음 날이 어두워지자 야습을 염려하여 부근의 산악으로 철수하였다.[90] 이것이 '마전전투'였으며, 일본군이 참패하고 의병부대가 크게 승리한 전투였다.

일본군은 허위 의병부대가 이튿날에도 마전을 공격하여 점령하지 않을까

---

88 『暴徒ニ關スル編冊』, 「警秘發 第115號」, 1907년 11월 12일條, 「강원도금성분견소의 경무국장에의 보고」, 『한국독립운동사자료』 第8卷, p. 108 참조.

89 『暴徒ニ關スル編冊』, 「韓憲警 乙 第404號」, 융희 2년 4월 9일條, 「한국주차헌병대장의 내부경무국장에게의 통보」, 『한국독립운동사자료』 第10卷, p. 129 참조.

90 『暴徒ニ關スル編冊』, 「金秘發 第117號」, 1907년 11월 12일條, 「강원도금성경무분견소의 경무국장에의 보고」, 『한국독립운동사자료』 第8卷, pp. 109~110 참조.

두려워해서 철원헌병대에까지 긴급 구원을 요청한 형편이었다.

"본월 8일 야(夜) 마전헌병분견소로부터 철원헌병분견소에 급사로써 응원(應援)을 구래(求來)한 그 정보에 왈 마전 부근에 약 1천의 폭도가 있다. 8일야 또는 9일효(曉) 마전읍내에 내습하려 하는 초미(焦眉) 급에 임박하였다고 하였다. 따라서 헌병중위 태전청송(太田清松)은 부하 20명 및 철원수비대로부터 하사졸 5명을 인솔하고 9일 오전 7시 급행 마전으로 향하여 익(翌) 10일 중위 및 하사 1명만 귀소하였다."[91]

이밖에도 민긍호 의병부대와 이강년 의병부대가 지평과 양주로 집결하는 행군과정에서 일본군 수비대와 접전한 수많은 전투들은 독립논문이 필요한 것이므로 여기서는 다 거론할 수 없어 생략한다.

십삼도창의대진소의 연합의병부대를 편성하려고 경기도 안에 들어온 의병부대들과 십삼도창의대진소를 편성한 후 서울을 향해 진군한 의병부대들은 대규모 전투라면 '서울진입·서울탈환작전'이 목표이므로 대규모 전투를 삼가고 도처에서 소규모의 유격전을 전개하였다. 의병부대들이 소규모의 편대를 만들어 갑지에 출현했는가 하면 바로 을지에서 일본군 수비대를 기습하고 사라지며, 동에 번쩍 나타났다가 서에 번쩍 출몰하는 유격전에 일본군은 큰 타격을 입었다. 의병부대들의 이러한 유격전은 당시 한국 농민들의 의병전쟁에 대한 확고한 지지와 성원 위에서 가능했던 것이었다. 일제 경찰은 한국 의병부대들의 유격전의 실태와 활동에 대하여 다음과 같이 비명을 올리는 보고를 하였다.

"관내 폭도의 동세에 대해서는 부절히 정찰 경계하고 있으나, 피등은 항상 아군대급(我軍隊及) 경찰의 극(隙)을 규(窺)하여는 각처에 출몰하여 금일 갑지에 횡행하다가 명일에 지하면 홀연히 을지에 집합하여 변환출몰이 포풍착운(捕風捉雲)의 감이 있다. 특히 피등은 지방의 지리에 정통하므로써 아토벌대가 향할 시는 간도로 1일에 10리

---

91 『暴徒ニ關スル編冊』, 「金秘發 第117號」, 1907년 11월 12일條, 「강원도금성경무분견소의 경무국장에의 보고」, 『한국독립운동사자료』 第8卷, p. 109 참조.

(韓里 100里) 혹은 15·6리의 먼 지방에 도주하여 그 종적을 감추고 또 피등은 항상 각 일본군배급 주류지에 행상인 혹은 각종 방법으로써 민정자를 출하여 시종 아군 대경찰의 행동을 통보하는 등사가 있다."[92]

각도 의병부대들이 경기도 지평·양주에 모여 십삼도창의대진소의 의병연합부대를 편성하는 과정에서와 그 편성 후 서울을 향하여 진군하는 과정에서 그들이 얼마나 큰 싸움과 신출귀몰하는 유격전을 많이 전개했는가를 위의 일제 보고에서도 알 수 있다. 일제의 자료는 십삼도창의대진소가 편성된 이후 이들 의병부대들이 서울진입을 위하여 동대문 밖 30리 지점에 도착할 때까지 일본군과 전투한 횟수를 38회라고 추산하였다.

"장차 경성에 들어가려고 하여 약 3리의 지점에 도달하였다. 차간(此間) 전투 38회에 미치었다."[93]

여기서 우리는 십삼도창의대진소의 의병연합부대가 서울진입작전·서울탈환작전을 감행하기 전에 삼산전투·마전전투 등 대규모 전투들과 함께 수많은 유격전을 전개하면서 혈전 속에서 13도창의대진소를 편성하고 혈전 속에서 서울탈환작전을 준비한 것을 알 수 있다.

또한 우리는 십삼도창의대진소의 의병연합부대가 서울 동대문밖 30리 지점에 도달하기 이전까지의 수많은 혈전과정에서 이미 탄약이 고갈상태에 들어가고 있었다는 사실을 아울러 주목할 필요가 있을 것이다. 13도창의대진소가 편성되기 시작할 무렵에 양근(楊根) 지방에서 의병운동을 취재한 영국 『데일리 메일(*The Daily Mail*)』紙 기자 맥켄지(F.A. McKenzie)가 이미 의병의 무기의 절대적 부족과 열악성을 보도하고 특히 탄환의 결핍을 지적한 것은 잘 알려져

92 『暴徒ニ關スル編冊』, 「春秘發 第51號」, 1907년 12월 6일條, 「춘천경무서의 내부경무국장에의 보고」, 『한국독립운동사자료』 第8卷, p. 249.

93 「十三道倡義大將 李麟榮逮捕の件」, 『조선독립운동』(김정명 편) 제1권, p. 38 참조.

있다.[94] 십삼도창의대진소 연합의병부대들이 다시 서울 동대문 밖에 도달하기까지 38회의 크고 작은 격전을 치렀으니 그들의 탄환의 결핍이 얼마나 심각했었을지는 추정되고도 남음이 있다.

5. 제1차 서울탈환작전

십삼도창의대진소는 편성대오가 갖추어지자 서울탈환작전을 시작하여 총대장 이인영과 군사장 허위 등은 연합의병부대에게 서울을 향한 진군령을 내리었다. 십삼도창의대진소의 서울진입의 목적은 일제통감부를 타격하고 그와

94 F.A. McKenzie, *Korea's Fight for Freedom*, 1920, pp. 61~170 참조. 맥켄지는 한국의 의병을 취재하기 위해 십삼도창의대진소가 편성되고 있던 시기인 1907년 10월 11월경에 이천-충주-제천-원주를 거쳐 양근에 도착해서 의병의 한 소부대를 만나보고 그들의 무기의 빈약한 상태와 탄약의 결핍을 관찰하여 기록하였다. 즉 그가 만난 6명의 의병들이 각각 다른 5가지 종류의 무기를 갖고 있었는데 1명이 화승총, 2명이 구한국군의 열악한 라이플총, 1명이 장난감 같은 엽총, 1명은 기병단총을 갖고 있었고, 1명은 총이 없었다. 면제품 탄띠에는 대장만 탄환이 반쯤 채워져 있었고, 다른 의병들은 탄환이나 탄약이 거의 없었다(p. 162). 그는 한국의병들이 '빈약한 무기(poor weapons)'와 '고갈된 탄환(little ammunition)'의 상태에서 싸우고 있음을 관찰한 대로 기록하였다(p. 166). 또한 그는 그가 만난 소규모 의병부대 대장의 그(맥켄지)에 대한 요청을 다음과 같이 기록하였다. "그는 목적한 바가 있어 나를 찾아왔다. '우리 대원들은 무기가 필요합니다'고 그는 말하였다. '우리 대원들은 더할 나위없이 용감하오, 그러나 무기는 당신이 아는 바와 같으며 탄환은 거의 없소. 우리는 그것을 구입할 수 없지만 당신은 마음대로 어디든지 갈 수 있지 않소. 그러니 제발 당신이 우리 대리인으로서 총을 사다 주시오. 대금은 얼마든지 요구해도 좋소. 5천 달러이건 1만 달러이건 당신이 원하는 대로 드리겠소. 오직 우리들에게 총만 사다 주시오!"(p. 165). 맥켄지는 일단의 심부름꾼 한국소년들을 데리고 호신용 무기들을 휴대하여 의병봉기 지역을 여행했는데, 맥켄지가 양근을 떠날 때 그의 심부름꾼 소년들은 맥켄지의 무기들을 의병들에게 주고 가자고 졸랐다고, "내 소년들의 일부는 의병들이 일본인들을 죽일 수 있도록 우리의 무기를 의병들에게 주고 가자고 애걸하였다!"고 기록하였다. 맥켄지의 기록은 십삼도창의대진소 편성 무렵에 의병들의 탄환은 이미 고갈 상태에 있었음을 잘 알려주고 있다. 현재 남아 있는 오직 2장의 의병 사진(한 장은 중앙에 해산군인 출신 의병이 서 있고 주위에 소년의병과 농민의병 등 10명이 서 있는 사진과 다른 한 장의 농민의병 3명의 사진)은 십삼도창의대진소 연합의병부대 휘하 의병을 이때 맥켄지에 찍어 보도한 것이었다.

담판을 지어 '을사 5조약', '정미 7조약' 등을 파기해서 국권을 회복하기 위한 것이었다.

> "어시에 사기를 고(鼓)하야 경성진향의 령을 발하니, 그 목적은 입경하야 통감부를 타격하고, 성하의 맹을 성(成)하며, 종래의 소위 신협약 등을 파(破)하야 대대적 활동을 기도함이라."[95]

십삼도창의대진소 총대장 이인영은 서울진입의 목적이 '우리의 국권을 회복하고 독립을 공고히 하며', '그 후 간신을 살육하는 것'이라고 다음과 같이 말하였다.

> (문: 일제 헌병) 너의 주로 하는 창의(倡義)의 목적은 무엇인가?
> (답: 이인영) '복아국권공고독립(復我國權鞏固獨立)'으로서, 그렇게 한 후 간신을 살육하는 것이다. 그 이상의 것은 없다.[96]

한편 이인영 총대장의 참모장을 지낸 김훈은 서울진입작전의 목적이 '오적칠간(五賊七奸)의 일파를 주살하고 국권을 회복한 후 의병 중에서 인물을 선임하여 정부를 조직하는 것'이라고 진술하였다.

> "동인(同人)은 강개비분한 태도를 시(示)하고 현금의 시태(時態)인 즉 한국은 오직 명의뿐으로 그 국가의 실권은 총(總)히 일본에게 탈취 당하기에 지(至)한 것은 필경 오적칠간의 처위(處爲)라 하고 분만(憤懣)하면서 우리 의병은 피등의 일파를 애(殪)하고 국권을 회복한 후 의병중에서 인물을 선임하여서 정부를 조직할 기망(企望)이라고만 방언하여 자약(自若)하였다."[97]

위의 세 가지 자료에서 십삼도창의대진소의 서울탈환작전의 목적을 정리해

95 『대한매일신보』, 1909년 7월 30일자, '의병총대장 이인영 씨의 약사(속)'

96 「제1회 이인영문답조서」, 『조선독립운동』(김정명 편) 제1권, p. 43.

97 『暴徒ニ關スル編册』, 「韓憲警 乙 第404號」, 융희 2년 4월 9일조, 「한국주차헌병대장의 내부경무국장에게의 통보」, 『한국독립운동사자료』 第10卷, p. 129.

보면, 서울에 진입해서 ① 통감부를 타격하여 굴복시키고, ② '을사 5조약'과 '정미 7조약'의 파기를 달성하여, ③ 국권을 회복하고, ④ 5적 7간 등 매국노들을 차단한 다음, ⑤ 의병 중에서 인물을 선임하여 신정부를 조직해서, ⑥ 자주독립을 공고히 하는 것이었다고 말할 수 있다. 여기서 주목해야 할 것은 십삼도창의대진소의 서울탈환작전의 목적이 서울을 군사적으로 점령한다는 군사적 목적뿐만 아니라 유리한 정치적 위치에서 국권회복 문제에 대하여 일제 통감부와 담판을 하려는 정치적 목적이 중심적 위치를 차지하고 있었다는 사실이다.

십삼도창의대진소의 연합의병부대는 이러한 작전목표 아래 서울탈환작전을 시작하면서 서울에 심복을 잠입시켜 각국 영사관을 순방케 해서, 일제의 불의를 성토하고 의병은 순연함 애국혈단이니 열강도 의병을 국제공법상의 전쟁단체로 인정하여 한국의병들의 활동을 성원해 줄 것을 요청하는 요지의 통문을 돌리었다.

"위선 복심인(腹心人)을 견(遣)하야 경성에 잠입하야 각국 영사관을 순방하고 통문 일도씩을 정여(呈與)하니 그 개의(概意)는 일본의 불의를 성토하고 한국의 조우(遭遇)를 해진(該陳)하고 차(且) 의병은 순연한 애국혈단이니 열강도 차를 국제공법상의 전쟁단체로 인(認)하며, 우(又) 정의 인도를 주장하는 국의 동성응원(同聲應援)을 규(叫)하얏더라."[98]

십삼도창의대진소의 의병연합부대는 이러한 작전 목표 밑에 1908년 1월(음력 1907년 12월) 군사장 허위가 약 300명의 선봉대를 인솔하여 서울 동대문 밖에 약 30리의 지점에 도착하였다. 일제 측 자료는 이 부분을 다음과 같이 기록하였다.

"이때 허위 이강년이 와서 합하여 모두 48진(陣)에 약 1만에 달하였다. 허위를 군

98 『대한매일신보』, 1909년 7월 30일자, '의병총대장 이인영 씨의 약사(속)'.

사(軍師)로 하고, 이강년을 호서장으로 했으며, 이태영을 진동장으로 하고, 김춘(준)수를 안무장으로 했으며, 연기우를 대대장으로 하였다. 장차 경성에 진입하려고 하여 약 3리(韓里 30里)의 지점에 도달하였다. 차간 전투가 38회에 미치었다."[99]

십삼도창의대진소 군사장 허위의 선봉대가 서울 동대문 밖 30리의 지점에 도착하면 뒤이어 총대장 이인영이 인솔하는 후속의 본대와 각도 창의 대장의 의병부대들이 장사(長蛇)의 세(勢)로 천천히 진군하면서 약속한 기일에 약속한 지점에 도착하기로 되어 있었다. 그러나 이인영과 각도의 창의대장이 인솔하는 후속의 본대는 서진(徐進)했으므로 약속된 기일에 약속된 장소에 정확하게 도착하지 못했으며, 십삼도창의대진소 연합의병부대의 본대가 미처 도착하지 못한 상태에서 허위가 인솔하는 선봉대는 잠복중인 일본군의 선제공격을 받게 되었다. 치열한 전투가 벌어졌으나 선봉대만으로서는 화력의 부족으로 일본군을 이길 수가 없었다. 허위의 선발대는 후속 본대의 도착을 기다리면서 치열한 전투를 전개하다가 약속한 시기가 되어도 본대가 도착하지 않으므로 일단 후퇴하였다.

"군사장은 기(旣)히 군비를 신속히 정돈하야 철통상사(鐵筩相似)하매 일적(一滴)의 수(水)도 누(漏)할 극(隙))이 무(無)한지라. 이에 전군에 전령하야 일제진군을 촉(促)하야 동대문외로 진박(進迫)할새 대군은 장사(長蛇)의 세(勢로)로 서진케 하고 씨(氏)가 삼백병을 솔(率)하고 선두에 입(立)하여 문외 삼십리 지(地)에 진(進)하야 전군의 내회(來會)를 사(俟)하야 일거에 경성을 공입(攻入)하기로 계(計)하더니 전군의 내집(來集)은 시기를 위(違)하고 일병이 졸박(卒迫)하는지라. 다시간을 격렬히 사격하다가 후원이 부지(不至)하므로 급(伋)히 퇴진하얏더라."[100]

허위가 인솔하는 선봉대의 동대문 밖 30리 지점의 전투는 대격전으로서 『왕산허위선생거의사실대략(旺山許蔿先生擧義事實大略)』에서는 이 전투에서 의

99 「十三道倡義大將 李麟榮逮捕の件」, 『조선독립운동』 제1권, p. 38.
100 『대한매일신보』, 1909년 7월 30일자, '의병총대장 이인영 씨의 약사(속)'.

병장 김규식과 연기우(延基(起)羽)가 적의 탄환을 맞고 부상했다고 기록하였다.

> "그러나 후군은 시기를 어기고 일병이 졸지에 몰려와 장기간 사격을 몹시 심하게 하니, 이때 후원군이 오지 않아서 할 수 없이 퇴진되었고, 김규식·연기구가 모두 탄환을 맞았다."[101]

박은식은 십삼도창의대진소의 서울탈환작전이 원래 의병장 이은찬이 세운 작전이며, 의병부대들이 모두 모이지 않았는데 일본군에게 탐지되어 퇴각하게 된 것이라고 기록하였다.

> "이은찬은 경기도 양근군의 유생으로 맨 먼저 관동의병의 깃발을 올렸으며, 그는 이인영이 인망을 얻고 있다고 하여 대장으로 추대하였다. 그리고 수만 의병들을 조합(組合)하여 24진으로 나누어 경성을 진격하기로 한 것은 모두 그가 세운 계책이였다. 각군의 장령(將領)으로 이구채(李球采)·원재덕(元在德)·신양집(辛良集)·채상준(蔡相俊)·김회수(金會洙)·김선우(金善宇)·유해붕(柳海鵬)·정대무(丁大武) 등과 같은 이는 다 그가 가려 임명하였다."[102]
>
> "이에 군사장이 각로의 모든 의병들을 어느 달, 일제히 동대문 밖 30리 지점에 나아가서 모든 의병들이 다 모이기를 기다렸다. 그런데 일인들이 이미 탐지(探知)하고 우리의 군대가 아직 모이지 않은 틈을 타서 달려와 엄습(嚴襲)하니 우리 군대는 드디어 퇴각하고 말았다."[103]

허위의 300명의 선봉대의 동대문 밖 30리 지점에서의 전투를 일제 측의 자료에서 찾아보면 『폭도에 관한 편책』에는 경기도의 1908년 1월분이 모두 소실되어 있고, 『조선폭도토벌지』에 일본군 "적성수비대와 연천수비대가 합동으로 1908년 1월 15일 경기도 동두천에서 300명의 의병과 충돌하여 의병 측에 80

---

101 『왕산 허위선생 거의사실대략』, 『독립운동사자료집』(독립운동사편찬위원회 편), 「의병항쟁 자료집」, p. 242 및 p. 795. "先生親率 敢死兵三百 立先頭 至門外 三十里地 俟全軍來集 一擧計攻矣. 軍違時期 日兵猝迫 長詩射擊甚烈 以後援之不至 伋退陣 金奎植·延起羽俱中丸" 참조.

102 박은식, 『한국독립운동지혈사』, 『박은식전서』 상권, pp. 467~468.

103 박은식, 『한국독립운동지혈사』, 『박은식전서』 상권, p. 468.

명의 전사를 입혔다"는 표를 게재하고 있다.[104] 『폭도에 관한 편책』에서 이 부분을 빼어버린 것을 보면 일본군도 큰 손실을 입은 것이 분명하여, 의병과 일본군은 동대문 밖 30리 지점에서 전투를 시작하여 의병이 후퇴하면서 동두천에 이르러 최후의 격전이 있었던 것으로 해석된다. 일제 측의 이 기록이 십삼도창의대진소 군사상 허위의 선봉대의 전투기록이라면, 허위선봉대의 동대문 밖 30리 지점에서의 전투 일자는 1908년 1월 15일(음력 전년 12월 12일경)경이라고 말할 수 있다.

십삼도창의대진소 연합의병부대의 본대의 일부는 이인영의 인솔하에 약 2,000명이 1908년 1월 28일(음력 전년 12월 25일)경에 마침내 서울 동대문 밖 30리 지점에 대(隊)를 이어가며 도착하였다. 십삼도창의대진소의 연합의병부대는 새해 음력 정월을 기해서 서울에 진입하여 일제통감부와 승패를 결정지으려고 하였다.

(문: 일제헌병대) 상시 경성 부근에 온 일이 있는가?
(답: 이인영) 있다.
(문) 문외 2, 3리의 처(處)에 왔었다는 것이 사실인가?
(답) 한리(韓里) 30리의 처에 도착하였었다.
(문) 무슨 일이 있어서 왔었는가?
(답) 대(隊)를 진(陣)하여 도착한 인원이 약 2천명이었다.
(문) 경성에 침입할 목적이었는가?
(답) 정월을 기하여 침입할 작정이었다.
(문) 그대의 부(父)가 사망하지 않았다면 너는 침입했을 것이라고 생각하는가?
(답) 통감부와 교섭하고, 침입한 이상 결사적으로 승패를 결정할 각오였다.[105]

---

104 「京畿道及其附近暴徒討伐概況表」, 『조선독립운동』 제1권, p. 169 참조. 이 표에서 보면, 1월 중에 경기도에서 의병과 일본군 사이의 2개 주요 전투들 중에서 이 동두천에서의 의병 300의 전투가 가장 대규모의 전투로 기록되어 있다. 이 표에서의 의병의 손실은 물론 과장된 숫자이다.

105 「제1회 이인영문답조서」, 『조선독립운동』 제1권, p. 43.

그러나 이때 불행한 일이 일어났다. 십삼도창의대진소 총대장 이인영의 부친이 별세했다는 흉보가 1908년 1월 28일(음력 전년 12월 25일) 양구군내의 본질을 거쳐 이인영에게 통보되었다. 독실한 유학자인 이인영은 후사를 모두 허위에게 맡긴 후 망부의 사안(死顔)을 보고 장례를 치르기 위하여 그날로 귀향하게 되었다.

"동대문의 쟁성(錚聲)이 재수(纔收)하매 문경(聞慶) 본제(本第)로 그 부(父) 병몰(病沒)의 계음(計音)이 돌래(突來)하는지라. 남천(南天)을 향하여 애곡(哀哭)을 발하고 제장졸(諸將卒)을 회집(會集)하야 귀향종상(歸鄕終喪)의 지(旨)를 공포한 후 의군 전체의 승인을 부대(不待)하고 상에 분(奔)할새 후사는 군사장 허위씨에게 탁(託)하니라."[106]

(문: 일본헌병대) 부(父)의 사보(死報)를 접하고서는 어떻게 했는가?

(답: 이인영) 12월 25일 그 당일 출발하였다.

(문) 과연 편지를 받은 그날 출발했는가를 다시 묻는다.

(답) 확실히 그러하다.

(문) 그대는 그래도 대장으로서 다수를 거느리고 있던 자가 편지를 받고 즉일로 귀향함에 대해서는 다른 이의를 말하는 자가 없었는가?

(답) 나는 출발 때에 후사를 허위에게 위임하고 귀향하였다. 동인은 나의 참모장을 하고 있었다.

(문) 당시 너의 부르는 명칭은 무엇이었는가?

(답) 관동창의대장이라는 이름을 가지고 있었다.

(문) 그 당시 그대 이하 인원은 얼마 정도였는가?

(답) 약 1만인이었다.

(문) 후사를 허위에게 위탁했다고 말하지만 처음의 창의의 생각을 단념한 것인가, 또는 망부(亡父)의 사안(死顔)을 보기 위하여 귀향하고 다시 귀래할 의지였는가 어떤가?

(답) 망부 3년의 상을 복(服)하는 것은 한국의 습관이므로 그 뜻을 허위에게 말하

---

106 『대한매일신보』, 1909년 7월 31일, '의병총대장 이인영 씨의 약사(속)'

고 귀향하였다.[107]

여기서 좀더 주목해야 할 것은 십삼도창의대진소 총대장 이인영이 '후사'를 군사장 허위에게 위임했다는 사실의 '후사'의 내용이다. 그것은 이 연합의병부대의 지휘권을 군사장 허위에게 위임했을 뿐만 아니라, 동시에 이번의 서울 진입작전을 일단 중지하고 다음 기회를 기다리도록 하라는 '후사'의 위임내용이 포함된 것이었다. 이것은 이인영이 부상(父喪)에 귀향하면서 동시에 '의(義)'를 중지하라는 통문을 각진에 배부 통지한 사실에서도 알 수 있다.

(문: 일본헌병대) 허위에게만 말을 남겼는가?

(답: 이인영) 나는 그러한 경우에 있었으므로 통문으로써 의를 중지할 것을 각진에 배부 통지시켰다.[108]

즉 총대장 이인영이 서울진입작전을 중지하라는 통문을 각진에 배부 통지하고 이를 잘 수습하라는 위임과 지휘권을 인계받아 군사장 허위가 십삼도창의대진소의 제1차 서울탈환작전을 일단 중지하고 물러서도록 한 것이었다. 여기서 십삼도창의대진소 연합의병부대의 '제1차 서울탈환작전'은 일단 중지되고 의병부대들은 각각 본대의 유진소로 돌아가게 된 것이었다.

종래 십삼도창의대진소의 서울탈환작전의 중지의 원인에 대해서는 주로 총대장 이인영의 유학적 '효' 사상을 해설하고 이해하는 측면에서 설명되어 왔다. 즉 유생의 입장에서는 '효'를 온전히 하지 못하면 '충'도 온전히 할 수 없는 것으로서 '효'와 '충', 국가의 대사와 일가의 내사는 깊이 고찰하면 동일한 것으로 귀착된다는 유학사상 때문이었다는 설명이다. 그 근거로 자주 인용되는 것이 그의 일제 헌병대에서의 응답이었다.

(답: 이인영) 아병은 타인도 지휘할 수 있다. 한국의 풍속으로서 부 사망 후 상에 복

107 「제1회 이인영문답조서」, 『조선독립운동』 제1권, p. 40.
108 「제1회 이인영문답조서」, 『조선독립운동』 제1권, p. 40.

(服)하는 것은 하나의 규칙이 되어 있다. 이를 행하지 아니하면 불효에 당(當)한다. 부모에게 효하지 않는 자는 금수와 같은 것이며, 금수는 폐하의 신이 될 수 없기에 이른다. 그렇게 되면 심히 불충에 해당하는 것이다.

(문: 일본헌병대) 그대는 국가의 대사와 일가(一家)의 내사(內事)의 경중을 구별할 수 없는 것이라고 생각하는 것인가?

(답: 이인영) 국가의 대사와 일가의 내사는 깊이 연구하면 동일에 귀착한다.[109]

그러나 십삼도창의대진소의 제1차 서울탈환작전의 중지의 이유를 부상(父喪)을 당한 유생 의병 총대장 이인영의 귀향으로 설명해 온 것은 너무 지나치게 피생적 고찰이라고 필자는 생각한다. 필자의 견해로는 당시 '십삼도창의대진소' 연합의병부대의 서울진입작전이 실행되는 경우에도 무기·탄약의 부족과 기동력의 부족으로 '승리'의 전망이 매우 흐렸음을 의병장들이 인지하고 있었다고 판단된다. 이것은 허위가 인솔한 300명의 선발대가 동대문 밖 30리 지점에서 일본군과 치열한 전투를 하여 일본군의 저지선을 돌파하지 못했던 경험에서도 확인되어졌다고 볼 수 있다. 그 후 도착된 후속부대도 기동력 있게 대부대가 일시에 도착하여 전투태세에 들어갈 수 있었던 것이 아니라 20~30명씩 소규모 부대를 이루어 장사의 형세로 천천히 진군해 왔으며, 장거리 강행군으로 병사들이 지치고 보급도 제대로 안되어 바로 전투에 들어가기에는 일정한 휴식기간과 대오 정비기간이 반드시 필요했었다고 본다. 이 위에 본격적인 서울진입작전이 시작되기 직전에 총대장 이인영의 상보(喪報)는 당시 전투 개시 직전의 길흉을 매우 민감하게 따지던 관습과 의식에서는 연합의병부대 장병의 사기를 크게 떨어뜨렸을 것이다. 이러한 조건에서 총대장 이인영은 부상(父喪)의 보(報)를 당하여 일단 서울 진입작전을 중지토록 하고 지휘권을 군사장 허위에게 넘겨준 다음 귀향하면서 '일정한 기간'을 벌도록 한 것이 아닌가 추정된다. 이러한 추론을 가능케 하는 것은 그가 귀향할 때 허위는 물론이요 측근의 의병장 아무도 그의 귀향을 말리지 않았던 사실에서도 이를

109 「제1회 이인영문답조서」, 『조선독립운동』 제1권, p. 44.

알 수 있다.[110]

이렇게 하여 십삼도창의대진소의 연합의병부대의 제1차 서울탈환작전은 선봉대만 한 번 치열한 전투를 해 보고 본대는 진입작전을 실행하지 않은 채 중지된 것이었다.

의병부대가 유격전만을 하지 않고 일본정규군과 정면전을 시도한 것은 전술상 잘못된 것이라는 평가도 있다.[111] 그러나 당시 서울 외곽에 2,000명의 의병이 도착하고 계속하여 모여들 의병 총수가 8,000여 명이 되었으며 그 중에는 구군인이 3,000명 정도 있었으므로 일전을 벌여 서울진입작전을 감행해 보지 못한 것은 오늘날의 관점에서는 애석한 일이 아닐 수 없다고 할 것이다.

6. 일제통감부의 대응과 공작

십삼도창의대진소의 제1차 서울탈환작전이 실패한 후 일제통감부는 이 기회에 의병운동을 극도로 약화시켜 종식시키려고 다각적인 공세를 취하였다. 십삼도창의대진소의 연합의병운동을 비롯한 한국민족의 의병운동에 대한 일제의 이 시기의 대응과 공작의 주요 측면을 간단히 들면 다음과 같이 말할 수 있다.

첫째, 일본군(한국주차군)을 집중 투입한 무력탄압을 특히 강화하였다. 십삼도창의대진소의 제1차 서울탈환작전이 중단된 후 의병부대들의 유격전은 추운 겨울철의 기상조건으로 극히 불리하게 되었다. 중부지방의 산맥에는 살을 에이는 추위와 함께 흰 눈이 깊게 쌓여서 의병부대들은 은신도 어려웠고 이동과 공격도 어려웠다. 반면에 일본군은 눈발자국에 따라 의병부대들을 추격하기가 용이하였다. 이러한 조건을 이용하여 일본군은 의병부대들에 대한 반

110 「제1회 이인영문답조서」, 『조선독립운동』 제1권, pp. 40~41 참조.
111 이형석, 「수도 진군 작전의 의의」, 『나라사랑』 제27집, 1977 참조.

격을 강화했으며, 특히 실질적 전투력이 강한 민긍호 의병부대에 대해서는 집중적으로 대규모 '토벌대'를 투입하여 공격을 강화하였다. 이러한 조건에서 민긍호 의병부대는 50~60명의 소규모 부대로 편대를 분산시켜 유격전으로 일본군의 공격에 대항하였다. 민긍호 의병부대는 수많은 전투에서 일본군을 패주시키고 큰 승리를 여러 차례 쟁취했음에도 불구하고, 민긍호가 직접 거느린 87명의 소부대는 폭우·폭설의 진눈깨비가 쏟아지는 속에서 1908년 2월 27일 오전 11시 원주의 강림(講林) 부근 박달산(朴達山)에서 일본군과 조우하게 되었다. 3시간 30분간 치열한 교전을 했으나 의병부대는 탄환이 고갈되고 화승총의 화약은 진눈깨비로 발화를 하지 않아 마침내 민긍호는 탄환이 완전히 고갈된 상태에서 일본군의 포로가 되었다.[112]

민긍호 의병부대원들이 60명의 결사대를 조직하여 대장 민긍호를 구출하려고 일본군 토벌대의 본부 숙사(宿舍)를 포위 습격하자 당황한 일본군은 민긍호를 현지에서 사살하고 패주하였다. 이 부분을 일본군의 보고에서 보면 다음과 같다.

一. 2월 29일 오후 5시 강림에 도착 숙영하였다.

二. 동야(同夜) 박달산 동북방으로부터 민긍호의 좌우군 약 5, 60명이 내습, 아대숙사(我隊宿舍)를 포위하고 (약 50미터의 거리에 접근) 대성납함(大聲吶喊) 맹사(猛射)를 시작하였다.

三. 아대(我隊)는 차(此) 적습(賊襲)을 당하여 거의 혼란케 되었으나, 전원 결사 혹은 변소 혹은 정중(井中) 등의 장해물을 이용하여 맹렬히 응사하기 약 1시간에 적의 포위를 해파(解破)하고 아 일부는 해촌(該村) 서남고지로 반등(攀登), 일부는 해촌락중(該村落中)의 하구암(河溝岸)을 이용하여 격퇴에 크게 노력하였다. 적은 동 11시경에 이르기까지 연속 맹사하면서 대호(大呼)하여 曰, "아 대장 민씨여 어딘가 그 있는 곳에서 성(聲)을 양(揚)하라'하였다.

112 『暴徒ニ關スル編冊』, 「폭도토벌경황 제42호」, 융희 2년 3월 12일조, 「제13사단참모부의 경무국에의 통보」, 『한국독립운동사자료』 제10권, pp. 42~43 참조.

四. 차제 포박(捕縛)한 민긍호는 도주하려는 모양이므로써 부득히 사살하였다.[113]

그 밖에도 십삼도창의대진소 연합의병부대들은 모두 겨울 날씨와 이에 편승한 일본군 토벌대의 공격으로 어려운 조건에서 간고한 유격전 투쟁을 전개하였다.

둘째, 일본군은 마을 성원 중에 의병에 가담한 사람이 있거나 숙식을 제공한 마을에 대해서 마을 사람들을 살육하고 마을 전체를 불질러 소각하는 만행을 자행하였다. 이것은 일본군 사령관의 명령에 의한 것이었으며, 1907년 8월부터 시작하여 1908년 2월 이후에도 계속되었다. 일제 측 자료도 이를 공공연히 인정하였다.

"주차군사령관은 명치 40년 9월 한국민일반에 대한 고시를 발하여 (……) 만약 완고하여 깨닫지 못하거나 혹은 비도에 참가하거나 혹은 이들을 은피(隱避)시키거나 혹은 흉기를 은닉하는 자에 이르러서는 엄벌에 처하여 추호의 여유도 없게 할 뿐 아니라 그 책임을 현범(現犯)의 본읍(本邑)에 지워 부락 전체를 엄중하게 처치(處置)할 것을 효유(曉諭)하였다. 그러나 이들 폭도들은 그 복장이 양민과 다르지 않을 뿐 아니라 시불리(時不利)하면 무기를 버리고 양민으로 분장하여 우리의 예봉을 피하는 수단을 채택하며 그리고 특히 사건발생 초기에 있어서는 사민이 또한 그들 폭도에 동정하고 이를 비호하는 경향이 있었으므로 토벌대는 이상의 고시에 의거하여 그 책임을 현범의 촌구(村區)에 돌려 주륙(誅戮)을 가(加)하고 또는 전촌을 소이(燒夷)하는 등의 조치를 실행하여 충청북도 제천 지방 같은 곳은 거의 대부분 초토(焦土)가 되기에 이르렀다."[114]

일본군의 이러한 마을 주민에 대한 살육과 마을 전체의 소각은 십삼도창의대진소가 작전을 전개하는 도중에도 일본군에 의하여 도처에서 자행되었

113 『暴徒ニ關スル編冊』, 「폭도토벌경황 제42호」, 융희 2년 3월 12일조, 「제13사단참모부의 경무국에의 통보」, 『한국독립운동사자료』 제10권, pp. 43~44 참조.

114 『조선폭도토벌지』, 『조선독립운동』 제1권 pp. 131~132.

다.[115] 박은식에 의하면, 일본군의 살육과 전촌락방화에 가장 참혹한 피해를 입은 지역 중에서도 강원도의 고성군, 원주군과 충청도의 충주군, 제천군, 문의군, 황해도의 평산군이 피해가 가장 참혹하고 극심하였다.[116] 그러나 일본군의 살육과 방화는 이곳들 뿐만 아니라 일본군이 출동한 전국에서 자행되었음을 주목할 필요가 있다. 당시 영국 『데일리 메일』紙 기자로서 1907년 가을에 서울을 출발하여 이천, 충주, 제천, 원주, 양근(楊根) 지방을 여행한 맥켄지(F.A. McKenzie)도 제천읍을 비롯하여 그가 돌아본 모든 곳에서 일본군이 무고한 한국 농민들에게 살인만행을 자행하고 촌락 전체를 불태워 마을 사람들이 추위에 떨며 숨어 있던 참상을 기록하였다.[117] 일본군의 이러한 살인 방화 만행은 그들이 출동한 전국 도처에서 거리낌없이 자행되었다. 특히 의병이 나온 집은 그 가옥을 불질러 소각하고 이주한 곳까지 추적하여 다시 불지르며 그 가족을 학살하는 살인만행을 모든 곳에서 자행하였다.

셋째, 일제는 의병의 소재를 밀고하는 자에게 거액의 중상(重賞)을 주어 '밀고제도'를 장려하는 비열한 방법을 사용해서 의병의 색출을 추구하였다.

> "주차군사령관은 (……) 고시를 발하여 (……) 폭도를 잡거나 혹은 그 소재를 밀고하는 자에게는 반드시 중상을 준다. (……)"[118]

일제의 밀고제도는 의병무장투쟁을 '진압'하기 위한 비열한 제도로서, 일제는 무뢰배들을 이용하여 이 비열한 제도를 널리 애용하였다.

넷째, 일제는 일본 거류민과 일진회 회원을 중심으로 '자위단'이란 것을 각 면까지 조직하고 이를 무장시켜 의병에 대항하는데 악용하려고 하였다. 그러

---

115 『暴徒ニ關スル編册』, 「금비발 제169호」, 1907년 12월 22일조, 「강원도금성경무분서의 경무국장에의 보고」, 『한국독립운동사자료』 제8권, p. 302 참조.

116 박은식, 『한국통사』, 『박은식전서』 상권, p. 330 참조.

117 F.A. McKenzie, *Korea's Fight for Freedom*, pp. 146~158 참조. 그는 일본군이 방화하여 완전히 폐허가 되어 버린 제천읍뿐만 아니라, 그가 여행한 지역의 청주까지의 모든 마을들의 약 2분의 1이 일본군에 의하여 방화되고 파괴되어 있었다고 증언하였다(p. 153).

118 『조선폭도토벌지』, 『조선독립운동』 제1권 p. 131.

나 자위단에 동원된 일본인과 일진회 친일분자들이 계속하여 의병들에 의해서 처단되었으므로 큰 효과는 얻지 못하였다.[119]

다섯째, 황제 순종의 조칙(詔勅)을 가진 선유사(宣諭使)를 도별로 각 지방에 파견하고, 또한 전 관리를 동원하여 '의병은 귀순하여 해산하라'는 황제의 조칙을 전하면서 의병들을 '회유' '귀순'시키는 정책을 병용하였다. 일제는 백지의 '면죄증서' '귀순증서'를 각 지방에 보내어 이를 갖고 귀순하는 의병들은 죄를 불문에 붙인다고 설득하였다. 또한 주요 의병장들에게는 일일이 친분이 있는 인사들을 파견하여 황제의 조칙을 전하고 '귀순'을 권고 설득케 하였다.

예컨대, 십삼도창의대진소에 대한 일제의 회유공작을 보면, 십삼도창의대진소가 성립된 직후에 일제 통감부는 연합의병부대를 회유 해산시키기 위하여 장박(張博)을 매개로 해서 이병채(李秉(炳)采)를 파견하여 허위를 회유하려고 시도하기도 하고, 또 조운연(趙雲衍)을 파견하여 총대장 이인영과 군사장 허위를 접촉하도록 하였다.[120]

또한 십삼도창의대진소의 제1차 서울탈환작전이 중단된 이후에는 일제 통감부는 대동학회 회장 신기선(申箕善)을 매개로 해서 음력 2월 4일경 이병채와 조기홍(趙基弘)을 허위에게 파견하여 순종황제의 귀순하라는 조칙을 전하고 '귀순'을 간곡하게 권고하였다.[121] 십삼도창의대진소 군사장 허위가 이를 거부하자, 일제 통감부의 조종을 받던 신기선은 다시 허위의 옛 부하 이병채를 재차 파견했으나 허위는 이를 다음과 같이 단호하게 거부하였다.

> "더욱이 본인이 귀순함으로써 일본의 압박이 그칠 것이 아니다. 본인은 즐겨 의병을 일으킨 것이 아니고, 실로 일본의 압박에서 독립하려는 것이므로 금후도 결코 귀순할 뜻이 없다."[122]

---

119 『暴徒ニ關スル編冊』, 「경비 제877호의 1」, 융희 2년 3월 2일조, 「경시총감의 경무국장에의 보고」, 『한국독립운동사자료』 제10권, p. 3 참조.

120 「제1회 이인영문답조서」, 『조선독립운동』 제1권, p. 43 참조.

121 『주한일본공사관기록』, 『경비발 제786호』, 융희 2년 6월 4일조, 「大韓每日申報ト暴徒」 참조.

122 『주한일본공사관기록』, 『경비발 제786호』, 융희 2년 6월 4일조, 「大韓每日申報ト暴徒」.

일제의 온갖 무력공격과 회유공작에도 굴하지 않고 십삼도창의대진소의 연합의병부대를 비롯한 모든 의병부대들이 계속하여 국권회복을 위한 불굴의 항일무장투쟁을 전개한 것이었다.

7. 제2차 서울탈환작전

종래 학계에서는 십삼도창의대진소의 서울탈환작전은 이인영의 지휘하에 제1차 작전의 한번만 있었던 것으로 알아왔다. 그러나 사실은 3개월 후인 1908년 4월말부터 5월말에 걸쳐 군사장 허위의 총지휘하에 '제2차 서울탈환작전'이 또 한번 더 있었다.

십삼도창의대진소 군사장 허위와 각도 창의대장들은 '제1차 서울탈환작전'이 실패로 돌아가자 각각 자기 부대를 인솔하여 그들의 본거지로 돌아갔다. 서울탈환작전을 수행하기에는 대규모 병력의 기동력이 약하고 준비가 부족함을 경험한 의병부대들은 부대별로 특정지역에 근거지를 만들어 유격전을 전개하는 전략을 채택하게 되었다. 그러나 일본군은 의병부대들의 서울진입작전이 있지 않을까 두려워하여 1908년 4월에도 서울의 외곽 일대에 극도의 예민한 경계망을 폈다.[123]

왕산 허위의 초상

군사장 허위는 임진강 유역에 근거지를 마련하였다. 허위의 산하에는 조인환(曺仁煥)·권준(權俊)·왕회종(王會鍾)·김주묵(金湊默)·박종한(朴宗漢)·김수민(金秀敏)·김규식(金奎植)·연기우(延基羽)·이은찬(李殷瓚)·김응두(金應斗) 등 다수의 의병장들이 모여서 긴밀히 지휘와 연락을 받으며 의병부대를 재정비하였다. 허위 의병부대는 군율

123 『경성일보』, 1908년 4월 9일자, '漢江沿岸の警戒'

을 정비하여 조금도 민폐가 없도록 하고, 물자의 공급은 군표를 발행하여 후일의 보상을 약속하고 교환하였다. 이 때문에 의병과 농민들 사이에 더욱 굳은 단결과 연대가 이루어져서 허위 의병부대를 비롯한 경기도·황해도 일대의 의병은 더욱 강력하게 되었다. 일제의 북부수비관구 사령관이 직접 대규모의 병력을 이끌고 허위 의병부대를 토벌하려고 공격했으나 결국 실패하고 패퇴하였다. 일제 측 사료는 다음과 같이 기록하였다.

> "전년 임진강 유역에 출몰했던 폭도의 수괴는 강원도 방면으로부터 침입한 조인환 및 적성 출신의 권준, 왕회종, 김주묵의 무리에 불과했으나, 본년에 들어서면서 정계의 실각자 전참정 허위를 총수괴로 하여 박종한, 김수민, 김응두, 이인영 및 이은찬의 무리가 경기도 혹은 강원도로부터 각기 부하 약간을 인솔하고 서로 투합하여 임진강 유역 일대에 출몰 겁략을 자행하고 있다. 그리고 허위는 배일을 구실로 하여 정의를 표방하고 또 군율을 규정해서 겁탈폭려(劫奪暴戾)를 경계한다고 하지만, 그 내정에 있어서는 조금도 종래의 폭도와 다름이 없다. 즉 군표를 발행해서 물자의 조판(調辦)을 뜻대로 하면서 말하기를 '표는 모부호에게 가서 전재와 교환하여라'고 하고 만약 그 태환(兌換)을 거부하는 자에게는 타일에 보복하여 해를 입힌다는 상태에 있다."[124]

허위 의병부대는 임진강 유역에서 소규모의 부대를 다수 편성하여 유격전으로 일본군의 진지를 끊임없이 기습하고 전선을 절단하여 통신을 마비시켰으며 부근 각지의 일제 관공서 및 일본인 관리들과 친일파를 소탕하였다. 임진강 일대는 한때 허위 의병부대의 군정 아래 있는 것과 다름이 없었다. 허위 총대장의 명령에 의하여 의병의 군량은 체계적으로 공급된 반면에 일제 통감부에의 납세와 미곡의 반출은 엄격히 금지되었다.[125] 일제 자료는 다음과 같이 기록하였다.

> "임진강 유역에 있어서 수괴 허위는 누차 통고문을 발하여 납세 또는 미곡반출의

124 『조선폭도토벌지』, 『조선독립운동』 제1권, p. 167.
125 『고등경찰요사』(경상북도 경찰국), 1934, p. 11 참조.

정지를 명령하고 군자식량의 징발을 하며, 혹은 한인순사·헌병보조원에 현박장을 보내고, 통신선로의 조해(阻害), 관공서의 습격 등 도량(跳梁)이 심하였다."[126]

허위 등은 '제2차 서울탈환작전'에 재거할 계획으로 ① 의병을 증모하여 군사훈련을 시키고, ② 무기와 화약을 구입하기 위하여 김창식(金昌植)·한원태(韓元泰)·이계복(李啓福)·이기상(李起商)을 서울에 비밀리 파견했으며,[127] 의병장 김규식을 인천에 잠입시키기도 했고,[128] ③ 무기·탄약 등의 그득과 군사원조를 얻기 위하여 박사 경현수(慶賢秀)를 밀사로 청국혁명당에 파견했으며,[129] ④ 군량을 비밀리에 비축했고,[130] ⑤ 부하 의병장을 비밀리에 서울에 잠입시켜 제2차 서울 탈환작전의 내응을 준비하도록 하였다.[131] 『대한매일신보』는 허위의 의병증모와 군사훈련을 다음과 같이 보도하였다.

"적성(積城) 감박산(甘朴山) 중에 의병 수천명이 둔취(屯聚)하여 매일 기예를 연습하고 기계(器械)를 제조하는 중이라더라."[132]

또한 일제자료는 의병의 재거준비 정보를 다음과 같이 보고하였다.

수원경찰서장 보고(4월 4일자)

一. 양성군(陽城郡) 내 폭도 재기의 풍설이 전하여지자 동군수 이원철(李源喆)은 그 실현될 것을 두려워 동군 소사(素砂)에 피난하였다.

126 『조선폭도토벌지』, 『조선독립운동』 제1권, p. 184.

127 『警備ニ關スル書類編冊』, 제22호, 「경비 제124호」, 융희 2년 3월 20일조, 「경시총감의 보고, 폭도토벌의 건」 참조.

128 『주한일본공사관기록』, 「경비 제1349호」, 융희 2년 4월 12일조, '인천경찰서장보고' 참조.

129 『주한일본공사관기록』, 융희 2년 2월 22일조, 「경시청탐보원보고」, "積城郡 館谷에 거주하는 박사 경현수는 적괴 허위의 밀서를 가지고 청국혁명당에 내통하기 위하여 본월 25일 출발한 모양이다." 참조.

130 『暴徒ニ關スル編冊』, 「헌병대장보고」, 1908년 3월 17일자, 『한국독립운동사자료』 제9권, p. 344 참조.

131 박은식, 『조선독립운동지혈사』, 『박은식전서』 상권, p. 468 참조.

132 『대한매일신보』, 1907년 2월 19일자, '잡보(적성의요(積城義擾))'

二. 3월 28일 폭도는 양성군 승량원(升良院) 면장 앞으로 좌의 의미의 통문을 교송(交送)하였다. 따라서 인심동요의 색이 있다. 동지 주재순사는 그 오해를 설유(說諭)과 공히 일면 통문의 출처를 수색하고 있다.

① 세금을 관아에 납부하지 말 것.

② 관내의 산미를 타에 유출하지 말 것.

③ 일진회를 해산시킬 것.[133]

또한 의병부대들의 군량미의 비축은 각지에서 적극적으로 추진되었다. 그중에 일제에게 발각된 하나의 사례를 들면, 허위 휘하의 한 의병부대는 경기도 양주군 백석면 홍동에 군량미 346석을 비축하였다가 그중 200여 석을 수색당하였다.

"본일(15일) 양주군 백석면 해유리(蟹踰里) 방면의 정찰에 향하였다. 우연히 동지에서 폭도의 일단과 상회(相會)하여 즉시 포화를 개(開)하여 맹렬한 사격을 가하고 이어 돌격으로 옮겨 참모장 유봉길(柳鳳吉) 외 5명을 생금(生擒)하였다. 나아가 피등의 장닉(藏匿)하는 양미(粮米)의 소재를 수색, 차(此)를 발견하였다. 백석면 홍동에 저장한 346석중 145석은 이미 타에 지거(持去)하고, 200석여는 현재하므로써 차(此)를 압수하고, 다시 동면 난곡(蘭谷)에서 136석을 발견, 이를 압수, 운반 중이다."[134]

십삼도창의대진소 군사장 허위는 일단 분산된 각도 의병부대들의 전열이 어느 정도 정비되자 '제2차 서울탈환작전'을 위한 전국 의병부대들의 재봉기와 경기도에의 집합을 각도 창의대장들과 협의하였다. 군사장 허위는 관동창의대장 민긍호의 전사로 타격을 받았으나 그 대신, 1908년 3월 23일 미국 샌프란시스코에서 장인환·전명운 등이 친일파 외부고문겸 일제 통감부 촉탁 스티븐스를 처단한 사건이 일어나 보도됨으로써 이를 보상하고 재거의 결정에 격려

133 『暴徒ニ關スル編冊』, 「경비 제1258호의 1」, 융희 2년 4월 7일조, 「경시총감의 경무국장에의 보고」, 『한국독립운동사자료』 제10권, p. 125.

134 『暴徒ニ關スル編冊』, 「경비 제144호」, 융희 2년 4월 17일조, 「경시총감의 경무국장에의 통보」, 『한국독립운동사자료』 제10권, p. 145.

를 준 것으로 보인다.[135] 군사장 허위는 전사한 민긍호를 제외한 각도 창의대장의 동의를 얻은 다음에 1908년 4월 21일 전국 13도 의병의 재거를 요청하는 통문을 전국에 발송하였다.

> "의병장 허위·이강년·이인영·유인석·박정빈 제씨가 본월 21일에 속히 기병하라고 통문을 십삼도에 발송하얏다더라."[136]

위의 보도에서 통문의 서명자로 나오는 의병장들 중에서 이인영은 복상(服喪)중이어서 은거하고 있었고, 유인석은 평안도에 있었으므로, 이 '통문'은 허위가 중심이 되어 만들어서 발송한 것이 틀림이 없는 것으로 보인다. 또한 이 통문에 서명한 의병장들은 십삼도창의대진소의 생존한 의병장들로서, 이것이 전국 연합의병부대의 활동이었음을 알 수 있다.

그런데 일제 경시총감의 극비보고는 이것이 허위 등 위의 의병장들이 연합하여 서울을 습격하려는 작전이라는 정보가 있다고 다음과 같이 일제통감에게 보고하였다.

> 각도의 폭도는 경성부근에 잠복하여 불일(不日) 경성을 습격하려 한다는 풍설이 있다. 이를 적록(摘錄)하면 다음과 같다.
>
> 一. 허위는 부하 천여 명을 인솔하고 양주·광주로부터 경성에 이르는 4·5리 간에 있다.
>
> 二. 이강년은 부하 5백 명을 인솔하고 연천·포천으로부터 경성에 이르는 4·5리 간에 있다.
>
> 三. 유인석은 부하 천 명을 인솔하고 적성·마전으로부터 경성에 이르는 4·5리 간에 있다.
>
> 四. 박정빈은 부하 6백 명을 인솔하고 파주·장단(長湍)으로부터 경성에 이르는 4·5리 간에 있다.
>
> 五. 이인영은 부하 5백 명을 인솔하고 고양·양주·시흥으로부터 경성에 이르는 4·5

135 『조선폭도토벌지』, 『조선독립운동』 제1권, p. 166 참조.
136 『대한매일신보』, 1908년 4월 30일자, '잡보(의병발통(義兵發通))'

리 간에 있다.

六. 신재영(申載永)은 부하 4·5백 명을 인솔하고 용인·과천으로부터 서울에 이르는 3·4리 간에 있다.

이상의 비도는 본월 30일까지에 통문을 비전(飛傳)하여 일거 습래(襲來)의 계획이라고 한다. 그러나 이것은 아마 포풍착운(捕風捉雲)의 비어(蜚語)에 지나지 않을 것이다.[137]

한국에 이주한 일본거류민의 신문인 『경성일보』도 1908년 5월 1일자 보도에서 『대한매일신보』의 보도와 유사한 내용으로 허위·이강년·이인영·유인석·박정빈의 연명으로 속히 기병하라는 격문이 전국에 발송되었다고 다음과 같이 보도하였다.

"폭도의 수령으로서 각방면에서 운동하고 있는 허위·이강년·이인영·유인석·박정빈 등은 연명으로써 4월 21일 십삼도에 향하여 속히 병을 기(起)하라는 뜻을 호소하는 격문을 발송했다고 한다."[138]

일제의 해주경찰서장의 그 후의 비밀 보고에서도 "'폭도의 수괴'들이 1908년 4월경에 창의통문을 고안제조하여 재거의 기획을 했다"[139]고 보고하였다. 이러한 자료들을 종합해 보면, 일제 경시총감이 입수한 정보처럼 의병장들이 이미 서울을 포위하여 4·5리 밖에 이미 진을 친 것은 첩보이었을지 모르지만 그와 유사한 계획을 가지고 1908년 4월 21일 허위가 중심이 되어 위에서 든 허위·이강년·유인석·박정빈 등 의병장들의 연명으로 기병의 격문(통문)을 13도 전국에 발송한 것은 틀림없는 사실이었다.

당시 의병들의 관점에서는 경기도 일대는 허위 의병부대의 관할구역이었으

137 『주한일본공사관기록』, 융희 2년 4월 21일조, 「경시총감 丸庙重俊 보고」, 일제의 이 보고는 허위 등 의병장들의 '격문' 발통을 모르고 있던 상태의 보고임이 문면에 드러나 있다.

138 『경성일보』, 1908년 5월 1일자, '賊徒首魁 起兵を催す'

139 『주한일본공사관기록』, 「해경비 제746호」, 융희 2년 7월 18일조, '해주경찰서장경시 平渡信보고'.

며, 십삼도창의대진소의 제1차 서울진입작전이 실패로 끝난 후인 1908년 2월~3월에는 서울 근교에서의 의병 출몰의 보고나 보도가 별로 없었는데 비하여 4월~6월에는 갑자기 다시 소부대의 의병들이 출현하여 바로 서울의 성 밑에까지 진출하고 있었다. 이것은 허위 의병부대가 다시 서울탈환작전을 시도하여 소부대별로 의병들을 서울근교에 진출시키고, 위에서 든 격문을 전국에 발송하여 대공격을 기획했기 때문이었다. 그러나 '제2차 서울탈환작전'은 제1차 탈환작전 실패의 경험에 비추어 '비밀'리에 감행했던 것으로 보인다.

일제 측 자료는, 1908년 1월~3월까지 거의 퇴조했던 의병운동이 1908년 5월에 들어 정세가 일변하여 의병봉기 이래 최고조의 '미증유의 치성(熾盛)'을 보게 되었다고 다음과 같이 보고하였다.

> "명치 41년(1908) 초두에 있어서 폭도의 정세는 전년 추동의 경부터 귀순권장, 토벌여행(勵行)의 결과 전년말부터의 추세를 계속하여 점차 정은(靜穩)의 성에 향하였다. 각월 충돌폭도의 총수는 1월에는 약 9천 명, 2월에는 겨우 1,900여 명이 되었다. 폭도의 집단도 역시 개략 수명 내지 수십명이 되었다. 드물게 100명 이상의 대집단이 된 것이 있다고 할지라도 이것을 기왕에 비교하면 그 출몰이 크게 감소하였다. …… 적세가 크게 둔좌(頓挫)하여 일시 사람들로 하여금 평정의 시기가 가까워졌음을 생각게 했다. 그러다가 3월 하순에 한국정부 고문겸 통감부 촉탁 미국인 스티븐스씨가 미국에서 배일주의의 한인에 살해되고 그 보도가 한국내에 전해지자 이것이 동기가 되어 형세일변해서 적세가 다시 격증하고 폭도봉기 이래 미증유의 치성을 갖게 되었으며 심하게는 그 소요구역을 확대하고 5월에는 이미 아수비대(我守備隊)급 헌병 등과 충돌한 폭도의 총수가 1만 1,400명에 달하게 되었다."[140]

일제 측의 자료를 보면, 십삼도창의대진소 군사장 허위 휘하의 의병장 김용

140 『조선폭도토벌지』, 『조선독립운동』 제1권, p. 166. 여기서 1908년 5월의 의병운동의 '미증유의 치성'의 원인을 일제는 1908년 3월 23일의 전명운(田明雲), 장인환(張仁煥)의 스티븐스 처단의 보도에 구하고 있는데, 이것은 4월 21일의 의병장 허위, 이강년, 이인영, 유인석, 박정빈 등의 명의로 된 의병과 서울진입의 재거를 알리는 '격문' '통문'을 매개로 하여 '미증유의 치성'을 보게 된 것이었다.

태(金容泰)는 경기도 광주군 내에서 다수의 의병들을 모아놓고 오는 음력 4월 15일 경에 '서울'을 습격하겠다고 그에 필요한 병기를 징발하였다.

> 융희 2년 4월 3일
>
> 광주군내에 (동명미상) 폭도 다수를 집합하고 래(來) 한력(韓曆) 15일경 경성을 습격할 지(旨) 적도 김용태(연령 42세 가량으로 일안(一眼)을 실(失)한 자)라는 자로 누차 최마장(崔馬場, 독도(纛島)로부터 동남방 약 10정 가량)에 래하여 양언(揚言)하고 또 기시 필요하다고 하여 병기 등을 징발하고 있는 모양. 수사경계중
>
> 헌병대장(4월 4일)
>
> 경기도 광주군내에 다수의 폭도를 모아 경성을 습격하겠다고 양언하였다 한다. 그 거괴는 김용태라는 자이라고 한다.[141]

허위가 지휘하는 '십삼도창의대진소' 의병들은 제2차 서울탈환 작전의 일환으로 우선 서울로의 물화의 공급을 차단시키려 한 것으로 보인다.

1908년 4월 2일 허위 의병부대에 속한 박래병(朴來秉)이 인솔하는 약 1백 명의 의병부대가 한강을 통한 서울로의 물자수송을 차단하기 위하여 양주군 와공면(瓦孔面) 덕소(德沼)에 진을 치고 서울로 화물을 실어 나르는 한강상류의 선박 8척을 소각했으며, 물자들을 압수하였다.[142] 또한 허위 의병부대에 속한 장계환(張桂還)의 지휘하에 십삼도창의대진소는 ① 양주군 덕소, ② 가평군 고치(枯峙), ③ 춘천군 신소강(新所江)에 각각 50명의 의병부대를 배치하여 일본군의 수륙운수를 차단하는 작전을 전개하였다.

> "수괴 장계환은 동지방의 물자 수출(輸出)을 두절(杜絶)하기 위하여 양주군 덕소,

---

141 『暴徒ニ關スル編冊』, 「韓憲警 乙 제379호」, 융희 2년 4월 4일조, 「한국주차헌병대장 명석원이랑(明石元二郎)의 내부경무국장 송정무(松井茂)에의 통보」, 융희 2년 4월 3일자, 「경성헌병분대장 약사천소좌(藥師川少佐) 보고」, 『한국독립운동사자료』(국사편찬위원회판) 제10권, pp. 122~123 참조.

142 『暴徒ニ關スル編冊』, 「韓憲警 乙 제386호」, 융희 2년 4월 5일조, 「한국주차헌병대장 명석원이랑(明石元二郎)의 내부경무국장 송정무(松井茂)에의 통보」, 『한국독립운동사자료』 제10권, p. 124 참조.

가평군 고치, 춘천군내 신소강에 부하 약 50명씩을 파견하여 수륙운수를 방해하고 자 하여 4월 10일부터 실시한다는 소문이 있다. 또 저들은 4월 중순부터 양근 고양(안) 방면으로 진출하려 한다고 양언(揚言)하였다고 한다."[143]

김윤식은 이에 대하여 '의병이 한강상류의 시량선(柴粮船)을 불태워서 도성이 더욱 곤궁해졌다.'[144]고 기록하였다.

4월 3일에는 약 300명의 의병부대가 양주군 이담면(伊談面)에 이동해 왔다.[145] 4월 4일에는 약 100명의 의병부대가 일본군 마전헌병분견소를 습격하였다.[146] 또 같은 날(4월 4일) 약 200명의 의병부대가 광주군 판교 부근에서 일본군과 교전했으며, 약 30명의 의병부대도 판교 서부 산운동 고지에서 일본군과 교전하였다.[147] 4월 5일에는 약 30명의 의병부대가 고양군 신혈면(神穴面) 전석리(磚石里)를 습격하여 구군인 12명을 데려갔다.[148] 4월 8일에는 약 300명의 의병부대가 평산군 시변리(市邊里)의 일본군헌병분견소를 습격하였다.[149] 4월 10일에는 의병장 장계환·김춘수·김규식 등이 각각 7, 80명씩의 의병부대를 인솔하고 의병을 모집하였으며, 이중에서 장계환 의병부대는 약 50명의 의병을 요소에 파견하여 서울로의 물자수출을 두절시키고 수륙 운수교통을 차단

143 『暴徒ニ關スル編冊』, 「韓憲警 乙 제427호」, 융희 2년 4월 13일조, 「한국주차헌병대장 명석원이랑(明石元二郞)의 내부경무국장 송정무(松井茂)에의 통보」, 『한국독립운동사자료』 제10권, p. 124 참조.

144 김윤식, 『속음청사』(국사편찬위원회판) 하권, 융희 2년 4월 3일조, p. 249 참조.

145 『暴徒ニ關スル編冊』, 「경성헌병대장보고」, 융희 2년 4월 8일조, 『한국독립운동사자료』 제10권, p. 125 참조.

146 『暴徒ニ關スル編冊』, 「韓憲警 乙 제401호」, 융희 2년 4월 8일조, 「한국주차헌병대장 명석원이랑(明石元二郞)의 내부경무국장 송정무(松井茂)에의 통보」, 『한국독립운동사자료』 제10권, p. 127 참조.

147 『暴徒ニ關スル編冊』, 「폭토토벌경황 제80호」, 융희 2년 5월 7일조, 「제13사단참모장의 한국내부경무국장에의 통보」, 『한국독립운동사자료』 제10권, pp. 127~128 참조.

148 『暴徒ニ關スル編冊』, 「韓憲警 乙 제407호」, 융희 2년 4월 9일조, 「한국주차헌병대장의 내부경무국장에의 통보」, 『한국독립운동사자료』 제10권, p. 142 참조.

149 『暴徒ニ關スル編冊』, 「韓憲警 乙 제421호」, 융희 2년 4월 12일조, 「한국주차헌병대장의 내부경무국장에의 통보」, 『한국독립운동사자료』 제10권, p. 142 참조.

하였다.[150]

또한 4월 10일에는 허위의 휘하에 있는 김춘수 의병부대가 약 20명의 의병부대를 인솔하고 양근군 북면 일대에 의병재봉기의 준비를 알리는 다음과 같은 2통의 격문을 각 동장과 부근 이민(里民)들에게 발송하였다.[151]

① 북면장 및 각 동장들에게 보낸 격문

근처에 왜적이 있어서 세력이 왕성하다. 연(然)이나 의병이 재거, 차(且) 청국병도 역시 동(動)하여 아국민은 소생할 수 있을 것이다. 화약 화승을 준비하라. 자위단장은 참살한다. 문무 중 의기있는 자는 의병에 투(投)하라.

② 양근 부근 이민들에게 보낸 격문

의병의 대군이 근일 양근을 습격하려 한다. 고로 처자가족은 피란하라. 또 화약 탄환을 준비하기 어렵거든 초혜(草鞋) 및 양식을 준비하라.

또한 4월 10일에는 서울의 지척인 고양군 하도면 유리(杻里)의 삼각산 기슭에 약 50명의 의병부대가 북한산으로부터 내려와 저녁식사를 하고 다시 북한산으로 들어갔다. 일본군이 불광동 부근을 샅샅이 수색했으나 그들의 종적을 찾지 못하였다.[152]

4월 11일에는 약 30명의 의병부대가 여주군 근남면 금곡리를 통과하였다.[153] 4월 12일에는 약 200명의 의병부대가 고양군 기위리에 출현하였다.[154] 4월 13일에는 허위 휘하에 있는 유춘열 의병부대 약 22명이 고양군 구화도면

150 『暴徒ニ關スル編冊』, 「韓憲警 乙 제427호」, 융희 2년 4월 13일조, 「한국주차헌병대장의 내부경무국장에의 통보」, 『한국독립운동사자료』 제10권, p. 141 참조.

151 『暴徒ニ關スル編冊』, 「韓憲警 乙 제430호」, 융희 2년 4월 15일조, 「한국주차헌병대장의 내부경무국장에의 통보」, 『한국독립운동사자료』 제10권, pp. 142~143 참조.

152 『暴徒ニ關スル編冊』, 「韓憲警 乙 제418호」, 융희 2년 4월 12일조, 「한국주차헌병대장의 내부경무국장에의 통보」, 『한국독립운동사자료』 제10권, pp. 135~136 참조.

153 『暴徒ニ關スル編冊』, 「韓憲警 乙 제443호」, 융희 2년 4월 20일조, 「한국주차헌병대장의 내부경무국장에의 통보」, 『한국독립운동사자료』 제10권, p. 147 참조.

154 『暴徒ニ關スル編冊』, 「韓憲警 乙 제426호」, 융희 2년 4월 13일조, 「한국주차헌병대장 명석원이랑(明石元二郎)의 내부경무국장 송정무(松井茂)에의 통보」, 『한국독립운동사자료』 제10권, p. 140 참조.

이패리에 들어와 군자금 6만 냥과 군총 20정의 조달을 명령하고 1시간 휴식 후 서북쪽으로 이동하였다.[155] 또한 4월 13일 오후 3시 30분 지평군 용수동에서 관동창의선봉대장(원래 이인영 의병부대 소속) 이병수가 인솔하는 약 100명의 의병부대가 일본군 지평수비대 안천분대를 습격하여 1시간 반 동안 격전 끝에 이를 섬멸하였다.[156] 4월 15일에는 서울을 출발하여 원산으로 가던 일본인 3명(변장 군인인 듯)을 지포(芝浦)에서 의병들이 공격하여 섬멸하였다.[157]

4월 19일에는 14명으로 편성된 의병부대 유격대가 대낮에 인천 교동 순사 주재소를 습격하여 섬멸하고 돌아갔다.[158] 4월 22일에는 약 50명의 의병부대가 일본군 삭령수비대와 치열한 전투를 감행했으며, 4월 23일에는 약 15명의 의병부대가 일본군 삭령수비대를 습격하였다.[159] 4월 26일에는 허위 휘하의 이홍응(李弘應) 의병부대 약 100명이 마전 장수동에 출현하였다.[160] 4월 28일에는 양주군 천천면 덕정리에서 약 40명의 의병부대가 일본군 양주분견소 헌병대를 습격하였다.[161] 같은 날 오전 6시에는 의병부대가 교하군 석관면 서패리에 와서 식량을 징발하여 약 20척의 배에 싣고 김포 방면으로 향하였다.[162] 또한 같은 날 밤에는 약 15명의 의병부대가 아동리와 금릉리에 나타났다가 고양

---

155 『暴徒ニ關スル編冊』, 「韓憲警 乙 제443호」, 융희 2년 4월 20일조, 「한국주차헌병대장의 경무국장에의 통보」, 『한국독립운동사자료』 제10권, p. 147 참조.

156 『暴徒ニ關スル編冊』, 「폭도토벌경황 제68호」, 융희 2년 4월 22일조, 「제13사단참조부의 한국내부경무국에의 통보」, 『한국독립운동사자료』 제10권, p. 150 참조.

157 『暴徒ニ關スル編冊』, 「韓憲警 乙 제442호」, 융희 2년 4월 20일조, 「한국주차헌병대장의 내부경무국장에의 통보」, 『한국독립운동사자료』 제10권, p. 146 참조.

158 『暴徒ニ關スル編冊』, 「경비 제1581호의 1」, 융희 2년 4월 29일조, 「경시총감의 경무국장에의 통보」, 『한국독립운동사자료』 제10권, p. 161 참조.

159 『暴徒ニ關スル編冊』, 「한폭통 제48호」, 융희 2년 4월 26일조, 「한국주차군참모장의 내부경무국장에의 통보」, 『한국독립운동사자료』 제10권, p. 155 참조.

160 『暴徒ニ關スル編冊』, 「폭도토벌경황 제77, 78호」, 융희 2년 5월 5일조, 「제13사단참조부의 한국내부경무국에의 통보」, 『한국독립운동사자료』 제10권, p. 452 참조.

161 『暴徒ニ關スル編冊』, 「韓憲警 乙 제479호」, 융희 2년 5월 1일조, 「한국주차헌병대장 명석원이랑의 내부경무국장 송정무에게의 통보」, 『한국독립운동사자료』 제10권, p. 438 참조.

162 『暴徒ニ關スル編冊』, 「통감 제10020호」, 융희 2년 5월 6일조, 「통감부통신관리국장의 내부경무국장에의 통보」, 『한국독립운동사자료』 제10권, p. 444 참조.

방면으로 향하였다.[163] 4월 29일에는 약 40명의 의병부대가 연천군 중리에서 경성헌병분대 문산분견소의 일본군을 습격하였다.[164] 같은 날 오후 3시에는 약 20여 명의 의병부대가 광주군 혼지암 부근에서 이천수비대 소속 일본군을 공격하여 섬멸하였다.[165] 또한 같은 날(4월 29일) 김포군 묵단면 봉화리 부근의 솔밭에서 약 10여 명의 의병부대가 김포분견대의 일본군을 공격하였다.[166]

5월에 들어서자 서울 외곽에서의 의병부대들의 항일무장투쟁은 더욱 격화되었다. 5월 2일에는 약 50명의 의병부대가 통진 대명촌에서 일본군 변장토벌대(變裝討伐隊) 대원들을 포위하여 섬멸하였다.[167] 5월 3일에는 의병부대가 죽산군 북이면 은석동에서 자위단 친일파들을 처단하고 일본군을 찾아 유격전을 벌리었다.[168] 같은 날인 5월 3일에 약 20명의 의병부대가 통진군 조강포에 출현하여 일제 헌병경찰을 공격하였다.[169] 5월 4일에는 약 200명의 의병부대가 광주군 능곡에서 일본군 보병대와 치열한 전투를 전개하였다.[170] 5월 5일에는 죽산군 마옥산 부근에서 30명의 의병부대가 일본군 헌병대를 기습하여 섬멸하였다.[171]

---

163 『暴徒ニ關スル編冊』, 「통감 제10020호」, 융희 2년 5월 6일조, 「통감부통신관리국장의 내부경무국장에의 통보」, 『한국독립운동사자료』 제10권, p. 444 참조.

164 『暴徒ニ關スル編冊』, 「韓憲警 乙 제489호」, 융희 2년 5월 9일조, 「한국주차헌병대장의 내부경무국장에의 통보」, 『한국독립운동사자료』 제10권, p. 439 참조.

165 『暴徒ニ關スル編冊』, 「폭도토벌경황 제80호」, 융희 2년 5월 7일조, 「제13사단참조부의 한국내부경무국에의 통보」, 『한국독립운동사자료』 제10권, p. 445 참조.

166 『暴徒ニ關スル編冊』, 「韓憲警 乙 제488호」, 융희 2년 5월 2일조, 「한국주차헌병대장의 내부경무국장에의 통보」, 『한국독립운동사자료』 제10권, p. 439 참조.

167 『暴徒ニ關スル編冊』, 「경비 제1800호의 1」, 융희 2년 5월 6일조, 「경시총감 환산중준의 경무국장 송정 무에의 통보」, 『한국독립운동사자료』 제10권, pp. 444~445 참조.

168 『暴徒ニ關スル編冊』, 「경비 제1819호의 1」, 융희 2년 5월 8일조, 「경시총감의 경무국장에의 통보」, 『한국독립운동사자료』 제11권, pp. 2~3 참조.

169 『暴徒ニ關スル編冊』, 「경비 제1815호의 1」, 융희 2년 5월 8일조, 「경시총감의 경무국장에의 통보」, 『한국독립운동사자료』 제11권, p. 2 참조.

170 『暴徒ニ關スル編冊』, 「폭도토벌경황 제80호」, 융희 2년 5월 7일조, 「제13사단참조부의 한국내부경무국에의 통보」, 『한국독립운동사자료』 제10권, p. 446 참조.

171 『暴徒ニ關スル編冊』, 「韓憲警 乙 제574호」, 1908년 5월 12일조, 「한국주차헌병대장 명석원이랑의 내부국장 송정무에의 통보」, 『한국독립운동사자료』 제11권, p. 7 참조.

이러한 사실들은 1908년 4월부터 5월 초순에 걸쳐 십삼도창의대진소 군사장 허위의 총지휘 아래서 다수의 의병부대들이 소규모 편대를 만들어 서울을 향해서 진군했으며 서울의 외곽을 포위하기 시작했음을 나타내는 것이었다. 허위가 전국 13도에 격문을 발송한 것은 이러한 작전의 배경 위에서 전국의 의병들이 재봉기하여 서울을 향해서 재집결할 것을 호소한 것이었다고 해석된다. 이 격문이 4월 21일 전국에 발송된 후에는 의병운동이 더욱 고양되었다. 예컨대 일본군 강릉수비대도 이 격문 이후에는 '4월 25일 진부에 도착, 전 수비대장의 신고에 의하면 폭도의 행동이 활기를 대(帶)하여서'[172] 700~800명의 부대를 이루기도 하고 우편호위병들이 섬멸당하고 있다고 보고하였다. 또한 일제의 『조선폭도토벌지』도 1908년 5월에 들어서자 의병운동이 봉기 이래 '미증유의 치성(熾盛)'을 보게 되었다고 보고한 것이었다.

의병부대들의 서울을 향한 진군과 서울의 포위에 당황한 일본군은 긴급히 두 가지 방어대책을 강구하였다. 그 하나는 서울의 일본군을 서울 외곽에 전진 배치하여 의병의 공격을 방어하는 것이요, 다른 하나는 긴급히 일본으로부터 2개 연대의 일본군 병력을 서울에 증파토록 하는 것이었다.

한국 의병부대들의 서울 포위탈환작전이 다가옴에 당황한 일본군은 우선 4월 21일 일제경찰대를 한국 '의병'으로 변장시킨 '변장토벌대'를 각 20명씩 2개 부대를 편성하여 ① 양주·적성·마전 방면과, ② 고양·파주 방면으로 긴급히 출동시켰다.[173] 또한 서울에 사단본부를 둔 일본군 13사단 참모부는 북부수비관구의 일본군에게 〈표 2-1〉과 같은 작전에 의하여 한국 의병의 서울 공격을 방어하라고 명령하였다.[174]

---

172 『暴徒ニ關スル編冊』, 「보병 제12단사령부 수 제42호」, 1908년 5월 9일조, 「남부수비관구사령관 恒玄忠道의 내부경무국장 송정무에의 통보」, 『한국독립운동사자료』 제11권, p. 12 참조.

173 『暴徒ニ關スル編冊』, 「전화」, 융희 2년 4월 20일 오후 6시반, 「영곡경시(永谷警視)로부터 암정경시(岩井警視)에게」, 『한국독립운동사자료』 제11권, p. 7 참조.

174 『暴徒ニ關スル編冊』, 「제13사단모 제428호」, 융희 2년 4월 27일 오후 6시 반, 「북부수비관구사령관의 한국내부경무국장에의 통보」, 『한국독립운동사자료』 제10권, pp. 156~157 참조.

‖표 2-1‖ **십삼도 연합의병부대 제2차 서울탈환 작전에 대한 일본군의 대응배치**

병력	토벌구역	행동개시일	행동개시 지점	적요
보병 1중대(1소대缺) 京城屯在의 것	경성으로부터 광주-과천을 연결한 선에 향하여 압박	5월 4일	경성 ·	상호책응(相互策應) 할 것
이천수비대 주력	이천으로부터 광주-과천을 연결한 선에 향하여 압박	5월 3일	경성	동
보병 1소대와 반소대 경선둔재의 것	경성으로부터 청산-산점-고안을 연결한 선에 향하여 압박	5월 4일	경성	상호책응 할 것
지평수비대 주력	지평-홍천을 연결한 선으로부터 청평-천점-고안을 연결한 선을 향하여 압박	5월 4일	지평 및 홍천	동
적성수비대 주력	적성으로부터 영평-양주를 연결한 선내의 토벌	5월 4일	적성	상호책응 할 것
춘천수비대 주력	춘천-경성가도와 원산-경성가도 간 지구 토벌	5월 4일	춘천 및 가평	동

또한 일본군은 긴급하게 일본내에 있는 제6사단의 보병 제23연대와 제7사단의 보병 제27연대를 차출하여 한국에 증파해서 5월 7일자로 한국주차군에 증가 편입하여 한국의병의 공격을 방어할 것임을 내부 경무국장에게 통고하였다.

韓參通 제145호, 명치 41년 5월 7일
한국주차군참모장 모전경구랑
내부 경무국장 송전 무 앞
별지와 가히 본일 육군대신으로부터 전선(傳宣)되었으므로 통보함.
칙을 봉함

一. 한국 폭도를 되도록 속히 진정할 목적으로 보병 2개 연대를 일시 한국주차군에 증가한다.
二. 제6사단장은 보병 제23연대를, 제7사단장은 보병 제27연대를 한국에 파견하라.

三. 파견연대는 한국주차군사령관의 예하에 입하는 것으로 한다.

四. 파견연대의 편성급 수송에 관하여는 육군대신의 지휘를 수하여야 한다.[175]

한국 의병부대들의 제2차 서울탈환작전에 대응하여 일제가 일본으로부터 2개 연대를 증파하면서 서울 외곽에 일본군과 일제 경찰을 대규모로 전진배치하여 반격을 가해왔으므로, 1908년 5월~6월에는 서울 외곽을 비롯한 경기도 일대에서 한국 의병부대와 일본군 사이에 치열한 전투가 전개되었다. 한국 의병부대들은 투지와 사기는 충천했으나 병기에서 열세이고 탄약이 고갈되어 증강된 일본군의 방어선을 뚫을 수가 없었다. 또한 전국 각 지방에서 재봉기하여 고양된 의병부대들도 곳곳에서 증강된 일본정규군의 막강한 화력에 진로가 차단되어 서울근교에 집결하는 것이 불가능하였다.

객관적으로 볼 때 당시 '십삼도창의대진소' 군사장 허위의 지휘하에 감행된 '제2차 서울탈환작전'은 작전 그 자체는 훌륭했으나 화력이 절대적으로 부족하여 목표를 달성하는 것은 불가능하였다. 한국연합의병부대의 '제2차 서울탈환작전'은 시도에 그치지 않을 수 없는 조건에 있었다고 말할 수 있다.

8. '십삼도창의대진소' 군사장의 일제통감에의 요구조건

십삼도창의대진소 연합의병부대의 '제2차 서울탈환작전'이 시작되어 2월 중에 퇴조되어 가던 의병운동이 형세 일변해서 다시 고양되어 의병운동 봉기이래 '미증유의 치성'을 보이기 시작한 조건 위에서, 군사장이며 총대장의 위임을 받은 허위는 서울탈환작전의 정치적 측면의 일환은 연합의병부대의 30개조의 요구조건을 박노천(朴魯天)을 서울에 파견하여 일제통감부에 통보하도록

175 『暴徒ニ關スル編冊』, 「한참통 제145호」, 1908년 5월 7일조, 「한국주차군참모장 모전경구랑의 내부국장 송정무에의 통보」, 『한국독립운동사자료』 제11권, p. 2 참조.

하고 서울 시내에도 널리 알리도록 하였다. 그 내용은 다음과 같았다.

① 태황제(고종)을 복위시켜라.
② 외교권을 환귀시켜라.
③ 통감부를 철거하라.
④ 의관을 복고하라.
⑤ 일본인의 서임을 시행치 말라.
⑥ 형벌권의 자유를 회복시켜라.
⑦ 통신권의 자유를 회복시켜라.
⑧ 경찰권의 자유를 회복시켜라.
⑨ 정부조직의 자유를 회복시켜라.
⑩ 군대시설의 자유를 회복시켜라.
⑪ 을미·을사·정미의 국적을 자유로이 처참케 하라.
⑫ 내지의 산림·천택(川澤)·금은동광을 침략하지 말라.
⑬ 내지의 부동산 매매를 하지 말라.
⑭ 항해권을 환귀시켜라.
⑮ 어채(魚採)의 이(利)를 침략하지 말라.
⑯ 교육권의 자유를 회복시켜라.
⑰ 출판권의 자유를 회복시켜라.
⑱ 군용지를 환귀시켜라.
⑲ 일본인 거류지를 환귀시켜라.
⑳ 철도를 환귀시키고 물러가라.
㉑ 학회 이외를 자유롭게 해산시켜라.
㉒ 해관세법의 자유를 회복시켜라
㉓ 일본인의 상업을 제한하라.
㉔ 일본인의 상업물품을 제한하라.
㉕ 일본인의 상륙을 제한하라.
㉖ 국채를 시행하지 말라.
㉗ 인민의 손해를 배상하라.
㉘ (일본)은행권을 시행하지 말라.

㉙ 지방의 (일본군) 병참을 철거하라.

㉚ 일본에 현재 있는 망명객 등을 속히 포래하라.[176]

『대한매일신보』는 십삼도창의대진소 군사장 허위의 일제통감부에 대한 30개조 요구조건에 대하여 다음과 같이 보도하였다.

"근일 풍설(風說)을 거(據)한즉 의병소(義兵所)에서 통감부파원(統監府派員)과 교섭(交涉)하고 32조(條)의 요구서(要求書)를 제출하였는데 태황제폐하복위(太皇帝陛下復位)하실 사(事)와 통감부철환사(統監府撤還事)와 관청(官廳)의 일본인관리(日本人官吏) 퇴송사(退送事)와 외교권환귀사(外交權還歸事)와 그 외의 각항 중요한 사실이라더라."[177]

십삼도창의대진소(十三道倡義大陣所) 연합의병부대의 군사장 허위가 일제통감부에게 보낸 위의 30개조 요구조건의 내용은 그동안 일제가 대한제국을 침략하여 빼앗아간 모든 국권과 이권을 되찾아 회복하고 일본은 한국에서 물

176 『暴徒ニ關スル編册』, 「경비 제189호」, 융희 2년 5월 19일조, 「경시총감 환산중준의 경무국장 송정무에의 통보」, 『한국독립운동사자료』 제11권, pp. 8~9 참조.

적괴(賊魁)의 복권운동(復權運動)」.

一. 허위(許蔿)의 대리(代理)로 박노천(朴魯天)이라는 자(者)가 좌(左)의 30개조(個條)로써 통감부(統監府)에 교섭(交涉)하고자 하니 안동거(安洞居) 이기학(李基學) 등에게 그 의(意)를 통(通)하고 경성시내(京城市內) 성언(聲言)하고 있다. 1.태황제복위(太皇帝復位) 2.외교권환귀(外交權還歸) 3.통감부철거(統監府撤去) 4.의관복고(衣冠復古) 5.일인서임물시(日人敍任勿施) 6.형벌권자유(刑罰權自由) 7.통신권자유(通信權自由) 8.경찰권자유(警察權自由) 9.정부조직자유(政府組織自由) 10.군대시설자유(軍隊施設自由) 11.을미(乙未), 을사(乙巳), 정미(丁未)의 국적자유처단(國賊自由處斷) 12.내지(內地) 산림(山林) 천택(川澤) 금은동광물침(金銀銅鑛勿侵) 13.내지부동산매매물시(內地不動產賣買勿施) 14. 선해권환귀(船海權還歸) 15.어채리물침(漁採利勿侵) 16.교육권자유(教育權自由) 17.출판권자유(出版權自由) 18.군용지환귀(軍用地還歸) 19.일본인거류지환귀(日本人居留地還歸) 20.철도환퇴(鐵道還退) 21.학회이외자유해산(學會以外自由解散) 22.해관세법자유(海關稅法自由) 23. 일본인상업제한(日本人商業制限) 24.일본인상업물품제한(日本人商業物品制限) 25.일본인상륙제한(日本人上陸制限) 26.국채물시(國債勿施) 27.인민손해배상(人民損害賠償) 28.은행권물시(銀行券勿施) 29.지방병참철거(地方兵站撤去) 30.일본(日本)에 현재(現在)하는 망명객등(亡命客等) 속(速)히 포래(捕來)할 사(事). 우(右) 통보(通報)함.

177 『대한매일신보』, 1908년 5월 23일자, '잡보(고록풍설(姑錄風說))'.

러갈 것을 조목화하여 요구한 것이었다. 이것은 십삼도창의대진소의 연합의병부대가 제2차 서울탈환작전을 전개하면 일제통감부와 담판을 지으려고 했던 '정치적 목표'의 '강령(綱領)' 같은 것이었다. 또한 이것은 십삼도창의대진소의 연합의병부대만이 아니라, 당시 전국에서 봉기하여 용감히 무장투쟁을 전개하고 있던 '모든' 의병부대들의 '정치적 목표'를 집약한 것이기도 하였다. 이러한 면에서 십삼도창의대진소 군사장 허위가 일제에게 통보한 위의 '30개조' 요구조건은 의병운동사에서 획기적 중요성을 가진 것이었다고 말할 수 있다.

십삼도창의대진소 연합의병부대의 용감무쌍한 제2차 서울탈환작전은 일본 정규군의 증파로 실현되는 것이 불가능하게 되었다. 일본으로부터 한국으로 긴급히 증파된 일본군 제27연대와 제23연대는 서울의 외곽에 막강한 현대적 방어화력을 배치함과 동시에, 일본군 제27연대는 일본군 제51연대로부터 의병 '토벌'에 경험이 있는 하사(下士)들을 배속받은 후에 서울 근교(近郊)의 양천(陽川)·김포(金浦)·통진(通津)·강화(江華)·풍덕(豊德)·교하(交河)·고양(高陽)·동두천(東豆川)·한강(漢江) 좌(左)·우안(右岸)을 수색하는 대대적 작전을 6월 1일부터 개시하였다.[178] 일본군은 서울 외곽(外廓)을 비롯하여 경기도 일대에 집중적으로 병력을 투입해서 의병에 대한 '토벌'작전을 강행하였다.

십삼도창의대진소 연합의병부대들은 새로이 증파된 막강한 일본군에 대항하여 용감한 무장투쟁을 전개하였다. 예컨대, 6월 2일에는 의병부대가 강화군 송정면(松亭面) 중성동(中城洞)에 출현하여 자산가들로부터 군자금을 징수해 갔으며, 6월 3일에는 다른 의병부대가 영정포(領井浦)에 상륙하였다.[179] 6월 8일에는 약 20명의 의병부대가 부평읍(富平邑)을 습격하여 일본군과 치열한 전투를 벌이고 일시 이를 점령하였다.[180] 그러나 당시 무기가 압도적으로 열세이고 탄

---

178 『暴徒ニ關スル編冊』, 「제13사단모 제617호」, 1908년 6월 1일조, 「북부수비사령관명령」, 『한국독립운동사자료』, 제11권, p. 191 참조.

179 『暴徒ニ關スル編冊』, 「통감 갑 제12898호」, 1908년 6월 9일조, 「통감부통신관리국장의 경무국장에의 통보」, 『한국독립운동사자료』, 제11권, p. 202 참조.

180 『暴徒ニ關スル編冊』, 「경비 제2390호의 1」, 융희 2년 6월 10일조, 「경시총감의 경무국장에의

환이 거의 고갈되어 있던 십삼도창의대진소 연합의병부대의 화력으로서는 서울외곽을 포위하기는 했으나 증파된 일본군 제23연대와 제27연대 및 제13사단의 막강한 화력을 이길 수가 없었으므로 서울 진입공격을 시작하기 전에 다시 밀리어 분산해서 퇴각하지 않을 수 없었으며, 일본군 2개 연대의 증파로 말미암아 십삼도창의대진소 연합의병부대의 '제2차 서울탈환작전'은 여기서 좌절당하게 되었다.

더욱 불행이 겹친 것은, 1909년 6월 11일 의병장 허위가 일본헌병대의 급습을 받고 체포된 일이었다.[181] 일본군 경성헌병대 철원분견대는 포로가 된 김모라는 한 의병으로부터 허위 의병장이 은신하고 있는 촌락을 알아낸 다음,[182] 태전(太田) 헌병대위 이하 12명의 일본군 헌병이 1908년 6월 11일 새벽 7시 경기도 영평군(永平郡) 서면(西面) 유동(柳洞)의 박정연(朴政淵)의 집을 급습하여 허위를 체포하였다.[183] 십삼도창의대진소 군사장 허위는 6월 17일 서울로 이송되어,[184] 조사를 받고 7월 7일 평리원(平理院)에 회송(廻送)되었다.[185] 허위(許蔿)는 경성공소원(京城控訴院)에서 제1회 신문(訊問)을 받고[186] 1908년 9월 18일 일제 재판장에 의하여 사형선고를 받았다.[187] 허위는 1908년 10월 21일 오전 10시 형이 집행되어 순국했는데,[188] 『대한매일신보』는 '천일무광(天日無光)'(하늘의 태양도 빛을 잃었다)는 제목으로 그 전말을 보도하여 추도하였다.[189]

통보」, 『한국독립운동사자료』, 제11권, p. 193 참조.

181 『폭도사편집자료』 제27호, 「강원도관찰사 이규원보고」 참조.

182 『명석원이랑』 상권, p. 427 참조.

183 『暴徒ニ關スル編册』, 「韓憲警 을 제746호」, 1908년 6월 18일조, 「한국주차헌병대장 명석원이랑의 경무국장 송정 무에의 통보」, 『한국독립운동사자료』, 제11권, p. 196 참조.

184 『황성신문』, 1908년 6월 19일자, '지방소식일통' 참조.

185 『경성일보』, 1908년 7월 8일자. '허위(虛位)の호송(護送)'

186 『대한매일신보』, 1908년 9월 19일자, '허위씨의 고문(訊問)' 참조.

187 「허위판결선고서」, 『독립운동사자료집』(독립운동사편찬위원회편) 별집, 제1책, pp. 450~452 참조.

188 『대한매일신보』, 1908년 10월 22일자, '의장귀천(義將歸天)' 참조.

189 『대한매일신보』, 1908년 10월 24일자, "천일무광(天日無光)'. 「의병대장(義兵大將) 허위(許蔿) 씨를 사형(死刑)에 처(處)함은 이위보도(已爲報道)하였거니와 검사(檢事) 모씨(某氏)가 사형

십삼도창의대진소 연합의병부대의 '제2차 서울탈환작전'이 일본군 2개연대의 증파로 말미암아 좌절된 이후 의병부대들은 다시 각 부대의 근거지로 돌아가 분산해서 '유격전(遊擊戰)'에 의거한 항일무장투쟁을 계속하였다.

9. 맺음말

지금까지 1907년 하반기에 편성되어 1908년 전반기에 서울탈환작전을 전개한 십삼도창의대진소 연합의병부대의 국권회복을 위한 항일무장투쟁을 비교적 상세히 고찰하였다.

십삼도창의대진소의 연합의병부대 편성은, 1907년 8월 1일 군대해산 후 해산군인들이 봉기하여 의병에 합류한 것을 계기로 전국에 걸쳐 의병운동이 급속히 고양되면서 소규모 의병부대들이 전국 각지에서 분산적으로 항일무장투쟁을 전개하게 되자, 의병운동의 고양기에 이를 통합하여 지휘체계를 통합 정비하면서 의병부대를 집중적으로 근기지방에 투입하여 서울외곽을 포위한 다음 '서울탈환작전'을 전개하기 위하여 1907년 10월부터 의병부대들 사이에 '통문(通文)'을 돌리는 방식에 의하여 추진되었다. 여기에 십삼도창의대진소 성립의 주체세력이 된 의병부대는 ① 이인영(李麟榮) 의병부대와 ② 허위(許蔿) 의병부대였고, 이 두 개의 대규모 의병부대의 연합에 결정적으로 연계를 놓은 것이 ③ 이인영 의병부대에 통합되어 있던 이은찬(李殷瓚) 의병부대이었으며,

---

(死刑)을 집행(執行)할 시(時)에 허위(許蔿) 씨를 대(對)하여 교형사(絞刑死)를 현행(現行)하거니와 후(後)에 친족(親族)에게 혹유유언(或有遺言)이거던 상언(詳言)하라 한데 허위(許蔿) 씨가 안색(顔色)을 불변 왈(不變曰) 여위국사(余爲國事)타가 불행피착(不幸被捉)하여 금당사형(今當死刑)하니 취사이이(就死而已)오 친족(親族)에게 갱무타언(更無他言)이로 다 한즉 검사(檢事) 모씨(某氏)가 왈(曰) 시신(屍身)을 수거(收去)할 자(者)가 친족(親族) 중에 유수호(有誰乎)아 한데 허위 씨(許蔿氏)가 우답 왈(又答曰) 사후렴시(死後斂屍)를 하족괘념(何足掛念)이리오. 지옥(地獄) 중에서 부란(腐爛)이 역위무방(亦爲無妨)하니 속행교형(速行絞刑)하라 하얏다더라." 참조.

이들의 연합운동에 ④ 민긍호(閔肯鎬) 의병부대와 ⑤ 이강년(李康年) 의병부대가 적극적으로 호응하고, 그밖에 ⑥ 황해도의 권중희(權重熙) 의병부대, ⑦ 경상도의 신돌석(申乭石) 의병부대, ⑧ 전라도의 문태수(文泰守) 의병부대, ⑨ 함경도의 정봉준(鄭鳳俊) 의병부대, ⑩ 평안도의 방인관(方仁寬) 의병부대의 호응이 있자, 경기도 양주(楊州)에 집결하여 십삼도창의대진소 연합의병부대를 성립키로 한 것이었다.

그러나 실제로는 경상도의 신돌석 의병부대와 전라도의 문태수 의병부대는 약속된 기일에 양주에 모이지 못했기 때문에 실제로 집결한 의병부대를 중심으로 이인영을 총대장, 허위를 군사장으로 한 십삼도창의대진소의 연합의병부대가 1907년 음력 11월 경기도 양주에서 성립되었다. 이때 이미 기술한 바와 같이 양주에 도착하여 십삼도창의대진소의 편성에 실제로 참가한 의병장들을 중심으로 관동창의대장(關東倡義大將)에 민긍호, 호서(湖西)창의대장에 이강년(李康年), 교남(嶠南)창의대장에 박정빈(朴正斌), 진동(鎭東)창의대장에 권중희(權重熙), 관서(關西)창의대장에 방인관(方仁寬), 관북(關北)창의대장에 정봉준(鄭鳳俊)이 선임된 것이었다. 그러므로 종래 신돌석이 평민출신이었기 때문에 교남(嶠南)창의대장을 교체했다는 것은 전혀 근거없는 해석이었다. 십삼도창의대진소가 성립될 시기에 신돌석은 경기도 양주에 집결하지 못하고 강원도와의 접경지대인 경상북도의 일월산(日月山)과 백암산(白岩山)에서 일본군 수비대와 전투중이었기 때문에 교체된 것이었다.

십삼도창의대진소 편성의 실제 내용을 보면 당시 전국 각지의 대표적 의병부대가 모두 집결하여 편성된 것이 아니라 '중부' 지역의 대표적 의병부대들이 주축이 되어 편성되고 다른 도의 의병부대는 상징적으로만 참가한 것을 알 수 있다. 당시 일본군이 전국에 수비구(守備區)를 만들어 의병(義兵)에 대한 치열한 '토벌' 작전을 강행하는 조건 위에서는 함경도·평안도·경상도·전라도의 '북부' 및 '남부'의 의병부대들은 '거리'와 당시 의병부대의 '기동력'으로서는 단시일에 일본군(日本軍)의 저지선을 돌파하여 경기도 양주에 집결하는 것은 실제로 불가능하였다고 보지 않을 수 없다. 따라서 자연히 십삼도창의대진소의 연합의병부대는 '중부' 지방에서 활동하고 있던 의병부대들이 중심이 될 수 밖에 없었고, '중부'지방의 의병부대들로서는 ① 이인영 의병부대, ② 허위 의병부대, ③ 민긍호 의병부대, ④ 이강년 의병부대가 대표적인 대규모 의병부대였을 뿐만 아니라 이들 4대 의병부대들이 다른 소규모 의병부대들을 각각 모두 통합하여 다시 십삼도창의대진소의 연합의병부대를 편성했고 다른 도는 상징적으로 모두 참가한 것이 되었으므로, 당시의 조건에 비추어서는 십삼도창의대진소는 상징적으로 '전국적'이라는 의미와 표현을 사용해도 손색이 없던 것이었다고 볼 수 있다.

종래 십삼도창의대진소 연합의병부대의 '서울탈환작전'은 1908년 1월 한 번만 있었던 것으로 알려져 왔다. 그러나 당시의 자료를 보면 1908년 4월말~5월말에 걸쳐 한 번 더 '제2차 서울 탈환작전'이 있었으며, 이 제2차 작전은 제1차 작전과 마찬가지로 서울 진공 그 자체에는 성공하지 못했지만 전국에서 의병의 재봉기를 결과하여 일제의 기록에서도 의병운동의 '미증유의 치성'을 가져오는 효과를 낳았다.

또한 종래 십삼도창의대진소 연합의병부대의 '제1차 서울탈환작전'은 군사장 허위가 인솔하는 선봉대가 일본군과 한 번 싸운 후에 본격적 작전 직전에서 이인영의 부친의 별세로 인한 귀향 때문에 실패 또는 중지된 것으로 설명해 왔다. 그러나 이것은 지나치게 피상적인 관찰과 해석으로 보인다. 십삼도창의대진소를 편성하기 위하여 지평·양주로 모이는 과정에서 여기에 참가하려고 이동한 모든 의병부대들은 일본군과 치열한 전투를 감행하며 집결했고, 또 십삼도창의대진소 편성 후 서울을 향하여 진군하는 도중에도 무려 38회나 대소규모의 전투를 겪었다. 이 과정에서 십삼도창의대진소 연합의병부대들의 탄환은 거의 고갈상태에 다다랐음을 주목할 필요가 있다. 그 위에 서울 동대문 밖 30리 지점에 도달한 허위 인솔하의 선봉대는 후속 본대가 도착하기 전에 정보를 탐지한 일본군의 공격으로 치열한 전투에 들어가게 되고 혈전 끝에 선봉대 역시 탄환이 고갈되어 퇴각한 것이었다. 그리고 이 전투에서 일본군만 피해를 입은 것이 아니라 십삼도창의대진소 연합의병부대의 선봉대는 대대장 연기우와 김규식이 부상을 입을 정도로 큰 피해를 입은 사실을 유의해 볼 필요가 있다. 실제로 연합의병부대의 본대가 분산하여 그 후 동대문밖 30리 약속된 지점에 도달했다 할지라도 산포(山砲)와 기관총으로 중무장을 하고 대기하고 있는 일본군과 연합의병부대가 '정면전'을 전개해서는 패전이 명확히 내다 보이는 어려운 상태에 있었던 것이다.

십삼도창의대진소 연합의병부대의 지휘부가 무기와 탄약의 절대적 부족 속에서 이 정면전을 중단하여 연기시켜서 더 준비를 갖추어야할 필요가 절실한 때에 마침 총대장 이인영의 부친의 별세의 부고가 진중에 도착하자 독실한 유생 이인영은 그 자신만 상례(喪禮)를 위하여 귀향한 것이 아니라 '제1차 서울탈환작전' 자체를 중지하도록 통문을 돌리게 하고는 군사장 허위에게 지휘권을 맡기고 귀향함으로써, 그 자신의 '효'뿐만 아니라, '정면전'에서의 패전이 가져올 전체 의병무장투쟁에 대한 충격을 회피한 것이었다고 해석된다. 총대장 이인영은 십삼도창의대진소 연합의병부대의 탄약의 고갈로 말미암아 조성된 전투력의 열세에서 '정면전'을 피하고 연기시키기 위하여 부친의 상례를 맞자 그 자신을 희생시킨 것은 아닐까?

십삼도창의대진소의 연합의병부대는 총대장 이인영의 결정에 따라 다시 분산하여 각지에 흩어져서 이번에는 군사장 허위의 지휘와 연락 아래 약 3개월간 소규모 유격전들만 전개하면서 재거의 준비를 하였다. 그들은 ① 의병을 증모하여 비밀리에 훈련시키고, ② 무기와 탄약을 구입하여 무장을 보강하며, ③ 군량을 비축하고, ④ 서울에 의병장을 잠입시켜 내응세력을 조직하고, ⑤ 각 의병부대의 연락을 긴밀히 강화했다가, 1908년 4월 21일 마침내 허위·이강년·이인영·유인석·박정빈 등의 이름으로 의병의 재거와 제2차 서울탈환작전의 시작을 알리는 '통문'을 전국 13도에 발송하였다. 이에 호응하여 전국 13도에서 의병운동이 다시 치솟아 오르고 중부지방의 의병부대들은 '제2차 서울탈환작전'을 위하여 다시 경기도에 진입하여 서울 외곽을 포위하기 위해서 서울 주변에 진출하였다. 그리하여 1908년 2월~3월에는 거의 전투가 없었던 서울 외곽에서 4월~5월 말에는 크고 작은 의병부대들의 진출과 공격에 의하여 일본군과 치열한 항일무장투쟁이 연일 재연되었다. 이러한 형세의 급전환에 대하여 일제 측 자료인 『조선폭도토벌지(朝鮮暴徒討伐誌)』까지도 "1908년 초두에는 의병항쟁이 정온(靜穩)의 역(域)에 향하여, 충돌의병의 총수가 1월에는 약 9,000명, 2월에는 겨우 1,900명이었다가 4월부터 형세일변하여 의병봉기 이래 '미증유의 치성'을 보게 되어 충돌의병의 총수가 5월에는 1만 4,000명에 달하게 되었다"는 요지의 보고를 한 것이었다.

십삼도창의대진소 연합의병부대의 재봉기와 '제2차 서울탈환작전'의 시작에 당황한 일제침략자들은 의병부대들이 속속 경기도에 진입하여 서울 외곽을 포위하기 시작하자 매우 당황하여 당시 서울에 있던 일본군 제13사단 본부 병력과 헌병경찰 병력만으로는 방어에 불충분하다고 보고 일본으로부터 제6사단의 제23연대와 제7사단의 제27연대를 5월 7일자로 한국에 급파하여 서울을 '방위'하고 서울 외곽의 의병부대를 '토벌'하도록 하였다. 일본군이 일제통감부가 있는 서울의 방어를 위해서 일본으로부터 2개연대를 급파하지 않으면 안되었다는 사실에서도 십삼도창의대진소 연합의병부대의 '제2차 서울탈환작전'의 기세가 얼마나 드높았는가를 알 수 있다.

십삼도창의대진소 연합의병부대의 '제2차 서울탈환작전'은 일본군 2개연대의 증파로 의병부대의 병력의 열세가 심하게 되어 성공하지는 못하였다. 그러나 십삼도창의대진소의 '제2차 서울탈환작전'은 전국에서 의병항일무장투쟁을 급격히 고양(高揚)시켜 1904년 이래 의병운동의 미증유의 치성을 가져왔다. 1908년 1~2월에 거의 퇴조되어가던 의병운동이 4~5월에 갑자기 고양되어 의병운동 봉기이래 최고조에 달했던 배경에는 십삼도창의대진소 연합의병부대의 '제2차 서울탈환작전'이 있었음을 우리는 명확히 인식할 필요가 있을 것이다.

종래 십삼도창의대진소 연합의병부대의 의병운동에 대해서는 그들이 시종일관 '유격전'만을 전개하지 않고 일본 정규군에 대항하여 '정면전'을 전개하려 했다는 점에서 많은 비판적 견해가 제시되어 왔다. 군사 '전술적' 측면에서는 일리가 있는 비판일 것이다. 그러나 이러한 견해는 '전략적' 측면을 경시한 것은 아닐까? 십삼도창의대진소의 연합의병부대를 편성한 각 의병 부대들은 이미 무수한 유격전을 전개한 유격전 부대들이었으며 그들 자신도 이것을 잘 알고 있었음은 물론이다. 그러나 의병부대들은 단위 전투에서 승리하는 과제보다는 국권회복의 정치적 목적을 달성하기 위하여 패전과 죽음을 각오하고 나선 의용대였으므로, 그들이 국권회복의 정치적 목적을 실현하기 위한 과제를 선행시켜 고려한 의병작전이 필요했음을 주목할 필요가 있다.

전략적 측면에서 보면, 필자의 견해로는, 십삼도창의대진소의 연합의병부대의 '서울탈환작전'은 우수한 전략이라고 본다. 정치적 전략으로서는 일제통감부가 있는 수도를 포위하거나 공략하는 것은 지방의 소전투들에서 큰 승전을 하는 것보다 정치적 효과가 훨씬 더 큰 지름길이기 때문에 이 작전은 의병부대들로서는 반드시 시도해 볼 만한 것이었다. 물론 십삼도창의대진소 연합의병부대의 '서울탈환작전'은 이를 수행할 화력(무기·탄약)과 기동력의 부족이라는 전술적 결함이 있는 것이기는 했지만, 그것이 병원(兵員)의 부족이 아니라 화력의 부족인 한 유격전의 경우에도 마찬가지로 큰 한계를 가져오는 것이어서, 지속적으로 탄약을 공급할 길이 없던 의병부대들로서는 탄환이 고갈되어 전체 의병운동 자체가 불가능하게 되기 전에 정치적 효과가 매우 큰 '서울포위작전'과 '서울탈환작전'을 전개하여 조금이라도 유리한 위치에서 국권회복을 위하여 일제통감부와 정치적, 외교적, 군사적 담판을 할 필요가 있었던 것이라고 볼 수 있다. 특히 십삼도창의대진소의 '서울탈환작전'이 순전한 군사적 작전이 아니라 일제통감부를 정치외교적으로 굴복시켜 '을사 5조약', '정미 7조약' 등 각종 침략조약들을 파기하려는 정치적 목적의 작전의 성격이 있었음을 주목할 필요가 있을 것이다.

십삼도창의대진소 연합의병부대의 '서울진입작전', '서울탈환작전'은 화력의 부족과 일본군의 증파로 말미암아 실패로 돌아갔지만, 그것은 특히 다음과 같은 몇 가지 점에서 큰 역사적 의의를 가진 의병운동이었음을 주목할 필요가 있다.

첫째, 그것은 전국의 의병운동을 크게 고양시켰다. 십삼도창의대진소의 '제1차 서울탈환작전'은 군대해산 후 의병운동의 고양의 결과의 측면이 강하지만, 특히 '제2차 서울탈환작전'은 퇴조되고 '진압'되어가던 의병운동의 추세를 역전시켜 형세일변케 해서 의병운동 봉기이래 '미증유의 치성'이라고 일제가 기록할 만큼 최고조로 의병운동을 고양시킨 것이었다.

둘째, 그것은 소규모 의병부대들의 항일무장투쟁의 대동단결과 상호연대의 강화를 가져왔다. 자발적으로 봉기한 수많은 소규모 의병부대들이 십삼도창의대진소의 성립을 계기로 대규모 의병부대들로 통합되었으며 상호 긴밀하게 연락하면서 상호연대를 크게 강화하여 전체 의병부대들의 대동단결이 크게 강화되었다.

셋째, 그것은 의병무장투쟁의 정치적 전략과 경륜을 발전시키고 과시하였다. 십삼도창의대진소의 '서울탈환작전'과 그에 병행하여 준비한 일제통감부에 대한 요구조건과 새 애국적 정부조직의 주장은 국권회복을 목적으로 한 의병무장투쟁의 정치적 전략과 내용을 보다 구체적이고 정밀하게 근대적으로 발전시켜 의병들의 사기를 고양시켰으며, 의병무장투쟁의 정치적 성격을 크게 발전시켰다.

넷째, 그것은 전국민에게 애국주의를 크게 고양시켰다. 의병무장투쟁에 참가하지 않은 국민들도 높은 산맥 속에서 싸우고 있는 줄 알았던 의병들이 수도 서울을 포위하고 서울을 탈환하러 진군해 온다는 소식을 듣고 정신적으로 크게 각성하여 전국민들 사이에 애국주의가 크게 고양되었다.

다섯째, 그것은 항일무장투쟁의 정치적 효과를 크게 제고시켜 애국계몽운동을 보위하고 고취하였다. 십삼도창의대진소 연합의병부대의 '서울탈환작전'

은 의병운동의 중요성을 정확히 파악하지 못했던 일부 지식인들로 하여금 이를 재인식케하고 의병운동에 보조를 맞추어 연무제진(聯武齊進)해서 애국계몽운동을 더욱 적극적으로 전개하도록 작용하였다.

여섯째, 그것은 한국인들의 국권회복 운동과 의병항일무장투쟁을 전세계에 알리는 중요한 정치적·선전적 효과를 산출하였다. 십삼도창의대진소가 수도 '서울탈환작전'을 전개했기 때문에 한국의 의병운동을 알지 못했던 외국인들도 한국인들이 국권회복을 위해서 서울근교에까지 진출하면서 용감하게 항일무장투쟁을 전개하고 있음을 알고 놀라게 되었다. 영국 『데일리 메일』紙 기자 맥켄지의 의병에 대한 취재는 그 좋은 예의 하나라고 할 수 있다.

십삼도창의대진소 연합의병부대의 의병운동과 두 차례에 걸친 '서울탈환작전'은 이상과 같이 한국독립운동사·한국근대사에서 매우 큰 역사적 의의를 가진 항일무장투쟁이었다.

(『한국독립운동사연구』 제1집, 1987)

제3장

홍범도 의병부대의 항일무장투쟁

1. 머리말

일본 제국주의자들이 한국을 식민지화하기 위한 작업의 하나로 1904년 2월 8일 러·일전쟁을 도발하고 일본군이 한국에 불법 상륙하여 무력으로 침략정책을 강화해 나가자 한국 민족은 1904년부터 일본 제국주의를 몰아내기 위한 항일의병무장투쟁을 다시 시작하였다.

일제는 러·일 전쟁에서 승리하여 1905년 9월 5일 러·일 강화조약(포츠머스 조약)을 체결한 후 그들이 1904년 4월에 2개 사단 규모로 한국에 설치했던 한국주차군 외에 러·일 전쟁에 투입했던 만주의 일본군까지 합하여 막강한 무력으로 위협해서 1905년 11월 7일 '을사 5조약'을 강제하여 외교권을 비롯한 한국의 국권을 빼앗고 한국을 반식민지의 소위 '보호국'으로 만들었으며, 1906년 2월 1일에는 '통감부'를 설치하여 한국의 식민지화를 강행하였다. 이에 응전하여 한국민족의 항일의병무장투쟁은 큰 규모로 확대되었다.

일제가 한국을 완전 식민지로 병탄하기 위하여 한국민족을 완전 무장해제하는 작업의 하나로 1907년 8월 1일 대한제국의 군대를 강제 해산하자 해산당한 군인과 각계 각층의 한국 민족 성원들이 전국에서 봉기하여 항일의병무장투쟁은 더욱 큰 규모로 전국에 확대되고 한반도의 전국 방방곡곡에서 대소규모의 항일의병전쟁이 더욱 치열하게 전개되었다.

1907년 이후의 한국 민족의 의병운동 중에서 특히 주목되는 의병운동의 하나로 함경도 지방에서 일어난 홍범도 의병부대의 항일무장투쟁이 있다.

홍범도 의병부대는 주로 백두산 연맥과 개마고원에서 산짐승을 사냥하던 포수들로 조직된 평민 의병부대로서 실질적 전투력을 가진 당시 국내의 최강의 의병부대였다. 이러한 특성으로 하여 홍범도 의병부대는 그의 활동지역에서 능동적으로 일본군을 공격하여 일본군에게 커다란 타격을 주고 연전연승하였다. 일본군도 홍범도 의병부대만은 정규군보다도 더 막강한 기동성 높은 유격전 부대임을 인정하지 않을 수 없었다. 홍범도 의병부대의 이러한 특징은 위정척사파 양반유생이 의병장으로 되어 있던 전투력이 약한 의병부대와는 약간 다른 것이었다고 볼 수 있다.

또한 우리가 그 후의 독립군 무장투쟁 형성의 계보를 보면, 크게 '의병으로부터 독립군으로 발전한 흐름'과 '신민회·애국계몽운동으로부터 독립군으로 발전한 흐름'의 두 개의 흐름이 합류하고 있음을 볼 수 있는데, 홍범도 의병부대는 의병으로부터 독립군으로 발전한 흐름의 가장 대표적이고 전형적인 경우였다. 홍범도 의병부대가 의병무장투쟁 시기에 대대적인 항일무장투쟁을 전개했기 때문에 3·1운동 직후에 재빨리 대한독립군을 조직하여 맨 먼저 국내진입작전을 전개할 수 있었다.

이러한 면에서만으로도 홍범도 의병부대는 한국 민족독립운동사와 한국근대사에서 중요한 연구과제의 하나라고 말할 수 있다.[1]

---

1 이 논문은 한국독립운동사연구회 제1회 연구발표회(1984년 12월 10일, 한양대학교)에서 발표한 필자의 「홍범도의 대한독립군과 독립운동」의 전반부이다(발표요지 참조). 논문이 너무 방대하게 되어 이를 둘로 나누고, 후반부는 「홍범도의 대한독립군의 항일무장투쟁」이라는 제목으로 『한국학보』 제43집에 발표한다.

홍범도 의병부대와 홍범도에 대해서는 간단한 교양 논설들은 이미 다수가 발표되었으나,[2] 본격적 학술 연구논문은 아직 발표된 것이 없다. 여기서는 자료가 허락하는 한 홍범도 의병부대에 대하여 약간 세밀하게 밝혀 보기로 한다.

2. 홍범도의 머슴살이와 포수의 시기

홍범도는 1869년 8월 27일 가난한 평민 농부 홍윤식(洪允植)의 아들로 태어났다.[3] 후에 의병대장이 된 후 선비들로부터 '여천(汝千)'이라는 호를 지어 받았다.[4] 그의 태어난 곳에 대해서는 ① 평안북도 자성(慈城), ② 평안남도 양덕(陽德), ③ 평양 외성리(外城里)의 세 가지 설이 있는데 어느 것이 정확한 것인지 알 수 없다.[5]

홍범도는 어려서 부모를 여의고 3년 동안 삼촌에게서 고아로 살다가 뒤에

---

2 ① 朴性鳳, 「洪範圖」, 『新東亞』, 1970년 1월호 부록, 『韓國近代人物百人選』
② 姜德相, 「義兵大將 洪範圖の生涯」, 『朝鮮獨立運動の群像』, 1984.2.
③ 金靜美, 「洪範圖」, 『朝鮮民族運動史硏究』, 1984.6.
④ 愼鏞廈, 「獨立軍의 靑山里戰鬪」, 『軍史』, 1984.6.
⑤ 宋友惠, 「靑山里 전투와 洪範圖 장군」, 『新東亞』, 1984.9.
⑥ 愼鏞廈, 「洪範圖의 大韓獨立軍과 獨立運動」, 韓國獨立運動史硏究會 제1회 연구발표회 발표요지, 1984.12.
⑦ 愼鏞廈, 「머슴 출신의 獨立軍 사령관 洪範圖」, 『한국인』, 1985.3.
⑧ 고송무, '쏘련에서 보는 홍범도', 『歐洲新聞』, 1985년 5월 31일자.
⑨ 朴永錫, 「再照明해 본 洪範圖 장군의 抗日鬪爭」, 『新東亞』, 1985년 12월호.

3 자료에 따라서는 홍범도의 출생 연도가 1868년으로 된 곳도 있다. 여기서는 김 마트웨이(M) 찌모페예위츠(T)가 홍범도의 생애를 조사하여 썼기 때문에 그의 『원동에서 1918~1922 쏘비에트 주권을 위하여 투쟁한 조선인 국제주의자들』(1979)의 「홍범도」; (고송무), '쏘련에서 보는 홍범도'(『歐洲新聞』, 1985년 5월 31일조)에 의거하였다.

4 柳麟錫, 『毅菴集』 제16권, 「與洪汝千範圖」 戊申 12월 2일조 참조.

5 趙素昂, 『素昂先生文集』 상권, 三均學會, 1979, 「洪範圖傳」에서는 홍범도의 출생지를 평안남도 陽德이라고 하였다.

그곳의 지주집에서 머슴살이를 했다. 이것은 홍범도가 10여 세가 되자마자 지주집의 꼴머슴으로 그의 소년시절을 보냈음을 말해 준다.[6]

홍범도는 다시 1883년~1887년에 걸쳐 황해도 수안군(遂安郡) 수구면(水口面) 신현리(新峴里)에서 조지소(造紙所)의 고공(雇工)으로 일하였다. 이것은 그가 종이(韓紙)를 제조하는 수공업체의 노동자로 일했음을 말하는 것이나, 실제로는 머슴살이와 같은 것이었다.

홍범도는 이와 같이 20세 이전의 청소년 시절을 모두 머슴살이로 보냈기 때문에, 글을 제대로 배우지 못하였다. 따라서 한글만 깨우쳐 읽을 수 있었고 한자는 배우지 못하여 알지 못했다고 한다.[7]

홍범도는 건장한 체격을 갖추고 있었고, 그의 성품은 어려서부터 매우 순박하고 겸손하며, 신의가 있고, 의협심과 애국심이 강했던 것으로 전해지고 있다.[8]

홍범도는 1887년(20세경)에 머슴살이를 그만두고 나라를 지키는 병사가 되기 위하여 평양의 친군서영(親軍西營, 갑오경장 후에 평양진위대(平壤鎭衛隊))로 개칭)에 졸병으로 들어갔다. 여기서 그는 처음으로 사격술을 배웠다. 그러나 구군대의 병졸생활은 그가 생각한 것처럼 나라를 지키는 생활이 아니었을 뿐 아니라 장교들의 졸병에 대한 굴욕적 학대와 훈련의 가혹성에 졸병생활이 무의미함을 절감하고 3년간의 복무 후에 군대생활을 그만두었다.

홍범도는 일자리를 찾아 이곳 저곳을 유랑하다가 생계를 위하여 1891년경에 함경도 단천(端川)으로 가서 광산노동자가 되었다. 그는 여기서 약 2년간 금광의 노동자로 일하였다. 그는 여기서 삼수(三水) 출신의 농부의 딸인 부인을 만나 결혼하였다.[9]

---

6 Kim, M.T., '洪範圖', 『歐洲新聞』, 1985년 5월 31일조 참조.

7 『暴徒ニ關スル編册』, 「第3巡査隊報告書」, 1908년 10월 13일조, 「林在春訊問調書」, 『韓國獨立運動史資料』(國史編纂委員會 編) 제12권, p. 282 참조.

8 『素昻先生文集』 상권, p. 418 참조.

9 신용하, 「머슴 출신의 독립군 사령관 홍범도」, 『한국인』, 1985년 3월호 참조.

구한말 산포수의 모습

홍범도는 1893년경(25세경)에 부인의 친정이 있는 삼수로 가서 농사일과 때때로 산포수의 사냥에 종사하였다. 이곳은 화전지대여서 토지가 척박하여 농사만으로는 생계가 어려웠으므로 많은 사람들이 겸업으로 사냥을 하였다. 홍범도도 농사일과 사냥일을 겸하다가 탁월한 사격술과 사냥솜씨가 널리 인정되어 직업적인 산포수대에 들어가게 되었다.

이에 홍범도는 가족을 데리고 함경도 북청군(北青郡, 후에 豊山郡 소속) 안산사(安山社(面))로 이사를 하였다. 안산사에는 함경 감영으로부터도 승인을 받은 직업적 산포수들이 있었다.

당시 북청군 안산사와 안평사(安坪社) 두 면의 직업적 산포수들은 통칭 '안산사포계'라고 알려져 있는 동업조합을 만들어 조직화된 포수생활을 하고 있었다.[10] 홍범도는 이 안산사포계에 가입하여 오래지 않아서 동료들의 인정을 받고 포연대장(捕捐大將)에 뽑혔다.[11] 이것은 관리들과 교섭하여 세금으로서의 포획물의 양을 정하고 이를 납부하는 직책이었다.

---

10 『暴徒ニ關スル編册』, 「秘號外」, 1907년 12월 4일조, 『韓國獨立運動史資料』 제8권, p. 373 참조.

11 姜德相, 「義兵大將 洪範圖の生涯」, 『朝鮮獨立運動の群像』, 1984, p. 83 참조.

당시 이 지방의 산포수들은 빈곤했을 뿐 아니라 그들의 무기는 대부분이 낡은 화승총(火繩銃, 머스킷 총)이었으며 탄약 장비가 열악했음에도 불구하고, 관청에서는 포수들의 포획물이 일정치 않을 수밖에 없는 특성을 기화로 가혹한 세금(포획물 형태의)을 부과하고 있었다. 홍범도는 안산사포계의 포연대장으로서 관청으로부터 부과하는 세금 부담을 경감하기 위하여 분투하였다. 지방관리들은 홍범도를 위협하고 매수하려 했으나 홍범도는 이를 단호하게 거절하고 완강히 투쟁하여 결국 포수들의 세금을 낮추는데 성공하였다. 홍범도는 이 투쟁을 통해서 동료 포수들로부터는 큰 신망을 얻었으나 관청과는 개인적으로 관계가 나빠지게 되었다.[12]

홍범도는 이와 같이 1893년~1907년에 걸쳐 14년간 삼수·갑산·풍산·북청 일대에서 주로 포수생활을 했는데, 그래도 이 시기가 홍범도의 일생에서 단 한번 단란한 가정생활을 한 시기라고 할 수 있다. 홍범도는 이 시기에 아들 용범(龍範)과 용환(龍煥)을 두었는데, 후에 그가 의병무장투쟁을 일으키자 용환을 제외하고 부인과 용범 등 나머지 일가는 모두 일제에게 체포되어 홍범도를 '귀순'케 하는 조건으로 이용되었으며,[13] 홍범도가 끝까지 '귀순'을 거부하고 의병무장투쟁을 계속하자 일제에 의하여 일가가 모두 살해되었다.[14] 용환은 그 후 홍태준(洪泰俊)이라는 이름으로 독립군 병사를 모집하여 아버지의 항일무장투쟁에 참가한 것으로 보인다.[15]

홍범도가 포수생활을 시작한 바로 그 직후에 갑오농민전쟁과 일본군의 불법 침입 및 청·일전쟁이 일어났다. 홍범도는 그 후 그가 "반일 반봉건 의식에

---

12 Kim, M.T., '洪範圖', 『歐洲新聞』, 1985년 5월 31일조 참조.

13 『暴徒ニ關スル編冊』, 「暴徒討伐景況 第83號」, 1908년 5월 12일조, 『韓國獨立運動史資料』 제11권, pp. 174~175 참조.

14 金靜美, 「洪範圖」, 『朝鮮民族運動史研究』, 제1집, 1984 및 『現代史資料』 27, 「朝鮮」 3(姜德相編), pp. 121~122, '大韓民國會長 具春先의 陶廷吉道尹에의 書簡' 참조.

15 『現代史資料』 27, 「朝鮮」 3, p. 357, 「高警 第21186號」, 1920년 7월 21일조, 「今後ニ於ケル間島地方不逞鮮人團ノ行動ニ關スル觀察」 참조.

눈을 뜬 것은 갑오농민전쟁 때였다"[16]라고 말한 적이 있다고 한다. 이로써 보면 홍범도는 14년간 포수생활을 하면서 일제가 조국을 침략해 들어오는 것과 조선왕조 통치자들의 가혹한 착취에 분노를 간직하고 있었음을 알 수 있다.

3. 홍범도 의병부대의 형성과 봉기

홍범도 의병부대가 형성되어 항일무장투쟁을 전개한 것은 일제가 한국을 식민지로 강점하기 위한 단계적 침략정책의 하나로 대한제국 군대를 강제 해산하고 뒤이어 「총포급화약류단속법(銃砲及火藥類團束法)」을 제정 공포하여 한국인을 완전히 무장해제시키려 하자, 이에 대항하여 나라를 구하려고 봉기한 것이었다.

일제는 '헤이그밀사사건'을 구실로 1907년 7월 19일 고종을 강제 퇴위시킴과 동시에 7월 24일에는 '정미 7조약'을 강제하여 각부의 차관에 일본인을 임명하고 소위 '차관정치'에 의한 내정의 간섭 식민지 통치를 시작하였다. 이와 동시에 일제는 7월 24일 「신문지법」을 제정 공포하여 언론·출판의 검열을 강화하고, 7월 27일에 「보안법」을 제정 공포하여 집회와 결사의 자유를 완전히 소멸시켰다. 일제는 이와 같이 한국인의 활동을 금지해놓고 7월 25일 일본군 1개 사단을 추가로 서울에 진주시킨 후에 7월 31일 대한제국 군대의 군대해산 조칙을 만들어 발표한 다음 이튿날인 8월 1일 군대해산식을 거행하였다. 이에 통분한 시위(侍衛) 제1연대 제1대대가 대대장 박승환(朴昇煥)의 자결을 신호로 봉기하고 제2연대 제1대대도 봉기하여 서소문 일대에서 일본군과 치열한 접전을 벌였으며, 8월 5일에는 원주진위대의 군인들이 봉기하고 8월 9일에는 강화진위대의 군인들이 봉기하였다. 군인들의 봉기와 의병에의 합류는 의병운동

---

16 그리고리에비치 S.S., 「反日民族解放闘争に於ける極東ロシア在住朝鮮人の參加」, 『歷史の諸問題』, 1958년 7월, 姜德相, 앞의 글, p. 83 참조.

에 큰 활력을 불어넣어 전국 각지에서 의병의 봉기가 잇따르게 되었다.

이에 당황망조한 일제는 의병 탄압의 한 방법으로 1907년 9월 7일 「총포급화약류단속법」을 제정 공포하여 한국 민간인이 가지고 있는 무기와 탄약 및 무기가 될 수 있는 모든 것을 정부와 관아에 거두어 들이도록 하고 위반자를 처벌하도록 하였다. 이것은 한국인을 민간인까지 완전무장해제시켜 의병운동을 불가능하게 하고 한국을 식민지로 강점하기 위한 조치였다. 산포수들이 사냥을 위하여 가지고 있는 무기와 탄약도 물론 여기에 해당되었다. 특히 함경도 포수대들은 지역의 특성상 가장 무기를 많이 갖고 있었기 때문에 일제에 의하여 더욱 중요시되었다. 일제의 무기·탄약 회수반이 함경도의 산포수들을 찾아 들어와서 총기의 납부를 요구한 것은 1910년 10월이었다. 일제는 북청의 파발교(把撥橋) 부근의 병참주소(兵站駐所)에 근거지를 차려놓고, 먼저 각 면의 면장들을 내세워 산포수들의 총기를 '회수'하도록 하였다. 홍범도는 안산사포계의 동료 포수들에게 총기와 탄약을 일본군에게 납부하라는 일본군과 정부의 요구를 거부하도록 주장하여 이를 결의하고 의병을 일으켰다.

홍범도 의병무대의 형성의 모태가 된 것은 통칭 '안산사포계'라고 불리던 북청군 안산사와 안평사 2면의 포수들의 조합조직인 '포계'였다. 이 '포계'의 계장은 당시 임창근(林昌根, 70세)이라는 은퇴한 포수였다.[17] 임창근은 연장자이었기 때문에 계장으로 추대되었고, 실제로 이때 안산사포계의 포수들을 이끌고 의병봉기를 일으킨 것은 처음부터 홍범도였다. 이듬해 홍범도 의병부대가 탄약이 고갈되어 고난에 부딪쳤을 때, 부하 의병장이 홍범도를 추궁한 다음의 말에서도 이를 알 수 있다.

> 그때 元錫澤이 洪範圖를 원망하여 말하기를, 最初부터 義兵을 倡起한 것은 君이 아닌가. 아무런 方針이나 計策도 없이 가련한 人民을 모아 아무 利益도 없이 同輩를

17 『暴徒ニ關スル編册』, 「秘號外」, 1907년 12월 4일조, 『韓國獨立運動史資料』(國史編纂委員會 編) 제8권, p. 373 참조.

많이 死傷시킬 뿐으로…….[18]

홍범도의 인솔하에 약 70명의 포수들은 머리에 혁관(革冠, 가죽 모자)을 쓰고 1907년 11월 15일 북청군 안평사 엄방동(嚴方洞)에서 회집(會集)하여 의병에 봉기하였다.[19] 1907년 11월 15일이 홍범도 의병부대의 최초의 형성일임과 동시에 봉기일이라고 할 수 있다. 봉기한 포수의병들은 11월 16일 일진회(一進會) 회원이며 친일주구인 안평면장 주도익(朱道翼)을 진목동(眞木洞)에서 총살하고,[20] 11월 19일에는 역시 일진회 회원이며 친일파인 안산면장 이쾌년(李夬年)과 그 아들 이봉국(李鳳國)을 총살하여 세상에 봉기를 알렸다.[21] 포수의병들은 계속하여 11월 20일에는 안산사에 거주하는 일진회 회원 최석우(崔錫禹)·이종호(李鍾鎬)·김창식(金昌植)·김창노(金昌魯)·이병진(李炳珍) 등 5명을 처형하고 부근의 친일분자들을 소탕하였다.[22]

홍범도

일제는 홍범도 의병부대 봉기의 성격과 본질을 알지 못하고 아직도 이것을 산포수들의 일진회 회원에 대한 반발 정도로 얕잡아 보고서 이번에는 기만술책으로 포수들의 총기를 거두어 가려고 하였다. 일본군과 일제경찰은 북청군 일대의 포수들에게 그들이 총기를 회수하려는 것이 아니라 총기에 명표를 붙여 검사 도장을 찍어서 총

18 『暴徒ニ關スル編冊』, 「第3巡査隊報告書」, 1908년 10월 13일조, 「邊海龍聽取書」, 『韓國獨立運動史資料』 제12권, p. 280 참조.

19 『暴徒ニ關スル編冊』, 「北青郡守報告」, 1907년 11월 24일조, 「邊海龍聽取書」, 『韓國獨立運動史資料』 제8권, p. 168 및 「報告書 第5號」, 1907년 11월 28일조, 同上資料 第8卷, p. 176 참조.

20 『暴徒ニ關スル編冊』, 「報告書 第5號」, 1907년 11월 28일조, 『韓國獨立運動史資料』 제8권, p. 176 참조.

21 『暴徒ニ關スル編冊』, 「秘號外, 騷擾事件報告」, 1907년 12월 4일조, 『韓國獨立運動史資料』 제8권, p. 374 참조.

22 『暴徒ニ關スル編冊』, 「北青郡守報告」, 1907년 11월 24일조, 『韓國獨立運動史資料』 제8권, p. 170 참조.

기 사용권을 주기 위한 것이므로 파발교 옆의 일본군 병참주소에 총기를 가져와서 보이고 명표를 받아가서 붙여 총기를 계속 사용하라고 속였다.[23] 이에 속은 73명의 포수들이 그들의 총기를 갖고 파발교 옆 일본군 병참주소에 나타나자 일제는 이번에는 총표도장(銃票圖章)이 북청 경찰본서에 있으니 면임(面任)을 데리고 본서에 가서 날인한 다음에 총과 총표를 돌려주겠다고 다시 속이고 포수들의 73정의 총을 거두어 갖고 가 버렸다.[24] 일부 순박한 포수들이 일본군의 기만술책에 완전히 속은 것이었다.

홍범도는 이 보고를 받고 파발리에서 총기를 거두어 돌아가는 일본군을 공격하기 위하여 포수의병들을 인솔하고 후치령(厚峙嶺)으로 달려가서 북청읍으로 가는 길목을 지키고 있다가 일본군을 공격하여 섬멸한 것이 홍범도 의병부대의 항일유격전의 시작이 된 것이었다.[25]

4. 홍범도 의병부대의 조직

홍범도 의병부대의 봉기 당시의 조직은 7개 분대(分隊, 지대(支隊))로 구성되어 있었다.[26] 일제가 후치령 전투 직후에 압수한 1907년 11월 15일경의 홍범도 의병부대의 최초의 조직 편제와 간부와 의병 대원은 〈표 3-1〉과 같다.[27]

---

23 『暴徒ニ關スル編册』, 「受 第3752號, 北靑郡守報告 第1號」, 1907년 12월 4일조, 『韓國獨立運動史資料』 제8권, p. 377 참조.

24 『暴徒ニ關スル編册』, 「北靑郡守報告」, 1907년 11월 24일조, 『韓國獨立運動史資料』 제8권, p. 169 참조.

25 『暴徒ニ關スル編册』, 「報告書 第5號」, 1907년 11월 28일조, 『韓國獨立運動史資料』 제8권, p. 177 참조.

26 여기서의 '분대(分隊)'는 '지대(支隊)'의 의미로서 정규군 조직에서의 분대와는 다른 것이었고, 산포수대의 십장제(什長制) 조직에서 볼 수 있는 바와 같은 십장이 지휘하는 지대를 가리킨 것이라고 이해된다.

27 『暴徒ニ關スル編册』, 「警秘 第165號」, 1907년 12월 9일조, '別紙 第2號', 『韓國獨立運動史資料』 제8권, pp. 387~389 참조.

‖표 3-1‖ **홍범도 의병부대의 봉기 당시의 조직 편제**

제1분(지)대		
분대장	차도선(車道善)	부독(副督)
	홍범도(洪凡道)	부독(副督)
	김춘진(金春辰)	참독(參督)
	김문엽(金文葉)	정궁(正宮)
	김홍윤(金弘允)	
	주필영(朱必英)	
	임승조(林承祚	
	임용기(林用基)	

제4분(지)대		
분대장	나현서(羅鉉瑞)	엄방동(嚴防洞)
	김학권(金學權)	
	김학용(金學用)	
	김달섭(金達葉)	
	나종수(羅宗洙)	안산 황수원(安山 黃水院)
	조광목(趙光牧)	
	김운용(金雲用)	
	김명순(金明淳)	
	신방일(申芳日)	지량봉(志良峯)
	설인택(薛仁澤)	노은수(老隱水)

제2분(지)대		
분대장	김규주(金奎洲)	안평 서상리(安坪 西上里)
	김상준(金尙俊)	구사 중지경(舊社 中地境)
	김기준(金基俊)	안평 진목형(安坪 眞木亭)
	유용칠(劉用七)	안평 중지경(安坪 中地境)
	장량민(張良敏)	안평 신점리(安坪 新店里)
	김용학(金用學)	안평 노은수(安坪 老隱水)
	이종호(李宗浩)	
	김상사(金尙社)	
	이춘덕(李春德)	안평 엄방동(安坪 嚴防洞)
	임승수(林承秀)	안평 심포(安坪 深浦)

제5분(지)대		
분대장	김치환(金致驩)	양평(陽坪)
	박중실(朴仲實)	양평(陽坪)
	김택선(金澤善)	노경봉(老竟峯)
	이득책(李得柵)	양평(陽坪)
	이창록(李昌祿)	
	최석책(崔錫柵)	
	최창건(崔昌乾)	
	강우봉(姜禹鳳)	양평(陽坪)
	정익영(鄭益永)	양평(陽坪)
	김경신(金景信)	노양촌(老陽村)

제3분(지)대		
분대장	임용락(林用洛)	
	김석필(金錫必)	배왕동(裵王洞)
	박지응(朴枝應)	
	이지옥(李枝玉)	
	장윤택(張允澤)	
	조병민(趙丙敏)	미전동(米田洞)
	황영팔(黃永八)	
	이종원(李鍾元)	
	조병록(趙丙彔)	
	이일권(李日權)	

제6분(지)대		
분대장	임윤석(林允石)	진목전(眞木田)
	김운성(金雲星)	심포(深浦)
	이명근(李明根)	심포(深浦)
	송호수(宋虎秀)	심포(深浦)
	이종성(李宗成)	심포(深浦)
	김종인(金鍾引)	진목전(眞木田)
	김봉익(金鳳益)	미전동(米田洞)
	이종순(李鍾淳)	신점리(新店里)
	홍사영(洪使永)	진목전(眞木田)
	김경당(金景棠)	노은수(老隱水)

제7분(지)대				
분대장	고응렬(高應烈)	노은촌(老隱村)	임교수(林喬水)	안산 황수원(安山 黃水院)
	송석규(宋錫奎)	노은촌(老隱村)	송홍익(宋弘益)	감사동(甘士洞)
	김준학(金俊學)	노은촌(老隱村)	이성만(李成萬)	노은촌(老隱村)
	이봉재(李鳳在)	감사동(甘士洞)	김홍원(金洪元)	서상리(西上里)
	임종수(林宗秀)	감사동(甘士洞)	신전태(申田太)	미전동(米田洞)

〈표 3-1〉에 나오는 68명과 도독(都督) 1명을 합하여 69명이 1907년 11월 15일 봉기한 홍범도 의병부대의 최초의 의병과 그 간부진인 것으로 보인다.

〈표 3-1〉에는 도독의 이름은 나와 있지 않으나 그것이 안산사포계의 계장 임창근을 예우하여 비워두었음은 추정하기 어렵지 않다.[28] 일제의 자료에는 후치령 전투에서 임창근이 의병부대의 전투를 지휘하다가 전사했다고 하는데,[29] 참패한 일본군이 허위보고를 낸 것인지 또는 사실인지 확인이 되지 않는다.

〈표 3-1〉에서 주목할 것은 제1분대가 지휘본부이며, 여기서 차도선과 홍범도(洪範圖, 凡道)가 동급으로서 '부독(副督)'이라는 사실이다. 따라서 분대장은 차도선이 맡았지만, 실제에서는 홍범도가 그와 동일한 지휘자의 지위를 가졌음을 알 수 있다. 따라서 여기서는 실제에 따라 차도선이 '귀순'하기 전까지 이 부대를 '홍범도·차도선 의병부대'라고 부를 수 있을 것이다. 홍범도와 차도선 다음의 제3의 지휘자가 김춘진이며, 네 번째의 지휘자가 김문엽이었다.

그러나 이 편제 조직은 홍범도 의병부대의 봉기 당시의 편제였고, 각지에서 포수와 농민·광산노동자 등이 봉기하여 합류함으로써 홍범도·차도선 의병부대는 급속히 팽창하였다. 봉기 당시에는 1분대에 평균 10명의 십장제였으나 이듬해에는 1대에 150명으로 팽창되어 홍범도·차도선 의병부대는 한때 약 1,050명으로까지 증가하였다. 이에 따라 '7개 분대'를 '7개 대'로 고쳐 편제도 개편하였다. 일제 정보자료는 다음과 같이 보고하고 있다.

> "土人의 言에 의하면 갑산 삼수의 賊 7隊 중 1대는 3월 초 二里社(갑산 남방 약 5리)에서 我軍의 공격을 受하였고 他의 6대(1대 약 150명)는 삼수군에 집합하였다 한다."[30]

---

28 『暴徒ニ關スル編冊』, 「秘號外」, 1907년 12월 4일조, 『韓國獨立運動史資料』 제8권, p. 373 참조.

29 『暴徒ニ關スル編冊』, 「警秘 第199號」, 1907년 12월 17일조, 『韓國獨立運動史資料』 제8권, p. 397 참조.

30 『暴徒ニ關スル編冊』, 「韓暴通 第25號」, 1908년 4월 3일조, 『韓國獨立運動史資料』 제10권, p. 402 참조.

홍범도·차도선 의병부대는 병력이 1천여 명의 대부대로 급증함에 따라, 1907년 연말에는 의병부대의 조직을 구한국군 편제를 참작해서, 분대(25명)를 최소단위로 하고, 2개 분대를 1개 소대(50명)로, 2~3개 소대를 1개 중대(100~150명)로 편성하여 각각 중대장-소대장-분대장의 지휘 명령 계통을 정비하였다.[31] 중대장 등 장교의 임명에는 사령장(辭令狀)을 주어 격식을 갖추었다.[32] 또한 군율을 제정하여 이를 관장하는 '도감사(都監寺)'와 헌병에 해당하는 '군중기찰(軍中機察)'을 두었다.[33] 또한 군량 보급의 책임자로는 '군량도감(軍糧都監)'을 두고, 활동 지역의 곳곳의 민가에 비밀리에 '병참부(兵站部)'를 두었다.[34] 뿐만 아니라 일본군 수비대의 동태를 신속하게 조사하여 보고하는 정보원으로서 약 38명의 '여사(旅士)'를 두어 첩보를 수집해서 보고케 하였다. 의병부대의 지휘관으로는 의병장을 두고 그 밑에 부의병장을 두어 조직 체계를 완비하였다.[35]

홍범도·차도선 의병부대의 무기는 대부분이 화승총이었다. 예컨대, 좀 더 정확하게 1개 중대 150명의 무장 상태를 계산해 보면, 화승총 136정(90.6%), 단발총 9정(6%), 삼십년식총 3정(2%), 십연발총 1정(1.4%)의 구성비율이었다.[36] 화승총의 탄약은 처음에는 화약을 제조하여 상당한 기간동안 자체 조달하였다.

홍범도·차도선 의병부대의 병사들의 모습을 정리해 보면, 복장은 군복이 없

31 『暴徒ニ關スル編冊』, 「北靑守備區司令官報告」, 1908년 3월 13일조, 『韓國獨立運動史資料』 제10권, p. 115 참조.

32 『暴徒ニ關スル編冊』, 「第3巡査隊報告書」, 1908년 10월 13일조, 「安用國訊問調書」, 『韓國獨立運動史資料』 제12권, p. 275 참조.

33 『暴徒ニ關スル編冊』, 「咸秘 第0號外」, 1907년 12월 20일조, 「別紙」, 『韓國獨立運動史資料』 제8권, p. 407 참조.

34 『暴徒ニ關スル編冊』, 「第3巡査隊報告書」, 1908년 10월 13일조, 「邊海龍聽取書」, 『韓國獨立運動史資料』 제12권, p. 280 참조.

35 金靜美, 「洪範圖」, 『韓國民族運動史硏究』 第1輯, 1984 및 姜德相, 「義兵大將洪範圖の生涯」, 『朝鮮獨立運動の群像』, 1984 참조.

36 『暴徒ニ關スル編冊』, 「暴徒討伐景況 第56號」, 1908년 4월 6일조, 『韓國獨立運動史資料』 제10권, p. 404 참조.

이 한복에 머리에는 혁관을 쓰고,[37] 총은 포(布)로 만든 대(袋)에 넣어 각자 이를 메거나 등에 지었으며[38] 어깨에는 탄약을 두르고, 허리에는 요대(腰帶, 허리띠)를 대(袋)로 만들어 여기에 찐쌀(煎한 耳米)을 약 5홉씩 넣어 허리에 둘렀다.[39]

홍범도 의병부대의 활동은 제1기(1907년 11월 15일~1908년 3월 17일), 제2기(1908년 3월 17일~1910년 3월), 제3기(1908년 3월 이후의 망명기)의 세 시기로 나누어 볼 수 있다. 홍범도는 제1기 때에만 차도선과 동급으로서 부대를 공동 지휘하면서 실질적으로 전부대를 총괄하였고, 제2기와 제3기에는 명실공히 도의병장(都義兵將)으로서 함경남도 함흥 이북의 모든 의병부대들을 지휘하였다. 홍범도는 문자는 알지 못했으나 유기운(劉基云)이라는 지식이 많고 유능한 부관 비서가 그를 충실하게 도와서 불편이 없었다.

> "홍범도는 一丁字도 모른다. 자기의 성명도 쓸 수 없는 사람이라 아직까지 부하에게 연설같은 것을 한 일도 없다. 다만 유기운이란 자가 일체의 일을 하고 있었다."[40]
>
> "홍범도는 一丁字도 모르며, 부하에 대한 명령 같은 것도 모두 유기운이란 자가 일체의 일을 처리하고 있다."[41]

홍범도는 문자는 몰랐으나 탁월한 지도력을 갖고 있어서 그의 휘하에는 기라성 같은 수많은 의병장들이 각 지대를 맡아 활동하였다. 홍범도 휘하의 대표적 의병장으로서는

---

37 『暴徒ニ關スル編冊』, 「北青郡守報告」, 1907년 11월 24일조, 『韓國獨立運動史資料』 제8권, p. 168 참조.

38 『暴徒ニ關スル編冊』, 「暴徒討伐景況 第73號」, 1908년 4월 28일조, 『韓國獨立運動史資料』 제10권, p. 431 참조.

39 『暴徒ニ關スル編冊』, 「咸收秘 第196號의1」, 1908년 2월 26일조, 『韓國獨立運動史資料』 제9권, p. 330 참조.

40 『暴徒ニ關スル編冊』, 「第3巡査隊報告書」, 1908년 10월 13일조, 「林在春訊問調書」, 『韓國獨立運動史資料』 제12권, p. 282 참조.

41 『暴徒ニ關スル編冊』, 「秘發 第9號」, 1908년 11월 2일조, 『韓國獨立運動史資料』 제12권, p. 484 참조.

유기운(劉基云(雲)), 차도선(車道善), 태양욱(太陽郁), 원송택(元宋澤), 정도익(鄭道翼), 송상봉(宋相鳳), 홍사영(洪使永), 최오위장(崔五衛將, 별명), 최동율(崔東律), 강택희(姜宅熙), 이순보(李順甫), 이국철(李國喆), 김봉연(金鳳連), 김기연(金基淵), 이명보(李明甫), 백남규(白南奎), 동증손(董曾孫), 원기풍(元基豊), 원석택(元錫澤), 최학선(崔學善), 변해룡(邊海龍), 이성택(李聖澤), 김덕순(金德順), 양혁진(梁爀鎭), 고운학(高云鶴), 박기민(朴基敏), 허근(許根), 한영준(韓永俊)

등이 크게 활약하였다.

5. 홍범도 의병부대의 항일무장투쟁 (1)

1) 후치령(厚峙嶺) 전투

홍범도·차도선 의병부대는 1907년 11월 22일 일본군과의 본격적인 항일무장투쟁을 시작하였다. 그들은 후치령(厚峙嶺)에서 대기하고 있다가 기만술책으로 포수들의 73정의 총을 거두어서 말 3두에 싣고 돌아가는 일본군 2명, 일본순사 1명을 11월 22일 오후 4시경 유격전으로 공격하여 전멸시킨 후 무기를 모두 되찾았다.[42] 이것이 홍범도 부대의 첫 전투였다.

홍범도·차도선 의병부대는 계속하여 같은 날인 11월 22일에 역시 후치령에서 갑산으로부터 북청으로 가던 우편마차 호위 일본군 2명과 북청으로 향하던 혜산진(惠山鎭) 목림창(木林廠) 소속 일본인 1명을 유격전으로 공격하여 전멸시키고 무기를 노획하였다.[43]

홍범도·차도선 의병부대는 이튿날인 1907년 11월 23일에도 후치령에서 대기하고 있다가 북청으로부터 혜산진으로 향하는 일본군 신곡(新谷) 소위와 병

42 『暴徒ニ關スル編册』, 「北青郡守報告」, 1907년 11월 24일조, 『韓國獨立運動史資料』 제8권, pp. 169~170 참조.

43 『暴徒ニ關スル編册』, 「警視 松下報告書」, 1907년 11월 29일조, 『韓國獨立運動史資料』 제8권, p. 184 참조.

졸 2명 및 우편마차 호위병을 유격전으로 공격하여 전멸시키고 무기를 노획하였다.[44]

일본군 북청수비대는 홍범도 의병부대의 연이은 공격에 큰 타격을 받고 경악하고 1907년 11월 24일 관부(官部) 보병대위의 지휘하에 2개 소대 57명을 급파하여 북청 쪽에서 후치령의 홍범도 의병부대를 공격케 하고,[45] 청지(青砥) 보병대위 및 야상(野上) 경부의 일대는 신풍리 쪽에서 후치령을 공격케 하여 홍범도 의병부대를 협공케 하였다.

그러나 홍범도·차도선 의병부대는 1907년 11월 25일 후치령에서 대기하고 있다가 이들을 오후 12시 30분부터 3시까지 2시간 반 동안 역시 유리한 지형에서 유격전으로 요격하여 섬멸하여 버렸다.[46]

> "鈴木 순사로부터 듣건대 26일 신풍리 수비대원이 得聞한 정보에는 북청에서 후치령으로 향한 官部大尉의 一隊와 신풍리에서 후치령으로 향한 青砥大尉의 一隊 및 野上 警部의 일행은 전멸하고, 적은 신풍리 공격으로 이미 1리 되는 곳에 내도하였다고 하여 당시 同隊에 있던 三木少佐는 同隊員을 철수하여 同夜는 右方 고지에서 露營하고, 익 27일은 신풍리에서 갑산 방면으로 1리 반 되는 應德嶺을 적에게 약취당할 우려가 있으므로 同嶺까지 철퇴하였다고 한다."[47]

일본군은 물론 공식 보고에서 이 참패를 감추어 일본군의 피해는 전사 3명, 부상 4명, 합계 7명이며,[48] 홍범도 의병부대에는 큰 피해가 있는 것처럼 모순된 허위보고를 하면서도 '폭도의 종적은 불명이며 지금까지 1인도 체포할 수 없

---

44 『暴徒ニ關スル編冊』, 「咸興憲兵分遣隊長 電報」, 1907년 11월 25일조, 『韓國獨立運動史資料』 제8권, p. 171 참조.

45 『朝鮮暴徒討伐誌』, 『朝鮮獨立運動』(金正明編) 第1卷, p. 164 참조.

46 『暴徒ニ關スル編冊』, 「警視 松下報告書」, 1907년 11월 29일조, 『韓國獨立運動史資料』 제8권, pp. 184~185 참조.

47 『暴徒ニ關スル編冊』, 「警視 松下報告書」, 1907년 12월 1일조, 『韓國獨立運動史資料』 제8권, p. 367 참조.

48 『暴徒ニ關スル編冊』, 「警視 松下報告書」, 1907년 11월 29일조, 『韓國獨立運動史資料』 제8권, p. 184 참조.

었음은 유감으로 하는 바이다. 계속중이다'[49]라고 하여 일본군이 완전히 참패했음을 여러 곳에서 드러내고 있다.

후치령에서의 연 3일간 네 차례의 전투에서 비호처럼 요격하여 재빨리 철수하는 유격전으로 대승을 거둔 홍범도·차도선 의병부대는 11월 25일의 대승리 직후 재빨리 갑산군 상남사(上南社)로 들어가 12월 3일 일진회원 13명을 처단하고 이이산(伊離山)으로 들어갔다.[50]

일본군은 홍범도 의병부대에 참패하자 무고한 한국인의 민가 27호를 소각하고 북청에서 혜산진에 이르는 사이의 장항리(獐項里)·성문내리(城門內里)·후치령·황수원·신풍리·갑산 등지에 보병부대 외에도 기동력 있는 약 1백 명의 기병부대를 증파하여 경비하였다.[51]

2) 장항리(獐項里) 전투

홍범도·차도선 의병부대는 약 200명의 병력으로서 일본군 수비대의 삼엄한 경비망을 뚫고 1907년 12월 15일 북청↔갑산 가도상의 장항리와 승호리 부근에서 일본군 화물 호위병 및 우편 호위병을 요격하여 전멸시키고 많은 물자와 무기를 노획하였다.[52] 일본군은 즉각 북청수비대로부터 청지 대위 이하 50명을 급파하여 대항케 하였다.

그러나 홍범도·차도선 의병부대는 약 1백 명의 병력으로 1907년 12월 16일 청지 중대를 장항리에서 다시 섬멸하여 버렸다.[53]

홍범도 의병부대의 장항리 전투에서의 두 차례의 연이은 승리로 육로가 차

---

49 『暴徒ニ關スル編册』, 「警視 松下報告書」, 1907년 12월 1일조, 『韓國獨立運動史資料』 제8권, p. 368 참조.

50 『暴徒ニ關スル編册』, 「松下警視 電報 第30號」, 1907년 12월 7일조, 『韓國獨立運動史資料』 제8권, p. 382 참조.

51 『暴徒ニ關スル編册』, 「警視 松下 秘號外」, 1907년 12월 7일조, 『韓國獨立運動史資料』 제8권, p. 380 참조.

52 『暴徒ニ關スル編册』, 「電報」, 1907년 12월 16일조, 『韓國獨立運動史資料』 제8권, p. 3950 참조.

53 『朝鮮暴徒討伐誌』, 『朝鮮獨立運動』 第1卷, p. 164 참조.

단되어 북청을 거치는 일제의 우편물 수송이 상당한 기간 중단되었다.[54]

3) 중평장(仲坪場) 전투

홍범도·차도선 의병부대의 한 분대가 장항리에서 일본군을 섬멸하자 놀란 일본군은 12월 18일 항홍수비대의 상월(上月) 기병 소위에게 기병 16기를 이끌고 홍범도 의병부대를 추격하게 하였다.

홍범도·차도선 의병부대는 1907년 12월 26일 중평장에서 잠복하고 있다가 찾아 들어온 일본군 상월 기병 소대를 비호같이 기습하여 섬멸해 버리고 삼수 방면으로 재빨리 철수하였다.[55]

4) 삼수성(三水城) 전투

홍범도·차도선 의병부대가 중평장 전투에서 승리한 후 삼수성에 들어가서 일본군 수비병을 몰아내고 일진회 회원들을 처단하며 삼수를 지배하자 일본군은 혜산진수비대와 갑산수비대를 연합하여 출동시켜서 삼수를 포위 공격하였다.

홍범도·차도선 의병부대는 1907년 12월 31일 약 400명의 의병으로, 포위 공격해 들어오는 일본군을 성벽을 엄폐물로 하여 치열하게 공격해서 약 3시간의 격전 끝에 일본군을 격퇴하였다. 일본군은 이 전투에서 참패하여 큰 피해를 입고 야음을 이용하여 혜산진으로 도망하였다. 일제는 이 전투에 대하여 다음과 같이 기록하였다.

> "31일 惠山鎭及 甲山의 수비대와 협력하여 삼수를 포위 공격하였다. 차도선이 인솔하는 폭도 약 400명은 삼수의 城壁에 據하여 완강히 저항하였다. 3시간에 걸쳐서 공격했으나 驅逐할 수 없었으므로 탄약이 결핍하여 야음을 이용하여 혜산진으로 퇴각

54 『暴徒ニ關スル編册』, 「松下警視 電報」, 1907년 12월 18일조, 『韓國獨立運動史資料』 제8권, p. 401 참조.

55 『朝鮮暴徒討伐誌』, 『朝鮮獨立運動』 第1卷, p. 164 참조.

하였다."[56]

일본군은 삼수성 전투에서 참패하여 병력의 피해뿐만 아니라 북한 일대에서 말할 수 없이 위신이 추락했으며, 홍범도·차도선 의병부대의 사기와 위신은 하늘을 찌르는 것처럼 앙양되었다.

5) 갑산읍(甲山邑) 점령전투

홍범도·차도선 의병부대에게 일본군이 삼수에서 참패했다고 보고를 받은 일본군 동부수비관구사령관 환정(丸井) 소장은 경악하여 북청에 있는 일본군 보병 제50연대 제3대대장 삼수 소좌로 하여금 북청수비대의 장교 이하 보병 및 기병 18명, 장항리에 파견된 청지 대위 이하 50명, 성진수비대장 중촌(中村) 대위 이하 80명, 함흥으로부터 북청으로 파견된 풍도(豊島) 기병 소위 이하 26기, 그리고 자기의 직속 병력 등 약 200명으로 '대토벌대'를 편성하여 삼수에 있는 홍범도 의병부대를 공격하게 하였다.[57]

홍범도·차도선 의병부대는 적이 막강한 화력의 대부대로 삼수에 진격해 온다는 보고를 받고 소수의 전위부대로 하여금 중평장 남방 2천미터의 고지를 선점하여 일본군의 진로를 차단하며 지연 작전을 하다가 후퇴하도록 하고는, 삼수에 있는 주력부대를 신속히 갑산 쪽으로 이동하도록 하였다. 일본군 토벌대는 1908년 1월 9일 홍범도 의병부대의 유인작전에 걸쳐 중평장에서 의병부대와 조우하자 이를 공격하는데 시간을 모두 허비하였다. 일본군은 1908년 1월 10일 의병전위부대가 후퇴하자 그들이 승전하는 것인 줄 알고 추격하면서 삼수를 포위하여 들어가 보니 홍범도 의병부대는 그림자도 찾을 수 없었다.[58] 일본군은 홍범도 의병부대의 유인작전에 완전히 넘어간 것이었다.

홍범도·차도선 의병부대는 일본군이 의병전위부대에 유인되어 삼수로 진격

---

56 『朝鮮暴徒討伐誌』, 『朝鮮獨立運動』 第1卷, p. 164 참조.
57 『朝鮮暴徒討伐誌』, 『朝鮮獨立運動』 第1卷, p. 181 참조.
58 『朝鮮暴徒討伐誌』, 『朝鮮獨立運動』 第1卷, pp. 181~182 참조.

하는 시간에 약 300명의 병력으로 하루 전에 삼수를 출발하여 1908년 1월 10일 새벽 6시 갑산읍을 공격해서 갑산수비대와 경찰관주재소의 일본군을 섬멸하고 다시 갑산우체국을 점령하여 전신·전화선을 모두 절단했으며 일제의 통신기관과 일제기관 청사들을 파괴하였다.[59] 허를 찔린 일본군은 갑산읍에서 섬멸당한 반면에 홍범도 의병부대는 무려 9시간 동안이나 갑산읍을 점령하였다가 많은 군수물자를 노획하고 유유히 이리사(二里社) 방면으로 사라져 버렸다.[60]

일본군 토벌대 삼목(三木) 소좌는 갑산의 참패 소식을 듣고 1월 11일 청지(青砥) 부대에게 삼수 부근의 수색을 맡도록 하고는 중촌(中村) 부대와 함께 급히 갑산에 도착했으나 홍범도·차도선 부대는 이미 이리사로 잠복해 버린 후였다. 뿐만 아니라 홍범도·차도선 의병부대는 일본군이 의병부대를 찾아 헤매는 동안에 약 60명의 의병대를 갑산군 상남사(上南社)에 파견하여 이 지방의 악질 일진회 회원 48명을 처벌하여 버렸다.[61] 일본군 토벌대의 삼목(三木) 소좌는 청지(青砥) 부대로 하여금 신풍리(新豊里) 동쪽으로부터, 그리고 중촌(中村) 부대로 하여금 갑산으로부터 이리사를 협공케 하고 1주일간을 의병부대를 찾아 헤맸으나 홍범도 의병부대의 그림자도 찾지 못하고 1월 19일 갑산으로 돌아왔다.[62]

홍범도·차도선 의병부대의 갑산읍 점령과 갑산수비대의 섬멸은 의병부대가 신출귀몰하는 유격전을 전개하여 쟁취한 빛나는 대승이었다. 이 작전에서 일본군은 비참하게 패전했을 뿐 아니라 신출귀몰하는 의병부대에 완전히 농락당하여 갈팡질팡하였다. 이 작전으로 당시 한국 민중뿐만 아니라 일본군까지도 홍범도를 '날으는 홍범도'라는 별명으로 부르게 되었다.

---

59 『暴徒ニ關スル編册』, 「警視 松下報告, 咸秘 第100號의 1」, 1908년 2월 5일조, 『韓國獨立運動史資料』 제9권, pp. 310~314 참조.

60 『暴徒ニ關スル編册』, 「咸興警察署長報告, 咸秘 第245號」, 1908년 2월 5일조, 『韓國獨立運動史資料』 제9권, pp. 310~314 참조.

61 『暴徒ニ關スル編册』, 「警視 松下報告, 咸收秘 第190號의 1」, 1908년 2월 18일조, 『韓國獨立運動史資料』 제9권, pp. 320~321 참조.

62 『朝鮮暴徒討伐誌』, 『朝鮮獨立運動』 第1卷, p. 182 참조.

6) 운승리(雲承里) 전투

홍범도·차도선 의병부대의 한 부대 70명은 1908년 1월 23일 서산군(瑞山郡) 수하사(水下社) 운승리(雲承里)에서 일본군 토벌대와 조우하여 2시간의 격전 끝에 이를 격퇴하였다.[63]

7) 목단촌(牧丹村) 전투

홍범도·차도선 의병부대의 정도익(鄭道翼)이 인솔하는 다른 한 부대는 약 200명의 병력으로 1908년 1월 23일 서산군 수하사 가풍리(加豐里) 목단촌(牧丹村)의 고지에 주둔하고 있을 때 운승리 전투를 끝내고 찾아온 일본군 토벌대 30명과 조우하여 5시간의 격전 끝에 이를 섬멸하였다.[64]

8) 세곡(細谷) 전투

홍범도 의병부대는 1908년 2월 21일 일본군 갑산수비대와 일제 경찰 갑산주재소의 합동 병력 30명이 의병 '토벌'을 하겠다고 갑산군 읍사(邑社) 세동(細洞, 세골) 천지평에 찾아오자 이를 섬멸하여 격퇴하였다. 일제는 이 전투에서 '고전'하였다고 패배를 시인하는 전보 보고를 내었다.[65]

일본군은 '홍범도가 인솔하는 약 200명'의 의병과 전투하여 참패한 사실을 다음과 같이 축소하여 보고하였다.

> "21일 오전 4시 阿部 순사부장 및 3순사는 入江 소위 이하 26명의 兵員과 같이 강행 정찰로 細洞으로 향하였던바 오전 6시 30분경 속칭 細谷이라고 하는 곳에서 약 200의 적과 충돌, 즉시 전개 교전하였다. 적은 가옥 및 견고한 地物을 이용하여 사격

---

63 『暴徒ニ關スル編册』, 「警秘 第128號」, 1908년 1월 25일조, 『韓國獨立運動史資料』 제8권, p. 600 및 「咸秘發 第25號」, 1908년 1월 27일조, 『韓國獨立運動史資料』 제8권, p. 603 참조.

64 『暴徒ニ關スル編册』, 「咸秘發 第25號」, 1908년 1월 27일조, 『韓國獨立運動史資料』 제8권, p. 603 참조.

65 『暴徒ニ關スル編册』, 「咸興警察署長 電報, 警秘 第311號」, 1908년 2월 22일조, 『韓國獨立運動史資料』 제9권, pp. 322~323 참조.

을 하였다. 아군은 積雪 2~3척, 특히 40~50도의 경사진 山腹에 의하여 간신히 자못 힘썼으나 오전 11시경 휴대한 탄약이 결핍함으로써 적을 격퇴하지 못하고 철수하지 아니치 못할 경우에 陷한 것은 실로 유감이라 하겠다. 본 전투중 오전 9시 30분 阿部 순사부장은 銃創을 受하고 타에 병졸 2명의 부상자를 출하였다."[66]

일본군이 항상 그러한 것과 같이 이 전투의 보고에서도 일본군의 손실이 축소 보고된 것은 더 말할 필요도 없다.

9) 농리(農里) 전투

홍범도·차도선 의병부대는 1908년 2월 23일 서산 북방 70리의 하농리(下農里)에서 일본군 토벌대와 교전하여 일본군에게 큰 피해를 주었다.

홍범도·차도선 의병부대의 한 부대는 이튿날인 1908년 2월 24일 상농리(上農里)에서 다시 일본군 토벌대와 교전하여 일본군 좌구간(佐久間) 특무조장이 인솔하는 31명의 토벌대를 섬멸하였다.[67]

10) 교별리(橋別里) 전투

홍범도·차도선 의병부대는 1908년 2월 28일 일본군 삼산(杉山) 소좌가 인솔하는 보병 1개 소대, 기병 1개 소대, 소포(小砲) 3문의 화력을 가진 일본군 '토벌대'와 교별리에서 조우하여 일본군에게 많은 손해를 주고 이를 격퇴하였다.[68]

66 『暴徒ニ關スル編册』, 「咸興警察署長 電報, 警秘 第210號1」, 1908년 3월 5일조, 『韓國獨立運動史資料』 제9권, pp. 541~542 참조.

67 『暴徒ニ關スル編册』, 「第13師團參謀部報告, 暴徒討伐景況 第38號」, 1908년 3월 2일조, 『韓國獨立運動史資料』 제10권, p. 109 참조.

68 『朝鮮暴徒討伐誌』, 『朝鮮獨立運動』 第1卷, p. 182 참조.

11) 고거리(高巨里) 습격

홍범도·차도선 의병부대는 한 의병소대를 내보내어 혜산진 남방 30리 지점에 있는 고거리를 습격하여 점령해서 여기에 주둔하고 있는 일본군과 친일 순사를 소탕하였다.[69]

6. 포수의병들의 수난

일본군은 무력만으로서는 홍범도·차도선 의병부대의 신출귀몰하는 유격전을 당해낼 수 없음을 알고, 이번에는 한국 관리들을 내세워 기만술책을 써서 의병들을 회유하고 '귀순'시키기로 하였다. 일제는 황제(순종)의 칙명으로 '의병은 귀순하여 해산하라'고 선유사(宣諭使)를 각 도에 파견했을 뿐만 아니라, 각 군에서도 기만전술을 써서 회유공작을 하도록 지시하였다.

일본군 북부수비관구사령부에서는 홍범도·차도선 의병부대를 회유하기 위하여 1908년 2월 하순부터 대한제국의 관리들인 갑산군수와 장진(長津)군수를 내세워 치밀한 회유 공작을 시작하였다. 각 군 군수들은 다시 각 면(社)장들을 모아 한국 황제와 일본군의 '뜻'을 전하여 홍범도·차도선 의병부대 의병들의 '귀순'을 교섭하도록 하였다.[70]

이에 홍범도의 동지들인 차도선과 태양욱(太陽郁)이 일본군의 한국 관리를 앞에 내세운 기만전술에 넘어가게 되었다. 차도선 등은 황제가 보증하는 일본군의 회유책이 단순히 의병과 일본군이 '상화(相和)'하는 것으로 생각하였다. 일제의 정보자료는 다음과 같이 보고하고 있다.

---

69 『暴徒ニ關スル編冊』, 「總監甲 第5381號」, 1908년 3월 14일조, 『韓國獨立運動史資料』 제9권, p. 550 참조.

70 『暴徒ニ關スル編冊』, 「韓憲警 乙 第295號」, 1908년 3월 9일조, 『韓國獨立運動史資料』 제10권, pp. 110~113 참조.

"저들(의병-필자)은 歸順의 誠意가 있는 것이 아니고 오직 일본군대와 相和하는 것으로 알고 武器를 용이히 납부할 의도가 없고……"[71]

즉, 일본군과 한국 관리들은 의병부대와 일본군이 전투를 중지하고 '상화' 하는 '조약(條約)'[72]을 체결하자고 홍범도·차도선·태양욱 등에게 사람을 보내어 교섭을 한 것이었다. 당시 홍범도·차도선 의병부대는 '탄약 및 양식의 결핍'[73]으로 막대한 고통을 받고 있었으므로 뜻이 굳지 못한 의병들 중에는 이 기회에 가족에게 돌아가고 싶어하는 사람들도 나타나게 되었다. 홍범도는 이것이 일본군의 간계임을 즉각 통찰하는 강력히 반대했으나, 차도선과 태양욱은 탄약과 양식이 결핍된 상태에서 일본군과 '상화'하는 것은 교섭해 볼 필요가 있다고 생각하였다.

이에 차도선은 일본군에게 회담을 할 용의가 있다고 응답하고, 1908년 3월 6일 양혁진(梁爀鎭)과 함께 직계 부하 250명을 인솔하고 일본군수비분견대가 있는 신풍리로부터 약 10리 떨어진 구신풍리에 들어가 주둔했다. 1908년 3월 7일 신풍리에서, 의병 측으로는 차도선·양혁진·고양학(高梁鶴, 중대장)·이성택(李聖澤, 서기) 외 4명이 참석하고, 한국 관청 및 일본군 측으로는 갑산군수, 낙생사(樂生社) 사장(社長, 面長), 일본군 분견대장 촌산(村山) 중위, 궁기(宮崎) 군의관, 통역 등이 참석하여 화로를 가운데 놓고 회담이 열렸다. 일본군 측은 '귀순'할 의병의 연명부(連名簿) 제출을 요구하였고, 차도선은 '전원 귀순에 대해서는 확실히 조약을 하고자 하므로 2~3일 체재하여 수속을 명료하게 하자'[74]고 주장하였다. 결국 차도선은 그의 부하 의병 537명의 명단을 제출하였고 일

71 『暴徒ニ關スル編冊』, 「暴徒討伐景況 第56號」, 1908년 4월 6일조, 『韓國獨立運動史資料』 제10권, p. 404 참조.

72 『暴徒ニ關スル編冊』, 「北青守備區司令官報告 第56號」, 1908년 3월 13일조, 『韓國獨立運動史資料』 제10권, p. 116 참조.

73 『暴徒ニ關スル編冊』, 「韓憲警 乙 第295號」, 1908년 3월 9일조, 『韓國獨立運動史資料』 제10권, p. 112 참조.

74 『暴徒ニ關スル編冊』, 「北青守備區司令官報告 第56號」, 1908년 3월 13일조, 『韓國獨立運動史資料』 제10권, p. 116 참조.

본군 측은 537매의 '가면죄증(假免罪證)'을 건네 주면서 귀순 때에 정규의 '귀순증'을 발급해 주고 귀순증을 가진 의병은 처벌받지 않고 본래의 직업에 돌아가서 안업(安業)할 것을 보장하였다. 의병이 가진 무기에 대해서는 '귀순증'을 받고 1개월 간의 격납(格納) 유예기간을 가진 후에 의병들이 약속한 장소의 민가에 격납하기로 하였다. 차도선은 이러한 합의가 이루어지자 홍범도·태양욱도 '귀순'시킬 것을 권고하기로 하고 3월 9일 신풍리를 떠나 의병의 본대로 돌아갔다.[75]

홍범도는 차도선의 이러한 투항주의적 행동에 강력히 반대했으나, 일본군의 간계에 빠진 차도선은 태양욱과 함께 부하 의병 약 200명을 인솔하고 1908년 3월 17일 신풍리에 있는 일본군(오촌(奧村) 중좌 지휘)에 '귀순'하여 버렸다.[76] 일본군은 차도선·태양욱 등의 의병대가 '귀순'하자 무장해제 유예기간 1개월의 약속을 지키기는커녕 즉각 전 의병들을 무장해제하여 무기를 빼앗았을 뿐 아니라, 이에 저항하는 태양욱은 즉각 총살하고, 차도선, 이성택, 김덕순(金德順) 등은 홍범도를 꼬여 올 미끼로서 체포하여 구속해 버렸다.[77] 차도선·태양욱 등은 일본군에게 완전히 속은 것이었으나 이미 때는 늦은 것이었다.

일본군은 이 모략전술에 성공한 보고와 홍범도까지 같은 전술로 처치하겠다는 보고를 다음과 같이 내었다.

"갑산·삼수 부근 폭도의 수괴 차도선 태양욱 및 그 부하 약 200을 각종 手段을 다하여 3월 17일 신풍리에 招致하고 歸順의 誠意에 出한 것인가 아닌가를 취조한바, 차도선은 신풍리분견대장 村山 중위의 열심한 歸順勸誘의 목적으로써 우선 차도선과 親善을 結하고 누차 왕래하였으나, 彼等은 歸順의 誠意가 있는 것이 아니고 오직

75 『暴徒ニ關スル編冊』, 「北青守備區司令官報告 第56號」, 1908년 3월 13일조, 『韓國獨立運動史資料』 제10권, pp. 113~117 참조.

76 『暴徒ニ關スル編冊』, 「警秘 第465號」, 1908년 3월 19일조, 『韓國獨立運動史資料』 제9권, p. 533 참조.

77 『暴徒ニ關スル編冊』, 「甲山郡守報告書 第3號」, 1908년 3월 26일조, 『韓國獨立運動史資料』 제9권, pp. 563~564 참조.

일본군대와 相和하는 것으로 알고 무기를 용이히 納付할 의도가 없고 또 부하배에 至하여서는 日軍과 和約하고 또 한국인민 특히 일진회원을 참살 혹은 금전 양식을 약탈할 생각이었으므로, 同日 車道善及 太陽郁에게 무기의 納付에 대하여 說諭하여 이를 압수하기로 하였다. 이때 태양욱은 저항함으로써 이를 斬殺하고 이를 이용하여 그의 與黨 洪範圖(道) 등에게 귀순을 권고시킬 목적으로써 당분간 신풍리에 억류키로 하였다.

이후 洪範圖(道)의 신풍리 부근에 至함이 있다면 그 정황에 의하여 該地 부근에 출장하여 臨機의 處置를 취하고자 한다."[78]

일본군은 그 후 홍범도를 '귀순'시키기 위하여 홍범도의 처자를 구류해서 홍범도를 위협하고 유인하였다. 일본군 측 자료에는 다음과 같이 기록되어 있다.

"목하 拘留중인 車道善의 一群 金基學, 金佐鳳及 洪範圖(道)의 妻子 등은 귀순권유의 수단으로 필요에 응하여 隨意, 使用할 것을 허용한다. 단 도망하지 않는 확증이 없는 한 彼等을 함부로 放釋하면 안 된다."[79]

홍범도는 일본군과 한국 관변의 온갖 권유와 유혹을 단호히 거부하고 처자까지도 단념하며 의병의 재편성을 시작하였다. 그러나 홍범도는 차도선·태양욱 등이 일본군의 함정에 빠진 결과 심대한 타격을 입었다. 홍범도는 17명의 의병장과 약 200명의 의병들을 잃었고, 또 수많은 의병들이 낙담하여 이탈해 버렸으며, 무기도 화승총 136정, 30년식총 3정, 단발총 9정, 십연발총 1정, 합계 150정을 차도선 등을 통하여 일본군에게 압수당하였다.[80]

차도선 이하 3명은 후회막급하여 기회를 노리다가 1908년 6월 7일 오전 2

---

78 『暴徒ニ關スル編冊』, 「暴徒討伐景況 第56號」, 1908년 4월 6일조, 『韓國獨立運動史資料』 제10권, p. 404 참조.

79 『暴徒ニ關スル編冊』, 「暴徒討伐景況 第83號」, 1908년 5월 12일조, 『韓國獨立運動史資料』 제11권, pp. 174~175 참조.

80 『暴徒ニ關スル編冊』, 「暴徒討伐景況 第56號」, 1908년 4월 6일조, 『韓國獨立運動史資料』 제10권, p. 404 참조.

시 20분 갑산수비대의 구치소를 탈출하였다.[81] 차도선은 그후 홍범도를 찾아가 그의 휘하에 투신하였으며,[82] 계속하여 홍범도 의병부대의 일부로서 장진(長津) 부근에서 의병무장투쟁을 전개하였다.[83]

7. 홍범도 의병부대의 항일무장투쟁 (2)

1) 의병부대의 재편성

홍범도는 차도선·태양욱 등의 실책으로 큰 타격을 받았으나 불굴의 투지로 의병부대를 재편성하였다.

홍범도는 1908년 4월부터 5월 중순까지 사이에 삼수·갑산·무산·북청 일대를 스스로 돌아다니면서 아직 의병부대에 가입하지 않은 산포수들과 청년들을 권유하여 의병에 가담시켰다.[84] 또한 의병부대들을 소부대로 나누어 이 지방의 각 마을에 내려가서 남은 무기를 수집하고 식량과 금품을 기부받아 군수물자를 조달하는 사업을 강화하였다.[85]

의병장 동지들까지도 극도로 불리한 조건 속에서 일본군과의 싸움이 너무 간고하여 해산하고 싶어하는 회의에 빠지자, 홍범도는 불굴의 투지로 '임진왜란 때에도 의병이 일어났기 때문에 나라를 보전할 수 있었다'는 요지의 자기의 신념을 다음과 같이 피력하여 부하들을 설득하였다.

---

81 『暴徒ニ關スル編冊』, 「韓憲警 乙 第690號」, 1908년 6월 7일조, 『韓國獨立運動史資料』 제11권, pp. 298~299 참조.

82 『暴徒ニ關スル編冊』, 「北秘發 第90號」, 1908년 6월 28일조, 『韓國獨立運動史資料』 제11권, p. 311 참조.

83 『暴徒ニ關スル編冊』, 「暴徒首魁名簿(明治 四十二年四月調) 北部守備管區」, 『韓國獨立運動史資料』 제14권, p. 224 참조.

84 『暴徒ニ關スル編冊』, 「第3巡査隊報告書」, 1908년 10월 13일조, 『韓國獨立運動史資料』 제12권, p. 275 참조.

85 『暴徒ニ關スル編冊』, 「暴徒討伐景況 第73號」, 1908년 4월 28일조, 『韓國獨立運動史資料』 제11권, pp. 431~432 참조.

"당시 同派 중에 있던 元錫澤이 洪範圖(道)에게 말하기를 '最初 의병을 일으킨 것은 君이 아닌가. 그런데 하등 方針 計策도 없이 다만 가련한 인민을 모아 아무 이익도 없이 쓸데없이 다수 동지를 사상시킬 뿐으로 점차 我勢力은 失墜하고 이에 반해 日兵은 점점 강세를 더하니 이제야말로 우리는 살아서 거처가 없고 죽어서 묻힐 곳이 없다. 차라리 일찌감치 全隊를 해산하여 개인의 生計를 꾀하는 수밖에 길이 없을 것이다' 운운하니,

洪이 말하기를 '옛날 壬辰의 變에서도 '의병'이란 것이 일어났기 때문에 드디어 社稷을 보전할 수 있었다. 금일의 사정은 우리 세력이 날로 불리한 것 같으나 앞서 鄭·林 등을 보내어 淸地에서 탄약 보급의 길을 강구하고 있으며, 또 기타 동지들도 서로 만날 자도 있을 것이므로 不日 이들 사람과 삼수에서 회합하여 後圖를 정하고 장래의 방침을 정할 것이다."[86]

홍범도 등의 불굴의 투지와 피땀나는 노력으로 홍범도 의병부대는 재편성되어 1908년 4월말에는 500명이 되었고,[87] 5월 중순에는 650명에 달하게 되었다.[88]

홍범도 의병부대는 이러한 의병 재강화 사업을 하면서 도처에서 다시 일본군을 공격하기 시작하였다.

2) 오족리(吾足里) 전투

홍범도 의병부대의 한 부대는 1908년 4월 12일 오족리의 고지에서 일본군 북부수비관구 제1순사대와 조우하여 이를 섬멸하고 갑산 방면으로 이동하였다.[89]

---

86 『暴徒ニ關スル編册』, 「高秘收 第47號의 1, 邊海龍供述書 概要」, 1908년 11월 4일조, 『韓國獨立運動史資料』 제12권, p. 483 참조.

87 『暴徒ニ關スル編册』, 「第3巡査隊報告書」, 1908년 10월 13일조, 『韓國獨立運動史資料』 제12권, p. 281 참조.

88 『暴徒ニ關スル編册』, 「第3巡査隊報告書」, 1908년 10월 13일조, 『韓國獨立運動史資料』 제12권, p. 278 참조.

89 『暴徒ニ關スル編册』, 「第13師團謀, 第451號」, 1908년 4월 30일조, 『韓國獨立運動史資料』 제10권, p. 436 참조.

3) 삼수외곽 전투

홍범도 의병부대는 1908년 4월 20일 약 100명의 병력으로 삼수 외곽 약 5리 지점에 주둔하고 있다가 의병부대에 대한 정찰을 나온 일본 헌병분대를 공격하여 섬멸하였다. 이 보고를 받은 일본군 삼수헌병대가 총동원되어 찾아오자 격전 끝에 이를 패주시켰다.[90]

4) 구령(駒嶺) 전투

홍범도 의병부대는 1908년 5월 28일 갑산군 괘탁리(掛卓里)의 동북방 구령에서 일본군 기병대를 공격하여 이를 섬멸해 버렸다. 홍범도 부대의 의병은 3명이 전사했다.[91]

홍범도 의병부대는 구령 전투에서 승리한 후 더욱 활발한 항일무장투쟁을 전개하기 위하여 의병부대를 두 부대로 나누었다. 즉 제1대는 홍범도·강택희(姜宅熙)·원석택·정도익의 지휘하에 약 350명의 의병을 이끌고 장진군의 달아치(達阿峙) 방면으로 진출하여 유격전을 전개하였다. 제2대는 홍범도의 지시를 받아 가며 원기풍(元基豊)·최학선 등의 지휘하에 약 300여 명의 의병을 이끌고 북청 방면으로 진출하여 유격전을 전개하도록 하였다.[92]

홍범도가 일본군의 기만전술과 회유공작에 빠져 '귀순'하기는커녕 대규모의 의병부대를 재조직 강화하여 구령에서 일본군 기병대를 섬멸하고, 의병무장투쟁의 기치를 다시 높이 올리자, 일본군은 크게 당황하여 일본군 북부수비관구와 동부수비관구 병력을 총동원하여 6월과 7월을 홍범도 의병부대에 대한 '대토벌' 기간으로 정하고 함경도 일대에서 소위 '대토벌'을 전개하였다.[93]

---

90 『暴徒ニ關スル編册』, 「總督 甲 第8774號」, 1908년 4월 22일조, 『韓國獨立運動史資料』 제10권, p. 396 참조.

91 『暴徒ニ關スル編册』, 「高秘收 第47號의 1」, 1908년 11월 4일조, 『韓國獨立運動史資料』 제12권, p. 482 참조.

92 『暴徒ニ關スル編册』, 「第3巡查隊報告書」, 1908년 10월 13일조, 『韓國獨立運動史資料』 제12권, p. 278 참조.

93 『暴徒ニ關スル編册』, 「第3巡查隊報告書」, 1908년 10월 13일조, 『韓國獨立運動史資料』 제12권,

5) 섬암(蟾岩) 전투

홍범도 의병부대는 1908년 6월 2일 장진군의 섬암에서 350명의 병력으로 일본군 토벌대를 기습하여 섬멸해 버렸다. 이 전투에서 홍범도 의병부대의 의병은 4~5명이 전사하였다.[94]

홍범도 의병부대는 적의 대부대의 추격을 분산시키기 위하여 다시 의병부대를 2대로 분산하였다. 즉 홍범도는 의병 약 180명을 이끌고 안산(安山) 방면으로 진출하여 유격전을 전개하기로 하고, 강택희는 의병 약 160명을 이끌고 장진 북방에서 유격전을 전개하도록 하였다.[95]

6) 신전동(薪田洞) 전투

홍범도 의병부대는 섬암 전투에서 승리한 후 서강수(西江水, 6월 3일)→수동(水洞, 4일)→감토밀리(甘土密里, 5일)→미전동(米田洞, 6일)을 거쳐 6월 7일 이른 새벽 통팔령(通八嶺)을 넘어서 신전동에 주둔하고 있는 일본군 토벌대를 기습하여 섬멸해 버렸다.[96]

홍범도 의병부대는 이 신전동 전투에서 대승했으며, 의병부대의 피해는 부상자 1명밖에 없었다.[97]

홍범도 의병부대는 신전동 전투에서 승리한 후 삼거리(三巨里) 속신동(束薪洞, 7일)→너더리골(8일)→강달동(姜達洞, 8일)→사동 승지평(寺洞 承知坪, 9일)→이동(梨洞, 9일)을 거쳐 금창(金昌) 방면으로 향하였다.[98]

---

p. 274 참조.

94 『暴徒ニ關スル編冊』, 「高秘收 第47號의 1」, 1908년 11월 4일조, 『韓國獨立運動史資料』 제12권, p. 482 참조.

95 『暴徒ニ關スル編冊』, 「第3巡査隊報告書」, 1908년 10월 13일조, 『韓國獨立運動史資料』 제12권, p. 278 참조.

96 『暴徒ニ關スル編冊』, 「第3巡査隊報告書」, 1908년 10월 13일조, 『韓國獨立運動史資料』 제12권, p. 278 참조.

97 『暴徒ニ關スル編冊』, 「高秘收 第47號의 1」, 1908년 11월 4일조, 『韓國獨立運動史資料』 제12권, p. 483 참조.

98 『暴徒ニ關スル編冊』, 「第3巡査隊報告書」, 1908년 10월 13일조, 『韓國獨立運動史資料』 제12권,

7) 금창(金昌) 전투

홍범도 의병부대는 1908년 6월 10일 금창에서 104명의 병력이 점심식사를 하고 있을 때 일본군 토벌대의 공격을 받고 치열한 전투 끝에 이를 격퇴하였다.[99] 이 전투에서 홍범도 의병부대에서는 3명의 의병이 전사하였다.[100]

이 금창 전투 후에 홍범도는 약 140명의 의병들을 이끌고 갑산군 이리사로 진출하여 유격전을 전개하고 원석택·정도익에게는 의병 19명을 인솔하고 성대(星代) 지방으로 진출하여 포수를 모집케 한 결과 30~40명의 포수들이 다시 홍범도 의병부대에 참가하게 되었다.[101]

8) 상남사(上南社) 전투

한편 홍범도 의병부대의 강택희가 인솔하는 다른 부대는 장진에서 유격전을 전개하여 6월 4일에는 장진군 신흥사(新興社) 대흥장(大興庄)을 습격하여 점령하고 이곳의 일진회 회원을 처단하였다.[102]

홍범도의 이 부대는 1908년 6월 8일 오전 4시경부터 장진군 상남사의 신흥장(新興庄)과 운수장(雲水庄)을 습격하여 일본인들을 소탕하고 일진회 회원을 처단하였다.

또한 홍범도의 이 부대는 1908년 6월 10일 오전 6시경에는 장진군 상남사 창평리(昌坪里)를 습격하여 일진회 회원의 가옥을 불태우고 찾아온 일본군 함흥헌병분대를 격파하였다.[103]

---

p. 278 참조.

99 『暴徒ニ關スル編册』, 「第3巡查隊報告書」, 1908년 10월 13일조, 『韓國獨立運動史資料』 제12권, p. 276 참조.

100 『暴徒ニ關スル編册』, 「高秘收 第47號의 1」, 1908년 11월 4일조, 『韓國獨立運動史資料』 제12권, p. 483 참조.

101 『暴徒ニ關スル編册』, 「第3巡查隊報告書」, 1908년 10월 13일조, 『韓國獨立運動史資料』 제12권, p. 279 참조.

102 『暴徒ニ關スル編册』, 「警秘收 第5983號의 2」, 1908년 7월 3일조, 『韓國獨立運動史資料』 제11권, pp. 445~446 참조.

103 『暴徒ニ關スル編册』, 「韓憲警 乙 第815號」, 1908년 7월 4일조, 『韓國獨立運動史資料』 제11권,

홍범도의 이 부대의 유격전 활동으로 함경남도 지방의 매국노 일진회 회원들을 모두 다른 지방의 대도시로 피난을 하여 일진회의 기능을 중단시켰다.[104]

9) 화하동(樺下洞) 전투

홍범도 의병부대의 이동칠(李東七)이 지휘하는 한 부대는 1908년 6월 27일 갑산군 화하동에서 일본군 상량(相良) 토벌대와 조우하여 치열한 전투 끝에 이를 섬멸하였다.[105]

10) 양화장(陽化場) 습격

홍범도 의병부대의 한 부대는 1908년 6월 27일 오후 9시 대담하게 북청군 양화장에 진출하여 이곳에서 한국 침략의 첨병노릇을 하고 있는 일본 상인들을 처단하였다.[106]

11) 동덕산(東德山) 전투

홍범도 의병부대의 한 부대가 6월 27일 깊숙이 양화장을 습격하여 일본 상인들을 처단하고 중산사(中山社) 장동(長洞, 28일)에서 숙박한 다음, 29일 오전 6시 양가사(良家社) 안곡(安谷)을 거쳐 동덕산(東德山)으로 향하였다는 보고를 받은 일본군은 놀래어 '토벌대'를 급파하였다.

홍범도 의병부대는 1908년 6월 29일 약 100명의 병력으로 동덕산 꼭대기로부터 그 동쪽 능선에 걸쳐 진지를 구축하고 기다리고 있다가 일본군 토벌대가 좌·우 양대로 나누어 의병부대를 찾아 기어올라오자 이를 유리한 지형에

---

p. 446 참조.

104 『暴徒ニ關スル編冊』, 「韓憲警 乙 第815號」, 1908년 7월 7일조, 『韓國獨立運動史資料』 제11권, pp. 447~449 참조.

105 『暴徒ニ關スル編冊』, 「北秘發 第192號」, 1908년 6월 30일조, 『韓國獨立運動史資料』 제11권, p. 315 참조.

106 『暴徒ニ關スル編冊』, 「北秘發 第90號」, 1908년 6월 28일조, 『韓國獨立運動史資料』 제11권, p. 310 참조.

서 공격하여 1시간의 치열한 격전 끝에 섬멸하여 버렸다. 이 전투에서 홍범도 의병부대는 5명의 의병이 전사하였다.[107]

홍범도 의병부대는 1908년 7월에 들어서자 일본군 토벌대와의 정면 접전을 피하게 되었다. 왜냐하면 5월 하순부터 6월 말까지 40일간의 치열한 전투로 탄약이 모두 떨어졌기 때문이었다. 홍범도 의병부대는 대부대를 다수의 소부대로 나누어 함경남북도 일대의 요지에 모두 출동시켰기 때문에 도처에 병력을 막강하게 가지고 있었다.

> "崔時亨, 李明甫 등의 賊徒는 수괴 洪範圖(道)의 부하로서 崔는 그 부하 150, 李는 그 부하 200을 인솔하고 목하 군내(洪原郡-필자) 好賢社及 同東川社(홍원 서북 40리 반) 부근에 출몰하여 不日 洪原邑을 습격하려는 형적이 있다. 함흥헌병분견대 홍원분견소헌병을 파견하여 정찰중."[108]

그러나 홍범도 의병부대는 그동안의 연이은 격전으로 탄약과 화약이 고갈되어 7월부터는 대규모 공격을 벌이기가 어려웠으며, 따라서 정면전을 피하여 삼림 속에 은신하였다.

> "土民의 말에 의하면 賊은 與黨을 소집하고 있으나 탄약이 결핍하여……大森林 속으로 잠복하고 있던바……"[109]

홍범도는 이러한 사태를 미리 대비하기 위하여 일찍이 1908년 5월 28일에 구룡물에서 부하 의병 임재춘(林在春)·정일환(鄭日煥) 등에게 군자금 600원을 주어 청국에 가서 간도(間島)의 왕가동(王哥洞)에 사는 김성서(金成瑞)를 연락망

---

107 『暴徒ニ關スル編冊』, 「北秘發 第192號」, 1908년 6월 30일조, 『韓國獨立運動史資料』 제11권, pp. 314~315 참조.

108 『暴徒ニ關スル編冊』, 「韓憲警 乙 第910號」, 1908년 7월 27일조, 『韓國獨立運動史資料』 제11권, pp. 457~458 참조.

109 『暴徒ニ關スル編冊』, 「北秘發 第190號」, 1908년 6월 28일조, 『韓國獨立運動史資料』 제11권, p. 313 참조.

으로 하여 화약을 구입해 오도록 파견하기도 하고,[110] 뒤이어 8월 초에는 변해룡을 다시 청국에 파견하여 김성서에게 화약 구입을 독촉하기도 하였다.[111] 홍범도는 또한 노령(露領)의 독립운동가들에게도 부하 의병을 파견하여 탄약이 고갈되었음을 알리고 탄약 보급의 지원을 요청했다. 그러나 일본군의 감시가 극히 심하고 청국의 관헌들이 일제에게 협조하여 탄약 구입하러 보낸 의병들을 체포해서 일본군에게 넘겨주었기 때문에 소기의 목적을 달성할 수 없었다.[112]

12) 안중근 의병부대와의 합동 실패

홍범도 의병부대가 탄약의 고갈과 무기의 무족으로 고통을 받고 있을 때 노령 연추(煙秋)에서 의병을 모집하여 국내진입 작전을 준비하고 있던 안중근에게 연락이 바로 닿았다.[113] 안중근은 1907년 겨울에 노령 연해주로 망명하여 최재형(崔在亨)·이범윤(李範允) 등의 지원을 얻어서 동지들과 함께 300명의 의병부대를 조직해서 1908년 4월 초순에 국내에 진입하여 함경북도 경흥군(慶興郡) 노면(蘆面) 상리(上里)에 주둔하고 있던 일본군 수비대를 기습해서 섬멸하였다.[114]

안중근은 막강한 병력을 갖고 있으면서도 무기와 탄약이 부족하여 삼림 속

---

110 『暴徒ニ關スル編冊』, 「第3巡査隊報告書」, 1908년 10월 13일조, 『韓國獨立運動史資料』 제12권, p. 281 참조.

111 『暴徒ニ關スル編冊』, 「第3巡査隊報告書」, 1908년 10월 13일조, 『韓國獨立運動史資料』 제12권, p. 279 참조.

112 『暴徒ニ關スル編冊』, 「秘發 第9號」, 1908년 11월 2일조, 『韓國獨立運動史資料』 第12卷, pp. 481~482 참조. 청국의 관헌들은 1909년 9월까지 일본군에 매우 협조적이었으며 한국의 의병들에는 비협조적이었다. 청국관헌이 한국 독립운동가들에게 협조적으로 된 것은 1909년 10월 安重根의 伊藤博文 砲殺 이후의 일이다.

113 『在韓日本公事官記錄』(憲機 第2201號의 別紙), 1909년 11월 14일조, 中川檢事正發電, 『韓國獨立運動史資料』 第7卷, p. 177 참조.

114 『在韓日本公事官記錄』(憲機 第2634號), 1909년 12월 30일조, 「別紙」, 『韓國獨立運動史資料』 第7卷, pp. 243~244 참조.

에 숨어 있는 홍범도 의병부대와 합동해서 서울로 향하여 밀고 내려가기 위하여[115] 1908년 7월 안중근·엄인섭(嚴仁燮)·백규삼(白圭三)·이경화(李京化)·김기룡(金基龍)·강창두(姜昌斗)·최천오(崔天五) 등 장교들의 인솔하에,[116] 다시 함경북도 경흥 부근과 신아산 부근으로 국내 진공을 단행하였다.[117] 안중근뿐만 아니라 홍범도는 이 연락을 받고 안중근 의병부대의 이 작전에 큰 기대를 걸었다. 왜냐하면 잘 무장되고 탄약이 풍부한 안중근 의병부대가 국내에 진입하여 홍범도 의병부대와 합동하게 되면 홍범도 의병부대도 탄약과 무기를 공급받게 되고 양군이 합세하면 장비를 완비한 대규모의 정예부대가 되므로 이것을 기간 병력으로 하여 함경남북도 지방의 일본군을 섬멸하고 서울을 향하여 진공할 수 있기 때문이었다.[118]

안중근 의병부대가 1908년 7월 함경북도 경흥의 홍의동(洪儀洞)과 신아산 부근으로 단행한 국내 진입작전은 곳곳에서 일본군을 섬멸하고 10여 명의 일본군인과 상인을 생포하기까지 하는 대승리를 거두었다. 그러나 생포된 일본군 포로들이 눈물을 흘리며 목숨을 빌자 젊은 이상주의적 휴머니스트였던 안중근이 이를 처단하지 못하고 살려 돌려보내준 결과, 안중근 의병부대의 위치가 일본군에게 정확하게 보고되어 그 다음 전투에서 안중근 의병부대는 일본군에게 기습당해 참패하고 말았다.[119] 안중근 의병부대의 참패로 말미암아 홍범도 의병부대에의 탄약 및 무기의 보급과 두 부대의 합동도 실패로 돌아가게

115 『暴徒ニ關スル編册』, 「警秘收 第6822號의 1」, 1908년 7월 28일조, 『韓國獨立運動史資料』 제11권, p. 461, "한국 내에 진입한 賊徒…… 그 중 200명은 洪儀洞及 新阿山에 출동하였다…… 그 목적은 甲山에 집합, 南韓暴徒와 기맥을 통하여 事를 起 할 계획이라고 한다. 그리고 洪儀洞及 新阿山에 나타난 賊의 집합 지점은 茂山이거나 혹은 三水라고 한다" 참조.

116 『在韓日本公事官記錄』(憲機 第2295號), 1909년 11월 29일조, 「別紙」, 『韓國獨立運動史資料』 第7卷, p. 218 참조.

117 『在韓日本公事官記錄』(憲機 第111號), 1910년 1월 20일조, 「復命書」, 『韓國獨立運動史資料』 第7卷, p. 263 참조.

118 愼鏞廈, 「安重根의 思想과 義兵運動」, 『韓國史學』 第2輯, 1980, 『韓國民族獨立運動史研究』, 乙酉文化社, 1985, pp. 164~178 참조.

119 『안중근자서전』(안중근 의사 숭모회), 1970, pp. 113~117 참조.

되었다.

홍범도는 1908년 8월 초에 변해룡 등을 다시 청국에 파견하여 8월 말경에 비밀리에 탄약을 일부 구입해 왔다.[120] 홍범도는 또한 탄약 구입의 사명을 잘못 수행한 임재춘·정일환을 문책하고, 탄약 구입을 재촉하기 위하여 동증손(董曾孫)을 청국의 김성서에게 파견했으나 일제에게 체포되어 버리고 말았다.[121] 홍범도 의병부대는 탄약의 결핍으로 대규모 전투를 계속할 수 없는 처지에 놓이게 되었다.

13) 신성리(新成里) 전투

홍범도 의병부대는 부대들을 소규모의 유격대로 분산시키고 홍범도 자신은 약 30명의 의병만을 인솔한 채 1908년 8월 말경에 미리 약속한 장소인 장진(長津)의 배물리(拜物里, 섬암(蟾岩)의 서방 약 30리)에서 청국을 다녀온 변해룡을 만나 약간의 탄약과 탄약 구입하러 청국에 간 의병 정일환의 보고서를 받았다.

홍범도는 장진에서 부하 의병장 송상봉(宋相鳳)이 인솔하는 40명의 의병대를 합류시켜 70명의 병력으로 장진군의 퇴물리(退物里, 8월 30일)→함흥고지(咸興古地, 8월 31일)를 거쳐 야간행군을 하여 초리장(草里場) 북방(9월 2일)→지은동(芝隱洞, 9월 2일)을 거쳐서 9월 2일 저녁때 함흥의 길천사(吉川社) 신성리에 도착하였다.[122]

이때 홍범도 의병부대는 일본군 토벌대의 공격을 받았다. 천만다행하게도 홍범도 의병부대는 바로 며칠 전에 변해룡 등이 청국에서 구입해 온 약간의 탄약을 보급받았기 때문에 용감히 일본군을 공격하여 섬멸해서 완승을 거두

---

120 『暴徒ニ關スル編冊』, 「第3巡査隊報告書」, 1908년 10월 13일조, 「邊海龍聽取書」, 『韓國獨立運動史資料』 第12卷, p. 279 참조. 변해룡은 이 청취서의 취조 후에 일본군에 의하여 총살당하였다.

121 『暴徒ニ關スル編冊』, 「第3巡査隊報告書」, 1908년 10월 13일조, 「董曾孫訊問調書」, 『韓國獨立運動史資料』 第12卷, pp. 276~278 참조.

122 『暴徒ニ關スル編冊』, 「第3巡査隊報告書」, 1908년 10월 13일조, 『韓國獨立運動史資料』 제12권, p. 279 참조.

었다. 홍범도 의병부대에는 전사자는 물론이고 한 명의 부상자도 없었다.[123]

일본군 토벌대 참패의 소식을 듣고 이튿날인 9월 3일 일본순사대가 대신 찾아왔으나 홍범도 의병부대는 전투 도중에 탄약이 고갈될 것을 염려하여 홍원(洪原) 방면으로 철수하였다.[124]

14) 영동(靈洞) 전투

홍범도 의병부대는 9월 2일의 신성리 전투에서 승전한 다음 당풍리(塘豊里) 부근 촌락(9월 4일)→판막동(板幕洞)→중산리(中山里, 5일)→소명태동(小明太洞)을 거쳐 미리 만들어 놓은 와우동(臥牛洞, 6일)의 병참부에서 보급을 받고 내원(內源, 7일)→초막동(草幕洞, 8일)을 거쳐 9월 9일 영동에 도착하였다.[125]

홍범도 의병부대가 영동에 주둔하고 있을 때 일본군 토벌대가 찾아왔으므로 홍범도 의병부대는 이를 공격하여 섬멸하여 버렸다.[126] 이것이 홍범도 의병부대가 일본군과 싸운 기록에 남아 있는 바의 마지막 큰 전투였다.

홍범도 의병부대는 그러나 이 영동 전투에서 변해룡이 부상을 입었고 이창수(李昌洙)는 나무뿌리에 발을 찔려 행군을 할 수 없게 되었으므로 두 의병을 모두 초막동에 가서 치료하게 하였는데, 그 후 9월 14일에 이 두 명이 일본군에게 생포당하였다.[127]

홍범도 의병부대는 영동 전투를 치르고 다시 탄약이 고갈되었으므로 또 다

123 『暴徒ニ關スル編册』, 「秘發 第9號」, 1908년 11월 2일조, 『韓國獨立運動史資料』 제12권, p. 483 참조.

124 『暴徒ニ關スル編册』, 「第3巡査隊報告書」, 1908년 10월 13일조, 『韓國獨立運動史資料』 제12권, p. 279 참조.

125 『暴徒ニ關スル編册』, 「第3巡査隊報告書」, 1908년 10월 13일조, 『韓國獨立運動史資料』 제12권, p. 280 참조.

126 『暴徒ニ關スル編册』, 「秘發 第9號」, 1908년 11월 2일조, 『韓國獨立運動史資料』 제12권, p. 483 참조.

127 『暴徒ニ關スル編册』, 「第3巡査隊報告書」, 1908년 10월 13일조, 『韓國獨立運動史資料』 제12권, p. 272 참조. 이창수와 변해룡은 그 후 일본 경찰의 감시의 틈을 엿보아 탈출하다가 이창수는 탈출에 성공했고, 변해룡은 실패하여 다시 체포되어서 총살당하였다.

시 탄약 보급의 대책과 금후의 작전을 동지들과 함께 수립하기 위하여 차도선과 함께 39명의 부하 의병을 데리고 삼수로 향하였다. 이때 부하 의병장 원석택 등은 탄약이 모두 떨어져 더 싸울 수 없게 되었으므로 해산할 것을 제의했으나, 홍범도는 임진왜란 때에도 의병이 끝까지 싸워서 공을 이루어 나라를 구했음을 예로 들면서 이를 거절하고, 청국에 탄약을 구입하러 보낸 의병들과 각 방면의 부하 의병장들을 삼수에 집합케 해서 모두 모여 방침을 정하기로 하고 삼수로 향하였다.[128]

홍범도는 영동 전투를 치르고 삼수로 가다가 일본군의 잠복 대기를 염려하여 의병부대를 다시 분산시키고 30명의 의병만 인솔해서 방향을 돌려 갑산의 동인사(同仁社)를 거쳐서 무산에 이르러 관리소에 근거지를 설치하려다가 일본군의 장애가 있었으므로 1908년 9월 25일경 청국 땅에 연한 곳인 계양동(啓陽洞) '우릉골'에 소옥(小屋)을 세워 가마솥 두 개를 걸고 근거지로서의 홍범도 의병부대 본부를 설치하였다.[129]

홍범도는 '우릉골' 근거지 설치와 동시에 김충렬(金忠烈)에게 1,600원을 주어 노령으로 가서 탄약을 구입해 오도록 하고,[130] 9월 25일경 동중손을 간도에 파견하여 탄약을 구입해 오도록 했으나 동(董)은 청국의 대동사(大同社) 세동(細洞, 한국인촌락)에서 일본 관헌의 요청을 받은 청국관헌에 의하여 10월 중순경에 체포되어 일본군에 넘겨지게 됨으로써 탄약 구입사업이 다시 실패하게 되었다.[131] 동중손의 신문조서를 통해서 1908년 10월경 '우릉골' 근거지에서의 홍범도의 실태를 보면 다음과 같이 탄약이 전혀 없는 상태였다.

---

128 『暴徒ニ關スル編冊』, 「第3巡査隊報告書」, 1908년 10월 13일조, 『韓國獨立運動史資料』 제12권, p. 280 참조.

129 『暴徒ニ關スル編冊』, 「高秘收 第47號의 1」, 1908년 11월 4일조, 『韓國獨立運動史資料』 제12권, p. 482 참조.

130 『暴徒ニ關スル編冊』, 「親 第28號」, 1909년 2월 23일조, 『韓國獨立運動史資料』 제13권, p. 470 참조.

131 『暴徒ニ關スル編冊』, 「第3巡査隊報告書」, 1908년 10월 13일조, 『韓國獨立運動史資料』 제12권, p. 273 참조.

(문) 홍범도는 목하 몇 사람의 부하가 있느냐?

(답) 30명이다.

(문) 다 총기를 가지고 있는가? 또는 어떤 것을 가지고 있는가?

(답) 일본의 連發銃도 5정 있고 그밖에 單發銃도 있다. 대개는 火繩銃 이나마 모두 다 가지고 있어도 彈藥이 전연 결핍하고 있었다.

(문) 홍범도는 金錢을 얼마나 가지고 있느냐?

(답) 모른다.[132]

홍범도는 계양동 '우릉골'에 비밀의 본부를 설치한 다음 모든 탄약 구입 노력이 일본군과 청국관헌의 협동작전으로 실패하자, 삼수·갑산·무산 등지에 분산되어 있는 모든 부하 의병들에게 삼림 속에 잠복해 있을 것을 지시하고 이번에는 홍범도 자신이 1908년 12월 말에 부하 20명을 인솔하고 노령으로 건너가서[133] 최재형·이범윤 등을 비롯한 다수의 독립운동가들에게 무기와 탄약의 공급을 교섭하고 요청하였다.[134]

홍범도 의병부대가 1907년 11월 15일 봉기 이후 1908년 9월까지 일본군과 싸운 전투는 약 37회에 달했다고 한다.[135]

8. 홍범도 의병부대의 특징

홍범도 의병부대는 이상과 같이 1907년 11월 봉기 이래 함경남도의 넓은 지역에서 일본군에 대한 치열한 항일무장투쟁을 전개하여 큰 성과를 내었다. 홍

---

132 『暴徒ニ關スル編冊』, 「第3巡査隊報告書」, 1908년 10월 13일조, 「董曾孫 訊問調書」, 『韓國獨立運動史資料』 제12권, pp. 277~278 참조.

133 『暴徒ニ關スル編冊』, 「暴徒首魁名簿(明治 42年 4月調) 北部守備管區」, 『韓國獨立運動史資料』 제14권, p. 224 참조.

134 『暴徒ニ關スル編冊』, 「警秘收 第1號의 1」, 1909년 1월 4일조, 『韓國獨立運動史資料』 제13권, p. 181 참조.

135 Kim, M.T., '洪範圖', 『歐洲新聞』, 1985년 5월 31일조 참조.

범도 의병부대는 1907년 8월 1일 이후에 전국 각지에서 봉기한 다른 의병부대들과 근본적으로 성격을 같이하고 있지만, 정밀하게 보면 다음과 같은 몇가지 특징을 갖고 있음을 주목할 필요가 있다.

첫째, 홍범도 의병부대는 거의 대부분의 의병이 산포수들로 구성된 포수의병부대였다. 홍범도와 그의 부하 의병장 원석택과의 다음의 대화가 이를 잘 증명하여 준다.

> "洪이 말하기를 옛날부터 의병이란 것이 있어 임진에도 功을 세운 일이 不少하지 않았느냐고 하다.
>
> 元이 말하기를 그때도 如斯히 포수만을 모집했었는가?"[136]

물론 홍범도 의병부대에는 포수 이외에도 농민(특히 화전농민)과 광산노동자들도 참가하였다. 그러나 홍범도 의병부대의 절대다수를 이룬 것은 백두산의 연맥과 개마고원에서 산짐승을 사냥하며 생활하던 산포수들이었다.

포수들은 우선 무엇보다도 '정확한 사격'을 했으며, 그들이 사냥하던 산악지대의 '지리와 지형'을 작은 개울과 바위와 동굴의 위치와 모양까지도 세밀히 알고 있어서 이를 전투에 이용할 수 있었다. 따라서 홍범도 의병부대가 주로 포수들로써 구성되었다는 사실은 이 부대가 산악의 유격전에서는 정규군보다도 더 유리하고 높은 전투력을 가질 수 있는 부대임을 나타내는 것이라고 할 수 있다. 이것은 남한지방의 의병부대들의 병사가 주로 농민들로 구성되었던 사실과 상당히 다른 특징이라고 할 수 있다.

둘째, 홍범도 의병부대는 기동력이 매우 빠른 부대였다. 산포수들은 전에 호랑이 등 맹수들을 사냥하던 방식으로 기민하게 행동했으며, '빠른 행군', '비호 같은 공격'과 '재빠른 철수'를 자유자재로 하였다. 이것은 유격전에는 매우 유리한 조건이었다.

---

136 『暴徒ニ關スル編册』, 「第3巡査隊報告書」, 1908년 10월 13일조, 「董曾孫 訊問調書」, 『韓國獨立運動史資料』 제12권, p. 280 참조.

이 때문에 홍범도 의병부대는 일본군에 대한 전투에서 동에 번쩍, 서에 번쩍하여 일본 정규군이 도저히 따를 수가 없었다. 일본군들은 홍범도 의병부대의 기동력에 경악하여 '날으는 홍범도'라는 별명을 붙였다.

셋째, 홍범도 의병부대는 의병장과 병사가 모두 '평민(양인)'으로 구성된 평민의 의병부대였다.

포수들은 원래 '양인신분'이었고, 총대장 홍범도도 양인신분 출신이었으며, 그 부하 의병장들도 모두 포수들로서 양인 신분 출신들이었다(뿐만 아니라 함경도 지방은 조선왕조 시대에도 신분계급의 분해와 대립이 가장 덜 첨예화된 지역이었다.)

이와 같이 홍범도 의병부대가 하나의 동질적인 평민 신분으로 구성되었다는 사실은 ① 의병장과 병사의 사이에, ② 그리고 병사들 내부의 사이에 더욱 공고한 통합과 단결과 융합을 가져오게 하였다. 이것은 양반유생이 의병장들이 된 지역에서 때때로 신분 갈등이 일어났던 의병부대들과는 다른 특징이라고 할 수 있다.

넷째, 홍범도 의병부대는 '막강한 실질적 전투력'을 가진 의병부대였다. 홍범도 의병부대는 위의 특징들의 결과로 막강한 실질적 전투력을 갖게 되어 국내 최강의 의병부대가 되었다. 일본군도 홍범도 의병부대를 최강의 우수한 의병부대라고 보았다.[137]

홍범도 의병부대는 그 총병력 규모에서는 최대의 의병부대는 아니었으나 그 전투력에서는 최강의 의병부대였기 때문에 일본군과의 전투에서 연전연승한 승리의 부대가 될 수 있었다. 다른 지역의 전투력이 약한 의병부대는 기습전을 할 때는 승리하고 조우전을 할 때는 패전하는 것이 일반적 현상이었지만, 홍범도 의병부대는 기습전과 조우전에서 모두 승리했으며, 그 스스로 능동적으로 대규모 공격(습격)전과 매복작전을 자유자재로 감행하여 일본군에게 심대한 타격을 주었다. 일본군이 실제로 가장 큰 피해입은 부대가 바로 홍범도

137 『暴徒ニ關スル編册』, 「第3巡査隊報告書」, 1908년 10월 13일조, 『韓國獨立運動史資料』 제12권, pp. 274~275 참조.

의병부대였다. 이것은 명분을 중시하고 전투력은 약했던 일부의 위정척사 양반 유생이 지휘하는 의병부대들과는 크게 다른 특징이었다고 할 수 있다.

다섯째, 홍범도 의병부대는 민중과 밀착되고 민중의 절대적 지지와 지원을 받은 의병부대였다.

일본군은 지방 민중들이 홍범도 의병부대를 위하여 일본군의 동태를 정찰까지 하며 지원하고 있던 사실을 다음과 같이 상부에 보고하였다.

> "沿道地方民의 대다수는 폭도의 兇暴을 惧하고 일본군의 행동을 정찰하여 此를 폭도에게 通謀한 혐의가 있다."[138]

또한 일본군은 홍범도 의병부대가 탄환이 떨어져 간고한 처지가 되었을 때에 친일배들로 하여금 홍범도 의병부대의 병사로 가장하여 마을 민중의 반응을 알아보게 한 다음 홍범도 의병부대에 대한 민중의 적극적 환영에 경악하여 다음과 같이 상부에 보고하였다.

> "또 先般 當隊가 폭도의 풍모를 가장하고 행동했더니 村民은 매우 이를 환영하고 自進하여 酒食을 饗應하려고 하였다."[139]

홍범도 의병부대가 막강한 일본 정규군을 도처에서 쳐부수고 연전연승할 수 있었던 배경에는 지방 민중의 이러한 지지와 성원이 있었음을 주목할 필요가 있을 것이다.

---

138 『暴徒ニ關スル編册』, 「警秘 第18號」, 1908년 1월 6일조, 『韓國獨立運動史資料』 제8권, p. 588 참조.

139 『暴徒ニ關スル編册』, 「第3巡査隊報告書」, 1908년 10월 13일조, 『韓國獨立運動史資料』 제12권, p. 275 참조.

9. 홍범도 의병부대의 망명

홍범도가 부하 의병장 權모와 함께 의병 20명을 인솔하고 노령 연추(煙秋)에 온 것은 무기와 탄약을 구입해 가고, 이와 동시에 노령의 의병부대 및 남한 지방의 의병부대들과 연락을 하여 대대적 의병 전쟁을 전개하기 위한 것이었다.[140]

그러나 홍범도의 노력은 뜻과 같이 목적을 달성하지 못하였다.

홍범도가 갑산에 있을 때 무기와 탄약을 구입해 오도록 1,600원을 주어 노령 연추에 파견했던 김충렬은 이 군자금을 주색에 탕진하여 회수할 수가 없는 상태였다.[141]

또한 홍범도가 노령에서 재정지원을 요청한 독립운동가는 이범윤과 최재형 등이었는데, 이범윤은 재정지원의 능력이 없었고, 한국인 거부 최재형은 그 이전까지는 안중근 의병부대에 적극적으로 재정지원을 했었으나 1908년 8월의 안중근 부대의 패전에 크게 실망한 나머지 모든 의병부대에 대한 재정지원을 거절하였다.[142] 비단 최재형뿐만 아니라 당시 노령의 한국인 교포사회는 안중근 의병부대의 패전에 큰 충격을 받고 의병무장투쟁을 무모한 것으로 보아 실업과 교육쪽으로 독립운동의 기본 방향을 돌리려는 경향이 팽배하여 있었다. 또한 제정러시아 군대의 제6연대 250명이 연추에 있는 안중근 의병부대의 연락사무소에 들어와 모든 총기와 탄약을 압수하고 해산을 명령하는 등 러시아

140 『暴徒ニ關スル編册』, 「會秘 第36號」, 1909년 1월 11일조, 『韓國獨立運動史資料』 제13권, p. 191 및 「警秘收 第28號의 1」, 1909년 1월 18일조, 同上資料, p. 199 참조.

141 『暴徒ニ關スル編册』, 「親 第28號」, 1909년 2월 23일조, 『韓國獨立運動史資料』 제13권, p. 470 및 「警秘收 第100號의 1」, 1909년 3월 1일조, 『韓國獨立運動史資料』 제13권, p. 798 참조. 홍범도가 무기·탄약을 구입하기 위하여 노령에 보낸 이 군자금의 액수에 대하여 위의 첫째의 자료는 1,600圓이라 하고, 둘째의 자료는 600圓이라고 기록하고 있다.

142 『暴徒ニ關スル編册』, 「警親 第5號」, 1909년 2월 6일조, 『韓國獨立運動史資料』 제13권, pp. 466~467 및 「高秘收 第887號의 2」, 1909년 2월 25일조, 同上資料 제13권, p. 472 참조.

영토 내에서의 의병무장투쟁의 준비를 저지하였다.[143] 이러한 여건 위에서 홍범도의 의병무장투쟁에 대한 지원 호소는 교포 사회에서 잘 받아들여지기가 어려웠다.

홍범도는 이러한 악조건에 굴하지 아니하고 안중근·김기룡·엄인섭·이경화·박노사(朴老四) 등을 비롯한 다수의 연추 동의회(同義會) 동지들과 함께 의병부대를 재조직하여 대규모 국내 진공작전의 의병전쟁을 일으키려고 분투 노력했으며, 동의회의 모임에 참석해서 의병부대가 국내에 진공해 들어갈 때에는 모두 단발을 하고 복장을 바꾸어 결사대를 조직해서 해빙전의 시기에 진격하는 것이 유리함을 지도하였다.[144]

홍범도는 또한 무기와 탄약의 구입을 위한 군자금 모집이 노령 연해주에서 불가능하자 1909년 2월 하순에는 그가 거느리고 있던 金모 2명, 權모, 白모 등 4명의 의병을 다시 갑산 지방에 보내어 본국에서 군자금을 모집해 오도록 하였다.[145]

그러나 홍범도의 이러한 모든 노력은 성공을 거두지 못하였다. 홍범도는 1909년 6월경까지도 노령 연해주의 연추 부근에 유랑하면서 동의회의 젊은 동지들과 의병 모집 및 군자금 모집을 위하여 진력하였다.[146] 홍범도는 그 이후 다시 본국에 돌아왔으나 무기와 탄약을 대량 규입해 가지고 돌아온 것이 아니었기 때문에 갑산·삼수·무산 일대의 삼림 속에 잠복해 있는 부하 의병들에게 무기와 탄약을 공급하여 무장을 강화해서 다시 일본군을 찾아 공격할 수 없었다.

---

143 『暴徒ニ關スル編册』, 「慶警秘 第1號」, 1905년 1월 5일조, 『韓國獨立運動史資料』 제13권, p. 182 및 「警親 第103號」, 1909년 1월 19일조, 同上資料, p. 201 참조.

144 『暴徒ニ關スル編册』, 「警親 第101號」, 1909년 1월 17일조, 『韓國獨立運動史資料』 제13권, p. 195 참조.

145 『暴徒ニ關スル編册』, 「會秘 第26號」, 1909년 2월 28일조, 『韓國獨立運動史資料』 제13권, p. 474 및 「警秘收 第102號의 1」, 1909년 3월 2일조, 同上資料 제13권, p. 800 참조.

146 『暴徒ニ關スル編册』, 「極祕發送 第28號」, 1909년 6월 4일조, 『韓國獨立運動史資料』 제14권, p. 682 참조.

홍범도가 이 시기에 그의 의병무장투쟁을 중단하고 망명하지 않을 수 없었던 형편에 대해서는 의암(毅庵) 유인석(柳麟錫)과의 편지에서도 이를 짐작해 볼 수 있다. 유인석은 유생 의병장으로서 을미의병을 선도했으며, 그후에도 의병운동을 지지하여 1908년 말까지도 홍범도의 항일무장투쟁에 격찬을 보내었다.[147] 그러나 1910년 1월(음력)에는 홍범도가 불굴의 투지로 여전히 의병무장투쟁을 추구하는 것을 보고 '智'로써 싸우려는 것이 아니라 적을 가벼이 여겨 '力'으로써 싸우려는 것이라고 홍범도의 항일무장투쟁을 다음과 같이 말렸다.

"그대의 義가 사람들을 감동시켜 도처에서 바람을 일으키고 사람들로 하여금 (독립의) 氣를 增長함을 듣고 있습니다. 단 倭賊의 강함은 三國의 曹操와 같을 뿐만 아니라 우리의 앞에는 諸葛亮도 없고 五虎大將도 없습니다. 우리의 洪汝千(홍범도-필자)이 비록 五虎의 하나라고 말할 수 있으나 아직도 나머지 四虎가 결여되어 있으니, 敵을 가벼이 볼 수 없습니다. 대저 智로 싸우는 것은 가하나 力으로 싸우는 것은 불가합니다. 力으로 싸우면 우리의 力이 저들에 미치지 못합니다. 나는 비록 늙었으나 약간 所見이 있습니다. 바라건대 우리 汝千(홍범도)께서는 깊이 생각을 더하면 다행이겠습니다."[148]

홍범도는 유인석의 이 편지에 답하여 성패를 돌아보지 않고 목숨을 바쳐 항일무장투쟁을 하는 것을 우리의 '義務'라고 주장했던 것 같다. 그 다음 유인석이 홍범도에 보낸 편지에는 홍범도를 '義務人'이라고 부르면서 1,000명도 안되는 작은 병력으로 大賊을 공격하려는 홍범도를 다음과 같이 날카로운 필치로 비판하였다.

"듣건대 이제 義務人(홍범도-필자)이 千명도 안되는 병력으로 전쟁에 나아가고자 하니, 잠깐의 싸움소리를 바라는 것입니까? 일을 이루기를 바라는 것입니까? 일을 이루기를 바라면 그와 같이 적은 병력으로 저 세계 최강의 큰 도적과 대적하는 것은 비

147 『毅菴集』 第16卷, 「與洪汝千範圖」, 戊申 12월 2일조.

148 『毅菴集』 第16卷, 「答洪汝千」, 庚戌 正月 28일조, "聞仗義感人 到處風生 令人增氣 但倭賊之强不啻如三國之曹操 在我先無諸葛亮 且無五虎大將 我洪汝千 雖曰爲五虎之一 尙欠餘四 難可輕敵. 大抵寧鬪智 不可鬪力 鬪力則 我力不及彼也 愚雖老耗 畧有所見 願我汝千深加思量 可幸" 참조.

록 智가 子房과 孔明보다 만배가 되고 勇이 韓信과 趙雲에 만배가 될지라도 반드시 일을 이룰 수 없습니다. 이제 그 智와 勇이 어떠하며 그렇게 됩니까? 이로써 내가 보건대 그것은 智가 아니라 다만 몽매함이며, 勇이 아니라 다만 어리석음일 뿐입니다. 이제 일을 이루려면 한 두 사람의 智謀나 한 두 사람의 勇力으로 가한 것이 아니고 반드시 한 나라 사람의 謀와 한 나라 사람의 力을 合한 후에 가합니다. …… 나는 우리 汝千(홍범도)의 주로 의도하는 바가 어디에 있는지 알지 못하겠습니다. 의도하는 바가 병사를 거느리고 가벼이 나아가는 것이면 바람직하지 않습니다. 汝千이 비록 용감하다고 하나 옛날의 名將에는 미치지 못하는데 어찌 옛날의 명장이 할 수 없는 바를 할 수 있겠습니까? 知彼知己는 兵書의 要義임은 모든 사람들이 항다반사로 외우는 말입니다. 만약 의도하는 바가 병사를 거느리고 가벼이 나아가는 것이라면 그 역시 知彼知己가 아님이 심하지 아니합니까? 오직 汝千(홍범도)은 이것을 깊이 생각하여 편지에 쓴 대로 智로 싸우지 力으로 싸우지 않는다는 說의 깊은 뜻이 있음을 마음에 간직하여 충분히 헤아려야 하지 않겠습니까."[149]

여기서 유인석은 의병무장투쟁의 중요성을 잘 아는 선배 의병장이었는데 홍범도의 의병전쟁 추진을 간곡히 말린 것을 보면, 홍범도의 항일무장투쟁 노선이 얼마나 철저하고 강렬한 것이었는가를 미루어 알고도 남음이 있다. 그러나 이러한 여건에서는 홍범도는 더 이상 국내에서 의병무장투쟁을 강행할 수는 없었다.

홍범도는 마침내 귀가할 것을 희망하는 의병들은 돌려보내고 끝까지 그를 따르는 의병들을 이끌고 1910년 3월에 만주의 장백현(長白縣) 왕개둔(汪開屯)으로 망명하였다.[150] 홍범도 의병부대는 이곳에서 안도현(安圖縣) 쪽으로 약 20에이커의 토지를 개간하여 한편으로 농사를 짓고 사냥을 해서 식량과 경비를 조달하면서 다른 한편으로 군사훈련을 하며 의병무장투쟁을 준비하는 현대판 둔전병(屯田兵) 생활을 실행하였다.

홍범도 의병부대는 망명지에서 이러한 생활 도중에 1911년 3월 박영신(朴永

149 『毅菴集』 第16卷, 「答洪汝千」, 庚戌 2월 24일조.
150 Kim, M.T., '洪範圖'; 고송무, '소련에서 보는 홍범도', 『歐洲新聞』, 1985년 5월 31일조 참조.

信)을 선봉장으로 하여 함경북도 경원의 세천동(細川洞)에 있는 일본군 수비대를 습격하는 의병활동을 하였다.[151] 또한 1912년 홍범도는 평안도 의병장 채응언(蔡應彦)과 장백부(長白府)에서 회동하고 십장 심석만(沈石萬) 등을 비밀리에 국내에 파견하여 일본군의 경비 상황을 조사하게 하기도 하였다. 일제의 신문은 다음과 같이 보도하였다.

> "義兵將 洪範圖의 십장 沈石萬(청국 奉天省 長白府 口道溝 大平洞)이 惠山鎭에서 체포되었다. 심석만은 1908년 음력 3월 5일부터 의병대장 洪範圖(道)의 부하로써 십장이 되어 갑산 지방에 횡행했으며 군자금 보충에 활약하다가, 일진회 회원 池若興 蔡松雲 등을 총살하였다. 금년 2월에는 장백부에서 의병대장 洪範圖(道)와 함께 의병장 蔡應彦과 회동하고, 그들로부터 한국, 일본의 경비상황조사의 밀명을 받아 혜산진에 들어와서 비밀통보를 하려다가 혜산경찰에 체포되었다."[152]

그러나 홍범도 의병부대의 왕개둔 근거지는 경제적으로 유지되기가 어려웠다. 이 무렵에 이 부근을 방문한 박은식은 다음과 같이 기록하였다.

> "나는 요즘 중국과 노령 사이를 유랑하면서 두루 각처의 동포들을 방문하여 보았다. 그들은 산에서 사슴을 쏘아 잡거나 땔나무를 해서 시장에 팔며, 감자를 심어 양식으로 삼고 엿을 팔아 糊口하는 사람이 많았으니, 이들은 모두가 지난날 義兵將領들이었다. 그들은 쓰러져가는 집에서 굶주림과 추위에 떨면서도 근심하는 빛이 없었고, 오로지 중얼거리는 것은 조국뿐이었고 잠자리에서도 조국이었다. 술을 마신 후에는 비분강개하여 서로 노래를 부르면 통곡하곤 했다. 세속의 소위 명예니 功利 따위는 일신을 더럽히는 물건처럼 여겼다. 오직 속에 가득히 끓는 충의와 비분에서 터져 나오는 것으로서, 죽은 후에라야 끝날 결심이었으니 어찌 참된 義士라 하지 않으랴. 나는 그들을 깊이 존경하고 아낀다."[153]

홍범도 의병부대는 만주 장백현 왕개둔에서의 궁핍이 극에 달하여 도저히

---

151 『한국독립운동사』 제5권, 「독립군 전투사」 상, p. 662 참조.

152 『매일신보』, 1912년 4월 27일자 참조.

153 朴殷植, 『韓國獨立運動之血史』, 『朴殷植全書』 上卷, p. 637.

지탱할 수 없게 되자, 1913년에 다시 노령 블라디보스토크로 이동하였다. 홍범도는 블라디보스토크에서 그의 의병부대로 '노동회(勞動會)'를 조직하고 그 회장이 되어 회원들의 임금의 일부를 저축해서 항일무장투쟁에 필요한 무기 구입의 비용을 자기들의 힘으로 스스로 조달하려고 하였다. 일제의 한 비밀 보고는 다음과 같이 기록하고 있다.

> "勞動會 會長 洪範圖 在浦潮
> 회원의 다수는 무뢰한의 勞動者로서 浦潮 開拓里 各戶에 하숙하고 여러 가지 노동에 종사하며, 그들이 얻는 노임은 홍범도에게 集金케 하여 상당한 배당을 한 외의 나머지를 地元財產家에게 豫置하여 후일 일을 하는 비용에 충당하게 되는 것이라고 한다."[154]

홍범도는 자기 자신도 부하들과 함께 철도공사의 노동에 종사하면서 노임의 '1개월분의 절반을 폭도(의병을 가리킴-필자)의 武器費로서 제공받았으며'[155] 이 자금을 1개월에 3分의 고리로 빌려주어 군자금을 만든 일도 있었다고 한다.[156] 이것은 홍범도 의병부대가 이번에는 노동자가 되면서까지 의병무장투쟁을 위한 군자금을 자기들의 힘으로 조달하려고 얼마나 분투 노력했는가를 잘 알려주는 것이라고 할 수 있다.

홍범도 의병부대는 1913년부터는 노령 연해주에 망명해서 각종의 노동에 종사하면서 재기의 날을 기다리다가 1919년 3·1운동이 일어나자 대한독립군(大韓獨立軍)으로 다시 일어서게 된 것이다.[157]

---

154 姜德相, 『韓國獨立運動の群像』, 1984에 재인용. 同書 참조.
155 姜德相, 『韓國獨立運動の群像』, 1984에 재인용. 同書 참조.
156 姜德相, 『韓國獨立運動の群像』, 1984에 재인용. 同書 참조.
157 愼鏞廈, 「洪範圖의 大韓獨立軍의 抗日武裝鬪爭」, 『韓國學報』 제43집, 1986 참조.

10. 맺음말

이상에서 고찰한 바와 같이 홍범도는 머슴과 포수 출신으로서, 일본 제국주의자들이 조국을 침략하여 식민지로 강점하려 해서 나라가 멸망할 위기에 처하자 1907년 11월 15일 안산사포계(安山社砲契)의 동료 포수들을 이끌고 봉기하여 홍범도 의병부대가 항일무장투쟁을 시작하게 되었다.

홍범도 의병부대는 주로 포수들을 중핵으로 하고 여기에 농민과 광산노동자가 참가하여 형성된 의병부대였다. 포수들은 '정확한 사격'을 하고, 그들이 사냥하던 지역의 '지리와 지형'을 거울을 보는 것같이 자세히 알고 있었으며, 험산유곡에서 맹수를 쫓던 양식으로 '기동력'이 비호같이 빨랐으므로 유격전에서는 잘 무장된 일본 정규군보다도 더 유리한 조건을 갖출 수 있었다. 포수들로 구성된 홍범도 의병부대는 이러한 유리한 조건에 기초하여 '막강한 실질적 전투력'을 가지고 이 의병대원들의 생활 근거지였던 삼수·갑산·풍산·북청·장진·후창 일대에서 치열한 항일무장투쟁을 전개하였다.

홍범도 의병부대는 평민의 의병부대로서 都의병장 홍범도는 물론이요, 부하 의병장들도 모두 평민 포수들이었으며, 의병부대의 병사들도 모두 포수·농민·광산노동자 출신의 평민들이었다. 이 때문에 의병장과 병사들 사이와 병사 상호간에 단결과 융화가 철통과 같았다. 또한 이 때문에 민중과의 밀착과 민중의 지원의 정도가 매우 강하였다. 홍범도 의병부대는 병사로부터 홍범도 의병장까지가 하나로 뭉친 동질의 민중의병부대였다. 이 점은 양반유생이 각급 의병장이 되어 큰 영향력을 행사하던 의병부대들과는 상당한 성격의 차이가 있는 것이었다.

홍범도 의병부대는 무기는 비록 낡은 것이었으나 이러한 조건에 기초한 막강한 실질적 전투력으로

① 후치령(厚峙嶺) 전투, ② 장항리(獐項里) 전투, ③ 중평장(仲坪場) 전투, ④ 삼수성

(三水城) 전투, ⑤ 갑산읍(甲山邑) 점령전투, ⑥ 운승리(雲承里) 전투, ⑦ 목단촌(牧丹村) 전투, ⑧ 세곡(細谷) 전투, ⑨ 농리(農里) 전투, ⑩ 교별리(橋別里) 전투, ⑪ 고거리(高巨里) 습격, ⑫ 오족리(吾足里) 전투 ⑬ 삼수외곽 전투, ⑭ 구령(駒嶺) 전투, ⑮ 섬암(蟾岩) 전투, ⑯ 신전동(薪田洞) 전투, ⑰ 금창(金昌) 전투, ⑱ 상남사(上南社) 전투, ⑲ 화하동(樺下洞) 전투, ⑳ 양화장(陽化場) 습격, ㉑ 동덕산(東德山) 전투, ㉒ 신성리(新成里) 전투, ㉓ 영동(靈洞) 전투

등 전후 약 37회에 걸쳐 일본군과 치열한 전투를 전개하여 일본군 수비대를 섬멸하거나 격퇴함으로써 일본군에게 심대한 타격을 주었다. 일본군 수비대는 홍범도 의병부대 포수들의 정확한 사격과 기민한 기동력과 비호처럼 치고 이동하는 유격전에 큰 타격을 받고 홍범도 의병부대를 가장 두려워하여 대규모의 '토벌' 병력을 집중적으로 투입하였다. 일본군도 홍범도 의병부대가 당시 전국 의병부대 중에서 최강의 의병부대임을 인정하고, 홍범도에게는 '날으는 홍범도'라는 별명을 붙였다.

홍범도 의병부대의 이러한 항일무장투쟁은 역사적 의의가 매우 큰 것이었다. 홍범도 의병부대는 ① 함경남도와 평안북도 동부 일대에서 일제의 침략활동을 저지하고 교통과 통신을 마비시켰으며, 이 일대의 친일파·일진회 회원들을 소탕하였다. 홍범도 의병부대는 또한 ② 두만강과 압록강 유역, 함경도와 평안도 일대의 국권회복운동과 항일투쟁을 비약적으로 고양시켰다. 뿐만 아니라 홍범도 의병부대는 전국에서 평민들이 국권회복을 위한 애국운동의 전면에 진출하는 것을 크게 고취하고 커다란 영향을 끼쳤다. 또한 홍범도의병부대는 ③ 전국에서 국민들의 애국주의 정신을 크게 고취하였다. 이때 전국의 국민들이 머슴·포수 출신의 '날으는 홍범도 의병대장'을 민족적 영웅으로 알고 그들의 애국주의에 많은 격려와 고취를 받았다. 또한 홍범도 의병부대는 ④ 일본 제국주의 침략자들에게 한국 민족은 나라가 위기에 처하면 산간 벽촌의 평민까지도 조국과 민족에 목숨을 바쳐 싸우는 애국주의적 민족임을 잘 보여주었다.

홍범도 의병부대는 탄약이 고갈되고, 무기의 보급을 받을 수가 없어서 1910년 3월 만주의 간도로 망명하였다. 그들은 망명 후에도 의병을 모집하고 훈련하여 의병활동을 전개했으며, 1913년에 노령 연해주에 망명하자 노동회를 조직하여 노동임금을 저축해서 의병 재봉기의 준비를 진행하였다.

홍범도 의병부대는 1919년 3·1운동이 일어나자 다시 대한독립군을 조직하여 독립군으로 발전하게 되었다.

(『한국민족운동사연구』 제1집, 1986)

제4장

신민회의 독립군기지 창건운동

1. 머리말

한국근대사에서 1905년 이후의 시기는 그 이전의 시기와 근본적으로 성격을 달리하고 있다.

일본 제국주의는 러·일전쟁에서 승리하자 1905년 11월 '을사 5조약'을 강제하여 한국의 외교권을 비롯한 국권을 박탈하고 한국을 소위 '보호국'으로 종속시켰다. 일본은 1906년 2월에는 통감부(統監府)를 설치하고 약 2개 사단 규모의 일본군을 주둔시켜 한국을 반식민지로 통치하기 시작하였다.

한국민족은 이에 즉각 저항하여 국권회복운동을 전개하였다. 당시 한국민족의 국권회복운동은 의병운동과 애국계몽운동의 양면에서 전개되었다.

의병운동은 일제에게 국권을 빼앗긴 이상 패하여 죽더라도 총을 들고 싸우지 않을 수 없다고 결의한 한국인들의 무장항쟁이었다. 이 운동은 승패를 초월하여 일제에게 즉각의 결전을 요구한 것이며, 패전까지도 각오한 것이었다.

한편 애국계몽운동은 당시 자기민족의 힘이 일본 제국주의의 힘보다 훨씬 열세라는 사실을 객관적으로 인식한 한국인들이 국권회복이라는 장기전에서 '최후의 승리'를 거두기 위하여 전개한 민족실력양성운동이었다. 1905년 이전에 개화운동을 하던 민족주의자들이 주로 애국계몽운동을 전개하였다.

애국계몽운동의 국권회복을 위한 기본전략은 ① 국내에서는 국민을 애국주의와 신지식으로 교육 계몽하고 청소년을 국권회복을 위한 민족간부로 양성하여 민족내부의 실력을 준비하고 양성하는 한편 ② 국외에는 국경부근에 독립군 기지를 설치하고 독립군을 양성해 두었다가, ③ 일본제국주의가 더욱 팽창하는 중에 반드시 미·일전쟁, 중·일전쟁 또는 일본과 다른 나라의 전쟁이 일어나는 때가 되면 이 전쟁은 막강한 일본 제국주의에게도 힘겨운 것이 될 것이므로 이때를 '절호의 기회'로 포착해서, ④ 독립군이 국내로 진입하여 '독립전쟁'을 일으키고 국내에서도 그동안 양성한 실력으로 민족이 총단결하여 봉기해서 내외호응하여 한국민족의 힘으로 일거에 일본 제국주의를 몰아내고 국권을 회복한다는 것이었다.

이러한 전략에 따라 전개된 애국계몽운동의 주요부문을 들어보면, ① 교육구국운동, ② 언론계몽운동, ③ 민족산업진흥운동(실업구국운동), ④ 국채보상운동, ⑤ 신문화운동, ⑥ 국학운동, ⑦ 민족종교운동, ⑧ 국외 독립군기지 창설운동 등과 같은 것이 있었다.

이 애국계몽운동에는 국민들이 광범위하게 호응하고 참가하였기 때문에 1906년~1910년의 짧은 기간에 실로 크고 많은 성과를 내었다. 이 애국계몽운동의 영향으로 한국민족은 국권을 잃고 나라가 완전식민지로 떨어져 가는 4년간의 '절망적 시기'를 '대각성의 시대', '민족독립역량 증강의 시대'로 역전시킬 수 있었다.

이 애국계몽운동을 지하에서 비밀리에 지도한 전국규모의 단체가 여기서 고찰하려고 하는 신민회이다.

애국계몽운동을 전개한 지방별 소규모단체들은 다수였으나, 전국 규모의 단체는 대한자강회(大韓自强會)와 신민회가 대표적인 것이었다. 대한자강회는 합법단체로 1906년 3월 31일 창립되어 활동하다가 일제의 탄압을 받고 1년 반만인 1907년 8월 19일 강제 해산당하고 말았다. 신민회는 비밀결사였기 때문에 일제에게 발각당하지 않아서 1911년 초까지 활동하였다.

그러므로 한말 애국계몽운동을 지도한 단체로서는 신민회가 가장 중요하고 결정적 영향력을 행사한 단체였다.

신민회의 연구는 그것이 비밀결사였기 때문에 자료가 많이 남아 있지 않아서 어려운 점이 있다. 여기서는 자료가 남아 있는 범위 내에서 신민회의 활동을 독립군기지 창건운동을 중심으로 하여 밝혀보기로 한다.

2. 신민회의 창립

신민회는 양기탁과 안창호 등을 중심으로 하여 1907년 4월에 창립되었다.

신민회를 창립한 세력은 다음과 같은 5개의 국권회복운동 세력집단이 연합한 것이었다.

첫째는 『대한매일신보』를 중심으로 하여 애국계몽운동을 전개하던 집단이다. 이 집단은 양기탁이 중심이 되어 1904년 7월에 『대한매일신보』를 창간하고 강력한 구국언론활동을 전개하고 있었다. 여기에는 박은식이 논설기자를 역임했고, 신채호가 논설기자로, 임치정(林蚩正)이 사무원으로 활동하였다. 양기탁을 중심으로 한 이 집단은 1906년부터 본격적으로 전개되기 시작한 의병운동과 신교육구국운동을 전국적으로 지원하면서 국권회복을 위한 열렬한 애국논설을 펴고 있었다. 그들은 신민회 창립 직전인 1907년 1월 29일부터는 국채보상운동을 집중적으로 지원하기 시작하였다.

둘째는 상동교회(尙洞教會)와 그 부설기관인 청년학원(青年學院)을 중심으로 하여 애국계몽운동을 전개하고 있던 집단이다. 이 집단은 전덕기(全德基)·이동녕(李東寧)·이회영(李會榮)·이준(李儁)·김병헌(金炳憲), 김구 등과 그밖에 다수의 인사들을 중심으로 하여 교회활동을 하면서 국권회복운동을 전개하고 있었다. 그들은 1905년까지는 '을사 5조약'에 대한 반대투쟁을 전개하다가 실패하자 1906년부터는 학교를 세워 청소년을 교육함으로써 실력을 양성하여 국권을 회복할 기초를 세우려는 교육구국운동에 전념하고 있었다.[1]

셋째는 무관 출신으로서 애국계몽운동을 전개하고 있던 집단이다. 이동휘(李東輝)·이갑(李甲)·유동열(柳東說)·노백린(盧伯麟)·조성환(曺成煥)·김희선(金羲善) 등이 여기에 속하였다. 그들은 '을사 5조약' 이후에 의병운동이 일어나자 이를 지원하면서도 빈약한 무기와 군사훈련이 없이 싸우는 의병전에 참가하지 않고 있었다. 그들은 후일의 결전을 기약하면서 실력양성을 위한 교육구국운동에 종사하고 있었다.

넷째는 평안도 일대를 중심으로 하여 활발하게 성장하고 있던 상인과 실업가들의 집단이다. 이승훈(李昇薰)·안태국(安泰國) 등이 그 중심인물이었다. 신민회가 창립되기 직전인 1907년 3월에 그들은 협동사(協同社)라고 하는 상회의 사장 안태국을 경무관이 구속한 사건을 둘러싸고 관헌에 대항하여 상민공동회를 조직해서 안태국의 석방을 요구하면서 평양시내의 철시운동을 전개하고 있었다.[2]

다섯째는 미주에 있던 공립협회(共立協會)의 집단이다. 안창호는 1902년 미국으로 건너가서 유학을 하려다가 캘리포니아주 샌프란시스코와 로스앤젤레스 일대의 한국인 교포노동자들의 비참한 생활상태를 목격하고 유학을 단념한 채 교포 노동자들의 생활개선과 권익보호를 위해 활동하게 되었다. 그는 1903년 '한인친목회(韓人親睦會)'를 조직했다가, 1904년에 이를 확대 개편하고 '공립협회'를 창립하고 그 기관지로 『공립신문』을 창간하였다. 안창호·이강(李

1 『白凡逸志』(백범김구선생기념사업회, 서울, 1968), pp. 179~192 참조.

2 『대한매일신보』 제471호, 1907년 3월 26일자 잡보 '會長電部' 및 상게지 제472호, 1907년 3월 27일자 잡보 '平壤撤廛' 참조.

剛)·정재관(鄭在寬)·임준기(林俊基)·김성무(金成武)·송석준(宋錫俊)·신달원(申達元)·박영순(朴永順)·이재수(李在洙) 등이 그 중심인물이었다.[3] 그들은 외국에서 '을사 5조약'에 의하여 국권을 박탈당했음을 듣고 통분하여 국권회복을 위한 운동의 기회를 기다리고 있었다.

이 다섯 개의 집단의 인사들은 소수를 제외하고는 거의 모두가 서로 잘 알고 있었다. 그것은 그들의 세력의 역사적 배경이 동일하였기 때문이었다. 즉 그들은 1896~1898년의 독립협회 시대에 대부분이 독립협회의 청년회원들이었기 때문이었다. 독립협회가 자주민권자강운동을 전개하던 시대에는 그들은 아직 간부로 진출하지 못하고 주로 만민공동회의 운동에 앞장섰던 청년들이었다. 그들이 자라서 1905년 이후에 각기 자기의 관련 분야에서 국권회복 운동을 전개하고 있었던 것이다.

신민회는 위의 다섯 개의 집단이 모여서 중핵이 되어 창립한 국권회복운동 단체였다.

신민회의 창립을 발기한 것은 안창호와 위의 다섯째 집단인 공립협회 회원들이었으며, 그 시기는 1907년 초였고, 그 장소는 미국 캘리포니아주 로스앤젤레스시 남쪽에 있는 리버사이드(Riverside)였다.[4]

안창호와 공립협회 회원들은 1906년 말~1907년 초의 연휴기간에 리버사이드에 모여 의논한 결과 안창호의 발의에 의하여 국권회복 운동단체로서 '대한신민회'를 조직하기로 합의하고, 「대한신민회취지서(大韓新民會趣旨書)」와 「대한신민회통용장정(大韓新民會通用章程)」의 초안을 작성하였다.

그들은 이 결사의 목적에 비추어 미국에서만 이 단체를 발기함은 무의미하고 반드시 본국에서 이 단체를 조직해야 한다는데 합의하고, 본국에 파견할 대표로 안창호를 선정하였다. 공립협회 회원들은 여비를 마련하여 안창호를

3 『속편 도산 안창호』(도산기념사업회, 서울, 1954), pp. 117~133; 이광수, 『도산 안창호』(서울, 1948), pp. 8~13 및 주요한 편, 『안도산 전서』(서울, 1971), pp. 40~54 참조.
4 「大韓新民會通用章程」, 『한국독립운동사』(국사편찬위원회) 제1권, 자료편, p. 1028 참조.

도산 안창호

본국으로 출발시켰다.[5]

안창호는 1907년 1월 20일경에 미국 샌프란시스코를 출발하여 1907년 2월 중순에 일본의 동경에 도착해서 유학생들을 만나 본 다음 1907년 2월 20일 서울에 도착하였다.[6]

안창호는 귀국한 즉시 2월 22일경 대한매일신보사 주필 양기탁을 방문하여 미주 공립협회가 보내는 국채보상금 35원을 희사하였다.[7] 그 후 안창호는 양기탁에게 신민회의 창립을 제의하고 그의 협력으로 다수의 국권회복운동 지도자들과 접촉하였다.

당시 양기탁은 『대한매일신보』의 주필로서 국권회복을 위한 애국계몽운동의 유력한 지도자였으며, 국내의 애국인사들과 긴밀한 유대를 갖고 있었을 뿐 아니라, 민중들로부터도 큰 존경을 받고 있었다. 반면에 안창호는 탁월한 개인적 역량을 갖고 있었으나 해외에 있었던 관계로 그동안 성장한 국내의 애국계몽운동 세력 안에 자기의 기반을 갖고 있지 못하였다. 이에 안창호는 과거의 만민공동회의 동지인 양기탁을 추대하여 그를 중심으로 신민회의 창립을 준비하였다.

뿐만 아니라 국내에서는 이미 1902년에 민영환(閔泳渙)이 중심이 되어 이준·이상설(李相卨)·박은식·이갑·노백린·남궁억(南宮檍)·양기탁·장지연(張志淵) 등이 '개혁당(改革黨)'이라는 비밀결사를 조직한 적이 있었다. 이 개혁당은 친러수구파의 탄압정치 아래서 개혁정치를 도모하기 위하여 독립협회의 잔여 개혁파들이 조직하였다가 이상재(李商在)가 구속되어 옥고를 치르고 중단했었다. 양기탁은 이때 개혁당이라는 비밀결사에 중심인물의 하나로 가입한 경험

---

5 『속편 도산 안창호』, p. 134 참조.

6 「朝鮮の保護及併合」, 『朝鮮統治史料』(韓國史料硏究所) 제3권, p. 73 참조.

7 『대한매일신보』 제447호, 1907년 2월 24일자 잡보 '海外義捐' 참조.

이 있었고, 또 '을사 5조약' 이후에는 비밀결사의 객관적 필요성을 느끼고 있었다고 볼 수 있다.[8]

그리하여 양기탁의 주재 아래 1907년 4월초 서울에서 위의 다섯 개 집단의 대표적인 양기탁·이동휘·전덕기·이동녕·이갑·유동열·안창호 등 7인이 극비리에 회합하여 비밀결사로서 신민회를 창립하였다.[9] 이 일곱 사람이 신민회의 창립위원이라고 볼 수 있다.

신민회 총감독 양기탁

신민회의 창립회의에서는 안창호 등이 미주에서 초안한 「신민회취지서(新民會趣旨書)」와 「신민회통용장정(新民會通用章程)」은 대체로 초안대로 통과되고, 본부의 설치 조항만이 전면 수정되었다. 원래의 초안에는 신민회의 본부를 안전한 지역인 미국 캘리포니아주 리버사이드에 두기로 했었으나 이것이 수정되어 본부는 '서울'에 두고 미주에는 다른 도(道)와 같이 감독을 두기로 하여 안창호가 미주감독으로 임명되었다.[10] 신민회는 영문으로는 'New People's Society'라고 하였다.[11]

최초의 부서는 당수에 해당하는 총감독을 양기탁이 맡고, 총서기에 이동녕, 재무에 전덕기, 집행원을 안창호가 담당했으며, 다른 창립위원들은 각도별 총감을 맡았다. 안창호의 집행원의 직책은 국내동지들이 추천한 신입회원의 자격심사를 담당하는 것으로서 최근의 용어로 표현하면 조직부장과 같은 것이었다고 볼 수 있다.[12]

신민회의 회원은 창립과 더불어 급속히 증가하여 약 400명이 되었으며

---

8 柳子厚, 『李儁先生傳 』(서울, 1947), pp. 59~68 참조.
9 「안창호예심신문조서」, 『속편 도산 안창호』, pp. 86~87 참조.
10 「대한신민회의 구성」, 『한국독립운동사』 제1권, 자료편, p. 1023 참조.
11 『*The Japan Chronicle*』 1912년 7월 12일자, 「The Alleged Korean Conspiracy」 참조.
12 「안창호예심신문조서」, 『속편 도산 안창호』, pp. 86~87 참조.

1910년경에는 800명에 달하였다.[13] 당시 애국계몽운동의 지도자들은 거의 모두가 신민회의 비밀회원으로 가입했기 때문에 신민회는 창립되자마자 한말 애국계몽운동을 배후에서 지도하는 가장 강력한 비밀결사가 되었다.

신민회는 그 세력의 계보를 볼 때는 독립협회와 만민공동회, 특히 '만민공동회'의 계통을 계승하고 있으며, 그 비밀결사로서의 조직은 '개혁당'의 계통을 잇고 있다고 말할 수 있다.

3. 신민회의 목적과 이념

신민회의 궁극적 목적은 ① 국권을 회복하여 자유독립국을 세우고, ② 그 정치체제는 공화정체로 하는 것이었다.[14]

신민회가 국권회복 후의 정체를 전제군주제(專制君主制)의 입헌군주제(立憲君主制)로의 개혁으로 하지 않고 아예 군주제를 폐지하여 '민주공화국(民主共和國)'을 세울 것을 공식적 목표로 정한 것은 한국 역사상 최초의 획기적인 것이었다.

신민회에 앞서 독립협회 때에는 전제군주국의 입헌군주국으로의 개혁을 공식목표로 삼았으며, 민주공화국으로의 개혁은 만민공동회의 소수의 청년들 사이의 이상에 불과하였다. 그러나 10년 후의 신민회에 이르면 입헌군주국도 낡은 것으로 인식되고 처음부터 국권회복 후에는 민주공화국의 수립이 목표로 되기에 이르렀다.

신민회는 이 목적을 달성하기 위하여 한국민족은 당장 '힘'이 없어 일제에게 국권을 박탈당했으므로 무엇보다도 '실력'을 양성해야 한다고 하였다.

이에 신민회는 '실력'을 양성하기 위해서는 '백성을 새롭게 만들어야' 한다

13 『白凡逸志』, p. 165 및 박은식, 『한국독립운동지혈사』, 『박은식전서』 상권, p. 479 참조.
14 「대한신민회의 구성」, 『한국독립운동사』 제1권, 자료편, p. 1024 참조.

고 주장하고 '신국민(新國民)'을 주장하였다. 이것은 신민회가 민주주의(民主主義) 사상에 기초하여 국가의 주인은 국민이며 국가의 부강은 국가를 이루고 있는 국민의 부강에서 나온다는 사상에 의거하고 있었음을 나타내는 것이라고 볼 수 있다. 도산 안창호가 작명한 신민회의 이름을 나타내는 '신민(新民)'은 바로 이러한 뜻에서 취해진 것이었다.

도산과 신민회는 또한 이러한 '신민'은 타국의 도움에 의한 것이 아니라 반드시 자기 스스로의 힘으로 하는 '자신(自新)'이어야 한다고 주장하였다.[15]

도산과 신민회는 이러한 '자신'의 내용으로 ① 신사상(新思想), ② 신교육(新教育), ③ 신도덕(新道德), ④ 신문화(新文化), ⑤ 신실업(新實業), ⑥ 신정치(新政治), ⑦ 신열심(新熱心)을 제창하고 이를 수행하여 신국가와 신사회를 수립할 것을 주창하였다.

신민회는 이러한 목적과 이념을 달성하기 위한 사업으로서 다음과 같은 일을 할 것을 결정하였다.[16]

① 신문·잡지 및 서적을 간행하여 백성의 새 지식을 계발케 할 것.
② 각 곳에 권유원(勸諭員)을 파견하여 백성의 정신을 각성하도록 계몽할 것.
③ 정미(精美)한 학교를 세워서 인재를 양성할 것.
④ 각 곳의 학교의 교육방침을 지도할 것.
⑤ 실업가의 영업방침을 지도할 것.
⑥ 신민회 회원의 합자(合資)로 실업장(實業場)을 건설하여 실업계의 모범을 만들 것.
⑦ 국외에 무관학교(武官學校)를 설립하여 기회가 올 때의 독립전쟁(獨立戰爭)에 대비할 것.
⑧ 국외에 독립군기지를 건설하고 독립군(獨立軍)을 창건할 것.

신민회는 국민의 실력이 일정한 수준으로 양성되면 신민회 회원이 앞장서고

15 「大韓新民會趣旨書」, 전게자료, p. 1026 참조.

16 「大韓新民會通用章程」, 전게자료, pp. 1028~1029 및 山縣五十雄편, 『朝鮮陰謀事件』(서울, 1912), pp. 26~154 참조.

새롭게 된 국민이 '통일연합(統一聯合)'하여 비폭력 또는 무력의 방법으로 총궐기해서 일본제국주의를 몰아내고 국권을 회복하여 자유문명한 '입헌공화국(立憲共和國)'을 수립하기로 하였다.[17]

4. 신민회의 조직

신민회는 이미 지적한 바와 같이 비밀결사로 창립되고 조직되었다. 신민회를 합법공개단체로 조직하지 않고 비밀결사로 조직한 이유로서는 다음과 같은 점을 들 수 있다.

① 일제의 방해와 탄압을 최소한으로 받으면서 국권회복운동을 효과적으로 수행하기 위한 것
② 일제의 법령이나 탄압조치에 의하여 해산당하지 않기 위한 것
③ 일제가 한국을 완전 식민지로 강점하는 경우에도 독립운동 추진의 핵심단체를 조직해 두려는 것
④ 회원의 입회를 제한하고 엄선하여 일제 밀정의 침투를 방지하기 위한 것

신민회는 중앙에 회장, 부회장, 총감독(總監督), 의사원(議事員), 재무원(財務員), 집행원(執行員), 감찰원(監察員)을 두었다. 이것이 최고지도부였다. 회장과 부회장은 신민회 말기에 만든 직책으로서 명예직이었고, 처음부터 총감독이 전신민회를 총괄하였다. 의사원은 의결기관으로서 각 도별로 그 임원을 선정하였다. 재무원은 재정담당 책임자였다. 집행원은 신입회원의 자격심사와 조직을 담당하는 책임자였다. 감찰원은 회원의 기강을 감찰하는 책임자였다.

도(道)에는 도총감(道總監)을 두고 각 도별로 회원을 지휘하도록 했으며, 의결기관으로 평의원(評議員)을 두었다.

---

17 「大韓新民會의 構成」, 전게자료, p. 1024 및 「大韓新民會趣旨書」, 전게자료, p. 1027 참조.

군(郡)에는 군감(郡監)을 두고, 의결기관으로 평의원을 두었다.

군감 밑에는 '반(班)'을 편성하였는데, 회원 60명마다 도반장(都班長)을 두었고, 회원 20명마다 부도반장(副都班長)을 두었으며, 회원 5명마다 반장(班長)을 두었다. 회원 5명 단위의 '반'조직이 기본 단위조직이었다.

비밀결사이면서도 중앙으로부터 군에 이르기까지 의결기관을 둔 것이 신민회 조직의 특징이었다.

신민회의 위의 조직체계는 다음의 그림과 같다.

신민회의 마지막 해체기의 직책을 보면, 회장에 윤치호, 부회장에 유동열, 총감독에 양기탁, 함경남북도 총감에 이동휘, 평안북도 총감에 이승훈, 평안남도 총감에 안태국, 황해도 총감에 김구, 경기도 총감에 양기탁(겸), 강원도 총감에 주진수 등이었다.[18] 이 외의 각 도 총감은 체포되지 않아서 밝혀지지 않았다.

신민회의 조직은 종선(縱線)으로만 고리처럼 이어지게 해서 당사자 2인 이상은 서로 알지 못하게 했고, 횡선으로는 전혀 누가 회원인지를 모르게 하였다.

신민회의 회원의 입회는 앞서 지적한 바와 같이 매우 엄격한 심사를 거쳐서 이루어졌다. 회원은 애국사상이 확고하고 국권회복운동에 생명을 바칠 결의를 한 인사에 한하여 심사에 심사를 거듭한 다음에 일정기간의 행동을 관찰한 다음 입회가 허가되었다. 신민회 입회 때에는 생명과 재산을 회의 명령에 따라 바친다고 선서하는 예식이 있었다.[19]

이 과정을 거쳐서 입회한 회원이 1910년까지에 약 800명이었는데, 당시의 영향력 있고 중요한 애국인사들은 거의 모두 이에 포함되었다.

신민회 회원의 직업별 분포를 그 후 '105인 사건' 때 재판을 받은 122명의 직업을 통하여 보면, 상업이 31.97%, 공업이 5.74%로서 시민층이 37.71%를 차지하고 있다. 한편 지식인층은 교사가 22.95%, 학생이 15.57%로서 38.52%를 차지하고 있다. 즉 시민층과 신지식인층만도 전체의 76.23%를 차지하고 있

18 『朝鮮陰謀事件』, pp. 2~177 참조.

19 『한국독립운동사』(애국동지원호회, 서울, 1956), p. 91 참조.

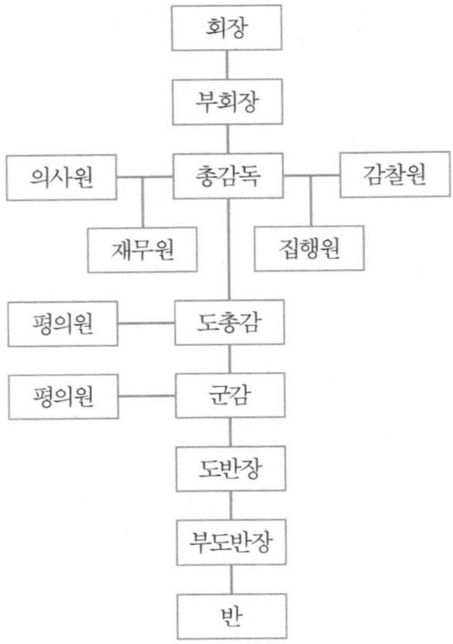

이동녕

이동휘

이회영

이승훈

김구

전덕기

신민회의 초기 간부들

다. 그밖에는 농업이 5.74%, 종교인이 4.92%, 공무자유업이 4.92%, 노동자가 1.64%, 불명이 6.55%이다.[20]

‖표 4-1‖ '105인 사건' 때 판결받은 신민회 인사의 직업별 구성

직업	인원수	백분비	직업	인원수	백분비
농업	7	5.74%	종교인	6	4.92
공(광)업	7	5.74	공무자유업	6	4.92
상업	39	31.97	노동자	2	1.64
교사	28	22.95	불명	8	6.55
학생	19	15.57	계	122	100.00

이것은 주로 시민층과 시민층의 지지를 받은 신지식인층이 중심이 되어 신민회가 조직되고 그 운동이 전개되었음을 나타내는 것이라고 볼 수 있다. 그러므로 신민회의 운동이 국민 전반을 대상으로 한 것이었다 할지라도 그 성격은 시민적 특성을 강하게 가졌던 것이라고 말할 수 있다.

5. 신민회의 교육구국운동

신민회가 국권을 회복하여 신국가를 건설하기 위한 민력양성(民力養成)의 방법으로서 가장 정력을 많이 투입한 운동이 신교육구국(新教育救國)운동이었다.

신민회 창립 당시 이미 교육구국운동은 시작되었으나, 이것이 열정적으로 불붙고 1907년 이후 전국적으로 신구국교육열이 절정을 이루어 민중들이 전답을 팔면서 자발적으로 전국방방곡곡에 매우 많은 신식학교를 설립한 것은 신민회가 이를 지하에서 고취하고 지도한 영향이 가장 컸다.

20 『朝鮮陰謀事件』, pp. 54~84에서 계산하여 작성함.

신민회의 교육구국운동은 세 가지 측면에서 전개되었다.

첫째, 국민들에게 국권회복을 위한 신교육의 절실한 필요를 계몽하여 민중들이 스스로 학교를 설립하고 신교육을 실시하도록 고취하는 것.

둘째, 민중들이 각 곳에 설립한 학교의 교육방침을 국권회복에 적합하도록 지도하는 것.

셋째, 신민회 자체가 정미한 학교를 설립하여 국권회복을 위한 인재를 양성하는 것.

신민회가 민중이 설립한 학교의 교육방침을 지도만 하지 않고 그 스스로 학교를 설립하는 사업을 한 것은 다음과 같은 세 가지 일을 중점적으로 수행하기 위한 것이었다.

박은식 신채호 주시경

신민회 애국계몽운동의 3대 이론적 지도자

첫째, 중학교(中學校)를 설립하기 위한 것이었다. 당시 민중들이 자발적으로 설립하는 학교는 대부분이 소규모의 소학교였다. 신민회는 중학교를 설립하여 이러한 소학교 출신 청소년들에게 고등교육을 시킴으로써 국권회복을 위하여 고급의 신지식을 습득한 민족간부들을 양성하려고 하였다.

둘째는 학교의 '모범'을 만들기 위한 것이었다. 신민회가 전국 각 곳에 중학교를 모두 세울 수는 없으므로 중요지역에 '모범'이 될 만한 정미한 중학교를 다수 설립하여 민중에게 '본보기'를 제시해 줌으로써 민중이 이 본보기를 보고 동일한 종류의 중학교를 자발적으로 설립하도록 유도하려고 하였다.

셋째는 이 중학교에서 동시에 사범교육(師範教育)을 시키서 젊은 교사를 양성하기 위한 것이었다. 신민회는 그들이 설립한 중학교에서 사범교육을 받은 청년들이 교사가 되어 전국 각 곳에 흩어져서 학교를 설립하고 신민회의 목적과 이념대로 청소년들에게 국권회복에 적합한 신교육을 시키도록 하여 신교육구국운동을 전국적으로 파급시키려고 하였다.

신민회가 이러한 목적으로 스스로 설립한 주요 학교들을 들면 다음과 같다.

① 오산학교(五山學校, 평안북도 정주), ② 대성학교(大成學校, 평안남도 평양), ③ 보창학교(普昌學校, 경기도 강화와 기타 전국), ④ 양실학교(養實學校, 평안북도 의주), ⑤ 신안학교(新安學校, 평안북도 정주), ⑥ 가명학교(嘉明學校, 평안북도 납청정), ⑦ 협성안흥학교(協成安興學校, 평안북도 안주), ⑧ 신흥학교(新興學校, 평안북도 선천), ⑨ 흥양학교(興襄學校, 평안북도 곽산), ⑩ 명륜학교(明倫學校, 함경남도 영흥), ⑪ 경성학교(鏡城學校, 함경북도 경성), ⑫ 양산학교(楊山學校, 황해도 안악), ⑬ 안악군면학회사범강습소(安岳郡勉學會師範講習所, 황해도 안악), ⑭ 서북협성학교(西北協成學校, 서울)

신민회가 비밀결사였고 그 조직활동이 비교적 자세히 밝혀진 곳은 '105인 사건' 때의 평안남북도뿐이며, 그밖의 다른 지역의 활동은 자료가 없어 더 이상 밝힐 수 없다.

신민회가 세운 학교의 특징을 좀더 자세히 알기 위하여 두 개의 사례로서, 안창호가 설립한 대성학교(大成學校)와 이동휘가 설립한 보창학교(普昌學校)의 경우를 보기로 한다.

1) 대성학교(大成學校)의 사례

대성학교는 신민회가 세운 다른 학교와 마찬가지로 신민회의 목적과 이념에 따라 세운 학교였으므로 오늘날의 중학교와는 다른 특수한 성격을 갖고

있었다. 대성학교는 ① 국권회복의 간부, ② 국민교육의 사부(師傅)를 양성할 것을 목표로 하였다.[21]

이를 위해서 대성학교가 가장 강조한 것이 지식계발뿐만 아니라 ① 애국주의, ② 건전한 인격의 양성이었다.

우선 대성학교는 애국주의를 고취하기 위하여 모든 교과목과 강의안에 '애국(愛國)'을 집어 넣었다. 또한 매일 아침 조회에서도 '애국가'를 고창할 뿐 아니라 반드시 애국에 관한 훈화를 새겨 듣고 익히도록 하였다.[22]

대성학교가 가르친 교과목을 표로 만들면 〈표 4-2〉와 같다.[23]

〈표 4-2〉에서도 알 수 있는 바와 같이, 대성학교의 교과내용은 수준이 상당히 높은 것이어서 오늘날의 고등학교는 물론 초급대학의 교과과정까지도 포괄하고 있음을 알 수 있다. 이 학교에서는 국권회복의 이념을 가르치기 위하여 예컨대 한문 시간에도 중국의 오경(五經)을 가르치지 않고 양계초(梁啓超)의 『음빙실문집(飮氷室文集)』을 교재로 사용하였다. 주지하는 바와 같이 『음빙실문집』은 열강의 침략으로부터 중국을 구제하기 위한 논설을 모은 책이었다.

대성학교의 교육에서 큰 비중을 차지한 것이 체육이었다. 대성학교는 원래 구한국군 사관을 체육교사로 초빙하여 군대와 같이 강력한 체육과 군사훈련을 실시하고 전술 강의까지 하였다. 야간에 비상소집 훈련까지 실시하였다.[24]

대성학교가 이와 같이 체육시간에 군사훈련을 시킨 것은 전통적으로 누적된 문약의 폐를 극복하여 청산함과 동시에, 교육구국운동을 당시 신민회가 구상하는 국외의 독립군(獨立軍) 창설과 보조를 같이 하기 위한 것이었다. 신민회는 새로운 세대를 현대지식의 습득과 함께 철저한 군사훈련을 시켜 후에 무장국권회복운동(武裝國權回復運動)이나 독립군이 국내에 진입하여 독립전쟁(獨立戰爭)을 일으켰을 때에 내외 호응해서 신교육을 받은 새로운 세대의 힘으로

---

21 『도산 안창호』, p. 25 참조.

22 「평양대성학교와 안창호」, 『안도산 전서』, p. 89 참조.

23 『대한매일신보』 제922호, 1908년 10월 6일자, '광고' 참조.

24 「안도산의 교장시대」, 『도산 안창호』, p. 240 참조.

‖표 4-2‖ **대성학교의 학년별 교과목과 교과서**

학년 과목	예비과	1학년	2학년	3학년
수신(修身)	중등수신	윤리학교과서 상	윤리학교과서 하	심리학
국어	대한문전(大韓文典)	대한문전		
한문	한문독본	어정오경백선(御定五經百選)	중학문법	고등문법
작문	논·서함(論書緘)	책·기·서함(策記書緘)	명·성·서·발·서함(銘緘序跋書緘)	의·표·소·전·공문식(疑表疏傳公文式)
역사	동국사략	동서양역사 상	동서양역사 하	
지리 및 천문	대한지리	만국신지지(萬國新地志)	지문학(地文學)	천문학(天文學)
수학	사칙·분수	비례·구적	대수·기하·부기	기하·삼각·측량
박물(博物)	신편박물학(新編博物學)	식물학	동물학	광물학
이화학(理化學)	초등이화학	중등이화학	물리·화학	화학
법제(法制)	경제	국가학(國家學)	법학통론	경제학
농학	농학입문	임업학	수산학(水産學)	농정학(農政學)
상업	상업대요	상업대요		
공업				
외국어	영어·중국어·일본어	영어·중국어·일본어	영어·중국어·일본어	일본어·영어·중국어
도화(圖畫)	자재화(自在畵)	자재화(自在畵)	자재화(自在畵)	용기화(用器畵)
음악	단음창가(單音唱歌)	단음창가·악기용법(樂器用法)	복음창가(複音唱歌)·악기용법	복음창가·악기용법
체조	보통·병식(兵式)	보통·병식	보통·병식	보통·병식

신민회가 설립한 모범학교의 하나인 대성학교

국권을 회복하고 독립을 쟁취하려고 한 것이었다.

대성학교의 건전한 인격의 양성은 '성실(誠實)'을 기본으로 하였다. '성실'은 정도(正道), 시간엄수, 약속이행, 무실역행(務實力行)을 주요내용으로 하여 교육되었다.[25]

대성학교에서는 또한 학생의 자치를 권장하고 자치훈련(自治訓練)을 시켰다. 학생 자치회로서는 교내에 동문회(同門會)를 조직하여 그 안에 강론부(講論部), 음악부(音樂部), 운동부(運動部), 검찰부(檢察部), 사교부(社交部) 등을 두었다. 예컨대 운동부에서는 서울·평양의 축구대회를 처음 열기도 하고, 야구경기를 처음 열기도 하였다. 강론부가 모이는 날에는 애국연설을 하여 애국심을 고취하였다. 학교 안에 군악대(軍樂隊)도 처음 설치되었다.[26]

대성학교가 이러한 성격을 갖고 있었기 때문에 후에 그 졸업생들은 대성학교가 중학교·정치학교·사관학교를 겸한 종합학교였다고 회상하였다.[27]

---

25 『안도산 전서』, pp. 80~82 참조.

26 「평양대성학교와 안창호」, 전게서, p. 89 참조.

27 전영택, 「내가 본 안도산」, 『안도산 전서』, p. 82 참조.

안창호는 대성학교의 교장에 윤치호를 추대하고 안창호 자신은 대리교장을 맡았다. 그러나 대성학교의 설립자·실제 감독자는 늘 안창호였다.

대성학교는 신민회가 세운 '모범'학교로서 발전하다가 1911년 이른바 '105인 사건' 때 일제에 의하여 신민회의 조직이 발각되어 폐교당하였다.

대성학교는 신민회의 모범학교로서 민중들이 이 학교를 표본으로 하여 다수의 학교를 세웠으며, 이 학교 졸업생들은 다수가 그 후 독립운동가들이 되었다.

2) 보창학교(普昌學校)의 사례

보창학교는 이동휘가 안창호의 자문을 받으면서 경기도 강화에 중학교의 본교를 세우고 전국 각지에 중학교급 또는 소학교급 지교들을 세워 보창학교의 체계를 만들었다. 학제는 중학교를 3년제로 하고 1년제 예비과를 두었다.[28] 교과내용은 대성학교의 경우와 거의 비슷하였다.

보창학교는 중학교 과정 이외에 1년의 '사범속성과'와 '야학과'를 두었다. 15세 이상 20세 이하로 한문까지를 능히 해독하는 자는 중학교 과정에 입학시키고, 20세 이상 40세 이하로 이미 지식이 풍부한 자는 '사범속성과'에 입학케 하였다. '사범속성과'는 교육구국운동이 전개됨에 따라 부족되는 교사를 긴급히 양성하여 공급함과 동시에 그들로 하여금 나아가 학교설립을 추진케 하여 교육구국운동에 박차를 가하려 한 것이었다.

'야학과'는 성년과 노동자들에게도 신교육을 보급하기 위한 것으로서, 이것은 매우 번창하여 그 학생수가 410명이나 되었다.[29]

보창학교(중학교)는 강화군내에 221개의 소학교급 지교를 설립하여 관할하였다. 보창학교가 번창하자 그들은 이에 기초하여 강화군 일대에 자발적으로 의무교육을 실시하였다. 이동휘 등은 군내의 유지들과 함께 의무교육 실시를

---

28 『대한매일신보』 제1090호, 1909년 4월 25일자 學界 '普昌卒業' 참조.

29 『대한매일신보』 제747호, 1908년 3월 5일자, '夜校復興' 참조.

위한 학무회(學務會)를 조직하였다. 그들은 강화군의 16면 114동을 56개 구역으로 나누어 이미 설립한 보창학교 지교 21개 학교와 진명학교(進明學校), 창화학교(昌華學校), 공화학교(共化學校) 등의 4개 학교 외에 다시 31개 학교를 증설하고 학령에 달한 아동은 각 구역의 각 학교에 의무적으로 입학케 하여 의무교육을 실시하였다.[30] 신민회의 이러한 운동으로 강화군은 민간의 자발적인 의무교육 실시 지역이 되었다.

보창학교는 강화군뿐만 아니라 다른 지역에도 연쇄 학교들을 세웠다. 그 중요한 학교들을 들면 다음과 같다.

① 개성보창(開城普昌)학교(경기도 개성에 설립)
② 금천보창(金川普昌)학교(황해도 금천군 강북면에 설립)
③ 장단보창(長湍普昌)학교(황해도 장단군 고랑포에 설립)
④ 풍덕보창(豐德普昌)학교(황해도 풍덕군 영정포에 설립)
⑤ 안악보창(安岳普昌)학교(황해도 안악군 문천면에 설립)
⑥ 호흥보창(湖興普昌)학교(충청북도 충주군 가흥면에 설립)
⑦ 함흥보창(咸興普昌)학교(함경남도 함흥군 주남면에 설립)

이밖에도 전국에 보창학교 지교는 다수 설립되어서, 이광수(李光洙)의 회고에 의하면 신민회 시절에 이동휘가 세운 학교만도 전국에 100여개교가 되었다고 하였다.[31]

보창학교의 교육은 전투적 독립사상에 충만되었던 것으로 보인다. 하나의 예를 들면 1908년 5월에 학생들 중에서 50명이 모여 국권회복에 대한 토론회를 연 다음 그 중 17명은 단지(斷指)를 하여 ① 내가 아한(我韓)의 국권을 반드시 회복하리라, ② 내가 삼천리 강산을 반드시 탈환하리라, ③ 내가 아동포(我同胞)를 반드시 구원하리라, ④ 내가 4천년 역사를 반드시 영광되게 하리라 등

30 『대한매일신보』 제757호, 1908년 3월 18일자, 잡보 '江郡學風' 참조.
31 『도산 안창호』, pp. 45~46 참조.

의 4개항의 선서를 하는 단지동맹(斷指同盟)을 맺고 국권회복운동에 종신할 것을 결의하였다.[32]

비단 대성학교와 보창학교 뿐만 아니라 신민회 계열에서 세운 모든 학교들이 이러한 전투적 민족주의 사상에 충만하였다.

신민회의 학교설립과 교육구국운동은 그 자체가 큰 성과를 내었을 뿐만 아니라, 이 시기의 애국계몽운동 중의 교육구국운동에 가장 큰 지주가 되고 가장 큰 영향력을 행사하였다. 신민회가 창립된 이후 민간인들이 세운 학교가 3,000여 개교나 되었으며,[33] 일제의 사립학교령(私立學校令)의 탄압을 받고서도 1910년 7월 1일 현재 인가를 받아낸 민간 사립학교가 2,082개 학교였는데,[34] 이 학교들의 배후에는 바로 직접적으로 신민회의 고취와 지도가 있었다.

신민회의 교육구국운동은 그들의 목적대로 독립운동에 종사한 수많은 민족간부들을 양성해 내었다.

6. 신민회의 학회활동과 계몽강연운동

신민회의 활동 중에서 성공을 거두고 활발하게 전개된 운동 중의 하나가 학회활동(學會活動)과 계몽강연(啓蒙講演)이었다. 이 부문의 운동은 신민회의 취약점의 하나인 재정 부족의 제약을 비교적 적게 받고 진전될 수 있는 것이었기 때문에 큰 성과를 낼 수 있었던 것으로 생각된다.

신민회의 학회활동은 두 가지 차원에서 전개되었다.

첫째는, 신민회가 스스로 직접 전국 각지에 학회를 조직하는 것이었다. 예컨대 ① 안악군면학회(安岳郡勉學會, 황해도), ② 해서교육총회(海西教育總會, 황해도),

32 『대한매일신보』 제806호, 1908년 5월 16일자, 논설 '學界의 花' 참조.
33 『황성신문』 제3067호, 1909년 5월 8일자, 잡보 '私立學校認許數' 참조.
34 『관보』 제4756호, 1910년 8월 13일자, p. 64 참조.

③ 평양청년권장회(平壤青年勸奬會, 평안남도), ④ 연학회(練學會, 평안남북도), ⑤ 동제회(同濟會, 평안남도) 등은 그 대표적인 것들이었다.

둘째는, 각 도별로 이미 조직된 기존 학회들을 통합하는 일이었다. 그 대표적인 것이 1908년 1월에 서우학회(西友學會)와 한북흥학회(漢北興學會)를 통합하여 서북학회(西北學會)를 창립한 일이었다.[35] 이 작업은 배후에서 안창호와 신민회가 수행한 것이었다.

신민회는 뒤이어 설립되고 있는 기호흥학회(畿湖興學會)와 관동학회(關東學會)도 통합하여 전국적으로 단합된 학회를 만들려고 하였다.[36]

신민회는 전국 각 지방에서 애국계몽운동가들이 '학회'를 조직하여 교육구국운동을 비롯한 각종의 애국계몽운동을 전개하도록 고취하고 지도하였으며, 각 지방에서 각종의 학회들이 조직되면 도산과 신민회의 '자신(自新)한 국민의 통일연합(統一聯合)'[37] 원칙에 따라 이들 학회들을 단계적으로 통합하여 궁극적으로 국민의 단결된 힘을 길러 나가도록 하였다.

신민회 회원들이 큰 성과를 낸 계몽강연은 각종 학회의 통상회(通常會)와 토론회, 강연회, 친목회, 학교, 교회, 그리고 운동회와 각종 집회를 그 장소로 활용하였다. 그들은 사립학교들의 연합운동대회를 개최하여 이것까지 계몽강연의 집회로 활용하였다.

신민회가 계몽강연을 통하여 고취한 것은 ① 애국주의, ② 국권회복 이념, ③ 민권사상, ④ 교육구국과 학교설립의 고취, ⑤ 신지식의 계발, ⑥ 실업구국 계몽, ⑦ 구습개혁, ⑧ 자발적 의무교육 실시, ⑨ 학회활동 고취, ⑩ 실력양성 호소 등과 같은 것이었다.

이러한 계몽강연에는 신민회 간부들이 매우 광범위하게 참가하여 활동했다. 그중에서도 안창호가 민중을 감동시키는 웅변으로는 전국에 명성이 높았

35 『서북학회월보』 제3권 제15호, 1908년 2월호 「西北學會組織會錄」, pp. 44~45 참조.

36 전게서, 「李東輝祝辭」, pp. 8~9 참조.

37 「大韓新民會의 構成」, 전게자료, p. 1024.

으며, 이동휘, 전덕기, 최광옥, 윤치호, 이상재, 최병헌(崔炳憲), 장응진(張膺震), 여준(呂準), 이학필(李學必), 안병찬(安秉瓚), 윤기섭(尹琦燮) 등이 유명하였다. 그들이 이에 얼마나 헌신적이었는가 하는 것은 예컨대 최광옥이 병약한 몸으로 계몽강연에 헌신하다가 강연 도중 과로로 졸도하여 결국 서거했다는 사실에서도 이를 알 수 있다.[38]

그러나 민중에 대한 계몽강연은 탁월한 웅변에만 의존했던 것은 아니었다. 이 외에도 명강연은 아니지만, 양기탁, 노백린, 이회영, 이승훈, 안태국, 유동열, 박은식, 이갑, 이동녕, 신채호, 김구, 장지연, 조성환, 최남선, 남형우, 김도희, 주진수, 임치정, 강윤희(姜玧熙) 등은 모두 민중에 대한 탁월한 설득력을 발휘하였다.

신민회의 계몽강연운동에는 위의 인사들뿐만 아니라 신민회의 모든 회원들이 자기가 속한 지역과 부문에서 적극적으로 이에 참가하여 민중들에게 큰 영향을 끼쳤다.

당시 많은 민중들이 도산과 신민회 회원들의 계몽강연을 듣고 감동하여 국권회복운동에 일어섰으며, 많은 청소년들이 계몽강연의 감화를 받아 독립운동가로 성장하였다.

7. 신민회의 잡지·서적 출판운동

신민회는 신문·잡지·서적을 간행하여 국민을 계몽하는 운동을 매우 중시하였다. 이 부문에 있어서의 신민회의 활동을 들면 다음과 같다.

첫째, 『대한매일신보(大韓每日申報)』를 신민회의 기관지로 활용하였다.[39]

신민회 총감독 양기탁이 『대한매일신보』의 주필이었으며 『대한매일신보』의

38 『백범일지』, p. 187 참조.

39 『한국독립운동사』, p. 91 참조.

논설기자와 사원들이 모두 신민회 회원으로 가입되었으므로 『대한매일신보』는 신민회의 기관지로 전환되었다. 뿐만 아니라 신민회 당수 양기탁이 이곳에서 일했으므로 대한매일신보사는 신민회의 총본부의 기능까지 겸하여 수행하게 되었다.

『대한매일신보(*Korea Daily News*)』는 주지하는 바와 같이 양기탁 등이 영국인 베델(Ernest Thomas Bethell)을 사장으로 추대하고 양기탁이 총무겸 주필이 되어 한영합작으로 설립한 신문으로서, 당시 외국인이 사주였으므로 일제통감부의 「신문지법(新聞紙法)」에 의한 사전 검열을 거치지 않고 신문을 발행할 수 있었다. 이 때문에 『대한매일신보』는 신민회의 대변지가 되어 날카로운 필봉으로 구국 언론활동을 전개할 수 있었다.

『대한매일신보』의 국권회복운동이 신민회의 국권회복운동과 완전히 보조가 일치된 것은 이 신문의 신민회 기관지로의 전환에 의거한 것이었다.

둘째, 신민회는 월간지로서 『소년(少年)』 잡지를 간행하였다.[40]

『소년』지는 안창호의 강연에 감동하여 신민회에 가입한 최남선(崔南善)이 주로 편집을 담당하고, 집필자로서는 최남선, 홍명희(洪命喜), 이광수(李光洙), 신채호(申采浩), 박은식(朴殷植) 등이 기고하였다. 『소년』지는 청소년들의 애국정신을 고취하는데 큰 기여를 했으며, 신문화와 신문학의 발전에도 기여하였다. 『소년』지는 '105인 사건' 때 신민회의 기관지로 일제에게 인지되어 폐간되었다.

셋째, 신민회의 출판사업을 위한 외곽단체로서 조선광문회(朝鮮光文會)를 조직하여 다수의 한국 고전들을 간행하였다.

조선광문회는 박은식·유근(柳瑾) 등이 지도하고 최남선이 실무를 맡아 한국 고전의 방대한 간행계획을 세우고 그 중 일부를 간행하였다.[41] 이러한 고전들의 간행은 한국의 민족문화를 보존 발전시키기 위한 것이었다.

넷째, 안창호와 신민회는 평양 등지에 태극서관(太極書館)을 설립하여 운영하

---

40 『조선음모사건』, p. 27 참조.

41 『少年』 제3권, 제9호, 1910년 12월호, 「朝鮮光文會第一期刊行既定書目錄」, p. 75 참조.

였다.

태극서관은 안창호의 직접 지도를 받으면서 이승훈, 안태국 등이 중심이 되어 서적의 출판과 공급을 목적으로 평양, 서울, 대구 등지에 설치한 서점이었다.[42] 태극서관은 신민회의 연락기관으로도 활용되었다.

다섯째, 신민회는 안악(安岳)에 면학서포(勉學書舖)를 설치하여 운영하였다.

면학서포는 도서의 출판과 공급을 위하여 안악읍에 세운 출판소 겸 서점이었다. 면학서포에서는 최광옥의 『대한문전(大韓文典)』과 『교육학(敎育學)』 등을 출판하고 황해도 일대의 애국계몽운동을 위한 도서 공급을 담당하였다.[43]

8. 신민회의 민족산업운동

신민회의 민족산업운동은 신민회의 목적 중에서 '실업가의 영업방침을 지도할 것'과 신민회가 스스로 '모범 실업장을 건설할 것'에 의거하여 전개된 것이었다. 신민회는 일제의 경제침략을 군사침략과 마찬가지로 극히 위험시했으며, 민족산업의 진흥이 신교육과 마찬가지로 바로 실력양성의 길임을 강조하고 이 부문의 사업을 전개하였다.

신민회는 무엇보다도 먼저 신민회 회원들이 출자해서 '본보기' 공장과 회사를 세워 국민과 실업가들에게 제시하고 그들의 영업방침을 지도함으로써 민족산업자본의 발흥을 촉진하고자 하였다. 신민회가 세운 '본보기' 공장과 회사는 다음과 같다.

첫째, 신민회는 평양의 마산동(馬山洞)에 '평양자기제조주식회사(平壤磁器製造株式會社)'를 설립하였다. 이 회사는 안창호가 특히 설립에 힘쓴 회사였다.

그들은 고려의 '자기'를 민족산업 부흥의 '상징'으로 생각하고 고려자기의

42 『도산 안창호』, p. 33 참조.

43 崔明植, 『安岳事件과 三一運動과 나』(프린트본), pp. 18~19 참조.

영화를 되찾음으로써 국민들에게 민족적 자부심과 실업을 고취하려고 하여 주식회사로서 자기제조공장을 설립하고 도자기를 생산하였다.[44]

둘째, 신민회는 평안북도 납청정(納清亭)에 무역상사 겸 도매상사로서 '협성동사(協成同事)'를 설립하였다.[45]

셋째, 신민회는 평안북도 선천(宣川)과 용천(龍川)에 무역상사 겸 도매상사로서 '상무동사(商務同事)'를 설립하였다.[46]

넷째, 신민회는 평양에서 '조선실업회사(朝鮮實業會社)'를 설립하려고 하여 주식을 모집하였다.[47]

다섯째, 신민회는 황해도 안악(安岳)에다 소규모의 모범 방직공장(紡織工場)과 연초공장(煙草工場)을 설립하였다.[48]

여섯째, 신민회는 황해도 사리원(沙里院)에 '모범농촌(模範農村)' 건설 계획을 수립하고 공사를 하다가 일제의 강점으로 중단되었다.[49]

신민회의 민족산업운동은 교육구국운동처럼 큰 성과는 내지 못하였다. 그 이유는 무엇보다도 민족자본이 취약한 상태에서 일본의 대독점자본의 압력을 받으며 그에 대항 경쟁해야 했으므로 냉엄한 경제법칙이 관철하는 산업 경제 분야에서는 신민회 회원들의 애국적 열의와 소자본만으로는 일본의 대독점자본과의 경쟁에서 이길 수 없었기 때문인 것으로 보인다.

그러나 신민회가 문제를 정확히 포착하고 이 정도라도 민족산업의 진흥을 위하여 구체적 사업들을 실천한 것은 큰 의의를 가진 것이었다고 말할 수 있을 것이다.

---

44 「大韓新民會趣旨書」, 전게자료, p. 1024 및 『대한매일신보』 제1018호, 1909년 2월 9일자 '광고' 참조.

45 『朝鮮陰謀事件』, p. 27 참조.

46 『朝鮮陰謀事件』, p. 46 참조.

47 『朝鮮陰謀事件』, p. 50 및 p. 96 참조.

48 『安岳事件과 三一運動과 나』, p. 23 참조.

49 『安岳郡志』, p. 109 및 『安岳事件과 三一運動과 나』, pp. 25~26 참조.

9. 신민회의 청년운동

신민회는 국권회복운동의 주체를 국민으로 보았지만, 세대별로는 청년층이 그 핵심체가 되어야 하며 청소년들이야말로 장래 민족의 주인이라고 보았기 때문에 청년운동을 독립시켜 전개하게 되었다.

신민회는 1909년 8월에 청년학우회(青年學友會)를 창립하여 청년운동을 전개하려 하였다. 안창호는 청년학우회의 발기인에 윤치호, 장응진, 최남선, 최광옥, 차리석, 안태국, 채필근, 이승훈, 이동녕, 김도희, 박중화, 전덕기 등을 추천하였고, 취지서는 신채호가 작성하였다.[50]

청년학우회는 합법단체로서, 표면으로는 인격수양단체임을 표방하고 실제로는 국권회복운동단체의 내용을 추구하였다. 청년학우회는 처음부터 국권회복을 목적으로 이탈리아 통일에 기여한 '청년이태리'를 비롯한 몇 개의 유럽의 청년정치단체를 참작하여 조직한 것이었다.[51]

청년학우회는 ① 만 17세 이상의 청년으로서, ② 중학교 졸업 정도의 학력을 갖고, ③ 풍행이 단정한 청년들을 엄격하게 심사하여 뽑아서 훈련을 실시하였다. 청년학우회는 훈련의 덕목을 안창호의 사상에 따라 ① 무실(務實), ② 역행(力行), ③ 자강(自强), ④ 충실(忠實), ⑤ 근면(勤勉), ⑥ 정제(整齊), ⑦ 용감(勇敢) 등으로 정하고, 훈련분야를 ① 덕육(德育), ② 체육(體育), ③ 지육(智育)으로 나누어 국권회복을 위한 준비교육을 시켰다.[52]

청년학우회는 서울에 본부를 두는 이외에 각 지방별로 회원 50명 이상이 되면 지방연회를 설립하도록 하였다. 이에 따라 1910년 3월에 한성연회(漢城聯會)가 조직되고, 1910년 6월에는 평양연회(平壤聯會), 의주연회(義州聯會), 안주연회(安州聯會)가 조직을 완료하였다. 이 밖에도 정주(定州), 곽산(郭山), 선천(宣川),

50 『대한매일신보』 제1174호, 1909년 8월 17일자 잡보 '青年界喜信' 참조.

51 「眞實精神」, 『六堂崔南善全集』 제10권, p. 247 참조.

52 『少年』 제2권 제8호, 1909년 9월호 「青年學友會設立委員會議定件」, p. 15 참조.

삼화(三和, 鎭南浦) 등지에서 지방연회의 조직이 진전되었다.[53] 특히 한성연회는 매우 강력하여 이들이 그 후 서간도에 이주하여 신흥무관학교 설립의 주체세력의 하나가 되었다. 이동녕, 이회영, 윤기섭, 김좌진, 이규봉, 장도순, 이경희 등이 그 대표적 인물들이었다.

청년학우회는 매우 급속히 조직을 확대해 나가다가 1910년 8월 일제에 의하여 강제 폐쇄당하였다.

청년학우회에 있어서는 가장 큰 문제점은 그 조직의 시작이 너무 늦은 것에 있었다고 볼 수 있었다. 국권회복을 위한 준비에서 청년운동의 중요성이 매우 큼에도 불구하고 신민회가 청년학우회 본부를 설립한 것은 겨우 일제의 병탄 1년 전인 1909년 8월이었으며, 각 지방의 조직이 이루어진 것은 겨우 일제의 병탄 6개월 전이었다. 이것은 너무 늦은 것이었다. 아무리 능률적인 조직이라도 이렇게 짧은 기간에 큰 활동을 하기는 극히 어려운 것이었다고 볼 수 있다.

신민회는 그 목적에 따라 1907년 4월의 창립에 바로 뒤이어 청년단체를 조직했어야 했다고 볼 수 있다. 안창호와 신민회가 청년단체를 뒤늦게야 조직한 것은 신민회의 조직활동의 불충분성과 신민회의 역량의 한계를 나타내는 것이었다고 볼 수 있을 것이다.

10. 신민회의 독립군기지 창건운동

1) 독립군기지 건설과 '독립전쟁' 전략의 채택

신민회는 국내에서 국권회복을 위한 이상과 같은 실력양성의 여러 가지 운동을 전개하면서, 한편으로 국외에 무관학교를 설립하여 독립군기지와 독립군을 창건하고 기회가 오면 '독립전쟁'을 일으켜서 독립군이 국내에 진입하여 내외 호응해서 봉기하여 일거에 일본제국주의를 물리치고 자기 실력으로 국

53 『少年』 제3권 제6호, 1910년 6월호 회보 「設立委員會記事」, p. 78 참조.

권을 회복할 준비를 하려고 하였다.

신민회가 국외의 독립군기지와 독립군의 창건문제를 최초로 검토한 것은 신민회 창립 직후인 1907년 8월이었다. 일제가 1907년 7월 31일(해산식은 8월 1일) 대한제국 군대를 강제 해산하자, 해산된 군인의 일부가 봉기하여 바로 의병운동에 가담해서 '의병전쟁'을 전개하게 되었다. 신민회는 이 의병운동을 지지하였다.

신민회가 의병운동에서 문제삼은 것은 일본 정규군과 대전할 때 반드시 갖추어야 할 현대적 군사훈련과 무기의 결여였다. 의병운동은 일제와의 즉각의 결전을 요청하는 것은 즉각의 '승전'을 가져와야 할 것이었다. 그러나 의병은 민병의 집합이었으므로 비록 구군인이 상당수 참여하게 되었다 할지라도 현대적 군대로서의 군사훈련과 무기가 부족되어 있어서 일본 정규군과의 전력의 압도적인 차이로 '승전'을 기약하기는 불가능하였다. 도산과 신민회는 의병 무장투쟁의 현대화의 필요를 절감하고 있었다.

그러나 신민회는 1907년 4월부터 1908년 말까지는 의병운동의 문제점을 정확히 포착하고 있었으면서도 이에 대한 대책을 세우지 못하였다. 그 이유는 두 가지 점에 있었다고 생각된다.

첫째는 신민회의 실력이 부족하여 국내의 애국계몽운동에 집중하느라고 의병운동에 대해서는 지지와 성원 이상의 활동을 할 힘이 없었다고 볼 수 있다.

둘째는 이 시기에 의병운동이 고양되어 민병과 빈약한 무기를 갖고서도 강렬한 애국주의의 용감성과 헌신성을 발휘하여 상당한 성과를 내고 있었기 때문이었다고 볼 수 있다.

신민회가 국외에 독립군기지를 창건하고 무관학교를 설립하여 현대적 정규군과 같은 독립군을 창건하려고 본격적으로 논의한 것은 의병운동이 퇴조기에 들어가기 시작한 1909년 봄이었다.[54] 이때 신민회는 양기탁의 집에서 전국 간부회의를 열고 국외에 적당한 후보지를 골라 독립군기지를 만들어서 무

54 元義常, 「新興武官學校」, 『新東亞』 1969년 6월호, p. 236 참조.

관학교를 설립하고 독립군사관(獨立軍士官)을 양성하며 이를 토대로 현대전에서도 승전할 수 있는 강력한 독립군을 창건하기로 결정하였다. 이때의 초점은 '무관학교'의 설립에 의한 독립군의 체계적인 현대적 훈련과 양성에 있었다고 볼 수 있다.[55]

신민회의 이 사업이 실천에 들어가기 전에 1909년 10월 16일 안중근(安重根)의 이등박문(伊藤博文) 총살사건이 일어났다. 일제는 안중근과의 관련혐의로 안창호, 이동휘, 유동열, 이종호, 김명준(金明濬) 등 다수의 신민회 간부들을 일제 헌병대에 구속하였다.[56] 일제는 신민회 간부의 일부는 2~5개월 동안이나 구금해 두었다가 이듬해인 1910년 2월 말에야 개별적으로 이들을 석방하였다.

신민회는 곧바로 1910년 3월 긴급 간부회의를 열어서, ① '독립전쟁전략'을 최고전략으로 채택하였고, ② 국외에 '독립군기지'와 그 핵심체로서 '무관학교'를 설립하기로 결정하였으며, ③ 일제헌병대에 구속되었던 간부들은 원칙적으로 국외에 망명하여 이 사업을 담당하기로 하였고, ④ 국내에 남는 간부들과 회원들은 이 사업을 지원하는 한편 종래의 애국계몽운동을 계속하기로 결정하였다.[57]

신민회가 이때 결정한 독립군기지 창건사업과 독립전쟁전략의 골자를 정리하는 다음과 같다.[58]

① 독립군기지는 일제의 통치력이 미치지 않는 청국령 만주일대를 자유지대로 보고 이곳에 설치하되 후일 독립군의 국내진입에 가장 편리한 지대를 최적지라고 결정하였다. 당시 신민회는 이러한 조건을 갖춘 최적지를 우선 장백산(長白山) 부근이라고 추정하였다.[59]

---

55 『독립운동사』(독립운동사편찬위원회) 제5권, p. 163 참조.

56 金允植, 『續陰晴史』 하권, 1910년 2월 22일조 참조.

57 『속편 도산 안창호』, pp. 134~145 및 「安昌浩豫審訊問記補遺」, 『안도산전서』 부록, p. 895 참조.

58 『조선음모사건』, pp. 26~154 및 「安岳事件判決文」, 「梁起鐸等保安法違反事件判決文」, 「安岳事件控審判決文」, 『韓國學報』 제8집(1977), pp. 222~250 참조.

59 「安岳事件判決文」, 『韓國學報』 제8집, p. 228 참조.

② 최적지가 선정되면 '자금'을 모아 일정 면적의 토지를 구입하기로 하였다. 이에 소요되는 자금은 신민회의 조직을 통하여 비밀리에 모금하고, 이주민에게도 어느 정도의 자금을 휴대하도록 하여 보충하기로 하였다.

③ 토지가 구입되면 이와 함께 국내에서 '계획적'으로 이주민을 모집하여 '단체이주'를 시키기로 하였다. 이주민은 독립군기지 창건의 목적에 비추어 애국청년들과 애국인사들을 중심으로 하기로 결정하였다.[60]

④ 이주민들이 모이면 구입한 토지에 신영토로서 신한민촌(新韓民村)을 건설하기로 하였다. 신한민촌에는 이주애국청년들과 이주민을 망라하여 강력한 '민단(民團)'을 조직하고, 토지를 개간하여 농업경영을 통해서 경제적 자립을 실현하도록 하였다. 신한민촌에는 학교와 교회와 기타 문화시설을 세우기로 하였다.

⑤ 신한민촌에는 민단의 지원을 얻어서 반드시 '무관학교'를 설립하여 문무쌍전교육을 실시해서 '독립군사관(獨立軍士官)'을 양성하고, 이를 독립군기지로 만들기로 하였다.

⑥ 무관학교를 근거지로 무관학교 졸업생과 이주애국청년들을 중핵으로 하여 '독립군'을 창건하기로 하였다. 이 독립군의 장교는 물론 현대 전략전술을 습득한 무관학교 출신 사관으로 편성할 뿐 아니라, 병사까지도 모두 무관학교에서 현대 교육과 전략전술을 익히는 강력한 정병주의(精兵主義)를 채택하고, 철저한 현대 군사훈련과 현대무기로 무장시켜서 일본정규군과의 현대전에서 승리할 수 있는 강력한 현대적 군대를 만들기로 하였다.

⑦ 독립군의 전력의 우수성을 보강하기 위하여 한편으로 다수의 애국청년들을 중국의 무관학교에 입학시키고 졸업하면 독립군에 편입시키기로 하였다.[61]

⑧ 독립군이 강력하게 양성되면 최적의 기회를 포착하여 '독립전쟁'을 일으켜서 국내에 진입하기로 하였다. 최적의 '기회'는 일본제국주의의 힘이 증강되

---

60 신민회의 '청년학우회' 운동이 바로 이 계획과 관련이 되어 있었던 것으로 보인다.

61 「安岳事件控審判決文」, 『韓國學報』 제8집, p. 38 참조.

고 침략야욕이 더욱 팽창하여 만주지방이나 태평양지대로 팽창하려고 할 때에 불가피하게 발발될 중일전쟁, 러일전쟁, 미일전쟁이 일어날 때라고 추정하였다.[62] 이러한 전쟁은 막강한 일제에게도 힘겨운 전쟁이 될 것이므로 이 '기회'를 기민하게 포착하여 그동안 양성한 독립군으로 '독립전쟁'을 일으켜서 국내로 진입해 들어가고, 국내에서는 신민회가 주체가 되어 그동안 실력을 양성한 각계각층의 국민과 단체를 '통일연합'하여 내외 호응해서 일거에 봉기하여 한국민족의 실력으로 일본제국주의를 물리치고 국권을 회복하기로 하였다.

신민회는 우선 안중근 사건 때 구속되었던 간부들을 중심으로 한 일단이 국외로 망명하여 독립군기지 창건사업을 실천하기로 하였다.

2) 망명간부들의 독립군기지 창건운동

신민회는 만주에 독립군기지를 창건하기로 결정한 후 이를 실천하기 위하여 1910년 4월에 우선 안창호, 이갑, 유동열, 신채호, 김희선(金羲善), 이종호, 이종만(이종호의 아우), 김지간, 정영도 등이 북경 쪽을 향하여 산개해서 망명하고, 뒤이어 이동녕 등이 만주 노령일대를 답사하기 위하여 출국하였다.

망명간부들은 1910년 4월에 중국에 도착하여 일단 청도(青島)에 모여서 이른바 '청도회의(青島會議)'를 열고 독립군기지 창건의 구체적 실행책을 논의하였다. 이때 독립군기지 창건의 자금은 이종호가 조달하기로 하였다. 이종호는 이용익(李容翊)의 손자로서 당시 상해의 덕화은행(德華銀行)에 이용익이 예치해 놓은 예금이 있었다고 하며, 이종호가 갖고 있던 자금은 약 3~5만원이었다고 한다.[63]

이 청도회의에는 안창호, 이갑, 신채호, 김희선, 이종호, 이종만, 김지간, 이강 등이 참석하였다.[64] 그러나 이 회의에서는 의견이 분열되어 다음과 같은 두 개

---

62 『朝鮮陰謀事件』, p2, p. 26 및 p. 83 참조.

63 「安昌浩豫審訊問記補遺」, 『안도산 전서』 부록, p. 896 참조.

64 『속편 도산 안창호』, p. 144의 「李岡回顧談」 참조.

의 다른 사업안이 제기되어 논란되었다.[65]

첫째, 유동열, 김희선 등의 새로운 제안으로서 이종호의 자금으로 우선 청도에서 신문과 잡지를 경영하자는 안이었다.

둘째, 안창호, 이갑 등의 제안으로서 예정 계획대로 자금을 신한민촌과 무관학교 건설에 투입하자는 안이었다.

토의 결과 우선 신문·잡지를 경영하자는 첫째의 안이 다수의 지지를 얻어 통과되었으나 청도일대를 조차지로 지배하는 독일총독의 승인을 얻지 못하여 실패하였다. 이에 자연히 첫째의 안은 폐기되고 둘째의 안인 신한민촌과 무관학교를 건설하자는 안이 채택되게 되었다. 이에 망명간부들은 약 3,000달러의 자금으로 만주 밀산현(密山縣)에 있는 미국인 경영의 태동실업회사(泰東實業會社)의 소유지 30팡자(약 70평방리)를 사서 그 땅을 개간하여 독립군기지로서의 신한민촌을 만들고 농업경영을 하면서 무관학교를 세워 독립군장교와 독립군을 양성하기로 하였다. 이갑, 유동열, 김희선 등은 무관학교 교관을 맡기로 하여, 신채호는 국사와 한문 교사를 담당하기로 했으며, 김지간은 농업경영의 책임을 맡기로 하였다.[66]

그들은 1910년 9월에 노령 블라디보스토크에 도착하였다. 여기서 그들은 일제가 드디어 한국을 병탄하여 조국이 완전히 일본의 식민지로 되었다는 소식을 들었다. 그들은 큰 충격을 받고 다시 다른 의견이 대두되었다.

즉 유동열, 김희선 등은 일제가 나라를 강점하여 완전식민지로 만든 마당에 장기사업인 독립군기지, 무관학교 건설을 기다릴 수가 없으니 간도와 노령의 교포들로 하여금 당장 '독립군'을 조직하여 국내에 진입하자고 주장하였다.

안창호, 이갑 등은 시간이 걸리더라도 예정대로 독립군기지로서의 신한민촌, 무관학교를 건설하자고 주장하였다. 그러나 자금을 가진 이종호를 비롯하여 다수가 즉각의 독립군의 조직과 작전을 지지하였다. 이에 따라 독립군기지

---

65 「安昌浩豫審訊問記補遺」, 『안도산 전서』 부록, p. 896 참조.

66 『속편 도산 안창호』, p. 144의 「李岡回顧談」 참조.

창건사업은 추진이 중단되고 그 대신 독립군 조직사업이 추진되었다.[67]

그러나 유동열, 김희선 등은 독립군을 조직하러 만주를 거쳐 '연대(煙臺)'로 갔다가 일제관헌에게 체포되어 독립군 조직도 좌절당하게 되었다.[68]

결국 1910년 4월의 망명간부들의 독립군기지 창건사업은 1910년 8월 일제 강점 소식의 충격을 받은 간부들이 계획을 변경한 결과 실패로 돌아가고 말았다고 볼 수 있다.

3) 국내간부와 회원의 독립군기지 창건운동

국내의 신민회 간부들은 1910년 3월의 전국간부회의의 일부간부 망명 결정에 따라 처음에는 망명간부들이 국외의 독립군기지 창건사업을 담당하고, 국내의 간부와 회원은 이를 지원하면서 다른 한편 종래의 신민회사업을 계속하기로 했었다.

그러나 1910년 5월 『대한매일신보』가 일제에 의하여 접수되고 8월에는 한국이 일제의 완전한 식민지로 강점되자 국내에서 종래의 애국계몽운동을 전개하는 것이 불가능하게 되었다. 이에 신민회는 국내에서 교육과 출판문화 사업을 담당할 간부와 회원을 제외하고는 국내 간부들의 일부도 집단적으로 만주 서간도 지방에 이주하여 독립군 기지 창건사업을 수행하기로 결정하게 되었다.

신민회 총감독 양기탁의 지휘하에 1910년 9월 초에 이동녕, 이회영, 장유순(張裕淳), 이관직(李觀植) 등은 백지장수로 가장하고 남만주 일대에 독립군기지 후보지를 물색하기 위하여 서울을 출발하였다.[69] 이미 신민회에서는 그 전년인 1909년 10월에도 만주이주계획의 준비의 일환으로 최명식(崔明植) 등을 남만주 일대에 파견하여 사정을 조사하도록 했었다.[70] 이동녕·이회영 등이 출발

---

67 『속편 도산 안창호』, pp. 144~148 참조.

68 「安昌浩豫審訊問記補遺」, 『안도산 전서』 부록, p. 897 참조.

69 李恩淑, 『民族運動家 아내의 手記』(서울, 1975), p. 155 참조.

70 『安岳事件과 三一運動과 나』, pp. 26~38 참조.

한 직후 1910년 9월에 주진수도 독립군기지 후보지를 물색하기 위하여 만주를 향하여 출발하였다.[71]

신민회가 독립군기지 후보지를 선정하기 위하여 파견한 팀의 사례를 표로 만들어보면 〈표 4-3〉와 같다.

‖표 4-3‖ **신민회의 독립군기지 후보지 선정차 서간도에 파견한 조**

횟수 순서	시일	파견조	시찰지역
1	1909년 10월	최명식 등	서간도 환인현(桓仁縣), 집안현(輯安縣)
2	1910년 9월초	이동녕·이회영 등	서간도 지역
3	1910년 9월	주진수 등	서간도 지역
4	1910년 11월	이종록(李鍾祿) 등	서간도 안동현(安東縣)
5	1910년 12월초	감익룡(甘翊龍) 등	서간도 안동현
6	1910년 12월하순	고정화(高貞華) 등	출발준비중 실패

한편 신민회는 1910년 9월과 10월 두 차례에 걸쳐 김도희(金道熙)가 황해도에 내려가서 김구 등 신민회 황해도지회 간부와 회원들에게 서간도 이주계획을 설명하고 그 준비를 시켰다.[72]

이동녕·이회영 조와 주진수 등은 1910년 11월 서간도에 독립군기지 후보지 선정을 끝내고 돌아왔다.[73] 이에 서간도 이주계획은 급전되어 1개월 동안에도 다음과 같이 극비리에 네 차례의 간부회의가 개최되었다.[74]

71 「梁起鐸等保安法違反事件判決文」, 『韓國學報』 제8집, p. 235 참조.

72 「安岳事件判決文」, 『韓國學報』 제8집, p. 228~229 참조.

73 『民族運動家 아내의 手記』, pp. 15~16 참조.

74 「梁起鐸等保安法違反事件判決文」, 『韓國學報』 제8집, pp. 233~237 참조.

‖표 4-4‖ **신민회 서간도 이주간부회의**

차례	시일	장소	참석자
1	1910년 11월 하순	임치정의 집	양기탁, 임치정, 이동녕, 김구, 고정화
2	1910년 12월 10일경	임치정의 집	양기탁, 임치정, 안태국, 김구
3	1910년 12월 중순	양기탁의 집	양기탁, 이승훈, 안태국, 김구, 주진수, 이동녕, 김도희
4	1910년 12월 하순	임치정의 집	임치정, 김도희, 안태국

이중에서 1910년 12월 중순 양기탁의 집에서 열린 제3차 회의가 신민회의 전국 간부회의였다. 이 간부회의는 양기탁, 안태국, 주진수, 이승훈, 김구, 이동녕, 김도희 등이 참석하였다. 이 회의에서는 다음과 같은 사항이 결정되었다.[75]

① 일제가 서울에 총독부(總督府)를 두고 식민지 통치를 시작했으니, 그에 대항하여 신민회는 서울에 도독부(都督府)를 두고 각도에 총감(總監)을 두어 비밀리에 나라를 다스려 독립정치(獨立政治)를 한다.

② 서간도 통화현 부근에 '신영토(新領土)'로서 토지를 구입하여 독립군기지(獨立軍基地)를 창건하고 무관학교(武官學校)를 설립하여 기회가 올 때 '독립전쟁'을 일으켜서 국권을 회복할 것을 당면의 최대사업으로 결정한다.

③ 독립군기지 창건을 위하여 국내로부터 이주 가능한 인사를 모집하되 될 수 있는 대로 이주민 1명에 대하여 금 1백 원 이상을 휴대할 수 있는 이주민을 모집한다.

④ 신민회 각 도 대표(총감)로서 경기도와 삼남에 양기탁, 황해도에 김구, 평안남도에 안태국, 평안북도에 이승훈, 강원도에 주진수 등을 선정한다.

⑤ 각 도 대표는 자기의 지구에 돌아가서 서간도에 세울 독립군기지 창건사업의 이주민 모집을 책임짐과 동시에 그 군자금으로 황해도·평안남도·평안북도는 각 15만 원, 강원도는 10만 원, 경기도와 삼남은 20만 원을 15일 내에 준비하기로 한다.

---

75 『백범일지』, pp. 195~196 및 「梁起鐸等保安法違反事件判決文」, 『韓國學報』 제8집, p. 234 참조.

‖표 4-5‖ **신민회의 독립군기지 창건 군자금 모금계획**

지역	대표	금액(원)
경기·삼남	양기탁, 임치정	200,000
황해도	김구	150,000
평안남도	안태국	150,000
평안북도	이승훈	150,000
강원도	주진수	100,000
총계	양기탁	750,000

이 간부회의가 있은 후 신민회의 서간도이주민 모집사업은 급진전되었다. 황해도에서는 다수의 이주민이 비밀리에 모집되고 거대한 자금이 즉각 준비되었다.[76]

서울에서도 극비리에 전국 각지로부터 비밀리에 이주민을 모집하여 상당한 호응을 얻었다. 예컨대 경상도 안동의 이상룡(李相龍), 김동삼(金東三), 유인식(柳寅植) 등은 이때 주진수를 통하여 양기탁, 이동녕 등의 요청을 받고 이에 응하여 서간도에 이주한 사례였다.[77] 주진수 등은 자기 고향의 가산을 모두 팔고 이주 준비를 하였다.[78]

국내 신민회 간부와 회원들의 독립군기지 창건사업은 선발대로 1910년 12월 하순부터 1911년 1월 초에 걸쳐 이동녕, 이회영 6형제, 주진수의 가족 등이 일단이 되어 산개해서 압록강을 건너 서간도에 도착하는데 성공하였다.

그러나 일제는 '안명근(安明根) 사건'이 일어나자 1911년 1월에 신민회 중앙간부와 황해도지회 회원들을 검거하고, 9월에는 '105인 사건'을 조작하여 신민회 국내 회원들을 검거하기 시작함으로써 이 계획은 중도에서 큰 장애에 부딪치게 되었다.

---

76 「梁起鐸等保安法違反事件判決文」, 『韓國學報』 제8집, pp. 236~240.

77 「行狀」, 『石州遺稿』, p. 173 참조.

78 「梁起鐸等保安法違反事件判決文」, 『韓國學報』 제8집, p. 236 참조.

4) 신흥무관학교의 설립

국내 신민회의 국외 독립군기지 창건사업의 선발대인 이동녕·이회영 팀은 1911년 1월 만주 봉천성(奉天省) 유하현(柳河縣) 삼원보(三源堡) 추가가(鄒家街)라는 곳에 도착하여 자리를 잡았다. 그들은 뒤이어 속속 도착하는 이주민들과 함께 신한민촌(新韓民村)을 건설하였다. 그들은 1911년 4월 봄에 토지개간과 농업경영을 통한 경제자리를 위한 민단으로서 '경학사(耕學社)'를 조직하였으며 독립군 사관 양성기관으로서 신흥강습소(新興講習所)를 창설하였다. 신흥강습소는 후에 신흥무관학교로 개칭되었다. 이것이 신민회가 창건한 최초의 독립군기지였다.

경학사의 초대 사장에는 이철영(李哲榮, 2대 사장은 이상룡)이 추대되고, 내무에 이회영, 농무에 장유순, 재무에 이동녕, 교무에 유인식 등이 선출되었다.[79]

신흥무관학교의 초대 교장에는 이동녕(2대 교장은 이석영), 교감에 김달(金達), 학감에 윤기섭, 교관에 김창환, 이관직, 교사에 이갑수, 장도순, 이규룡 등이 취임하였다. 신흥무관학교의 이름은 신민회의 '신(新)'자와 다시 나라를 일으킨다는 '흥국(興國)'의 '흥(興)'자를 모아서 '신흥(新興)'이라고 하였다.

처음부터 신흥 '무관학교'라고 하지 않고 처음에 '강습소'라고 한 것은 토착 만주인의 주목과 만주군벌의 탄압을 피하기 위한 것이었다. 신흥무관학교는 교육과정을 본과와 특별과를 나누어, 본과는 중고등학교과정의 교육을 실시하고, 특별과는 속성과로서 사관양성 교육을 실시하였다.[80]

삼원보(三源堡)에서의 독립군기지 창건사업은 처음부터 험난한 도정의 것이었다. 만주 토착인 및 군벌들의 배타적 압력과 추운 대륙성 기후와 재정궁핍이 그중에서도 가장 어려운 조건이었다. 첫해에 신흥무관학교는 성공을 거두어 제1회 특기생으로서 40여 명의 독립군전사들을 배출했으나 경학사의 경제사업은 흉작으로 완전히 실패하였다. 경학사는 해체되었다.

---

79 『石州遺稿』, pp. 208~209 및 『民族運動家 아내의 手記』, p. 160 참조.

80 『民族運動家 아내의 手記』, p. 160 참조.

신민회 회원들은 1912년 가을부터 1913년 이른 봄에 걸쳐 근거지를 삼원보로부터 동남쪽 90리 떨어진 통화현 합니하(哈泥河)로 옮겼다. 이것이 제2의 독립군기지가 된 것이었다. 그들은 경학사 대신에 '부민단(扶民團)'을 조직하고 초대 단장에 허혁(許赫, 2대 단장은 이상룡)을 선출하였다.

신흥무관학교도 합니하로 옮겨서 1913년 이른 봄부터 교사신축을 시작하여 1913년 5월에 낙성을 보고, 이름도 '강습소'를 떼어버리고 표면으로도 무관학교임을 내세웠다. 신흥무관학교의 신교사는 매우 큰 대병영사(大兵營舍)여서 각 학년별로 널찍한 강당화 교무실이 마련되고, 이와 아울러 사무실, 편집실, 숙직실, 나팔반, 식당, 취사장, 비품실 등이 있었고, 복도에는 생도들의 성명이 부착된 총가(銃架)가 설치되었다. 수만 평의 연병장과 수십간의 내무실 내부공사는 거의 생도들의 헌신적인 중노역으로 이루어졌다.

학제는 4년제 본과 외에 6개월(장교반)과 3개월(하사관반)의 속성과를 두어 찾아오는 모든 종류의 애국청년과 옛 의병들을 수용하여 훈련시켰다. 또한 졸업한 뒤에는 적어도 2개년간은 의무적으로 교명에 따라 복무한다는 규정을 두었다.

학과는 주로 ① 보병, ② 기병, ③ 포병, ④ 공병, ⑤ 치중(輜重)의 각종 교과서, ⑥ 내무령(內務令), ⑦ 측량학(測量學), ⑧ 축성학(築城學), ⑨ 육군형법(陸軍刑法), ⑩ 징벌령(懲罰令), ⑪ 위술복무(衛戌服務), ⑫ 구급의료(救急醫療), ⑬ 편제학(編制學), ⑭ 훈련교범(訓鍊教範), ⑮ 전술, ⑯ 전략 등에 중점을 두었다. 술과(術科)로서는 연병장에서 주로 ① 각개교련, ② 기초훈련을 했고, 야외에는 이 고지에서 저 고지에로의 가상적에게의 ① 공격전, ② 방어전 등 전투연습을 실전을 방불케 되풀이했다. 체육으로는 엄동설한에 ① 야간도강(夜間渡江), ② 통화현 10리 강행군, ③ 빙상운동, ④ 춘추대운동, ⑤ 격검(擊劍), ⑥ 유도, ⑦ 출구, ⑧ 철봉 등으로 강인한 체력을 부단히 연마시켰다.[81]

군사교육 이외에도 자연과학 과목들과 대한국사 등을 가르쳤다.

---

81 「新興武官學校」, 『新東亞』 1969년 6월호, p. 241 참조.

신흥무관학교의 학습 훈련 광경

신흥무관학교의 교육훈련은 이 외에도 매우 엄격하여 야반에 비상검사가 있을 때에는 캄캄한 밤이라도 각반(脚絆)을 차고 복장의 단추 한 개까지 낱낱이 검사하는 엄정한 군기였다. 취침 중에 적전 출동준비를 알리는 비상나팔 소리가 울리면 칠흑같은 캄캄한 밤에도 총가에서 총을 보지 않고 찾아야 하는 등 항상 임전태세를 갖추어야 했다.

신흥무관학교는 이러한 강인한 정병훈련(精兵訓鍊)을 실시하는 중에도 항상 재정궁핍과 싸워야 했다. 방학중에는 신흥무관학교 졸업생들과 재학생들은 각 지방에 흩어져 각자 가능한 대로 노동품팔이를 하여 그 수입을 학교경비에 보충하였다.

생도들의 주식물로는 좁쌀밥과 부식으로는 콩기름에 절인 콩장 한 가지밖에 공급되지 않았지만, '독립전쟁'의 날 일사보국(一死報國)을 자발적으로 결의한 그들의 사기는 충천하였다.

신흥무관학교는 크게 발전하여 1917년 봄에는 통화현 소북대(小北岱)란 곳

에 분교를 설치하고 '신흥무관학교 백서농장(白西農場) 분교'라고 이름하였다.[82]

신흥무관학교는 191년 3·1운동이 일어나자 국내외의 애국청년들이 물밀듯이 이 학교에 입학을 지원해 왔으므로 이들을 수용하기 위하여 다시 무관학교를 유하현 고산자(孤山子)로 옮겼다. 합니하의 교사에는 분교를 두었다. 고산자로 옮긴 신흥무관학교에는 이청천(李靑天), 이범석(李範奭) 등 다수의 새 교관들이 보충되었다.[83]

이렇게 해서 신흥무관학교는 1911년 봄 창설되어 1920년 8월 일제의 공격으로 폐교할 때까지 약 3,500명의 졸업생을 길러내었는 바, 이를 보면 이 학교가 얼마나 크게 발전했는가를 알 수 있다.[84]

1919년에는 신흥무관학교 졸업생들을 중핵으로 하여 '서로군정서(西路軍政署)'의 강력한 독립군이 편성되었다.

북로군정서(北路軍政署)가 1919년 8월 독립군 훈련을 위하여 왕청현(汪淸縣) 서대파(西大坡)에 사관연성소(士官鍊成所)를 창설하자 총사령관 김좌진(金佐鎭)의 요청으로 신흥무관학교 졸업생들이 교관으로 가서 사관교육을 전담하였다.[85]

신흥무관학교가 길러낸 독립군사관들은 도처에서 독립운동과 독립전쟁에 참여하여 빛나는 업적을 내었다.

하나의 예를 들면, 1920년 서로군정서의 만주에서의 무수한 유격전과 평안북도 강계(江界), 자성(慈城), 벽동(碧潼), 위원(渭源), 삭주(朔州) 등지의 국내진입은 신흥무관학교 출신들이 수행한 것이며, 1920년 10월 일본 정규군 5개 사단의 차출병력 25,000명의 토벌공격을 받고 2,000명의 병력으로 적 3,300명을 살상하여 일본군을 섬멸한 대승리를 거둔 북로군정서와 대한독립군 연합부대의 '청산리독립전쟁(靑山里獨立戰爭)'은 신흥무관학교 출신들이 참모와 장교들이

---

82 「新興武官學校」, 『新東亞』 1969년 6월호, p. 242 참조.

83 전게자료, pp. 242~243 참조.

84 전게자료, p. 244 참조.

85 전게자료, p. 243 참조.

되고 그들이 훈련시킨 병사들이 주축이 되어 수행한 대승전이었다.

이밖에 각처의 독립운동전선에서 신흥무관학교 졸업생들이 수행한 역할과 업적은 여기서 낱낱이 들 수 없을 정도이다.

5) 동림무관학교(東林武官學校)의 설립

신민회는 신흥무관학교를 설립한 이후 이와 별도로 1913년에 이동휘, 김립(金立), 이종호(李鍾浩), 장기영(張基永), 김하석(金夏錫), 오영선(吳永善) 등이 중심이 되어 만주 왕청현 나자구(羅子溝) 대전자(大甸子)에 동림무관학교(東林武官學校, 일면 대전무관학교)를 창설하였다.[86] 이것은 신민회 계열이 세운 또 하나의 독립군기지였다.

이 무관학교는 개교 1년 후인 1914년에 ① 학교재정의 궁핍, ② 만주군벌의 압력 등의 요인으로 일단 해체하였다. 그러나 이때 생도들의 일부인 약 40명의 학생들은 이 무관학교를 재건하기 위하여 자금을 모으려고 집단적으로 러시아까지 가서 공장에 노동자로 취업하여 임금을 헌납하였다. 이로써 보면 이 무관학교가 1년 동안에도 훌륭한 애국청년들을 길러낸 것을 알 수 있다.[87]

동림무관학교는 그후 러시아에서 재건되었다. 일제의 첩보자료에 의하면, 배일주의(排日主義)를 목적으로 하는 '동림학교(東林學校)'는 교장이 이종호, 교사는 장기영, 오영선, 홍우만(洪禹萬) 외 3명이라고 보고하고 있다.[88] 즉 동림무관학교는 처음 만주 나자구에 설립되었다가 폐교의 비운을 겪고 다시 재건되어 발전된 것이다.

동림무관학교의 자세한 내용은 자료가 없어 알 수 없으나, 3·1운동 직후에 노령 니콜리스크에서 이동휘, 김하석, 유동열, 조성환, 박은식, 신채호 등이 1만 명의 독립군을 편성하여 '독립전쟁'을 일으켜서 국내로 진입할 작전계획을

86 姜德相 편, 『現代史資料』 제27권, 「조선」 3, p. 156 참조.
87 『獨立新聞』 제67호, 1920년 4월 20일자, '金알렉산드라傳' 참조.
88 『現代史資料』 제27권, 「조선」 3, p. 156 참조.

수립한 일이 있는데 이것은 이 동림무관학교를 독립군기지로 활용한 계획이었다고 볼 수 있다.[89]

6) 밀산무관학교(密山武官學校)의 설립

신민회 회원들은 만주 밀산현(密山縣) 봉밀산자(蜂蜜山子)에도 제3의 '밀산무관학교(密山武官學校)'를 설립하였다.

일제관헌의 1916년도 조사보고서에 의하면, 한국독립운동가들의 '무관학교'가 밀산현 봉밀산자에 있으며, 이갑이 교장이라고 간단히 보고하고 있다.[90] 그러나 그 밖의 자료가 없어서 더 이상의 자세한 내용은 알 수 없다.

밀산무관학교는 안창호, 이갑 등 신민회 망명간부들이 1910년에 밀산에 설립하려다가 실패한 것을 그 후 이갑 등이 설립한 것으로 보인다.

이상 간단히 고찰한 바와 같은 신민회의 독립군기지 창건운동은 원래의 대계획대로는 이루어지지 못하고 부분적으로만 성공하였다. 왜냐하면 신민회의 이 대사업은 국내에서 신민회의 비밀조직이 계속해서 자금과 애국적 집단이민을 공급할 것을 대전제로 한 것인데, 일제는 1911년에 국내 신민회 회원들을 일제히 검거하여 가혹하게 탄압하였으므로 이 대전제가 충족되지 않았기 때문이었다.

그러나 일제의 가혹하기 비할데 없는 탄압과 외국에서의 온갖 악조건 하에서도 신민회 회원들이 불굴의 투지로 수행한 독립군기지 창건운동은 적어도 다음의 두 가지 측면에서 상당한 성과를 내었다고 볼 수 있다.

첫째, 신민회는 실제로 서북간도와 노령에 독립군기지와 무관학교들을 건설하여 독립군운동의 근거지를 구축하는데 성공하였다. 그리고 이에 기초하여 규모는 크지 않겠지만 현대 독립군을 창건하였다.

신민회 회원들이 세운 무관학교들에서는 철저한 애국주의로 강철같이 정신

---

89 『한국독립운동사』 제5권, p. 410 참조.

90 『現代史資料』 제27권, 「조선」 3, p. 157 참조.

무장되고 현대적 사관교육을 받은 유능한 장교와 병사들이 체계적으로 양성되었으며 이들을 기초로 하여 독립군이 조직되었다. 이러한 독립군의 창건은 과거의 의병과는 달리 일본정규군을 현대전에서 실력으로 능가할 수 있는 막강한 정예의 현대적 독립군의 창건을 의미하는 것이었다.

또한 이들 무관학교들과 독립군기지에서는 과거의 의병들도 재훈련되어 독립군으로 통합되거나 발전되었다.

신민회가 창건한 독립군기지와 독립군은 처음에는 소규모였지만 신민회가 이러한 준비를 하고 독립군의 기간조직을 만들었기 때문에 3·1운동 후에 청소년들이 대량으로 입대를 자원하자 일거에 독립군 운동이 폭발하고 대독립군단들로 급속히 발전할 수 있었으며, 1920년의 청산리전투와 같은 대승전(大勝戰)도 거둘 수 있었던 것이다.

둘째, 신민회의 독립군기지 창건운동과 독립전쟁전략은 종래의 모든 민족운동의 다양한 전략을 종합·지양·발전시킨 새로운 것이었으며, 그 후의 모든 정파의 독립운동전략의 골간과 지침을 제공하여 준 것이었다.

1910~1945년까지의 한국독립운동의 모든 정파는 상해임시정부와 민족주의 독립운동가들은 물론이요 공산주의 독립운동가들까지도 신민회의 독립전쟁전략을 수정 발전시켜 최고전략으로 채택하였다.

즉 신민회의 독립군기지 창건사업과 독립전쟁전략이 그 후 1945년 8.15 해방 때까지의 한국인의 모든 독립운동단체의 최고전략의 기본이 된 것이었다.

11. 신민회의 해체

신민회는 일제의 한국강점 후인 1911년에 일제가 조작한 '안악사건(安岳事件)', '양기탁등보안법위반사건(梁起鐸等保安法違反事件)' '105인사건(신민회사건)' 등에 의하여 일제가 신민회 회원들을 일제히 검거하고 투옥함으로써 신민회의 활동이 불가피하게 중지되어 강제해산되기에 이르렀다.

일제는 1910년 12월에 황해도에서 안명근(安明根)이 만주에서 의병을 모집하여 거사할 계획으로 군자금을 거두자 이를 체포하였다. 안명근은 신민회 회원이 아니었다. 일제는 이 사건을 구실로 황해도 일대의 애국계몽운동가들 160여명을 일제히 검거했는데 그 대부분이 신민회 황해도지회 회원들이었다. 이것은 '안악사건'으로 불리었다. 일제는 1911년 7월에 이들에게 실형의 가혹한 언도를 내렸다.[91] 그 결과 신민회 황해도지회는 마비당하게 되었다.

또한 일제는 양기탁 등이 한국인들을 서간도에 집단 이주시켜서 신한민촌을 수립하려 한다고 하여 1911년 1월에 서울에서 33명의 애국계몽운동자들을 체포하였다. 이것은 '양기탁등보안법위반사건'이라고 불리었다. 일제는 이들에게도 1911년 7월에 실형의 언도를 내렸다.[92] 그 결과 신민회 중앙본부의 일부 기능이 마비되게 되었다.

일제는 뒤이어 1911년 9월에 평안남북도를 중심으로 하여 전국에 걸쳐 애국계몽운동자 600~700명을 갑자기 체포하였다.[93] 혐의사실은 애국계몽운동자들이 일제조선총독 사내정의(寺內正毅)를 암살하려고 음모했다는 거짓 조작을 일제가 날조하여 이에 의거한 것이었다.

신민회는 국권회복을 위하여 이 논문에서 고찰한 각종 사업을 했으며, 서북간도에 독립군기지를 창건하려는 운동은 했으나, 데라우치(寺內)를 암살할 기도를 한 일은 전혀 없었다. 그러나 일제는 신민회의 다른 사업은 법률에 저촉이 안될뿐더러, 서북간도에 독립군기지를 창건하려는 사업에 대해서는 '양기탁보안법위반사건'으로 이미 써버렸기 때문에 다른 애국계몽운동자들을 체포할 구실이 없었다.

이에 일제는 체포하고 싶은 애국계몽운동자들의 명단을 미리 만들어 놓고

---

91 「安岳事件判決文」, 『韓國學報』 제8집, pp. 222~230 참조.
92 「梁起鐸等保安法違反事件判決文」, 『韓國學報』 제8집, p. 223 참조.
93 「民族의 受難-百五人事件眞相-」, p. 24 및 『朝鮮陰謀事件』, p. 23 참조.

그들이 조선총독 데라우치를 암살할 '음모'를 했다는 각본을 날조한 다음 소위 '데라우치총독암살음모사건'이란 것을 만들어 전국의 애국지사 600~700명을 일거에 체포한 것이었다.[94]

이 사건은 일제가 처음부터 의도적으로 날조한 사건이었기 때문에 일제는 기소요건을 만들 수가 없어서 검거된 애국지사들에 대하여 전대미문의 형언할 수 없는 가혹한 고문을 가하였다. 이 과정에서 신민회의 존재와 조직의 일부가 일제에게 명확히 발각되었다.

일제는 검거된 애국지사들 중에서 고문에 못이겨 신민회 회원이라고 자백한 122명을 기소했으며, 이듬해인 1912년 9월에 이중에서 105명에 대하여 가혹한 실형을 언도하였다.[95] 이 사건은 '105인 사건' 또는 '신민회사건'으로 불리었다.

이 사건에서는 전 피고가 일제의 잔혹한 고문과 사건의 날조성을 재판정에서 조리정연하게 폭로했기 때문에 일제는 궁지에 몰리게 되었다. 또한 기소된 신민회 회원 중에는 기독교 신도들이 다수 포함되어 있어서 미국 장로교회 외국전도국과 영국 에딘버러 종교회의 등 각국 기독교단체들이 이 날조된 사건의 재판에 항의했기 때문에 일제의 처지는 더욱 난처하게 되었다.[96]

일제는 1913년 7월에 고등법원에서 윤치호, 양기탁, 임치정, 이승훈, 안태국, 옥관빈(玉觀彬) 등 6명에게만 각각 6년의 실형을 언도하고 나머지 신민회 회원들은 단계적으로 모두 석방하였다. 그러나 이때는 신민회 회원들이 일제의 가혹한 고문으로 다수가 불구자가 되고 신민회는 사실상 해체되었기 때문에 일제의 사건날조의 목적은 이미 달성된 후였다.

신민회는 일제의 이상과 같은 탄압을 받고 그 기능이 마비되어 국내에서는 1911년 9월경부터 실질적으로 해체상태에 들어갔다. 국내의 잔여 신민회회원

94 『朝鮮陰謀事件』, pp. 20~54 참조.

95 전게자료, pp. 54~177 참조.

96 『朝鮮陰謀事件』, pp. 178~250 참조.

들과 국외로 망명한 회원들이 그후 신민회를 계승하는 새 단체가 조직될 때까지 신민회의 운동을 계속해 나갔다.

12. 맺음말

지금까지 고찰한 바와 같이 신민회는 한국이 일제에 의하여 식민지로 강점되기 바로 직전의 가장 절박한 시기인 1907~1910년간의 국권회복운동을 담당하여 주도하고 지도한 대표적인 구국운동단체였다.

나라의 식민지화를 눈 앞에 두고 지식인과 신흥시민층을 비롯한 평민층이 중심이 되어 비밀결사로 조직된 신민회는 국민을 교육하고 분발시켜 조선왕조 최후의 절망적 4년을 도리어 '대각성의 시대', '민족역량 증강의 시대'로 역전시켰다.

신민회가 배후에서 비밀리에 활동했기 때문에 국권회복운동으로서의 애국계몽운동이 매우 활발하게 전개되어 이 시기에 독립운동의 원동력을 형성할 수 있었으며, 애국계몽운동과 의병운동이 상호대립되지 않고 상호보완되어 열렬하고 완강한 국권회복투쟁을 전개할 수 있었다.

신민회는 국내에서 교육구국운동, 언론계몽운동, 실업구국운동, 계몽강연운동, 학회운동, 잡지·서적출판운동, 청년운동 등 여러 가지 사업과 운동을 하여 상당한 성과를 내었지만, 신민회 활동 중에서 가장 획기적인 것은 역시 독립군기지 창건운동이었다고 말하지 않을 수 없다.

신민회가 이 시기에 '독립전쟁전략'을 수립하고 국외에 독립군기지를 창건한 것은 신민회만이 수행해 내었던 획기적인 사업이었다.

신민회는 개항 후 외국의 침입에 대항하여 싸워 온 민족운동의 다양한 경험을 흡수하고 자기 시대에 체험한 국권회복운동의 두 흐름으로서의 애국계몽운동과 의병운동을 변증법적으로 종합하고 지양하여 한 단계 더 발전시켜서 독립운동의 새로운 최고전략으로서 독립전쟁전략을 수립하였다.

신민회는 이 독립전쟁전략의 실천으로서 만주에서 온갖 고초를 극복해 가면서 세 곳에 신흥무관학교, 동림무관학교, 밀산무관학교를 설립하여 독립군운동의 근거지를 만들었으며, 새로운 현대적 독립군을 창건하였다.

신민회의 독립군운동 근거지와 독립군의 창건으로 한국의 항일독립운동은 새로운 단계에 들어서기 시작하게 되었다.

또한 신민회는 이미 구한말에 국권을 회복하여 새로 건설할 국가의 정체는 군주제를 폐지하고 '입헌공화국'으로 할 것을 결정하였다. 신민회가 아예 모든 종류의 군주제를 폐지하고 입헌공화국의 수립을 민족운동의 공식목표로 설정한 것은 한국역사상 최초의 것으로서 획기적인 것이었다.

신민회의 국권회복운동의 그 후의 독립운동에의 영향력은 심대하였다. 신민회의 국내실력양성운동은 그 후 1919년 3·1운동의 가장 핵심적인 원동력이 되었다. 신민회의 국내실력양성운동은 3·1운동에서 폭발하여 일단 그 결실을 이루었다고 볼 수 있다.

신민회의 국외 독립군기지 창건운동은 3·1운동 후 폭발적으로 일어난 독립군운동의 모체가 되었다. 3·1운동 직후 만주 각처에서 급속히 대규모 독립군단들이 조직되고 국내진입의 유격전을 감행했으며 청산리독립전쟁과 같은 대승전을 할 수 있었던 것은 신민회의 독립군기지 창건운동의 준비가 있었기 때문에 가능했던 것이었다.

3·1운동 후에 구신민회 회원들은 일부가 공산주의 독립운동으로 전환하였다. 신민회 함경남북도 총감 이동휘와 함경남북도 지회가 공산주의 쪽으로 기울어졌으며, 국내에서는 서울·삼남지구의 일부가 점차 공산주의 쪽으로 기울어졌다.

3·1운동 후의 민족주의 독립운동은 단연 구 신민회 회원들이 압도적으로 주도하였다. 예컨대, 1919년에 세워진 상해 임시정부의 각료를 보면 임시대통령 이승만을 제외하고는 전 각료가 거의 모두 신민회 회원 일색으로 되어 있

는 것을 볼 수 있다.

신민회의 존립 기간은 짧고 그들의 운동도 어떤 부분에서는 성공하고 어떤 부분에서는 큰 성과를 내지 못하고 한계점을 드러내었다. 그러나 종합적으로 볼 때 신민회의 국권회복운동은 한국근대사에서 중요한 공헌과 업적을 낸 것이었으며 특히 신민회의 독립군기지 창건운동은 획기적인 것이었다고 말할 수 있을 것이다.

(『韓國文化』 제4집, 1983)

제5장

신한청년당의 독립운동

1. 머리말

우리나라 근대사 및 독립운동사에서 3·1운동 봉기의 기원을 밝혀보면 3·1운동의 '진원'을 만든 독립운동단체가 바로 상해에서 조직된 신한청년당(新韓青年黨)이라는 사실을 알 수 있게 된다.

신한청년당은 1918년 8월 20일경 중국 상해에서 여운형(呂運亨), 장덕수(張德秀), 김철(金澈), 선우혁(鮮于爀), 한진교(韓鎭教), 조동호(趙東祜) 등 6인이 발기인이 되어 한국민족의 독립쟁취를 위하여 조직한 청년독립운동단체였다. 신한청년당은 그 후 당원이 증가했으나 최고로 추산해야 50명 이내의 소규모를 넘지 못하였다. 또한 신한청년당은 1922년 12월 중순 자진 해산함으로써 그 존속기간도 4년 4개월에 불과하였다.

그러나 이 작은 규모의 단명의 청년독립운동단체가 한국민족의 독립운동에 남긴 공헌은 참으로 놀아울 만큼 큰 것이었으며, 대규모의 독립운동단체와 정당도 수행해 내지 못한 큰 업적을 내었다.

신한청년당이 3·1운동과 그 후의 독립운동에서 수행한 업적에 대해서는 당시의 이 운동 관계자들은 모두 이를 알고 있었고, 사료에도 남겨져 있었으며, 당시의 출판물들에는 이것이 기록되어 있었다.

그러나 8·15 해방 후 3·1운동을 국내운동의 흐름에 치중하여 설명해 오는 도중에 신한청년당은 점차 잊혀 버린 독립운동단체가 되었다. 더구나 3·1운동을 학문적으로 다루게 되었을 시기에는 신한청년당은 거의 잊혀서 대부분 이를 처음부터 간과해 버리거나 또는 이를 다루는 경우에도 극히 경시하게 되었다.

필자는 3·1운동 봉기의 경위를 구명하다가, 신한청년당과 그것이 독립운동사에서 수행한 역할이 부당하게 잊혔거나 경시되고 있음을 절감하고, 1977년도의 논문에서 상해 신한청년당의 운동을 3·1운동 봉기의 최초의 '진원(震源)'으로서 극히 중시해야 한다는 점에 대하여 처음으로 강조해서 문제를 제기했으며 이를 비교적 상세하게 밝힌 바 있다.[1] 그리고 신한청년당에 대한 별도의 독립논문을 발표할 것을 약속했었다.[2]

이 논문은 그동안 이 주제의 구명에 필수가 되는 신한청년당의 기관 잡지 『신한청년(新韓青年)』을 구하지 못하여 미루어 오다가 작년에 외국으로부터 이를 입수하였으므로 이 약속을 지키려고 집필해서 금년 3월 1일을 기하여 발표하려고 하다가 지지부진하던 글을 완결하는 것이다. 이 논문에서는 자료가 허락하는 범위 내에서 신한청년당의 창당부터 해산까지의 전 기간에 걸친 그의 독립운동을 가능한 한 자세하게 포괄적으로 다루기로 한다.

---

1 慎鏞廈, 「3·1운동발발의 경위」 중의 '상해 新韓青年黨의 흐름'; 尹秉奭·慎鏞廈·安秉直 편, 『한국근대사론』(지식산업사), 1977, pp. 48~54; 신용하, 『한국민족독립운동사연구』(을유문화사), 1985, pp. 211~218 참조.

2 同上, 『한국근대사론』, p. 48의 각주 21) 및 『한국민족독립운동사연구』, p. 212의 각주 5) 참조.

2. 신한청년당의 창립

신한청년당은 1918년 8월 20일 중국 상해 프랑스 조계(국제법상 프랑스 영토) 백이로(白爾路) 25호(번지)에서 여운형, 장덕수, 김철, 선우혁, 한진교, 조동호 등 6인의 발기에 의하여 창립되었다.[3]

신한청년당 창립의 중심인물인 여운형은 일제가 1910년 한국을 강점하자 양평(楊平) 동광학교(東光學校)와 강릉 초당의숙(草堂義塾)의 교사와 서울 승동교회(勝洞敎會)의 기독교 전도사를 하다가 국외에서 독립운동을 전개하기 위하여 1914년 중국으로 망명하였다. 여운형은 망명 직후 1914년에 남경 금릉대학(金陵大學) 영문과에 입학하여 서양역사, 철학, 영문학을 수학하고, 1917

3 신한청년당의 창립일자에 대하여 사료에 여러 가지 기록이 나타나서 약간의 혼란을 가져올 수 있다. 이를 몇 가지로 정리하면 다음과 같다. ① 1918년 6, 7월설: 여운형이 1929년 경성지방법원 검사국에서의 심문조서에서 기억을 더듬어 회고한 것이다. 그러나 장덕수가 상해에 들른 것이 1918년 7월 초순이므로, 이 설은 창당일자로서는 너무 빠르고, 준비기로 보는 것이 타당할 것이다. ② 1918년 8월 하순설: 여운형이 1929년 7월 29일 경성지방법원 검사국에서 1918년 8월 중에 신한청년당을 조직했다고 했고(金俊燁·金昌順 편, 『韓國共產主義運動史資料篇』(이하 『韓共資料』로 약함) Ⅰ, p. 293), 경성지방법원 검사국의 여운형예심청구서에 1918년 8월 20일 신한청년당을 조직했다고 했으며(『한공자료』 Ⅰ, p. 363), 여운형이 1930년 2월 22일 경성지방법원 예심에서 1918년 8월 하순에 신한청년당을 창립했다고 했고(『한공자료』 Ⅰ, p. 365), 조동호의 증인심문조서에서는 1918년 여름에 신한청년당을 창립했다고 진술했으며(『한공자료』 Ⅰ, p. 314), 그밖에 1918년 여름을 진술한 기록은 매우 많은데, 이때의 여름은 8월을 가리키는 것으로 이해된다. 사료에 가장 많이 나오며 신빙성이 가장 높은 일자라고 판단된다. ③ 1918년 11월 하순설: 여운형이 1930년 3월 10일 경성지방법원 공판에서 진술한 것이며(『한공자료』 Ⅰ, pp. 418~419), 그는 이때 이전의 8월설은 준비기이고, 제대로 명실공히 조직을 가진 것을 이때라고 하였다. 그러나 이것은 조동호의 증언 및 그밖의 무수히 많은 '1918년 여름설'에 일치하지 않는다. 여운형은 1918년 11월의 당헌 제정과 조직체계 정비를 '명실공히 조직'한 것으로 설명했으나, 이것은 조직의 재정비와 강화이고, 창립 그 자체는 1918년 여름의 언제로 보아야 할 것이다. ④ 1918년 12월설: 여운형이 1929년 7월 경성지방법원 검사국에서 일제검사의 심문에 대한 답변에서 간단히 응답한 것으로(『한공자료』 Ⅰ, p. 237), 그 후의 자세한 답변과 모순되기 때문에 정확한 것으로 보기 어렵다. ⑤ 1919년 2월 1일설: 상해 임시정부의 자료를 일제가 일지 형식으로 편집한 『조선민족운동연감』(김정명 편), 『조선독립운동』 제2권, p. 187에 기록된 것으로 신한청년당(大韓青年黨)이 회합한 일자를 가리킨 것이고 창당일자를 가리킨 것이 아니며, 정확한 기록이라고 볼 수 없다. 필자는 ②를 취하여 신한청년당은 1918년 8월 20일경 창당되었으며, 1918년 11월 하순~12월 초순에 재정비 강화되었다고 보고 있다.

여운형

년 7월 이를 졸업하자 즉시 상해로 와서 생계 유지를 위하여 미국인 목사 피치(Fitch)가 경영하는 상해 북경로 18번지에 있던 '협화서국(協和書局, Mission Book Company)'이라고 하는 기독교서적 출판·판매공사의 위탁판매부 주임으로 일하고 있었다.[4]

여운형이 '협화서국'에서 일하고 있을 때인 1918년 7월 초에 장덕수가 일본 와세다(早稻田)대학을 졸업하고 상해에 들러 여운형을 방문하였다.[5] 두 사람은 독립운동의 방략을 논의한 결과, 독립운동이 장기전이 될 수밖에 없으며 이 경우에는 청년 조직이 중요하다는 동일한 생각을 갖고 의기가 투합하여, 상해에 체류하고 있던 김철, 선우혁, 한진교, 조동호 등과 협의한 결과 모두 이를 찬성하였으므로 이 6인이 상해 프랑스 조계 백이로 25호의 여운형의 거처와 모 중국요리점에서 전후 2회 회합을 하여 1918년 8월 20일경에 '신한청년당'을 창립하였다.[6]

신한청년당의 창립의 목적은 그 취지서에 잘 나타나 있는바, 중요한 자료이므로 좀 길지만 전문을 인용하면 다음과 같다.

> 신한청년당 취지서
>
> 청년아, 단군의 혈손인 청년아!
>
> 과거의 치욕을 설(雪)할지어다. 선조시절의 영광을 회복할지어다. 인류의 금후의 역사를 빛내일 새로운 대영광을 창조할지어다. 대한의 청년아, 이것이 우리의 직분이 아니냐. 신성한 직분, 행복된 직분, 면하랴. 면치 못할 직분이 아니냐. 위대하고 구원(久

---

4 「呂運亨被疑者訊問調書」(제5회), 김준엽·김창순 편, 『韓共資料』 I, p. 319 및 「呂運亨被疑者訊問調書」(제7회), 『韓共資料』 I, p. 354 참조.

5 「呂運亨被告人訊問調書」, 『韓共資料』 I, p. 365 참조. 여운형과 장덕수는 서로 이름만 알고 있을 뿐 상면한 적이 없는 사이였다가 이때 처음 만나 의기가 투합하였다고 한다.

6 「呂運亨豫審請求書」, 『韓共資料』 I, p. 363 및 「呂運亨被告人訊問調書」, 『韓共資料』 I, p. 365 참조.

遠)한 이 대이상과 대직분을 생각할 때에 우리는 일변(一邊) 송구(悚懼)하여 전율하며 일변 장쾌(壯快)하여 용약(踊躍)함을 금치 못하도다.

우리의 사업의 시초는 독립을 완성함에 있도다. 우리의 수천년 祖先의 피로 지킨 국토와 자유를 회복하여 우리의 천만대 자손이 생활하고 우리의 위대한 영원한 이상이 실현될 기업(基業)을 정함이 우리의 사업의 시초로다. 우리는 마음으로, 몸으로, 피로, 목숨으로 이를 위하여 힘쓰리라. 우리의 국토와 자유가 회복되는 날까지 싸우고 싸우리라.

그러나 대한의 청년아, 독립의 완성이 우리의 목적의 전체라 말하지 말지어다. 이는 오직 우리의 사업의 시작이니, 우리에게는 독립 이상에 더 중요한 사업이 있도다. 무엇이뇨. 같은 민족의 개조와 실력의 양성이니라. 우리 민족은 질(質)이 우용(優容)하거니와 수백년간의 타락을 경(經)한 현대의 우리 민족은 궤휼(詭譎)하니라. 허위되고 이기적이오, 의리에 박(薄)하고 고식적(姑息的)이오, 원대한 이상이 없나니라. 우리가 영구하고 명예로운 독립한 국가의 자유민인 행복을 향(享)하려 할진대, 우리는 현대의 우리 민족을 근본적으로 개조하여 선하고 정대하고 충실하고 정직하고 애국심있고 박애심있고 고달(高達)한 이상을 포부하는 신대한(新大韓) 민족을 성(成)하여야 하나니라.

우리 민족은 학문을 애(愛)하고 창조력이 부(富)하더니라. 우리의 국토는 기후가 적의(適宜)하고 천산(天産)이 풍부하더니라. 그러나 근대 불량한 정치하에 극도의 압박을 경(經)한 현대의 우리 민족은 결코 학술·기예와 창조·발명을 가진 자가 아니요. 타족과 비견할 만한 부력(富力)을 가진 자가 아니라, 우리는 정신적으로 민족을 개조하는 동시에 학술과 산업으로 우리 민족의 실력을 충실케 해야 하나니라. 이로써 우리 민족 자체의 자유와 문화와 행복을 득(得)하려니와 이것으로 만족치 못하리니, 마침내 단군의 혈에서 출(出)한 신문화가 전인류에게 위대한 행복을 여(與)하기에 지(至)하기를 기(期)할지니라.

이러한 주지(主旨)로 우리 기개(幾個) 동인(同人)은 사생(死生)으로써 맹약하고 본당을 조직하니, 본당은 성공을 급(急)치 아니하며 당원의 다(多)함을 탐(貪)치 아니하노라. 일보일보 근면히 실행하기에 힘쓸 뿐이오, 일인일인 본당의 주지와 강령을 승인하는 절대로 승인하는 동지를 환영할 뿐이라.

대한의 청년아, 우리의 임(任)이 중하고 도(道)가 원(遠)하도다. 이에 수언(數言)으로

본당의 취지를 서(書)하여 써 스스로 경계하며, 아울러 전대한의 청년형제에게 고하노라.[7]

신한청년당의 목적은 위의 취지서에 잘 나타나 있는 바와 같이, ① 먼저 독립을 완성하고, ② 독립을 회복한 다음에는 문화적·도덕적으로 민족을 개조하여 신대한민족을 만들며, ③ 학술과 산업을 일으켜 실력을 양성해서, ④ 대한민족의 신문화가 전인류에게 위대한 행복을 주도록 한다는 것이었다.

신한청년당의 목적에 대하여 여운형은 그 후 일제 관헌의 심문조서에서 다음과 같이 응답하였다.

"목적은 조선독립뿐만 아니라 다시 나아가서 풍속 문화 도덕 등을 새롭게 하기 위하여 20세 이상 40세 이하의 자를 입당시킬 것으로 하였다."[8]

한편, 신한청년당 창당 발기인의 하나인 조동호는 일제관헌의 증인조서에서 신한청년당의 목적에 대하여 다음과 같이 말하였다.

"조선독립을 도모하기 위하여 상해에서 청년학생들 교양하고 그 당원을 독립운동에 이용할 목적이었다."[9]

신한청년당의 취지문 등에서도 볼 수 있는 바와 같이 신한청년당의 이념은 ① 민족주의(독립사상), ② 민주주의, ③ 공화주의, ④ 사회개혁주의, ⑤ 국제평화주의 등으로 요약될 수 있을 것이다. 그들은 대한의 독립을 쟁취해서 공화정체의 민주주의 국가를 수립하고 사회의 모든 부분을 시대의 조류에 적절하게 대개혁을 단행하며, 대한민족이 만든 신문화가 전인류에게 공헌을 하도록 국제협력을 하는 조국을 건설하고자 한 것이었다.

신한청년당의 창당에 있어서는 '토이기청년당(土耳其青年黨)'을 모형의 하나

7 『新韓青年』 창간호(1919년 12월), pp. 131~132.
8 「呂運亨被疑者訊問調書」 (제5회), 『韓共資料』 I, p. 320.
9 「趙東祜證人訊問調書」, 『韓共資料』 I, p. 314.

로 참고하였다. 당시 상해에는 '토이기청년당' 당원이 10여 인이나 있었는데,[10] 여운형에 의하면 당시 상해에 살고 있던 토이기청년당의 당원인 아멜 베이(Armel Bey)로부터 동당에 관하여 들은 바가 있고 또한 '역사'에서 그 일을 여운형과 장덕수가 모두 알고 있기 때문에 두 사람이 의견 일치하여 토이기청년당을 참조했다는 것이다.[11]

신한청년당의 영문 이름은 'New Korean Young Men's Association'[12] 또는 'New Korean Young Men's Society'[13]라 하였고, 그 불문 이름은 'Société de la Nouvelle Corée'라고 하였다.[14]

신한청년당이 창당된 직후에 여운형은 평안북도 선천에서 열리는 노회(老會)에의 출석을 가탁하고 국내에 들어와 이승훈(李昇薰)을 만났으며, 서울에서 이상재(李商在)를 만나 제1차 세계대전의 종전이 다가오는 세계정세와 한국독립 문제를 논의하고 10월에 상해로 돌아갔다.[15]

신한청년당은 처음에는 당원이 극소수이므로 부서를 정하지 않고 여운형이 대표겸 총무로서 당의 모든 사무를 담당하였다.[16]

그러나 신한청년당의 당원은 처음 창당 때에는 여운형·장덕수·김철·선우혁·한진교·조동호 6명이었던 것이 김규식(金奎植)을 파리 평화회의에 파견할 것을 논의한 11월 하순경에는 당원이 약 20여명으로 증가하였다.[17]

---

10 李萬珪, 『呂運亨先生鬪爭史』, 1946, p. 23 참조.

11 「呂運亨被疑者訊問調書」(제5회), 『韓共資料』 I, p. 320 참조.

12 「呂運亨被疑者訊問調書」(제7회), 『韓共資料』 I, p. 355 참조.

13 Korean Delegation to th Peace Conference; *The Claim of the Korean People and Nation for Liberation from Japan and for the Reconstitution of Korea as an Independent State*, Paris; April 1919, 원문 참조.

14 Exposé présenté par la Délégation Coréenne à la Conférence de la Paix, *La Nation et le Peuple Coréen demendent leur liberation du joug japanais et la rétablissement de la Corée en Etat indépendant*, 『한국독립운동사자료』 제5권, p. 535 참조.

15 李萬珪, 『呂運亨先生鬪爭史』, 1946, p. 20 참조.

16 「呂運亨被疑者訊問調書」(제2회), 『韓共資料』 I, p. 293 참조.

17 「呂運亨公判調書」, 『韓共資料』 I, p. 397 참조.

신한청년당의 이 시기의 20여 명 당원 중에서 현재 파악될 수 있는 당원은 여운형·장덕수·김철·선우혁·한진교·조동호·이유필(李裕弼)·김규식·조상섭·서병호·김순애(김규식의 부인)·김인전·신국권·김갑수·이광수·임성(승)업(林盛(承)業)·김병조·손정도·이원익·도인권(都寅權)·양헌[18]·조용은(趙鏞殷)[19] 등이었다. 이 중에서 입당을 시킨 인물 별로 입당자를 구분하여 보면 다음과 같다.[20]

① 여운형이 입당시킨 당원: 김규식, 서병호(徐丙浩), 김순애(金順愛), 신국권(申國權), 이광수… 등
② 서병호가 입당시킨 당원: 조상섭(趙尙燮), 김인전(金仁全), 김병조(金秉祚), 손정도(孫貞道), 이원익(李元益)… 등
③ 조동호가 입당시킨 당원: 임성업… 등
④ 선우혁이 입당시킨 당원: 양헌(梁憲)… 등

당시(1918년경) 상해에는 한국인이 약 400명 거류하고 있었으며,[21] 이들 중에는 상당수가 신규식(申圭植)이 중심이 된 동제사(同濟社)에 가입되어 있었다.[22]

필자가 이미 밝힌 바와 같이 신한청년당은 동제사와 긴밀한 관계를 갖고 있었다.[23]

그러나 신한청년당이 직접적 관계를 갖고 있던 거류민단체는 상해고려교민친목회(上海高麗僑民親睦會)였다. 여운형 등은 신한청년당을 창립할 무렵인

---

18 「呂運亨被告人訊問調書」(제2회), 『韓共資料』 I, p. 369 참조.
19 日本憲兵隊司令部, 「朝鮮 3.1 獨立騷擾事件」, 『독립운동사자료집』(독립운동사편찬위원회 편) 제6권, p. 892 참조.
20 「呂運亨被告人訊問調書」(제2회), 『韓共資料』 I, p. 369 참조.
21 「呂運亨被疑者訊問調書」(제5회), 『韓共資料』 I, p. 323 참조. 그러나 3·1운동 후 한국인 독립운동가들의 상해에의 집중이 급속화하여 1919년 4월 하순에는 한국인 거류자가 약 700으로 격증했다고 한다.
22 金喜坤, 「同濟社의 結成과 活動」, 『한국사연구』 제48집, 1985 참조.
23 신용하, 「3·1 독립운동 발발의 경위」, 『한국근대사론』 II, 지식산업사, p. 48, 각주 20) 및 『한국민족독립운동사연구』, 을유문화사, p. 212, 각주 4) 참조.

1918년 가을에 상해고려교민친목회를 창립하고 회장에 신석우(申錫雨), 총무에 여운형이 선출되어 교민의 조직사업을 수행하여 약 100명의 교민을 가입시켰으며, 젊은 회원들은 『우리들의 소식』이라는 선전기관잡지를 발행하였다.[24] 이 상해고려교민친목회가 창립되자 이것이 신한청년당의 자매단체로서 활동의 직접적 토대가 된 것이었다.

신한청년당의 당원이 증가하고 활동이 본격화해 나가기 시작하자 당의 조직 개편, 당헌제정 등 조직의 재정비가 절실한 문제로 대두되었다.

3. 신한청년당의 당헌과 강령과 조직

신한청년당은 당원이 증가하고 독립운동을 본격적으로 전개하게 되자 1918년 11월 하순~12월 말에 당헌을 제정하고 강령을 문서화했으며 조직을 체계화하여 부서를 정하였다.[25]

신한청년당의 당헌은 다음과 같다.

신한청년당 당헌

제1조 본당은 명명하여 신한청년당이라 함.

제2조 본당은 인류의 문화를 증진하여 평등 자유 순결과 박애의 진체(眞體)를 대지에 실현하여 써 인생의 천직을 완수함으로써 종지(宗旨)를 삼음.

제3조 본당은 덕행이 독실하고 특히 전조의 이상을 동경하는 20세 이상의 남녀로서 조직함.

제4조 본당은 좌의 직원을 치(置)함.

총재 1인, 이사 10인

---

24 「呂運亨被疑者訊問調書」(제5회), 『韓共資料』 I, p. 323 참조

25 신한청년당이 당헌을 제정한 일자는 기록에 나타나 있지 않다. 여운형이 크레인에게 獨立控告書를 전달한 직후 당의 재정비를 서둔 것으로 보아 1918년 11월 하순경부터 연말 사이의 일이라고 추정된다.

총재와 이사는 총회에서 선출함.

이사장은 이사 중 1인을 호선하여 이사회를 대표케 함.

직원의 임기는 1개년으로 함.

이사는 서기급 사무원 약간인을 임용함을 득(得)함.

제5조 총재는 본당을 대표함.

총재가 유고할 시는 이사장 이사가 그 직권을 대리함.

이사는 당무를 부분 집행함.

제6조 매년 춘계에 총회를 개(開)함.

총재급 이사 반수 이상이 일치할 시는 임시회를 개함을 득함.

제7조 신입당원은 반드시 당원 2인 이상의 소개를 요하되 이사회에서 그 허부를 결정함.

제8조 본당의 정신에 위반되는 행동을 감히 한 당원은 이사회에서 출당함을 득함.

제9조 본 당헌은 당원 4분의 3의 열석과 당원 4분의 3 이상의 결의로써 차(此)를 개정함을 득함.[26]

신한청년당은 또한 창당 때의 강령을 재정비하여 '당강(黨綱)'으로서 문서화하여 공표하였다. 신한청년당의 당강은 다음과 같았다.

신한청년당의 당강

一. 대한(민)국 독립의 완성을 기도함.

一. 내외 신구사상을 취사융합하여 건전한 국민사상의 기초를 확립하며 학술과 기예를 장권하여 세계의 문화에 공헌하며 아울러 사회각항 제도를 개량하여 서 세계의 대세를 순응케 함.

一. 세계대동주의 실현에 노력함.[27]

신한청년당의 당강에 대하여 상해 임시정부의 『獨立新聞』은 그 후 1920년 2월 2일~4일의 신한청년당 제1회 정기총회를 보도하면서 이 당의 당강이 ①

26 『新韓青年』 창간호, pp. 132~133.

27 『新韓青年』 창간호, p. 133.

대한독립, ② 사회개조, ③ 세계대동의 세 가지라고 지적하였다.[28] 여기서 '대한독립'이란 해방과 독립을 쟁취하여 새로운 대한의 민주공화국을 수립하는 것을 말하며, '사회개조'란 국내외 신구사상을 취사선택하여 모든 측면의 사회제도를 개혁함을 의미하고, '세계대동'이란 박은식이 주장한 바와 같이, 국가간의 강권주의와 제국주의를 폐기하고 모든 인류가 대동과 평화와 협조를 실현함을 의미한 것이라고 볼 수 있다.[29]

신한청년당은 이상과 같이 당헌을 제정하고 당강을 재정비하게 되자, 당헌에 따라 조직체계를 재정비하여 총무제(總務制)를 폐지하고, 총재·이사장·이사제를 실시하였다. 신한청년당 총재는 비워두고,[30] 이사장에는 파리 평화회의에 대표로 파견키로 한 신입당원 김규식을 추대하였다. 그리고 10인 이내의 이사의 부서로서는 서무부(庶務部), 교제부(交際部), 재무부(財務部)를 두고,[31] 서무부의 이사에 서병호, 교제부의 이사에 여운형, 재무부의 이사에 김인전(金仁全)을 선출하였다.[32]

그리하여 신한청년당은 1918년 8월 창립 직후에는 주로 여운형·장덕수가 당무를 보다가, 1918년 11월 하순 이후에는 여운형·서병호·김인전 세 사람이 당무를 보는 조직체계를 형성한 것이었다.

신한청년당은 당원의 자격을 연령상으로는 '20세 이상 40세 이하'[33]로 한정하고, 조국독립을 위하여 '사생(死生)으로써 맹약(盟約)'[34]한 동지만을 엄선하여 당원의 많음을 탐하지 않고 소수정예주의를 취하였다. 당에 가입하는 절

28 『獨立新聞』, 1920년 2월 5일자, '新韓青年黨總會' 참조.

29 신용하, 「박은식의 유교구신론·양면학론·대동사상」, 『歷史學報』 제73집, 1977; 『박은식의 사회사상연구』, 서울대출판부, 1982 수록 참조.

30 신한청년당은 3·1운동 봉기에 성공한 후 한때 3·1운동의 민족대표 孫秉熙를 당총재로 추대하려고도 했다고 한다. 김준엽·김창순, 『한국공산주의운동사』 제2권, 고대아세아문제연구소, pp. 190~191 참조.

31 「呂運亨被告人訊問調書」 (제2회), 『韓共資料』 I, p. 369 참조.

32 『呂運亨公判調書』, 『韓共資料』 I, p. 397 참조.

33 「呂運亨被疑者訊問調書」, 『韓共資料』 I, p. 245 참조.

34 『新韓青年』 창간호, p. 132.

차는 기존당원이 먼저 적임자를 물색하여 권고해서 입당후보자가 동의하면 이사에게 추천하고, 이사는 그를 총회에 제출하여 총회의 승인을 얻음으로써 비로소 당원이 되었다.[35]

신한청년당은 규모는 작았으나 처음부터 소수정예주의의 조직 원칙을 고수하여 유능하고 독립운동에 몸과 마음을 모두 바치기로 맹약한 청년들로만 조직된 청년정당이었다고 볼 수 있다. 신한청년당의 당원수는 약 30~50명으로 추정되며, 지금까지의 자료들에서 정확하게 밝힐 수 있는 당원을 대체로 입당 순서에 따라 들면 다음의 31명이다.[36]

> ① 여운형, ② 장덕수, ③ 김철, ④ 선우혁, ⑤ 한진교, ⑥ 조동호, ⑦ 김규식, ⑧ 신석우, ⑨ 이유필, ⑩ 서병호, ⑪ 조상섭, ⑫ 김순애, ⑬ 신국권, ⑭ 김인전, ⑮ 이광수, ⑯ 조용은, ⑰ 백남규(白南奎), ⑱ 김갑수(金甲洙), ⑲ 임승(성)업(林承(盛)業), ⑳ 김구, ㉑ 김병조, ㉒ 손정도, ㉓ 도인권, ㉔ 양헌(梁憲), ㉕ 이원익, ㉖ 안정근(安定根), ㉗ 장붕(張鵬), ㉘ 한원창(韓元昌), ㉙ 최일(崔一), ㉚ 이규서(李圭瑞), ㉛ 신창희(申昌熙)

신한청년당의 위의 당원 구성의 특징을 보면, 우선 첫째로 민족운동의 계보에 있어서 신민회 회원과 그 계열로 구성되어 있다는 점을 들 수 있다. 선우혁·김구·도인권 등은 신민회 정회원이었으며, 여운형·김철·한진교·조동호·안정근·이광수·이유필·최일·양헌·장붕 등은 신민회 계열의 각 단체의 청년 활동가들이었다. 둘째, 당원의 대부분이 기독교도들이었다.[37] 여운형·선우혁·장덕수·김규식·김순애·김인전·서병호·김구·김병조·손정도·장붕 등은 기독교도들이었다. 셋째, 당원의 모두가 매우 완강하고 헌신적인 민족주의자들이었으며 공화주의자들이었다. 사회주의와 공산주의는 아직 이들 청년들 중에는

35 「呂運亨被告人訊問調書」, 『韓共資料』 I, p. 369 참조.

36 「呂運亨豫審請求書」, 「呂運亨被告人訊問調書」 (이상 『韓共資料』 I 수록); 『新韓青年』; 『韓國民族運動史料』(國會圖書館 編)(中國篇); 『朝鮮3·1獨立騷擾事件』(日本憲兵隊司令部) 등의 자료에서 대조하여 모은 것이다.

37 『獨立新聞』, 1920년 2월 5일자, 「新韓青年黨總會」 "黨員의 多數는 基督敎人이라" 참조.

들어와 있지 않은 상태에서 신한청년당은 창당되고 조직되었다.

4. 신한청년당과 3·1운동

1) 3·1운동의 진원과 독립공고서(獨立控告書)의 전달

신한청년당은 작은 규모의 청년독립운동단체였으나, 창립 직후 3·1운동 봉기에 있어 '진원(震源)'을 만드는 큰 업적을 달성하였다. 3·1운동을 가장 먼저 준비하여 국내 및 일본유학생들과 연결을 맺고 3·1운동의 직접적인 최초의 진원을 만든 것은 상해의 신한청년당이었다. 당시 일제 관헌도 3·1운동의 최초의 준비단체를 신한청년당으로 보아 주목하였다.[38]

제1차 세계대전이 1918년 11월 11일 끝나자, 미국 대통령 윌슨(Woodrow Wilson)은 즉각 특사 크레인(Charles R. Crane)을 중국에 파견하여,[39] 전후의 평화회의에 대한 미국의 입장을 설명하고 중국도 대표를 파견하도록 종용케 하였다.

미국 대통령 특사 크레인이 1918년 11월 상해에 도착하자 상해외교단과 범태평양회의 합동 주최로 상해 영파로(寧波路) 칼튼 카페(Calton Café)에서 크레인 환영회가 개최되었는데 이 자리에는 1천여 명의 인사들이 참석하였다. 이 환영회에 범태평양회의 회원으로 신한청년당의 여운형이 참석하였다.[40]

크레인은 이 환영회의 연설에서, 이번에 프랑스 파리(베르사유)에서 개최되는

38 「上海在留 韓人運動者 逮捕에 關해 1919년 4월 11일자로 朝鮮總督府 政務總監이 外務次官에게 照會한 要旨」, 『日本外務省陸軍省文書』 제2집; 국회도서관 편, 『韓國民族運動史料』(중국편), 1967, pp. 20~22 참조.

39 「呂運亨被疑者訊問調書」 (제2회), 『韓共資料』 I, pp. 292~293에 의하면, 크레인은 미국 대통령 윌슨에게 선거자금을 대량 헌금한 윌슨의 유력한 친구로서, 후에 중국 주재 미국공사를 역임한 인물이었다고 한다. 크레인이 이때 중국에 파견된 것은 윌슨이 주도하는 파리 평화회의에 강력한 중국대표단 파견을 종용하기 위한 것이었다고 한다.

40 「呂運亨被告人訊問調書」, 『韓共資料』 I, pp. 365~366 참조.

세계평화회의는 그 영향이 심대할 것이며, 특히 피압박민족에 대해서는 그 해방을 강조하게 될 것이므로 약소민족으로서는 그 해방을 도모할 절호의 기회이니 중국도 대표를 파견하여 피압박의 상황을 알려서 그 해방을 도모함이 좋을 것이라는 요지의 연설을 하였다.[41]

여운형은 이 연설이 민족자결주의를 말하고 있다고 판단하고 이것이 기회라고 생각하여 연회가 해산된 후 그 카페의 전실(前室)로 소개없이 찾아가서 크레인을 면담하였다. 여운형의 진술에 의하면, 여는 크레인에게 자신은 귀하의 연설에 큰 감동을 받은 사람으로서 조선도 독립의 호소가 가능할 것인가를 물었다. 크레인은 이에 대하여 피압박민족이라고 칭한 것은 단지 일국만을 가리킨 것이 아니라 추상적으로 말한 것이라고 응답하였다. 여운형은 우리도 피압박민족이므로 이 기회에 반드시 민족해방을 도모하기 위해서 대표를 파리에 파견하여 조선의 사정을 호소해서 각국의 동정의 협력을 얻고자 생각하는데 대표 파견에는 문제가 없겠는가고 물었다. 크레인은 자기 자신은 개인적으로 충분히 원조할 터이니 반드시 대표를 파견해 보라고 응답하였다.[42]

한편 여운형의 아우 여운홍(呂運弘)은 이때 그의 형 여운형이 중국인 왕정정(王正廷)의 소개로[43] 크레인을 면담했으며, 대체로 다음과 같이 한국의 독립 의사를 설명하고, 파리 평화회의에 한국민족대표를 파견할 생각이므로 그 회의 참석에 대하여 협조해 줄 것을 요청했다고 하였다.

> "나는 한국인이다. 한국은 일인들의 강압과 악랄한 간계하에 합병을 당하고 말았다. 국민은 결사코 이를 반대하여 유혈의 사투가 계속되고 있으며, 일인들의 억압은 날로 심해만 가고 있다. 이 기회에 우리는 일제의 압박과 지배에서 해방되어야 하겠다. 그러기 위해서는 평화회의에 우리도 대표를 파견하여 민족의 참상과 일본의 야만

---

41 「呂運亨被疑者訊問調書」, 『韓共資料』 I, p. 243 참조.

42 「呂運亨被疑者訊問調書」 (제5회), 『韓共資料』 I, p. 321 참조.

43 왕정정은 중국의 외교관으로서 여운형의 친우이며, 바로 후에 파리 평화회의에 참석하는 중국 대표단의 일원이 되었다.

적 침략성을 폭로해야 하겠는데 당신의 원조를 요청하는 바이다."[44]

여운형은 크레인의 협조 동의를 얻게 되자, 그날 밤 장덕수를 방문하여 크레인의 연설과 여운형 자신과의 회견 전말을 설명하고, 파리 평화회의에 조선대표를 파견하고자 하며, 만일 이것이 불가능하면 문서로서 조선의 사정을 평화회의에 보고하여 도움을 얻는 것이 어떤가고 의논하여 장덕수의 동의를 얻었다.[45]

이튿날 여운형·장덕수·조동호·한진교·선우혁·김철 등은 여운형의 숙소에서 구수회의를 한 결과 천진에 거주하고 있는 김규식을 한국대표로 파리 평화회의에 파견할 것과, 만일 여비를 마련하지 못하여 대표를 파견하지 못하게 될 경우를 염려해서 신한청년당 총무 여운형의 명의로 독립에 관한 청원서(공고서(控告書)) 2통을 작성하여 크레인을 통해서 한 통은 미국 대통령 윌슨에게, 또 한 통은 세계평화회의에 전달케 하기로 결정했다.[46] 이에 여운형과 장덕수의 두 사람은 합동으로 상해 프랑스 조계 패늑로(貝勒路) 길익리(吉益里) 장덕수의 숙소에서 3일간 두문불출하여 한국어로 원고를 작성하고,[47] 여운형이 이를 영문으로 번역하여, 피치(Fitch) 박사의 영문 수정을 받은 다음,[48] 타자를 쳐서 1918년 11월 28일자로 여운형이 신한청년당 대표로 서명하였다.[49]

신한청년당 대표 여운형 등이 작성하여 보낸 2통의 '독립에 관한 청원서(공고서)'는 크레인을 통하여 미국 대통령 윌슨에게 전달되었다.

여운형은 또한 한국대표가 파리 평화회의에 참석하지 못하는 경우에 대비해서 크레인에게 위탁한 것과 동일한 2통의 청원서(공고서)를 파리 평화회의

---

44 呂運弘, 『夢陽呂運亨』, 1967, pp. 25~26.
45 「呂運亨被疑者訊問調書」 (제5회), 『韓共資料』 I, p. 321 참조.
46 「呂運亨被告人訊問調書」, 『韓共資料』 I, p. 366 참조.
47 「呂運亨被告人訊問調書」, 『韓共資料』 I, p. 367 참조.
48 李萬珪, 『呂運亨先生闘爭史』, p. 22 참조.
49 「呂運亨公判調書」, 『韓共資料』 I, p. 398 참조.

에의 중국 대표단 고문으로서 중국대표 육징상(陸徵祥)과 동반하여[50] 파리로 향하는 상해 『밀라드 리뷰(Millard Review)』紙 사장 겸 주필 밀라드(Thomas Millard)에게 위탁하였다.[51] 밀라드는 다음과 같이 기록하고 있다.[52]

"지난해(1918년) 12월 미국을 향하여 상해를 떠나려던 바로 전날 저녁 미지의 어떤 인사가 아스터 하우스(Astor House)에 있는 내 아파트로 나를 찾아왔다. 나의 하인이 그를 인도해 왔을 때 처음에 나는 그가 양복을 입은 일본인이라고 생각했다. 그러나 그는 일본의 압박에 못이겨 조국을 쫓겨난 한국인 기독교도라는 것을 나에게 밝혔다. 그는 변장을 하고 압록강을 건너 만주로 망명했었으며 다음에 일본 지배지역을 통하여 중국 본토로 들어오는데 성공하였다. 그는 상해에서 한국인 기독교청년회에서 일하고 있으며, 중국 기독교청년회 조직의 내 친구의 소개장을 갖고 찾아온 것이었다. 그는 내가 워싱턴과 파리로 간다는 말을 들었다고 하고, 나에게 청탁이 있어 왔노라고 하였다. 한국인들은 한국문제가 평화회의에 상정되기를 열망한다고 하고, 그렇게 상정시킬 방법을 알고 있지 못하다고 하였다. 한국인들은 일본 여권이 없으면 누구도 출국할 수 없으며, 그러한 여권을 한국인들은 통상 발급받을 수 없다는 것이다. 전쟁 중에는 여권 없이는 어느 곳도 여행할 수는 없는 것이다. 그는 간단히 각서 즉 평화회의에 보낼 한국의 호소문서를 가지고 와서, 그것을 미국 대통령이나 또 파리의 미국 대표단의 일원에게 전달할 수 있겠는가를 나에게 물었다. … 또 그는 한국문제가 회의에서 논의될 가능성이 있는가 하고 나의 의견을 물었다. 나는 그에게 그럴 가능성은 희박하리라고 생각한다고 말하였다. 그는 한국인이 파리에 파견할 한국 대표단의 비용으로 쓸 기금－내 기억으로는 10만 원－을 모금했다고 하고, 또 미국에 있는 몇몇 한국인이 파리에 갈 것이라고도 했다. 나에게 그 각서를 수교한 뒤 그는 떠났다."[53]

여운홍에 의하면, 여운형이 이때 밀라드에게 위탁했던 2통의 문서는 밀라드

50 李萬珪, 『呂運亨先生鬪爭史』, p. 22 및 p. 24 참조.

51 「呂運亨被疑者訊問調書」 (제5회), 『韓共資料』 I, p. 321 참조.

52 이보형(李普珩), 「3·1운동에 있어서의 민족자결주의의 도입과 이해」, 『3·1운동 50주년기념논문집(동아일보사 편) 참조.

53 Thomas F. Millard, *Democracy and the Eastern Question*, The Century Co. New York, 1919 pp. 37~38.

가 중국대표단의 수석대표인 육징상과 함께 일본을 거쳐 파리로 가는 도중 요코하마에서 일본 스파이에게 가방을 잃어 모든 서류들과 함께 분실하였다고 한다.[54] 그러나 밀라드의 저서에 그 중 미국대통령 윌슨에게 보낸 호소문의 일부가 사본이라고 하여 인용되어 전재된 것을 보면, 이 문서들은 사본이 작성되어 읽혀졌던 것으로 보인다.[55]

여운형이 이때 미국 대통령 윌슨과 파리 평화회의에서 보낸 문서는 『新韓青年』 창간호에 수록되어 있다. 여기에는 미국대통령에 보낸 문서는 한국어 원본 그대로, 파리 평화회의에 보낸 문서는 김규식이 제출한 것을 후에 붙인 주석을 빼고 원본 그대로 수록하고 있다. 이 두 문서를 비교해 보면 기본 내용은 유사하지만 서두와 문장과 양식은 서로 다름을 알 수 있다.

미국대통령 윌슨에게 보낸 문서의 서두는 다음과 같이 시작되고 있다.

> "'천지창조' 이래로 인류발생 이래의 대참극 대쟁투인 세계의 대전쟁은 수(遂)히 지(止)하니 악마가 섬멸되고 사악이 세계에서 제구(除驅)되었음을 신께 감사하는 바는 정의와 인류와 자유의 규성(叫聲)이 천(天)에 달(達)하여 완전한 승리로 응답이 하(下)하였음이라. 그러므로 연합국의 대성취를 하(賀)하며 특별히 미국이 대전에 참가한 후 전쟁의 목적이 익익(益益) 정의와 인도와 자유로 전(轉)하였으므로 귀국과 귀국인의 고상한 정신과 굉대(宏大)한 사업을 자에 아등(我等)의 충적(衷赤)을 다하여 치하하나이다.…"[56]

이 문서에는 계속하여 한국이 일본에게 고대 이래 선진문명을 가르쳐준 오래된 고대 문명국임을 들고, 한국이 극동평화에서 중요한 지위를 차지하고 있으며, 현재는 일본의 침략으로 한국이 극심한 억압과 고통을 받고 있음을, ① 정신적 방면, ② 정치적 방면, ③ 경제적 방면에서 낱낱이 들어 폭로 규탄하면서, 한국민은 반드시 한국의 독립을 회복하고자 하니 귀국과 귀국 인민의 일

---

54 『呂運亨先生鬪爭史』, p. 24 및 『夢陽呂運亨』, p. 27 참조.

55 Thomas F. Millard, *Democracy and the Eastern Question*, pp. 38~40.

56 『新韓青年』 창간호, p. 133.

수(一手)의 원조를 아끼지 말아 달라고 요청하였다.[57]

이 문서의 전달을 요청받은 사람의 하나인 밀라드는 그의 저서에서 이 문서 중, ① 정신적 방면, ② 정치적 방면, ③ 경제적 방면의 일제의 침략상을 폭로한 부분을 인용 전재하면서, 다음과 같이 논평하였다.

> "이 호소문이 알려주는 한국의 상태의 묘사는 결코 과장된 것이 아니라. 일본의 통치 아래서 한국인 원주민의 상황은 실제로 농노의 그것이다."[58]

한편, 파리 평화회의에 제출한 청원서의 한국어본 첫 부분은 다음과 같이 시작하고 있다.

> **大韓民族及 國家의 要求**
>
> 강화회의가 1910년 한일병합조약을 취소 혹은 폐기하여 한국으로 하여금 일본의 기반(羈絆)하에서 벗어나 독립국을 재건케 하기로 대한민족급 국가는 차(此)를 요구함.
>
> 청원서
>
> 대한민족급 국가는 자(玆)에 일본의 기반을 벗어나 독립국을 재건키로 청원하노라.
>
> 謹 白
>
> 一. 대한민족은 일정한 국민적 생활과 문화를 유(有)한 사천이백여년의 역사적 국민으로 아세아의 중요한 일국가를 형성한지라. 과거 사천이백여년간 대한국은 독립국가를 유지하였도다. …[59]

이 청원서는 뒤이어 20항목으로 나누어 일본이 한국의 독립을 침범하여 병탄한 과정과 한국인민들의 반항투쟁을 기술한 다음 일제의 식민지 통치하에서 고통받는 한국인의 참상을 폭로하여, 일본은 대륙에 대해서도 침략 정책을 자행하려는 평화의 교란자라고 규탄하였다. 이 호소문은 1910년 8월 22일 조인된 합병조약을 영원히 폐기할 것을 알리고 평화회의가 한국의 독립문제를

---

57 『新韓青年』 창간호, pp. 133~137 참조.

58 Thomas F. Millard, *Democracy and the Eastern Question*, p. 40.

59 『新韓青年』 창간호, p. 40.

토의해 줄 것을 요구하였다.[60]

이 문서는 영문본과 불문본이 작성되어 파리 평화회의 각국 대표들에게 현지에서 김규식 등 한국민족대표단에 의하여 배포되었다.[61]

2) 민족대표 김규식의 파리 평화회의 파견

신한청년당의 여운형 등은 독립에 관한 청원서를 작성하여 미국 대통령 윌슨과 파리 세계평화회의에 인편을 통하여 전달한 후 신한청년당 대표를 직접 파리 세계평화회의에 파견하기로 결정하였다.

여운형 등이 한국민족대표를 파리 평화회의에 파견시키려 한 목적은, ① 한국을 '독립'시키고, ② '중립국'을 만들기 위한 외교활동을 하려 한 것이었다. 여운형은 그후 일제관헌의 심문에 다음과 같이 응답하였다.

> "구주에서 白耳義는 소국으로 영·불·독·노 4개국에 포위되어 있을지라도 엄정 중립국이 되어 있기 때문에 구주의 평화를 유지시키게 된다. 동일한 양상으로 조선은 일·지(支)·로의 3개국에 포위되어 있을지라도 백이의의 상태와 마찬가지로 조선을 일국에 병합하는 경우에는 동양의 평화는 보전하기 어렵기 때문에 조선을 독립시켜서 중립국을 만드는 일은 곧 동양평화의 요체임을 들어서 평화회의의 취지에 기초하여 차제에 조선을 독립시키도록 각국이 노력해 줄 것을 청원하려 한 것이다."[62]

여운형은 장가구(張家口)에서 거주하면서 천진에서 취업하고 있던 김규식이

---

60 『新韓青年』 창간호, pp. 40~46 참조. 이 문서는 상해 신한청년당의 문서에 그 후 상해 대한민국 임시정부가 수립되자 김규식이 상해 임시정부의 대표도 겸하여 현지에서 추가 수정하고 주를 붙여서 서명한 것이다. 그러나 서두 부분과 본문의 대부분은 신한청년당의 문서에 그대로 의존한 것으로 보인다.

61 Korea Delegation to the Peace Conference, *The Claim of the Korean People and Nation, for Liberation from Japan and for the Reconstitution of Korea as an Independent State*, Paris, April 1919. (독립기념관 소장) 및 Exposé présenté par la Délégation Coréenne à la Conférence de la Paix, *La Nation et le Peuple Coréen demendent leur libération du joug japanais dt le rétablissment de la Corée en Etat independant*; 『한국독립운동사자료』 제5권, pp. 535~542 참조.

62 「呂運亨被疑者訊問調書」 (제2회), 『韓共資料』 I, p. 293 참조.

파리평화회의에서 활동한 당시의 김규식(앞줄 오른쪽)

상용(商用)으로 북경에 가 있었을 때, 그가 영어에 매우 능숙했으므로 김규식을 신한청년당의 대표로 파리 평화회의에 보내기 위하여 상해로 불렀다.

여운형·장덕수·신석우·김규식 등 4인은 파리 세계평화회의에의 대표 파견 문제를 협의한 결과 김규식을 신한청년당에 입당시킴과 동시에 당의 이사장에 추대하여 신한청년당 대표로서 파리 세계평화회의에 파견키로 결정하였다.[63] 신석우가 대표로 파리에 갈 것을 원했으나 김규식이 영어가 능숙하므로 그가 선발되었다고 한다.[64]

김규식을 신한청년당 대표로서 파리에 파견하는 경비는 김규식의 소지금 2,000원과 장덕수를 비밀리 국내에 파견하여 조달한 3,000원 등 5,000원으로써 충당하였다.[65] 장덕수는 극비리에 부산에 가서 이 자금을 모집해 왔다.[66]

---

63 「呂運亨被疑者訊問調書」(제5회), 『韓共資料』 I, pp. 321~322 참조.

64 『呂運亨先生鬪爭史』, p. 23에 의하면, 당시 申錫愚는 자금을 1만 원 갖고 있었는데, 張德秀가 이를 교섭했더니 申이 자기를 수석대표로, 金奎植과 呂運亨을 통역으로 해 줄 것을 조건으로 주장하여 張 등이 이를 거절하고 신석우도 신한청년당에 가입하지 않았다고 기록했는데, 이것은 신한청년당으로부터의 탈당을 의미한 것이었다.

65 「呂運亨被告人訊問調書」, 『韓共資料』 I, p. 367 참조.

66 『呂運亨先生鬪爭史』, p. 23 및 『夢陽呂運亨』, p. 27 참조.

김규식의 체재비는 그 후 3·1운동이 일어나고 대한민국 임시정부가 수립되자 김규식이 신한청년당의 대표로서만이 아니라 임시정부의 대표로 됨에 따라 국내 및 미주로부터 모금된 독립운동 자금 중에서 전후 8회에 걸쳐 약 3만원이 공급되었다.[67]

그러나 당시 선편(船便)이 초만원이어서 상해로부터 프랑스행 선편은 3월말까지 이미 차 있어서 선표를 구할 수가 없었다. 여운형은 주선 끝에 파리 세계평화회의에 파견되는 중국대표단의 수행원이며 전부터 잘 아는 정육수(鄭毓秀) 여사를 찾아가서 그의 딱한 사정을 말하고 협조를 요청한 결과 鄭의 선표를 양보받아 시일을 겨우 맞출 수가 있었다.[68]

신한청년당 대표 김규식이 준비의 어려움으로 인한 여러 가지 우여곡절을 극복하고 파리를 향하여 선편으로 상해를 출발한 것은 1919년 2월 1일이었다.[69]

신한청년당은 김규식을 파리 세계평화회의에 파견하면서 다음과 같은 12개 항목의 임무를 수행하도록 지시하였다.[70]

① 평화회의에 출석한 각국 대표들을 면접하고 한국에 대한 동정과 지지를 얻을 것.
② 파리에 비공식적으로 가 있는 유력한 인사를 면접할 것.
③ 일본 무단통치하의 한국의 정치·경제·교육 및 종교의 여러 가지 사정을 알릴 것.
④ 일본의 한국에 대한 야욕을 폭로한 것.
⑤ 일본의 몽고·시베리아·산동·양자강지역·복건·태국·필리핀·남해 및 인도에 대한 야욕을 폭로할 것.
⑥ 한국은 극동문제를 해결하는데 있어서 열쇠와 같은 중요한 위치에 있다는 것을 역사적, 지리적 및 전략적 이유를 들어 설명할 것.

---

67 「呂運亨被告人訊問調書」, 『韓共資料』 I, pp. 367~368 참조.
68 『呂運亨先生鬪爭史』, pp. 23~24 및 『夢陽呂運亨』, p. 27 참조.
69 「平和會義에 있어서의 韓人獨立運動者의 行動에 關해 1922년 10월 19일자로 朝鮮總督府 警務局長이 外務次官에 通報한 要旨」 No.68, 『韓國民族運動史料』 (중국편), p. 191 참조.
70 「北京駐在美國公使가 國務長官에게 發送한 1919년 2월 16일자 報告書」, 李庭植, 『김규식의 생애』, 新丘文化社, 1974, pp. 57~58에서 재인용.

⑦ 미국·영국·프랑스 및 이탈리아의 유력하고 책임성 있는 신문기자들의 동정적인 협력을 얻어 한국독립에 대한 세계적인 여론을 조성할 것.

⑧ 미국·영국·프랑스·이탈리아·중국의 유력지(有力紙)를 통하여 전 세계에 한국 시정을 알리고 세계의 정치가들, 외교 지도자들, 그리고 전 세계 사람들간에 한국에 동정적인 여론을 조성할 것.

⑨ 파리·런던·샌프란시스코·상해 등지에 홍보국을 설치하고, 또 모든 다른 방법을 통하여 직접·간접으로 활약할 것. 세계의 정치가들과 외교 지도자들, 그리고 각국 국민들간의 여론이 어떻게 돌고 있는지를 극동에 알릴 것.

⑩ 선전물, 선전 작품, 그림이 든 전단 등을 작성하여 반포할 것.

⑪ 왜 한국이 독립해야 하는가 하는데 대한 이유를 설명하며, 한국 사람이 스스로 통치할 능력이 있다는 것을 과시할 것.

⑫ 평화회의에서 대표로 인정받을 것을 정식으로 요구하고, 한국 해방에 대한 정식 청원서를 제출할 것. 이 청원서는 자세하고 포괄적일 것.

파리 평화회의에 신한청년당이 한국민족대표로서 김규식을 파견했다는 사실은 그 후의 3·1운동 봉기에 중대한 의미를 갖는 것이었다. 이 사실은 본국의 국민들과 애국자들과 재일유학생들에게 밀사들을 통하여 통보되었고, 한국민중들은 신한청년당 대표 김규식이 자기들의 의사를 대변하고 있음을 3·1운동의 봉기를 통하여 세계에 알리는 일을 포함하여 독립투쟁을 한 것이었다. 신한청년당의 김규식의 파리 평화회의 파견은 3·1운동 봉기에 계기와 하나의 구심점을 제공한 것이었다고 볼 수 있다.

김규식은 1919년 3월 13일 목적지인 파리에 도착하여, 파리시 중앙샤토덩가 38번지의 집을 세내어 '평화회의한국민대표관'을 차렸다. 뒤이어 초빙한 미국인 헐버트(Homer B. Hulbert)가 3월 17일 도착했으며, 김규식은 스위스 뛰릭대학에 유학중인 이관용(李灌鎔)을 전보로 불러 대표관사무를 담당케 하였다. 또한 또한 5월 초순에 김복(金復)이 상해로부터 도착하고, 미국자원병으로 구주에 출전했던 황기환(黃玘煥)이 6월 3일에 독일로부터 파리에 도착하자, 이 두 사람을 대표관서기장으로 임명하였다. 뒤이어 상해로부터 6월 말에 조용은이,

7월초에 여운홍이 도착하여 대표관사무에 합류하였다. 김규식 일행은 1919년 5월 10일 '공고서(控告書)'를 평화회의 석상에 제출하였다.[71]

또한 김규식 등의 평화회의 한국민대표관은 평화회의에 제출한 공고서의 사본들을 각국의 원수들과 정부와 국회에 보내고, 각국의 정치가들과 신문사들과 중요기관에 다수 배포하여 한국민의 주장을 널리 알렸다. 김규식은 상해 신한청년당의 대표로 파리에 도착하여 활동을 개시했으나 대한민국 임시정부가 수립되자 임시정부는 김규식을 평화회의 대한민국위원 겸 파려(巴黎)위원의 정위원으로, 이관용을 부위원으로 임명하였다.[72]

신한청년당 대표 김규식은 비록 열강들의 냉담 때문에 한국독립문제를 평화회의에 상정시키지는 못했지만 파리에서 맹렬한 외교활동을 전개하여 세계 언론계에도 한국독립을 지원하는 국제여론을 환기시켰다. 김규식 일행의 활동은 방대하여 별고로 다루어야 할 주제라고 할 것이다.

3) 국내에의 당원의 파견

신한청년당은 또한 3·1운동의 봉기와 관련하여 국내에 당원 장덕수·선우혁·김철·서병호·김순애·백남규 등을 파견하였다.

국내와 일본에 파견된 장덕수

신한청년당은 장덕수를 국내에 두 차례나 파견하였다. 제1차 파견은 1918년 12월경(추정) 파리평화회의에 신한청년당 대표로 파견하는 비용을 염출하기 위하여 장덕수를 부산에 잠입케 해서,[73] 장덕수는 3,000원의 독립운동 자금을 모집

71 「歐洲의 우리事業」(大韓民國 2년 12월 간행 臨時政府駐巴黎委員部通信局 編纂), 『韓國民族運動史料』(중국편), pp. 191~192 참조.

72 「歐洲의 우리事業」, 『韓國民族運動史料』(중국편), p. 193 참조.

73 『呂運亨先生鬪爭史』, p. 23 및 『夢陽呂運亨』, p. 27 참조.

해 가지고 돌아왔다.[74]

장덕수의 제2차 국내 파견은 이상재·손병희 등을 비롯한 다수의 국내 지도자들을 만나 3·1운동 봉기를 촉구하기 위한 것이었다.[75] 신한청년당은 1919년 1월 16, 17일경 장덕수에게 국내에 잠입하여 3·1운동 관계의 연락을 담당하라는 다음과 같은 지시를 하였다.

> "세계의 기운은 점차 움직이고 있다. 이번 강화회의는 실로 세계를 새 역사로 돌입시키는 것으로 특히 약소민족 및 압박당하고 있는 민족의 장래에 광명을 줌이 심대하다. 조선민족도 차제에 무자각에서 자각으로 들어가 권리와 정의를 주장하여 세계 공론에 호소해야 할 최초의 시기라고 믿는다. 그리고 우리 당의 활동 내용은 당략상 그 상세함을 귀하에게 명언할 수는 없으나 각지에서 우리 동포는 독립을 선언하고 운동을 개시할 예정이다. 연이나 일본 관헌은 반드시 이 운동의 진상을 해외에 보도하는 것을 금할 것은 명약관화하므로 귀하는 일본인을 가장하고 동경 및 경성으로 들어가 운동 정황을 상해 『중화신보(中華申報)』 기자인 조동호에게 통신하기 바란다. 또 동경에는 趙鏞殷(趙牖雲으로 오기)을 파견하였으므로 도착 후에는 조도전(早稻田) 대학 대기실을 수신지로 통신하고 상세하게 상의하라. 또 동경의 운동은 2월 초순, 경성의 운동은 3월 초순에 실행될 예정이므로 동경의 상황을 통신한 후에는 곧 경성으로 들어가 그곳 상황을 통신하도록 하라. 그리고 귀하가 일본 관헌에 체포되더라도 당의 행동 및 나의 이름은 절대로 비밀을 엄수하라. 운운"[76]

장덕수는 동경에 유학하는 중국인 劉某라고 가장하고 1월 27~28일경 상해를 출발하여 장기(長崎)를 거쳐서 2월 3일경 동경에 도착하였다. 장덕수는 조용은에게 연락하여 2월 5일 밤 시바(芝)공원 산문 앞에서 회합하였다. 조용은은 이때 이미 재일본 유학생들과 접촉하여 독립운동을 고취한 결과 2월 8

---

74 「呂運亨被告人訊問調書」, 『韓共資料』 I, p. 367 참조.

75 「呂運亨被告人訊問調書」, 『韓共資料』 I, p. 244 참조.

76 「朝鮮 3·1獨立騷擾事件」, 『독립운동사자료집』(독립운동사편찬위원회편) 제6권, p. 892. 여기서 장덕수는 신한청년당의 비밀을 보존하기 위하여 자기가 申圭植(同濟社 대표)으로부터 서면 지시를 받은 것처럼 일제관헌의 심문에 응답하고 있다. 이점 사료비판에 주의를 요하는 것이다.

일을 기해 독립선언을 하기로 결정한 후였다. 조용은은 이미 임무를 완수했으므로 이 이상 동경에 머무는 것은 위험하다고 판단하여 상해로 돌아갔다. 장덕수는 상해로 돌아가는 조용은 편에 그동안 모금한 독립운동 자금 800원을 조동호에게 전달해 줄 것을 위탁하고 2월 17일경에 국내로 향하였다.[77] 장덕수는 2월 20일 서울에 도착한 다음 인천에 잠복해 있다가 일제 관헌에게 체포당하였다.[78]

신한청년당은 또한 선우혁을 국내에 파견하여 민족대표의 파리 평화회의 파견을 알리고 만세시위운동을 종용하도록 하였다. 선우혁은 1919년 1월 하순에 상해를 출발하여 2월 초에 평안북도 선천에 도착하였다. 선우혁은 구한말 신민회 때의 동지인 기독교신교 목사 양전백(梁甸伯)과, 역시 신민회 때의 동지인 정주의 장로인 이승훈(李昇薰)을 각각 만나서, 독립운동을 일으킬 것과, 민족대표가 파리에서 사용할 운동비 모금을 부탁하여 적극적인 찬동과 약속을 얻었다. 이에 힘을 얻은 선우혁은 계속하여 신민회 때의 동지인 강규찬(姜奎燦)·안세환(安世桓)·이덕환(李德煥)·김동원(金東元)·도인권(都寅權)·김성탁(金聖鐸)·윤원삼(尹愿三) 등을 만나 만세시위운동과 자금 모집에 관한 적극적인 찬동을 얻고 서울을 거쳐 상해로 돌아갔다.[79]

그 후 평양에서는 선우혁의 권유로 독립선언을 하기로 결정하고 그 방법으로는, 평양의 숭실전문학교·숭실중학교·숭덕고등보통학교·숭의여학교·숭현여학교·관립고등보통학교의 생도로써 시위운동을 감행하여 독립의 의사를

---

77 「朝鮮 3·1獨立騷擾事件」, 『독립운동사자료집』 제6권, pp. 892~893 참조.

78 여운형이 3·1운동 후 1919년 10월 일제의 회유공작의 일환은 일본방문초청이 왔을 때 장덕수석방과 그의 통역으로의 대동을 조건부로 수락했던 것은 여운형과 장덕수의 신한청년당을 통한 이러한 관계 때문이었다.

79 「上海在留 韓人運動者 逮捕에 關해 1919년 4월 11일자 朝鮮總督府 政務總監이 外務次官에게 照會한 要旨」, 『韓國民族運動史料』(중국편), pp. 20~22 참조. 이때 선우혁은 그가 접촉한 국내 인사들에게 김규식을 파리 평화회의에 파견하기로 되어 있으며, 미주에서도 대표를 파견하기로 했다는 사실을 통보하고, 국내에서도 그를 지원할 것을 요청하였다. 「朝鮮 3·1獨立騷擾事件」, 『독립운동사자료집』 제6권, pp. 890~891 참조.

표명하기로 의견이 일치되어, 윤원삼이 학교 교사 측을 분담하고, 안세환이 생도 측을 분담하여 독립운동을 권유하기로 결정하였다. 학교 교사 측은 숭덕고등보통학교 교사 함석원·곽권응·황찬영·김제현 등의 찬동을 얻고, 생도 측은 숭실전문학교 생도 이보식·박형룡 등의 찬동을 얻었다.

다시 함석원(咸錫元)은 관립고등보통학교 교사의 설득 교섭의 책임을 맡고, 윤원삼은 숭의여학교와 숭현여학교의 교사에 대한 설득 교섭의 책임을 맡아, 점차 각 학교 교사 및 생도를 규합해서 3월 3일 고종의 국장 당일에 독립선언을 발표하고 시위운동을 감행하기로 결정하였다. 때마침 이때 서울의 천도교 측에서 이승훈에게 연합전선을 펴자는 교섭이 왔으므로 이에 합동하기 위하여 계획이 변경되었다.[80]

또한 신한청년당은 김철을 국내에 파견하여 독립운동 자금을 모집해 오도록 하였다. 국내에 들어온 김철은 서울에서 천도교 측을 만나고 독립운동가금 3만 원을 각출하여 송금하기로 약속받고 상해로 돌아갔다.[81]

신한청년당은 그밖에 국내로 서병호·김순애(김규식의 부인)·백남규 등을 파견하여 독립운동을 일으킬 것과 파리 평화회의에 파견하는 민족대표의 독립운동가금 지원을 종용하도록 하였다.[82] 서병호는 서울과 대구를 다녀갔다. 김순애는 대구에 잠입하여 북경대학 졸업생이며 계성학교 교사인 백남채(白南採)와 접촉하여 독립운동을 협의하고 돌아갔다.[83] 백남규(白南圭)는 호남 출신으로서 전라도 지방 인사와 접촉했던 것 같다. 그들은 서울에서 기독교 계통 인

80 「朝鮮 3·1獨立騷擾事件」, 『독립운동사자료집』 제6권, pp. 891~892 참조.

81 『義庵孫秉熙先生傳記』, p. 341 참조.

82 「獨立運動의 事件」, 상해 임시정부편, 『史料集』 제4; 국사편찬위원회 편, 『韓國獨立運動史資料』 제4권(임정편), p. 205에는 "大韓青年團의 呂運亨 金澈 金奎植 鮮于爀 韓鎭教 張德秀 趙東祜 徐丙浩 諸人이 上海로서 會合하야 韓國의 匡復을 圖할새 金奎植은 黨의 代表로 巴黎에 選送하고 張德秀는 일본으로, 金澈·鮮于爀·金順愛는 韓國內地로 派遣하야 宗教와 社會의 頭腦人物을 訪問하고, 呂運亨은 俄領을 歷訪하야 時局의 大勢를 爛議하니라"고 기록하고 있다.

83 李在寅, 「上海에서 潛入한 金順愛 女史」, 『新東亞』, 1965년 3월호, p. 101 참조.

사들을 만나고 3·1운동 봉기 직전에 상해로 돌아간 것으로 보인다.[84]

이상과 같이 신한청년당이 국내에 파견한 여러 밀사들의 활동은 국내 3·1운동의 봉기에 매우 큰 자극과 계기를 만든 것이 틀림없다. 특히 신한청년당 대표 김규식을 파리 평화회의에 한국대표로 파견했으니 이것을 절호의 기회로 포착하여 그의 한국독립 주장을 전체 한국민족의 의사로서 전세계에 확인시키기 위한 전민족적 독립시위운동으로 전개해 줄 것을 요구하는 신한청년당의 호소는 3·1운동 봉기에 매우 중요한 동기를 조성하였다고 볼 수 있다.

4) 일본에의 당원의 파견

신한청년당은 제1차로 조용은(趙素昂), 제2차로 장덕수, 제3차로 이광수를 파견하여 재일본 한국유학생들에게 독립운동을 종용하였다.[85]

조용은은 1919년 1월경(일자 미상) 상해를 출발하여 동경에 도착해서 재일본 유학생들과 접촉하여 신한청년당 대표 김규식이 민족대표로서 파리 평화회의에 파견되었음을 알리고 독립운동을 종용한 결과 재일본 유학생들은 1919년 2월 초순경에 독립운동을 일으키기로 합의되었다.[86]

조용은은 뒤이어 도착한 장덕수와 1919년 2월 5일 시바(芝)공원 산문 앞에서 만나 동경 유학생들이 2월 8일 독립선언을 하기로 결정한 것을 알리고, 임무를 성공적으로 완수한 후에 계속 동경에 머무는 것은 위험하므로 장덕수가 모금한 800원의 독립운동 자금을 받아가지고 상해로 돌아왔다.[87]

장덕수는 본국에 파견되어 가는 길에 일본을 경유하도록 하여 2월 3일경에 동경에 도착하였다. 장덕수는 도착 즉시 조용은에게 연락하여 그를 2월 5일 동경 시바(芝)공원 앞에서 접촉하여 2월 8일 동경유학생들이 독립선언을 하기로 결정한 통보를 접수하고 일본에서 긴급히 모금한 800원을 상해 조동호에

---

84 李庭植, 전게서, pp. 53~54 참조.

85 「朝鮮 3·1獨立騷擾事件」, 『독립운동사자료집』 제6권, p. 891 참조.

86 「朝鮮 3·1獨立騷擾事件」, 『독립운동사자료집』 제6권, p. 892 참조.

87 「朝鮮 3·1獨立騷擾事件」, 『독립운동사자료집』 제6권, p. 893 참조.

게 보내도록 조용은에게 위탁하고 2월 17일 동경을 출발하여 서울로 향하였다.[88]

이광수는 1919년 1월 상해를 출발하여 북경을 거쳐서 동경에 도착하여 일본 유학생들의 2·8 독립선언서를 작성하였다.[89]

상해 신한청년당의 당원 3인의 일본 파견은 동경 유학생들의 2·8독립선언과 직결되어 있음을 알 수 있다. 그리고 2·8독립선언은 3·1운동의 직접적 전주곡을 만든 것이었다.

5) 만주·노령에의 여운형의 파견

신한청년당은 또한 여운형을 만주와 노령 연해주에 파견하여 그곳의 독립운동가들과 동포들에게 신한청년당이 파리 평화회의에 김규식을 대표로 파견했음을 알리고 이것이 독립운동의 절호의 기회임을 설명하며 독립운동을 고양시킴과 동시에 파리에 보낼 독립운동 자금을 모금해 오도록 하였다.[90] 여운형의 만주·노령 파견은 그 후의 이 지역 독립운동의 전개에 획기적 전환점을 만들게 되었다.

여운형은 1920년 1월 20일 상해를 출발해서[91] 길림 방면으로 향하여 장춘에 도착하자 심영구(沈永求)의 집에 머물면서 길림에 거주하는 독립운동가 여준(呂準, 呂祖鉉, 여운형의 族叔)에게 편지를 보내어 조국독립의 절호의 기회가 왔으므로 동지들을 권유하여 적극적으로 독립운동을 일으킬 것을 제의하였다.[92]

여운형은 만주로부터 다시 노령 연해주의 포염(浦鹽, 블라디보스토크)으로 가

---

88 「朝鮮 3·1獨立騷擾事件」, 『독립운동사자료집』 제6권, p. 893 참조.

89 金允植, 『李光洙와 그의 時代』 제2권, 한길사, 1986, pp. 601~632 및 「呂運亨被疑者訊問調書」(제5회), 『韓共資料』 I, p. 329 참조.

90 『夢陽呂運亨』, pp. 35~37 참조.

91 「呂運亨被疑者訊問調書」(제5회), 『韓共資料』 I, p. 322 참조.

92 「呂運亨被疑者訊問調書」, 『韓共資料』 I, p. 244 참조.

서 그곳에 체류하고 있는 이동녕, 박은식, 조완구 등과 회견하여 파리 평화회의에 신한청년당 대표 김규식을 파견했음을 알리고, 지금이 독립운동 적극적 고양의 절호의 기회임을 역설하여 전폭적 지지를 얻었으며, 그들도 상해로 와서 함께 독립운동을 강화할 것을 약속받았다.[93]

여운형은 또한 이승복(李升復) 형제와 원세훈(元世勳) 등을 만나고 해삼위(海蔘威)로 가서 채성하(蔡成河)의 집에 머물면서 강우규(姜宇奎), 이승교(李承橋), 김치보(金致甫), 정재관(鄭在寬), 강한택(姜漢澤), 오영선(吳永善), 김구하(金九河), 이강(李剛) 등을 만나 노령에서도 파리에 대표를 파견할 것을 제의하고 독립운동을 협의하였다. 또한 여운형은 이곳에서 1개월을 체류하는 동안은 북간도에도 연락한 바, 간민회(墾民會) 회장 김약연(金躍淵, 若然)과 총무 정재면(鄭載冕)이 와서 서로 만나 조직적으로 독립운동의 행동을 할 것을 정했으며 일부는 상해로 오기로 약정하고 자금을 거두었다.[94]

또한 여운형은 당시 시베리아에 주둔하고 있던 연합군 사령관 가이다(체코인)를 찾아가 한국 독립운동에 대한 협조와 여운형 자신의 여행 보호를 요청하였다. 당시 시베리아에는 러시아 볼셰비키 혁명을 저지하고 백군을 지원하기 위하여 일본·체코·영국·미국·캐나다…… 등의 연합군이 주둔하고 있었다. 여운형은 일제의 강점과 한국에 대한 식민지통치를 규탄하는 선전문을 영문으로 지어 미국 파견군 도서관장 크레멘트(여운형의 남경 금릉대학 학생시절의 영어 교수)의 수정을 받고 다시 영국·미국·캐나다 3국의 사령부를 찾아가서 선전활동을 했으며, 한국독립문제에 관한 수만 매의 전단을 연합군중에 살포하였다.[95]

원래 여운형 등은 국내와 노령에서 독립시위운동을 고취함과 동시에 5만 원(10만 원설도 있음)의 독립운동가금을 모집하여 그중에서 3만 원은 대표 김규

93 「呂運亨被疑者訊問調書」, 『韓共資料』 I, p. 244 참조.
94 『呂運亨先生闘争史』, p. 25 참조.
95 『呂運亨先生闘争史』, p. 26 참조.

식의 파리에서의 활동비로 보내고, 나머지 2만 원으로는 외국어 잡지를 발행하여 한국의 사정을 각국에 알리며, 한국이 오랜 역사를 가진 독립국이었고 독립해야 함을 선전할 계획으로 장덕수는 국내에서, 여운형은 만주와 노령에서 독립운동가금을 모집하려 하였다.[96]

여운형의 만주·노령에서의 활동은 자금을 모집하는 데는 별로 성공을 거두지 못하였다. 블라디보스토크에 거주하는 한국인을 중심으로 조직된 노령의 대한국민의회는 상해의 신한청년당이 김규식을 대표로 파리 평화회의에 파견했다는 여운형의 통보를 받은 후에,[97] 여운형의 권고에 따라 회원 윤해(尹海)와 고창일(高昌一)을 국민의회 대표로 김규식에 뒤이어 파리 평화회의에 파견하기로 결의하여 그 비용을 블라디보스토크의 한국인들로부터 각출하기로 했으므로 그곳의 한국인들이 신한청년당의 대표 김규식의 파리에서의 활동비를 다시 염출할 수 없었기 때문이었다.[98]

그러나 신한청년당 여운형의 만주·노령에의 파견과 그 활동은 독립운동의 대대적 고양과 독립운동 단체의 조직에는 크게 성공하고 매우 큰 영향을 끼쳤다.

첫째, 신한청년당 여운형의 활동의 자극과 영향으로 1919년 2월 25일 니코리스크에서 전로국내 조선인회의(全露國內朝鮮人會議)가 개최되고 여기에 종래 전로한족회 중앙총회(全露韓族會中央總會)를 모체로 하여 임시국민회의를 설립했다가 3·1운동 후에 이것이 노령 대한국민의회(露領大韓國民議會, 全韓國 國民會議)로 발전되었다.[99] 노령 대한국민의회 조직의 계기는 신한청년당 여운형의 활동과 노령 대표의 파리 평화회의 파견과 직접 관련되어 있는 것이다.

둘째, 노령의 동포들도 여운형의 제의와 권고에 따라 윤해·고창일을 파리

96 「呂運亨被疑者訊問調書」(제5회), 『韓共資料』 I, p. 322 참조.
97 『呂運亨先生鬪爭史』, p. 25 참조.
98 「呂運亨被告人訊問調書」, 『韓共資料』 I, p. 367 참조.
99 「全韓國國民會議宣言文」, 姜德相 編, 『現代史資料』 27, 「朝鮮」 3, p. 30 참조.

평화회의에 노령 한국인 대표로 파견하게 되었다.[100] 노령 대한국민의회가 윤해·고창일을 대표로 파리에 파견한 것은 신한청년당의 예에 따라 여운형의 권고에 의거한 것이었다.

셋째, 간도의 대한국민회가 신한청년당 여운형의 활동과 관련되어 조직되기 시작하였다. 여운형의 연락을 받고 간도 간민회(墾民會)의 김약연과 정재면은 2월 상순 간도를 출발하여 노령으로 와서 여운형과 함께 니코리스크로 가서 1919년 2월 25일의 전로국내 조선인회의(선언회의)에 참석하였다.[101] 김약연·정재면 등 간도의 대표들은 여운형을 만나 독립운동 상황을 듣고 전로국내 조선인회의의 참석 후에 여운형과 조직적 행동을 할 것을 약속하고 간도에 돌아가서 종래의 간민회를 부활하고 계승하여 확대개편해서 간도 대한국민회(墾島大韓國民會)를 조직한 것이다. 여운형이 '一朔을 留하는 동안에 북간도에까지 연락하여 鄭載冕·金若然(躍淵)이 와서 만나 조직적으로 행동할 것을 정하고 일부는 상해로 오기로 약속하고 자금을 걷었다'[102]고 한 것은 이것을 말하는 것이라고 해석된다. 간도 대한국민회 조직 시작의 배경에 신한청년당 여운형의 활동이 관련되어 있음을 주목할 필요가 있다.

넷째, 만주·노령에서 발표된 '대한독립선언서(통칭 무오독립선언서)'[103]는 신한청년당 여운형의 이때의 활동과 관련되어 1919년 2월에 선언된 것이었다. 필자는 '대한독립선언서'는 여운형의 방문에 영향을 받아 모인 전국국내 조선인회의에서 1919년 2월 15일 전후에 선언된 것이라고 보고 있다. 이 대한독립

---

100 『呂運亨先生鬪爭史』, p. 25. "海蔘威가서 蔡成河에게서 자고 거기서 姜宇奎, 李東輝 부친, 金致甫, 鄭在寬, 姜漢澤, 吳永善, 金九河, 李剛 등 諸人을 만나 巴里에 代表 보낼 일을 말하니 尹海, 高昌一 兩人이 巴里를 떠났다." 참조.

101 「韓參密 第316號, 露國雜件」, 1919년 3월 20일자, 『韓國民族運動史料』(국회도서관), 3·1운동편3, p. 108 참조.

102 『呂運亨先生鬪爭史』, p. 25.

103 「大韓獨立宣言書」를 1918년(음력)에 선언된 것으로 보아 '戊午獨立宣言書'라고 부르는 것은 잘못된 것이다. 이것은 이 선언서가 3·1운동의 독립선언서보다 앞선 것임을 강조하여 일부 인사들이 최초의 독립선언서라고 추정해서 부른 것에 불과하다. 3·1독립선언서가 나온지 약간 이전에 선언된 것이 틀림없다고 필자는 추정하고 있다.

선언서는 동경 유학생들의 2·8 독립선언 후[104] 3·1독립선언 이전에 전로국내조선인회의 개최에 즈음하여 선언된 것이라고 추정된다.

다섯째, 신한청년당 여운형의 활동은 시베리아 주둔 연합군과의 외교활동에 성공하여 체코인 사령관 가이다 등의 지원을 획득하는데 성공하였다. 여운형이 가이다를 방문하여 한국독립에 대한 원조를 요청하고 약소민족해방운동에 대한 상호 연락을 토의하여 여운형의 귀로 차중에서의 보호를 요청했을 때 여운형과 의기투합한 사령관 가이다는 부관 죠세프 한취를 보내어 대동케 하고 군용열차를 태워주어 무사히 상해로 돌아왔다. 3·1운동 후 체코군이 철수할 때 막대한 최신무기를 모두 한국민족의 독립군에 헐값으로 넘겨주어 청산리독립전쟁의 승리를 결과적으로 도와주게 된 것은 우연이 아니라 여운형 등의 이러한 외교활동에도 관련된 것이었다. 가이다가 귀국 도중에 상해에 들렀을 때 여운형이 앞장서서 대한민국 임시정부의 이름으로 건국축하의 기념배를 만들어 주고 사의를 표한 것은 모두 이러한 외교활동과의 관련선상에서 이해되어져야 할 것이다.[105]

신한청년당의 여운형은 이상과 같이 만주·노령지역에서의 독립운동의 고양에 크게 성공하고 1919년 3월 6, 7일경 포염(블라디보스토크)을 출발하여 하얼빈의 러시아인이 경영하는 여관에 체재 중에 국내에서 3·1운동이 봉기했다는 소식을 들었으며,[106] 3월 15일경 봉천에 이르러서 국내에서의 3·1운동 봉기의 소식을 재확인하였다.[107]

---

104 「韓憲機 第125號, 浦潮情報, 鮮人의 朝鮮獨立運動에 관한 件」, 1919년 2월 25일자, 『韓國民族運動史料』, 3·1운동편 3, p. 36. "그리고 彼等이 浦潮에 會合하여 臨時政府的인 中央機關을 니코리스크에 창설하여 정부당국자의 人選을 하고 그 명목에 의해 일본정부에 대해 韓國獨立承認의 최후 통첩을 발송하고 만약 하등의 회답을 얻지 못하는 데 있어서는 支那領 및 露領에 在住하는 鮮人 및 朝鮮內地에 있는 朝鮮人一般의 명의로써 영구적인 血戰을 선언한다는 것을 內決했다고 말한다. 이는 在東京留學生 青年獨立團이 발표한 선언서 및 決議文에 준거한 것 같다." 참조.

105 『呂運亨先生鬪爭史』, pp. 25~26 참조.

106 呂運亨被疑者訊問調書」(제5회), 『韓共資料』 I, p. 322 참조.

107 呂運亨被疑者訊問調書」, 『韓共資料』 I, p. 244 참조.

이상에서 고찰한 바와 같이 상해의 신한청년당은 1919년 3·1운동의 직접적 '진원'을 이루었으며, 3·1운동을 촉구한 최초의 직접적 운동으로서 3·1운동 봉기에 지대한 공헌을 했다고 할 수 있다.

5. 신한청년당의 활동과 상해 임시정부

신한청년당은 3·1운동 직후인 4월 10일 상해에서 조직된 상해 임시정부의 수립에 주동적 역할을 하였다.

신한청년당이 3·1운동을 일으키기 위하여 각지에 파견했던 당원들은 1919년 3월 하순에 일제에 체포당한 장덕수를 제외하고는 모두 상해로 돌아왔다. 이에 신한청년당은 본국에서 연락책으로 상해에 온 현순(玄楯)과 협의하여 상해 프랑스 조계 하비로(霞飛路)에 '독립임시사무소'를 차리고 본국으로부터 온 현순을 총무로 선출하여 본국 및 각 지역과의 연락을 긴밀히 하면서 임시정부 수립을 준비하였다. 여운형은 이 부분에 대하여 다음과 같이 진술하였다.

> "浦鹽에서는 李東寧 文昌範 朴殷植 趙琬九와 회견하여 목하 독립운동의 最好期임을 말하여 이에 참가시켰으며, 또 동지들과 계획의 준비를 정리하고 歸途에 1919년 3월 15일경 奉天에 온즉 이미 조선 내에서 독립만세사건이 발발한 것을 듣고 급거 상해로 돌아왔다. 그러한즉 상해에는 각지로부터 동지들이 다수 집합하여 있었다. 주요 인물로는 조선으로부터 玄楯, 崔昌植, 申翼熙 등, 미국으로부터 呂運弘, 杭州로부터 申圭植, 東京으로부터 李光洙 등이었다. 이로부터 상해 佛租界 霞飛路에 사무소를 설치하고 조선 내의 독립운동의 상황을 각국 신문 통신에 게재하고 파리 金奎植, 미국 李承晩에게도 그 상황을 상세히 보고하였다."[108]

신한청년당은 그들이 설치한 독립임시사무소에서 1919년 4월 1일부터 독립

---

108 「呂運亨被疑者訊問調書」, 『韓共資料』 I, p. 244 참조.

운동 기관으로서의 임시정부 수립문제를 본격적으로 논의하게 되었다.[109] 신한청년당 당원 중에서도 임시정부를 수립하자는 주장과, 여운형처럼 임시정부는 명칭이 과대하니 새로운 당을 조직하자는 주장이 있었으나,[110] 다수가 임시정부의 수립을 원했기 때문에 결국 임시정부를 수립하기로 결정되었다.[111]

최초의 임시정부의 구상은 위원제로 하여 신한청년당의 경우와 비슷하게 내무부, 재무부, 외무부의 3부(部)를 두기로 했던 것 같다.[112]

상해 임시정부 수립을 위한 29인의 공식 발기회의는 1919년 4월 10일 상해 프랑스 조계 김신부로(金神父路)에서 개최되었다. 이 29인의 임시정부 발기회의에서는 이 회의를 바로 '임시의정원(臨時議政院)'으로 하자는 조용은의 동의가 채택되어 의정원이 성립되고 임시정부의 조직이 시작되었다. 이때 의정원을 구성한 29인의 의원인 명단은 다음과 같다.[113]

> 玄楯 孫貞道* 申翼熙 曹成煥 李光 李光洙* 崔謹愚 白南七 趙鏞殷* 金大地 南亨祐 李會榮 李始榮 李東寧 趙琬九 申采浩 金澈* 鮮于爀* 韓鎭教* 秦熙昌 申鐵 李漢根 申錫雨* 趙東珍 趙東祜* 呂運亨* 呂運弘 玄彰運 金東三 (*표는 신한청년당 당원)

위의 의정원 의원을 보면 29명 중에서 9명이 신한청년당의 당원이었다. 뿐만 아니라 그 밖의 의원들도 영향력 있는 중진급은 여운형이 만주와 노령에 파견되었을 때 접촉하여 민족대표의 파리 평화회의 파견에 적극적 지지와 격려를 보내었던 인물들이었다. 이 회의에서는 의정원 의장에 이동녕, 부의장에

---

109 「呂運亨被告人訊問調書」 (제3회), 『韓共資料』 I, p. 372 참조.

110 「呂運亨被疑者訊問調書」, 『韓共資料』 I, p. 244 참조.

111 『呂運亨先生鬪爭史』, p. 29 참조.

112 「呂運亨意見書」, 『韓共資料』 I, p. 275에 의하면, 이때 外務部委員長 呂運亨, 內務府委員長 趙琬九, 財務部委員長 金澈이 선출되었다고 했는데, 이것은 「大韓民國臨時議政院紀事錄」과 일치하지 않는다. 이것은 추정컨대 獨立臨時事務所에서의 최초의 예비 事前案이 아니었던가 한다.

113 「大韓民國臨時議政院紀事錄」 第1回集, 『한국독립운동사자료』(국사편찬위원회) 제2권, 臨政篇 II, p. 386 참조.

신한청년당의 손정도가 당선되었다. 의장 이동녕도 신한청년당과 밀접한 관련을 맺게 된 인사였으므로 의정원에 있어서의 신한청년당의 지위는 매우 컸으며, 따라서 그 영향력도 매우 커서 의정원의 주요 세력이었다고 볼 수 있다.

그러나 신한청년당의 의정원에서의 큰 비중과 영향력은 처음 각료조직에는 충분히 반영되지 않았다. 임시의정원에서는 밤을 세워 토의한 결과 국호를 '대한민국(大韓民國)'으로 하자는 신석우의 동의를 가결하고, 국무총리에 이승만을 선출했는데 그 내용은 다음과 같다.[114]

임시의정원	의장	이동녕		
임시정부	국무총리	이승만		
	내무총장	안창호	차장	신익희
	외무총장	김규식*	차장	현순
	재무총장	최재형(崔在亨)	차장	이춘숙(李春塾)
	법무총장	이시영	차장	남형우(南亨祐)
	군무총장	이동휘	차장	조성환
	교통총장	문창범	차장	선우혁*
	국무원비서장	조용은*		

(*표는 신한청년당 당원)

위의 각료 조직 명단을 보면 바로 알 수 있는 바와 같이 상해 임시정부의 최초의 조직에서 신한청년당은 김규식이 총장급으로, 조용은과 선우혁이 차장급으로 입각한 것 이외에는 행정부에는 진출하지 못하였다. 이것은 신한청년당이 의정원의 주도세력이었던 것과는 대조적인 사실이었다.

그러나 4월 10일 조직된 상해 임시정부는 의정원이 행정부를 지배하는 체제였다. 의정원은 임시정부가 조직된 4일 후인 4월 14일에는 차장제를 폐지하고 위원제를 채택하였는바 그 위원은 다음과 같았다.[115]

---

114 「大韓民國臨時議政院紀事錄」 第1回集, 『한국독립운동사자료』 제2권, pp. 387~388 참조.
115 「大韓民國臨時議政院紀事錄」 第2回集, 『한국독립운동사자료』 제2권, pp. 390~391 참조.

국무총리 이승만, 위원 조완구 조동호* 조용은* 홍도(洪濤) 이춘숙
내무총장 안창호, 위원 신익희 윤현진(尹顯振) 서병호(徐丙浩)* 한위건(韓偉鍵)
조동진(趙東珍) 배형식(裵亨湜) 김구* 최근우
김대지(金大地) 임승업(林承(盛)業)*
외무총장 김규식*, 위원 현순 여운형 장건상 백남칠 이광수* 이광
재무총장 최재형, 위원 김철 김응선(金應繕) 송세호(宋世浩) 구영필(具榮泌)
서성권(徐成權) 최완(崔浣) 김홍권(金弘權) 한남수(韓南洙)
법무총장 이시영, 위원 남형우 김응섭(金應燮) 한기악(韓基岳)
군무총장 이동휘, 위원 조성환 김영선(金榮璿) 신철(申鐵) 박숭병(朴嵩秉)
김충일(金忠一)
교통총장 문창범, 위원 선우혁* 양용명(梁溶明) 신국권(申國權) 이범교(李範教)
고한(高漢) 윤원삼(尹愿三) 이규정(李圭禎) 김갑(金甲)
손진형(孫晉衡) 이영찬(李永贊) 이봉수(李鳳洙) 임현(林玄)
(*표는 신한청년당 당원)

위의 각료 명단에서도 알 수 있는 바와 같이 의정원에 진출한 신한청년당 핵심당원들은 위원제하에서는 모두 차장급 각료로 진출하고 있다. 당시 총장들은 각지의 거물들로서 아직 취임하지 않고 있었으므로 위원들이 임시정부를 끌고 갔는데 법무와 군무를 제외한 모든 부처에서 신한청년당은 그 핵심각료로 되어 있는 것이다.

상해 임시정부는 단순화시켜 말하면 본질적으로 신민회 구간부를 총장급으로 하고 신한청년당 간부를 차관급으로 하여 조직된 특징을 갖고 있었다고 말할 수 있다.

이러한 특징은 안창호가 상해로 와서 노령 대한국민의회의 임시정부와 한성임시정부, 조선국민 임시정부 등을 상해 임시정부와 통합하여 1919년 9월 통합임시정부를 발족시키자 현저히 약화되었다.[116]

---

116 「大韓民國臨時議政院紀事錄」 第6回集, 『한국독립운동사자료』 제2권, p. 413 및 pp. 421~422 참조.

그러나 상해 대한민국 임시정부를 최초로 수립함에 있어서 3·1운동이 그 산모였다면 신한청년당은 그 산파의 큰 역할을 한 것이었으며, 초기에는 입법부인 의정원과 행정부인 국무원에서 모두 압도적으로 큰 영향력을 갖고 있었음을 유의할 필요가 있을 것이다.

대한민국 임시정부의 규모가 커지고 각지에서 거물급 원론들이 상해로 모여들자 임시정부 내에서의 신한청년당의 위치는 현저히 약화되었다. 그러나 1919년 4월 말일까지 상해에서 독립운동과 임시정부의 수립을 주도한 것은 단연코 신한청년당이었다.[117]

뿐만 아니라 그 후에도 신한청년당은 상해의 대한민국 임시정부를 언제나 지원하고 지지하였다. 임시정부의 분열이 현저하게 되자 신한청년당의 여운형 등 주요 간부들은 안창호 등과 함께 1921년 5월 하순 상해 프랑스 조계 포석로(蒲石路) 14호의 서병호의 숙소에서 국민대표대회준비위원회를 조직하고 임시정부의 통일과 강화를 추구하였다.[118] 1923년 1월에 열린 국민대표대회가 창조파와 개조파로 분열되었을 때에는 신한청년당이 해산한 직후여서 완전히 통일된 행동을 하지 못했지만 창조파의 간부로 선출된 김규식과 그 부인 김순애를 제외하고는 여운형을 비롯한 거의 모든 신한청년당 당원들이 개조파에 가담하여 대한민국 임시정부의 부정과 해체에는 강력히 반대하고 임시정부의 개조에 의한 존속과 강화 발전을 주장하여 추진하였다.[119]

신한청년당은 짧은 존속기간에 대한민국 임시정부의 수립부터 국민대표대회에 이르기까지 시종일관하여 완강하게 임시정부를 수립하고 옹호하고 지지했다고 볼 수 있다.

117 『獨立新聞』, 1920년 2월 5일자, '新韓青年黨總會' 참조.

118 「呂運亨公判調書」(第1回), 『韓共資料』 I, p. 424 참조.

119 「呂運亨意見書」, 『韓共資料』 I, pp. 280~281; 「呂運亨被疑者訊問調書」(第4回), 『韓共資料』 I, pp. 309~310 및 「呂運亨被告人訊問調書」(第5回), 『韓共資料』 I, pp. 381~383 참조.

6.『新韓青年』의 발행

신한청년당은 3·1운동과 임시정부의 수립 후에 기관잡지로서 1919년 12월 1일『신한청년(新韓青年)』을 창간하였다.

기관잡지『신한청년』

『신한청년』 창간의 목적은 ① 독립의 완성을 위한 국민의 민족의식의 고양, ② 국민의 문화력의 고양에 있었다.『신한청년』의 창간사는 다음과 같이 창간의 취지를 겸손하게 밝히고 있다.

"우리는 독립을 선언하였습니다. 그러나 독립선언만으로 독립이 되리잇가. 우리는 萬衆一心으로 만세를 불렀습니다. 그러나 만세만으로 독립이 되리잇가. 우리는 세계의 同情을 얻었습니다. 그러나 세계의 同情만으로 독립이 되리잇가. 물론 독립선언과 萬衆一心의 만세와 세계의 동정이 다 중요한 것이외다. 이것이 우리 국민부활의 第一聲이외다.

이것이 우리 스스로 우리의 국민적 생존을 자각하였고 세계인류로 하여금 우리의 국민적 생존을 확신케 하였습니다.

우리에게는 확실히 국민적 생존이 존재합니다. 이것은 3월 1일 이후로는 우리는 확신하고 세계도 확인하는 바외다. 그러나 우리에게 이 국민적 생명을 보전할 실력이 있습니까. 즉 끝끝내 분투(奮鬪)하여서 독립을 완성하고 그러한 후에는 그 독립한 국가로 하여금 훌륭한 국가가 되게 할 그러한 실력이 있습니까. 이제 우리 스스로 확신하려 하고 세계가 確知하려 하는 것은 실로 이것이외다. 그 실력이란 무엇이오니까. 우리 국민전체의 문화력과 사람과 돈이외다.

우리에게는 반만년의 역사가 있습니다. 삼천리의 국토가 있습니다. 공통한 언어와 의복과 습관과 국민성이 있고 견고한 단결력과 열렬한 애국심이 있습니다. 국가를 위하여 자유를 위하여 생명과 재산과 모든 것을 다 희생하는 용기가 있습니다. 이것이 다 독립국민이 되기 위한 조건이외다. 우리는 이것을 가졌나니 이것을 금차 독립운동에 더욱 확실히 우리 스스로 자각하였고 세계로 하여금 확인케 한 것이외다. 그러나 동시에 우리 스스로도 자각하고 세계도 疑訝하는 것이 있으니 그것은 즉 우리 전체 문화력과 사람과 돈의 힘이외다.

일국가를 경영하는 데는, 더구나 현재식 민주주의를 경영하는 데는, 일반국민의 충분한 국민적 내지 인류적 상식과 그 국가의 千殊萬別한 각기관을 運轉할 만한 인재가 절대로 필요하고, 그리고는 그 모든 것을 하기 위하여 풍부한 재산이 필요한 것이외다.

우리가 잡지를 발행하는 이유는 실로 이에 있습니다. 즉 일반국민의 국민적 상식을 증진함에 만일의 기여를 하려 함이외다. 인재의 양성도 본지의 할 바 못되고 산업의 진흥도 본지의 할 바 못되나니, 오직 혹은 우리의 민족성을 闡明 하고 發揮함으로, 혹은 세계의 대세와 신사상을 소개함으로, 일반국민의 문화향상에 만일의 助가 되면 본지의 사명을 다함이외다."[120]

『신한청년』의 창간호는 주로 독립운동사료로 편집하였다. 그 이유는 전국민에게 독립운동의 진상을 알리고 이를 교재로 하여 국민들이 가정마다 이를 비치해서 독립사상을 모든 국민의 마음 속에 기르고 이를 영원히 우리 국민생활의 주의가 되고 표준이 되게 하기 위한 것이라고 하였다.

"창간호를 독립운동사료로 채운 것은 깊은 이유가 있습니다. 전국민에게 우리 독립운동의 진상과 경과와 외인의 이에 대한 비평을 알리려 함도 하나이지마는, 그보다도 우리 독립선언서 이하의 제기록은 실로 우리 부활하는 대한국민의 국민적 이상을 발현한 것이니 이는 亘萬世히 우리 국민생활의 주의가 되고 표준이 될 것이라. 이 문서를 各各家에 藏하고, 이 정신을 各各心 에 藏함이 우리 국민의 第一要務로 想覺한 것이 최대이유외다."[121]

『신한청년』 창간의 축사로서의 '후서(後序)'는 백암 박은식이 썼다.[122] 참고로

120 『新韓青年』 創刊號, p. 4.

121 『新韓青年』 創刊號, p. 137.

122 『新韓青年』 創刊號, p. 138 참조. 『박은식전서』 하권, 단국대학교 동양학연구소, p. 228 및 중국의 자료집 『五四時期期刊介紹』 제3집, p. 485에는 이것을 '新韓青年 創刊辭'라고 題하여 수록하고 있다.

『신한청년』 창간호에 수록되어 있는 논설 기사와 독립운동사료를 들면 다음과 같다.

① 창간사
② 애국가
③ 3·1 독립선언서
 • 독립운동사료 전편
④ 정의의 호령(號令)
⑤ 동경 2·8 독립선언서
⑥ 조형균(趙衡均) 문일평(文一平) 등 십일인 청원서
⑦ 대한국민의회선언서
⑧ 전한국 원로대신 김윤식(金允植)·이용직(李容稙) 청원서
⑨ 대한국민독립대회진술서
⑩ 한국남여학생이 평화회의와 미국대통령에게 보낸 청원서
⑪ 大韓耶蘇教代表 上國際聯盟及 長老教聯合總會書
⑫ 大韓老人同盟團致日本政府書
⑬ 이승만박사의 청원
⑭ 사려있는 일본인에게
⑮ 대한민국 임시헌법
⑯ 강화회의에 제출한 청원전문
⑰ 巴黎代表의 변명
⑱ 안총장 취임연설
⑲ 평양의 독립운동(평양통신)
⑳ 外人의 眼에 映한 日人의 非行
㉑ 일개월간의 한인사상자
㉒ 수원학살사건
 ㉠ 수원부근참상
 ㉡ 수원제암리 학살
 ㉢ 수천지방의 참혹
㉓ 세계에서 가장 압박받는 한인

㉔ 日人의 對韓策

㉕ 한국의 現狀(부산통신)

㉖ 孟山事件

• 독립운동사료 후편

㉗ 一白耳義가 有하였는데 又一이 有乎아(紐育新聞)

㉘ 한국의 독립과 중국(大陸報)

㉙ 조선의 독립운동(英文滬報)

㉚ 아니할 수 없는 比較(大陸報)

㉛ 한국을 해산하라(巴黎新聞)

㉜ 한국의 고통(白耳義新聞)

㉝ 서양인의 眼에 映한 독립운동

㉞ 독립운동과 일본의 실정(英字報)

㉟ 在韓國美國宣教師致威總統書

㊱ 廣東國會의 한국독립청원서

㊲ 한국독립과 미국(東京日日)

㊳ 조선통치의 現狀(時事新報)

㊴ 韓族의 將來(春公 李長白)

㊵ 우리의 內政과 外勢(白巖)

㊶ 耶蘇教代表十人의 陳情書

㊷ 右에 對한 答覆

㊸ 華盛頓監理教의 청원서

㊹ 감리교목사회의 선포서

• 本黨기사

㊺ 新韓青年黨趣旨書

㊻ 新韓青年黨 黨憲

㊼ 新韓青年黨代表致美國大統領威逸遜書

㊽ 미국시카고장로회가 한국을 위한 의결

㊾ 編輯餘言

㊿ 後序(백암 박은식)

• 寫眞板

① 三月一日大漢門前 ② 독립선언후의 塔洞公園 ③ 왜병의 怨讐 ④ 수원제암리의 참상(其一) ⑤ 수원제암리의 참상(其二) ⑥ 수원제암리의 참상(其三)

『신한청년』의 둘째 호인 제2권 제1호(1920년 2월 1일 발행)는 ① 평론, ② 신사상 소개, ③ 독립운동사료 및 잡찬(雜纂)을 섞어서 편집되었다.[123] 참고로 제2권 제1호에 수록된 기사들을 들면 다음과 같다.

① 새 결심
② 國民과 政府
③ 國民의 自覺
④ 朝鮮獨立에 對한 感想의 大要(부록)
⑤ 國民아 反省하라
⑥ 促戰論(默堂 李漢根)
⑦ 國際聯盟概觀(野雲述)
⑧ 國際聯盟規約全文
⑨ 威逸遜의 十四個條
⑩ 革命의 產兒
⑪ 過激派의 眞狀(松蕚)
⑫ 革命의 心理哲學
⑬ 英國勞動黨의 綱領과 目的(勞動黨首領 아더 헨더슨)
⑭ 產業改造問題(玄實)
⑮ 言語, 一國語普及, 保存의 必要와 方法一(李光洙)
⑯ 平壤과 및 附近의 獨立運動狀況(然然生)
⑰ 晉州의 獨立運動(權泰鎔)
⑱ 編輯餘言
⑲ 祝新韓青年創刊號詞(南寧 梁烈亞)

『신한청년』은 이 이후에도 여러 호가 발행된 것으로 추정된다. 그러나 필자

123 『新韓青年』 제2권, 제1호, p. 87의 「編輯餘言」 참조.

로서는 국외에까지 넓혀 최대한의 노력을 해 보았지만 더 이상의 호를 구하지 못하여 더 논급할 수 없는 것이 유감이다.

『신한청년』은 외국에 망명해 있는 동포들 사이에 널리 읽히었음은 말할 것도 없고, 국내에도 비밀리에 상당히 널리 반입되어 독립운동과 독립사상을 고취한 것으로 보인다. 평안도 일대에서 『신한청년』을 배포하다가 체포되어 징역 언도를 받은 사실이 『동아일보』에 보도되고 있다.

> 『新韓青年』을 配布한 김옥련은 육개월.
>
> 龍川郡 楊平 耶蘇教助事 金玉蓮씨는 작년 이월경에 新韓青年이라는 잡지를 배포한 자로 평양지방법원 신의주 지청에서 심리 중이더니 지난달 십오일에 육개월 징역의 판결을 받았다더라. (양시)[124]

또한 황해도 지방에서도 『신한청년』을 배포하다가 체포되어 투옥된 사실이 보도되고 있다.

> "『新韓青年』 잡지로 세 명이 잡혀 취조.
>
> 황해도 안악경찰서에서는 동군 文山面 金剛里 宋承權을 체포하여 취조하던 중에 新韓青年黨에서 발행한 잡지 『新韓青年』이 발견되어 그 관계로 그 동리에 사는 宋應郁과 동군 龍門面 東倉浦에 사는 宋興植 등 두 명을 체포하여 다시 취조 중이라더라. (안악)"[125]

이 두 개의 사례에서도 볼 수 있는 바와 같이 신한청년당이 발행한 잡지 『신한청년』은 국내에도 반입되어 독립운동을 고취한 것을 알 수 있다.

---

124 『동아일보』, 1921년 6월 11일자.

125 『동아일보』, 1921년 9월 4일자.

7. 3·1운동 이후의 신한청년당

신한청년당은 3·1운동 이후에는 김구, 안정근 등 다수의 인사가 입당하여 당원이 현저히 증가해서 상해에 약 25명, 상해 이외의 지역에 약 25명, 합계 약 50명의 당원을 갖게 되었다. 1919년 말 현재의 중심인물과 당원 수는 다음과 같았다.[126]

新韓青年黨(團)

所在　上海 英界 公陞西里

理事長　徐丙浩

理事　呂運亨 金九 鮮于爀 李光洙 韓鎭教 韓元昌 金順愛 安定根 趙東祜

黨員數　50名(內 在上海 25명)

신한청년당은 3·1운동 이후에는 독자적 당활동은 적극적으로 전개하지 않고 다른 조직내에 당원들이 진출하여 크게 활동하였다. 그 대표적 조직체가 대한민국 임시정부와 상해 대한인거류민단(上海大韓人居留民團)이었다.

신한청년당의 당원들은 앞서 쓴 바와 같이 대한민국 임시정부의 차장급의 주요부분을 차지하여 임시정부의 활동에 큰 영향을 끼치고 임시정부의 주체 세력의 하나가 되었다.

또한 신한청년당의 당원들은 상해고려교민친목회를 개편한 상해 대한인거류민단의 간부들이 되어 이를 통해서 대내적으로 신한청년당의 독립운동을 추진하였다. 예컨대 1919년 7월 26일에 선출된 상해 대한인거류민단의 간부는 다음과 같았다.[127]

團長　呂運亨*

總務　鮮于爀*

---

126 「朝鮮民族運動年鑑」, 金正明 編, 『朝鮮獨立運動』 第2卷, p. 220 참조

127 「朝鮮民族運動年鑑」, 金正明 編, 『朝鮮獨立運動』 第2卷, p. 240 참조.

幹事　　任在鎬 張松岩

議事員　張鵬* 高一淸 李裕弼* 崔昌植* 韓松溪* 韓百源 秦熙昌 金泰淵 金弘敍 金鍾商 尹堉 都寅權* 徐丙浩*

(*는 신한청년당 당원)

신한청년당의 3·1운동 후의 활동은 상해 대한인거류민단의 활동을 통해서 전개된 것이 많았다고 볼 수 있다.

신한청년당은 또한 당원 김구의 최초의 주창에 의거하여[128] 1922년 11월 상순경 김구·여운형·이유필·조상섭·최석순·오영선·조동호 등이 발기인이 되어서 상해 하비로(霞飛路) 보강리(寶康里) 24호 조상섭의 집에서 한국노병회(韓國勞兵會)를 창립하였다.[129] 한국노병회의 목적은 그 회헌(會憲) 제3조에 명시하고 있는 바와 같이 "本會는 祖國光復의 用에 供하기 위하여 향후 10개년 이내에 1만 명 이상의 勞兵을 100만 圓 이상의 戰費를 造成할 것을 목적으로 한다"[130]는 것이었다. 이것은 물론 10년간의 준비를 하여 '독립전쟁'을 일으켜서 일본 제국주의를 몰아내고 조국의 해방과 독립을 스스로의 힘으로 쟁취하기 위한 것이었다.

한국노병회 회원은 특별회원과 통상회원으로 나누어서, 특별회원은 연령 40세 이하의 군사교육을 받을 수 있는 사람으로서 회비를 매년 1원으로 하고, 통상회원은 연령 40세 이상의 군인이 될 수 없는 사람으로서 회비를 매년 3원으로 정하여 이를 적립하도록 하였다.[131]

한국노병회의 초기의 간부직은 다음과 같았다.[132]

---

128 「呂運亨被疑者訊問調書」(第3回), 『韓共資料』 I, p. 255 참조.

129 「趙東祜證人訊問調書」, 『韓共資料』 I, p. 316 참조.

130 「呂運亨被疑者訊問調書」(第6回), 『韓共資料』 I, p. 345.

131 「呂運亨被疑者訊問調書」(第3回), 『韓共資料』 I, p. 255 및 「呂運亨被疑者訊問調書」(第2回), 『韓共資料』 I, p. 299 참조.

132 「呂運亨意見書」, 『韓共資料』 I, p. 281 및 「呂運亨被疑者訊問調書」(第3回), 『韓共資料』 I, p. 254 참조.

理事長	金九
庶務部長	李裕弼
敎育部長	呂運亨
理事	趙尙燮
理事	崔錫淳
理事	羅昌憲
理事	蔡君仙

한국노병회는 그 후 1923년 4월 1일 상해 교외의 우원로(愚園路) 범왕도화(공)원(梵王渡花園, 梵王渡公園)에서 총회를 개최하고 이사장 김구로부터 회비 400원의 적립의 보고를 들었으며 신입회원의 승인, 회헌(會憲) 제정 등을 하였다.[133] 그러나 한국노병회의 이 훌륭한 계획은 그 이후 더 이상 실천되지 못하고 점차 유명무실하게 되었다. 그 가장 큰 이유는 한국노병회 창립의 주체세력인 신한청년당의 해산에 기인한 것으로 보인다. 김구마저도 1년 후에는 이사장을 사임하여 이유필이 이사장으로 활동했으나 회원을 20~30명밖에 확보하지 못하여 이 운동을 실패하고 말았다.[134]

신한청년당의 대내적 활동은 상해 임시정부의 수립 후에는 그에 보조적으로 되어 큰 사업을 하지 않았으나, 그럼에도 불구하고 대외적으로 신한청년당이 인식되고 있는 비중의 크기 때문에 때때로 중요한 외교활동을 하였다. 가장 뚜렷한 두 가지 일을 들면 ① 1920년 8월 미국의원단과의 외교, ② 1922년 1월 동방피압박민족대회 참가 외교였다. 1920년 8월 16일 미국의원단 일행이 북경에 오게 되자 신한청년당은 임시정부와 협력하여 그들을 접촉하고 한국독립에의 지원과 협조를 요청하였다.[135]

여운형·황진남(黃鎭南)·장덕수 등은 1920년 8월 16일 미국 하원의원 죠더

133 「呂運亨被告人訊問調書」, 『韓共資料』 I, p. 384 참조.

134 「呂運亨被疑者訊問調書」 (第3回), 『韓共資料』 I, pp. 254~255 및 「呂運亨被疑者訊問調書」 (第2回), 『韓共資料』 I, p. 299 참조.

135 「朝鮮民族運動年鑑」, 『朝鮮獨立運動』 第2卷, p. 242 참조.

를 방문하고 일제하의 한국의 참상을 설명했으며, ① 대한민국 임시정부 헌법(영문), ② 한일관계(영문) 설명문서, ③ 일본인의 제반 불법행위(영문) 설명문서 등을 교부하였다.

여운형·황진남 등은 1920년 8월 17일 미국 하원의원 스몰을 방문하고 8월 18일에는 미국 하원의원 베어를 방문하여 죠더에게 한 것과 같은 외교활동을 전개했으며, 8월 19일에는 미국 하원의원 캠벨, 하디, 우레친 3인을 방문하고, 8월 20일에는 미국 상원의원 해리스, 하원의원 오스번, 굳올, 하스맨, 모리스 등 5인을 방문하여 동일한 외교활동을 전개하였다.

여운형과 황진남은 이렇게 하여 북경에 온 미국 의원단 전원을 일일이 면담하고 외교활동을 전개한 바, 그들은 한국독립에 원조를 줄 뜻을 약속하였다.[136]

또한 신한청년당은 러시아 공산당원 김만겸(金萬謙)의 알선으로[137] 1922년 1월 소련의 모스크바에서 개최되는 제3인터내셔날 주최의 동방피압박민족대회에 대표단을 파견하였다.[138]

김규식과 여운형은 동방피압박민족대회에 참석하는 신한청년당 대표로 선출되어 1921년 10월 상해를 출발해서 1922년 1월 초순 이 대회에 참석하였다. 이 대회에는 그밖에도 대한애국부인회 대표 김원경(金元慶)·권애라(權愛羅), 고려공산청년회 대표 임원근(林元根)·김주(金柱), 그밖에 본국에서 온 노동자 대표 10명 등이 참석하였다.[139]

이 대회에의 참가국은 한국(대표단 30명), 중국(40명), 일본(15명), 몽고(10명), 자바(1명), 러시아(수명)의 6개국이었으며 러시아인 방청자가 3천~4천 명에 달하

---

136 「朝鮮民族運動年鑑」, 『朝鮮獨立運動』 第2卷, p. 242 참조.

137 「呂運亨被告人訊問調書」, 『韓共資料』 I, p. 366 참조.

138 「呂運亨判決書」, 『韓共資料』 I, p. 431 참조. 이 東方被壓迫民族大會에는 그 후 일본대표도 15명 출석했기 때문에 그 후 遠東民族代表大會로 명칭을 바꾸었다. 「呂運亨被疑者訊問調書」 (第5回), 『韓共資料』 I, p. 334 참조.

139 「呂運亨被疑者訊問調書」 (第4回), 『韓共資料』 I, p. 309 참조.

였는바,[140] 각국별로 의장 1명씩을 선출하여 한국 측 의장에는 여운형이 당선되었다. 선출된 각 의장은 각각 자기 나라의 대표자로부터 노동·농민·청년·민족·여성의 각 상황에 대한 보고를 모아 토론을 해서 그 결과를 결의안으로 작성하여 각 운동 방면에 대한 방침을 결정해서 발표하였다.

이 대회에서 한국의 운동에 대한 방침으로는, 한국은 현재 아직 공업이 발달되지 않고 따라서 계급의식이 유치하여 계급운동은 시기상조이고 한국은 농업국이어서 일반민중은 민족운동에 공명하고 있으므로 계급운동자는 독립운동을 후원 지지해야 하며 독립 달성에 노력해야 한다는 방침을 결정하였다. 또한 이 대회에서는 상해 임시정부가 명칭의 과대함에 비하여 실력이 이에 따르지 못하므로 임시정부의 조직을 개혁할 필요가 있다는 것을 결의하였다. 이 밖에도 이 대회에서는 레닌으로부터 일본에 대해서는 무산계급은 의회운동을 표어로 할 것이며, 중국에 있어서는 국민당과 제휴하여 그 운동을 진전시킬 것이고, 한국에 대해서는 임시정부를 지지후원하는 것이 타당하다는 요지의 지도가 있었다.[141]

신한청년당 대표가 참가한 이 동방피압박민족대회의 각국별 운동 방침의 결의사항은 다음과 같았다.[142]

一. 中國은 국민 모두가 동국 國民黨과 서로 제휴하여 帝國主義의 배격에 노력할 것.
一. 日本은 노동자가 단결하여 노동자 중에서 代議士를 선출해서 議會에 보내어 議席을 점령해서 勞動者의 利益의 옹호에 노력할 것.
一. 朝鮮은 각 단체가 獨立運動에 全力을 경도하고 그와 동시에 上海의 大韓民國 臨時政府의 내용을 충실케 하여 그 支持에 노력할 것.

이 대회에서는 각국의 모든 참석자들이 韓國의 독립을 추진할 것을 결의하고, 각국 대표들도 모두 신한청년당의 목적과 취지에 적극적인 지지와 찬동을

140 「呂運亨被疑者訊問調書」(第5回), 『韓共資料』 I, p. 333 참조.
141 「呂運亨被疑者訊問調書」, 『韓共資料』 I, p. 246 참조.
142 「呂運亨被告人訊問調書」(第2回), 『韓共資料』 I, p. 368 참조.

보내었다.[143]

신한청년당의 김규식과 여운형은 이 대회에 참석하여 제3인터내셔날의 간부들인 레닌, 트로츠키, 지노비에프, 샤하로프, 카리닌, 코론타이 등과 소련의 외교관으로서 유린, 카라한 등을 만나서 한국 독립문제 등을 논의하였다.[144]

동방피압박민족대회가 1922년 4월 31일에 종료되었으므로 김규식과 여운형은 상해로 돌아와서 상해 프랑스 조계 안에 있는 서병호의 숙소에서 대회의 결과를 신한청년당 당원들에게 약 4시간에 걸쳐 구두보고를 하였다.[145]

8. 신한청년당의 해산

이와 같이 당원은 소규모였으나 한국 독립운동에 큰 공헌을 한 신한청년당은 창립 4년 반 만인 1922년 12월 중순에 자진하여 해당(解黨)하였다.[146]

신한청년당의 자진 해산의 이유로서는 다음의 네 가지를 들 수 있다.

첫째, 1919년 4월 상해에서 대한민국 임시정부가 수립되었는데, 그 목적과 취지가 신한청년당과 전적으로 일치하였으므로, 동일한 목적과 취지를 가진

143 「呂運亨公判調書」, 『韓共資料』 I, p. 420 참조.

144 「呂運亨被疑者訊問調書」 (第7回), 『韓共資料』 I, p. 355 참조.

145 「呂運亨被疑者訊問調書」 (第7回), 『韓共資料』 I, pp. 355~356 참조.

146 여운형은 일제 관원의 심문에 대한 응답에서 처음에는 신한청년당이 1924년에 해산되었다고 응답했었다(「呂運亨被疑者訊問調書」, 『韓共資料』 I, p. 245 및 「呂運亨意見書」, 『韓共資料』 I, p. 276 참조). 여운형은 그 후 이를 수정해서 신한청년당은 1923년 3, 4월경에 해산했다고 하고(「呂運亨被疑者訊問調書」 (第2回), 『韓共資料』 I, p. 294), 앞서 1924년에 해산했다고 진술한 것은 1923년의 잘못이었다고 수정하였다(「呂運亨被疑者訊問調書」 (第5回), 『韓共資料』 I, p. 333 참조). 여운형은 후에 심문이 진전됨에 따라 다시 기억을 정리하여 다시 이를 수정해서 "나, 徐丙浩, 金奎植, 金順愛, 韓鎭教, 申國權, 都寅權은 1922년 12월 중순경 상해 佛租界 蒲石路 14號 徐丙浩房에 모여 解散의 決意를 하였다"(「呂運亨被告人訊問調書」 (第2回), 『韓共資料』 I, p. 370)고 진술하였다. 여운형은 공판에서도 이를 재확인했으며(「呂運亨公判調書」 (第1回), 『韓共資料』 I, p. 421 참조), 따라서 여기서는 최후의 자세한 진술의 부분을 취하였다.

두 개의 기관이 동일한 지역인 상해에 존재하는 것이 불필요한 불편과 암투를 낳을 원인이 될 수 있는 가능성을 고려한 점.[147]

둘째, 신한청년당의 대표로서 김규식을 파리 평화회의에 파견했고, 뒤이어 대한민국 임시정부의 민족대표도 겸하게 된 관계상 대외적으로 신한청년당이 한국민족을 대표하는 단체로 생각되기도 하여 1919년 4월 대한민국 임시정부 수립 후에는 대외적으로 약간의 혼란이 있게 된 점.[148]

셋째, 대한민국 임시정부가 이러한 문제점을 들어 신한청년당의 해산을 요망한 점.[149]

넷째, 신한청년당의 간부의 일부가 고려공산당에 가입하고,[150] 1922년 모스크바에서 동방피압박민족대회와 1921년 11월 12일~1922년 2월 6일 워싱턴에서 군비축소회의가 거의 동시기에 개최될 때 모스크바의 동방피압박민족대회에 신한청년당 대표가 참석키로 결정한 데 반발하여 신한청년당 내의 민족주의 고수파가 탈당하기 시작한 점.

이 넷째 번의 문제점에 대하여 여운형은 다음과 같이 진술하였다.

問(日帝) 李裕弼 趙尙燮 金秉祚 孫貞道 등은 여하한 이유로 탈당하였는가?

答(呂) 모스크바에서 극동피압박민족대회가 열리게 되었을 때 미국 워싱턴에서는 군비축소회의가 개최되게 되어 佛·伊·美·英·日의 5개국의 대표가 여기에 참석하게 되어 있었던 관계상 그들은 이 회의에 신한청년당으로부터 대표자를 파견하여 조선의 독립을 提唱하자고 주장하였다. 나와 김규식이 신한청년당을 대표하여 극동피압박민족대회에 출석하는 것을 반대했으나 이것이 받아들여지지 않았기 때문에 탈당한 것이었다.[151]

---

147 「呂運亨公判調書」, 『韓共資料』 I, p. 399 및 「呂運亨公判調書」 (第1回), 『韓共資料』 I, p. 421 참조.

148 「呂運亨被疑者訊問調書」, 『韓共資料』 I, p. 245 참조.

149 「呂運亨被疑者訊問調書」 (第2回), 『韓共資料』 I, p. 370 참조.

150 「呂運亨公判調書」, 『韓共資料』 I, pp. 404~405 참조.

151 「呂運亨被告人訊問調書」 (第2回), 『韓共資料』 I, p. 371.

한편 이 문제에 대하여 당시의 일제 정보자료는 다음과 같이 보고하였다.

> "앞서 金奎植 呂運亨 徐丙浩 등의 손에 의해 조직되어 상당히 활동하여 온 신한청년당에는 이들 主腦者가 공산주의로 투신하였기 때문에 당내 분열이 생겨 임시정부 측에 속하는 金九 張鵬 李裕弼 金仁全 都寅權 崔一 安定根 李圭瑞 申昌熙 등은 드디어 탈당하기에 이르렀다."[152]

이러한 네 가지 이유로 신한청년당은 1922년 12월 중순 상해 프랑스 조계 포석로(蒲石路) 14호 서병호의 숙소에서 여운형·서병호·김규식·김순애·한진교·신국권·도인권 등이 모여 해선을 결의하고 지방에 있는 다른 당원에는 이를 전달하기로 양해하여 신한청년당은 해산되었다.[153]

당시 이유필·조상섭·김병조·손정도 등은 이미 탈당하여 있었고, 김인전은 사망했으며, 이광수·장덕수·임성업은 국내에 들어가 있었고, 선우혁은 남경에, 이원익은 천진에, 양헌은 안동현에, 김갑수는 독일에 있었으며, 그 밖의 당원도 상해에 있지 않았으므로 해산 결의에는 참석하지 않았다. 김철 만은 상해에 있었으나 해산에 반대하는 의견을 갖고 있었으므로 해산 결의의 회의에는 참석치 아니하였다.[154]

여운형은 일제 관헌의 심문조서에서 신한청년당의 해산에 대하여 다음과 같이 진술하였다.

> "대한민국 임시정부에서는 우리 신한청년당으로부터 김규식을 대표자로서 파리의 만국평화회의에 파견했기 때문에 세계 각국은 어쨌든 신한청년당을 전조선민족을 대표한 단체와 같이 간주하기에 이르러 임시정부의 목적 수행에 대하여 일대 장애를 가져온다고 말하여 빈번히 해산을 요망하였다. 또 당원중 李裕弼 趙尙燮 金秉祚 孫貞道의 4명이 연이어 탈당하였으므로, 나 徐丙浩 金奎植 金順愛 韓鎭敎 申國權 都寅權

152 「上海臨時政府의 窮狀과 國民代表會 開催에 관해 1922년 4월 3일자로 在上海 總領事가 外務大臣에 報告한 要旨」, 『韓國民族運動史料』(중국편), p. 290.

153 「呂運亨被告人訊問調書」(第2回), 『韓共資料』 I, p. 370 참조.

154 「呂運亨被告人訊問調書」(第2回), 『韓共資料』 I, p. 371 참조.

은 1922년 12월 중순경 상해 佛租界 蒲石路 14號 徐丙浩房에 모여 해산의 결의를 하였다. 다른 당원 일동에는 그 뜻을 전달하여 了解를 얻었다."[155]

이상과 같은 과정으로 한국근대사에서 역사적 역할을 수행한 상해의 신한청년당은 1922년 12월 중순 해산한 것이었다.

9. 맺음말

이상에서 고찰한 바와 같이 1918년 8월 20일경 중국 상해에서 창립된 신한청년당은 3·1운동 전후의 한국민족독립운동사에서 실로 획기적인 업적을 이룩하였다.

신한청년당의 목적은 그 취지서에 잘 나타나 있는 바와 같이 ① 대한독립의 쟁취, ② 독립 후의 신대한민족의 개혁, ③ 학술과 산업의 발달에 의거한 대한민족 실력의 양성, ④ 대한민족 신문화의 전인류에의 공헌 등이었다. 또한 신한청년당의 이념은 ① 민족주의, ② 민주주의, ③ 공화주의, ④ 사회개혁주의, ⑤ 국제평화주의로 요약될 수 있는 것이었으며, 신한청년당은 본질적으로 조국광복을 달성하기 위한 민족주의 청년당이었다. 신한청년당은 그의 당강령에서는 ① 대한독립, ② 사회개조, ③ 세계대동주의의 3대 강령을 주창하였다.

신한청년당의 조직은 그 당헌에서 규정된 바와 같이 20세 이상 40세 이하의 한인청년으로서 독립운동에 '死生을 盟約한 同志'만을 엄선하여 소수정예주의의 원칙에 의거하였다. 이 때문에 신한청년당은 6인의 발기인이 창당한 후 4년 4개월의 전존속기간에 걸쳐 당원이 50명을 넘지 못하였다. 신한청년당의 간부조직은 처음에는 총무만을 두어 이 단체를 주도적으로 조직한 여운형이 총무로서 당을 대표했다가, 후에 이사제를 채택하여 파리 평화회의에 대표

155 「呂運亨被告人訊問調書」(第2回), 『韓共資料』 I, p. 370 참조.

를 보내면서 김규식을 이사장으로 추대하고, 교제부(交際部) 이사에 여운형, 서무부(庶務部) 이사에 서병호, 재무부(財務部) 이사에 김인전을 선임하였다.

신한청년당 당원 구성의 특징은 ① 계보적으로는 신민회 계열의 청년들로 구성되었으며, ② 대부분이 기독교도들이었고, ③ 모두가 완강한 민족주의자들이었다.

신한청년당은 매우 작은 규모의 청년독립운동단체였으나, 그 독립운동에의 공헌은 매우 커서 우선 3·1운동의 '진원'을 만들어내었다.

제1차 세계대전이 1918년 11월 11일 종료함에 즈음하여 미국대통령 윌슨은 특사 크레인을 중국에 파견하여 파리 평화회의에서는 민족자결의 원칙에 따라 피압박민족의 의사가 존중되어 전후 처리가 이루어질 것이므로 중국대표단의 파견을 권고하였다. 신한청년당 총무 여운형은 크레인의 연설을 듣고 파리 평화회의가 독립운동에 있어서의 하나의 '절호의 기회'라고 판단하여 이를 기회로 포착해서 신한청년당 동지들과 협의하여 크레인과 밀라드편에 파리 평화회의와 미국대통령 윌슨에게 보내는 한국독립에 관한 공고서(控告書)를 1918년 11월 28일자로 제출하여 일본제국주의의 한국침략을 규탄하고 한국의 독립을 제창하였다.

신한청년당은 또한 김규식을 입당시켜 당 이사장으로 선임한 다음 파리 평화회의에 한국대표로 파견하였다. 신한청년당 대표 김규식의 파리 평화회의의 파견은 그후 3·1운동 봉기의 구심점이 되었다.

신한청년당은 또한 국내에 장덕수를 두 차례나 파견하여 자금을 구해 왔으며, 선우혁·김철·서병호·김순애·백남규 등을 파견하였다. 선우혁은 평안도지방에 잠입하여 이승훈 등 신민회의 동지들을 다수 접촉하여 파리 평화회의에의 한국 대표 김규식 파견을 알리고 독립만세 시위운동을 일으킬 것을 합의하여 평안도지방에서 기독교도 중심의 독립시위운동이 준비되었다. 김철은 서울에 잠입하여 천도교 측과 접촉해서 김규식이 파리에서 사용할 독립운동 자금의 송달과 독립운동을 권고하고 돌아갔다. 서병호는 서울과 대구에 잠입하여 동일한 활동을 했으며, 김순애는 대구에 잠입하여 독립시위운동을 협의하고 돌아갔고, 백남규는 전라도지방에 잠입하여 동일한 활동을 하고 돌아갔다. 신한청년당 당원들의 이러한 국내에서의 활동은 3·1운동 봉기에 직접적으로 매우 큰 영향을 끼쳤다.

또한 신한청년당은 일본에 1차로 조용은(소앙)을 파견하여 동경유학생들에게 신한청년당 대표 김규식의 파리 평화회의에 파견을 알리고 독립운동을 권고하여 2월 초순에 독립선언을 하기로 합의하고 돌아갔우며, 2차로 장덕수를 파견하여 독립운동을 고취하도록 하고, 3차로 이광수를 파견하여 '2·8독립선언서'를 기초하였다.

신한청년당 또한 여운형을 만주와 노령에 파견하여 그곳의 독립운동가들에게 신한청년당 대표 김규식의 파리 평화회의에의 파견을 알리고 이것을 절호의 기회로 포착하여 노령에게도 대표를 파리에 파견함과 동시에 조직적 독립운동의 고양을 제창케 하였다. 그 결과, ① 니코리스크에서 1919년 2월 25일 전로국내조선인회의가 개최되어 이 지역의 독립운동이 급속히 고양되었고 임시국민의회(후에 대한민국의회로 발전)가 성립되었으며, ② 윤해와 고창일을 노령 한국인 대표로 파리 평화회의에 파견하였고, ③ 여운형과 접촉한 김약연·정재면 등 간도 대표들에 의하여 간민회를 모체로 간도 대한국민회가 조직되어 이 지방의 독립운동이 고양되었고, ④ '대한독립선언서'(통칭 무오독립선언서)가 발표되었으며, ⑤ 시베리아에 주둔한 체코·미국·영국·캐나다 연합군에 선전 외교활동을 전개하여 후일 독립군에의 무기 판매의 외교적 기초를 닦았다.

신한청년당은 3·1운동 봉기 후에는 상해의 프랑스 조계에 '독립임시사무소'를 설치하여 국내와 세계 각 지역의 독립운동의 긴밀한 연락을 도모하면서 1919년 4월 10일의 상해 대한민국임시정부 수립의 주체세력으로 활동하였다. 1919년 4월의 임시정부는 기본적으로 신민회 구간부를 총장급으로 하고 신한청년당 간부를 차장(또는 위원)급으로 하여 조직된 특징을 갖고 있었으며, 입법부인 의정원에서는 단일세력으로서는 신한청년당이 가장 큰 영향력을 행사하였다. 신한청년당은 임시정부가 분열에 직면했을 때 1921년 5월 국민대표대회준비위원회를 조직하고 개조파의 세력이 되어 임시정부의 통일과 강화를 위해서 노력하였다.

신한청년당은 또한 1919년 12월부터 기관잡지 『신한청년』을 발간하여 독립사상과 독립운동을 고취하였다. 『신한청년』에는 주로 독립운동 사실에 관한 사료, 독립운동을 고취하는 평론, 신사상 소개 등을 게재하여 재외동포들에게 널리 배포해서 가가호호에 비치하여 동포들의 교재로 사용하도록 하였다. 또한 『신한청년』은 국내에도 비밀리에 널리 배포되어 독립사상과 독립운동을 고취하였다. 일제는 『신한청년』을 갖고 있는 것만으로도 6개월 이상의 징역에 처할 만큼 신한청년당의 이 기관잡지를 중요한 독립운동 문헌으로 취급하였다.

신한청년당은 또한 3·1운동 후에는 상해 대한인거류민단의 간부로 진출하여 이 교민단체를 통해서 독립운동을 하기도 하고, 김구의 제창으로 1922년 11월에는 조국광복을 위해서 향후 10개년 이내에 1만명 이상의 노병을 양성하고 100만원 이상의 전비를 조정하여 독립전쟁의 준비를 하기 위한 '한국노병회'를 조직하기도 하였다.

또한 신한청년당은 외교활동으로서 1920년 8월 미국의원단 일행이 중국 북경에 오자 이들 전원과 접촉하여 활발한 외교활동을 전개해서 한국 독립에의 지원과 협조를 약속받았다. 신한청년당은 또한 1922년 1월에 모스크바에서 개최된 동방피압박민족대회에 김규식과 여운형을 대표로 파견하여 참석한 각국 대표들로부터 한국의 독립을 지원하고 신한청년당의 목적을 지지하는 결의를 받고 돌아왔다.

신한청년당은 ① 상해 임시정부와 신한청년당의 활동이 중첩되어 대외적으로 혼선을 가져오므로 해산할 것을 주장하는 임시정부의 요청, ② 여운형·조동호·선우혁 등 일부 간부들이 고려공산당에 가입하여 활동하는 것에 반대하여 민족주의자 당원들의 일부의 탈당이 요인이 되어 1922년 12월 중순에 상해에서 자진 해당(解黨)하기로 결의해서 창당된 지 4년 4개월 만에 스스로 해산하였다.

신한청년당은 규모가 작은 단명의 독립운동단체였으나 그것이 이룩한 독립운동상의 공헌은 불멸의 거대한 것이었다고 말하지 않을 수 없을 것이다.

(『韓國學報』 제44집, 1986)

제6장

3·1 독립운동의 전개과정

1. 머리말

3·1운동은 일제강점기에 한국민족이 전개한 독립운동 중에서 최대규모의 것이었으며 전민족적인 것이었다. 3·1운동에는 그 이전까지의 모든 민족운동의 흐름이 하나로 합류하였다. 즉 갑신정변(1884), 독립협회와 만민공동회(1896~1898), 애국계몽운동(1905~1910) 등 개화자강파의 민족운동의 흐름과 동학·갑오농민전쟁·천도교 등의 흐름과 위정척사파의 의병운동의 흐름이 3·1운동에는 모두 합류하여 독립쟁취를 위한 민족연합전선을 형성하였다.

또한 3·1운동에는 직접적으로 일제의 식민지 치하에 있던 국내의 한국민족은 물론이오, 그밖에 북간도와 서간도를 비롯한 만주일대, 중국 본토, 노령 연해주와 시베리아, 미주, 하와이, 일본 등지에서 나라를 잃고 유랑하고 있던 모든 한국민족이 봉기하여 전세계에 한국민족의 독립과 한국인의 자유민임을 선언하고 일본 제국주의를 강타하였다.

또한 3·1운동은 한국민족이 남녀, 노소, 신분, 계급, 지역, 종파 등을 초월하여 전체 민족이 '자주독립'이라는 하나의 목표에 일치 단결해서 봉기한 전형적인 전민족적 대규모 독립운동이었다. 이렇게 계급과 종파와 파당을 초월한 전민족적 독립운동은 그 이전이나 그 이후에 유례를 찾아 보기 힘든 것이었다.

이 논문에서는 3·1운동이 어떻게 하여 이와 같은 대규모의 전민족적 독립운동으로 봉기할 수 있었는가의 문제를 주목하면서, 3·1운동이 태동할 때부터 전민족적 독립운동으로 전개되어 큰 성과를 쟁취할 때까지의 전과정을 사실 그대로 밝히고, 3·1운동이 갖는 역사적 의의를 민족사적 의의와 세계사적 의의로 나누어 고찰하려고 한다.

2. 3·1운동의 태동

3·1운동을 태동시키고 처음에 기획하여 하나의 대규모 독립운동으로 합류케 한 독립운동 세력에는 다음과 같은 7개의 흐름이 있었다.

1) 신한청년당의 독립운동

첫째의 독립운동 세력은 상해의 신한청년당을 중심으로 한 재상해 독립운동가들의 흐름이었다. 3·1운동의 최초의 진원은 상해의 신한청년당에서부터 시작되었다.[1] 신한청년당의 독립운동은 3·1운동을 가장 먼저 태동시킨 흐름이었다.

중국 상해에서는 1918년 8월 20일경에 여운형, 장덕수, 김철, 선우혁, 조용은, 한진교, 조동호 등 한국인 청년독립운동가들이 중심이 되어 '신한청년당(New Korean Young Men's Society)'을 조직해서 독립운동을 전개하고 있었다.[2]

---

1 신용하, 「신한청년당의 독립운동」, 『한국학보』 제44집, 1986 참조.
2 김준엽·김창순편, 『한국공산주의운동사자료집』 제1권, p. 293, p. 363 및 p. 365 참조.

1918년 11월 11일 제1차 세계대전이 끝나자, 미국은 즉각 대통령 특사 크레인(Charles R. Crane)을 중국에 파견하여 전후의 평화회담에 대한 미국의 입장을 설명케 하고 산동반도의 문제를 갖고 있는 중국의 대표파견을 적극 권고케 하였다. 크레인이 상해에 오자, 그를 환영하는 집회를 중국 측에서 개최했는데, 이 자리에 한국인으로서 신한청년당 대표 여운형이 참석하였다. 크레인은 이 자리에서 파리 평화회의에서는 전후의 식민지문제가 피압박민족의 의사를 존중하여 처리된 것이므로 중국도 파리 평화회의에 대표단을 파견할 것을 권고하였다. 여운형은 이 연설을 듣고, 이번의 파리 평화회의에는 한국대표도 참석시켜 한국민족의 독립의사를 발표하고 민족자결주의 원칙을 승전국 일본의 식민지인 한반도에도 적용할 것을 요구할 '절호의 기회'가 아닌가 생각하였다.[3] 이에 여운형은 집회 후에 개인적으로 크레인을 방문하여 파리 평화회의에 한국민족도 대표를 파견할 생각이므로 그 회의 참석에 대하여 협조를 요청했으며, 이에 대하여 크레인은 개인적으로 협조하겠다고 응답하였다.[4] 여운형 등 신한청년당 당원들은 회의를 열어 이 문제를 검토한 다음, 1918년 11월 28일 신한청년당 대표 여운형의 이름으로 작성된 「한국독립에 관한 진정서」 2통을 파리 평화회의 의장과 미국 대통령 윌슨에게 전달해 주도록 크레인 특사에게 의뢰하였다.[5] 또한 여운형 등은 동일한 문서 2통을 파리 평화회의의 중국 대표단 고문으로 임명되어 파리로 향하는 상해 『밀라드 리뷰(*Millard Review*)』지(紙) 사장 밀라드(Thomas Millard)에게도 전달해 주도록 의뢰하였다.[6]

신한청년당은 또한 김규식을 신한청년당 대표 겸 한국대표로 선정하고, 선표와 활동경비를 마련하는 등 온갖 어려움을 극복하여, 1919년 2월 1일 파리를 향해서 상해에서 출발시켰다.[7]

---

3 『한국공산주의운동사자료집』 제1권, p. 321 참조.
4 여운형, 『몽양 여운형』, 1967, pp. 25~26 참조.
5 金正明 編, 『朝鮮獨立運動』 제2권, pp. 88~91 참조.
6 李萬珪, 『여운형선생 투쟁사』, 1946, pp. 22~24 참조.
7 대한민국 국회도서관, 『한국민족운동사료』, 중국편, p. 191 참조.

신한청년당이 파리 평화회의에 한국민족 대표로 김규식을 파견한 사실은 그후의 3·1운동의 봉기에 중요한 역할을 하고, 중대한 의미를 갖게 되었다. 이 사실은 본국의 민족지도자들과 재일 유학생들에게 밀사를 통해서 통보되었고, 그 후 2·8독립선언과 3·1운동은 신한청년당 대표 김규식의 독립 주장이 한국민족 전체의 의사와 주장임을 독립만세 시위로써 전세계에 선언하고 과시하는 내용을 포함하여 전개된 것이었다.

또한 신한청년당은 국내에 제1차로 선우혁, 김철 등을 파견하고, 제2차로 서병호, 김순애(김규식의 부인), 백남규 등을 파견하여 이를 기회로 삼아 국내에서도 독립운동을 일으킬 것과 파리 평화회의에 파견하는 한국대표를 위한 자금지원을 종용케 하였다.[8] 신한청년당의 선우혁은 1919년 2월 초에 평안북도 선천에 도착해서 신민회 때의 동지인 목사 양전백(梁甸伯)과 역시 신민회 때의 동지인 정주의 장로 이승훈을 각각 만나 독립운동을 일으킬 것을 종용하여 적극적인 찬동과 약속을 받았다. 선우혁은 계속해서 기독교계의 원로인 길선주(吉善宙)를 방문하여 찬동을 얻었으며, 이어 신민회 때의 동지인 강규찬(姜奎燦), 안세환(安世桓), 변인서(邊麟瑞), 이덕환(李德煥), 김동원(金東元), 도인권(都寅權), 김성탁(金聖鐸), 윤원삼(尹愿三) 등을 만나 독립운동에 적극적인 찬동을 얻고, 상해로 돌아갔다.[9] 그후 평안도 지방에서는 교회와 학생들을 중심으로 독립시위운동을 감행하기로 계획을 세웠다가 서울의 천도교 측에서 연합전선을 펴자는 교섭이 왔으므로 계획이 변경되었다.[10]

한편 국내에 들어온 김철은 서울에 와서 천도교 측을 만나 3만 엔의 송금을 약속받고 상해로 돌아갔다.[11] 서병호와 김순애는 국내에 들어와서 주로 대

8 국사편찬위원회 편, 『한국독립운동사자료』 제4권, 임시정부편, p. 205 참조.

9 日本憲兵隊司令部編, 『朝鮮 3·1 獨立騷擾事件』; 독립운동사편찬위원회 편, 『독립운동사자료집』 제6권, pp. 890~891 참조.

10 『朝鮮 3·1 獨立騷擾事件』; 『독립운동사자료집』 제6권, pp. 891~892 참조.

11 『義庵孫秉熙先生傳記』, p. 341 참조.

구지방의 애국인사들과 접촉한 후에 돌아갔으며,[12] 백남규는 호남지방의 애국인사들과 접촉한 후 상해로 돌아갔다.[13]

신한청년당은 또한 일본에 제1차로 조용은을, 제2차로 장덕수와 이광수를 파견하였다. 조용은은 일본 동경에 도착하여 재일본 유학생들에게 한국대표 김규식의 파리 평화회의에의 파견 사실을 통보하고 독립운동을 권유했으며,[14] 장덕수는 동경에서 역시 유학생들을 접촉한 후 서울로 잠입했다가 일제 관헌에게 체포당하였다.[15] 뒤이어 이광수가 중국으로부터 동경에 도착하여, 재일본 유학생들의 '2·8독립선언서'를 작성하였다.[16]

또한 신한청년당은 여운형을 만주 간도, 노령 연해주에 파견해서 박은식, 문창범, 이동휘, 이동녕, 조완구, 강우규, 정재관, 오영선, 심영구 등을 비롯하여 다수의 선배와 동지 독립운동가들을 만나서 이것이 독립운동을 고양할 절호의 '기회'임을 설명하고, 그들의 계획에 대한 동의와 지원을 얻음과 동시에 적극적 독립운동을 종용하고 돌아왔다.[17]

신한청년당은 이상과 같이 파리 평화회의에 한국 민족대표를 파견했을 뿐 아니라, 직접적으로 국내의 3·1운동과 재일본 유학생들의 독립운동 및 만주·노령의 독립운동에 연결됨으로써 3·1운동의 '진원'이 되어 3·1운동의 봉기에 직접적으로 중요한 영향을 끼쳤다.

2) 만주와 노령지방의 독립운동

둘째의 독립운동 세력은 만주의 간도지방과 노령의 연해주 지방을 중심으로 한 독립운동 집단이었다. 이 지방에는 개항 전후부터 한국인의 이주가 시

---

12 『朝鮮民族運動史鑑』(東文社版), p. 1 참조.

13 李庭植, 『金奎植의 生涯』, 1974, pp. 53~54 참조.

14 『朝鮮 3·1 獨立騷擾事件』; 『독립운동사자료집』 제6권, pp. 892~893 참조.

15 『조선민족운동사료』, 중국편, p. 22 참조.

16 田榮澤, 「동경유학생의 독립운동」, 『신천지』, 1946년 3월호, pp. 98~99 참조.

17 『몽양 여운형』, pp. 35~37 참조.

작되었는데, 그들은 황무지를 개척하면서 새로운 이주 한인사회를 형성하고 있었다. 특히 1905년 이후에는 일제의 침략에 반대하는 한국인의 이주가 격증했으며, 1910년 이후에는 신민회 회원을 비롯한 수많은 독립운동가들이 계획적으로 이곳에 이주하여 이주 한국인들과 함께 국권회복을 위한 독립운동 근거지를 건설하였다.[18]

3·1운동 직전까지에는 이 지역에 약 55만 명의 한인사회가 조직되고, 이에 기초해서 다수의 전투적 독립운동단체들이 결성되어 무장투쟁과 실력양성운동을 병행하고 있었다. 이 지역의 독립운동의 세력 역시 제1차 세계대전의 결과가 한국민족독립운동에 유리한 국제정세를 조성하리라고 기대하고 있다가, 상해 신한청년당으로부터 여운형이 이 지역에 파견되어 파리 평화회의에 한국대표로 김규식을 파견했음을 알리고 독립운동을 적극 고취하자, 1919년 2월 중순경에 여준(呂準) 등 39명의 이름으로 '대한독립선언서'(일명 무오독립선언서)를 발표하여 한국의 독립을 선언하였다.

또한 이 지방의 독립운동단체인 전로한족회는 1919년 1월에 이동휘, 백순, 최재형을 대표로 선정하여 파리 평화회의에 파견하기로 결정했다가, 1919년 2월말 전로한족회가 대한국민의회로 확대·개편되자 윤해와 고창일을 재노령동포의 대표로 파리 평화회의에 파견해서, 신한청년당으로부터 파견된 김규식 일행과 합동하여 독립운동을 전개하도록 하였다. 윤해와 고창일은 1919년 2월 5일 블라디보스토크를 출발하여 육로로 남러시아를 통과하려다가 이 지역에서의 볼셰비키파와 반볼셰비키파의 전투로 교통이 두절되어 그해 6월말까지 발이 묶이게 되었다. 그들은 6월에 교통이 잠깐 개통된 북러시아를 돌아 북빙양(北氷洋)을 거쳐 알한겔스크에 도착해서 1개월말에 대한국민의회에서 발행한 외교여권을 인정받고 노르웨이와 영국을 거쳐 천신만고 끝에 9월 26일에야 파리에 도착하였다.[19] 비록 파리 평화회의에의 대표단의 도착은 늦었

18 신용하, 「신민회의 창건과 그 국권회복운동」, 『한국학보』 제8~9집, 1977 참조.

19 『한국민족운동사료』 중국편, p. 194 참조.

지만 이상의 사실들은 만주와 노령에서의 독립운동 세력이 3·1운동의 태동에 하나의 중요한 흐름이었음을 잘 나타내 주는 것이라고 말할 수 있다.

3) 미주지방의 독립운동

셋째의 독립운동 세력은 미국에 망명한 독립운동가의 흐름이었다. 재미주 망명 독립운동가들은 비교적 정보를 빨리 얻었으므로 파리 평화회의와 윌슨의 민족자결주의에 예민하게 대응하였다. 1918년 11월 11일 제1차 세계대전이 종결되고, 1919년 1월 18일부터 파리에서 전후의 처리문제를 중심으로 한 국제평화회의가 열리게 되자, 미주의 대한인국민회(Korean National Association)는 안창호가 중심이 되어 1918년 12월 1일에 전체 간부회의를 개최하고 워싱턴에 대표를 파견하여 파리 평화회의에 독립청원서를 발송하도록 결의했으며, 그 대표로 정한경, 이승만, 민찬호를 선정하였다. 정한경 등은 그후 12월 20일경부터 파리 평화회의에 참석하기 위하여 여권수속을 시작했으나, 전승국인 일본의 항의로 미국정부가 여권을 발급해 주지 않아 미주에서는 파리에 한국대표를 파견하지 못하였다.[20]

미주에서 제1차 세계대전 후 한국독립운동 고양의 또 하나의 계기를 이룬 것은 1918년 12월 13일부터 뉴욕에서 열린 약소민족동맹회의 제2차 연례총회의 개최였다. 이 회의에는 신한협회(New Korean Association)를 대표하여 뉴욕지방의 김헌식을 비롯해서, 중서부를 대표하여 시카고로부터 정한경과 대한인국민회를 대표하여 안창호의 대리로서 캘리포니아로부터 민찬호가 참석하였다.[21] 이 약소민족동맹회의에 참가한 대표들이 다른 약소민족대표들과 함께 파리 평화회의에서 민족자결주의 원칙에 따라 약소민족을 독립시켜야 한다고 결의함으로써, 이 사실이 일본에서 간행되는 영자신문에 보도되어 재일본 한국유학생들과 독립운동가들에게 자극과 고무를 주었다.

---

20 『한국민족운동사료』 중국편, pp. 7~8 참조.

21 『한국민족운동사료』 중국편, pp. 6~7 참조.

4) 재일본 유학생들의 2·8독립선언

넷째의 독립운동 세력은 재일본 한국유학생들과 그들의 2·8독립선언의 흐름이었다.

당시 재일본 한국유학생들은 윌슨의 민족자결주의가 제1차 세계대전의 패전국의 식민지에만 적용되는 것이지 승전국(일본 포함)의 식민지(조선 포함)에는 적용되지 않는 원칙임을 처음부터 잘 알고 민족자결주의와 파리 평화회의에 별로 기대를 걸지 않았었다. 그러다가 영국인이 신호(神戶, 고베)에서 경영하는 『저팬 어드버타이저(*The Japan Advertiser*)』지(紙) 1918년 12월 15일자와 12월 18일자에 실린 미국 뉴욕에서 약소민족동맹회의에 참가한 한국대표들의 독립운동 보도기사를 읽고 큰 자극을 받아 본격적인 독립운동의 움직임이 조직화되기 시작하였다.[22]

재일본 한국유학생들은 1918년 12월 29일의 유학생 학우회의 망년회와 12월 30일의 조선기독교청년회관에서 열린 동서연합웅변대회에서 독립문제를 의제로 하여 격렬한 토론을 벌이고 생명을 바쳐서 독립을 위한 실천운동을 전개해야 한다고 합의하였다.[23]

재일본 한국유학생들은 이듬해인 1918년 1월 6일 조선기독교청년회관에서 다시 웅변대회를 개최하고 서로 등단하여 '현하의 정세는 我朝鮮民族의 獨立運動에는 最適한 時期로서 해외의 동포도 이미 각각 실행운동에 착수하고 있으므로 吾等도 마땅히 구체적 운동을 전개하자'고 연설하고 실천운동에 착수할 것을 결의했으며, 임시 실행위원으로 최팔용, 서춘, 백관수, 이종근, 김상덕, 전영택, 김도연, 윤창석, 송계백, 최근우 등 10명을 선출하였다.[24] 실행위원들은 독립선언을 하여 그 독립선언서를 일본 정부, 각국 대사·공사, 일본 귀족원·중의원의 양원 등에 보내기로 결정하고, 이튿날인 1월 7일 조선기독교청년회

---

22 *The Japan Advertiser*, 1918년 12월 15일자, 'Koreans Agitate the Independence' 및 1918년 12월 18일자, 'Small Nations Ask to be Recognized' 참조.

23 『한국독립운동사자료』 제2권, p. 654 참조.

24 『한국독립운동사자료』 제2권, p. 654 참조.

관에서 회중 약 2백 명에게 실행위원의 결정사항을 보고하여 만장일치의 동의를 얻었다.[25]

이 무렵 상해 신한청년당으로부터 조용은과 장덕수가 동경에 도착하여 한국민족대표 김규식의 파리 평화회의 파견을 알리고 재일본 한국유학생들의 궐기를 고취했으며, 뒤이어 신한청년당 당원 이광수가 서울을 거쳐 동경에 도착하여 재일본 유학생의 독립선언서를 기초하게 되었다.

재일본 한국유학생들은 지난날 선정한 실행위원 9명(전영택은 병으로 사임)에 새로 이광수와 김철수를 추가하고 비밀리에 조선청년독립단을 조직하였다. 그들은 독립선언을 준비하는 한편 송계백(와세다 대학생)을 국내에 파견하여 국내 독립운동의 고취, 자금의 모집, 독립선언어 인쇄용 활자를 구입하도록 하였다. 재일본 유학생들이 파견한 송계백이 '2·8독립선언서' 원고를 휴대하고 국내에 들어와 현상윤, 최린 등을 만남으로써, 이것이 바로 국내 3·1운동의 준비에 결정적 영향을 주었다.

재일본 유학생들은 1919년 2월 8일 오전 10시경 독립선언서 및 결의문과 민족대회 소집청원서를 각국 대사·공사, 일본 정부, 일본 귀족원과 중의원, 조선총독부, 동경 및 일본 각지의 신문사와 잡지사, 그리고 여러 학자들에게 우송하였다. 그들은 같은 날인 2월 8일 오후 2시에는 조선기독교청년회관에서 대회를 개최하여 회중 약 200여 명이 모여서 '독립선언'을 발표하였다. 이것이 유명한 '2·8독립선언'이다.

재일본 유학생들의 '2·8독립선언'은 3·1운동의 서곡과 선구로서 3·1운동의 태동을 결정지은 것이라고 볼 수 있다.

---

25 『한국독립운동사자료』 제2권, pp. 654~655 참조.

3. 3·1운동의 초기 조직화

1) 천도교의 독립운동 조직화

국외에서 중심이 된 3·1운동의 태동을 이어받아 국내에서 3·1운동을 초기에 조직화하기 시작한 것은 다섯째의 독립운동 세력인 천도교(중앙학교 포함) 독립운동의 흐름이었다.

천도교 계통에서는 1918년 11월 제1차 세계대전이 종결되고 1919년 1월 파리에서 평화회의가 열리게 되자 권동진, 오세창 등 간부들 사이에서 이것이 독립운동의 기회임을 논의하다가 상해로부터 신한청년당의 밀사가 다녀가고 뒤이어 동경으로부터 유학생들이 '2·8독립선언' 원고를 갖고 찾아오자 큰 자극과 격려를 받고 독립운동을 일으킬 것을 적극적으로 추진하기 시작하였다.

3·1운동의 민족대표 겸
천도교 대표 손병희

권동진, 오세창, 최린 등은 1919년 1월 20일경 독립운동을 일으키는데 대하여 천도교 교주 손병희의 허락을 구했다가, 손병희로부터 '반드시 신명을 걸고 조국을 위해 노력하겠다'[26]는 응답을 받았다. 또한 손병희는 재일본 유학생들의 독립선언 계획에 대해서도 '젊은 학생들이 이같이 의거를 감행하려는 이때에 우리 선배들로서는 좌시할 수 없다'[27]고 응답하였다. 천도교 교주 손병희가 이와 같이 3·1운동의 제의에 적극적으로 찬의를 표한 것은 그 스스로 오랫동안 독립운동의 기회를 기다리고 있었기 때문이었다.[28]

천도교 측의 1919년 1월 20일의 회합은 천도교가 3·1운동의 본격적 조직화를 준비하기 시작한 날이었다. 이 무렵 손병희, 권동진, 오세창, 최린 등 천도

---

26 『朝鮮 3·1 獨立騷擾事件』; 『독립운동사자료집』 제6권, p. 863 참조.

27 玄相允, 「3·1운동의 回顧」, 『新天地』 1946년 3월호, p. 28 참조.

28 李炳憲, 『3·1運動秘史』, p. 79 참조.

교 측은 그들이 일으킬 독립운동의 방법에 대하여 다음의 세 가지 원칙에 합의하였다.[29]

① 독립운동을 대중화하여야 할 것.
② 독립운동을 일원화하여야 할 것.
③ 독립운동을 비폭력으로 할 것.

이것은 3·1운동의 방법상의 원칙을 천도교 측에서 결정한 중대한 합의였다. 또한 이날 손병희는 이상의 독립운동의 구체적 방법과 진행을 권동진, 오세창, 최린, 정광조 등에게 일임하였다. 다시 천도교 측에서는 권동진과 오세창은 천도교 내부의 일을 담당하고, 최린은 천도교와 외부와의 관계를 담당하기로 하였다.

3·1운동을 위하여 천도교 종단을 동원하기로 교주 손병희가 허락했으므로, 최린은 현상윤, 최남선, 송진우 등과 함께 최린의 집에서 회합을 갖고 거듭 독립운동에 대한 구체적 방법을 협의하였다. 최린 등은 2월 상순에 다시 회합을 갖고 독립선언과 민족대연합전선 형성을 위한 다른 종교와의 접촉을 본격적으로 시작하였다.

2) 기독교의 독립운동 조직화

여섯째의 독립운동 세력은 기독교 신교 측 독립운동의 흐름이었다. 기독교 측의 독립운동의 초기 조직화는 관서지방의 장로교 계통과 서울의 감리교 계통이 별도로 독립운동을 조직화하다가 합류하였다.

관서지방의 장로교 계통은 주로 이전의 신민회 세력이 중심이 되어 독립운동의 기운이 일어나고 있다가 1919년 1월 말~2월 초에 중국 상해로부터 신한청년당 선우혁이 도착하여 이승훈, 양전백 등을 비롯한 신민회의 옛 동지들을 만나 협의함으로써 본격적으로 기획과 조직화 단계에 들어갔다. 선우혁이 떠

29 崔麟, 「自敍傳」, 『韓國思想』 제4집, p. 164 참조.

난 뒤에 이승훈, 양전백, 윤원삼, 안세환, 함석원 등이 중심이 되어 평양의 숭실전문학교, 숭실중학교, 숭덕고등보통학교, 숭의여학교, 숭현여학교, 관립고등보통학교와 정주·선천의 교회를 중심으로 해서 독자적으로 독립선언과 시위운동을 전개하기로 계획하여 조직화가 진행되었다.[30] 기독교 장로교 측의 이승훈은 마침 이때, 2월 7일 천도교 측의 연락을 받고 상경하여 연합전선 형성 문제를 논의하게 되었다.

한편 서울 감리교파에서는 기독교청년회 YMCA 총무인 박희도(朴熙道)가 기독교청년회 청년부 회원 김원벽(金元璧)을 통하여 1월 27일 청년부 회원모집의 명목으로 연희전문학교 학생 김원벽, 보성전문학교 학생 강기덕(康基德), 경성의학전문학교 학생 한위건과 김형기, 경성공업전문학교 학생 주종선, 경성전수학교 학생 이공후(李公厚), 보성전문학교 졸업생 주익(朱翼), 연희전문학교 학생 윤화정(尹和鼎) 등 서울시내 각 전문학교급 학생대표들을 모아놓고 독립운동에 대한 의견을 교환하였다.[31]

또한 서울 장로교파의 이갑성도 이보다 뒤인 2월 12일과 14일의 두 번에 걸쳐 음악회 등을 가탁하고 세브란스 의학전문학교 구내의 숙소에서 김원벽, 김형기, 윤현영(경성전수학교 학생), 김문진과 배동석(세브란스 의학전문학교 학생) 등을 모아, 해외에 있어서의 독립운동 상황을 논의하고 국내 독립운동의 가능성을 검토하였다.[32]

서울에서의 기독교 측의 3·1운동 초기 조직화 시도는 전문학교 학생들과 연결되어 학생단의 독립운동과 중첩되었다. 서울의 기독교 측의 독립운동 기획도 초기 조직화의 진행 도중에 천도교 측으로부터 연합전선 형성의 제의를 받게 되었다.

---

30 『독립운동사자료집』 제6권, pp. 891~892 참조.

31 『독립운동사자료집』 제5권, p. 69 참조.

32 『독립운동사자료집』 제6권, p. 868 참조.

3) 학생단의 독립운동의 초기 조직화

3·1운동의 태동과 초기 조직화에 참여한 일곱째의 독립운동 세력은 국내 청년학생들의 독립운동의 흐름이었다. 국내에서 3·1운동과 관련하여 학생단의 독립운동이 처음 기획되기 시작한 것은 1919년 1월 하순이었다. 이때 전문학교 학생대표들 9명이 모여 2월 3, 4일경에 독립시위운동을 일으킬 것을 합의하였다.[33] 이 무렵 학생단의 독립운동의 급진전에 가장 큰 자극을 준 것은 상해에서 신한청년당이 김규식을 파리 평화회의에 한국대표로 파견했다는 소식과 동경에서의 재일본 한국유학생들의 2·8독립선언 준비의 소식이었다.[34]

강기덕, 김원벽 등 학생대표들은 전문학교 학생들부터 조직화하는 것이 급선무라고 하여, 경성전수학교는 김성득과 윤현영, 경성의학전문학교는 김형기와 한위건, 세브란스의학전문학교는 김대우, 보성전문학교는 강기덕과 한창환, 연희전문학교는 김원벽이 대표가 될 것을 약정하였다.[35] 독립선언의 기초는 주익이 담당하기로 하였다.[36]

이 무렵에 천도교·기독교·불교의 연합전선을 준비하고 있던 종교계 간부측에서 ① 독립선언을 발표할 때 학생단이 총동원하여 시위행진을 할 것, ② 학생들이 전위적 주체가 되어 독립의 의사를 표현할 것을 요청하고, 종교계와 합류할 것을 권고하여 왔다. 이에 학생들은 기성세대의 독립운동에 합류하되, 계속하여 독자적으로 독립운동을 계속하기로 결의하였다.[37]

33 『독립운동사자료집』 제6권, p. 868 참조.

34 李容卨, 「나의 3·1 학생운동 체험」, 『새벽』, 1956년 신년호, p. 29 참조.

35 『독립운동사자료집』 제5권, p. 69 참조.

36 『3·1運動秘史』, pp. 701~702 참조.

37 李容卨, 「나의 3·1 학생운동 체험」, 『새벽』, 1956년 신년호, pp. 29~30 참조.

4. 민족대연합전선의 형성

1) 민족대연합전선의 추구

3·1운동에 관련된 이상의 일곱 개 독립운동 세력과 흐름이 국내에서 실제로 대규모의 전민족적 독립운동을 일으키기 위해서는 국내에 정당 또는 사회단체와 같은 어떤 전국적 조직체가 필요했으며, 이러한 조직체들을 묶은 대연합전선을 형성할 필요가 절실하였다.

그러나 일제는 1910년 8월 대한제국을 강점하여 식민지화하자 바로 모든 한국인의 사회단체들을 강제로 해산시키고 연설회·강연회까지도 금지시키면서 가혹한 무단탄압을 자행하였다. 전세계에서 그 유례가 없는 일제의 가혹한 무단탄압 밑에서는 어떠한 정치적 성격을 띤 사회단체의 조직도 공개적 또는 합법적으로 만들어질 수 없었다. 이 때문에 당시 일제 하의 한국의 기존의 전국적 조직체나 사회단체로서는 '종교단체'가 유일한 것이었고, 준조직체로서 '학교'가 남아있을 뿐이었다. 따라서 당시의 사회적 조건을 고려하면, 전민족적 대규모 독립운동은, 새로운 조직을 만들지 않는 한, 반드시 종교단체와 학교를 움직이지 않을 수 없게 되어 있었다. 3·1운동을 일으키기 위한 민족대연합전선 형성의 준비가 종교단체를 중심으로 하여 전개된 것도 이 때문이었다고 볼 수 있다.

당시 국내에서 큰 조직과 세력을 갖고 있던 종교단체로서는 ① 불교, ② 유교, ③ 기독교(신교), ④ 천도교, ⑤ 천주교 등의 5대 종교가 있었다. 이 외에도 대종교가 있었으나 그 본부가 이미 만주로 이동하여 국내에는 세력이 미약하였다. 이중에서 3·1운동의 초기조직 단계에서 민족대연합전선의 형성을 위하여 가장 중추적인 역할을 한 것은 널리 알려진 바와 같이 천도교와 기독교였다.

2) 구관료 명사와의 연합의 실패

천도교 측은 최린이 중심이 되어 최남선, 현상윤, 송진우 등과 극비리에 수

차 회합을 갖고 우선 구관료 명사 중에서 민족대표급 인물로 김윤식, 윤용구, 한규설, 박영효, 윤치호 등과 접촉하여 그들을 추대하려 했으나 한규설만 긍정적인 반응을 보였을 뿐 다른 경우는 거절당하였다.[38] 민족대연합전선을 형성하려는 노력은 첫 시도에서부터 실패하여 그 추진자들은 크게 실망하였다.

3) 천도교와 기독교의 연합의 성공

천도교 측이 구관료계 명사와의 연합에 실패한 후 최남선의 제안에 의하여 기독교와의 연합을 추진하기로 합의하고, 신민회 평안북도 총감이었으며 정주의 오산학교 교장으로 있던 이승훈과 최남선이 접촉하기로 결정되어 천도교와 기독교의 연합이 시작되었다.

기독교의 이승훈

천도교 측의 연락을 받은 이승훈이 관서지방 기독교 지도자들과 협의를 마치고 상경했으나, 처음에는 약속된 연락이 잘 닿지 않아 크게 실망하고 서울 기독교계와 협의한 결과 기독교 단독의 독립운동을 일으키기로 결의되었다. 이 결의가 있던 1919년 2월 21일 오후에 최남선이 이승훈의 숙소를 방문하여 다시 연합을 제의한 바, 여러 가지 우여곡절 끝에 완전합의가 이루어져서 2월 24일 천도교와 기독교의 연합전선 형성이 이루어지게 되었다. 천도교 측과 기독교 측은 이날 두 종교세력의 연합전선 형성에 합의했을 뿐 아니라, 다음과 같이 독립운동의 추진방법에 대해서도 합의하였다.[39]

① 거사일을 3월 1일로 정하고 이때에 파고다 공원에서 독립선언서를 낭독하여 독립을 선언할 것.

② 독립선언서는 이를 다수 비밀로 인쇄하여 서울에서는 독립선언 당일 군중들에게

38 崔麟, 「自敍傳」, 『韓國思想』 제4집, 1962, pp. 166~167 참조.
39 『독립운동사자료집』 제5권, p. 19 참조.

배포해서 만세를 부르도록 하고, 각 지방에는 이를 分送할 것.

③ 독립선언서를 각 지방에 분송할 때 서울에서의 독립선언 일시 및 독립선언서 배포절차를 각 지방에서도 서울에 따르게 할 것.

④ 독립선언서 및 기타 문서의 起草와 독립선언서의 인쇄는 천도교 측에서 담당할 것.

⑤ 독립선언서의 배포와 분송은 천도교 측과 기독교 측에서 담당할 것.

⑥ 일본 정부와 일본 귀족원·중의원의 양원 등에 보내는 통고문은 천도교 측에서 담당하여 보내고, 미국 대통령과 파리 평화회의의 각국 대표들에게 보내는 청원서는 기독교 측에서 담당하여 보낼 것.

⑦ 조선민족 대표로서 각 서면에 연명할 사람은 천도교와 기독교 측에서 각각 십수 명을 선정하도록 할 것.

⑧ 독립운동에의 참가를 요구하고 있는 불교도도 연명에 가입시킬 것.

이때 교리와 그 성립 배경이 전혀 판이한 종단인 천도교(동학)와 기독교(서학)가 모든 난관을 극복하고 민족연합전선을 형성한 것은 획기적인 일이었다. 이것은 천도교와 기독교가 다 같이 당시의 민족적 요청에 부응하여 종교보다도 민족을 선행시켜 활동한 애국적 처사였다고 할 수 있다.

4) 불교와의 연합

천도교와 기독교의 연합전선이 형성되자 다음에는 불교와의 연합이 추진되었다. 최린은 기독교와의 연합전선 형성에 성공한 바로 그날 2월 24일 밤에 이전부터 독립운동을 주장해 온 한용운을 방문하여 독립운동에의 참가를 협의하였다. 한용운은 즉석에서 불교 측 동지들과 협의하여 공동으로 참가할 것을 승낙하였다.[40]

한용운은 실제로 시일이 급박한 상황 속에서도 호남과 영남 지방의 심산유곡에 자리잡은 여러 사찰들에 긴급히 연락하여 동지를 모으는 활약을 하고,

---

40 崔麟, 「自敍傳」, 『韓國思想』 제4집, p. 171 참조.

동래의 범어사까지 다녀왔으나, 불교 측 승려들의 광범위한 호응을 얻지 못하고 백용성의 승낙만 얻기에 이르렀다.[41] 그러나 당시 한용운은 이미 독립투사로서 불교계에 널리 알려져 있었고 불교계 청년들에게 큰 영향력을 갖고 있었으므로 그의 참가로써 불교계의 독립운동 세력은 3·1운동에 연결될 수 있는 것이었다. 독립선언서에 서명한 불교 측 대표자의 수는 적었으나 한용운, 백용성의 참가로 사실상 불교계와의 연합전선은 형성된 것이었다고 볼 수 있다.

불교대표 한용운

5) 유림과의 연합의 실패

3·1운동의 초기 조직자들은 유림과의 연합도 추진했으나 결국 실패하였다. 최린 등은 처음에 서울의 유림 대표격인 김윤식 등과 접촉하여 연합을 모색했으나 실패하였다. 뒤이어 한용운은 지방유림의 대표격으로서 면우(俛宇) 곽종석(郭鍾錫)을 찾아가 접촉했으나 실패하였다.[42]

이 두 개의 시도 외에 초기 조직자들은 심산(心山) 김창숙(金昌淑)에게도 독립선언을 사전에 알려주고 반응을 기다렸다. 『심산유고(心山遺稿)』에 의하면 김창숙이 성주의 본가에 있을 때 서울의 성태영(成泰英)으로부터 온 편지에 이르기를, 고종의 인산이 3월 2일에 있는데, 이때를 타서 나라 안 인사들이 일을 일으키려고 하여 기틀이 이미 성숙했으니 즉히 입경(入京)하여 기회를 잃고 후회하는 일이 없도록 하라고 하였다. 김창숙이 모친의 병환 때문에 2월 그믐날에 서울에 오자 성태영이 이르기를, 3월 1일에 조선독립선언서를 발표하기로 되어 있으니 이미 연서(連署)의 기회를 잃은 것이 한탄스럽다고 말했으며, 김창

41 金濟琦, 「범어사 사건」, 『신동아』, 1965년 3월호, pp. 108~109 참조.
42 金法麟, 「3·1운동과 불교」, 『신천지』, 1946년 3월호, pp. 75~76 참조.

숙은 이튿날 독립선언서를 보고 통곡하면서 유교의 대표가 한 사람도 없음을 개탄했다고 한다.[43]

민족대연합전선을 형성하면서 당시에 아직도 지방에 상당한 세력을 가진 유림을 참여시키지 못한 것은 미흡한 것이었다. 그 원인은 양측에 모두 있었던 것으로 보이는데, 첫째, 유림들이 완고하여 다른 종단으로부터의 접촉 시도에 기민하게 반응하지 못한 점이다. 둘째, 천도교와 기독교 측이 유림을 연합전선에 참여시키려는 적극적인 노력을 충분히 하지 않았다는 점이다. 민족대연합전선에의 유림의 참여가 없게 됨에 따라 유림세력이 영향력을 발휘하는 지역에서의 대규모 국민동원의 가능성이 약간 약화된 것은 사실이었다.

6) 학생단과의 연합의 성공

각 전문학교 학생대표들이 2월 20일 승동(勝洞) 예배당에 모여 제1회 학생간부회의를 개최하고 학생단 단독의 독자적 독립시위운동 감행을 결의한 4일 후인 2월 24일 박희도는 천도교와 기독교의 연합이 확정되었으므로 학생들도 이와 연합하여 독립시위운동의 전위에 서 줄 것을 학생들에게 요청해 왔다. 뒤이어 기독교와 천도교 측은 3월 1일 독립선언을 하고 시위운동을 전개하기로 결정했음을 학생 측에게 통보해 왔다. 각 학교 학생대표들은 이 연합문제를 토의하기 위하여 2월 25일 밤 정동(貞洞) 예배당 안의 이필주(李弼柱) 목사 집에서 모여 회의를 열고 다음과 같은 사항에 합의하였다.[44]

① 학생단의 독립운동은 기독교와 천도교의 연합전선에 참가하여 함께 연합한다.
② 각 전문학교 및 중등학교 학생은 3월 1일 정오까지 모두 파고다 공원에 집합하여 일대 시위운동을 전개한다.
③ 학생들은 3월 1일 연합한 민족운동에 참가하되, 형편에 따라 전문학교 학생을 중심으로 하는 학생 독자의 시위운동을 전개하기로 한다.

---

43 金昌淑, 『心山遺稿』(국사편찬위원회판), 1973, p. 309 참조.
44 『독립운동사자료집』 제5권, pp. 69~70 참조.

이 회의의 결정에 따라 천도교·기독교·불교·학생단의 대연합전선 형성이 완결된 셈이었다. 학생들은 2월 26일에도 다시 모여 민족대연합전선에의 참가를 재확인하고 그 전위대로 활동할 것을 결의했으며, 3월 1일뿐 아니라 3월 5일에도 서울역 광장에 모여 학생 독자적 독립시위운동을 전개하기로 결정하였다.[45] 이 결정이 있은 후 전문학교 학생들은 중등학교 학생대표들과 보통학교 학생대표들을 만나 그들을 독립만세 시위운동에 참여시키고 조직화하기 위한 접촉을 강화하였다.[46] 뿐만 아니라 2·8독립선언 이후 귀국한 재일본 여자유학생들이 주로 이화학당 등의 여학생들을 중심으로 하여 학생단의 조직에 합류하였다. 그들은 남학생들의 학생단과 연락을 맺으면서 주로 이화학당을 비롯한 서울 시내 여러 여학교들의 여학생들의 조직화를 시작하였다.[47]

천도교·기독교·불교·학생단 등 국내 4대 독립운동 세력의 단결에 의한 민족대연합전선의 형성은 3·1운동이라는 대규모의 전민족적 독립운동을 전국적으로 봉기시킨 하나의 기초조건을 만드는 데 성공한 것이었다고 볼 수 있다.

5. 3·1독립선언의 준비

1) 독립선언서의 작성

독립선언서 작성의 책임은 천도교 측이 담당하고, 독립선언서의 원고는 최남선이 기초하였다.[48]

독립선언서의 작성에 있어서 천도교 측은 손병희, 권동진, 오세창, 최린 등이 그 취지와 지침을 주었는데, 그 요점은 ① 글 뜻은 동양평화를 위하여 조선의 독립함이 옳다는 뜻을 강조하고, ② 표현은 감정에 흐르지 말고 온건하게

45 李容卨, 「나의 3·1 학생운동 체험」, 『새벽』, 1956년 신년호, p. 30 참조.
46 『독립운동사자료집』 제5권, p. 70 참조.
47 『독립운동사자료집』 제6권, pp. 871~873 참조.
48 崔麟, 「自敍傳」, 『韓國思想』 제4집, p. 172 참조.

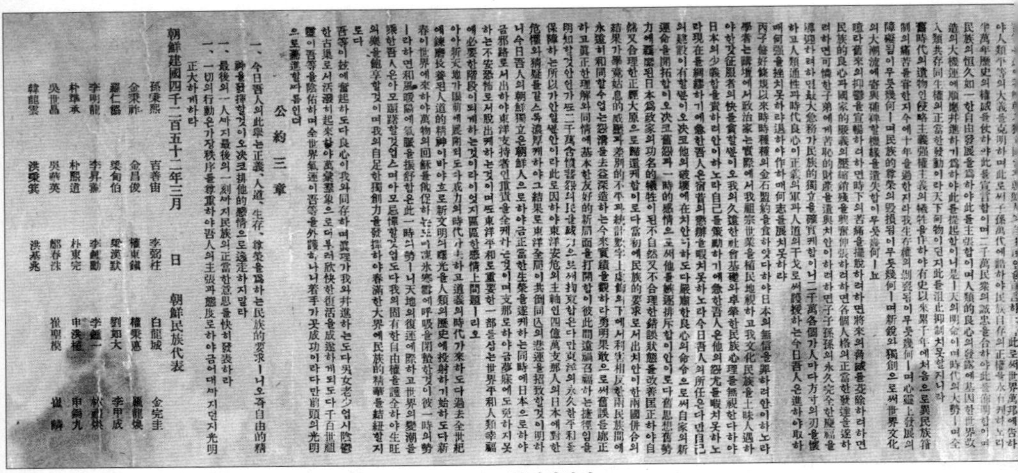

3·1 독립선언서

할 것 등이었다.[49] 최남선은 이러한 지침에 따라 자기의 의사를 보태고 동경유학생들의 2·8독립선언서를 참고하여 대비하면서 원고를 작성하였다. 최남선이 작성한 '3·1독립선언서'의 내용은 웅장한 명문으로 한국의 독립을 설득력 있게 주장했으며, 공약 3장은 시위군중의 행동지침을 잘 제공해 주었다. 한편 '3·1독립선언서'의 표현은 재일본 유학생들의 2·8독립선언서보다 훨씬 더 평화주의적 경향이 짙으며, 투쟁적·전투적 표현들은 의식적으로 피하여 기초된 것이었다.

최남선은 '독립선언서'뿐만 아니라, 일본 정부, 일본 귀족원·중의원, 조선총독부 등에 보내는 '독립통고서'와 파리 평화회의 및 미국 대통령 윌슨에게 보내는 '독립청원서'도 기초하였다. 그러므로 최남선이 기초한 문서는 모두 세 가지 종류였다.

최남선은 독립선언서의 초고는 2월 10일경 기초를 끝냈으며, 2월 15일경에 이를 최린에게 수교하였다. 최린은 그것을 손병희, 권동진, 오세창 등에게 보여 동의를 얻고, 그 후 기독교 측 연락대표로 함태영에게 수교하였다.

49 『3·1運動秘史』, p. 77, p. 576 및 p. 580 참조.

또한 일본 정부, 일본 귀족원과 중의원, 조선총독부 등에 보내는 독립통고서와 파리 평화회의 및 미국 대통령 윌슨에게 보내는 독립청원서는 2월 25일경에 최남선이 최린에게 수교하였다. 최린은 이것 역시 손병희, 권동진, 오세창 등에게 보여 동의를 얻고, 이를 다시 독립선언서와 함께 기독교 측 연락대표 함태영을 통하여 기독교 측의 동의를 얻었다.[50] 이로써 독립선언서와 독립통고서 및 독립청원서 등의 원고의 기초와 준비가 모두 이루어졌다.

2) 독립선언서의 인쇄

독립선언서의 인쇄는 오세창이 총책임을 담당하고, 천도교 직영의 인쇄소인 보성사(普成社) 사장 이종일(李鍾一)이 총실무를 담당하여, 보성사에서 인쇄하였다.

오세창은 1919년 2월 16일 이종일을 자택으로 불러, 독립선언서의 원고를 보내겠으니 인쇄해 달라고 의뢰했고, 이종일은 이에 동의하였다. 오세창은 2월 26일 밤 이종일 댁을 찾아가 독립선언서의 조판한 것을 수교하고, 2만 장 정도를 인쇄해 달라고 의뢰하였다.[51] 이때 오세창이 독립선언서의 원고를 주지 않고 조판한 것을 준 것은 보성사 인쇄공의 한자 해독력 부족으로 독립선언서를 조판하기가 어려웠기 때문에 최남선이 최린에게 보관되어 있던 원고를 찾아다가 자기가 경영하는 신문관(新文館) 직공으로 하여금 조판케 하여 최린에게 수교한 것을 다시 오세창에게 보냈기 때문이었다.[52]

이종일은 보성사의 직공 신영구(申永求, 공장 직공)와 김홍규(金弘奎, 공작 감독)에게 극비리에 독립선언서를 인쇄할 것을 지시하여 2월 27일 2만 1천 장을 인쇄하였다.[53] 이종일은 2월 28일 아침 사람을 시켜 인쇄한 독립선언서 3장을 오세창에게 보내고, 인쇄가 완료되었으니 그 처분에 대하여 지시해 줄 것을

---

50 『독립운동사자료집』 제5권, p. 43 참조.
51 『3·1運動秘史』, p. 382 참조.
52 『독립운동사자료집』 제5권, p. 21 참조.
53 『3·1運動秘史』, p. 390 참조.

요청하였다. 오세창은 암호로 청색 쪽지를 가져오는 사람에게 배포하라는 지시를 내려 독립선언서는 배포 단계에 들어가게 되었다.[54]

3) 독립선언서의 배포

독립선언서 배포의 총책임은 역시 오세창이 맡고, 실무는 이종일이 담당하였다. 독립선언서의 배포는 천도교·기독교·불교·학생단 등으로 나누어 분단하기로 하였다.

천도교 측에서는 인종익(印宗益, 충청도·전라도 담당), 안상덕(安商悳, 강원도·함경도 담당), 김홍열(金洪烈, 평안도 담당), 이경섭(李景燮, 황해도 담당) 등을 독립선언서 배포의 지역별 책임자로 선정하였다.

기독교 측에서는 김창준(金昌俊, 평안도 담당), 이갑성(李甲成, 경상도 담당), 오화영(吳華英, 경기도·함경도 담당), 함태영(咸台永, 평안도 지방 보충담당) 등이 그 지역별 책임을 맡았다.

불교 측에서는 한용운이 그 책임을 담당했으며, 학생 측에 대해서는 이갑성이 이를 담당하였다.

독립선언서의 배포는 3·1운동의 초기 조직단계의 조직이 실질적으로 국민대중에게 접촉한 범위를 말해주는 것으로서 3·1운동의 전과정에 있어 매우 중요한 것이었다. 독립선언서는 그 자체는 독립만세시위를 지시하는 기능을 가진 것이었기 때문에, 적어도 독립선언서가 배포된 범위까지는 초기조직 단계의 활동가들에 의하여 3·1운동이 사전 조직화된 범위라고 볼 수 있는 것이었다.

물론 종단조직도 사전조직으로 간주될 수 있는 것이었지만, 그것은 객관적으로 볼 때 잠재력에 불과한 것이었고, 사전조직의 범위가 미친 것은 역시 독립선언서가 배포된 범위라고 보는 것이 합당한 관찰이라고 생각된다. 독립선언서가 사전에 배포된 범위는 지역적으로 서울, 평양, 선천, 원산, 개성, 서흥, 수

54 『3·1運動秘史』, p. 396 참조.

안, 사리원, 해주, 대구, 마산, 전주, 군산 등이었다. 이 범위는 민족대표들에 의하여 3·1운동이 사전 조직화된 범위라고 볼 수 있다.

4) 민족대표의 선정

독립선언서와 독립통고서에 서명할 민족대표의 선정은 각 교파별로 이루어졌다.

천도교 측은 손병희, 권동진, 오세창 등이 의논해 2월 25일부터 2월 27일 사이에 당시 천도교의 기도회 종료보고와 고종의 인산(因山)을 보기 위하여 서울에 모인 천도교 간부 임례환(林禮煥), 나인협(羅仁協), 홍기도(洪基兆), 박준승(朴準承), 양한묵(梁漢默), 권병덕(權秉悳), 김완규(金完圭), 나용환(羅龍煥), 이종훈(李鍾勳), 홍병기(洪秉箕) 등 10명에 대하여 독립운동의 계획을 설명하고 독립선언서에 서명 날인할 것을 동의받았다. 또한 오세창은 천도교월보 과장 이종일(李鍾一)에게 독립운동계획을 알려 그 찬동을 구한 즉 모두 동지가 될 것을 승낙하고 독립선언서에 서명 날인할 것을 동의하였다.[55] 여기에 대외교섭을 맡고 있던 최린을 합하여 천도교 측의 민족대표로는 15명이 선정되기에 이르렀다.

기독교 측은 2월 27일 이승훈, 박희도, 이갑성, 오화영, 최성모, 이필주, 함태영, 김창준, 신석구 및 독립운동 소식을 듣고 새로이 동지로 가담한 기독교월보사 서기 박동완 등 10명이 이필주의 집에 모여 함태영이 최린으로부터 전달받은 독립선언서와 독립통고서 및 독립청원서의 초안을 회람한 후, 모두 그에 찬성하고 독립선언서에의 서명자를 당일 회합한 10명 중 함태영을 제외한 9명 및 신홍식, 양전백, 이명룡, 길선주, 유여대, 김병조, 정춘수 등 7명을 합하여 모두 16명으로 하기로 결정하였다. 이때 함태영이 민족대표의 한 사람으로 서명자에서 빠진 것은, 서명자들이 체포될 경우, 그 가족의 보호 소임을 맡기 위해서였다.[56]

55 『독립운동사자료집』 제5권, p. 20 참조.
56 『3·1運動秘史』, pp. 453~454 참조.

불교 측 대표로서는 한용운(당시 강원도 양양군 통천면 신흥사 승려)이 2월 24일부터 2월 27일까지 사이에 최린으로부터 독립운동계획을 듣고 이에 찬동하여 서명할 것을 약속하였다. 한용운은 불교 측 서명자를 모집하기 위하여 각지의 승려들에게 독립운동계획을 극비리에 알린 즉 경상남도 합천군 해인사 승려 백용성(白龍成)이 찬동하고 독립선언서에 서명할 인장을 위탁했으므로 최린의 승낙을 받아 동지로 가담케 하였다. 한용운은 2월 27일 최린의 집으로 가서 서명자의 이름을 열거한 지면에 날인하고, 또한 백용성으로부터 위탁받은 인장도 날인하였다.[57]

독립선언서에 서명할 민족대표는 이상과 같이 선정되어 날인되었으나, 이에 앞서 서명자의 수위(首位)를 누구로 할 것인가의 문제가 논란되었다. 독립선언서의 날인을 위해 2월 27일 밤에 최린의 집에는 이승훈, 이필주, 함태영이 기독교 대표로서, 최남선은 개인자격으로, 한용운은 불교 측의 대표로 참석하여 회합했다. 이 자리에서 기독교 측은 서명자의 순서를 연령순으로 하거나 성명의 가나다순으로 하자고 제의하였다. 최린은 그렇게 되면 위계질서가 확고한 천도교 측에서 볼 때는 선생과 제자의 순위가 바뀌게 되므로 곤란한 지경에 빠진다고 강경하게 반대하였다. 이 문제가 논란점이 되자 최남선이 중재해서 '인물로 보거나 거사의 동기로 보아서도 손병희 선생을 영도자로 모시고 수위에 쓰는 것이 어떠하냐'고 기독교 측에 제의하였다. 이승훈은 '그러면 제2위는 기독교를 대표하는 길선주(장로교파) 목사를 쓰자'고 타협론을 제의했고, 다음에 다른 사람이 감리교파를 대표해서 이필주 목사를 제3위에 쓰자고 제의하였다. 한용운은 불교 측을 대표하여 제4위에는 백용성을 쓰자고 제의하였다. 이 제의들이 모두 받아들여져 손병희, 길선주, 이필주, 백용성의 순위로 쓰고, 그 이하는 모두 성명의 가나다순으로 배열하여 날인하게 된 것이었다.[58]

---

57 『3·1運動秘史』, pp. 616~617 참조.

58 崔麟, 「自敍傳」, 『韓國思想』 제4집, p. 175 참조.

5) 거사일자의 결정

거사일자가 3월 1일로 결정된 사실에 가장 큰 영향을 끼친 요인은 고종의 국장일이었다. 고종의 국장일은 3월 3일로서 이날 서울에는 전국 각지로부터 많은 사람들이 몰려들 것으로 예상되어 굳이 이 시기를 포착하려고 했던 것이었다.

그러나 국장일에 만세시위운동을 전개하는 것은 불경이라고 생각되었으므로 이날은 피하기로 하였다. 함태영의 제안에 의하여 3월 4일이 논의되었으나, 만일 국장 당일에 폭동이 일어나는 경우에는 독립운동의 계획에 차질이 생길 것이므로 고종의 국장 이전에 거사하기로 하였다.[59] 3월 2일이 가장 적합한 일자라고 생각되었으나, 공교롭게도 3월 2일은 일요일이었으므로 기독교 측에서 이날의 선정을 반대하였다. 따라서 하루 더 앞당겨 3월 1일이 거사일로서 만장일치로 합의되어 결정된 것이었다.[60] 이상과 같은 과정으로 3·1운동의 모든 준비가 갖추어지게 되었다.

6. 3·1운동의 전개 (1)

3·1운동의 준비가 이상과 같이 모두 갖추어졌으므로 민족대표들은 2월 28일 손병희 집에서 최종회합을 갖기로 하였다. 그 이유는, 우선 독립선언서에 서명한 대표들이 각 종단의 연합이어서 서로 얼굴을 모르는 사람이 많았으므로 거사를 앞두고 지면(知面)을 익히고 독립선언의 준비를 최종으로 점검하기 위한 것이었다.

이 최종회합에는 양전백, 길선주, 이명룡, 김병조, 정춘수, 나인협, 홍기조, 양한묵, 백용성을 제외한 모든 서명자들과 서명자 이외에 함태영이 참석하였다.

59 『3·1運動秘史』, p. 648 참조.
60 『독립운동사자료집』 제6권, p. 874 참조.

이 최종회합에 참석한 23명의 민족대표들은 서로 인사를 교환한 후 손병희의 인사말을 듣고 이어 회의에 들어가 다음의 사항에 합의하였다.

① 박희도가 독립선언을 발표할 장소를 파고다공원으로부터 다른 곳으로 변경할 것을 제의하였다.[61] 그 이유는 3월 1일 오후 2시까지 학생들이 다수 파고다공원에 모이게 되어 있으므로 학생과 시민이 회집하게 되면 군중심리에 의해 폭력사태가 일어날지도 모르고, 일제 군경이 어떠한 간계를 써서 현장을 교란시켜 폭동의 구실을 만들어 가지고 흉측한 탄압수단을 취할지도 모르기 때문이었다.[62] 이 제안에 대하여 참석자 일동은 모두 찬성하였다.[63] 이에 손병희는 새 장소로서 명월관 지점인 태화관을 제의하여 동의를 얻고 3월 1일 오후 2시에 별실을 예약하였다.[64] 결국 이 회합에서 예기치 않게 독립선언식의 장소를 변경한 것이었다. 이것은 독립선언식을, 민족대표들의 태화관에서의 선언식과 학생 시민들의 파고다공원에서의 선언식의 두 개로 나누어지게 한 결정이었다.

② 그들은 독립선언서와 독립통고서를 조선총독부에 보내기로 결의하고, 그 책임자로 이갑성을 선정하였다.

③ 독립선언서에 서명한 민족대표들을 3월 1일 오후 2시 태화관에 모여서 독립선언식을 갖되 33인 전원이 모두 자리를 뜨지 말고 동일한 행동을 취하기로 합의하였다.

④ 그들은 독립선언 후 일제경찰이 체포하러 오더라도 피하지 말고 함께 체포당하여 그동안의 경과를 감추지 않고 정정당당하게 주장하기로 합의하였다.

이튿날인 3월 1일 오후 2시가 가까워오자 민족대표들이 속속 태화관에 모여들기 시작했다. 2시에는 길선주(평양에서 서울에 늦게 도착), 유여대(의주에서 서울에 늦게 도착), 정춘수(원산에서 서울에 늦게 도착), 김병조(상해로 탈출)를 제외한 29명의 각 교파의 민족대표들이 모두 모였다. 이종일은 그가 인쇄한 독립선언서 약 1백 장을 탁상 위에 놓고서 모인 민족대표들에게 보게 하였다. 민족대표

---

61 『3·1運動秘史』, p. 577 및 p. 607 참조.

62 崔麟, 「自敍傳」, 『韓國思想』 제4집, p. 181 참조.

63 『3·1運動秘史』, p. 607 참조.

64 『3·1運動秘史』, pp. 294~295 참조.

3·1운동의 광화문 네거리 앞 광경

들은 전에 이미 독립선언서를 읽은 바 있으므로 독립선언서의 낭독을 생략하기로 하고 한용운이 "오늘 우리가 집합한 것은 조선의 독립을 선언하기 위한 것으로 자못 영광스러운 날이며, 우리는 민족대표로서 이와 같은 선언을 하게 되어 그 책임이 중하니, 금후, 공동 협심하여 조선독립을 기도하지 않으면 안된다"[65]라는 요지의 간단한 식사(式辭)를 하고 이것으로 독립선언이 완료된 것으로 하여 한용운의 선창으로 독립만세를 삼창하였다. 뒤이어 일제경찰이 출동하여 29명의 민족대표를 연행해서 체포하였다.

한편 민족대표들이 태화관에 모이던 거의 같은 시간에 사전연락을 받은 서울시내의 중학교급 이상의 학생들과 시민들이 파고다공원에 모여 들었다. 오후 2시경에는 수천 명의 학생들과 시민들이 모여 독립선언식을 기다렸다. 학

65 『3·1運動秘史』, p. 608 참조.

생들과 시민들은 민족대표들이 나와 독립선언서를 낭독하고 독립선언식을 거행할 것을 기대하였다.

민족대표들이 태화관에서 별도의 독립선언식을 거행하게 되었음이 통고되자, 학생대표인 강기덕(康基德)과 2, 3명의 학생들이 태화관으로 달려가서 장소 변경은 약속위반임을 들어 민족대표들을 비판하면서, 한 사람의 민족대표라도 파고다공원으로 와서 독립선언서를 낭독해 줄 것을 강력히 요청하였다. 민족대표들은 전원이 함께 포박당하기로 결의했음을 설명하고 학생들을 겨우 설득하여 돌려보냈다. 민족대표가 파고다공원에는 출석하지 아니하자 학생과 시민들은 이에 낙망하지 아니하고 독자적인 독립선언식을 갖기로 하여, 2시 30분경에 한 학생을 팔각정에 등단시켜서 독립선언서를 낭독케 하였다.

> "吾等은 玆에 我朝鮮의 獨立國임과 朝鮮人의 自主民임을 선언하노라. 此로써 世界萬邦에 고하야 人類平等의 大義를 克明하며 此로써 子孫萬代에 고하야 民族自尊의 正權을 영유케하노라……"

한 학생이 감격에 넘치는 음성으로 2천 6백여 자의 독립선언서의 낭독을 끝내자 공원에 모인 수천 명의 학생과 시민들은 '대한독립만세' '조선독립만세'의 구호를 공원이 떠나갈 듯이 외쳤다. 일제의 탄압에 오랫동안 억눌렸다가 폭발한 독립만세의 함성은 공원 일대를 뒤흔들고 바야흐로 전국 방방곡곡으로 파급되어 가기 시작하였다.

학생과 시민들은 '독립만세'를 연창하면서 공원으로부터 거리로 뛰쳐나와 고종의 인산(因山)을 보러 올라온 지방민들과 함께 수만 명의 대오를 이루어 파고다공원 문앞에서 동·서 두 갈래로 나뉘어 독립만세 시위에 들어갔다.[66]

서쪽을 향한 한 시위대는 종로 1가 전차 교차점에 이르러 그곳에서 다시 2대로 갈렸다.

그 1대는 서울역전→의주통→정동→미국영사관→이화학당 앞→광화

66 『독립운동사자료집』 제5권, pp. 72~73 참조.

3·1운동에서 가두시위 하는 여성들

문 앞→조선보병대 앞(지금의 정부 제1종합청사 부근)→서대문町→프랑스 영사관→서소문町→長谷川町(지금의 소공동)→本町 2町目(지금의 충무로 2가) 부근에 이르러서 일제경찰대의 제지에 부딪쳤다. 시위대가 프랑스 영사관 앞에 이르자 경성전수학생 하나가 군중을 솔선하여 영사관안으로 들어가서 관원에게 '조선은 오늘 독립을 선언하고 이와 같이 사람들이 모두 독립국이 되기를 열망하고 있다. 그 취지를 본국 정부에 통고해 달라'고 요청하였다.[67]

다른 1대는 무교동→대한문 앞에 이르러 그 문안으로 돌입하여 '독립만세' 소리를 높이 외친 후에 나와서 정동 미국 영사관 앞에 이르렀다가 되돌아서서 다시 대한문 앞에 이르러 그곳에서 다시 갑·을 2대로 나뉘었다. 갑대는 광화문 앞→조선보병대 앞→서대문町→프랑스 영사관→서소문町→장곡천정을 거쳐 本町으로 들어갔다. 을대는 무교동·종로통을 거쳐 창덕궁 앞에 이르렀다가 그곳에서 안국동→광화문 앞→프랑스 영사관→서소문町→서대문町→영성문→대한문 앞→장곡천町→본町 등을 거쳐 영락町(지금의 저동)→명치町(지금의 명동)으로 향하고 혹은 남대문통을 거쳐 동대문 방면으로 향하기도 하였다.

동쪽으로 향한 한 시위대는 창덕궁 앞→안국동→광화문 앞→서대문정

67 『독립운동사자료집』 제5권, pp. 73~74 참조.

→프랑스 영사관에 이르러 일부는 서소문정, 일부는 미국영사관→영성문→대한문 앞→장곡천町→본町으로 들어갔다가 종로통으로 나와 동아연초회사 앞에 이르러 다시 동대문 부근으로 향하였다.[68]

시위대들은 독립만세 시위행진을 하면서 연도의 시민들에게 '조선은 지금 독립하려 한다. 함께 만세를 부르자'고 권유했고, 수많은 시민들이 자발적으로 합세했으므로 실제의 시위대는 수만명이 되어 독립만세시위운동의 기세는 더욱 돋워졌다.[69] 이 시위대들뿐 아니라, 이날 밤까지 마포 전차 종점 부근과 연희전문학교 부근에서까지 서울시내 도처에서 시민들이 길거리에 쏟아져 나와 '독립만세'를 절규하여 온 서울 장안이 '만세'의 함성으로 진동하였다.[70]

이날 이렇게 해서 서울 파고다공원에서 비롯된 독립만세 시위운동은 마치 한 점의 불꽃이 요원을 불태우듯이 전국 방방곡곡에 퍼져 나갔다.

투옥당한 유관순

서울에서 독립만세 시위운동이 시작된 같은 날인 3월 1일에는 거의 동시에 평양, 진남포, 안주, 의주, 선천, 원산 등의 여러 곳에서 서울과 비슷한 형태의 독립선언과 만세시위운동이 있었다. 이들 지방도시들에는 사전에 이미 독립선언서가 배포되고 천도교와 기독교의 사전 조직화가 있었기 때문에 서울과 거의 동시에 만세시위운동이 일어날 수 있었다. 3월 2일에는 함흥, 해주, 수안, 황주, 중화, 강서, 대동 등지에서 독립만세 시위운동이 있었다. 뒤이어 3월 3일에는 예산, 개성, 사리원, 수안(재차), 송림, 곡산, 통천 등지로 독립만세 시위운동이 퍼져 나갔으며, 3월 4일에는 옥구, 성천, 양덕, 용천 등지로 독립만세 시위운동의 불길은 더욱 번져 나갔다. 이렇게 하

68 『독립운동사자료집』 제5권, p. 73 참조.
69 『독립운동사자료집』 제5권, p. 74 참조.
70 『독립운동사자료집』 제5권, p. 73 참조.

여 서울에서 점화된 독립만세 시위운동의 한 점의 불꽃은 3월 중순경까지에는 전국 방방곡곡에 한 고을도 빠짐없이 요원의 불길처럼 퍼져나가 한국 역사상 최대의 독립만세 시위운동으로 발전하게 되었다. 천안 병천 지방에서 독립만세 시위운동을 선도한 이화학당 여학생 유관순(柳寬順)의 활동은 그 대표적 경우의 하나이다.

7. 3·1운동의 전개 (2)

한국민족의 독립만세 시위운동은 국내에서만 일어난 것이 아니라 국외에서도 일어났다. 만주지역에서의 3·1운동은 서간도와 북간도, 훈춘지방을 중심으로 봉기하였다. 3월 12일 서간도지방의 유하현 삼원보와 통화현 금두에서는 수천 명의 한국인들이 모여 독립축하회를 개최하고 독립만세 시위운동을 전개하였다. 3월 13일에는 한국인들이 가장 많이 모여 사는 북간도의 용정에서 독립만세 시위운동이 일어났다. 이날 정오 교회당의 종소리를 신호로 하여 용정 북쪽 서전대야(瑞甸大野)에는 약 1만 명의 한국인들이 모여 독립축하회를 개최하였다. 이때 용정의 한국인들이 거의 모두 여기에 참석했을 뿐 아니라, 부근 1백 리 이내의 한국인들은 연락을 받고 거의 모두 참석하여 큰 성황을 이루었다. 독립축하식은 대회장 김영학(金永學)의 독립선언 포고문의 낭독으로 시작되었다. 뒤이어 그들은 세 사람의 독립운동을 고취하는 연설을 들은 다음 '대한독립'이라고 대서특필한 큰 깃발을 앞세우고 손에는 태극기를 들고 명동학교 학생들을 선두로 하여 용정시가를 누비면서 독립만세 시위운동을 전개하였다.

이에 당황한 일제는 중국 관헌과 교섭해서 맹부덕(孟富德)이 거느린 중국 군대로 하여금 한국인의 독립만세 시위운동을 저지하도록 조종하였다. 일제의 계약에 빠진 중국 군대는 한국인의 독립만세 시위행진을 저지하려고 발포한 결과 시위군중 18명이 피살되고 30여 명이 부상당하는 사태가 일어났다. 그러나 한국인들은 이에 굴하지 않고, 3월 17일에도 용정에서 5천여 명의 한국인들이 태극기를 들고 대대적인 독립만세 시위운동을 벌였다. 또한 두도구(頭道溝)에서도 수천 명의 한국인들이 독립만세 시위운동을 일으켰고, 또 하얼빈에서도 한국인들의 만세시위운동이 일어났다.

훈춘에서는 3월 20일 한국인 집에 모두 태극기를 게양하고 상가는 철시한 다음 오전 8시경 훈춘 동쪽의 동대인구(東大人溝)에 모여서 '대한독립만세'라고 쓴 대형 깃발을 선두로 하여 악대의 주악에 발을 맞추면서, 손에는 태극기를 들고 '대한독립만세'를 외치면서 동문 안으로 행진하였다. 그들은 시내의 한국인과 합세해서 독립만세 시위운동을 하고 시가지를 누비면서 그들이 미리 인쇄한 독립선언서를 살포하였다. 그들은 서문 밖 광장까지 행진하여 수천 명이 모여서 독립축하회를 개최하고 황병길(黃丙吉) 등 애국지사들의 독립운동을 고취하는 연설을 들은 다음 온 시가를 누비면서 대대적인 독립만세 시위운동을 벌였다.

이밖에도 3월 21일에는 서간도 봉천 안산참(鞍山站), 3월 25일에는 영화사(永化社) 송언(松堰), 3월 26일에는 백초구(百草溝), 3월 27일에는 국자가(局子街), 3월 30일에는 곤륜산(崑崙山), 4월 4일에는 대왕청(大汪淸)과 대감자(大坎子), 4월 10일에는 대도구(大道溝)와 용정(3차), 4월 17일에는 동대인구, 4월 18일에는 냉수천자(冷水泉子)에서 다시 대대적인 독립만세 시위운동이 일어났다.

노령 연해주에서는 3월 17일 대한국민의회가 주체가 되어 블라디보스토크에서 대대적인 독립만세 시위운동을 전개하였다. 블라디보스토크 일대에 사는 한국인들은 이날 신한촌에 대형 태극기를 높이 걸고 대오를 지어 시가지를 행진하면서 '대한독립만세'를 소리 높이 외쳤으며, 오후 4시경에는 블라디보스토크 주재 11개국 영사관 및 러시아 당국에 대한국민의회 명의로 된 독립선언서를 배포하고, 일본 총영사관 앞을 통과하면서 더욱 열띤 독립만세 시위운동을 벌였다. 이에 당황한 일본 총영사는 러시아군 사령관에게 이 만세시

블라디보스토크 신한촌의 3·1운동

위를 제지해 줄 것을 요구했으며, 외교분쟁을 우려한 러시아 당국은 오후 7시 반경에 시위운동을 중지시키고 신한촌에 게양된 태극기를 모두 내리게 하는 한편 주동학생 2명을 검거하였다.

러시아 당국의 이러한 처사에 격분한 한국인 노동자들은 이튿날인 3월 18일부터 동맹휴업을 단행했으며, 학생들은 동맹휴학을 감행하였다. 이밖에도 노령의 한국인들은 이날 3월 17일에는 니코리스크에서, 3월 18일에는 스파스고에에서, 3월 21일에는 라즈도리노에에서, 4월 5일에는 녹도(鹿島)에서 독립만세 시위운동을 전개하였다.

미주지역에서는 국내 3·1운동의 소식이 전해지자 3월 15일 대한인국민회 중앙총회에서 미주·멕시코·하와이 재류동포 전체대표회의를 개최하였다. 이 회의에서는 대한의 독립을 다짐하는 12개항의 결의안을 채택하고, 그 의사를 공포하는 포고문을 채택하였다. 또한 재미교포들은 서재필이 중심이 되어 4월 14일부터 16일까지 3일간 필라델피아의 독립관(Independence Hall)에서 '한인

자유대회'를 개최하고 한국의 독립과 상해 대한민국 임시정부 지지를 다짐하는 결의안을 채택한 다음 악대를 선두로 태극기를 들고 시가행진을 하였다.

이상과 같이 1919년 3월 1일 서울에서 봉기한 3·1운동은 국내의 전국 방방곡곡은 물론이요, 국외에서도 한국인이 사는 곳에서는 세계 어느 곳에서나 독립만세 시위운동이 전개되어 불타 올랐다. 1919년 3월 1일부터 5월 말까지 3개월간의 독립시위운동 상황을 박은식의 『한국독립운동지혈사』에 의거하여 정리해 보면, 집회 수가 1,542회, 참가 인원수가 2,023,098명, 사망자 수가 7,509명, 부상자 수가 15,961명, 피체포자 수가 46,948명이었다. 이 피해들은 모두 일제관헌이 한국인 시위군중에게 발포함으로써 일어난 것이었다.[71]

‖표 6-1‖ 3·1운동의 참가자 수와 피해상황

구분 / 도명	會集 回數	會集 人數	死亡 人數	被傷 人數	被囚 人數	毁燒 教堂	毁燒 學校	毁燒 民家
경기도	297	665,900	1,472	3,124	4,680	15	-	-
황해도	115	92,670	238	414	4,218	1	-	-
평안도	315	514,670	2,042	3,665	11,610	26	2	684
함경도	101	59,850	135	667	6,215	2	-	-
강원도	57	99,510	144	645	1,360	-	-	15
충청도	156	120,850	590	1,116	5,233	-	-	-
전라도	222	294,800	384	767	2,900	-	-	-
경상도	228	154,498	2,470	5,295	10,085	3	-	16
懷仁·龍井 기타 滿洲	51	48,700	34	157	5	-	-	-
총계	1,542	2,023,098	7,509	15,961	46,948	47	2	715

[자료] 朴殷植, 『韓國獨立運動之血史』. 『朴殷植全書』, 상권, pp. 534~555. 박은식의 통계에는 도별통계와 총계가 일치하지 않으나 군별통계에 공란이 많으므로 총계를 그대로 두었음.

71 朴殷植, 『韓國獨立運動之血史』, 『朴殷植全書』(檀國大 東洋學研究所刊) 상권, pp. 534~555 참조.

사실에 가깝다는 박은식의 집계는 일제 조선총독부의 통계보다는 정확한 것이지만, 이것도 주로 50명 이상의 집회만 조사된 것이고, 지방에서의 소규모 운동까지 모두 조사한 것이 아니기 때문에 여전히 저평가된 것이라고 볼 수 있다.

또한 앞의 표는 1919년 5월말까지의 통계이다. 그 이후에도 독립만세시위가 간헐적으로 계속되었으니 3·1운동에의 실제의 참가자수는 이보다 훨씬 많았을 것임은 더 말할 필요도 없다. 이것은 한국 역사상 일찍이 없던 대규모 독립시위운동이었으며, 총인구에 대한 비율로 볼 때, 당시까지의 약소민족 독립운동사상 전세계에서 상대적으로 가장 규모가 큰 대규모의 독립시위운동이었다.

8. 3·1운동의 민족사적 의의

한국민족의 1919년 3·1운동은 한국민족사와 세계사에 모두 큰 의의를 갖는 독립운동이 되었다.[72] 먼저 3·1운동의 민족사적 의의로서는 특히 다음과 같은 점이 주목된다.

첫째, 3·1운동에 의하여, 일제가 1910년 이후 9년간 닦아놓은 식민지 무단통치와 한국민족 말살정책이 근본적으로 붕괴되었다. 일제는 대내적으로 포악하기 비할 데 없는 식민지 착취를 강화하고, 지구상에서 한국민족을 말살하여 일본제국의 천민층으로 만들기 위한 잔학한 식민지 무단통치를 자행하면서, 대외적으로는 일제의 통치 하에서 한국민족이 행복하게 발전하고 있다고 거짓선전하였다.

한국민족의 전민족적 봉기에 의한 3·1운동은 대내적으로 일제의 식민지 무단 통치를 근본적으로 파산시켰으며, 대외적으로는 일제하에서의 한국민족의

72 신용하, 「3·1독립운동의 사회사」 (상·하), 『한국학보』 제30~31집, 1983 참조.

불행과 고통과 일제의 잔혹무비한 식민지 통치의 진상을 전세계에 폭로하여 일제의 한국민족에 대한 식민지통치의 근본을 붕괴시켰다. 그리고 한국민족의 독립의지를 전세계에 널리 알렸다.

둘째, 3·1운동에 의하여 어떠한 힘으로도 파괴할 수 없는 한국민족 내부의 민족독립역량이 강화되고, 그 후의 독립운동의 확고한 원동력이 형성되어 공급됨으로써, 장기적으로는 한국민족 스스로 독립쟁취를 민족내부에서 스스로 튼튼히 보장하게 되었다.

당시 일본 제국주의자들의 세계사에 유례없는 가혹한 탄압으로 1917~1918년을 전후하여 국내에서는 비밀결사의 독립운동단체들이 급속히 분해되고 있었다. 이러한 위험한 시기에 폭발한 3·1운동은 한국민족을 위험한 구렁텅이에서 재생시켰다. 3·1운동 이후의 한국민족의 독립역량이 그 이전과는 비교하기도 어려울 만큼 크게 '비약(飛躍)'했다는 사실이 이 점을 명백히 증명해 주고 있다. 이것이 바로 3·1운동이 거둔 성과이고 성공이며, 이것은 독립의 쟁취를 자기 민족의 실력으로 스스로 보장한 획기적인 것이었다.

셋째, 3·1운동에 의하여 중국 상해에 대한민국 임시정부가 수립되었다. 상해 임시정부는 직접적으로 3·1운동의 결과 그 아들로서 탄생한 것이었다. 3·1운동의 봉기와 동시에 3·1운동의 주체세력에 의하여 발행된 지하신문인 『조선독립신문』 제2호(1919년 3월 3일자)는 '임시정부'의 조직에 대하여 이때 이미 다음과 같이 공포하였다.

> "假政府組織說. 일간 國民大會를 開하고, 假政府를 조직하며, 假大統領을 選擧한다더라. 안심, 안심. 不久에 好消息이 存하리라."[73]

3·1운동 봉기 직후인 3월 3일에 서울과 전국 대도시에 살포된 『朝鮮獨立新聞』의 이 짧은 보도는 우리에게 중요한 것을 알려주고 있다. 우선 그것은 3·1

73 『朝鮮獨立新聞』 제2호, 1919년 3월 3일자; 「假政府組織說」, 『한국독립운동사자료』(국사편찬위원회 편) 제5권, p. 2.

운동의 초기 조직자들이 3·1운동을 조직화하면서 동시에 임시정부(가정부는 임시정부의 표현임)의 조직을 대전제로 하여 3·1운동을 기획했다는 사실을 알려주고 있다. 즉, 임시정부의 조직이 3·1운동봉기 이틀 후인 3월 3일에 이미 3·1운동 초기 조직자들의 지하신문에 공공연히 보도되고 공포되었다는 사실은 임시정부의 수립이 3·1운동 초기 조직화 도중에 기획되기 시작했음을 강력히 시사하는 것이다. 또한 그것은 임시정부의 조직절차를 '국민대회'의 개최에 의거할 것임을 공표하고 있다. 그후 임시정부의 하나인 한성정부가 국민대회를 거쳐 조직되었음은 이와 관련된 것이었다고 볼 수 있다. 또한 그것은 임시정부의 정치체제가 '공화정'임을 '가대통령(임시대통령)을 선거 한다더라'는 문구에서 알려주고 있다. 임시정부의 수반이 '대통령'임은 그 정치체제가 곧 '공화정'임을 나타내는 것이기 때문이다. 실제로 1919년 4월에 상해에서 수립되어, 노령의 대한국민의회와 서울의 한성임시정부를 포용해서 1919년 9월에 통합된 대한민국 임시정부는 3·1운동을 직접적으로 이어서 9년간 단절되었던 민족정권을 계승하였다. 또한 대한민국 임시정부는 종전과 같은 군주제의 정치체제가 아니라, 입헌공화정체로 수립됨으로써 한국민족사 위에서 획기적인 새로운 전기를 마련하였다. 대한민국 임시정부는 한국민족의 각계 각층과 각파의 독립운동단체들이 거의 모두 참가한 명실상부한 임시정부로서, 독립을 염원하여 독립운동을 전개하던 모든 한국민족의 정신적 지주였고, 또 대부분의 독립운동을 지휘했으며, 초기에는 '연통제(聯通制)'를 조직하여 국내에 대해서도 통치활동의 일부를 담당하였다.

넷째, 3·1운동에 의하여 만주와 노령 등 국외에서 독립군의 무장투쟁이 본격적으로 강화되고 활발히 전개되어, 국경지방에서의 국내진입까지 가능하게 되었다. 당시 만주와 노령에서의 독립군 단체들의 족출(簇出)과 강화는 전적으로 3·1운동의 결과로 이루어진 것이었다.[74] 3·1운동을 계기로 하여 그 이전의 신흥무관학교 등에서 양성한 독립군 간부들과 구의병 간부들을 기초로 하여

74 朴殷植, 『韓國獨立運動之血史』, 『朴殷植全書』 상권, p. 637 참조.

수많은 독립운동가들이 독립군단체들을 조직하고 독립군부대들을 편성하였다. 또한 3·1운동에 참가했던 국내의 청소년들이 무수히 만주로 건너가서 독립군병사로서 독립군에 입대했으며, 3·1운동 이후에는 만주의 동포들도 아들을 기꺼이 독립군에 내놓게 되었다. 예컨대 서간도의 신흥무관학교는 3·1운동 이전에는 1년에 40명의 입교와 졸업도 어려웠는데, 3·1운동 이후에는 밀려오는 청소년들을 모두 수용하지 못하여 학교를 옮기고 분교를 설립했으며, 1년에 6백 명의 졸업생을 내게 되었다. 1920년 10월 일본 정규군 5개 사단의 차출병력 2만 5천여 명의 '토벌' 공격을 받고, 2천 명의 독립군 병력으로 일본군 1천 2백 명을 사살하여 대승리를 거둔 청산리독립전쟁을 수행한 독립군 연합부대의 장교들은 다수가 신흥무관학교 출신이었지만 병사의 절대다수는 3·1운동 후 국내에서 건너간 청소년들과 재만주 동포의 자제들을 6개월간 단기훈련하여 편성한 것이었다. 이처럼 독립군의 무장투쟁까지도 3·1운동의 영향으로 일본 정규군과 본격적인 현대적 전투활동을 전개할 수 있도록 성장했음을 주목할 필요가 있다.

다섯째, 3·1운동은 국내에서 일제 헌병경찰제의 극악무도한 식민지 무단통치와 민족말살정책을 붕괴시키고, 언론·출판·집회·결사의 최소의 자유를 검열제도에 의해서 일지라도 어느 정도 쟁취한 다음, 민족보존을 위한 민족문화운동과 민족실력양성운동을 전개할 기틀을 마련하였다. 3·1운동 직후의 일제의 소위 '문화통치'는 일제가 한국민족의 독립운동을 회유하고 분열시키려는 목적으로 전환한 기만적 식민지정책의 하나였지만, 이 무렵에 획득한 성과에는 3·1운동이 쟁취한 측면도 있었음을 주목할 필요가 있을 것이다.

여섯째, 3·1운동은 국내에서 새로운 농민운동·노동운동·사회운동의 대두에 하나의 계기를 열어 주었다. 일제하 한국에서 본격적인 근대농민운동·노동운동·사회운동이 대두한 것은 3·1운동 이후에 3·1운동이 열어놓은 길 위에서 전개된 것이었다. 이러한 운동들은 농민층과 노동자층의 지위 향상 뿐만 아니라, 일제하의 민족독립운동에도 기여하도록 전개된 것이었다.

일곱째, 3·1운동은 한국민족 스스로의 실력에 의하여 국제적으로 한국민족의 독립을 보장받아 내었다. 한국민족이 3·1운동에 의하여 전민족적 봉기로써 자주독립을 전세계에 선언했기 때문에 일본이 전승국이었던 제1차 세계대전 종전 당시에는 당장에 독립이 성취되지는 않는다 할지라도 언제나 일본이 패전국이 되는 날에는 한국은 자동적으로 독립이 되는 것으로 전세계로부터 공인받게 되었다. 제1차 세계대전 종전 직후에는 파리 평화회의 등에 한국민족이 대표를 파견해도 국제열강은 회의에 참석시켜 주지도 않았는데, 일본이 패전국으로 전망되어 취급될 때에는 제2차 세계대전 도중에 일본패전 후의 한국독립이 한국민족대표의 참석 없이도 모든 국제회의에서 당연한 것으로 논의된 것은 기본적으로 3·1운동에 의거한 것이었다.

이와 같이 3·1운동은 구한말에 일제의 침략을 받고 자주근대화에 실패하여 일제의 식민지로 강점당해서 고통받으며 신음하던 한국민족을 재생시키고 부활시켜 준 운동이었으며, 비록 일제의 식민지 지배하에서 일지라도 한국민족사에 신기원을 열고 자주독립을 보장해 준 민족운동이었다.

9. 3·1운동의 세계사적 의의

3·1운동의 역사적 의의는 민족사적 의의에 한정되어 끝나지 않고, 세계사적 의의가 또한 크다는 사실을 주목할 필요가 있다.

첫째, 세계사에서 볼 때 3·1운동은 제1차 세계대전 종전 직후 승전제국주의 국가들의 지배하에 있던 식민지·반식민지 약소민족이 분발하여 적극적 독립운동을 일으키는 계기를 열어 주었다. 3·1운동 이전까지의 상황을 보면, 제1차 세계대전의 패전국의 식민지 약소민족들은 제1차 세계대전 종전을 전후하여 독립운동을 활발히 강화했으나, 영·불·미·일 등의 승전국 지배하에 있던 식민지·반식민지 약소민족들은, 제1차 세계대전의 승전의 결과 승전국 열강들의 기세가 더욱 상승되었기 때문에 스스로의 힘으로 대규모 독립운동에 궐기할 엄두를 못내고 절대적으로는 독립운동 기운이 상승했다 할지라도 상대적으로는 승전 제국주의 열강의 기세 상승에 비하여 위축된 상태에 있었다. 이러한 조건에서 승전국 열강의 지배하에 있던 약소민족들 사이에서는 완만한 독립운동이 진전되다가 1919년 3월 1일 동아시아의 한반도에서 첫 봉화를 든 3·1운동에 고취되고 영향을 받아, 승전국 지배하의 식민지·반식민지 약소민족의 독립운동이 급격히 불타오른 것이다.

둘째, 3·1운동은 중국의 5·4운동의 발발에 큰 영향을 끼쳤다. 중국현대의 탄생의 전환점이라고 하는 중국의 5·4운동은, 내부요인을 별도로 하고 외부요인을 보면, 세계사적으로는 3·1운동의 파급으로 그 영향을 받고 일어난 것이었다.

1919년 5월 4일 북경대학생들의 시위로 시작된 5·4운동의 핵심적 추진자들은 한국의 3·1운동을 격찬하고, 한국의 3·1운동으로부터 배울 것을 절규했으며, 중국의 5·4운동이 한국의 3·1운동의 고취와 영향을 받은 것임을 증언하는 다수의 기록을 남겨 놓았다. 당시 중국의 신문들은 다투어서 한국민족의 3·1운동 봉기와 진정을 크게 보도하여 중국 국민들에게 알렸다. 특히 전 중국에 막강한 영향력을 가지고 상해에서 발간되던 손문 계통의 신문인 『국민일보(國民日報)』는 1919년 3월 12일부터 상해의 5·4운동(상해에서는 5월 7일 발발)이 일어나기 직전인 5월 6일까지의 기간에만도 한국의 3·1운동에 관한 보도와 논평을 20회 이상 게재하여 3·1운동을 찬양하고 중국 국민을 계몽하였다.[75]

이러한 분위기 속에서 중국의 신문화 운동의 대표적 기수인 진독수(陳獨秀)·이대소(李大釗, 리다자오) 등이 편집하면서 5·4운동의 사상적 준비에 큰 영향을 끼친 북경의 주간지 『매주평론(每週評論)』은 한국의 3·1운동을 중국 국민들에게 해설하고, 중국 국민과 청년학생들의 궐기를 호소하였다. 『매주평

75 史料選輯, 『五四運動在上海』, pp. 124~125 참조.

론』은 제13호(1919년 3월 16일)에서 「朝鮮獨立的消息-民族自決的思潮也流到遠東來了(조선독립의 소식- 민족자결의 사조, 원동에 흘러오다)란 제목 하에 2·8독립선언서와 3·1독립선언서를 게재하여 소개했으며, 3·1운동의 시위상황을 해설하고 소개하였다. 또한 『매주평론』 제14호(1919년 3월 23일)에서는 「朝鮮獨立運動的情狀-生氣和殺氣相沖 公理和强權苦戰 且看那最後一天到底是誰勝誰敗(조선독립운동의 정상-생기와 살기의 상호충돌, 공리와 강권의 고전, 보라! 최후의 순간에 이르러 누가 승리하고 누가 패배하는가를!)라는 제하의 논설을 싣고 3·1운동을 격찬하는 해설을 게재했으며, 진독수의 「조선독립운동지감상(朝鮮獨立運動之感想)」과 「중국적이완용송병준시수(中國的李完用宋秉畯是誰)」(중국의 이완용·송병준은 누구인가)의 논문을 실었다.[76] 진독수는 이 논문들에서 3·1운동을 중국의 반일제·반매국노 운동에 연결시키면서[77] 3·1운동을 세계혁명사상 신기원을 열었다고 격찬하고 중국 국민들의 궐기를 호소하였다.[78]

이러한 조류 속에서 3·1운동의 충격과 영향은 5·4운동을 일으킨 북경대학생들을 직접 강타하였다. 당시 중국의 전국 학생들에게 큰 영향력을 가졌던 북경대학 학생들의 잡지 『신조(新潮)』 1919년 4월 1일자(제1권 제4호)는 5·4운동의 선두에 서서 학생대표로 활동한 부사년(傅斯年)의 「조선독립운동중지신교훈(朝鮮獨立運動中之新教訓)」과 진조주(陳兆疇, 수정(穗庭))의 「조선독립운동감언(朝鮮獨立運動感言)」의 두 편의 논문을 실어 중국 국민들도 3·1운동을 본받을 것을 호소하였다.[79]

또한 당시 중국의 각 대학에는 손문계의 중화혁명당(후의 국민당)과 연계를 가지면서 1918년 10월에 '학생구국회'가 조직되고, 이것이 이듬해 5·4운동의 전국적 학생주체의 하나가 되었는데, 북경대학 학생구국회의 월간지인 『국민』 제1권 제4호(1919년 4월호)도 한국의 3·1운동을 특집으로 편집하고, 3·1운

76 『五四運動在上海』, p. 120 참조.
77 『五四時期期刊介紹』 제1집, p. 149 참조.
78 『獨秀文存』 下册, pp. 607~608 참조.
79 傅斯年, 「朝鮮獨立運動中之新教訓」, 『新潮』 제1권 제4호 참조.

동을 대서특필하였다. 『국민』 1919년 4월호에서는 3·1운동에 관한 논문을 4편이나 게재하고, 또한 「조선독립운동기(朝鮮獨立運動記, 부조선독립서원문(付朝鮮獨立書原文))」를 실었다.[80] 여기서 북경대학 학생국국회의 대학생들은 하나같이 한국의 3·1운동을 격찬하고 일제군경의 탄압과 만행을 규탄했으며, 재만 한국인의 독립운동을 탄압하는 중국 당국자들을 규탄하였다. 그들이 3·1 독립선언서의 원문을 싣고 3·1운동기(조선독립운동기)를 게재한 곳에서 3·1운동이 학생구국회에 속한 중국 대학생들에게 준 충격과 결정적 영향을 알 수 있다.

3·1운동이 북경대학 학생들에게 이렇게 큰 충격과 영향을 준 속에서 북경대학 학생구국회의 대학생들은 1919년 5월 2일 『국민』 편집실에서 5·4시위운동을 결의하고, 5월 3일에는 북경에 있는 각 학교 학생들에게 연락을 했으며, 5월 4일에는 북경 천안문 앞 광장에 모여서 5·4운동의 횃불을 높이 들었던 것이다.

3·1운동의 북경대학생들에게 준 충격과 영향이 이와 같이 컸으므로, 5월 4일의 전체 북경 학생계의 선언문에 '조선이 독립을 도모함에 독립이 아니면 죽음을 달라고 했다'고 하여, 그들의 5·4운동이 3·1운동의 영향을 받은 것임을 시사한 것은 오히려 축소된 표현이었다.[81] 한국민족의 3·1운동이 중국의 5·4운동에 미친 영향은 매우 큰 것이었다.

셋째, 인도에서는 한국민족의 3·1운동에 고취되고 그 영향으로 국민회의파의 비폭력 독립운동이 급속히 고조되었다. 인도 독립운동의 비약적 발전의 대전환점을 이룬 마하트마 간디 지도하에 1919년 4월 5일부터 시작된 '사타야그라하 사브하(眞理守護)' 운동은, 내부요인을 별도로 하고 외부요인을 보면, 3·1운동의 영향을 크게 받은 것이었다. 그들은 영국의 인도에 대한 식민지통치가 '간접통치'의 방식인 구조적 특징을 활용하여, 3·1운동의 비폭력 투쟁방법까지 채택해서 급속도로 성장하였다.

---

80 『五四時期期刊介紹』 제1집, pp. 464~468 참조.

81 資料集, 『五四愛國運動』 附錄1, 「宣言」의 '北京學生界宣言', p. 310 참조.

넷째, 한국민족의 3·1운동의 영향은 인도차이나 반도와 필리핀과 아랍의 일부지역에까지 파급되어, 이 지역의 독립운동에도 영향을 끼쳤다. 예컨대 『베트남 월』지는 한국민족의 3·1운동을 격찬하고 지지했으며, 1919년에 베트남의 독립운동이 더욱 고양되었다.[82] 또한 필리핀에서는 3·1운동을 본받아 1919년 여름에 마닐라 대학생을 중심으로 한 독립시위운동이 일어났다. 또한 이집트에서도 3·1운동을 본받아 1919년 여름에 카이로 대학생들을 중심으로 역시 독립시위운동이 크게 일어났다.

10. 맺음말

1919년 3월 1일 동아시아의 한반도에서 과감하게 첫 봉화를 올린 3·1운동은 한국민족을 재생시켰을 뿐 아니라 그 영향이 중국으로, 인도로, 동남아시아로, 필리핀으로, 이집트로 물결처럼 파급되어 강대한 승전제국주의 열강에 대한 약소민족 독립운동을 불타 오르게 한 것이었다.

당시의 약소민족의 독립운동이 1945년 이후의 독립과 건국에 직결된 것은 제1차 세계대전 종결 후 1919년부터의 독립운동이 발전하여 이루어진 것이었고, 이 흐름의 약소민족 독립운동의 분출의 둑을 열어준 것이 바로 한국민족의 3·1운동이었다.

오늘날 우리가 배우며 가르치고 있는 19세기·20세기의 세계사는 인류의 4분의 3에 달했던 식민지·반식민지의 약소민족들을 무시하고 강대국 중심으로 씌어진 세계사이다. 이러한 낡은 세계사는 온 인류를 포용하고 있지 않으며, 객관성도 없는 세계사이다. 이 시기의 약소민족 독립운동은 세계사에서의 비중이 매우 크기 때문에 앞으로의 세계사는 약소민족을 비롯하여 전인류가 포함된 객관적 세계사가 새로이 씌어져야 할 것이다.

82 『한국독립운동사자료』 제5권, p. 182 참조.

그때에는 한국민족의 3·1운동은 제1차 세계대전 종전 직후, 강대한 승전제국주의 열강에 대한 약소민족 독립운동의 첫 봉화와 광명으로서 독립된 장으로 씌어지고 더욱 높이 재평가되어야 할 것이다.

(趙一文 編, 『한국민족운동사연구논총』, 1988 所收)

제7장

독립군의 봉오동전투와 청산리독립전쟁

1. 3·1운동 후 독립군무장투쟁의 고양

일본 제국주의자들이 한국의 국권을 빼앗아 간 후, 한국 민족이 국권을 회복하기 위하여 국경 부근의 만주 등지에 독립군기지를 건설하고 독립군을 창건하여 독립전쟁을 전개하려는 전략을 세운 독립운동 단체는 구한말의 신민회였다. 신민회의 독립전쟁전략 채택과 국외 독립군기지 창건운동에 따라, 신민회 회원들은 1910년부터 만주와 노령 연해주로 망명하여 독립군 창설의 근거지로서 무관학교 설립을 중심으로 한 독립군기지 창건운동을 정력적으로 전개하였다.

그 결과 신민회 회원들은 1911년 만주의 봉천성 유하현 삼원보에 신흥무관학교(처음 이름 신흥강습소)를 설립하고, 뒤이어 1913년에 길림성 왕청현 나자구 대전자에 동림무관학교와 밀산현 봉밀산자에 밀산무관학교를 설립하는 데 성

공하였다.[1]

그러나 이러한 무관학교들은 처음에는 재정궁핍과 사관생도 및 병사들의 모집이 어려워 졸업생을 배출한 경우에도 독립군다운 독립군부대를 편성하지 못하고 있었다. 그러나 여기서 우리가 주목할 것은 이러한 무관학교들에 의하여 3·1운동 이전에 독립군장교들을 다수 양성해 놓고, 무장은 제대로 되어 있지 않았지만 독립군단체를 준비해 놓고 있었기 때문에 3·1운동 직후 상황이 변하자 일시에 수많은 독립군부대들을 창설할 수 있었다는 사실이다.

1919년 3·1운동이 일어나고 간도와 노령 연해주 지방에도 3·1운동이 파급되자 상황은 그 이전과는 다르게 급변하였다. 독립운동의 기세와 독립운동의 역량은 그 이전과는 비교도 할 수 없을 만큼 비약적으로 성장하였고, 간도·연해주 지방에서는 무엇보다도 무장투쟁의 기세가 고조되었다. 이러한 사회적 조건의 변화 속에서 이전에 양성해 놓은 무관학교 졸업생들과 구의병들과 간도·연해주 지방 한국민족의 청소년들과 국내에서 밀려 온 청소년들을 규합하고, 한국인 교민단체들의 적극적 재정지원에 힘입어, 3·1운동 후에는 마치 비온 뒤에 한꺼번에 돋아나는 죽순처럼 다수의 독립군단체들이 자발적으로 조직되기 시작하였다.

1920년 말경까지 조직된 독립군단체들의 이름을 들면, 북강도 지방의 ① 대한독립군, ② 군무도독부, ③ 북로군정서, ④ 국민회군, ⑤ 의군부(단), ⑥ 대한정의군정사, ⑦ 한민회군, ⑧ 조선독립군, ⑨ 의단, ⑩ 대한독립군비단, ⑪ 광복단(회), ⑫ 의민단, ⑬ 홍업단, ⑭ 신민단, ⑮ 광정단, ⑯ 야단, ⑰ 혼한군무부, ⑱ 국민의사부, ⑲ 대진단, ⑳ 백산무사단, ㉑ 혈성단, ㉒ 태극단, ㉓ 노농회, ㉔ 광영단 … 등과, 서간도 지방의 ㉕ 서로군정서, ㉖ 신흥학우단, ㉗ 광한단, ㉘ 대한독립의용단, ㉙ 대한독립청년연합회, ㉚ 광복군사령부, ㉛ 광복군총영, ㉜ 천마산대, ㉝ 보합단, ㉞ 의성단 등과, 노령지방의 ㉟ 대한독립군결사대, ㊱ 대한

1 신용하, ① 신민회의 창건과 그 국권회복운동」(상·하), 『한국학보』 제8~9집, 1977
② 「신민회의 독립군기지 창건운동」, 『한국문화』 제4집, 1983 참조.

신민회, ㊲ 대한독립군 등 30여 개 단체에 달하였다.

이러한 독립군단체들은 그 숫자는 많고 무장투쟁의 의욕도 높았으나, 반드시 잘 무장되어 있거나 군사훈련을 잘 받은 병사들로 조직되어 있었던 것은 아니었다. 이러한 독립군단체들 중에서 비교적 잘 무장되어 있고 전투능력이 큰 독립군단체들은 한국민족 교민단체들에 의하여 재정적으로 잘 뒷받침되고 있던 독립군부대들이었다.

3·1운동 후에 급속히 성장한 국외 독립군부대들은 1919년 8월 홍범도가 인솔하는 대한독립군이 선도하여 독립운동가들의 오랜 꿈의 하나였던 국내진입작전을 대담하게 감행하기 시작하였다. 대한독립군은 1919년 8월 두만강을 건너 함경남도 혜산진에 진공을 감행하여 일본군수비대를 습격해서 섬멸하고[2] 3·1운동 후 처음으로 국내진입작전을 단행했으며, 1919년 9월에는 함경남도 갑산군에 진입하여 금정주재소 등 일제 식민지 통치기관을 습격했고, 1919년 10월에는 평안북도 강계의 만포진에 진입하여 이를 점령하고 자성군으로 진출하여 일본군과 교전해서 일본군 70여 명을 살상시키고 일본군을 패주시켰다.[3] 이에 크게 고무된 여러 독립군 부대들이 이듬해부터는 실력과 기회만 있으면 끊임없이 크고 작은 국내진입 유격전을 감행하였다.[4]

일본군 측 자료에 의하면, 1920년 1월부터 3월까지의 3개월 동안에 독립군부대들의 국내진입이 24회에 달하였다.[5] 상해 임시정부의 통계에 의하면, 1920년 3월 1일부터 6월 초까지 독립군 부대들의 국내진입 유격전이 32회에 달했으며, 일제 관공서와 경찰관 주재소를 파괴한 것이 34개소에 달하였다.[6] 1920년 3월 15일부터 3월 27일까지 13일 동안의 사례만 보아도, 독립군 부

2 愛國同志援護會 編, 『韓國獨立運動史』, 1956, p. 305 참조.

3 「朝鮮民族運動年鑑」, 1919년 10월 24일조; 金正明 編, 『朝鮮獨立運動』 제2권, p. 208 참조.

4 신용하, 「홍범도의 대한독립군의 항일무장투쟁」, 『한국학보』 제43집, 1986 참조.

5 「對岸不逞鮮人ノ江岸侵入情況一覽表」 (1920년 自1월 至3월), 1920년 3월 29일자; 姜德相 編, 『現代史資料』 27, 「朝鮮」 3, pp. 647~648 참조.

6 『獨立新聞』 (제88호), 1920년 12월 25일자, 상해 대한민국임시정부 군무부 발표, '北墾島에 在한 我獨立軍의 戰鬪情報' 참조

대들이 8회나 국내에 진입하여 일본군수비대를 습격해서 섬멸하였다.[7] 특히 1920년 3월 18일 새벽 6시에 한 독립군부대가 함경북도 은성의 일제 미산헌병주재소를 습격하여 섬멸한 것은 일본군에게 상당히 큰 충격을 주었다.[8]

이와 같이 1920년에 들어서면서부터 만주의 한국민족 독립군부대들의 국내진입 무장활동이 매우 활발하게 되었으며, 국경선 일대에 배치된 일본군수비대가 수세에 몰렸고, 한국 독립군이 일본 제국주의자들의 식민지 통치를 무장투쟁으로 크게 위협하기 시작하였다.

2. 봉오동전투

독립군부대들의 국내진입 유격전에서 여러 차례 패배한 일본군수비대는 1920년 6월 초에는 불법으로 두만강을 건너 중국 영토인 간도에까지 들어가서 독립군에 대한 추격을 시작하였다.

독립군 1개 소대가 화룡현 삼둔자를 출발하여 두만강을 건너서 1920년 6월 4일 새벽 5시에 함경북도 종성군 강양동으로 진입하여 일본군 헌병군조 복강(福江)이 인솔한 헌병순찰대를 격파하고 귀환한 소규모 유격전이 있었다. 이에 일본군 남양수비대장 신미(新美)중위가 인솔하는 일본군 1개 중대가 두만강을 건너 중국 간도에 철수한 독립군을 추격해서 삼둔자에 이르러 무고한 한국 이주민 민간인을 학살하고 계속 독립군을 추격했으나, 독립군은 일본군을 삼둔자 서남방에서 잠복하여 기다리고 있다가 이를 섬멸하여 버렸다.[9] 이것이 '삼둔자전투'로서, 일본군이 처음으로 두만강을 불법 월강하여 간도까지

7 국사편찬위원회 편, 『한국독립운동사자료편』 제3권, 함경북도지사보고, 高警 제12537호 「穩城地方侵襲에 關한 詳報」, pp. 712~716 참조.

8 「不逞鮮人團國境憲兵監視所來襲狀況ノ報告書」, 『朝憲警機』 제560호, 1920년 4월 10일자, 『現代史資料』 27, 「朝鮮」 3, pp. 619~624 참조.

9 『獨立新聞』 제88호(1920년 12월 25일자), '北墾島에 在한 我獨立軍의 戰鬪情報' 참조.

독립군을 추격했다가 패전한 소규모 전투였다.

함경도 나남에 사단 본부를 두고 있던 일본군 제19사단은 이 패전에 크게 분개해서 안천(安川) 소좌가 인솔하는 월강추격대대를 편성하여 두만강을 건너 간도에까지 들어가서 독립군을 '섬멸'하고 돌아오도록 명령하였다. 일본군 제19사단 안천추격대대는 간도에 들어오자 안산 후방 고지에서 독립군의 공격을 받았음에도 불구하고 화룡현 봉오동까지 독립군을 추격해 왔다.[10]

그러나 독립군 측은 이에 바로 앞서 '대한북로독군부'라는 연합부대를 편성하여 준비를 갖추고 있었다. 간도의 한국인 교민을 망라하여 조직한 강력한 교민단체인 대한국민회는 그 직속 독립군 부대로서 안무(安武)가 지휘하는 국민회군(정식 명칭 대한국민회국민군)을 편성하고 있다가 홍범도가 지휘하는 대한독립군과 연합하였다. 홍범도는 나아가서 최진동(崔振東)이 지휘하는 독립군 부대인 군무도독부와의 군사통일도 강력히 주장하여 노력한 결과 그 연합이 가능하게 되었다. 일제의 정보자료는 다음과 같이 기록하였다.

> "間島지방 不逞鮮人의 수괴 洪範圖는 일찍이 韓族獨立運動機關의 통일을 도모하고 있다는 것은 이미 보고한 대로이나 그후 일부의 了解가 있었을 뿐으로서 각 단체가 임의의 행동을 집행하고 있었으나, 최근에 홍범도를 수령으로 하는 의군단 및 최명록(崔明祿, 최진동의 다른 이름-필자)을 수령으로 하는 도독부는 서로 합체하기로 하고 그 명칭을 군무도독부로 호칭하기로 했다고 한다.
>
> 그 결과 과반 온성군 국경 방면에 있어서도 의군단원 및 도독부 대원은 서로 함께 국경침입 행동을 하기에 이른 것 같다."[11]

이러한 군사통일의 노력에 의하여 1920년 5월 28일에는 대한독립군·국민회군·군무도독부가 연합하여 '대한북로독군부'를 편성하고, 군무도독부의 근거지인 화룡현 봉오동에 병력을 집결시켰다. 대한북로독군부의 간부진은 다

10 「電報」 제166호(發信 堺總領事代理, 受信 內田外務大臣), 1920년 6월 15일자, 『現代史資料』 27, 「朝鮮」 3, p. 608 참조.

11 「義軍團及都督府ノ活動ニ關スル件」, 1920년 4월 8일자, 『現代史資料』 27, 「朝鮮」 3, p. 346 참조.

음과 같았다.[12]

대한북로독군부	부장	최진동(崔振東)
	부관	안무(安武)
북로제일군사령부	부장	홍범도(洪範圖)
	부관	주건(朱建)
	참모	이병채(李秉埰)
	향관	안위동(安危同)
	군무국장	이원(李園)
	군무과장	구자익(具滋益)
	회계과장	최종하(崔鍾夏)
	검사과장	박시원(朴施源)
	통신과장	박영(朴英)
	치중과장	이상수(李尙洙)
	향무과장	최서일(崔瑞日)
	피복과장	임병극(林炳極)
	제1중대장	이천오(李千五)
	제2중대장	강상모(姜尙模)
	제3중대장	강시범(姜時範)
	제4중대장	조권식(曺權植)
	제2중대 제3소대 제1분대장	이화일(李化(花)日)

대한북로독군부의 성립에 있어서는 봉오동에 거대한 토지와 재산을 가지고 있던 최진동의 3형제가 가산을 모두 독립군에 헌납하여 막대한 군비를 조달한 것이 결정적 기반이 되었다.

대한북로독군부의 간부구성을 보면, 이것은 정치(행정·재정·군에 대한 감독 등)와 군사를 나누어, 북로독군부의 대표와 정치의 총책임자는 최진동이 맡고,

12 「國民會制令」, 『국민』 제37호, 1920년 5월 28일자, 『現代史資料』 27, 「朝鮮」 3, pp. 80~81 및 『獨立新聞』, 1920년 12월 25일자, '北墾島에 在한 我獨立軍의 戰鬪情報' 참조.

홍범도

최진동

안무

대한북로독군부의 지휘 간부들

그 부책임자는 안무가 맡았으며, 군사의 책임자는 홍범도가 맡은 체제로 되어 있었다. 대한북로독군부의 성립으로 봉오동 골짜기와 그 주변 산에는 약 700~900명이 집결하여 주둔하게 되었다. 여기에는 이흥수가 인솔하는 약 60명의 신민단 독립군도 합세하여 봉오동에 머물고 있었다.[13]

대한북로독군부가 이러한 통합 독립군부대를 편성하여 봉오동 일대에 진을 치고 있을 때 일본군 19사단의 안천추격대대가 독립군을 추격하여 봉오동 골짜기까지 찾아들어온 것이었다. 대한북로독군부 부장 최진동과 사령부장 홍범도는 일본군 1개 대대가 독립군 소부대를 추격하여 봉오골에 접근하고 있다는 보고를 받자 이를 섬멸하기로 결정하고, 봉오골의 주민들을 대피하도록 하여 빈 마을을 만든 후에 제1중대장 이천오는 중대원을 인솔하고 봉오골 윗마을 서북단에, 제2중대장 강상모는 동산에, 제3중대장 강시범은 북산에, 제4중대장 조권식은 서산 남단에 매복하여 기다리게 하고, 사령부장 홍범도 자신은 2개 중대를 이끌고 서북 북단에 매복하였다. 또한 홍범도는 군무국장 이원으로 하여금 본부 병력 및 잔여 중대를 인솔하고 서북고지에서 탄약과 식료를 공급하면서 만일의 경우에 퇴로를 확보하도록 하였다.

사령부장 홍범도는 북로독군부의 전 독립군에게 일본군의 본대가 독립군의

13 「機密第59號, 局子街分館主任復命書」, 1920년 7월 3일자, 『現代史資料』 27, 「朝鮮」 3, pp. 636~639 참조.

포위망 안에 완전히 들어올 때까지 미동도 하지 말고 매복해 있다가 사령부장의 발포 신호에 따라 일제사격으로 총공격을 가해서 일본군을 섬멸해 버릴 것을 명령하였다.

또한 사령부장 홍범도는 제2중대 제3소대 제1분대장 이화일에게 약간의 병력을 주어 고려령 북쪽 1,200미터 고지와 그 북쪽 마을에 대기하고 있다가 일본군이 나타나면 교전하는 체 하면서 일본군을 포위망 안으로 유인해 오도록 하였다.[14]

북로독군부의 독립군이 완벽한 포위망을 쳐놓고 기다리고 있는 줄을 알지 못하고 일본군 월강추격대대는 1920년 6월 7일 오전 6시 30분 봉오동 골짜기 입구에 도착하여 전위중대를 내보내었다. 독립군 이화일분대는 이를 맞아 유인하기 위한 교전을 한다는 것이 너무 용감히 싸워서 일본군 전위중대가 참패를 하고 퇴각해 버렸다.

일본군 월강추격대대 본대가 여기서 돌아갔으면 봉오동전투는 없었을 것이나, 일본군은 북로독군부의 독립군 병력이 막강한 것을 알지 못하고 대오를 정돈하여 같은 날 11시 30분에 봉오동 골짜기 안으로 다시 진입하기 시작하였다. 일본군의 척후병이 오후 1시에 독립군의 포위망 안에 도착해도 독립군이 이를 통과시켜 주자 일본군 본대는 안심하고 독립군의 포위망 안으로 깊숙이 들어오게 되었다.

이에 사령부장 홍범도는 공격 명령의 신호 총성을 울리었다. 매복해 있던 독립군이 3면에서 정확히 조준을 하고 있다가 맹렬한 집중사격을 가하지 일본군은 상대가 될 수 없었다. 일본군은 신곡(新谷) 중대와 중서(中西) 중대를 전면에 내세워 필사의 응전을 하고 기관총 중대까지 난사를 했으나 독립군이 매복하여 있어서 정확한 조준을 할 수 없었으므로 막대한 희생만 내었다. 일본군은 포위망 안에서 3시간을 응전하다가 막대한 희생만 내었다. 일본군은 포위망 안에서 3시간을 응전하다가 사상자가 격증해 가자 더 버티지 못하고 후

14 『獨立新聞』, 1920년 12월 25일자, '北墾島에 在한 我獨立軍의 戰鬪情報' 참조.

퇴하기 시작하였다. 강상모가 지휘하는 독립군 제2중대는 도주하는 일본군을 추격하여 또 다시 심대한 타격을 주었다. 일본군은 완전히 참패하여, 일본군 측 자료에 의하면 미처 대피하지 못하고 봉오동에 남아 있던 어린이 등 한국인 민간인 16명을 학살한 다음 패잔병을 이끌고 돌아갔다.[15]

이것이 독립군의 '봉오동전투'이다. 상해 임시정부 군무부에 의하면, 이 봉오동전투에서 일본군은 전사 157명, 중상 200여 명, 경상 100여 명을 내고 완전히 참패하였다.[16] 한편 독립군 측의 피해는 전사 4명, 중상 2명의 경미한 것이었다.[17] 독립군은 봉오동전투에서 대승리를 쟁취한 것이었다.

봉오동전투에 대하여 중국신문 『상해신문보(上海新聞報)』는 일본군이 독립군에게 대패하여, 일본군이 150명의 전사자와 수십 명의 부상자를 내었으며, 독립군은 160정의 소총과 3정의 기관총을 노획했고, 일본군은 이 패전 후에 중국의 화룡현이 관할하는 흡강(洽江)의 도구(渡口)의 통행을 금지하고 있다고 다음과 같이 보도하였다.

> "6월 6일 밤에 일본군 수명이 강을 건넜다가 독립군에 체포되어 그 중 5명이 죽었다. 對岸의 (일본군) 대대는 이 전투의 소식을 듣고 모두 강을 건너 사격을 개시했으나 뜻밖에 독립군이 산길을 모두 잘 알고 四路에 잠복하여 기습공격을 했으므로 일본군은 대패하였으며, 당시 전사자가 150명, 부상자가 수십명이었고 나머지는 모두 강을 건너 도주하였다. 이번의 전쟁에서 소총 160정, 기관총 3정, 手鎗 수개를 노획하였다. 일본군은 이번의 실패 후에 장차 우리의 화룡현이 관할하는 洽江의 渡口의 통행을 모두 封禁하고 교통을 끊을 것이라고 한다."[18]

상해 임시정부의 『독립신문』도 독립군의 봉오동전투에서의 대승을 대대적으로 보도하였다.[19] 간도의 대한국민회도 통고문 '호외'를 발행하여 각 지회를

15 「電報 暗號第952號」, 1920년 7월 6일자, 『現代史資料』 27, 「朝鮮」 3, p. 609 참조.
16 『獨立新聞』, 1920년 12월 25일자, '北墾島에 在한 我獨立軍의 戰鬪情報' 참조.
17 『獨立新聞』, 1920년 12월 25일자, '北墾島에 在한 我獨立軍의 戰鬪情報' 참조.
18 『上海新聞報』, 1920년 6월 27일자, 『現代史資料』 27, 「朝鮮」 3, p. 617 참조.
19 『獨立新聞』 (제85호), 1920년 6월 22일자, '獨立軍勝利' 및 同新聞(제86호), 1920년 6월 24일

통해서 이 지방 한국인들에게 한국 독립군이 봉오동전투에서 대승리를 쟁취했음을 널리 알리고 이것이 독립전쟁의 본격적 시작이므로 그에 대한 준비를 강화할 것을 촉구하였다.[20]

3. 봉오동대첩의 영향

독립군의 봉오동전투의 승리는 한국민족과 일본군에게 다 같이 심대한 충격을 주었다. 독립군의 봉오동대첩은 독립군들뿐만 아니라 한국민족의 전체 독립운동가들과 동포들의 사기를 크게 앙양시켰다. 독립군은 봉오동전투를 '독립전쟁의 제1회전'이라고 부르면서 다음 전투를 위한 준비를 대폭 강화하였다. 이에 대하여 일제 측은 비밀리에 다음과 같이 보고하였다.

> "我越江追擊隊에 반항하여 교전한 該戰鬪(봉오동전투-필자)에서 비상한 대승리를 얻고 我軍(일본군-필자)을 조선 측에서 격퇴한 것같이 고취하고 있다. 또한 또한 이를 독립전쟁의 제1회전이라고 칭하며, 금후 계속될 전투에 대해서 양식의 준비, 간호대의 조직, 兵員의 모집 등에 더욱 힘쓰고 있다. 다음과 같은 격문을 띄워 크게 선전에 노력하고 있으며, 금회의 전투를 교묘히 악용하여 기세를 높이고 있다. 봉오동 방면에는 다수의 불령단이 집합하고 있는 모양이다. 또한 이를 기회로 하여 각 단체간의 결속을 굳게 하고 있다. 금회의 추격은 도리어 악결과를 후에 잉태한 것이라고 관찰된다."[21]

또한 일제의 조선군사령관은 봉오동전투 후에 한국민족과 독립운동가들의 사기가 크게 고무되어 독립군이 더욱 증강되고 있으며 재전투 준비를 신속히 행하고 있다고 다음과 같이 보고하였다.

자, '獨立軍連戰連勝' 참조.

20 『호외』, 1920년 6월 10일자, 『現代史資料』 27, 「朝鮮」 3, pp. 615~616 참조.

21 「電報 第166號, 暗第8203號」, 1920년 6월 15일자, 『現代史資料』 27, 「朝鮮」 3, p. 608 참조.

"간도파견원의 報. 我追擊隊의 철거 후 독립군의 各團은 매우 민속하게 我兵과의 교전을 선전하고 있다. 都督府는 軍情報 新報號外를 발행하고, 국민회도 인쇄물로써 독립군은 일병과 교전의 결과 적 150명을 죽이고 적을 鮮地에 격퇴하고 대승을 얻었다고 고취하며 독립기세의 興振을 策謀하고 있다. 독립군각단체 등의 재전투준비를 신속히 행하고 있는 것 같으며, 장정들이 속속 독립군에 들어가고 있다. 日支 합의에 의하여 교전지 피해조사를 위한 지나군대 보호 하에 我警官 수명을 2, 3일 내에 피해지를 시찰시키려 하고 있다. 정보에 의하면, 앞서의 교전의 적은 두만강대안 독립군의 전부인 것 같으며, 我兵의 철퇴 후에 독립군은 江岸 지대의 요점에 정찰대를 파견하여 對岸情況을 정찰 중이다."[22]

한편 일본군은 봉오동전투에서의 패전에 큰 충격을 받고, 계속하여 더욱 증강되어 가는 독립군의 군세를 두려워하게 되었다. 일본군은 봉오동전투에서 패전한 직후 그 전보 보고문에서, 봉오동에 있는 독립군부대가 정식의 군복을 착용하고 임명 등에 사령을 쓰고 있으며 전적으로 (정규군과 같은) 통일된 군대조직을 갖추고 있다고 경악하고 있으며, 중국 측이 이를 묵인하고 있으므로 중국 측에 경고를 줄 필요가 있다고 다음과 같이 보고하였다.

"금회 다음의 사실을 확인하였다. 對岸不逞鮮人團은 정식의 군복을 사용하고 그 임명 등에 辭令을 쓰며 예식을 제정하고 있는 등 전적으로 통일된 군대조직을 이루고 있다. 그러나 支那 측에서는 이를 묵인하고 있는 상황이므로 이제 경고를 줄 필요가 있다."[23]

일본군은 3·1운동 후 간도에서의 독립군부대들의 편성 강화와 국내진입작전에 시달리면서도 일본정규군이 강을 건너 전투만 하면 독립군은 쉽게 '진압'할 수 있는 민병단이라고 판단했었다.

그러나 일본군이 봉오동전투에서 참패한 후에는 독립군의 막강함을 체험하고 독립군은 중국군경으로서는 이를 '진압'할 수 없는 막강한 군대이며, 독립

22 「電報 朝特第45號」, 1920년 6월 15일자, 『朝鮮獨立運動』 제3권, p. 178.
23 「電報 密第102號」, 1920년 6월 15일자, 『現代史資料』 27, 「朝鮮」 3, p. 585 참조.

군이 간도지방을 장악하게 될 뿐 아니라 독립군이 계획하고 있는 국내진입작전이 본격적으로 감행되면 일제의 식민지 통치는 심각한 위협을 받게 된다고 판단하게 되었다. 일제 측은 이에 대하여 다음과 같이 보고하였다.

> "이상과 같이 간도에 있어서의 불령선인단의 威力은 더욱 强大를 加하여 무시할 수 없는 現勢에 在한 것으로 볼 수 있다. 이에 一朝에 그들이 兇威를 나타내기에 이르면 支那軍警같은 것은 도저히 이를 鎭定할 수 없으며 홀연히 간도지방은 그들에게 유린될 것임은 명료한 것이다. …… 그들이 장정의 모집, 총기의 준비, 군량의 징발 등 극력 軍資와 무력충실에 노력하고 있는 것으로 보면 그들이 계획하고 있는 조선국경의 습격 및 간도지방 일본관헌의 取締에 대한 반항적 행동은 기회를 타서 감행하기에 이를 것이라고 관측할 수 있다."[24]

일본군은 봉오동전투에서의 참패에 충격을 받고 한국 독립군부대들의 군세의 증강에 놀라 두 가지 대책을 세웠다. 그 첫째는 만주군벌 장작림(張作霖)에게 압력을 가하여 일본군의 지도하에 중국군을 출동시켜서 독립군을 '토벌'하는 대책이었고,[25] 다른 하나는 1920년 7월 하순부터 '간도지방불령선인초토계획(間島地方不逞鮮人剿討計劃)'이라는 일본군의 직접 출동에 의한 독립군 '토벌' 계획을 입안하여 8월에 이를 확정한 것이었다.[26] 일본군은 '간도지방불령선인초토계획'에 의거하여 일본군이 직접 간도에 침입해서 독립군을 '토벌'하는 것이 상책이라고 판단하여 1920년 9월 2일 동원될 일본군 각 부대에게 '출동' 준비를 계획하도록 통첩하였다.[27]

---

24 「今後ニ於ケル間島地方不逞鮮人團ノ行動ニ關スル觀察」, 高警第21186號, 1920년 7월 21일자, 『現代史資料』 27, 「朝鮮」 3, p. 358.

25 『間島出兵史』 (上); 韓國史料研究所 編, 『朝鮮統治史料』 제2권, pp. 6~8 참조.

26 「間島地方不逞鮮人剿討計劃」, 1920년 8월 調表, 『現代史資料』 28, 「朝鮮」 4, pp. 116~121 참조.

27 『間島出兵史』 (上), 전게자료, p. 11 참조.

4. 독립군의 근거지 대이동

봉오동전투의 패전에 충격을 받은 일본군이 '간도지방불령선인초토계획'이라는 군사작전을 수립하고 중국 측에게 일본군이 간도에 '출병'하여 그들이 직접 독립군을 '토벌'하겠다고 대대적으로 위협을 가하자, 만주군벌 장작림은 이에 굴복하여 일본군 파견장교의 감시하에 중국군을 출병시켜 한국 독립군을 '토벌'하겠다고 1920년 7월 24일 일본군에게 약속하였다. 일본군이 8월 15일 이에 동의하게 되자 중국 측은 주연길 중국육군 제2혼성여단 보병제1단장 맹부덕(孟富德)을 책임자로 하여 한국 독립군 '토벌'을 위해서 중국군을 출동시키게 되었다.[28]

그러나 중국관헌의 간부 중에는 한국인들과 친분이 두텁고 한국인 독립운동에 대한 동정자가 상당수 있었으며, 일본군의 강요에 굴복한 중국군의 독립군 '토벌'에 찬성하지 않는 사람이 많았다. 간도의 대한국민회는 중국군 토벌대 편성의 정보를 입수하자 맹부덕의 중국군 측과 비밀리에 교섭한 결과 양측의 '타협'이 이루어지게 되었다.[29] 그 요지를 정리하면 다음과 같은 것이었다.[30]

① 중국군은 일본군의 간도침입을 막기 위해서 이번에는 부득이 독립군 '수색'을 위한 실제의 출동을 하지 않을 수 없으므로 독립군은 중국 측의 체면을 세워주는 대책을 실시하여 상호 타협한다.

② 독립군은 시가지와 평야지대에서 군인의 복장이나 무기를 휴대하고 대오를 지어 횡행해서 중국관헌을 난처하게 만들지 않는다.

③ 독립군은 현재의 근거지가 일본군에게 알려져서 중·일간의 분쟁의 표적이 되고 있으므로 일본 측의 눈에 잘 띄지 않는 삼림지대로 근거지의 이동을 실행한다.

---

28 「齋淸第1號」, 1920년 8월 25일자, 『現代史資料』 28, 「朝鮮」 4, p. 95 참조.

29 「孟司令官代表崔鶴鈞의 具春先에게의 書簡」, 『現代史資料』 27, 「朝鮮」 3, pp. 122~123 참조.

30 신용하, 「독립군의 청산리독립전쟁의 연구」, 『한국민족독립운동사연구』, 을유문화사, 1985, pp. 403~404 참조.

④ 중국군은 '출동' 전에 독립군에게 출동 사실을 사전에 통보하여 독립군의 근거지 이동에 필요한 충분한 시간을 준다.

⑤ 중국군은 독립군을 공격하지 않으며, 양측이 '피전(避戰)'을 약정하고, 독립군의 이동행군과 삼림지대에서의 새 근거지 건설을 방해하지 않는다.

독립군과 중국군 사이에 이러한 '타협'이 이루어지자 대한국민회는 8월 22일부터 각 지방지회와 독립군부대들에게 이러한 타협에 의한 중국군 출동의 사실을 알리고 근거지 이동을 권고하였다.[31]

이에 따라 길림성의 연길현, 훈춘현, 왕청현, 화룡현의 4현에 근거지를 설치하였던 한국민족의 독립군부대들은 1920년 8월 하순부터 근거지 대이동을 시작하게 되었다.

봉오동전투 후에 연길현 명월구(明月溝, 중국명 묘구(廟溝))에 근거지를 설치하였던 홍범도가 인솔하는 대한독립군이 1920년 8월 하순 제일 먼저 근거지를 이동하여 1920년 9월 21일경에는 안도현(安圖縣)과 접경지대인 화룡현 이도구 어랑촌 부근에 도착하였다.[32] 뒤이어 일양구(一兩溝, 의란구(衣蘭溝))에 근거지를 설치하였던 안무가 인솔하는 국민회군이 근거지를 이동하여 9월 말경에 이도구에 도착하였다.[33] 봉오동에 근거지를 설치하였던 최진동이 인솔하는 군무도독부군은 북방으로 이동하여 9월 말경에 나자구 지방에 도착하였다.[34] 이밖에 의군부, 신민단, 광복단, 의민단 등과 다른 독립군부대들도 모두 근거지 이동을 단행하였다. 왕청현 서대파에 근거지를 설치하였던 가장 막강한 독립군

31 「國民會通達文」, 號外, 1920년 8월 22일자, 「大韓國民會長代理 副會長 徐相庸으로부터 第一中地方會長에게」, 『現代史資料』 27, 「朝鮮」 3, p. 94; 「國民會通達文」 國民發 第217號, 1920년 8월 23일자(大韓國民會長代理 副會長 徐相庸으로부터 大韓國民軍司令官 安武에게) 『現代史資料』 27, 「朝鮮」 3, pp. 94~95 및 「救國團通達文」, 國發第44號, 1920년 8월 28일자(大韓救國團으로부터 國民會에게) 『現代史資料』 27, 「朝鮮」 3, p. 95 참조.

32 「電報」, 1920년 9월 21일자(발신 관동군참모장, 수신 차장), 『現代史資料』 28, 「朝鮮」 4, p. 264 참조.

33 「不逞鮮人ノ狀況」, 秘間情 第51號, 1920년 11월 1일자, 『現代史資料』 28, 「朝鮮」 4, p. 385 참조.

34 「齋淸第22號」, 1920년 10월 1일자, 『現代史資料』 28, 「朝鮮」 4, pp. 113~114 및 「北路督軍府ト國民會トノ葛藤之件」, 1920년 8월 29일자, 『現代史資料』 27, 「朝鮮」 3, p. 398 참조.

부대인 북로군정서는 마지막으로 9월 17~18일 근거지 이동을 실행하여 화룡현 삼도구 청산리 방면에 도착하면 안도현계의 삼림지대에 새로운 근거지를 세울 것인가 또는 장백현 방면으로 향하여 서로군정서와 통합할 것인가를 정세를 보아 결정하기로 하고 10월 12~13일에 걸쳐 삼도구 청산리 부근에 도착하였다.[35]

중국군은 일제 측의 요구에 굴복하여 대한독립군의 근거지였던 명월구에 9월 4일 도착해서 이미 비어 있는 독립군의 막사만 파괴하고 9월 7일 국자가(局子街, 연길)로 돌아왔다.[36] 또한 중국군은 역시 일제 측의 요구에 굴복하여 북로군정서의 근거지인 서대파에 9월 19일 도착하여 이미 비어 있는 사관연성소 막사만을 불태우고 돌아왔다.[37] 다른 독립군부대들에 대한 중국군의 '토벌'도 이와 같은 형태였다.

중국군은 1920년 8월 28일부터 9월 27일까지 1개월간 한국 독립군을 '수색', '토벌'한다고 출동해서 독립군부대들의 근거지 대이동이라는 결과만 가져온 채, 독립군 '토벌'을 하지 못하고 종결하였다. 맹부덕이 인솔하는 500명의 중국군은 독립군을 '토벌'할 의사도 없었을 뿐만 아니라, 설령 의사가 있었다고 할지라도 한국민족의 독립군은 이미 수천 명의 막강한 군대로 성장하여 만일 전투를 한다면 중국군이 섬멸될 형편이었다. 그 결과 중국군을 동원하여 한국 독립군을 '토벌'해 보려던 일본군의 기도는 완전히 실패하게 되었다. 맹부덕의 중국군에 동행하면서 중국군의 독립군 '토벌'을 감시한 일본군 고급정보장교는 중국군의 독립군 '토벌'이 완전 실패이며 독립군의 '토벌'은 일본군이 직접 주체가 되어 실행하지 않으면 불가능하다는 비밀보고서를 제출하고

35 「秘間情 第13號」, 1920년 10월 13일자(間島日本總領事館), 『現代史資料』 28, 「朝鮮」 4, p. 355 참조.

36 「中國軍ノ國民會彈壓狀況報告書」, 1920년 9월 9일자(大韓國民會長代理 副會長 徐相庸), 『現代史資料』 27, 「朝鮮」 3, p. 99 참조.

37 間島地方ニ於ケル支那官憲ノ不逞鮮人討伐概要」, 『現代史資料』 28, 「朝鮮」 24, p. 9 참조.

임지로 돌아갔다.[38]

독립군의 근거지 대이동의 결과 최진동이 인솔하는 강력한 군무도독부군과 다수의 독립군부대들이 북방으로 나자구 방면에 이동해 갔지만, 다른 다수의 독립군부대들은 이도구와 삼도구 방면으로 집중하여 이동해 갔다. 대한독립군, 국민회군, 의군부, 한민회군, 의민단, 광복단 등은 이도구 방면으로 이동했으며, 뒤이어 북로군정서는 삼도구 방면으로 이동하였다. 이처럼 다수의 독립군 부대들이 이도구와 삼도구 방면에 집중한 것은 사전에 상호연락을 하면서 다음과 같은 점을 중시한 때문이었다.

첫째, 독립군의 목표의 하나는 국내진입의 독립전쟁에 있었으므로 한국민족의 성산인 백두산 기슭의 국경 가까운 밀림지대에 새로운 근거지를 설치하여 후일 국내진입 작전의 실행에 유리한 위치를 갖추려고 한 것이었다.[39]

둘째, 이 지역은 산세가 험준하고 밀림이 하늘을 가릴 듯이 울창하여 독립군이 일본군의 공격을 분쇄하기에 유리한 지형이라고 판단되었기 때문이었다.

셋째, 이 지역은 만주의 요녕성과 길림성의 경계지대여서, 지정학적으로 길림성군이 독립군을 공격하면 필요한 경우에 신속히, 요녕·봉천성으로 이동할 수 있고 봉천성군이 공격하면 신속히 길림성으로 이동할 수 있는 요충지대라고 판단되었기 때문이었다.

5. 일본군의 간도침입

일본 제국주의자들은 중국군을 동원한 한국독립군 '토벌'이 완전히 실패로 돌아가자, 그들이 이미 1920년 8월에 확정한 '간도지방불령선인초토계획'에

38 「齋淸 第12~13號」, 『現代史資料』 28, 「朝鮮」 4, pp. 105~116 참조.

39 李範奭, 「屍山血河의 青山里戰役」, 『新東亞』 1969년 3월호, p. 230 및 「間島地方不逞鮮人團ノ現況及 日本軍隊ノ出動ニ關スル件」, 秘間情 제8호, 1920년 10월 13일자, (秘間日本總領事館), 『現代史資料』 28, 「朝鮮」 4, p. 350 참조.

의거하여 일본군이 직접 간도에 '출병'해서 독립군을 '토벌'하기로 최종적으로 결론지었다. 그러나 간도는 중국의 영토로 되어 있었기 때문에 일본군은 중국의 주권을 침해하여 간도에 침입할 구실이 없었다. 이에 일본 제국주의자들이 조작해 낸 것이 소위 '혼춘사건(琿春事件)'이라고 부르는, 만주 마적단의 혼춘성 습격사건이었다.

일제는 그들이 매수하여 조종하는 만주 마적단의 하나로 하여금 1920년 10월 2일 혼춘을 습격하도록 유도하였다. 약 300명의 만주 마적단이 1920년 10월 2일 새벽 4시 혼춘을 습격하여 상가를 약탈함과 동시에 혼춘에 있는 일본영사관을 습격하여 이에 방화하고 숙직 경찰관을 살해한 다음 8시에 퇴각하였다.[40]

일제는 '혼춘사건'의 조작에 성공하자 각본대로 일본군의 '간도출병'을 실현하기 위한 공작을 전개하였다. 일본의 만주거류민회장에게 만주에 있는 일본인과 일본영사관의 보호를 위하여 일본군의 '출병'을 청원하는 전보를 발송하게 하고, 이에 응하는 형식으로 일본군은 나남(羅南)에 사단본부를 두고 있던 19사단 중에서 안부(安部)대대를 10월 2일 그날로 혼춘에 파견하여 불법주둔시킴과 동시에, 일본 육군성은 10월 6일부터 '간도지방불령선인초토계획'에 따라 일본군을 용정 등 간도 각 주요지역에 불법 '출병'시키라는 명령을 해당 각 사단에 하달하고 출병계획을 일본내각회의에 제출하였다. 일본정부는 1920년 10월 7일 내각회의에서 한국민족의 독립군 토벌을 목적으로 간도에 '출병'할 것을 결정하였다.[41]

일본정부의 이러한 결정에 따라 일본 육군참모부는 10월 7일 밤에 제19사단과 시베리아에 출병 주둔해 있던 3개 사단의 포조(浦潮, 블라디보스토크) 파견군에게 일본 정부의 결정을 알리고 '간도지방불령선인초토계획'에 의거한 일

---

40 「電報」, 1920년 10월 3일자(發信 朝鮮軍司令官, 受信 陸軍大臣), 『朝鮮獨立運動』 제3권, p. 185 참조.

41 「大正9年 10月 7日閣議決定」, 『現代史資料』 28, 「朝鮮」 4, pp. 184~186 참조.

본군의 본격적 병력 출동을 명령하였다.[42]

그러나 중국의 영토인 간도에 일본군을 '출병'시킨다는 것은 불법이었으며 중국의 주권을 침해하는 것이었다. 그러므로 이것은 반드시 먼저 중국정부의 승인을 필요로 하였다. 이에 일본정부는 중국정부와 만주군벌에 온갖 교섭과 공작을 하고 압력을 가했으나 결국 10월 13일 중국정부로부터 최종적으로 거부되었다.[43] 일본정부와 일본군은 중국정부의 거부로 합법적인 '간도출병'이 불가능하게 되자 제국주의 군국주의자들의 본색을 드러내어 일본군을 중국영토인 간도에 그대로 '출병'시켜 군사작전을 단행하기로 결정하고 10월 14일 이를 선언하였다.[44] 이것은 중국의 주권을 완전히 무시한 만행이었다. 일본군은 10월 16일 만주군벌에게 일본군이 10월 17일 0시를 기하여 간도에서 한국 독립군 토벌의 군사행동을 시작함을 일방적으로 통고하였다. 일본군은 이와 함께 ① 일본군의 '토벌'작전지역은 동지철도(東支鐵道) 이남 20리 이외의 동녕·혼춘·연길·왕청·화룡 등 5현으로 하고, ② 일본군대는 2개월의 최단시일에 군사행동을 종료할 것이며, ③ 일본군은 위의 지역 이외에는 '출병'하지 않겠다는 요지의 사항을 중국군에게 일방적으로 통고하였다.[45] 이것은 중국의 주권을 완전히 무시하고 유린한 간도에 대한 '침략'이자 '침입'이었다.

일본군이 불법적 간도침입을 자행하면서 한국민족의 독립군 '토벌'을 위하여 동원한 병력의 규모는 육군 5개 사단과 지원군으로서 관동군의 일부를 동원한 엄청난 규모의 것이었다.

일본군의 한국독립군 '토벌'을 위하여 나남에 두었던 제19사단 사령부를 침입작전기간에 회령으로 이동 설치했으며, 용산의 제20사단으로부터 1개 대대와 기타 보조병력을 차출하여 첨가하고, 시베리아의 제14사단으로부터도 일부 병력을 차출하여 19사단에 편입시킨 다음, 제19사단 전부를 주력으로 동

---

42 『間島出兵史』(上), 전게자료, pp. 25~26 참조.

43 「間島出兵に關する件」, 1920년 10월 14일자, 『朝鮮獨立運動』 제3권, p. 193 참조.

44 「間島出兵に關する件」, 1920년 10월 14일자, 『朝鮮獨立運動』 제3권, p. 193 참조.

45 『間島出兵史』(上), 전게자료, pp. 39~40 참조.

원해서 독립군과 직접 수색·전투에 들어갈 다음 3개의 '토벌지대'를 편성하였다.[46]

(1) 磯林 (이소바야시) 지대

지대장 육군소장 기림직명(磯林直明)

보병 제38여단 사령부

보병 제75연대(제1·제3대대의 각 2중대 및 제2대대 결여. 기관총 2개 소대, 특종포대, 통신반, 병(丙)위생반을 부가)

보병 제78연대 제3대대(기관총 1개 소대, 통신반 4분의 1, 무(戊)위생반을 부가)

기병 제27연대 제3중대(반(半)소대 결여)

야포병 제25연대 제2대대, 야포 1중대, 산포 1소대(산포는 추가하여 편성상 배속함)

공병 제19대대 제2중대

헌병 약간

(2) 木村 (기무라) 지대

지대장 육군 보병대좌 목촌익삼(木村益三)

보병 제76연대(제1·제3대대의 각 2중대 및 제2대대 결여. 기관총 2개 소대, 특종포대, 통신반, 갑(甲)위생반을 부가)

기병 제27연대 제2중대의 1소대

공포병 제1중대(1개소대 결여, 추가하여 편성상 배속함)

공병 제19대대 제1중대의 1소대

헌병 약간

46 『間島出兵史』(上), 전게자료, pp. 41~43 참조.

(3) 東(아즈마) 지대

지대장 육군 소장 동정언(東正彦)

보병 제37여단 사령부

보병 제73연대(제1대대 및 제10중대 결여. 특종포대, 을(乙)위생반을 부가)

기병 제27연대(제2중대의 1개 소대 및 제3중대 결여)

야포병 제25연대 제1대대. 야포 1개 중대. 산포병 1개 중대. (산포는 추가하여 편성상 배속함)

공병 제19대대 제3중대

헌병 약간

무산주둔 보병 1개대대 추가

(4) 사단직할부대

보병 제74연대 제1대대 본부 및 제3중대

비행기반

무선전신반

비둘기통신반

위의 3개 지대의 병력은 모두 약 12,000명으로서 기림지대가 약 4,000명, 목촌지대가 약 3,000명, 동지대가 약 5,000명으로 구성되어 있었다. 이 중에서 동지대가 병력은 물론이오 화력에 있어서도 기병과 포병에 중점을 두었기 때문에 가장 막강하였다.

일본군의 간도침입 동원병력은 여기서 끝나지 않고, 위의 3개 지대의 독립군에 대한 공격에 책응케 하기 위하여 시베리아 연해주 주둔군(浦潮軍)으로부터 제11사단의 1부대를 '바라바시'에서 토문자(土門子) 방면으로, 제13사단의 1부대를 삼차구(三岔口)에서 노흑산 및 나자구 방면으로 진군시켜 동북방으로부터 밀고 내려오게 했으며, 제14단의 제28여단을 '포세트'만(灣)에 상륙시켜 혼춘, 양수천자(凉水泉子)·국자가 부근을 거쳐 회녕을 향해서 진군하면서 동방으로부터 밀고 들어오게 하였다.[47] 또한 용산의 제20사단에서 일부병력과 조선헌병대와 조선총독부 경찰대를 동원하여 두만강과 압록강 연안의 국경수비를 담당하면서 독립군의 국내진입을 막고, 필요하면 명령에 따라 강을 건너 독립군 '토벌'에 책응케 하였다.[48] 한편 관동군은 일부 병력을 동원하여 중국군과 합동의 형식으로 서간도에서 독립군의 이동을 막고 서쪽으로부터 독립군에 압박을 가하도록 하였다.[49]

그 결과 한국민족의 독립군 '토벌'에, 일본군은 제19사단 전부, 제20사단 일부, 제11사단·제13사단·제14사단의 일부 등 5개 사단에서 차출된 거대한 병력이 동원되었으며, 그 실병력은 25,000명에 달하였다. 여기에 관동군까지 지원병력의 구실을 하도록 배치한 것이었다.

일본군은 이 거대한 규모의 병력으로 독립군을 이중으로 포위하여 '섬멸'하려고 하였다. 즉 ① 일본군 5개 사단에서 차출한 25,000명의 병력과 관동군에서 동원한 병력으로 북간도의 독립군부대 전체를 동서남북으로 모두 넓게 포위하여 그 포위망을 좁혀 들어가고, ② 그 포위망 안에서 다시 제19사단 주력의 3개 지대의 12,000명의 병력으로써 북간도를 갑(혼춘지대), 을(백초구지대), 병(용정·국자가지대)의 3개 구역으로 나누어 각 지대가 오지에 들어가 내부에서 좁게 포위하여 독립군 각 부대를 수색해서 전투를 통하여 독립군부대들을 모두 '섬멸'하려는 것이었다.

일본군은 북간도 오지에서는 ① 기림지대가 갑구인 혼춘-초모정자(草帽頂子) 지방의 독립군을 포위 '섬멸'하고, ② 목촌지대가 을구인 서대파-합마당(蛤蟆塘)·백초구 지방의 독립군을 포위하여 '섬멸'하며, ③ 동지대가 용정-대군구-국자가-두도구 지방의 독립군을 포위하여 '섬멸'한다는 면밀한 작전계획을 세

47 『間島出兵史』(上), 전게자료, pp. 43~44 참조.

48 「鴨綠江對岸不逞鮮人剿討計劃ニ關スル件通牒」, 1920년 10월 13일자, 조선헌병대사령부 부관, 『現代史資料』 28, 「朝鮮」 4, pp. 198~203 참조.

49 「大臣ヨリ關東軍司令官へ電報案」, 『現代史資料』 28, 「朝鮮」 4, p. 197 참조.

웠다.[50]

일본군은 독립군 '토벌'의 작전 목표를 2단계로 나누어 설정하였다. 즉 ① 제1단계에서는 작전 개시일로부터 1개월 이내에 독립군무장대를 철저히 색출하여 '섬멸'하고 반복토벌을 되풀이 실시하여 독립군을 전원 섬멸하거나 검거해서 독립군의 무장항쟁을 근원까지 철저히 박멸한다는 것이오, ② 제2단계는 제1단계가 끝난 후로부터 다시 1개월 이내에 촌락에 잠복하고 있는 독립군 '잔당'과 민간인 독립운동가를 철저히 색출하여 비무장 독립운동까지 뿌리를 뽑겠다는 것이었다. 일본군은 이 작전 목표에 따라 10월 7일부터 간도에 침입하기 시작하여, 기림지대가 10월 14일 혼춘하(琿春河) 골짜기의 평야지대에 출동하기 시작했으며, 목촌지대가 10월 17일 왕청 방면으로 출동했고, 동지대가 10월 15일 용정에 도착한 후 10월 18일 삼도구에 있는 김좌진부대와 이도구에 있는 홍범도부대를 찾아서 출발하였다.

이중에서 청산리독립전쟁은 일본군 동지대가 삼도구와 이도구 일대의 독립군 부대들을 포위 섬멸하려고 시도하자 독립군이 반격하여 일어난 전투들이었다.

6. 청산리독립전쟁

청산리독립전쟁의 첫 전투는 일본군 동지대가 김좌진이 영솔하는 북로군정서 독립군을 '토벌'하려고 공격해 오다가 1920년 10월 21일 오전 9시 삼도구 청산리 백운평 부근의 골짜기에서 북로군정서의 반격을 받은 전투이다. 여기서 시작된 전투는 이도구 부근으로 옮겨지면서 1920년 10월 26일 새벽까지 약 6일간 10여 차례의 크고 작은 전투들이 쉴새없이 전개되어 한국독립군이 일본군을 패전시키고 이도구와 삼도구에서 철수할 때까지 연속되었다.

50 『間島出兵史』(上), 전게자료, p. 44 참조.

여기서 청산리독립전쟁 개념과 범위의 문제가 대두된다. 즉 삼도구 청산리의 백운평전투만을 '청산리독립전쟁'이라고 좁은 개념을 설정하고, 나머지 전투들도 모두 그것이 일어난 낱낱의 지명에 따라 각각의 독립된 개별적 이름을 붙일 것인가, 또는 삼도구와 이도구 일대에서 벌어진 한국독립군과 일본군 동지대 사이의 10여 차례의 일련의 전투들을 묶어서 '청산리독립전쟁'이라는 넓은 개념을 설정할 것인가의 문제이다. 만일 전자의 협의의 개념을 정립하면, 이것은 곧 삼도구 청산리에서 일어난 백운평전투 하나만을 의미하고 '청산리독립전쟁'은 백운평전투를 수행한 북로군정서 단독의 독립전쟁이 된다. 만일 후자의 광의의 개념을 정립하면 '청산리독립전쟁'은 삼도구에서 전개된 백운평전투뿐만 아니라, 이도구에서 전개된 완루구(完樓溝)전투, 천수평(泉水坪)전투, 어랑촌(漁郞村)전투, 맹개골전투, 만기구(萬麒溝)전투, 쉬구전투, 천보산(天寶山)전투, 고동하곡(古洞河谷)전투 등을 포함하게 되고, '청산리독립전쟁'은 북로군정서와 함께 이도구 일대에서 일본군을 패전시킨 대한독립군 등 다른 독립군 부대들도 참전하여 공동으로 수행한 독립전쟁이 된다.[51] 여기서는 '청산리독립전쟁'에 대한 광의의 개념을 사용하기로 한다.

또한 여기서 광의의 개념을 사용할 때 '청산리독립전쟁'과 '청산리전투' 중에서 어떠한 용어가 더 적합한 것인가의 문제가 대두된다. 이 문제에 대해서는 '청산리독립전쟁'은 크고 작은 다수의 '전투들'을 포함하고 있으므로 하나의 소독립전쟁으로 보아 손색이 없고, '청산리전투'라고만 하면 그 안에 포함된 '청산리백운평전투' 등 다른 '전투들'과 혼동을 일으키기 쉬우므로 여기서는 '청산리독립전쟁'의 용어를 사용하기로 한다.

한국 독립군부대들을 포위한 일본군 동지대는 삼도구에 있는 북로군정서 독립군(600명)을 '토벌' '섬멸'하기 위해서 산전(山田)토벌연대를 용정으로부터 삼도구 청산리 방면으로 보내어 10월 20일을 기해서 김좌진부대를 공격하라

51 신용하, 「독립군의 청산리독립전쟁의 전투들의 구성」, 『사학연구』 제38호, 1984 참조.

는 작전명령을 내렸다.[52] 한편 이도구에 주둔하면서 홍범도의 지휘를 받고 있던 대한독립군(300명), 국민회군(250명), 의군부군(150명), 한민회군(200명), 광복단군(200명), 의민단군(100명), 신민단군(200명) 등의 홍범도연합부대에 대해서는 일본군 동지대의 지대장 동정언(東正彦)이 인솔하는 동지대의 주력이 19일 오전 8시를 기해서 이도구로 출동하도록 명령하였다. 일본군은 기병과 포병을 포함한 약 5,000명의 막강한 병력으로 이도구와 삼도구를 포위하여 그 안에 있는 김좌진부대와 홍범도연합부대를 10월 20일을 기해서 총공격하여 '섬멸'하려고 작전을 개시한 것이었다.[53]

독립군은 처음에는 병력과 화력의 열세를 고려하여 '피전책(避戰策)'을 채택하였다. 그러나 일본침략군이 독립군을 '토벌'하겠다고 추격해 들어오면서 한국인 촌락을 통째로 불지르고 선량한 동포 농민들을 닥치는 대로 학살하는 것을 보고 결정을 바꾸어 일본침략군을 공격하기로 결의함으로써 '청산리독립전쟁'이 시작되었다.

1) 백운평(白雲坪)전투

청산리독립전쟁의 최초의 전투는 김좌진이 이끄는 북로군정서 독립군이 1920년 10월 21일 일본군 토벌대의 하나인 산전(山田)보병연대를 삼도구 청산리 골짜기의 백운평 부근에서 섬멸하여 최초의 승리를 획득한 전투였다.

일본군이 북로군정서 독립군을 추격해 청산리 골짜기 안으로 들어오자, 1920년 10월 20일 북로군정서 사령관 김좌진은 피전책을 버리고 일본군과의 일전을 벌이기 위하여 부대를 2개 제대(弟隊)로 나누었다. 제1제대는 '본대'로서 비교적 훈련이 부족한 병사들로 편성하여 사령관 김좌진이 직접 지휘해서 제2제대가 잠복한 지점의 건너편 사방정자(四方頂子)의 산기슭에 배치하였다.

---

52 「電報」 朝特第102號, 1920년 10월 19일자(發信 朝鮮軍司令官, 受信 陸軍大臣), 『現代史資料』 28, 「朝鮮」 4, pp. 216~217 참조.

53 「暗號電報」 제56호, 暗 No.156000, 1920년 10월 19일자, 『現代史資料』 28, 「朝鮮」 4, p. 318 참조.

제2제대는 연성대장(硏成隊長) 이범석(李範奭)의 지휘 하에 사관연성소 학도들을 중심으로 편성한 300명의 여행대(旅行隊)로서 이를 후위대로 하여 일본군의 추격에 대항하는 최전면을 담당하되 지리(地利)를 이용하여 청산리 백운평 바로 위쪽 골짜기의 목에 잠복하게 하였다. 북로군정서가 이와 같이 병력을 배치한 길목은 청산리 계곡에서도 폭이 2~3리로 가장 좁고 양쪽에는 깎아지른 듯한 절벽이 있으며 그 골짜기의 중앙에는 공지(空地)가 되어, 단 하나의 오솔길이 이 공지를 통과하는 지점이었다. 이곳은 매복하여 적을 기습하기에는 매우 적합한 지형이었다.

북로군정서 사령관 김좌진

북로군정서 독립군은 일본군을 이 지점으로 유인하게 위하여 백운평과 송림평 등 이 근방 마을에 남은 한국인 노인들에게, 독립군이 보잘 것 없는 병력으로 무기도 제대로 갖추지 못한 채 일본군의 '토벌'에 낭패하여 사기가 떨어질 대로 떨어져서 허둥지둥 계곡 끝으로 도망했다는 허위 정보를 퍼뜨리고 이를 일본군에게 제공하도록 하였다.

이때 북로군정서 제2제대가 매복한 지형은 공지를 바로 내려다보는 깎아지른 듯한 절벽 위였다. 예컨대 이민화(李敏華)중대가 매복한 우측 지구는 경사가 60도나 되는 산허리였고, 김훈(金勳)중대가 매복한 중앙 정면은 경사가 90도나 되는 깎아지른 절벽이었다.[54] 이러한 절벽 위의 산에 밀림이 울창하여 아람드리의 쓰러진 나무등지가 널려 있으며, 그 위에 담요처럼 두꺼운 푸른 이끼가 덮여 있어서 천연적 엄폐물을 만들고 있었다. 북로군정서 제2제대는 이범석의 명령에 따라 소나무 가지와 잣나무 가지로 위장을 하고 앞에 널려진 나무둥지를 엄폐물로 하여 두껍게 쌓인 낙엽 속에 전신을 파묻어서 완전히 매복하였다. 이렇게 되면 어떠한 적들도 이들을 발견하기 어려웠다. 약 800미터

54 『獨立新聞』 제96호, 1921년 3월 1일자, '三一節의 產物인 北路我軍實戰記' 참조.

떨어진 곳에서 김좌진이 거느린 제1제대도 동일한 전투 준비를 했음은 말할 것도 없다. 북로군정서 독립군은 완전히 엄폐된 상태에서 매복하여 기습작전을 전개하려고 절벽 아래의 공지를 향해서 총구를 모으고 있었다.

북로군정서 연성대장 이범석

1920년 10월 21일 오전 8시 일본군은 바로 하루 전에 독립군부대가 행군해 온 길을 따라 백운평 위의 독립군이 매복하고 있는 절벽 밑의 공지에 진입하기 시작하였다. 일본군 전위부대는 안천(安川) 소좌가 지휘하는 선발보병 1개 중대였다. 일본군 전위부대는 백운평을 점령하여 주민들로부터, 독립군이 패색이 짙어 하루 전에 도망했다는 정보를 수집한 다음, 절벽 밑의 꼬불꼬불한 단 하나의 소로(小路)를 따라 말똥을 채집하여 온도를 측정해 보면서 조심스럽게 접근해 왔다. 말똥은 하루 전의 것이므로 완전히 식고 많이 말라 있어서 독립군이 적어도 하루 전에 이 길을 지나갔음을 분명히 증명해 주고 있었다. 일본군 전위중대는 독립군이 일전을 결의하여 돌아서서 매복한 채 대기하고 있는 줄은 꿈에도 생각하지 못하고 공지 안으로 들어섰다.

일본군 전위중대의 전병력이 공지 안에 모두 들어서고 전면은 북로군정서 독립군 제2제대의 매복 지점으로부터 10여 보 앞에 도달했을 때, 10월 21일 오전 9시 독립군은 일시에 기습공격을 시작하였다. 북로군정서 독립군의 600여 정의 소총과 4정의 기관총과 2문의 박격포의 화력이 일시에 일본군 전위부대의 머리 위에 불을 토하며 쏟아져 내렸다.[55]

일본군 전위부대는 응사를 시도했으나 독립군이 어디에 은폐하고 있는지를 전혀 알지 못하므로 총탄이 날아오는 방향을 향한 응사도 아무런 효과가 없

55 朴永錫, 「일제하 만주·노령지역에서의 항일민족운동-북로군정서 독립군병사 李雨錫의 활동을 중심으로」, 연세대 국학연구소, 『동방학지』 34·35, 1982.

었다. 20여분의 교전 끝에 일본군 전위부대 200명은 전멸하였다.[56] 이것은 북로군정서 독립군이 획득한 청산리독립전쟁의 최초의 완전한 승전이었다.

전위부대에 뒤이어 도착한 산전(山田)토벌연대 본대는 전위중대가 전멸한 것에 크게 당황하여 산포와 기관총으로 결사적으로 응전해 왔다. 그러나 일본군은 조준과 목표가 명확치 않아서 화력만 허비하였다. 반면에 나라를 빼앗기고 설욕의 날을 기다리던 독립군은 사기충천하여 정확하게 조준해서 화력을 퍼부었으므로 시간이 흐를수록 일본군의 시체는 쌓여갔다.[57]

일본군은 이번에는 보병 2개 중대와 기병 1개 중대로 1부대를 편성해서 매복한 북로군정서 독립군의 옆면을 우회하여 독립군을 포위해 보려고 시도하였다. 그러나 절벽 위에서 정확하게 조준하여 사격하는 독립군의 공격에 막대한 희생만 내고 패주하였다.[58]

일본군은 이번에는 다시 부대를 정돈해 가지고 매복한 북로군정서 독립군 제2제대의 정면과 측면을 산포와 기관총으로 반격해 왔다. 그러나 독립군은 고지 위에서 완전히 은폐되어 있었으므로 일본군은 아무리 중화기로 반격을 해도 효과가 없었다. 반면에 독립군은 조준 사격을 정확히 했으므로 일본군은 여기에서도 계속 사상자를 낼 뿐이었다. 일본군 산전(山田)토벌연대 본대는 자기 편의 시체를 쌓아 은폐물을 만들고 필사적 반격을 시도했으나 모두 200~300명의 전사자만 낸 채 더 견디지 못하고 숙영지로 패주하였다.[59] 이것이 유명한 청산리 백운평전투인 것이다. 북로군정서 독립군은 백운평전투에서 크게 승전한 후 퇴로가 차단될 것을 염려하여 10월 22일 새벽 2시 30분에 이도구 갑산촌으로 철수하였다.

---

56 『獨立新聞』 제88호, 1920년 12월 25일자, '北墾島에 在한 我獨立軍의 戰鬪情報' 참조.
57 李範奭, 「屍山血河의 青山里戰役」, 『新東亞』 1969년 3월호 참조.
58 『獨立新聞』 제88호, 1920년 12월 25일자, '北墾島에 在한 我獨立軍의 戰鬪情報' 참조.
59 朴殷植, 『韓國獨立運動之血史』, 『朴殷植全書』 상권, p. 639 참조.

2) 완루구(完樓溝)전투

청산리독립전쟁의 두 번째 전투는 홍범도가 이끄는 대한독립군과 그 연합부대들(국민회군, 한민회군, 신민단, 의민단, 광복단)이 이도구 완루구에서 1920년 10월 21일 늦은 오후부터 22일 새벽에 걸쳐 일본군과 대전해서 기계(奇計)를 발휘하여, 다른 일본군 한 토벌대를 끌어 넣어서 일본군 동지대의 한 부대를 섬멸한 대전투였다. 이 전투는 이도구 어랑촌 서북방 북완루구와 남완루구 사이의 삼림지대에서 전개되었다.

당시 상해 임시정부 군무부는 완루구전투의 진상을 다음과 같이 발표하였다.

> "時에 敵의 支隊(步兵一大隊, 機關銃三中隊)는 兩路를 岐하야 一은 南完樓溝로, 一은 北完樓溝 서편으로 향하야 我軍第一聯隊(洪範圖聯合部隊-필자)를 포위공격하려는 중 아군의 同聯隊는 偵察斥候의 察報를 聞하고 이미 배치하였던 抵抗線이 戰을 始하는 동시에 我의 豫備隊는 삼림 중간로를 우회하여 敵의 익측을 돌연히 사격하는 중 北完樓로 進하던 적의 일대는 오히려 아군이 중앙고지에 在하야 자기의 友軍과 戰하는줄 오인하고, 적이 적군을 맹사하니 아군과 적군에게 포위공격을 受한 一隊는 전멸에 陷하였는데 그 수는 사백여 명이더라."[60]

이 기록을 주의 깊게 보면 다음과 같은 사실을 알 수 있다.

① 북로군정서 독립군이 갑산촌으로 철수하는 그 시간에 다른 곳인 이도구 완루구에서는 일본군 동지대 본대의 대부대가 2개 부대로 나누어 홍범도가 인솔하는 독립군연합부대를 포위하여 남완루구와 북완루구의 양로로 좁혀 들어오고 있었다.[61]

② 홍범도의 독립군연합부대는 정찰병으로부터 이 보고를 받고 이미 배치한 저항선에서 전투를 시작하는 한편, 예비대로 하여금 삼림의 중간로를 돌아서 일본군의 측면을 공격하게 하였다.

---

60 『獨立新聞』 제88호, 1920년 12월 25일자, '北墾島에 在한 我獨立軍의 戰鬪情報' 참조.

61 「十月中ノ情報ニ據ル間島地方不逞鮮人行動概況」, 間情第59號, 1920년 11월 10일자, 『現代史資料』 28, 「朝鮮」 4, p. 403 참조.

③ 북완루구로 진격하던 일본군의 다른 한 부대는 홍범도연합부대의 예비대가 이미 삼림의 중간로를 빠져 나와서 측면에 위치하게 된 것은 알지 못하고, 따라서 중앙고지의 위치에 있는 것은 일본군의 한 부대임을 알지 못하고, 중앙고지에 있는 것이 여전히 독립군인줄 알고 중앙고지에 있는 일본군에게 사격을 가하였다.

④ 이에 중앙고지에 위치하게 된 일본군은 한쪽 측면에는 홍범도가 이끄는 독립군의 공격을 받고 다른 측면에서는 일본군 다른 부대의 공격을 받아 양면의 협공을 받은 결과 전멸 상태에 빠졌는데, 그 일본군 부대의 전사자가 400여명에 달하였다.

⑤ 이 완루구전투에서 일본군의 한 부대 400여명이 전멸한 것은 일본군 부대들끼리의 '자상(自傷)'에만 의한 것이 아니라, 홍범도가 이끄는 독립군의 공격을 받아서, 독립군과 다른 일본군 부대의 협공을 받은 결과였다. 또한 일본군끼리의 자상도 독립군의 능동적 유인작전에 빠져들어 위치를 오인했기 때문에 나온 결과였다.

상해에서 발행되던 당시의 『진단(震檀)』은 완루구전투에 대하여 다음과 같은 요지로 그 내용을 기록하였다. 즉 ① 일본군이 삼림의 중심지대에 있는 홍범도연합부대를 포위하고 기관총대를 매복시킨 다음 삼림에 불을 놓아 홍범도부대가 탈출하는 경우 이를 '섬멸'하려고 했으며, ② 홍범도연합부대는 다른 통로를 이용하여 포위망을 뚫어 탈출해 버리고 다른 일본군 부대가 홍범도부대를 추격하여 중심지대에 진출한 결과, 잔복하고 있던 일본군기관총대는 이를 홍범도의 독립군으로 오인하여 기관총으로 섬멸했으며, ③ 홍범도부대는 이 기회를 타서 다시 일본군을 추격하여 두 차례의 전투에서 승리했다는 사실이다.[62] 상해 임시정부도 위와 유사한 내용을 등사인쇄물로써 보고하였다.[63]

62 『震檀』 제6호, 1920년 11월 14일자, 『現代史資料』 28, 「朝鮮」 4, p. 349 참조.

63 「국외정보」, 高警第37231號, 1920년 11월 25일자, 『朝鮮獨立運動』 제2권, p. 126 참조.

청산리 독립전쟁의 두 번째 전투인 완루구전투는 홍범도가 지휘한 대한독립군, 국민회군, 한민회군, 광복단군, 신민단군, 의민단군 등 독립군연합부대가 기계(奇計)를 써서 이룩한 대승전이었다.

3) 천수평(泉水坪)전투

한편 김좌진이 지휘하는 북로군정서 독립군은 이도구 갑산촌에 도착하여 동포들이 제공하는 차조밥으로 허기진 배를 채우고 있을 때, 촌락인 동포로부터 일본군 1개 기병대가 천수평(샘물골) 마을에 들어가서 머물고 있다는 정보를 얻었다.

북로군정서 지휘관들은 작전회의를 연 결과 천수평의 일본기병대를 선제공격하기로 결정하였다. 북로군정서 병사들은 이때 치열한 전투와 허기와 100리의 강행군으로 인하여 극도로 피곤해 있었으나 그들은 선제공격이 아니고서는 적을 섬멸할 수 없다고 판단한 것이었다.

북로군정서는 병사들을 한 시간 정도 잠을 재우고는 다시 전투 준비에 들어갔다. 북로군정서는 10월 22일 새벽 4시 30분경 여행대가 선두에 서고 본대가 뒤에 서서 천수평을 향하여 진격하였다. 약 1시간의 행군 뒤에 북로군정서 독립군은 천수평의 외곽지대에 도착하였다. 일본군은 도전(島田, 시마다) 중대장의 지휘 하에 있던 기병중대 120기로서 독립군이 아직도 100리 밖 청산리 부근에 있다고 착각했음인지 소수의 기병 순찰만 세워 놓고 병력을 촌락 안에 모아 놓았으며 토성 안에 말을 매어 놓은 채 깊은 잠에 골아 떨어져 있었다.

북로군정서 여행대는 김훈중대로 하여금 북쪽 산을 타고 나아가 민첩한 행동으로 만기구를 점령해서 일본군의 퇴로를 차단하도록 하고, 이민화중대로 하여금 천수평 남방 고지를 점령하도록 하였다. 이범석은 2개 중대를 이끌고 천수평 북쪽 냇물 한복판을 전진하여 냇물 언덕의 사각을 끼고 천수평 동쪽에 이르면 즉각 방향을 오른쪽으로 돌려 정면공격을 결행하기로 하였다.

작전대로 이민화·김훈 중대가 지정된 지점에 도달하고 이범석이 이끄는 2

개 중대가 냇물을 타고 천수평 동쪽에 이르렀을 때, 일본군 기병중대의 순찰 보초는 독립군을 발견하고 신호 총성을 울렸다. 북로군정서 여행대는 이에 조금도 틈을 주지 않고 10월 22일 새벽 5시 30분경에 일본군 기병중대가 잠자고 있는 촌락과 말을 매어놓은 토성 안으로 총탄을 퍼부으며 돌격해 들어갔다.[64]

일본군은 잠을 자다가 놀라 깨어서 허둥지둥 뛰어나와 응사하면서 말을 찾았으나, 말은 이미 사살되거나 달아나 버린 후였으며, 일본군은 전의를 상실한 상태에서 독립군의 날카로운 공격에 대항할 능력이 전혀 없었다. 한 차례의 혼전이 있은 다음에 일본군은 4명이 용케도 말을 찾아 타고 탈출한 이외에는 116명이 전원 몰살당하였다. 이때 전멸당한 일본군은 기병 제27연대 소속의 전초(前哨)기병중대였다. 독립군의 피해는 전사 2명과 부상 17명의 경미한 것이었다.[65] 이것이 천수평전투이다.

4) 어랑촌(漁郞村)전투

청산리독립전쟁의 네 번째 전투는 10월 22일 오전 9시부터 해가 질 때까지 하루 종일 이도구 어랑촌 서남방 표고 874고지 남측에서 김좌진부대와 홍범도연합부대가 공동으로 대격전을 벌여 일본군을 격퇴한 어랑촌전투였다.

북로군정서 독립군은 천수평전투에서 일본군 수색기병중대를 섬멸한 후 숨돌릴 사이도 없이 다음 전투를 준비하지 않으면 안되었다. 왜냐하면 천수평에서 도망쳐 간 4명의 일본군 기병이 어랑촌에 설치한 그들의 기병연대 사령부에 사태를 보고했을 것이고, 이렇게 되면 일본군 대부대의 공격이 있을 것이 틀림없기 때문이었다.

북로군정서 독립군은 이에 적을 앉아서 기다리기보다는 기선을 잡아 먼저 유리한 고지를 선점해서 선제공격을 가하는 것이 승리를 보장하는 것이라고

64 李範奭, 『우등불』, 1971, pp. 56~64 참조.

65 李範奭, 「屍山血河의 靑山里戰役」, 『新東亞』 1969년 3월호 및 『우등불』, p. 63 참조.

판단하고 '어랑촌의 서남단 고지'[66]를 선점하는 작전을 개시하였다. 북로군정서 독립군이 어랑촌 서남단의 고지를 선점하고 전투 태세에 들어갔을 때 일본군도 얼마 후에 이 고지를 선점하려고 달려왔다. 그러나 이때는 이 고지가 이미 북로군정서 독립군의 선점하에 들어간 후였다.

그 결과 일본군은 고지 밑에서 고지 위에 있는 독립군을 공격하게 되고 독립군은 고지 위에서 일본군을 내려다보며 응전하게 되었다. 일본군의 유리한 점은 압도적인 병력의 우세와 화력의 우세였으나, 불리한 점은 지형이었다. 반면에 독립군의 유리한 점은 선점한 지형뿐이었고 불리한 점은 화력과 병력이 압도적으로 열세였을 뿐 아니라 병사들이 연이은 격전과 강행군으로 매우 지쳐 있었다는 점이었다. 일본군 동지대(東支隊)의 주력은 어랑촌에 진을 치고 이 근방의 한국 독립군을 '토벌'하고 있었으므로 어랑촌 부근의 일본군 병력은 무려 5,000명이나 되었으며, 기병연대와 포병대가 주축을 이루고 있었다. 물론 여기에 동지대 예비대까지 가담하였다. 반면에 북로군정서 독립군은 그 동안의 전사자·실종자·낙오자로 말미암아 어랑촌전투 때에는 600명을 하회하였다.

일본군은 병력과 화력의 우세를 믿고 기병 연대장 가납(加納, 가노) 대좌의 지휘하에 연대 병력으로 북로군정서 독립군을 포위하여 22일 오전 9시경부터 공격을 시작하였다. 북로군정서 독립군은 위에서 아래를 내려다 보는 유리한 지형에서 기어올라오는 일본군을 공격하였다. 일본군은 부근에 흩어져 있는 일본군 부대들을 모두 불러 모았으므로 일본군의 숫자는 시간이 지날수록 증가하였다. 북로군정서 독립군은 이 전투를 전사할 자리라고 각오하고 혈전을 전개하였다.

그러나 일본군 연대병력의 북로군정서 독립군에 대한 포위공격은 그들의 뜻과 같이 전개되지 않았다. 왜냐하면, 완루구전투를 치르고 서방으로 이동하던 홍범도연합부대가 북로군정서 독립군이 혈전을 전개하고 있는 지구로 이동

66 『獨立新聞』 제98호, 1921년 3월 12일자, 「北路我軍實戰記」 (二) '經戰將校金勳氏談'

해 왔기 때문이었다.[67] 홍범도가 지휘하는 독립군연합부대는 북로군정서 독립군이 일본군 연대병력에 포위되어 혈전을 전개하고 있다는 통보를 받고 이를 지원하러 찾아온 것이었다. 뿐만 아니라 홍범도가 거느린 독립군연합부대의 병력은 1,400명에 달하는 막강한 것이었다.

홍범도가 지휘하는 독립군연합부대는 북로군정서가 선점하고 있는 고지 바로 옆의 최고표고(最高標高)에 진을 치고 일본군을 맹공격하였다. 이에 일본군은 북로군정서 독립군을 포위했던 대병력을 나누어 홍범도연합부대의 독립군과 전투를 전개하지 않을 수 없게 되었다.

북로군정서 독립군이나 홍범도연합부대 독립군이나 모두 지형이 유리했기 때문에 돌격해 올라오는 일본군을 내려다보면서 소총과 기관총을 퍼부었다. 일본군은 독립군과의 한 차례의 전투에서만도 격전 후에 300명의 전사자와 수많은 부상자를 내고 공격이 둔화되었다.[68]

그러나 병력과 화력에 있어서 압도적으로 우세한 일본군은 단념하지 않고 다시 독립군을 공격해 왔다. 일본군은 기병대로 천수평 서북방 고지를 따라 독립군부대들의 측면을 공격하고, 정면에는 포병과 보병으로 결사적 공격을 감행하였다. 시간이 갈수록 전투는 치열하게 전개되었다. 오전 9시부터 시작된 전투가 해가 기울 때까지 그칠 줄을 몰랐다. 독립군 병사들은 하루 종일 굶었기 때문에 부근 촌락의 동포들이 주먹밥을 지어 가지고 왔다. 독립군 병사들은 밥먹을 틈도 내지 못하여 동포들이 전투 중에 있는 병사들의 입에 주먹밥을 넣어 주는 형편이었다.

일본군의 공격은 치열했으나, 유리한 지형을 차지한 독립군부대들은 동포들의 성원에 한층 더 사기충전하여 더욱 용감하게 응전하였다. 독립군의 투지가 얼마나 충천했는지 하나의 사례를 들면, 북로군정서 기관총중대장 최인걸(崔麟杰)은 기관총 사수가 전사하자 기관총을 스스로 자기 몸에 묶고 몰려 올라오

---

67 「暗號電報」 제63호, 暗 No.15825, 1920년 10월 22일자, 『現代史資料』 28, 「朝鮮」 4, p. 319 참조.
68 『獨立新聞』 제88호, 1920년 12월 25일자, '北墾島에 在한 我獨立軍의 戰鬪情報' 참조

는 일본군을 집중 사격하여 패주시킨 후에 기관총 탄환이 떨어지자 장렬하게 전사하였다.[69]

만주의 초겨울, 짧은 해가 져서 고지에 어둠이 내리기 시작하자 일본군의 공격은 약화되었으며, 독립군은 이 치열한 전투에서도 승리했으므로 북로군정서 독립군을 홍범도연합부대가 있는 고지의 최고표고로 집합시켜서 추격하려는 적을 최종적으로 분쇄하고, 어둠을 타 다시 부대를 나누어 안도현 방면으로 이동함으로써 '어랑촌전투'는 일단 종결되었다.

상해 임시정부 군무부는 어랑촌전투에서 김좌진부대와 홍범도부대가 다 함께 참가했음을 확인하여 공표하였다. 즉 그 발표에 의하면 ① 김좌진부대(북로군정서)는 어랑촌 후방 고지를 점령하여 일본군의 진로를 차단하고, 홍범도부대(독립군연합부대)는 같은 고지의 최고표고에 위치하여 지원대의 임무를 하였고, ② 일본군과의 전투에는 김좌진부대와 홍범도부대가 각각 좌고지와 우고지에서 맹렬한 사격을 하여 모두 참가했으며, ③ 독립군은 지형이 유리하여 승리했고, ④ 철수할 때에는 홍범도부대가 이미 점거한 그 고지의 최고표고에 김좌진부대가 합류하여 일단 공동으로 철수했다가 다시 부대를 나누었다고 하였다.[70]

또한 일본군 측의 비밀자료도 어랑촌전투에서 홍범도부대와 김좌진부대가 다같이 참가하여 자기들 군대와 전투를 했다고 보고하였다.[71]

여기서 주목해야 할 것은 어랑촌전투를 비롯한 청산리독립전쟁의 전투들에서 김좌진부대와 홍범도부대는 구조적으로 매우 상호보완적이었고 상호지원적이었다는 사실이다. 홍범도부대가 10월 21일 오후부터 22일 새벽 사이에 완루구에서 일본군에게 포위되었을 때에, 김좌진부대가 10월 22일 새벽 5시

69 『우등불』, p. 71 참조.

70 『獨立新聞』 제88호, 1920년 12월 25일자, '北墾島에 在한 我獨立軍의 戰闘情報' 참조

71 「東少將ノ率コル部隊ノ状況」, 「暗號電報」 제368호, 暗 No.15894, 1920년 10월 23일자, 『現代史資料』 28, 「朝鮮」 4, p. 293 및 「不逞鮮人ノ行動」, 秘間情第40號, 1920년 10월 27일자, 『現代史資料』 28, 「朝鮮」 4, p. 376 참조.

30분경에 천수평 부근의 일본군 수색기병중대를 기습했기 때문에 일본군의 부대 이동을 가져와, 홍범도부대의 포위망 탈출과 부대이동을 용이하게 하여 완루구전투를 승리로 이끄는데 지원이 되었다고 할 수 있다. 반면에 어랑촌의 서남단 고지에서 김좌진부대가 5배 이상 병력의 일본군에게 포위공격을 당했을 때에 '완루구전투'를 치르고 나온 홍범도부대가 바로 김좌진부대(북로군정서)의 선점하고 있는 고지의 최고표고를 점령하여 일본군과 싸워 주었기 때문에 북로군정서도 포위망이 풀리고 패전을 면했을 뿐 아니라 도리어 승전했으며, 홍범도부대도 승전한 것이었다고 볼 수 있다. '어랑촌전투'는 김좌진부대와 홍범도부대가 다 같이 참전했기 때문에 독립군이 승리할 수 있었던 전투였다고 해석되는 것이다.

일본군은 어랑촌전투에서 크게 패하여 기병 연대장 가납 대좌를 비롯해서 다수의 전사자와 부상자를 내었다. 북로군정서 사령부는 일본군의 전사자와 부상자를 1,600명으로 발표했으며, 중국관변은 일본군의 전사자와 부상자를 1,300여 명이라고 추산하였다. 박은식에 의하면, 일본영사관의 비밀보고에도 이도구전투에서 가납연대장을 비롯하여 대대장 2명, 소대장 9명, 하사 이하 병사의 사상자가 800여 명에 달했다고 보고하였다고 한다.[72]

상해 임시정부는 어랑촌전투에서의 일본군의 전사자를 300여 명이라고 발표했으며, 부상자의 추계는 내지 않았다.[73] 이범석은 이 전투에서의 일본군 전사자와 부상자를, 가납 연대장을 포함하여 약 1,000명이라고 하였다.[74]

한편, 독립군 측도 그동안의 전투 중에서는 어랑촌전투에서의 피해가 가장 컸다.[75] 이범석에 의하면 북로군정서의 전사자와 부상자만도 100여 명에 달했다고 한다.[76]

72 朴殷植, 『韓國獨立運動之血史』, 『朴殷植全書』 上卷, pp. 672~673 참조.
73 『獨立新聞』 제88호, 1920년 12월 25일자, '北墾島에 在한 我獨立軍의 戰鬪情報' 참조
74 『우등불』, p. 73 참조.
75 「墾北視察員報告」, 高警第37231號, 1920년 11월 25일자, 『朝鮮獨立運動』 제2권, p. 126 참조.
76 『우등불』, p. 73 참조.

일본군은 그들의 모든 보고서마다 독립군을 패배시켰다고 하면서도 어랑촌전투에서 일본군이 패전한 사실을 간접적으로 시인하였다.[77]

청산리독립전쟁 중에서 가장 치열하고 규모가 큰 어랑촌전투는 결국 독립군의 대승리로 귀결된 것이었다.

5) 맹개골전투

1920년 10월 22일의 어랑촌전투를 끝내고 이튿날인 23일 아침부터는 독립군 부대들은 안도현 황구령(黃口嶺) 방면을 향하여 소부대를 편성해서 이동하기 시작하였다.

북로군정서 독립군은 어랑촌전투에서 승리한 그날 밤은 만록구(萬鹿溝, 별칭 완루구)의 삼림 속에서 노영(露營)을 하고 다음날인 10월 23일 아침 구령(口嶺) 방면을 향하여 출발하였다. 북로군정서 독립군이 작은 부대들로 병력을 나누고 길을 나누어서 하오 3시경 '맹개골' 삼림 속을 통과할 때 일본군 기병 30명이 이 골짜기의 길로 진입하는 것을 발견하였다.

북로군정서 독립군은 곧 삼림의 변두리에 매복했다가 일본군이 접근해오자 일제히 공격을 가하여 일본군 기병 10여 명을 사살하고 나머지 일본군을 패주시켰다. 이 전투에서 북로군정서 독립군은 전리품으로 군마 5필, 군용지도 4장, 시계 5개, 기타 피복·장구 등 다수를 노획하였다.[78]

6) 만기구(萬麒溝)전투

북로군정서 독립군은 맹개골전투를 거친 후 맹개골로부터 약 20리 떨어진 만기구 후방 삼림 속에서 휴식 중일 때 전방 약 100미터의 지점에서 일본군 보병 약 50명이 밀집으로 서서히 행군해 오는 것을 발견하였다.

북로군정서 독립군은 당시 소부대들로 나누어 행군하고 있었으므로 처음에

---

77 「電報 朝特第114號」, 1920년 10월 25일자, 『現代史資料』 28, 「朝鮮」 4, p. 222 참조.
78 『獨立新聞』 제98호, 1921년 3월 12일자, 「北路我軍實戰記」 (二) '經戰將校金勳氏談'

는 그것이 뒤따라 오는 독립군인지 일본군인지 판별하지 못하고 사령관 김좌진이 큰 소리로 "그 아군인가?"고 소리쳐 물었다. 일본군은 이 소리를 듣고 즉각 산개하여 전투 태세를 취하므로 독립군은 그제야 그것이 일본군인 줄 알고 일제 공격을 감행하여 일본군 30여 명을 즉각 사살하고 나머지 적을 패주시켰다.[79]

북로군정서 독립군은 얼마 후에 일본군 200여 명이 패주한 자기 부대를 찾아 행군해 오는 것을 발견했으나, 독립군 자신의 행군 예정을 지키기 위하여 전투를 피하고 후방 삼림 속으로 들어가서 숙영하였다.

7) 쉬구(쉬溝)전투

북로군정서 독립군은 10월 23일 밤을 삼림 속에서 숙영한 다음 24일 아침 쉬구로 향하였다. 이때 일본군 기포 6문과 보병 100여 명이 방심한 채 촌락의 전방을 통과하여 독립군 50명이 행군하고 있는 삼림 쪽으로 서서히 올라오는 것을 발견하였다.

북로군정서 독립군 50명은 즉각 일본군을 공격하여 일본군 포병을 모두 섬멸하고, 동시에 뒤따라오는 보병을 다수 살상하여 패주시켰다.

또한 마침 이때 삼림의 좌편으로부터 일본군 기병 1개 소대가 나타나서 말은 촌락에 매어 두고 산개하여 삼림쪽으로 올라왔다. 독립군은 이를 발견하여 약 20분 동안 공격을 가해서 이를 대부분 섬멸하고, 기갈(飢渴)이 심하므로 전투를 중지한 채 삼림 속으로 돌아갔다.[80]

8) 천보산(天寶山)전투

북로군정서 독립군과 홍범도의 독립군연합부대는 10월 24일과 25일에 천보산 남쪽 부근에서 일본군 1개 중대를 습격하였다.

---

79 『獨立新聞』 제98호, 1921년 3월 12일자, 「北路我軍實戰記」 (二) '經戰將校金勳氏談'

80 『獨立新聞』 제98호, 1921년 3월 12일자, 「北路我軍實戰記」 (二) '經戰將校金勳氏談'

이범석이 인솔하는 북로군정서 독립군의 한 부대는 10월 24일 8시와 9시 두 차례에 걸쳐 천보산 부근의 은동광을 수비하고 있던 일본군 1개 중대를 두 차례 습격하였다.[81] 일본군이 국자가에 있는 보병 1개 중대와 기관총대 1개 소대의 긴급 증원을 요청하고 있는 곳에서도 그들이 패전했음을 잘 알 수 있다.

또한 홍범도연합부대에 속한 한 독립군부대는 10월 25일 새벽 식량 조달을 위하여 천보산 부근에 나갔다가 일본군을 습격하여 큰 피해를 주었다.[82] 독립군의 천보산전투에서 큰 피해를 입은 일본군은 경악하여 이에 대비하도록 부근에 있는 일본군 보병 1개 대대를 긴급히 천보산에 증파하였다.[83]

일본군이 천보산에 긴급히 1개 대대의 병력을 보충하지 않으면 안 되었던 사실에서 천보산전투에서의 일본군의 큰 피해를 알 수 있으나, 일본군 측에서는 정확한 전사자와 부상자의 통계는 발표하지 않았다.

9) 고동하곡(古洞河谷)전투

청산리독립전쟁의 마지막 전투는 고동하의 골짜기에서 1920년 10월 25일 한밤중부터 26일 새벽까지 일본군이 홍범도부대를 야습했다가 도리어 반격당해 쫓겨서 패주한 전투였다.[84] 당시 일본군의 보고를 정리해 보면, ① 일본군은 홍범도부대를 천신만고하며 밀림 속에 들어가 찾아 헤매다가 10월 25일 밤 10시경에 고동하 골짜기에서 홍범도부대의 연기를 발견하고 정각 12시에 일본군 150명이 먼저 반야(飯野) 소좌가 이끄는 2개 소대를 앞세워 야습을 돌격전으로 감행하였다. ② 그러나 홍범도부대는 대비가 되어 있어서 가까운 지

81 『우등불』, p. 481 및 「電報」 朝特 제124호, 1920년 11월 2일자, 『現代史資料』 28, 「朝鮮」 4, p. 229 참조.

82 「不逞團ノ脫出及糧食ノ補充」, 間情第44號, 1920년 10월 28일자, 『現代史資料』 28, 「朝鮮」 4, p. 379 및 「십월중ノ정보ニ據スル間島地方不逞鮮人ノ行動概況」, 間情第59號, 1920년 11월 10일자, 『現代史資料』 28, 「朝鮮」 4, pp. 405~406 참조.

83 『間島出兵史』 上卷, 전게자료, p. 59 참조.

84 「電報 朝特第120號」, 1920년 10월 28일자, 『現代史資料』 28, 「朝鮮」 4, pp. 226~227 참조.

점에서 여러 곳에 산개하여 매복해 있다가 응전과 반격을 단행하였다. ③ 일본군은 막대한 희생자를 내고 후퇴하여 부근의 최고봉인 1,743고지에 쫓겨 올라가게 되었다. ④ 일본군이 홍범도부대에게 쫓길 때에는 제2선에 있던 예비대가 홍범도부대의 공격을 막는 제1선을 담당하였다. ⑤ 1,743고지에 쫓겨 올라온 일본군 장교와 병사들은 패전으로 전전긍긍하다가 먼동이 트고 날이 밝아오자(이제는 살았다는 안도감에) 얼굴에 희열이 나타나기 시작하였다.[85]

일본군은 독립군을 얕보고, 150명의 소부대로서 낮에도 생소하여 들어가기 어려운 밀림 속에 겁 없이 밤중에 들어가서 먼저 야습을 감행했다가 일본군보다 두 배나 병력이 많으며 밀림전에 숙달된 홍범도부대의 매복작전에 걸려 45분간의 격전 끝에 제1선을 맡았던 2개 소대가 거의 전멸되고 패잔병들이 홍범도부대에게 쫓겨 1,743고지로 도망쳐 올라왔다가 날이 새어 겨우 목숨을 건진 것이었다.

청산리독립전쟁의 마지막 전투인 고동하곡전투는 밀림유격전에 능숙한 홍범도부대가 제 발로 밀림 속으로 찾아 들어온 일본군 150명의 토벌대 중에서 2개 소대(약 100명)를 섬멸해 버린 전투였다.

고동하곡전투를 마지막으로 하여 이도구와 삼도구 일대의 독립군은 10월 26일 낮부터는 안도현 방면으로의 철수작전을 전개하여 청산리독립전쟁은 일단 멈추게 되었다.

이렇게 해서 1920년 10월 21일 아침부터 10월 26일 새벽까지 6일간에 걸쳐 숨 가쁘게 전개된 한국 독립군과 일본군 사이의 청산리독립전쟁은 한국 독립군의 대승리로 일단 막을 내린 것이었다.

85 『間島出兵史』 上卷, 전게자료, pp. 58~59 참조.

7. 청산리대첩의 승리 요인

위에서 고찰한 1920년 10월 21일부터 26일 새벽까지의 청산리독립전쟁에서 일본군의 전사자는 정확히 얼마나 되었는가?

상해 임시정부의 『獨立新聞』은 "김좌진 씨 부하 600명과 홍범도 씨 부하 300여 명은 대소전쟁 10여 회에 왜병을 격살한 자 1,200여 명"[86]이라고 하여, 일본군의 전사자를 약 1,200여 명으로 계산하였다. 상해 임시정부 군무부의 추산은 이것이었다고 할 수 있다.

북로군정서가 청산리독립전쟁 직후에 상해 임시정부에 제출한 정식 보고서에서는 ① 일본군 전사자가 연대장 1명, 대대장 2명, 기타 장교 이하 사병 1,254명(이중에 적의 自傷擊殺者 500여명), 합계 1,257명이며, ② 부상자는 장교 이하 200여 명이라고 하였다.[87] 또한 이 보고서는 독립군이 노획한 전리품으로서 기관총 4정, 소총 53정, 기병총 31정, 탄약 5,000발, 군도(軍刀) 5자루, 나팔 2쌍, 마안(馬鞍) 31개, 군용지도 4부, 팔목시계 4개, 기타 피복, 모자, 모포, 지도가방, 휴대용 천막, 군대수첩 등을 약간 노획했다고 보고하였다.

한편 당시 중국의 「요동일일신문(遼東日日新聞)」은 "일병 사망이 2,000명, 단장 1명이 포로가 되었다. 한인은 1,000여 정의 무기와 기관총 몇 정을 노획했다"[88]고 하여, 청산리독립전쟁에서의 일본군 전사자를 약 2,000명으로 추산하였다.

박은식도 당시의 보도들과 중국인·한국인들의 전언에 의거하여 청산리독립전쟁에서의 일본군 전사자를 약 2,000명으로 추산하였다.[89]

청산리독립전쟁에 지휘관의 하나로서 직접 전투에 참가했던 북로군정서 연성대장 이범석은 일본군의 전사자와 부상자가 가납 연대장을 포함해서 모두

---

86 『獨立新聞』 제91호, 1920년 12월 13일자, '我軍의 活動'

87 『獨立新聞』 제95호, 1921년 1월 18일자, '大韓軍政署報告' 참조.

88 朴殷植, 『韓國獨立運動之血史』, 『朴殷植全書』 上卷, p. 693 참조.

89 朴殷植, 『韓國獨立運動之血史』, 상게전서, p. 692 참조.

3,300명이었다고 추산하였다.[90] 이범석의 추산은 전사자를 별도로 구분하지 않은 것이 특징이다.

한편 일본군 측은 청산리독립전쟁에서의 자기들의 피해에 대한 공식 발표는 하지 않고 단지 '기대에 反하여 成績이 案外에 좋지 않아서 다소 失敗로 終結되었다는 비난을 면하기 어렵다'[91]고 하여 추상적으로 패전을 인정하였다. 다른 자료에 의하면, 일본영사관이 비밀보고서에서 일본군은 연대장 1명, 대대장 2명, 소대장 9명, 병사 800여 명의 사상자를 낸 피해를 입었다고 보고했다고 한다.[92]

그러면 청산리독립전쟁에서의 독립군의 피해는 얼마나 되었는가?

이범석은 북로군정서 독립군의 피해를 전사 60여 명, 부상 90여 명, 실종 200여 명으로서 실종자는 그 후 대부분 부대로 복귀했다고 증언하였다.[93] 독립군의 피해를 가장 정확히 보고한 것은 상해 임시정부가 간도 독립군 단체들의 통합을 위하여 현지에 파견한 간북시찰원 안정근(안중근 의사의 아우)의 상해 임시정부에 제출한 비밀 보고서이다. 그는 독립군부대에 종군하다가 10월 22일부터 3일간의 전투에서 독립군부대의 전사자와 부상자가 300여 명이라고 보고하였다.[94] 여기에 21일의 백운평전투와 25, 26일의 소전투들에서의 피해를 합치면 독립군의 전사자는 130여 명, 부상자는 약 220여 명, 합계 350여 명의 사상자를 낸 것으로 추산된다.

청산리독립전쟁에서 일본군이나 독립군의 피해에 대한 추계의 하나의 기준으로 사용할 수 있는 것은 상해 임시정부의 추계이다. 상해 임시정부의 추계를 기준으로 하면 일본군은 청산리독립전쟁에서 1,200여 명이 전사했다. 여기

90 李範奭, 『우등불』, p. 83 참조.
91 「暗號電報, 暗 No.17762, 別電 1920년 11월 22일자, 『現代史資料』 28, 「朝鮮」 4, p. 304.
92 朴殷植, 『韓國獨立運動之血史』, 『朴殷植全書』 上卷, pp. 672~673 참조.
93 李範奭, 『우등불』, p. 83 참조.
94 「墾北視察員の報告」, 高警第37231號, '國外情報', 1920년 11월 25일자, 『朝鮮獨立運動』 제2권, p. 126 참조.

에 일본군 부상자 2,100여 명을 합하면 일본군의 사상자 수는 3,300여 명이었다. 한편 독립군은 130여 명이 전사했으며, 220여 명이 부상하였고, 사상자 수는 350여 명이었다.

당시 일본군의 간도침입은 5개 사단에서 차출한 25,000여 명의 병력과 항공대까지 동원한 대규모의 병력으로 간도 일대의 독립군을 완전히 '토벌'하려 한 것이었으며, 동지대의 병력만도 약 5,000명에 달하였다. 이에 비하여 청산리독립전쟁에 참가한 독립군부대들의 총병력은 2,000명에 불과하였다. 독립군은 2,000명의 적은 병력으로 일본군 25,000명(직접 전투는 5,000명)의 대포위 초토작전을 분쇄하고 일본군 1,200명을 섬멸한 대승리를 쟁취한 것이었다. 이것은 독립군의 항일무장투쟁의 역사상 가장 큰 승전이었다.

뿐만 아니라 독립군의 청산리독립전쟁은 일제가 1920년 7월부터 대규모로 정밀하게 수립하여 전개한 독립군 전체에 대한 '초토계획'과 '초토작전' 그 자체를 무위로 끝나 버리도록 완전히 붕괴시켜 버리는데 성공한 승전이었다.

일본군은 5개 사단에서 차출한 25,000명의 병력으로 독립군 '토벌'을 위해 간도에 침입할 때, 앞에서도 밝힌 바와 같이 작전을 2개월 이내에 제2단계에서는 촌락에 잠복하고 있는 비무장 독립운동세력까지 뿌리뽑아서 간도지방에서 한국민족 독립운동을 완전히 소멸시킬 것을 목표로 하였다. 그러나 일본군은 이 목표를 달성하기는커녕 제1단계에서조차 이도구와 삼도구 일대에 투입한 일본군 1개 여단의 병력을 김좌진부대와 홍범도부대의 독립군이 섬멸시켜버림으로써 일본군의 작전은 완전히 실패로 돌아간 것이었다.

그리하여 청산리독립전쟁은 일본군의 간도침입을 완전히 실패로 돌려주고 만주지방의 독립운동을 보위하는 커다란 역사적 역할을 수행했으며, 이를 통하여 간접적으로 국내의 독립운동도 보위하는 커다란 역사적 역할을 수행하였다.

그러면 청산리독립전쟁에서 이렇게 독립군이 대승리를 쟁취하게 한 요인은 무엇이며, 일본군이 전패한 요인은 무엇인가?

북로군정서 총재 서일(徐一)은 1921년 1월 15일 상해 임시정부에 그 요인을 다음과 같이 보고하였다.[95]

⑴ 일본군의 실패 이유

① 병가(兵家)에서 가장 기피하는 경적(輕敵)의 행위로 험곡장림(險谷長林)을 별로 수색과 경계도 없이 맹진(盲進)하다가 항상 일부 혹은 전부의 함몰을 당한 것.

② 국지전술에 대한 경험과 연구가 부족하여 삼림과 산지 중에서 종종의 자상충돌(自傷衝突)을 낳은 것

③ 일본군인의 염전심(厭戰心)과 피사도생(避死逃生)하는 겁나심(怯懦心)은 극도에 달하여 군기(軍紀)가 문란하며 사법(射法)이 부정(不精)하여 1발의 효과도 없는 난사(亂射)를 행한 뿐인 것.

⑵ 독립군의 전승 이유

① 생명을 돌아보지 않고 분용결투(奮勇決鬪)하는 독립에 대한 군인정신이 먼저 적(敵)의 심기(心氣)를 압도한 것

② 양호한 진지(陣地)를 선점(先占)하고 완전한 준비를 하여 사격 성능을 극도로 발휘한 것.

③ 응기수변(應機隨變)의 전술과 예민신속(銳敏迅速)한 활동이 모두 적(敵)의 의표(意表)에서 벗어나서 뛰어난 것.

한편 청산리독립전쟁의 지휘관의 하나였던 북로군정서 연성대장 이범석은 독립군의 전승의 요인을 다음과 같이 지적하였다.[96]

① 만주의 특수한 지형(地形)을 잘 이용한 것.

② 망국 10년의 치욕이 뼈에 사무쳐서 용전분투한 것.

③ 우수한 사관청년학도가 있었던 것.

④ 왕성한 공격정신이 있었던 것.

⑤ 마을 사람들의 열렬한 협조가 있었던 것.

---

95 『獨立新聞』 제95호, 1921년 1월 18일자, '大韓軍政署報告' 참조.

96 李範奭, 『우등불』, pp. 83~84 참조.

⑥ 독립군은 홑옷과 초신(짚신)으로 민첩한 행동을 할 수 있었던 것.
⑦ 독립군은 그곳 지리에 정통했던 것.
⑧ 독립군은 전투의식이 적보다 더 강했던 것.
⑨ 독립군의 지휘력이 적보다 더 우수했던 것.
⑩ 적이 피동적 위치에 있었던 것.
⑪ 적의 무거한 외투와 가죽구두 차림이 산악전에 불편했던 것.
⑫ 민중들이 흉악한 적을 미워한 것.

청산리독립전쟁의 10여 차례의 전투들의 본질은 '유격전의 묶음'이었으며, 이 전쟁의 승패에는 현지 민중과의 결합도가 결정적 요인으로 작용하였다고 볼 수 있다. 청산리대첩의 요인에는 위와 같이 여러 가지가 있지만, 무엇보다도 감동적인 것은 이 독립전쟁에서 목숨을 바치기로 결의한 독립군 병사들의 영웅적 분전, 지형을 적절히 이용한 독립군 지휘관들의 우수한 유격작전, 간도지역 한국 민중들의 헌신적 지지와 성원의 3자의 완전한 융합이 있었다는 사실이다. 특히 빼앗긴 조국을 찾기 위하여 젊은 목숨을 바치겠다고 자발적으로 독립군부대에 지원하여 나선 독립군 병사들의 영웅적 용감성과, 탄우가 쏟아지는 전장에 목숨을 걸고 주먹밥을 날라다 싸우는 독립군 병사의 입에 넣어주던 한국 민중의 완전한 융합은 일본군이 전혀 갖지 못한 것이었다.

일본군은 청산리독립전쟁에서 완패하자 그 보복을 간도의 한국민족에게 자행하였다. 일본군은 이도구와 삼도구 지방을 중심으로 하여 간도지방에 거주하는 한국민족에 대하여 한국인 촌락을 불지르고 완전 비무장의 한국 농민들을 무참히 살육했으며, 학교와 교회를 불태웠다. 청산리독립전쟁 때부터 그해 연말까지 간도일대에서 일본군이 학살한 무고한 한국인이 공식통계로는 3,115명, 실제로는 무려 1만 명이나 되었다.[97] '경신참변(庚申慘變)', '경신간도학살사건'이라고 부르는 일본군의 이 지역 한국민족에 대한 살육과 약탈은 역사에 유례를 보기 드문 잔인무도한 만행이었다.

---

97 朴殷植, 『韓國獨立運動之血史』, 『朴殷植傳書』 上卷, pp. 673~692 참조.

청산리독립전쟁에서 승리한 독립군부대들은 10월 26일부터는 본격적으로 이도구 부근에서 안도현으로 분산하여 철수작전을 전개하였다. 안도현은 일본군의 간도침입 작전지역(5현)의 범위 밖이었으나, 서쪽으로부터 중국군과 합동한 관동군 일 부대가 다가오고 있어 동·서 양면으로부터 협공당할 위험성이 있었다. 그러므로 독립군부대들은 다시 북쪽의 밀산으로 이동하여 재집결하기로 하고 대장정을 시작하여 1920년 12월 말경에 밀산도 도착하였다. 그들은 여기서 대오를 정비하여 10개 독립군단체가 통합하여 대한독립군단을 결성하였는 바 그 주요 부서와 간부는 다음과 같았다고 한다.[98]

총재　서일
부총재　홍범도, 김좌진, 조성환
총사령　김규식
참모장　이장녕
여단장　이청천

대한독립군단으로 결속한 독립군부대들은 치타 정부와 원조협정을 체결하여 노령 대한국민의회의 안내를 받고 1921년 1월에 흑룡강을 건너 노령 '이만'으로 들어가게 되었다. '이만'에서 독립군부대들은 '대한의용군총사령부'(일명 대한총군부)를 조직하여 군사통일을 실현하였다. 여기에는 만주에서 건너간 독립군부대들뿐 아니라, 노령의 시베리아와 연해주에서 온 독립군부대들도 참가하였다. 그들은 다시 1920년 4월 12일에는 '이만'에서 36개의 독립군 단체의 수뇌들이 모여 독립군대회를 개최하고, '대한의용군총사령부'의 이름을 '대한독립단'이라고 개정한 후 군사통일의 체제를 재정비하고 간부진을 개편하였다.

98 蔡根植, 『武裝獨立運動秘史』, p. 100 참조.

제8장

홍범도의 대한독립군의 항일무장투쟁

1. 머리말

홍범도는 머슴·포수 출신으로서 1907년 11월 의병을 일으켜 함경남도 삼수·갑산·북청·풍산·장진과 평안북도 후창 등지에서 의병 무장투쟁을 전개하다가 탄약과 무기가 고갈되어 1910년 3월 만주로 망명하였었다. 홍범도는 안도현 왕개둔(汪開屯)에 새로운 의병 근거지를 설치하고 토지를 개간하여 경작하면서 계속하여 의병을 모집하고 군사훈련을 실시했다. 그러나 홍범도 의병부대의 새 근거지는 토지가 척박하여 군자금을 축적하기는커녕 의병대원들의 식량을 조달하기도 어려웠다.

홍범도는 1913년 부하 의병들과 함께 다시 노령 연해주로 망명 이동하였다. 그들은 블라디보스토크 등지에서 노동회를 조직하고 철도공사 등 각종 노동현장에서 노동자로 일하면서 임금을 저축하여 의병운동 재기의 군자금을 마련하고 있었다. 그러나 이것은 임금이 너무 낮았기 때문에 쉬운 일이 아니었다.

홍범도의 의병부대원들이 노령 각지에 흩어져 노동자로 일하고 있을 때 본국에서 1919년 3·1운동이 일어나고 이것이 간도와 노령에도 파급되어 독립운동의 기운이 치솟아오르자 홍범도 등은 옛 의병들을 중핵으로 하여 대한독립군을 창설하였다.

홍범도의 대한독립군은 그것이 존속하던 시기인 1919~1920년의 항일무장투쟁에서 최초의 국내진입작전을 수행하고 봉오동전투에서 큰 승리를 쟁취했으며, 필자가 수년 이래 밝히고 있는 바와 같이 청산리독립전쟁에도 참가하여 큰 승리를 거두었다. 뿐만 아니라 홍범도의 대한독립군은 독립군 형성에 있어서 의병으로부터 독립군으로 직접적으로 발전한 유형의 대표적인 독립군부대였다. 이러한 면에서 홍범도의 대한독립군은 한국독립운동사와 한국근대사에서 중요한 연구과제의 하나라고 볼 수 있다.

여기서는 홍범도의 대한독립군이 창설되어 해체될 때까지의 활동과 홍범도의 서거 때까지의 활동을 실증적으로 밝히기로 한다.[1]

2. 대한독립군의 창설

1919년 3·1운동이 일어나자 홍범도의 그의 동료들은 즉각 독립군 조직사업을 시작하여 노령과 북간도에 걸쳐서 1919년 3월~6월 사이에 대한독립군을 창설하였다.

홍범도는 3·1운동 당시 유동열·박은식·조성환 등과 함께 노령 니코리스크에 있었다. 본국에서 3·1운동이 일어나 3월 13일에는 간도의 용정에서도 독립만세 시위운동이 일어나 독립운동이 노령과 간도에서 급격히 고양되자, 홍

1 이 논문은 한국독립운동사연구회 제1회 연구발표회(1984년 12월 10일, 한양대학교)에서 발표한 필자의 『홍범도의 대한독립군과 독립운동』의 후반부이다(발표요지 참조). 논문이 너무 방대하게 되어 이를 둘로 나누어서, 전반부는 「홍범도의병부대의 항일무장투쟁」이라는 제목으로 『한국독립운동사연구』(한국독립운동사연구회 기관학술지) 제1집에 발표한다.

범도는 즉각 독립군을 창설하기 위한 무기구입에 진력하였다.

일제의 정보자료는 1919년 3월 21일자 보고에서 홍범도 등이 1919년 3월 18일경에 간도 방면으로부터 온 동지들과 함께 무기를 구입하는 등 독립군 창설 사업을 전개하고 있음을 다음과 같이 보고하였다.

> 또한 洪範圖 등 元 暴徒派의 者는 國民議會의 命이라고 하면서 暴擧準備에 분주한 중으로서 間島 방면으로부터 온 자들과 함께 포시에트 지방에서 비밀리에 銃器購入에 노력하고 있다.[2]

홍범도는 3월 22일에는 독립군 창설 사업의 일환으로 블라디보스토크에 와서[3] 3월 26일 대한노인동맹단(단장 김치보(金致甫))이 창설될 때에는 이에 가입하여[4] 이사로 선출되었다.[5] 홍범도는 독립군 창설을 위하여 대한국민의회(회장 문창범)와 대한노인동맹단의 재정지원을 받고자 했으나 뜻과 같이 순조롭지는 않았던 것으로 보인다.

> 홍범도는 국민회의 측에 대하여 무기 및 군자금의 공급을 교섭했음에도 결과없이 끝나자 노하여 출발했으나, 그후 얻은 정보에 의하면 당시 홍은 노인단장에게 향하여 군자금의 공급을 청했는데 金致(紋)寶는 同團의 자금이 궁핍하므로 이를 거절하매 홍은 그렇다면 同團의 명의로써 지방에서 의금을 모집함을 허락해 줄 것을 청하자 김은 다시 그렇다면 그 집금은 노인단에게 제출하여 사용해야 한다고 고하자 홍은 크게 실망하여 돌아갔다고 한다.[6]

---

2 「朝憲機第150號, 獨立運動に關する件(國外第7號)」, 1919년 3월 21일자, 『朝鮮獨立運動』(金正明 編), 第2卷, p. 765.

3 「朝憲機第152號, 獨立運動に關する件(國外第9號)」, 1919년 3월 24일자, 『現代史資料』 26(姜德相 編), 「朝鮮」 2, p. 94 참조.

4 「朝憲機第174號, 獨立運動に關する件(國外第22號)」, 1919년 4월 5일자, 『現代史資料』 26, 「朝鮮」 3, p. 107 참조.

5 「朝憲機第160號, 獨立運動に關する件(國外第14號)」, 1919년 3월 28일자, 『現代史資料』 26, 「朝鮮」 2, p. 98 참조.

6 「洪範圖ニ關スル件」, 『現代史資料』 27, 「朝鮮」 3, p. 178.

홍범도는 낙망하지 아니하고 노령 각지의 한인사회를 돌아다니면서 옛 부하들인 구의병과 애국적 노동자들을 독립군 병사로 모집하였다. 일제의 1919년 5월~6월 보고는 다음과 같이 기록하고 있다.

> 또한 정보에 의하면 賊魁 洪範圖는 근래 舊部下를 蒐集하여 李(이동휘를 가리킴-필자)의 휘하에 加하려고 해서 秋豊방면에서 활동하고 있다고 한다.[7]
>
> 洪範圖·車道善 一派 역시 露領 各地에서 舊暴徒 및 不逞勞働者를 集合시키고 있다.[8]

여기서 명확히 알 수 있는 것은 홍범도는 3·1운동 직후 간도에서 온 동지(성명 불상-옛 의병부대의 막료인 듯함)와 협의하여 함께 3월 18일경부터 본격적으로 독립군 창설을 위한 병사 모집과 군자금 모집 사업을 노령 각지를 돌아다니며 전개하고 있으며, 차도선과 함께 구의병과 애국적 노동자를 찾아 모아서 독립군을 편성했다는 사실이다.

이것은 대한독립군이 1919년 3월~6월에 노령에서 구의병(홍범도 의병부대의 옛 부하들)과 노동회의 회원들을 골간으로 하여 일차적으로 창설되었음을 나타내는 것이라고 볼 수 있다(간도에서도 동시에 홍범도의병부대의 옛 부하를 규합하는 작업이 다른 동지들에 의하여 진행되고 있었다). 이것이 홍범도가 3·1운동 후에 창설한 대한독립군의 첫 모습이었다. 그리고 이 독립군단은 재정지원을 제대로 받지 못하여 매우 가난한 독립군이었음을 알 수 있다.

홍범도는 노령에서 일차로 창설한 독립군을 인솔하고 1918년 8월 초에 북간도로 들어왔다. 이때 그의 병력에 대하여 일제의 정보자료에는 두 가지 보고가 기록되어 있다. 그 하나는 홍범도가 옛 부하 20명을 합하여 도합 33명의 독립군을 인솔하고 니코리스크를 거쳐 간도로 향할 예정이라는 보고이

---

7 「騷密第2439號, 獨立運動ニ關スル件(國外日報第71號)」, 1919년 5월 16일자, 『現代史資料』 26, 「朝鮮」 2, p. 176 참조.

8 「騷密第3693號, 獨立運動ニ關スル件(國外日報第84號)」, 1919년 6월 7일자, 『現代史資料』 26, 「朝鮮」 2, p. 197 참조.

고,[9] 다른 하나는 신민단의 병력과 합하여 약 500명을 인솔하고 간도로 향하였다는 다음과 같은 보고이다.

> 8월 13일 신민단의 모집에 의한 약 100명이 浦潮를 출발하여 니코리스크로 향했으며, 同地에서 약 400명과 합하여 三岔口 방면으로 향하였다. 茂山, 甲山 등을 근거로 하여 平安·咸鏡南北道와 연락해서 國際聯盟의 결과에 의하여 暴動을 일으키기 위한 것이라고 한다. 인솔자는 洪範圖, 張鳳煥이라고 한다.[10]

홍범도가 인솔하고 간도로 들어온 병력은 신민단과 합하여 500명이기 때문에 이 중에서 홍범도의 '대한독립군'의 병력이 얼마인지 정확히 추정하기는 어렵다. 신민단과 이를 반분(半分)하면 약 250명 내외가 아닌가 추정된다. 홍범도는 간도에서 다시 대기하고 있던 추종 병력을 합쳐 약 300명의 병력으로 백두산 부근 무산간도에 근거지를 설치하고 이때부터 '대한독립군'이라는 명칭을 공식으로 사용했던 것으로 보인다.

3. 대한독립군의 조직

홍범도의 대한독립군의 조직은 소대-중대-대대의 편제를 채택하여 1개 소대를 50명으로 하고, 2개 소대를 1개 중대, 4개 중대를 1개 대대로 하였다.[11] 따라서 대한독립군은 처음에는 3개 중대로 편성되었다.

대한독립군은 처음부터 투지와 사기는 높고 강렬했으나 언제나 무기와 병참의 보급에 곤란을 받는 가난한 군대였다. 이에 대한독립군은 최초의 국내진

---

9 「不逞鮮人 洪範圖, 吳周爀, 李崙ノ動靜ニ關スル件」, 『現代史資料』 27, 「朝鮮」 3, p. 177 참조.

10 「朝憲機第268號, 獨立運動ニ關スル件(國外日報第120號)」, 1919년 8월 16일자, 『現代史資料』 26, 「朝鮮」 2, p. 263 참조.

11 「間島地方不逞鮮人團 東道軍政署·同督軍府及東道派遣部等ノ行動ニ關スル件」, 1920년 7월 26일자, 『現代史資料』 27, 「朝鮮」 3, p. 362 참조.

입작전을 감행한 후에 재정 지원을 받기 위하여 1919년 겨울에 간도의 대한국민회(회장 구춘선(具春先))의 산하에 들어갔다. 대한독립군은 이와 동시에 그들의 독립군무장투쟁의 정당성을 알리고 근거지 일대에서의 다른 소단체들의 기부금 징수를 금지하며 교민사회의 기강을 세우기 위한 다음의 유고문(喩告文)을 공포하였다.

> 天道가 순환하고 민심이 應合하여 우리 대한독립을 세계에 선포한 후, 위로 임시정부가 있어 군국대사를 주관하며 아래로 민중이 단결하여 만세를 제창할 새 어시호 우리의 공전 절후한 독립군이 동하였도다. 슬파다, 강권 아래서 오직 정의·인도만 주장함도 불가능한 일이요, 無權之民으로 한갓 평화회의와 연맹회의만 의뢰함도 불가능한 일이 아니뇨. 그러므로 혹 家產을 방매하며 혹 雇金을 얻어 무기를 준비함은 背城一戰에 城下之盟을 언약코자 함이나 오히려 경동하지 못함은 오직 정부로 광명정대한 선전을 기다림이라.
>
> 이제 전설을 들은즉, 간도 방면에서 무뢰지배가 기회를 타서 혹 인장을 자의로 조작하며, 독립군을 빙자하여 민간에 강제 募捐도 하며, 혹 군복을 가장하며 무기를 휴대하고 각 동리에 시위적 작란이 비일비재라 하니, 민심이 소요할 것은 물론이요, 장차 外侮가 멀지 않을 것이다. 당당한 독립군으로 몸을 砲煙彈雨 중에 던져, 반만년 역사를 光榮하게 하며, 국토를 회복하여 써 자손만대에 행복을 줌이 우리 독립군의 목적이요, 또한 민족을 위하는 본의라. 어찌 1개 지방 소단체에 偏依하여 군중풍기를 문란케 하리요. 본 대장은 이를 통탄 憫恤하여 이에 유고하오니 지금 이후로 이와 같은 魑魅魍魎의 무기라 촌가에 출몰하거든 당해 동리로 엄히 懲治하되 만약 세력이 부족할 때는 즉시 본대에 보고하여 군율로 처치하기를 일반 국민은 근심 심득할지어다.
>
> 大韓民國 元年 12月 日
> 大韓獨立軍 義勇隊長 洪範圖
> 同員 朴景喆·李秉埰[12]

대한독립군은 국민회의 지원을 받고 병사들을 더 모집하여 병력이 약 400

12 『獨立新聞』 제37호, 1920년 1월 13일자, 「喩告文」

명, 군총 약 200정, 권총 약 30정, 탄약은 총 1정에 약 200발씩 갖춘 전투력이 더 증강된 독립군부대가 되었다. 이때의 대한독립군의 간부진은 다음과 같았다.[13]

사령관　홍범도
부사령관　주건(朱建)
참모장　박경철(朴景哲(喆))

대한독립군은 국민회의 지원을 받게 되자 무기와 탄약을 대대적으로 조달하여 약 1만 5천 원의 군자금으로 총 300정과 탄환 매총당 1,200발씩을 구입해 왔다.[14] 또한 대한독립군은 계속하여 기관총 7문, 군총 220정, 탄환 8,000만 발, 권총 22정을 블라디보스토크에서 구입하여 간도의 근거지로 운반해서 무장을 강화하였다.[15]

4. 대한독립군의 국내진입작전의 시작

홍범도의 대한독립군은 백두산 기슭의 간도지방에 이동하여 근거지를 설치하자마자 1919년 8월부터 홍범도 자신과 모든 독립운동가들의 오랜 소망의 하나였던 국내진입작전을 대담하게 감행하여 두만강을 건너서 함경남도 혜산진에 진공해 들어가 일본군 수비대를 습격해서 섬멸했다.[16] 이것이 3·1운동 후 독립군 단체들의 국내진입전 중에서 최초의 국내진입작전이며, 이 중요한 일을 홍범도의 대한독립군이 수행한 것이었다. 이것은 언제나 국내진입의 군

13 「高警第343185號, 間島에 있어서의 不逞鮮人團의 狀況」, 1920년 10월 28일자, 『韓國獨立運動史資料篇』(국사편찬위원회) 제3권, p. 632 참조.

14 「武器購入ニ關スル件」, 1920년 2월 18일자, 『現代史資料』 27, 「朝鮮」 3, p. 87 참조.

15 「不逞鮮人團銃器彈藥運搬ノ件」, 1920년 4월 1일자, 『現代史資料』 27, 「朝鮮」 3, p. 345 참조.

16 『韓國獨立運動史』(애국동지원호회 편), p. 305 참조.

사작전을 주장해 오던 홍범도의 강철같은 신념이 있었기 때문에 이와 같이 빠른 시기에 대담한 국내진입작전을 전개하여 다른 독립군부대들에게 길을 열어 줄 수 있었던 것이라고 볼 수 있다.

홍범도는 계속하여 9월에는 다른 독립군 부대들과 연합해서 대규모의 병력을 편성하여 무산지방으로 국내진입작전을 계획해서 그 뜻을 상해 임시정부에 보고했다가, 시기상조이니 11월까지 연기하라는 연락을 받았다고 한다.

> 9월 상순 不逞鮮人 李範允·洪範圖·黃丙吉 등이 서로 연락하여 백두산 부근에 근거를 두고 鮮內地 습격의 계획을 세웠다고 한다. 또 홍범도는 결사대 2,500명을 인솔하고 선내지에 침입하려고 기도하여 상해 가정부에 통지함에 안창호로부터 시기상조이니 11월까지 연기하라는 返電 에 접하였다고 한다.[17]

그러나 홍범도의 대한독립군은 임시정부이 권고에 따르지 않고 계속 국내진입작전을 전개하여, 1919년 9월에는 함경남도 갑산군에 진입해서 금정주재소 등 일제식민지 통치기관을 습격했으며, 1919년 10월에는 평안북도 강계의 만포진(滿浦鎭)에 진입하여 이를 점령하고, 자성군(慈城郡)으로 진출해서 일본군과 교전하여 일본군 70여 명을 살상시키고 일본군을 패주시켜 승리했다.[18] 이것이 독립군부대가 국내에 진입하여 이룩한 최초의 큰 승전이었다.

홍범도의 대한독립군의 국내진입작전의 승리에 일본군은 대경실색하여 이로부터 압록강·두만강 연안의 경비를 엄중히 강화하고 연안 주민에 대한 탄압과 박해를 증강하였다.

한편 상해 임시정부에서도 대한독립군의 큰 승전에 놀라고 고무되어 1919년 10월 26일 강변팔군임시지방교통사무국참사(江邊八郡臨時地方交通事務局參事) 오동진(吳東振)과 김응식(金應植)에게 40일간의 예정으로 출장을 명하여, 홍

---

17 「朝特報第57號, 鮮內外一般ノ情況」, 朝鮮軍參謀部, 1919년 10월 9일자, 『現代史資料』 26, 「朝鮮」 2, p. 275 참조.

18 『朝鮮民族運動年鑑』, 1919년 10월 24일조; 『朝鮮獨立運動』 제2권, p. 208 참조.

부관들과 함께 선 사령관 홍범도

범도의 대한독립군의 국내진입작전의 실태와 일본군과의 교전에서의 승리를 공식적으로 확인하였다.[19] 이를 보아도 대한독립군의 이 국내진입작전이 상해 임시정부에 얼마나 큰 충격을 주고 독립운동가들의 사기를 얼마나 크게 진작시켰는가를 알 수 있다. 실제로 대한독립군의 이 승리는 상해 임시정부로 하여금 '독립전쟁'의 결정적 중요성을 재인식케 하고 갓 출범한 임시정부의 공식 투쟁노선을 독립전쟁전략으로 되게 하는데 큰 영향을 끼치었다.

대한독립군은 1920년 이른 봄이 다가오자 대규모의 국내진입작전을 준비하였다. 대한독립군뿐만 아니라 3·1운동 후에 조직된 여러 독립군단체들이 대한독립군의 국내진입 유격전의 승리에 고무되어 끊임없이 크고 작은 국내진입 유격전을 전개하였다. 일본군 측 자료에 의하면, 1920년 1월부터 3월까지의 3개월 동안에 독립군부대들의 국내진공이 24회에 달하였다.[20] 특히 1920년 3월 18일 새벽 6시에 독립군부대가 함경북도 온성(穩城)의 미산헌병주재소

19 『朝鮮民族運動年鑑』, 1919년 10월 24일조; 『朝鮮獨立運動』 제2권, p. 208 참조.

20 「對岸不逞鮮人ノ江岸侵入情況一覽表」 (1920년 自 1월 至 3월), 1920년 3월 29일자, 『現代史資料』 27, 「朝鮮」 3, pp. 647~648 참조.

를 습격하여 섬멸한 것은 일본군에게 상당히 큰 충격을 주었다.[21] 상해 임시정부의 통계에 의하면, 1920년 3월 1일부터 6월 초까지 독립군부대들의 국내진공 유격전이 32회에 달했으며, 일제관서와 경찰관 주재소를 파괴한 것이 34개소에 달하였다.[22] 이에 대응하여 일본군도 증강되었으며, 한국인 무뢰배들을 고용한 일제의 밀정 활동도 격증하였다. 대한독립군은 밀정소탕작전을 전개하면서 1920년 3월 다음과 같은 경고문을 발표하였다.

> 特高 巡查補助員(기타 密偵 등)은 함께 보라.
>
> 경술년 이후, 작년 3월 이후로 동포간에 질시 배척되는 자가 있으니 이것이 곧 일본의 倀鬼와 鷹犬인 자이다. 누구나 모두 기회 있을 때마다 이들 도배를 섬멸하려고 하는데, 이것은 忠憤義怒에서 나오는 것이다. 혹 아무리 허물이 없다 하더라도 어찌 이런 일이 있을 것인가.
>
> 사실 자기의 조국, 자기의 동족을 殘害하여 異種에 獻忠하는 자는 天人의 共怒를 초래함은 물론이요, 자신 역시 깊은 밤 잠자리에 들 때나 많은 새벽자리에서 일어날 때는 상당히 생각되는 바 있고 죄책을 깨달을 것이다. 아아, 천하에 어찌 異族을 위하여 동포를 잔해하는 것이 인생의 본분이고 사명일 것이냐. 사람은 口腹만을 위하는 것이 아니다. 먹는 것 외에 다시 할 일이 있다. 의리가 있고 염치가 있고 예의가 있고 충성과 사랑이 있는 것이다. 이것이 없다면 자기 생각으로는 잘했다고 하더라도 타인은 자기를 賤種으로 삼고 公理는 자기를 죄인으로 삼는다.
>
> 지금 저들 일본인이 군 등을 善人이라 한다 하여 믿고 또 가장 친선하는 것 같지만, 그 내심으로는 賤種으로 보고 매국노라고 인정하는 것을 모르는가. 군등의 자손까지도 군 등을 원망하게 될 것을 모르는가. 눈이 바로 박힌 사람은 군 등을 사람이라고 할 자 없다.
>
> 우리들은 지금 島夷를 몰아내고, 조국을 광복하려고 義軍을 일으켰다. 이때를 당하여 군 등이 만일 회개하지 않는다면 역시 敵과 동일시할 것이다. 우리 어찌 동포를 해하는 일을 좋아서 할 것인가. 독립을 위하여 부득이한 일인 것이다.

---

21 「朝憲警機第560號, 不逞鮮人團國境憲兵監視所來襲狀況ノ件報告」, 1920년 4월 1일자, 『現代史資料』 27, 「朝鮮」 3, pp. 619~624 참조.

22 『獨立新聞』 제88호, 1920년 12월 25일자, 대한민국임시정부 군무부 발표, 「北墾島에 在한 我獨立軍의 戰鬪情況」 참조.

그러나 우리는 정의와 인도에 의하는 것이니만큼, 군 등이 전에 아무리 악독하였다 하더라도, 회개만 한다면 해할 의사를 가지지 않을 것임은 물론이고 도리어 환영할 것이요, 또 원한다면 독립군에 편입하는 것도 허할 것이다. 다만 敵廳에서 나오기 전이나 또는 나온 후에나 회개하였다고 인정할 만한 증표가 없으면 안 될 것이다.

군 등은 이 시기에 속히 각성하여 화를 면할 것을 도모하라. 독립 후에는 후회막급일 것이다.

제군! 우리 동포여! 우주간 인류로서 모두 사모하고 모두 받드는 조국을 생각하라. 그리하여 사망의 구렁에서 나와, 구속의 우리에게 떠나, 압박의 그물에서 벗어나서, 극락세계의 활약무대의 자유천지에서 함께 노는 것이 이 얼마나 快事가 될 것인가.[23]

대한독립군이 1920년 봄부터 더욱 대규모의 국내진입작전을 전개함에 있어서 또 하나 해결해야 할 문제가 3·1운동 후 다수 분립하여 편성된 여러 독립군부대들을 통합하거나 연합하는 문제였다.

5. 홍범도와 대한북로독군부의 성립

홍범도의 대한독립군은 대규모의 국내진공작전을 위한 준비로 간도의 대한국민회를 매개로 하여 적극적인 군사통일을 추진하였다.

간도의 대한국민회는 북간도 일대의 한국인 교민들을 망라하여 조직한 강력한 교민단체였으며, 이때 그 직속 독립군부대로서 군무위원 안무를 지휘관으로 하는 대한국민회국민군을 편성하고 있었다. 홍범도의 주장에 따라 대한독립군과 국민회군은 연합했으며, 행정과 재정은 국민회가 이를 관장하고, 군무는 대한독립군을 홍범도, 국민회군을 안무가 맡되, 연합부대의 총지휘는 홍범도가 이를 담당하였다. 홍범도가 때때로 '정일제일군사령장관(征日第一軍司令長官)'이라고 불린 것은 이 연합부대를 가리킨 것이었다.[24]

23 「대한독립군경고문」, 『現代史資料』 27, 「朝鮮」 3, pp. 17~18 참조.
24 「軍司令官依賴書」, 1920년 7월 6일자, 『現代史資料』 27, 「朝鮮」 3, p. 86 참조.

홍범도는 나아가서 최진동의 군무도독부와의 군사통일도 강력하게 주장하여 노력하였다. 일제의 정보자료는 다음과 같이 기록하였다.

> 間島地方 不逞鮮人의 首魁 洪範圖는 일찍이 韓族獨立運動機關의 統一을 도모하고 있다는 것은 이미 보고한 대로이나 그후 일부의 了解가 있었을 뿐으로서 各團體가 임의의 행동을 집행하고 있었으나, 최근에 洪範圖를 수령으로 하는 義軍團 및 崔明祿을 수령으로 하는 都督府는 서로 合體하기로 하고 그 명칭을 軍務都督府로 호칭하기로 했다고 한다.
>
> 그 결과 과반 穩城郡 국경 방면에 있어서도 의군단원 및 도독부 대원은 서로 함께 國境侵入 행동을 하기에 이른 것 같다.[25]

홍범도 등의 군사통일 노력에 의하여 1920년 5월 28일에는 대한독립군·국민회군·군무도독부가 연합하여 '대한북로독군부(大韓北路督軍府)'를 편성하고, 군부도독부의 근거지인 화룡형 봉오동에 병력을 집결시켰다. 대한북로독군부의 간부진은 다음과 같았다.[26]

大韓北路督軍府	府長	崔振東	通信課長	朴英
	副官	安武	輜重課長	李尙洙
北路第一軍司令部	部長	洪範圖	餉務課長	崔瑞日
	副官	朱建	被服課長	林炳極
	參謀	李秉埰	第1中隊長	李千五
	餉官	安危同	第2中隊長	姜尙模
	軍務局長	李園	第3中隊長	姜時範
	軍務課長	具滋益	第4中隊長	曺權植
	會計課長	崔鍾夏	第2中隊 第3小隊 第1分隊長	李化(花)日
	檢査課長	朴施源		

25 「義軍團及都督府ノ活動ニ關スル件」, 1920년 4월 8일자, 『現代史資料』 27, 「朝鮮」 3, p. 346 참조.
26 「國民會制令」, 國民第37號, 1920년 5월 28일자, 『現代史資料』 27, 「朝鮮」 3, pp. 80~81 및 『獨立新聞』, 1920년 12월 25일자, 「北墾島에 在한 我獨立軍의 戰鬪情報」 참조.

대한북로독군부의 성립에 있어서는 봉오동에 거대한 토지와 재산을 갖고 있던 최진동의 3형제가 가산을 모두 독립군에 헌납하여 막대한 군비를 조달한 것이 결정적인 기반이 되었다.

대한북로독군부의 간부 구성을 보면, 이것은 정치(재정·행정·군에 대한 감독 등)와 군사를 나누어, 정치의 총책임자 겸 북로독군부의 대표와 그 부관은 군무도독부의 최진동(명록)과 국민회군의 안무가 맡고, 군사는 전적으로 홍범도가 맡은 체제로 되어 있었다.[27]

이러한 이원적 조직에 의하여 최진동은 북로독군부의 대표가 된 반면에 홍범도는 실질적으로 대한독립군뿐만 아니라 국민회군과 군무도독부군의 대규모 병력을 모두 지휘할 수 있게 되었다. 대한북로독군부의 성립으로 봉오동 골짜기와 그 주변의 산에는 약 700~900명의 독립군 병력이 집결하여 주둔하게 되었다. 여기에는 이흥수(李興秀)가 인솔하는 약 60명의 신민단 독립군도 합세하여 봉오동에 머물고 있었다.[28]

6. 봉오동전투와 홍범도

홍범도의 대한독립군과 안무의 국민회군과 최진동의 군무도독부군이 연합하여 대한북로독군부를 성립해서 막강한 병력으로 국내진입작전을 준비하고 있을 때인 1920년 6월에 들어와서도 소규모의 독립군부대들의 국내진입 유격전은 끊임없이 계속되었다.

1920년 6월 4일 새벽에는 독립군 약 30명이 화룡현 월신강(月新江) 삼둔자(三

27 대한북로독군부의 체제를 보면 군사와 비군사가 이원적으로 구분되어, 정치·재정 그리고 독군부의 대표는 최진동이 맡고 이를 안무가 보좌하며, 군사는 전적으로 홍범도가 지휘하도록 되어 있음을 알 수 있다.

28 「機密第59號, 局子街分館主任復命書」, 1920년 7월 3일자, 『現代史資料』 27, 「朝鮮」 3, pp. 636~639 참조.

屯子)를 출발하여 두만강을 건너서 오전 5시에 함경북도 종성군(鍾城郡) 강양동(江陽洞)으로 진입하여 일본군 헌병군조(憲兵軍曹) 복강(福江)이 인솔하는 헌병순찰소대를 격파하고 귀환하였다. 이를 본 일본군 남양수비대장 신미(新美) 중위는 일본군 1개 중대를 인솔하고 두만강을 건너서 간도에 철수한 독립군을 추격하여 삼둔자에 이르러서 무고한 한국 교포 민간인을 학살하고[29] 계속 독립군을 추격하는 것을 독립군은 삼둔자 서남방에 잠복하여 일본군을 기다리다가 이를 공격하여 섬멸해버렸다.[30] 이것이 '삼둔자전투'로서, 일본군이 처음으로 두만강을 불법으로 월강하여 독립군을 추격했다가 패전한 것이었다.

함경남도 나남에 본부를 둔 일제의 일본군 제19사단은 이 패전에 크게 분개해서 안천(安川) 소좌가 인솔하는 월강추격대대를 편성하여 두만강을 건너 간도에까지 들어가서 독립군을 '섬멸'하고 돌아오도록 하였다. 일본군 안천추격대대는 두만강을 건너 간도에 들어오자마자 안산 후방 고지에서 독립군의 공격을 받았음에도 불구하고 홍범도가 군사를 지휘하고 있는 북로독군부 연합부대의 주둔지인 화룡형 봉오동(봉오골)까지 독립군을 추격해왔다.[31] 홍범도는 독립군을 이끌고 국내진입을 준비하는 중에 일본군이 봉오동 골짜기까지 찾아왔으므로 이를 공격하여 봉오동전투가 벌어진 것이었다.

대한북로독군부 사령부장 홍범도는 일본군 1개 대대가 독립군 소부대를 추격하여 봉오동에 접근하고 있다는 보고를 받자 이를 섬멸하기로 결정하고, 봉오동의 주민들을 대피하도록 하여 빈 마을을 만든 후에, 제1중대장 이천오는 중대원을 인솔하고 봉오동 윗마을 서북단에, 제2중대장 강상모는 동산에, 제3중대장 강시범은 북산에, 제4중대장 조권식은 서산 남단에 매복하여 기다리게 하고, 사령부장 홍범도 자신은 2개 중대를 이끌고 서북 북단에 매복하였다. 또한 홍범도는 군무국장 이원으로 하여금 본부 병력 및 잔여 중대를 인솔

29 「電報 第168號」, 1920년 6월 11일자, 『現代史資料』 27, 「朝鮮」 3, p. 607 참조.
30 『獨立新聞』, 1920년 12월 25일자, 「北墾島에 在한 我獨立軍의 戰鬪情況」 참조.
31 「電報 第166號」, 1920년 6월 15일자, 『現代史資料』 27, 「朝鮮」 3, p. 608 참조.

하고 서북고지에서 탄약과 식료를 공급하면서 만일의 경우에 퇴로를 확보하도록 하였다.

홍범도는 북로독군부의 전 독립군에게 일본군의 본대가 독립군의 포위망 안에 완전히 들어올 때까지 미동도 하지 말고 매복해 있다가 사령부장 홍범도의 발포 신호에 따라 일제사격으로 총공격을 가해서 일본군을 섬멸해 버릴 것을 명령하였다.

또한 홍범도는 제2중대 제3소대 제1분대장 이화일에게 약간의 병력을 주어 고려령(高麗嶺) 북쪽 1,200미터 고지와 그 북쪽 마을에 대기하고 있다가 일본군이 나타나면 교전하는 체하면서 일본군을 포위망 안으로 유인해 오도록 하였다.[32]

사령부장 홍범도

홍범도가 지휘하는 독립군이 완벽한 포위망을 쳐놓고 기다리고 있는 줄을 알지 못하고 일본군 월강추격대대는 1920년 6월 7일 오전 6시 30분 봉오동 골짜기 입구에 도착하여 전위중대를 내보내었다. 독립군 이화일분대는 이를 맞아 유인하게 위한 교전을 한다는 것이 너무 용감히 싸워서 일본군 전위중대가 참패를 하고 퇴각해 버렸다. 일본군 월강추격대 본대가 여기서 돌아갔으면 봉오동전투는 없었을 것이나, 일본군은 홍범도의 독립군 병력이 막강한 것을 알지 못하고 대오를 정돈하여 동일 11시 30분에 봉오동 골짜기 안으로 진입하기 시작하였다. 일본군의 척후병이 오후 1시에 독립군의 포위망 안에 도착해도 독립군이 이를 통과시켜 주자 일본군 본대는 안심하고 독립군의 포위망 안으로 깊숙이 들어오게 되었다.

---

32 『獨立新聞』, 1920년 12월 25일자, 「北墾島에 在한 我獨立軍의 戰鬪情況」 참조.

이에 사령부장 홍범도는 공격명령의 신호 총성을 울리었다. 매복해 있던 독립군이 3면에서 정확히 조준을 하고 있다가 맹렬한 집중사격을 가하니 일본군은 상대가 될 수 없었다. 일본군은 신곡(新谷)중대와 중서(中西)중대를 전면에 내세워 필사의 응전을 하고 기관총중대까지 난사를 했으나 독립군이 매복하여 있어서 정확한 조준을 할 수 없으므로 막대한 희생만 내었다. 일본군은 포위망 안에서 3시간을 응전하다가 사상자가 격증해 가자 더 버티지 못하고 후퇴하기 시작하였다. 강상모가 지휘하는 독립군 제2중대는 도주하는 일본군을 추격하여 또 다시 심대한 타격을 주었다. 일본군은 완전히 참패하여, 일본군 측 자료에 의하면 대피하지 못하고 봉오동에 남아 있던 어린이 등 민간인만 16명을 학살한 다음 패잔병을 이끌고 일본군 제19사단 본부로 돌아갔다.[33]

이것이 독립군의 '봉오동전투'이다. 상해 임시정부 군무부에 의하면, 이 봉오동전투에서 일본군은 전사 157명, 중상 200여 명, 경상 100여 명을 내고 완전히 참패하였다.[34] 한편 독립군 측의 피해는 전사 4명, 중상 2명의 경미한 것이었다.[35]

홍범도가 지휘한 봉오동전투에서의 독립군의 승리는 독립군들뿐만 아니라 전체 독립운동가들과 동포들의 사기를 크게 앙양시켰다. 독립군은 봉오동전투를 '독립전쟁의 제1회전'이라고 부르면서 다음 전투를 위한 준비를 대폭 강화하였다. 이에 대하여 일제 측의 비밀 보고는 다음과 같이 기록하고 있다.

> 我越江追擊隊에 반항하여 교전한 不逞團은 該戰鬪(봉오동전투-필자)에서 비상한 大勝利를 얻고 我軍을 朝鮮側에서 격퇴한 것같이 고취하고 있다. 또한 이를 독립전쟁의 제1회전이라고 칭하며, 금후 계속될 전투에 대해서 양식의 준비, 간호대의 조직, 兵員의 모집 등에 더욱 힘쓰고 있다. 다음과 같은 격문을 띄워 크게 선전에 노력하고

33 「電報 暗第952號」, 1920년 7월 6일자, 『現代史資料』 27, 「朝鮮」 3, p. 609 참조.
34 『獨立新聞』, 1920년 12월 25일자, 「北墾島에 在한 我獨立軍의 戰鬪情況」 참조.
35 『獨立新聞』, 1920년 12월 25일자, 「北墾島에 在한 我獨立軍의 戰鬪情況」 참조.

있으며 금회의 전투를 교묘히 악용하여 기세를 높이고 있다. 봉오동 방면에는 다수의 불령단이 집합하고 있는 모양이다. 또한 이를 기회로 하여 각 단체간의 결속을 굳게 하고 있다. 금회의 추격은 도리어 악결과를 후에 잉태한 것이라고 관찰된다.[36]

중국신문 『상해신문보(上海新聞報)』는 봉오동전투에서 일본군이 독립군에게 대패하여 일본군이 150명의 전사자와 수십 명의 부상자를 내었으며, 독립군은 160정의 소총과 3정의 기관총을 노획했고, 일본군은 이 패전 후에 중국의 화룡현이 관할하는 흡강(洽江)의 도구(渡口)의 통행을 금지하고 있다고 다음과 같이 보도하였다.

6월 6일 밤에 일본군 수만 명이 강을 건넜다가 독립군에 체포되어 그중 5명이 죽었다. 對岸의 (일본군) 대대는 이 전투의 소식을 듣고 모두 강을 건너 사격을 개시했으나 뜻밖에 독립군이 산길을 모두 잘 알고 四路에 잠복하여 기습공격을 했으므로 일본군은 대패하였으며 당시 전사자가 150명, 부상자가 수십 명이었고 나머지는 모두 강을 건너 도주하였다. 이번의 전쟁에서 소총 160정, 기관총 3정, 수창 수개를 노획하였다. 일본군은 이번의 실패 후에 장차 우리의 화룡현이 관할하는 洽江의 渡口의 통행을 모두 封禁하고 교통을 끊을 것이라고 한다.[37]

상해 임시정부의 『독립신문』도 독립군의 봉오동 전투의 승전을 대대적으로 보도하였다.[38] 간도 대한국민회도 각 지회를 통해서 이 지방 한국인들에게 통고문 호외를 발표하여 독립전쟁이 시작되었음을 알리고 그에 대한 준비의 강화를 촉구하였다.[39]

---

36 「電報 第166號」, 1920년 6월 15일자, 『現代史資料』 27, 「朝鮮」 3, p. 608.

37 「上海新聞報」, 1920년 6월 27일자, 『現代史資料』 27, 「朝鮮」 3, p. 617. "六月六日夜間 日軍數名越江逮捕 被獨立軍擊斃五名 對岸大隊 聞知鎗擊 均過江開鎗射擊 不意獨立軍隊 熟悉工道 四路潛伏兜擊 日軍大敗 當時死者一百五十名 受傷者數十名 余皆渡江而逃·計此戰爭 獨立軍共獲快鎗一百六十余之 機關銃三尊 手鎗數桿 日軍自此次失敗後將 我和龍所轄洽江渡口 悉行封禁 繼絶交通" 운운 참조.

38 『獨立新聞』 제85호, 1920년 6월 22일자, 「獨立軍勝利」 및 同新聞(제86호), 1920년 6월 24일자, 「獨立軍連戰連勝」 참조.

39 『號外』, 1920년 6월 10일자, 『現代史資料』 27, 「朝鮮」 3, pp. 615~616 참조.

일제의 조선군사령관은 봉오동전투에서 패전한 직후 독립군이 정식의 군복을 사용하고 있으며, 그 임명에 사령(辭令)을 쓰고 예식을 정제하는 등 완전히 통일된 군대조직을 갖고 있음을 확인하고 경악하여 다음과 같이 그들의 육군장관에게 보고하였다.

> 금회 다음의 사실을 확인하였다. 對岸不逞鮮人團은 正式의 軍服을 사용하고 그 任命 등에 辭令을 쓰며 禮式을 制定하고 있는 등 全的으로 統一된 軍隊組織을 이루고 있다. 그러나 支那측은 이를 묵인하고 있는 상황이므로 이제 경고를 줄 필요가 있다.[40]

또한 일제의 조선군사령관은 봉오동전투 후에 독립군이 증강되고 있으며 재전투 준비를 신속히 행하고 있다고 다음과 같이 보고하였다.

> 간도파견원의 報. 我追擊隊의 철거 후 獨立軍의 各團은 매우 敏速하게 我兵과의 交戰을 선전하고 있다. 都督府는 軍情報 新報號外를 발행하고, 國民會도 인쇄물로써 獨立軍은 日兵과 交戰의 결과 적 150명을 죽이고 敵을 鮮地에 격퇴하고 大勝을 얻었다고 고취하며 獨立氣勢의 興振을 策謀하고 있다. 獨立軍各團體는 계속하여 交戰을 예상하고 軍事行動에 대한 各團聯絡의 방법 및 食糧, 壯丁 등의 再戰鬪準備를 신속히 행하고 있는 것 같으며, 壯丁들이 속속 獨立軍에 들어가고 있다. 日支 합의에 의하여 交戰地 피해조사를 위해 支那군대 보호 하에 我警官 수명을 2, 3일 내에 피해지를 시찰시키려 하고 있다. 정보에 의하면, 앞서의 交戰의 敵은 豆滿江對岸 獨立軍의 전부인 것 같으며, 我兵의 철퇴 후에 獨立軍은 江岸지대의 要點에 偵察隊를 파견하여 對岸情況을 정찰중이다.[41]

여기서도 홍범도가 지휘하는 독립군의 봉오동전투의 승리가 일본군에게 얼마나 큰 타격을 주었으며, 독립운동가들과 한국민족에게 얼마나 큰 고무를 주어 독립군 무장투쟁을 고양시켰는가를 잘 알 수 있다.

---

40 「電報 密第102號」, 1920년 6월 15일자, 『現代史資料』 27, 「朝鮮」 3, p. 583.
41 「電報 朝特第45號」, 1920년 6월 15일자, 『朝鮮獨立運動』 제3권, p. 178.

바로 이 봉오동전투의 승리를 낳은 실제의 지휘장이 홍범도였다. 이 전투의 승리를 통하여 홍범도는 만주·노령지역 독립군의 최고사령의 위치를 한국민족 사이에서 확고히 굳혔다.

7. 청산리독립전쟁과 홍범도연합부대

홍범도의 대한독립군은 봉오동전투 후에 지휘관들의 의견 상충으로 군무도독부와 분리하여 봉오동을 떠나서 근거지를 연길현 명월구(明月溝, 중국명 묘구(廟溝))에 설치하였다.[42] 대한독립군은 병력이 약 300명 정도였지만, 의병무장투쟁시기부터 연전연승을 다져온 역전의 용장 홍범도가 사령관이고 전투력이 막강했기 때문에 국민회와 관련된 여러 독립군부대들의 중핵이 되었으며 통합의 구심점이 되었다.

홍범도는 일찍부터 독립을 이루기 위해서는 먼저 당면의 적으로서 간도에서의 일본관헌의 활동을 분쇄하여 간도에 완전독립의 기초를 튼튼히 굳히는 근거지를 세워야 한다는 생각을 갖고 있었다. 일제의 정보자료는 다음과 같이 기록하였다.

> "원래 홍범도는 他團의 간부가 병력, 군수품의 완비되는 날을 기다려서 일본에 대하여 정식으로 선전을 포고하여 자웅을 결하자는 의견을 가진 데 반하여 홀로 조국의 독립을 期成함에는 먼저 당면의 적으로서 간도에 있어서 일본관헌의 활동을 저해하고 此地에서 완전독립의 기초를 공고히 하지 않으면 안된다는 급진적 견해로 別派를 만들어 각지에서 暴威를 드러내고 있다."[43]

홍범도는 부하들에게 독립군은 成·不成(성공·불성공)을 논하지 않고 최후의

42 「大韓北路督軍府內訌ニ關スル件」, 1920년 8월 28일자, 『現代史資料』 27, 「朝鮮」 3, pp. 396~397 참조.

43 「不逞鮮人團ノ行動ニ關スル件」, 1920년 8월 28일자, 『現代史資料』 27, 「朝鮮」 3, p. 357.

한 사람까지 목숨을 바쳐서 독립쟁취의 초지관철에 분투해야 한다고 다음과 같이 훈시하였다.

"나는 국권의 회복에 뜻을 둔 지 이미 10년의 星霜을 지내었으며 公然히 獨立의 義軍을 일으켜서 한족의 독립을 절규한 지 이래 1년 반을 지냈다. 그간 고국의 산천을 떠나서 타국의 영토에 流離困憊하며 비참한 생활을 영위하고 있는 우리 동포로부터 金穀의 義捐을 받은 것이 참으로 甚大한 바 있다. 이제 만일 우리들의 素志가 좌절되거나 일본 내지 세계 각국의 嘲笑의 的이 되면 반드시 이것이 우리들의 마음으로부터의 고통스러운 바가 될 뿐 아니라 우리 義軍을 위하여 金穀을 제공하고 자기의 생활에 고통을 받고 있는 우리 동포들에게 무슨 면목이 있겠는가. 동포는 우리들에게 대하여 독립의 의명을 빙자한 강도단이라고 하여 우리를 버릴 것이고 그리하여 우리는 마침내 천지에 容身할 곳이 없기에 이를 것은 불을 보는 것보다 밝은 바가 있다. 우리들 獨立義軍의 一團은 일의 成·不成을 논하지 않고 오직 죽음이 있을 뿐이다. 나는 최후의 한 사람까지 素志貫徹에 奮鬪함으로써 한족독립을 최후까지 절규하여 죽은 후에야 그쳐야 한다는 것을 항상 부하에게 훈시하고 있다."[44]

간도지방의 한국민족들은 봉오동전투에서 승리한 홍범도의 이러한 헌신적 애국열성에 감복하여 그를 숭배하고 있으며, 한족독립의 가능을 믿고 있다고 일제의 정보자료는 다음과 같이 기록하였다.

"依蘭溝지방 민심은 대체로 戰時氣分을 띠고 정신흥분의 상태이나 일반적으로 홍범도를 숭배하는 것이 심하다. "그는 학문에서 다른 사람보다 뛰어나지 않을지라도 조선 및 간도지방의 지리에 밝은 것은 神과 같다. 그는 간도로부터 白頭山下의 사이를 수없이 내왕하여 지리의 연구에 노력한 것이 사실이다. 지난번 봉오동에서 일본군과의 교전에 際하여 副官(中尉라고 함) 및 병졸 1명을 데리고 某山頂에 올라 조선내지 쪽을 바라보면 '아 내 몇 년 뒤에 고국산천을 볼까'하고 긴 한숨을 쉬며 눈물을 적셨다는 것을 들었다. 홍의 애국의 念의 깊이에는 우리들은 敬服할 수밖에 없다"라고 감

44 「間島地方武力不逞鮮人ノ動靜ニ關スル件」, 1920년 7월 23일자, 『現代史資料』 27, 「朝鮮」 3, p. 360.

탄하여 칭송하는 사람들이 많다. 또한 동방면의 주민은 독립군의 제반 준비의 상황에 비추어 일본군과의 교전이 가까이 있다고 관측하고 있다. 또한 한족독립의 가능을 믿는 사람들이 이제 더욱 많다."[45]

홍범도는 간도일대의 지리를 연구하고 독립군을 강화하며 독립전쟁의 준비를 하면서 독립군의 군사통일을 열심히 추진하였다. 1920년 7월에는 북간도와 노령의 모든 독립군부대들을 3개 단위로 통일하는 일이 추진되었다.[46] 즉, ① 동도군정서(東道軍政署, 사령관 김좌진, 북로군정서의 개칭), ② 동도독군부(東道督軍府, 사령관 홍범도, 1920년 7월 1일 연합회의에 참가한 9개 독립군단체의 통합 독립군), ③ 동도파견부(東道派遣部, 사령관 서상열, 노령지방의 독립군)의 설치가 그것이었다.[47] 이때 홍범도가 지휘하도록 된 동도독군부의 군사편제는 〈표 8-1〉과 같았다.

‖표 8-1‖ **홍범도 지휘하의 동도독군부 편제**

사령관 홍범도			
대대구분	독립군부대	대대장	주둔지
제1대대	대한독립군과 의군단 혼성	허근(許根)	延吉縣 志仁鄕 依蘭溝, 九丹溝
제2대대	대한독립군과 의군단 혼성	방위(우)룡(方渭(雨)龍)	延吉縣 崇禮鄕 明月溝(廟溝)
제3대대	도독부 대원	최명록(崔明祿)	汪淸縣 春華鄕 鳳梧洞, 草坪洞
제4대대	신민단원 2중대 편성	김성(金星)	汪淸縣 春華鄕 石峴

홍범도의 대한독립군과 그 연합세력의 군세가 증강되자 국민회의 지원을 언

45 「間島地方武力不逞鮮人ノ動靜ニ關スル件」, 1920년 7월 23일자, 『現代史資料』 27, 「朝鮮」 3, p. 360.

46 「間島地方不逞鮮人團 東道軍政署·同督軍府及東道派遣部等ノ動靜ニ關スル件」, 1920년 7월 26일자, 『現代史資料』 27, 「朝鮮」 3, pp. 361~362 참조.

47 「間島地方不逞鮮人團 東道軍政署·同督軍府及東道派遣部等ノ動靜ニ關スル件」, 1920년 7월 26일자, 『現代史資料』 27, 「朝鮮」 3, p. 361 참조.

어 대한독립군은 부사령관 주건(朱建)과 상해 임시정부 파견위원 이용(李鏞)이 대표가 되어 거금 1만원을 투입해서 독립군 양성을 위한 '무관학교'를 1920년 7월에 근거지인 명월구에 설립하였다.[48]

홍범도의 대한독립군이 국민회와 연계된 여러 독립군 단체와의 통합을 추진하면서 군사력을 증강시키고 있을 때 봉오동전투에서 독립군에 패전하여 큰 충격을 받은 일본군은 독립군 '토벌'을 위한 준비를 서두르게 되었다.

일본군은 독립군에 대한 대규모 '토벌'을 위한 작전계획으로 1920년 7월 하순부터 '간도지방불령선인초토계획'이란 것을 입안하게 시작하여 8월에는 이를 확정하고[49] 9월 2일 간도침입에 동원된 일본군 각 부대에게 '출동' 준비를 계획하도록 명령하였다.[50] 일본군이 불법으로 간도에 침입할 이러한 작전계획을 세워놓고 중국군에게 독립군의 공통 '토벌'을 요청하는 압력을 가하자, 중국군은 이에 굴복하여 중국군 단독의 '토벌'을 하게 되었다. 중국군에서 독립군의 '토벌'을 맡은 주연길 중국육군 제2혼성여단 보병제1단장 맹부덕(孟富德)은 일본군의 압력에 굴복하여 독립군 '토벌'을 준비하면서도 내심으로는 이에 불복하고 있었으므로 비밀리에 간도의 대한국민회와 협상하여 모든 한국민족의 독립군부대들은 근거지를 이동해서 일본인의 눈에 잘 띄지 않는 삼림지대로 이동하도록 하고, 그 대신 중국군은 독립군의 근거지 이동과 새 근거지의 설치를 방해하지 않기로 협약하였다.[51] 이에 북간도 일대의 모든 독립군 부대들이 근거지 대이동을 단행하게 되었다.

---

48 「武官學校設置ニ關スル上申告」(朱建), 1920년 7월 26일자, 『現代史資料』 27, 「朝鮮」 3, p. 85 및 「武官學校設置ニ關スル上申書」(李鏞), 1920년 7월 26일자, 『現代史資料』 27, 「朝鮮」 3, p. 91 참조. 그러나 이 무관학교는 1개월 후에 대한독립군이 근거지 대이동을 하게 됨에 따라 아깝게 폐교되지 않을 수 없었으며 校舍는 그 후 9월 1일에 출동한 중국군에 의하여 소각되어 버리고 말았다. 「明月溝士官練成所放火ニ關スル件」(大韓軍政署 警信分局課長 上申報告書), 1920년 9월 5일자, 『現代史資料』 27, 「朝鮮」 3, p. 98 참조.

49 「間島地方不逞鮮人剿討計畫」, 1920년 8월 調表, 『現代史資料』 28, 「朝鮮」 4, pp. 116~121 참조.

50 『間島出兵史』(上); 『朝鮮統治史料』(韓國史料硏究所 編) 제2권, p. 11 참조.

51 愼鏞廈, 「독립군의 청산리독립전쟁의 연구」, 『한국민족독립운동사연구』, 을유문화사, 1985, pp. 403~404 참조.

홍범도가 인솔하는 대한독립군은 1920년 8월 하순 명월구를 출발해서 제일 먼저 근거지를 이동하여 요녕성 안도현 방면의 백두산 기슭을 향해서 이동하기 시작하였다. 독립군부대들의 군사통일 운동은 근거지 대이동으로 불가피하게 중단되지 않을 수 없었다. 그러나 홍범도는 안무와 함께 근거지 이동에 당하여 북로군정서에 사전 연락을 하면서 백두산(장백산) 부근으로 이동하다가 청산리 부근에서 독립군부대들이 연합하여 일본군과 일대결전을 벌이자고 북로군정서에 제의하였다. 북로군정서 연성대장 이범석은 다음과 같이 증언하였다.

> 한편 국민회의 홍범도·안무 장군은 일본군의 만주출병 정보를 접하고 국민회군과 군정서군이 장백산으로 들어가는 도중 청산리에서 일본군과 일대결전을 벌이자는 편지를 보내고 청산리로 진군하였다.[52]

대한독립군의 근거지 이동에 뒤이어 국민회군, 의군부, 한민회군, 신민단, 의민단, 광한단 등 다른 독립군부대들도 이도구 방면으로 이동하였고, 김좌진이 인솔하는 북로군정서도 근거지였던 왕청현 서대파를 떠나 삼도구 청산리로 향하였다.[53] 최진동이 인솔하는 군무독군부군은 근거지였던 봉오동을 출발하여 나자구 방면으로 향하였다.[54]

일본 제국주의자들은 중국군을 동원한 독립군의 토벌이 완전히 실패로 돌아가고 독립군의 근거지 대이동만 결과하게 되자 그들이 이미 세워놓은 '간도지방 불령선인 초토계획'에 의거하여 일본군이 직접 간도에 '출병'해서 독립군을 토벌하기로 결정하였다. 그러나 중국영토인 간도에 침입할 구실이 없자 구실을 꾸미기 위하여 마적단을 매수해서 1920년 10월 2일 혼춘의 일본영사

---

52 李範奭, 「屍山血河의 青山里戰役」, 『新東亞』, 1969년 3월호, p. 230.

53 「軍政署ニ抱禁セラレ居リタル朝鮮人ニ關スル件」, 1920년 9월 25일자, 『現代史資料』 27, 「朝鮮」 3, p. 239 참조.

54 「齊情 第22號」, 1920년 10월 1일자, 『現代史資料』 28, 「朝鮮」 4, pp. 113~114 및 「北路督軍府ト國民會ト葛藤之件」, 1920년 8월 29일자, 『現代史資料』 27, 「朝鮮」 3, p. 398 참조.

관을 습격케 하는 '혼춘사건'을 조작한 다음 일본인과 일본영사관 보호를 구실로 내세워 독립군을 '토벌'하기 위한 대규모 간도침입을 자행하였다.[55]

일본군은 1920년 10월 7일부터 대규모의 병력으로 간도에 침입하기 시작해서 독립군은 이중으로 포위하여 '섬멸'하려고 하였다. 즉 ① 일본군 제19사단 전부, 제20사단 일부, 제11사단·제13사단·제14사단의 일부 등 5개 사단에서 차출한 25,000명의 병력과 관동군에서 동원한 병력으로 간도의 독립군 부대 전체를 동서남북으로 넓게 포위하여 그 포위망을 좁혀 들어가고, ② 그 포위망 안에서 다시 제19사단 주력의 3개 지대의 병력으로써 간도를 갑(磯林지대 담당)·을(木村지대 담당)·병(東지대 담당)의 3개 구역으로 나누어 각 지대가 오지에 들어가 내부에서 독립군을 좁게 포위하여 독립군 각 부대를 수색해서 전투를 통하여 독립군 부대들을 모두 섬멸하자는 것이었다.

이 중에서 일본군 제19사단의 동지대가 약 5,000명의 병력으로 홍범도의 대한독립군 등이 주둔한 이도구와 김좌진의 북로군정서 독립군이 주둔한 삼도구를 포위하여 수색작전을 펴면서 좁혀 들어왔다.

홍범도의 대한독립군은 1920년 9월 21일경에 일찍 화룡현 이도구 어랑촌에 도착한 다음,[56] 뒤이어 이도구 부근에 도착하는 다른 독립군 부대들과 연합작전을 모색하였다.[57] 독립군부대들은 일본군의 간도 침입이 시작되었다는 보고를 받고 이도구 북합마당(北蛤蟆塘)에서 ① 대한독립군, ② 국민회군, ③ 신민단, ④ 의민단, ⑤ 한민회군 등이 10월 13일 '대표자회의'를 열고 홍범도를 사령관으로 하여 하나의 연합부대를 편성하고, 군사행동의 통일에 의한 연합작전을 전개할 것을 다음과 같이 결정하였다.[58]

---

55 愼鏞廈, 『한국민족독립운동사연구』, pp. 411~417 참조.

56 「電報」, 1920년 9월 21일자, 『現代史資料』 28, 「朝鮮」 4, p. 264 참조.

57 「秘間情第21號, 不逞鮮人ノ狀況」, 1920년 10월 20일자, 『現代史資料』 28, 「朝鮮」 4, pp. 362~363 참조.

58 「十月中得タル情報ニ據ル間島地方不逞鮮人行動概況」, 『現代史資料』 28, 「朝鮮」 4, pp. 402~403 참조.

① 5개 단체(대한독립군과 국민회군을 합하여 국민회로 보면 4개 단체)의 무력을 갖고 군사행동의 통일을 기할 것

② 국적자(한국인의 국민회에 등록된 자)의 총동원을 행하여 예정의 부서에 취임시킬 것.

③ 군량·군수품의 긴급 징집에 착수할 것.

④ 경찰대를 조직하여 각 방면에 밀행시켜서 일본군대의 동정을 탐사할 것.

⑤ 일본군대에의 응전은 그 허를 찌르거나 또는 산간에 유인하여 필승을 기하도록 하고 그 이외에는 전투를 개시하지 않을 것.

1920년 10월 13일의 이 회의의 결정에 의하여 화룡현 이도구에서 '홍범도 연합부대'가 형성된 것이었다.

홍범도는 간도에 침입한 일본군과의 일전을 예견하고 이도구에서 연합부대의 독립군 병사들을 매일 훈련시키면서 독립전쟁을 준비하였다. 당시 일제의 정보자료는 다음과 같이 보고하였다.

> "홍범도의 휘하 주력 약 800명은 …… 매일 교련을 행하고 있다. 홍의 최근의 의향은 '일본군대의 출동에 의하여 독립군은 이제 日·支 양국 兵警 때문에 압박을 받음이 심하여 행동을 견제당하고 있으므로 차제에 일거에 鮮地를 侵襲하거나 또는 간도 내에서 일본군과 교전을 하거나의 하나를 하지 않으면 안 된다'고 하여, 각 지방에 군수품 징발의 명을 발하고 있다. 최근 약수동 이도구 방면에서 栗, 葉煙草, 草鞋의 징발을 하고 있다. 아직 홍의 부대는 이도구 방면 일대에 산재하고 있는 것 같다."[59]

홍범도가 연합부대를 편성하여 독립전쟁 준비의 군사훈련을 강화하고 있을 때 여기에 다시 의군부 독립군이 찾아와 합세하였고,[60] 광복단 독립군이 합세하였다.[61] 그 결과 홍범도연합부대의 병력은 최소한으로 추정해서 ① 대한독

59 「秘間情第11號, 不逞鮮人團ノ行動」, 1920년 10월 14일자, 『現代史資料』 28, 「朝鮮」 4, pp. 353~354.

60 「十月中得タル情報ニ據ル間島地方不逞鮮人行動概況」, 『現代史資料』 28, 「朝鮮」 4, p. 392 참조.

61 「秘間情第41號, 不逞鮮人ノ行動ノ件」, 1920년 10월 27일자, 『現代史資料』 28, 「朝鮮」 4, pp.

립군 약 300명, ② 국민회군 약 250명, ③ 의군부군 약 150명, ④ 한민회군 약 200명, ⑤ 광복단군 약 200명, ⑥ 의민단군 약 100명, ⑦ 신민단군 약 200명으로서 모두 7개 부대 1,400명에 달하게 되었다.[62]

홍범도는 북로군정서 독립군이 9월 17~18일 서대파를 출발해서,[63] 10월 12~13일에 삼도구 청산리 부근에 이동하여 도착하자[64] 일본군과의 일전을 전제로 전투준비를 하면서[65] 북로군정서와 연합작전을 협의하였다.[66] 일본군의 조사자료도 '홍범도 일파의 독립군 및 김좌진이 인솔하는 군정서 부대는 공동동작을 執하기에 이른 것 같다'[67]고 보고하였다. 이범석의 회고에 의하면, 이때 이도구와 삼도구 일대의 독립군 부대들은 연합작전을 전개하기로 하여 다음과 같이 작전지역을 분담했다고 한다.[68]

① 홍범도부대 — 터시고우 방면
② 의군부 — 무산간도 방면의 버들고개(柳嶺)
③ 북로군정서 — 중앙의 송림평(松林坪)

일본군이 삼도구 동신장 상촌에 도착하기 전날인 10월 19일 묘령(廟嶺)에서 홍범도연합부대와 북로군정서의 수뇌들이 합석하여 연합작전회의를 열었다. 이날의 회의에서는 북로군정서 부총재 현천묵(玄天默) 등이 일본군과의 교전에서 승패는 미지수이지만 독립군의 전쟁은 중국 측의 감정을 害하고 일본군의

376~377 참조.

62 愼鏞廈, 『한국민족독립운동사연구』, p. 451 참조.

63 「軍政署ニ抱禁セラレ居リタル朝鮮人ニ關スル件」, 『現代史資料』 27, 「朝鮮」 3, p. 239 참조.

64 「秘間情第13號」, 1920년 10월 13일자, 『現代史資料』 28, 「朝鮮」 4, p. 355 참조.

65 「秘間情第11號, 不逞鮮人團ノ行動」, 1920년 10월 14일자, 『現代史資料』 28, 「朝鮮」 4, pp. 353~354 참조.

66 「秘間情第18號, 不逞鮮人團ノ行動」, 1920년 10월 18일자, 『現代史資料』 28, 「朝鮮」 4, p. 359 참조.

67 「秘間情第14號, 不逞鮮人團ノ行動」, 1920년 10월 16일자, 『現代史資料』 28, 「朝鮮」 4, p. 356 참조.

68 李範奭, 『우등불』, pp. 88~89 참조.

증파를 결과할 것이므로 분전(奮戰)의 좋은 기회가 아니니 은인자중하여 '피전(避戰)'하자고 주장해서 논쟁 끝에 '피전책'을 결정하였다. 당시 북로군정서 간부로 침투해 있던 일본군 밀정은 다음과 같이 보고하였다.

> 제2차 일본군대의 삼도구 동신장(상촌)에 도착하기 전날, 廟嶺에서 玄天默, 桂和, 李範(錫)奭, 安熙(武), 李學根, 洪範圖, 朴永(寧)熙 등 군정서 측 및 홍범도 측의 수뇌가 회합하여 일본군 대응책에 대하여 토의하였다. 전투를 할 것인가 회피할 것인가의 양파의 의론이 백출하였으나 결국 현천묵 등이 주창하는 다음의 논지에 기초하여 당분간 일본군의 공세를 회피할 것을 결의하였다.[69]

홍범도는 물론이오 북로군정서 독립군 병사들도 이 피전의 결정 때문에 끓어오르는 전의를 누르지 않으면 안 되었다. 홍범도는 이 피전책의 결의 때문에 2, 3일 후에 일본군이 이 지역을 지나가는 것을 산 위에서 내려다 보고는 끓어 오르는 전의를 억제하지 못하여 북로군정서 측에게 연합하여 일본군과 일전을 하자고 연락했으나 북로군정서 측이 자중하여 피전책의 결의를 이행해야 한다고 말렸으므로 그대로 두었다. 당시 일제 밀정으로 침투해 있던 북로군정서의 한 간부는 다음과 같이 보고하였다.

> 홍범도도 2, 3일 후에 일본군대 약 400명이 삼도구로부터 이도구로 전진하는 것을 산상으로부터 내려다보면서 전의를 억제하기 어려워서, 호응하여 일전을 교환하자는 요지를 군정서에 연락했으나 군정서 측에서 約言을 이행해야 한다는 뜻을 알리었다.[70]

그러나 독립군부대들의 자제에도 불구하고 일본군은 막강한 병력으로 독립군을 포위하고 10월 17일 '토벌' 작전을 개시하였다. 일본군 동(東)지대는 산전(山田)토벌연대를 삼도구로 보내어 10월 20일을 기해서 김좌진 부대를 공격

---

69 「秘間情第47號, 不逞鮮人團ノ行動」, 1920년 10월 29일자, 『現代史資料』 28, 「朝鮮」 4, p. 381 참조.

70 「秘間情第47號, 不逞鮮人團ノ行動」, 1920년 10월 29일자, 『現代史資料』 28, 「朝鮮」 4, p. 381.

하라는 작전명령을 내리는 한편,[71] 일본군 동(東)지대의 지대장 동정언(東正彦)이 인솔하는 동(東)지대의 주력은 이도구에 있는 홍범도연합부대를 '토벌·섬멸'하기 위하여 19일 오전 8시에 이도구로 출동하였다. 일본군 동지대는 약 5,000명의 막강한 병력으로 이도구와 삼도구를 '포위'하여 그 안에 있는 600명의 김좌진 부대와 1,400명의 홍범도연합부대를 10월 20일을 기해서 공격하여 '섬멸'하려 한 것이었다.[72] 일본군은 지나는 길의 한국인 촌락들에서 무고한 촌락민을 학살하고 민가와 교회와 학교에 방화하면서 독립군을 수색해 들어왔다.

독립군부대들은 이에 '피전책'의 결정을 바꾸어 일본침략군을 섬멸하기 위해서 선제공격하기로 결정함으로써 청산리독립전쟁이 시작되었다.

여기서 말하는 "청산리독립전쟁은 1920년 10월 21일 오전 9시부터 10월 26일 새벽까지 6일간 중국 동북지방(만주) 길림성 삼도구 청산리와 이도구 일대에서 북로군정서, 대한독립군, 국민회군, 의군부, 한민회군, 광복단, 의민단, 신민단 등 약 2,000명의 한국민족 독립군부대들이 독립군을 포위해 섬멸하겠다고 약 25,000명의 병력으로 간도에 침입한 일본군과 교전하여 10여 개의 크고 작은 전투에서 일본군 1,200명을 사살하고 대승리를 거둔, 일제 강점기의 민족해방을 위한 독립전쟁의 하나"[73]이다.

상해 임시정부는 청산리독립전쟁에 대하여 "김좌진 씨 부하 600명과 홍범도 씨 부하 300명은 대소전쟁 10여 회에 왜병을 격살한 자가 1,200여 명"[74]이라고 했는데 이 청산리독립전쟁의 10여 개의 전투에는 지금까지 찾은 것만으로도 ① 백운평전투, ② 완루구전투, ③ 천수평전투, ④ 어랑촌전투, ⑤ 맹개골전투, ⑥ 만기구전투, ⑦ 쉬구전투, ⑧ 천보산전투, ⑨ 고동하곡전투 등이 포함

---

71 「朝特第102號, 電報」, 1920년 10월 19일자, 『現代史資料』 28, 「朝鮮」 4, pp. 216~217 참조.

72 「暗號電報第56號, 暗 No.15600」, 1920년 10월 19일자, 『現代史資料』 28, 「朝鮮」 4, p. 318 참조.

73 愼鏞廈, 『한국민족독립운동사연구』, p. 425.

74 『獨立新聞』 제91호, 1920년 12월 13일자, '我軍隊의 活動'.

된다.[75]

청산리독립전쟁은 탁월한 북로군정서 김좌진부대가 청산리 골짜기로 들어온 일본군 산전(山田)보병연대를 1920년 10월 21일 오전 9시 백운평에서 기습공격하여 섬멸해서 대승을 거둔 '백운평전투'로부터 시작되었다.

필자는 이미 청산리독립전쟁은 종래 김좌진부대 단독의 전투로 알려져 왔지만 이것은 잘못된 것이고 사실은 홍범도부대도 참전하여 대승리를 거두었음을 밝힌 바 있다.[76] 청산리독립전쟁을 구성하고 있는 위의 9개 전투들 중에서 ② 완루구전투와 ⑨ 고동하곡전투는 홍범도연합부대가 단독으로 수행한 전투이며, ④ 어랑촌전투와 ⑧ 천보산전투는 홍범도 연합부대가 북로군정서 독립군과 공동으로 수행한 전투이다. 한편 ① 백운평전투, ③ 천수평전투, ⑤ 맹개골전투, ⑥ 만기구전투, ⑦ 쉬구전투는 김좌진의 북로군정서 독립군이 단독으로 수행한 전투이다. 여기서는 주제의 성격상 홍범도연합부대가 단독 또는 공동으로 수행한 전투만을 간략하게 설명하기로 한다.

1) 완루구(完樓溝)전투

청산리 독립전쟁의 두 번째 전투인 완루구전투는 홍범도연합부대가 이도구 완루구(일본 측 기록에는 日流溝)에서 1920년 10월 21일 늦은 오후부터 22일 새벽에 걸쳐 독립군을 포위한 일본군을 공격하고 또 기계를 써서 다른 일본군 한 토벌대를 끌어 넣어 동(東)지대의 한 부대를 섬멸한 전투이었다. 이 전투는 이도구 어랑촌의 서북방 북완루구와 남완루구 사이의 삼림지대에서 전개되었다.

일본군의 당시의 암호보고는 홍범도연합부대와의 완루구전투에 대하여 처

75 愼鏞廈, 「독립군의 청산리독립전쟁의 전투들의 구성」, 『史學硏究』 第38號, 1984 참조.

76 愼鏞廈, 「독립군의 청산리전투」, 『軍史』 제8호, 1984년 6월; 「독립군의 독립전쟁의 재평가—1920년 청산리독립전쟁을 중심으로」, 『한국독립운동사의 재조명』(국사편찬위원회 제3회 한국사학술회의), 1984년 6월 15일; 「독립군의 청산리전쟁의 연구」, 『한국민족독립운동사연구』, 을유문화사, 1985. 3. 참조.

음에 다음과 같이 보고하였다.

> "지대로부터의 보고에 의하면 東여단장의 주력은 22일 早朝 深林지대에 遁竄하고 있는 홍범도부대와 충돌하여 목하 맹렬히 공격 중이라고 한다."[77]

한편 상해 임시정부 군무부는 완루구전투의 내용을 다음과 같이 발표하였다.

> "時에 적의 지대(보병 1대대, 기관총 3중대)는 양로를 岐하야 一은 남완루구로, 一은 북완루구 서편으로 향하야 아군 제1연대(홍범도부대-필자)를 포위공격하려는 중 아군의 동연대(홍범도부대)는 정찰척후의 察報를 聞하고 이미 배치하였던 저항선이 戰을 始하는 동시에 我의 예비대는 삼림 중간로를 우회하여 적의 익측을 돌연히 사격하는 중 북완루구로 進하던 적의 일대는 오히려 아군이 중앙고지에 在하야 자기의 우군과 戰하는 줄 오인하고 적이 적군을 맹사하니 아군과 적군에게 포위공격을 受한 일대는 전멸에 陷하였는데 그 수는 400여 명이더라."[78]

이 기록을 주의깊게 보면 다음의 사실을 알 수 있다.

① 북로군정서 독립군이 백운평전투에서 대승을 거둔 다음 갑산촌으로 철수하는 그 시간에 다른 곳인 이도구 완루구에서는 일본군 동(東)지대 본대가 2개 부대로 나누어 홍범도연합부대를 포위해서 남완루구와 북완루구의 양로로 좁혀 들어오고 있었다.[79]

② 홍범도연합부대는 정찰병으로부터 이 보고를 받고 이미 배치한 저항선에서 전투를 시작하여 일본군을 공격하는 한편 예비대로 하여금 중간로를 돌아서 일본군의 측면을 공격하게 하였다.

③ 북완루구로 진격하던 일본군의 다른 한 부대는 홍범도연합부대의 예비

---

77 「電報 第62號, 暗 No. 15829」, 1920년 10월 23일자, 『現代史資料』 28, 「朝鮮」 4, p. 319.

78 『獨立新聞』 1920년 12월 25일자, '北間島에 在한 我獨立軍의 戰鬪情報'.

79 「間情第59號, 十月中ノ情報ニ據ル間島地方不逞鮮人行動概況」, 1920년 11월 10일자, 『現代史資料』 28, 「朝鮮」 4, p. 403.

대가 이미 삼림의 중간로를 빠져 나와서 측면에 위치하게 된 것은 알지 못하고, 따라서 중앙고지의 위치에 있는 것은 독립군을 찾아 들어간 일본군의 한 부대임을 알지 못하고, 중앙고지에 있는 것이 여전히 독립군인줄 알고 중앙에 있는 일본군에게 기관총 등의 사격을 가하였다.

④ 이에 중앙에 위치하게 된 일본군은 한쪽 측면에서는 홍범도연합부대의 공격을 받고 다른 측면에서는 일본군 다른 부대의 공격을 받아서 양면의 협공을 받은 결과 전멸 상태에 빠졌는데, 그 일본군 부대의 전사자가 400여 명에 달하였다.

⑤ 일본군의 한 부대 400여 명이 이 완루구 전투에서 전멸한 것은 일본군 부대끼리의 '자상(自傷)'에만 의한 것이 아니라, 홍범도연합부대의 공격을 받아서 협공이 이루어진 결과였다. 또한 일본군부대끼리의 자상도 홍범도연합부대의 능동적 유인작전에 말려들어 위치를 오인했기 때문에 나온 결과였다.

여기서 거듭 주의해야 할 것은 이 작전이 우연히 일어난 것이 아니라 무선통신기가 전장에서 실제로 사용되지 않던 시기에 홍범도연합부대가 한편에서 일본군에 치열한 공격을 가하고 다른 한편에서 능동적으로 일본군을 유인하여 위치를 오인하게 만들었기 때문에 얻은 성과였다는 사실이다. 독립군과 일본군의 군복의 색깔이 동일하고 또 일본군이 삼림에 불을 지른 결과 연기와 새벽 안개가 짙게 끼어 홍범도의 작전을 도왔다.

상해에서 발간되던 잡지 『진단(震檀)』은 홍범도연합부대의 완루구전투에 대하여 다음과 같이 기록하였다.

> "조선군사령 홍범도는 화룡현 부근 삼림지대에서 일본군에게 포위되었으며 또한 일본군은 각 요로에 불을 놓고 기관총대를 잠복시켜 홍의 포위를 찔러서 탈출하려는 것을 습격하려고 했으나 홍 역시 일찍이 그 詭計를 알고 교묘히 탈출하였다. 삼림을 많이 태웠음에도 막연하게 홍의 形跡이 없으므로 일병 일대(그중에 중국육군 光觀소속부대 60명 있음)는 중심지대에 진출하여 비로소 홍의 탈출하였음을 알게 되자 다시 타방면에 향하여 진군중 일본군 스스로 잠복시켜 배치한 기관총대는 이를 발견하

고 홍군이라고 오인하여 이를 사격한 결과 일본군의 死者가 많았으며 支那軍 역시 전멸하였다. 홍군은 이 기회를 乘하여 다시 추격을 가해서 二戰場에서 승리를 넓히었다. 본 전투에서 日兵의 死者는 1,200인이라고 한다."[80]

또한 당시 상해 임시정부도 홍범도연합부대의 완루구전투에 대하여 등사 인쇄물로써 다음과 같이 보고하였다.

"이 지대로부터 약 40리의 거리인 지점에서 홍범도 부하 500명과 안무 부하 400명과 한민회군인 500명과 광복단군인 200명은 병력을 합하여 목하 전쟁을 계속 중이나 第一戰에는 홍사령관이 안도현 주재의 광복단군의 후원을 얻어서 서로 협력할 제 적의 저격을 받아 교전 중에 적에게 다대한 損害를 주었다. 적은 홍범도를 잡으려고 하여 적군 200여 명과 중국육군 光觀軍 60여 명은 홍의 도주에 乘하여 추격하려고 기관총대를 아군의 도주하리라는 요로에 잠복시키고 홍의 주재지 四圍의 삼림에 방화하였으나 홍은 적의 계획을 最早 간파하고 몰래 군영에 돌아왔다. 그러나 적은 삼림을 태워버려도 홍의 형적을 발견하지 못하고 이상하다고 생각하여 서서히 중심지대에 진행하여 비로소 홍의 도주한 것을 알았다. 창황 중에 앞서 잠복시켜 둔 적의 기관총대는 홍군이라고 오인하여 발사한 결과 지나육군 60여 명까지 모두 죽었다. 그후 아군은 연전 중으로서 금일까지 적군의 死者는 1,000여 명에 달한다. (지나관헌 청보고에도 적군사자 1,200명이라고 하였다.)"[81]

박은식의 『한국독립운동지혈사』(1920)도 홍범도연합부대의 완루구전투의 대승리를 이와 비슷하게 정리하여 수록하였다.[82]

일본군 측의 공식보고는 그들의 관례대로 물론 이 수치스러운 패전을 기록하지 않았다. 그러나 일본 측 기록을 자세히 읽어보면 이때 완루구전투에서 홍범도연합부대에게 섬멸당한 일본군부대는 반야(飯野)대대와 지대예비대가 합친 부대임을 알 수 있는데, 단지 '밀림 중에서 길을 잃었다'고만 기록하여

80 『震檀』 제6호, 1920년 11월 14일자, 『現代史資料』 28, 「朝鮮」 4, p. 349.
81 「高警第37231號, 國外情報」, 1920년 11월 25일자, 『朝鮮獨立運動』 제2권, p. 126.
82 朴殷植, 『韓國獨立運動之血史』, 『朴殷植全書』 (上), p. 640 참조.

이 패전을 호도하였다.[83]

2) 어랑촌전투

청산리독립전쟁의 네 번째 전투인 어랑촌 전투는 1920년 10월 22일 오전 9시부터 하루종일 이도구 어랑촌 서남방(완루구 전투는 어랑촌의 서북방) 표고 874고지 남측에서,[84] 김좌진부대(북로군정서)와 홍범도연합부대가 공동으로 격전을 벌이어 일본군을 격퇴한 전투이었다.

김좌진이 인솔하는 북로군정서 독립군은 청산리독립전쟁의 세 번째 전투인 천수평전투에서 일본군 수색기병대를 섬멸한 후 숨돌릴 사이도 없이 '어랑촌 서남단 고지'[85]를 선점하기 위하여 돌진하였다. 왜냐하면 일본군보다 먼저 유리한 고지를 선점해서 선제공격을 가하는 것이 승리를 보장할 수 있는 것이었기 때문이다. 일본군은 얼마 후에는 바로 이 고지를 선점하려고 달려왔다가 이미 북로군정서 독립군이 선점한 사실을 알고는 이 고지를 밑에서 독립군을 포위하였다. 일본군은 병력과 화력의 우세를 믿고 기병 연대장 가납(加納) 대좌의 지휘하에 연대병력으로 22일 오전 9시경부터 북로군정서 독립군을 공격하기 시작하였다. 북로군정서 독립군은 600명밖에 되지 않았으나 위에서 아래를 내려다보는 유리한 지형에서 기어올라오는 일본군을 공격하였다. 일본군은 어랑촌 부근에 무려 5,000명의 병력이 흩어져 있었으며 이 부대들을 모두 불러 모으고 있었으므로 일본군의 숫자는 시간이 갈수록 증가하여 일본군은 북로군정서 독립군을 '섬멸'할 자신을 갖고 공격을 늦추지 않았다. 북로군정서 독립군은 이 전투가 죽을 자리라고 각오하로 혈전을 전개하였다.

그러나 일본군 연대병력의 북로군정서 독립군 포위공격은 뜻과 같이 전개되지 않았다. 왜냐하면 완루구전투를 치르고 서방으로 이동하던 홍범도 연합부

---

83 『間島出兵史』(上), 前揭資料, p. 57 참조.

84 『間島出兵史』(上), 前揭資料, p. 58 참조.

85 『獨立新聞』 第98號, 1921년 3월 12일자, 經戰將校金勳氏談, 「北路我軍實戰記」(二).

대가 북로군정서 독립군이 혈전을 전개하고 있는 지구로 이동해 왔기 때문이었다.[86]

홍범도는 완루구전투를 치르고 안도현 방면으로 이동해 가다가 북로군정서 독립군이 어랑촌 서남단 고지에서 일본군 연대병력에 포위되어 혈전을 전개하고 있다는 보고를 받고 이를 지원하려고 방향을 돌려 북로군정서의 전투 고지로 찾아온 것이었다. 홍범도연합부대의 1,400명에 달하는 대병력은 북로군정서 독립군이 선점하고 있는 고지의 바로 옆의 최고표고에 진을 치고 일본군을 맹렬히 공격하였다. 이에 일본군 동지대는 북로군정서를 포위했던 대병력을 나누어 홍범도연합부대와 전투를 전개하지 않을 수 없게 되었다.

김좌진부대나 홍범도연합부대나 모두 지형이 유리했기 때문에 돌격해 올라오는 일본군을 내려다보면서 소총과 기관총을 퍼부었다. 일본군은 독립군과의 한 차례 대전투에서만도 격전 후에 300명의 전사자와 수많은 부상자를 내고 공격이 둔화되었다.[87]

그러나 병력과 화력에 있어서 압도적으로 우세한 일본군은 단념하지 않고 다시 독립군을 공격해 왔다. 일본군은 기병대로 천수평의 서북방 고지를 따라 독립군의 측면을 공격하고, 정면에는 포병과 보병으로 결사적 공격을 감행하였다. 시간이 흐를수록 전투는 치열하게 전개되었다. 오전 9시부터 시작된 전투가 해가 기울 때까지 그칠 줄을 몰랐다. 독립군 병사들은 하루종일 굶었기 때문에 부근 촌락의 동포 부인들이 주먹밥을 지어가지고 와서 전투 중에 있는 병사들의 입에 넣어 주는 형편이었다.[88] 일본군의 공격은 치열했으나, 유리한 지형을 차지한 독립군 부대들은 동포들의 성원에 한층 더 사기 충천하여, 예컨대 한 기관총 중대장은 자기 몸을 기관총에 묶어 놓고 결사적으로 적을 섬멸하였다.[89]

---

86 「暗號電報 第36號, 暗 No. 15825」, 1920년 10월 22일자, 『現代史資料』 28, 「朝鮮」 4, p. 319.
87 『獨立新聞』, 1920년 12월 25일자, '北間島에 在한 我獨立軍의 戰鬪情報' 참조.
88 『獨立新聞』, 1920년 12월 25일자, '北間島에 在한 我獨立軍의 戰鬪情報' 참조.
89 李範奭, 『우등불』, p. 71 참조.

마침내 고지에 어둠이 내리기 시작하자 일본군의 공격은 현저히 약화되었다. 독립군은 이 치열한 전투에서도 승리했으므로 북로군정서 독립군을 홍범도연합부대가 있는 고지의 최고표고로 집합시켜서 추격하려는 적을 최종적으로 분쇄하고, 어둠을 타서 다시 부대를 나누어 안도현 방면으로 이동함으로써 어랑촌전투는 일단 종결되었다.

그 후 북로군정서가 상해 임시정부에 제출한 보고서는 어랑촌전투를 북로군정서 단독으로 수행한 것으로 보고했으나,[90] 상해 임시정부 군무부는 어랑촌전투에 대하여 '보병 제2연대(김좌진부대-필자)는 어랑촌 후방고지를 점령하야 적의 推進할 路를 차단케 하고, 제3연대(홍범도연합부대-필자)는 동고지최고표고에 位하야 援隊에 任하다'[91]고 하여 홍범도연합부대가 원대(援隊)로서 어랑촌전투에서 공동작전을 수행했음을 밝혔다. 또한 임시정부 군무부는 어랑촌전투의 내용에 대하여 다음과 같은 발표하였다.

"於是에 적은 즉시 출동하야 전개전진할 새 어랑촌 전방 약 3리허 아군의 은폐 잠복한 고지에서 약 200미터 되는 산곡에 그 본대가 도착하자, 좌우 고지에서 아군은 맹렬한 瞰制射擊을 始하니 적은 罔知所措하여 前者死 後者倒에 積尸成邱라. 사격을 始한지 20분간에 적의 死者여 300명이라. 적은 자기의 병력이 衆多함을 恃하고 아군을 대항할 새 적의 기병중대(1소대원)는 아군의 측익을 위협하고 보포병은 소총기관총으로 효과 無한 사격을 아군의 정면에서 맹렬히 하야 위협적 행동을 하나, 천연적 지방형이 유리하므로 아군은 조금도 피해가 無하니 사기 왕성하야 좌우 전방으로 침습하는 적을 대항할 새 측익에서 무익한 동작을 하려는 적의 기병을 격퇴하며 3면에 在한 다수 완강한 적을 맹렬 과감히 대항하니 통쾌 비참한 대전투가 되다. 時에 적은 지형이 불리하야 我의 감제사격을 受하는 중에 피아의 거리는 200이라. 적은 각 방면에 산재하였던 부대가 집중 증가되야 최종에는 아군 5배 이상 병력이 된지라. 然而 아의 旅行隊는 적의 수색기병부대를 격멸한 후 我의 본대에 집합하고 아군 제2연대도 이미 점위한 최고표고로 退合하야 일제히 맹렬한 집중사격을 행하니 적은 한층

90 『獨立新聞』 제95호, 1921년 1월 18일자, '大韓軍政署報告' 참조.

91 『獨立新聞』, 1920년 12월 25일자, '北間島에 在한 我獨立軍의 戰鬪情報' 참조.

분개하야 산포 기관총으로 가치가 無한 사격을 위협적으로 맹렬히 하나 아군의 피해는 少無하므로 사기는 어욱 왕성하더라."[92]

즉, 여기서 상해 임시정부의 어랑촌전투에 대한 파악은, ① 김좌진부대(북로군정서)는 어랑촌 후방고지를 점령하여 일본군의 진로를 차단하고 홍범도부대는 같은 고지의 최고표고에 위치하여 지원군의 임무를 하였고, ② 일본군과의 전투에서는 김좌진부대와 홍범도연합부대가 좌고지와 후고지에서 맹렬한 사격을 하여 모두 참전했으며, ③ 독립군은 지형이 유리하여 승리했고, ④ 철수할 때에는 홍범도연합부대가 이미 점유한 그 고지의 최고표고에 김좌진부대가 합류하여 일단 공동으로 철수했다가 전투 종결 후에 다시 부대를 나누어 간 것으로 정리하고 있는 것이다.

당시 상해 임시정부는 홍범도연합부대보다 더 북로군정서를 그의 직속 부대로 간주했음에도 불구하고 상해 임시정부가 어랑촌전투에 홍범도연합부대가 참가했음을 인정하고 그 사실을 공표했음은 주목할 필요가 있는 것이다.

한편 일본군 측의 당시 비밀 보고자료는 어랑촌전투에서 일본군과 전투한 주력은 홍범도부대라고 밝히고 이 전투에 홍범도부대와 김좌진부대가 다 같이 참가했다고 보고하였다. 어랑촌전투의 주력이 홍범도부대라고 밝힌 일본군 측 자료를 몇 가지 들면 다음과 같다.

"어랑촌 부근에서 我軍隊를 공격한 賊徒는 홍범도 등의 부대이다. 10월 22일 오전 11시부터 남방에 퇴각을 시작하여 토벌대는 즉시 이를 추격했으나 적은 삼림지대에 潰走 하여 그림자를 감추어 버렸다."[93]

"이도구 어랑촌 부근에서 목하 東少將이 거느린 부대와 상대하는 적도의 주력은 洪範圖, 安武가 거느린 國民會及 韓民會의 부대 등 약 500명 정도이다."[94]

---

92 『獨立新聞』, 1920년 12월 25일자, '北間島에 在한 我獨立軍의 戰鬪情報' 참조.

93 「暗號電報 第368號, 暗 No. 15894, 東少將ノ率ユル部隊ノ狀況」, 1920년 10월 23일자, 『現代史資料』 28, 「朝鮮」 4, p. 293.

94 「秘間情第40號, 不逞鮮人ノ行動」, 1920년 10월 27일자, 『現代史資料』 28, 「朝鮮」 4, p. 376.

"頭道溝 부근에서 목하 일본군대와 교전하는 부대는 홍범도의 麾下로서"[95]

"10월 22일 오전 8시 20분경 이도구 어랑촌에서 홍범도부대는 일본군대에 저항전투를 교환하여 아에 즉사1, 馬3두 죽음."[96]

"이도구 어랑촌 부근에서 일본군대에 對峙한 불령단의 주력은 홍범도급 안무가 거느린 부대…"[97]

또한 일본군 측 보고에는 10월 22일 이른 아침부터 오후 7시까지 어랑촌 서쪽 산중에서 싸운 독립군은 김좌진의 부하 200~300명 외에 초적단 700~800명, 합계 1,000명이라고 밝히고, 그 다음 보고에서는 그 초적단이 홍범도가 거느린 적군이라고 보고하였다.

"당시 後軍廠溝(蜂蜜溝 西北 약 8里) 방면으로부터 귀환의 길에 기병연대의 주력과 합하여 22일 早朝부터 어랑촌(이도구와 소봉밀구와의 중간지구) 서방 산중에서 적단과 충돌하여 오후 7시경까지 전투를 계속하여 드디어 이를 밀림 중에 격퇴하였다. …… 적은 김좌진의 부하 2~300외에 초적단 7~800, 計 1,000명으로서 아직 봉밀구 서북산지에 있는 것 같으므로 본 25일을 기하여 다시 이를 포위 소탕하려 한다."[98]

"10월 22일 魚老村(蜂蜜溝와 二道溝와의 중간부락) 서방고지에서 전투를 교환한 홍범도가 거느린 賊軍은 패퇴 후 蜂蜜口 谷地及 그 北西谷地에 퇴각한 것 같으나 그 퇴각방향은 판명되지 않는다."[99]

위에서 든 당시의 일본군 측 자료들에서도 명백히 나타나는 바와 같이 어랑

---

95 「間情第31號, 不逞鮮人ノ歸順」, 1920년 10월 23일자, 『現代史資料』 28, 「朝鮮」 4, p. 368.

96 「間情第59號, 十月中ノ情報ニ據ル間島地方不逞鮮人行動概況」,1920년 11월 10일자, 『現代史資料』 28, 「朝鮮」 4, p. 400.

97 「間情第59號」, 前揭書, p. 404.

98 「朝特第115號(續) 電報」, 1920년 10월 26일자, 『現代史資料』 28, 「朝鮮」 4, pp. 223~224.

99 「朝特第120號 電報」, 1920년 10월 28일자, 『現代史資料』 28, 「朝鮮」 4, p. 226.

촌 전투에는 김좌진부대와 홍범도연합부대가 다 같이 전투에 참가하였다. 뿐만 아니라 일본군 측의 비밀보고들은 어랑촌전투에서 독립군의 병력의 주력은 오히려 홍범도연합부대라고 보고하고 있는 것이다.

우리가 편견 없이 허심탄회하게 어랑촌전투의 자료들을 검토해 보면, 어랑촌전투에는 김좌진부대와 홍범도연합부대가 모두 함께 참전했음을 명백하게 알 수 있다. 또한 필자의 견해로는 일련의 전투에서 홍범도연합부대와 김좌진부대는 구조적으로 매우 상호보완적이었고 상호지원적이었다고 생각한다.

홍범도연합부대가 10월 21일 오후부터 22일 새벽 사이에 완루구(북완루구와 남완루구 사이의 중앙고지)에서 일본군에게 포위되었을 때에, 김좌진부대가 22일 새벽 5시 30분경 천수평에서 일본군 수색기병대를 기습했기 때문에 일본군의 부대 이동을 가져와 홍범도부대의 포위망 탈출과 역포위의 공격을 용이하게 해서 완루구전투를 승리로 이끄는데 지원적이 되었다고 할 수 있다. 반면에 어랑촌의 서남단 고지에서 북로군정서 독립군이 5배 이상 병력의 일본군에게 포위공격을 당하여 고전하고 있을 때에 완루구전투를 치르고 나온 홍범도연합부대가 바로 북로군정서 일본군이 선점하여 싸우고 있는 고지의 최고표고를 점령하여 일본군과 혈전을 벌여 주었기 때문에 북로군정서 독립군도 포위망이 풀리고 도리어 승전했으며 홍범도연합부대도 승전한 것이었다고 볼 수 있다. 어랑촌전투는 김좌진부대와 홍범도연합부대가 다 같이 참전했기 때문에 승리할 수 있었던 전투였다고 해석된다.

필자는 이미 여러 차례 청산리독립전쟁에 홍범도연합부대가 참전하여 이 전쟁을 승리로 이끌었음을 실증자료를 대어 밝혔음에도 불구하고 아직도 일부 연구자들이 청산리독립전쟁을 북로군정서 단독의 전투로 고집하고 홍범도연합부대의 참전사실을 의식적으로 배제하려 하는 것이 사실과 전혀 다른 것임을 거듭 강조하여 지적하는 바이다.

일본군은 어랑촌전투에서 크게 패하여 기병 연대장 가납(加納) 대좌를 비롯해서 다수의 전사자와 부상자를 내었다. 북로군정서 사령부는 일본군의 전사자와 부상자를 1,600명으로 발표했으며, 중국관변은 일본군의 전사자와 부상자를 1,300여 명이라고 추산하였다. 박은식에 의하면 일본 영사관의 비밀보고에서도 이도구전투에서 가납 연대장을 비롯하여 대대장 2명, 소대장 9명, 하사 이하 병사의 사상자가 800여 명에 달했다고 보고하였다 한다.[100]

상해 임시정부는 어랑촌전투에서의 일본군의 전사자를 300여 명이라고 발표했으며 부상자의 추계는 내지 않았다.[101] 일본군 측은 물론 이를 극소화해서 보고하였다.[102] 이범석은 어랑촌전투에서의 일본군의 전사자와 부상자를 가납 연대장을 포함하여 약 1,000명이라고 추산하였다.[103]

한편 독립군 측도 그동안의 전투 중에서는 어랑촌전투에서의 피해가 가장 커서 전사자와 부상자가 200명을 넘은 것으로 추정된다.[104] 이범석에 의하면 이 전투에서 북로군정서의 전사자와 부상자만도 100여 명에 달했다고 한다.[105] 이 사실들에서도 어랑촌전투가 얼마나 격전이었는가를 잘 알 수 있다.

일본군은 보고에서마다 독립군을 폐퇴시켰다고 하면서도 어랑촌전투에서 일본군이 패전한 사실을 다음과 같이 간접적으로 시인하였다.

"蜂蜜溝 及 靑山里 부근에 있어서 東支隊의 전투에 徵함에 北方面에 있는 賊徒는 김좌진의 지휘하에 있는 軍政署의 일파와 독립군 중 홍범도의 지휘하는 一團과를 合하여 기관총 등 신무병기를 갖고 약 6,000으로 구성된 것 같으며, 他方面과 달리 완강히 저항을 계속하고 있다."[106]

"일본군대에 포위되었던 二道溝及 三道溝 방면 삼림지대의 숨은 불령선인단은 교묘히 일본군대의 경계선을 돌파하고 일부는 삼림을 뚫고 張仁江의 상류지방 及 오돌

---

100 朴殷植, 『韓國獨立運動之血史』, 『朴殷植全書』 상권, pp. 672~673 참조.
101 『獨立新聞』, 1920년 12월 25일자, '北間島에 在한 我獨立軍의 戰鬪情報' 참조.
102 「朝特第115號(續) 電報」, 1920년 10월 26일자, 『現代史資料』 28, 「朝鮮」 4, p. 224 참조.
103 李範奭, 『우둥불』, p. 73 참조.
104 「高警第37231號, 墾北視察員報告」, 1920년 11월 25일자, 『韓國獨立運動』 제2권, p. 126 참조.
105 李範奭, 『우둥불』, p. 73 참조.
106 「朝特第114號, 電報」, 1920년 10월 25일자, 『現代史資料』 28, 「朝鮮」 4, p. 222.

도江(二頭江?)의 奧地 及 四人班(安圖縣), 四道溝 黃直(頭道溝의 남방 약 6리), 細鱗河 恢幕 洞(頭道溝의 북방 약 4리)에 탈주한 자가 많다. 홍범도는 특사를 보내어 혼춘, 왕청현 방면의 不逞團及 馬賊團에 응원을 구하여 …… 왕청현 방면으로부터의 응원을 기다려서 일본군대를 挾擊 분쇄하겠다고 揚言하고 있다고 한다."[107]

당시 김좌진부대와 홍범도연합부대의 총병력은 2,000명 정도였으며, 일본군은 평소의 비밀보고에서는 독립군의 이 병력을 정확히 파악하고 있었음에도 불구하고, 어랑촌전투에서 패배하자 자기들의 병력 5,000명보다 김좌진부대·홍범도연합부대의 총병력이 6,000명이어서 더 많아 중과부적이었기 때문에 패배한 것 같은 해석을 유도하는 허위보고를 제출하였다.

또한 일본군은 홍범도가 어랑촌전투 직후에 다른 곳으로 이동해 가서 일본군을 분쇄해 버리겠다고 양언(揚言)하고 있음을 보고함으로써, 어랑촌전투 직후에 홍범도연합부대의 사기는 더욱 왕성하였고 일본군의 사기는 땅에 떨어진 것을 알려 패배를 간접적으로 시사하고 있다.

어랑촌전투에서 패배한 일본군 동지대는 일제 '조선군사령관'의 승인을 받을 여유도 없이 다급해서 함경북도 무산으로부터 대대장이 지휘하는 일본군 보병 2개 중대와 함경북도 회령에 주둔한 제74연대 제1대대를 급히 어랑촌 일대에 증파하여 투입하고 사후승인을 신청할 정도로, 일본군은 어랑촌전투에서 패전하였다.[108]

청산리독립전쟁 중에서 가장 치열하고 규모가 컸던 어랑촌전투는 결국 독립군의 대승리로 귀결된 것이었으며, 여기서는 김좌진부대와 함께 홍범도연합부대가 주력이 되어 빛나는 승리를 쟁취한 것이었다.

3) 천보산전투

홍범도연합부대와 김좌진부대는 어랑촌전투 후의 철수 도중에 10월 24일

107 「間情第44號」, 1920년 10월 28일자, 『現代史資料』 28, 「朝鮮」 4, p. 379.

108 「朝特第118號, 電報」, 1920년 10월 28일자, 『現代史資料』 28, 「朝鮮」 4, pp. 225~226 참조.

저녁 8시와 9시에 두 차례,[109] 그리고 25일 새벽 한 차례 소병력을 내어 천보산 남쪽 부근에서 일본군 1개 중대를 습격하였다.[110] 이 중에 한 차례의 공격은 이범석이 인솔하는 북로군정서 독립군의 소부대가 수행하였고,[111] 다른 공격은 홍범도부대에서 식량을 구하러 나간 소부대가 수행하였다.[112]

일본군의 천보산수비대는 독립군부대들의 습격에 큰 피해를 입고 1개 대대의 병력을 긴급히 보충하였다.[113] 일본군이 부근에 있는 보병 1개 대대를 긴급히 천보산수비대에 증파한 곳에서 일본군의 피해가 상당히 컸던 것을 알 수 있으나, 정확한 전사자와 부상자의 통계는 일본군 측에서 발표하지 않았다.

4) 고동하곡전투

청산리독립전쟁의 마지막 전투인 고동하곡전투는 1920년 10월 25일 한밤중부터 26일 새벽까지 고동하(古洞河) 골짜기에서 일본군이 홍범도부대를 야습했다가 도리어 역습을 받아 일본군이 참패하고 독립군이 대승한 전투였다.

홍범도연합부대는 어랑촌전투를 치른 후 부대별로 분산하여 홍범도는 원래의 그의 대한독립군 300명(기타 다른 부대 추정자 50명)만을 인솔하고 안도현 방면으로 이동하고 있었다. 고동하곡전투에 대하여 일제의 조선군 사령관은 당시 전보로 다음과 같이 보고하였다.

"〔三 . 彼我의 병력〕 賊徒의 병력은 약 350, 총기를 갖지 않은 자 30, 폭탄 100여를 가졌다. 我의 병력은 보병 150, 기관총 3을 가졌다.

〔四. 賊의 團隊號〕 賊은 洪範圖가 거느린 약 300, 國民會及 金佐鎭의 부하 약 50,

---

109 「秘間情第42號, 我討伐隊ノ行動ニ關スル件」, 1920년 10월 27일자, 『現代史資料』 28, 「朝鮮」 4, p. 377 참조.

110 「朝特第124號, 電報」, 1920년 11월 2일자, 『現代史資料』 28, 「朝鮮」 4, p. 229 참조.

111 李範奭, 『우등불』, p. 481 참조.

112 「間情第44號, 不逞團脫出及糧食ノ補充」, 1920년 10월 28일자, 『現代史資料』 28, 「朝鮮」 4, p. 379 참조.

113 『間島出兵史』 (上), 전게자료, p. 59 참조.

이와 함께 軍政署員이 약간 있으나 그 總員은 不明이다.

〔五. 戰鬪經過의 개요〕 支隊豫備隊는 10월 22일 패퇴한 賊團과 1일을 사이하고 10월 23일 오전 9시 20분 어랑촌 서남방의 지구를 서방으로 追急進하였다. 처음에는 賊徒의 주력의 행동방향이 불명했으나 오후 4시에 이르러 賊徒의 前夜의 露營地를 발견하였다. 부근 주민을 詰問하여 賊徒의 露營과 퇴각 방향의 확증을 얻고 足跡을 구하여 밀림 중에 방황하기 50여 시간, 25일 오후 10시경 前方 삼림중에 희미한 砲煙이 오르는 것을 보았다. 다음에 가까이 賊徒의 露營함의 보고에 접함에 의하여 賊前 약 300미터에서 隊勢를 정비하여 飯野少佐가 인솔하는 2개소대를 第1線으로 하고 그 나머지를 豫備隊로 하였다. 오후 12시 제1선으로서 돌격을 결행하여 賊의 前哨를 돌파했으나 賊本隊의 露營地 側方及 前方에는 溪流가 돌아흐르고 또한 斷崖가 있어서 돌격을 일시 중지했다가 다시 초월하여 적본대에 돌입하여 奮戰한 후 오전 0시 45분 전부 적도를 擊하고 다음에 예비대를 제1선에 招致하여 적도의 襲來에 대비해서 부근의 가장 높은 곳에 부대를 집결할 대에 東天이 점차 밝아오고 장졸의 면면에 喜悅의 色이 나타나는 것이 보였다. 단지 애석하게 적장 洪範圖及 그 幕僚를 아제1선의 전방 수백미터의 간에서 놓치었다. 我에 死傷 없다."[114]

그 후의 일본군 보고들은 위의 전보에 일치시켜 홍범도부대를 놓쳤다고 보고했으며,[115] 일본군에 마치 전과가 있었던 것처럼 보고하였다.[116] 또한 일본군이 간도침입작전을 그 후에 정리한 『간도출병사』도 위의 전보 보고를 기초로 하여 일본군에 전과가 있었던 것처럼 꾸몄다.[117]

---

114 「朝特第120號, 戰報」, 1920년 10월 28일자, 『現代史資料』 28, 「朝鮮」 4, pp. 226~227.

115 「秘間情第42號, 我討伐隊ノ行動ニ關」スル件」, 1920년 10월 27일자, 『現代史資料』 28, 「朝鮮」 4, p. 377 참조.

116 「電報第379號, 暗 No.16135」, 1920년 10월 28일자, 『現代史資料』 28, 「朝鮮」 4, p. 295 참조.

117 『間島出兵史』 (上), pp. 28~29. "支隊豫備隊는 23일 밤에 이르기까지 현재 진지에 있으면서 賊의 퇴각 방향의 수색과 함께 이후의 追擊을 준비하고 기병연대는 어랑촌 五道揭岔道를 봉쇄하였다. 지대장은 철저적으로 적을 격멸할 企圖를 가지고 병력의 집결에 노력했으나 교통의 불편과 一般配備의 관계상 집결이 뜻과 같지 않았다. 그러나 적은 逐次 북방에 遁徒하는 기미가 있으므로 24일 스스로 보병 150, 기관총 3을 인솔하고 어랑촌을 출발하여 蜂蜜口 북방 약 2천 미터의 小流에 沿하여 서진하다가 오후 4시에 적의 前夜에 있어서의 露營地를 발견하였다. 주민에 詰問하여 적의 퇴각방향을 알고 足跡을 수색하고 혹은 樹枝에 남아 있는 적의 銃照星頂의 復眼 등에 의하여 판단하며 密林 중을 방황하였다. 古洞川에 沿하여 소급하기 약 6

그러나 이 자료들을 자세히 검토해 보면 고동하곡전투에서 일본군이 패전했음을 쉽게 알 수 있다. 즉 이 자료들에서 보면, ① 일본군은 밀림 속에 들어가 천신만고하면서 홍범도부대를 찾아 헤매다가 10월 25일 밤 10시경에 고동하 골짜기에서 홍범도부대의 연기를 발견하고 정각 12시에 일본군이 먼저 반야 소좌가 이끄는 2개 소대를 앞세워 야습을 돌격전으로 감행하였다. ② 그러나 홍범도부대는 이미 대비가 되어 있어서 요소에 산재하여 매복해 있다가 일본군이 독립군의 전초(前哨)를 통과하는 것을 그대로 둔 채 노영지(露營地)의 옆쪽과 앞쪽에 흐르는 냇물을 일본군이 건너올 때에 여러 방면(일본군의 제1선 2개 소대가 포위당했음을 의미)에서 응전과 반격을 가하였다. ③ 이에 일본군은 막대한 희생을 내고 당황하여 후퇴했다. ④ 일본군은 재차 냇물을 건너 돌격했으나 희생이 막대했으므로 무익한 손해를 피하기 위하여 후퇴해서 부근의 최고봉인 1,743고지에 쫓겨 올라가게 되었다. ⑤ 일본군이 참패하여 홍범도부대에 쫓겨서 1,743고지로 후퇴할 때에는 제2선에 있던 예비대가 홍범도부대의 추격을 막는 제1선을 담당하였다(이것은 원래 제1선을 맡았던 반야 소좌 지휘의 2개 소대가 궤멸되었음을 의미하는 것이다). ⑥ 1,743고지에 쫓겨 올라온 일본군 장교와 사병들은 패잔으로 전전긍긍하다가 먼동이 트고 날이 밝아오자(이제는 살았다는 안도감에) 얼굴에 희열이 나타나기 시작하였다.

일본군은 독립군을 얕보고, 150명의 소부대로서 낮에도 일본군은 생소하여 들어가기 어려운 밀림 속에 밤중에 겁 없이 들어가서 먼저 야습을 감행했다가 일본군보다 2배나 병력이 더 많으며 밀림전에 숙달된 홍범도부대의 매복작전에 걸려 45분간의 격전 끝에 제1선을 맡았던 일본군 2개 소대(약 100명)가

리에 25일 오후 10시경 전방 삼림 중에 희미하게 煤煙이 오르는 것을 보았다. 다음에 가까이 賊徒의 露營함의 보고에 접하였다. 밤 12시경 夜襲을 감행하여 이를 격퇴하려 했으나, 적은 오히려 가까이 各所에 散在하여 제방면에 대해서 亂射를 계속하므로 무익의 손해를 피하기 위하여 부근의 최고봉 1,743고지에 병력을 집결하였다. 이 전투에서 我의 손해 없다. 적의 사상 약 30, 소총 10, 탄약 1만여를 노획하였다. 그 후 포로의 糺問에 의하여 이 賊團은 홍범도가 지휘하는 약 300(內에 執銃者 250), 김좌진 부하 약 30임을 알았다. 該隊兵力의 부족은 드디어 이의 철저적 剿討를 하지 못하고 26일 蜂蜜口에 귀환하였다." 참조.

거의 전멸당하고 패잔병들이 홍범도부대에 쫓겨 1,743고지에 도망해 올라갔다가 날이 새어 목숨을 건진 것이다. 일본군의 야습의 제1선을 담당했던 반야(飯野) 소좌 지휘하의 2개 소대가 거의 전멸했다는 사실은 일본군이 1,743고지로 도망할 때 뒤에 섰던 예비대가 홍범도부대의 추격을 막는 제1선이 되었다는 사실에서도 이를 알 수 있다.

홍범도부대는 고동하곡전투에서 일본군 2개 소대(약 1백명)를 섬멸한 것이다. 고동하곡 전투를 마지막으로 하여 이도구와 삼도구 일대의 독립군부대들은 26일 낮부터는 철수작전을 전개하여 일본군 '토벌작전'의 포위망을 완전히 벗어나서 안도현으로 들어가게 되고, 청산리독립전쟁은 독립군의 빛나는 대승리로 종결되었다.

1920년 10월 21일 아침부터 10월 26일 새벽까지 6일간에 걸쳐 숨 가쁘게 전개된 한국 독립군과 일본군 사이의 청산리독립전쟁에서 독립군은 일본군 1,200여 명을 사살하고 일본군에게 참패를 안겨주어 일본군의 독립군 '토벌'을 위한 간도침입작전을 근본적으로 분쇄해 버렸으며, 만주지역의 독립운동을 보위하는 위대한 역할을 수행해 내었다.

홍범도부대는 이 청사에 빛날 청산리독립전쟁의 승리에서 김좌진이 지휘하는 북로군정서 독립군과 함께 승전의 주역으로서 싸운 것이었다.

8. 대한독립군의 시베리아 이동과 대한독립단

청산리독립전쟁 이후의 홍범도와 그의 독립군부대의 활동에 대해서는 자세한 자료가 남아 있지 않다. 여기서 그 대강을 간단히 기술하면 다음과 같다. 홍범도연합부대는 일본군의 대규모 병력이 '토벌'작전을 하는 속에서 대규모 병력이동이 불리하므로, 청산리독립전쟁에 대승을 거둔 다음 부대별로 분산하였다. 홍범도가 인솔하는 대한독립군은 1920년 10월 말경에 안도현 황구령촌(黃口嶺村) 부근에 도착하였다.

홍범도는 뒤이어 도착한 김좌진의 북로군정서 독립군과 황구령촌에서 1920년 11월 군사통일 문제를 협의하였다. 홍범도는 여기서 대오를 정비하여 다시 연합부대를 편성해서 이번에는 아예 삼수·갑산으로 국내진입을 감행함으로써 간도에 침입한 일본군의 뒤를 쳐버릴 작정이었다.[118]

홍범도는 350명의 병력을 인솔하고 있었으나 김좌진의 북로군정서는 병력 손실이 많아서 고충이 있었다. 이에 홍범도는 이청천(李靑天)이 인솔하고 오는 한족회의 서로군정서 독립군을 기다려서 연합부대를 편성하여 삼수·갑산에의 국내진입작전을 단행하려고 하였다. 일제 자료는 다음과 같이 기록하고 있다.

> "홍범도의 부대는 황구령촌의 서북 4리 조선부락(약 20호)에 주재하면서 한족회부대의 집합을 기다리고 있으나 그의 병력수는 휘하 약 350명, 한족회 140명 내외라고 한다. 그리하여 홍은 그 후 김좌진과 행동상 의견이 相容되지 않은 바가 있었기 때문에 다시 간도 방면에 진출함이 없이 仍頭山 방면에 향할 것이라고 말하면서 만일 상황이 이를 허락하면 즉시 삼수 갑산에 침입할 결심을 하고 있다 한다. 그는 원래 차도선과 함께 長白·撫松 방면에 根據를 갖고 있던 관계상 舊配下의 來投하는 자가 적지 않다고 한다."[119]

걸출한 용장(勇將) 홍범도가 안도현 잉두산(仍頭山)에 근거지를 만들어 삼수·갑산부터 국내진입을 감행하려는 계획은 탁월한 지장(智將) 김좌진의 동의를 얻지 못한 것으로 보인다. 당시 간도에 침입한 일본군은 청산리독립전쟁에 패전하자 더욱 악랄하게 간도 일대에 사는 한국민족을 무차별 학살하고 촌락과 학교·교회에 방화하는 잔인무도한 살인만행을 자행하고 있었다. '경신참변(庚申慘變)', '경신대학살(庚申大虐殺)', '간도대학살(間島大虐殺)'이라고 불리는 일본군의 학살만행에 적어도 3,469명(일설 1만명) 이상의 무고한 간도 한국인이

---

118 「秘間情第73號, 不逞團ノ行動」, 1920년 11월 26일자, 『現代史資料』 28, 「朝鮮」 4, p. 421 참조.
119 「秘間情第70號, 金佐鎭及洪範圖ノ武力部隊ノ行動ニ關スル件」, 1920년 11월 22일조, 『現代史資料』 28, 「朝鮮」 4, p. 415.

살해당하였다.[120] 이러한 상태에서 500명의 독립군으로 국내진입을 단행했을 경우 발생할 피해에 대하여 독립군 측은 충분히 고려하지 않을 수 없었다.

홍범도는 다른 독립군 지도자들의 반대에 부딪쳐 국내진입을 단념하게 되자 김좌진·이청천 등과 협의하여 북만주로 이동하기로 결정하고 11월 하순 장정(長征)에 적합지 않은 70명의 병사들을 해산시켜 집에 돌려보내었다. 그 이전의 근거지 대이동 때에도 홍범도, 김좌진 등 독립군 지도자들은 먼 행군에 적합지 않은 독립군 병사들은 귀가 조치를 했었다.

> "청산리 奧地로부터 숨어 버렸던 홍범도부대의 주력은 안도현 三人班에 도착하여 軍政署及 光復團 등과 서로 전후하여 同地에서 집합하였다. 그 수는 약 500에 달한다. 同地에서 약 70명을 해산 歸宅시켰으나 그들의 부대는 大少河에 도착하여 지금도 아직 該地方에 滯在하고 있다."[121]

홍범도는 다른 부대들과 연락하고, 또 안정근(安定根)·왕삼덕(王三德) 등을 통하여 노령의 중로연합선전부(中露聯合宣傳部, 이동휘 계열의 조직)와 연락되어 일단 북만주의 밀산에 모여서 다음의 행방을 결정하기로 하였다.[122]

독립군부대들이 일단 밀산에 모이기로 결정되자 홍범도부대는 이청천이 지휘하는 서로군정서 독립군과 합동하여 일본군 토벌대와 수차례의 격전을 벌여가면서 북방으로 이동하였다. 이 도중에 홍범도 부대는 12월 중순에 돈화현에서 간도에 대원을 파견하여 일부 해산시켰던 독립군 병사들을 재소집해서 밀산에 모이도록 하였다.

> "안도현 방면으로부터 북방 삼림지대를 우회하여 敦化縣에 탈출한 홍범도 일파는 목하 同縣 凉水泉子에 모여서, 홍의 명을 받아 일찍이 간도방면에서 해산하였던 부대원의 소집을 위하여 간부를 간도에 들여보내는 한편, 중로연합선전부와 통신연락을 개시

---

120 『獨立新聞』 제87호, 1920년 12월 18일자, '西北間島同胞의 慘狀血報' 참조.

121 「秘間情第76號, 不逞鮮人ノ狀況」, 『現代史資料』 28, 「朝鮮」 4, p. 425.

122 「高警第38452號, 中露聯合宣傳部間島支部ノ設置」, 1920년 12월 11일자, 『現代史資料』 28, 「朝鮮」 4, p. 315 참조.

하고 금후의 방책을 강구하고 있다고 한다. 단 홍범도는 同地에 있지 않은 것 같다."[123]

홍범도는 김좌진과 함께 해산시켰던 일부 부대원을 재소집하여 시베리아 쪽으로 이동해서 강력한 통합 독립군단을 편성하기 위하여 1920년 12월 중순에 다음과 같은 재소집권고서를 간도 지방에 반포하였다.

> 解散했던 우리 군사에 告함
>
> 過般 우리 군대의 병사를 해산시켰던 것은 일시의 便法에 지나지 않는 것으로서 광복사업이 성취되지 않는 한 이를 해산하지 않아야 할 것이다. 지금 勞農政府와 約定하여 軍需를 충분하게, 그리고 무기와 탄약은 제한없이 무료로 공급을 받게 되었다.
>
> 이래 와신상담하며 山野에 輾轉하면서 沐雨櫛風에 寧日없이 상하가 서로 血을 啜하여 盟約한 것을 지켜야 할 것이다.
>
> 金佐鎭·洪範圖[124]

이 권고문에서도 나타나는 바와 같이 홍범도부대와 김좌진부대는 밀산에 도착하기 전에 안도현을 출발할 후 중로연합선전부와 연락이 되어 노농정부 쪽의 지원을 약속받고 북방으로 이동한 것을 알 수 있다.

홍범도부대는 1920년 12월 말경에 밀산에 도착한 것으로 보인다. 김좌진부대를 비롯하여 다른 독립군 부대들도 비슷한 시기에 모두 밀산에 집합하였다. 이에 그들은 독립군부대의 대오를 정비하여 노령 이만市에 체류하고 있던 대한국민회의 간부 등의 요청과 안내를 받고 1921년 1월에 흑룡강을 건너 이만으로 들어갔다.[125]

---

123 「極秘間情第88號, 洪範圖一派ノ敦化縣ニ集ル」, 1920년 12월 17일자, 『現代史資料』 28, 「朝鮮」 4, p. 441.

124 「極秘間情第88號, 軍政署ノ部隊員再召集」, 1920년 12월 17일자, 『現代史資料』 28, 「朝鮮」 4, p. 441.

125 蔡根植, 『武裝獨立運動史』, p. 100에 의하면 만주의 독립군부대 10개 단체가 1920년 12월 密山에 모여서 대한독립군단을 편성하였는데, 그 중요 부서는 다음과 같았다고 한다.

摠裁: 徐一	參謀長: 李章寧
副總裁: 洪範圖, 金佐鎭, 曺成煥	旅團長: 李青天
總司令: 金奎植	

홍범도 등 독립군 부대 지휘관들은 인솔하고 간 독립군 부대뿐만 아니라 연락과 권고문을 보고 계속 찾아오는 독립군 병사들도 모두 모아서 1921년 3월에 이만에서 '대한의용군총사령부'(일명 대한총군부)를 조직하여 군사통일을 실현하였다. 여기에는 대한독립군, 북로군정서, 국민회군, 의군부, 군무도독부, 혈성단(血誠團) 등 기타 만주에서 온 독립군 부대들은 물론이요, 청룡대(靑龍隊), 사하린隊(박 일리아 지휘), 이만隊(박 그레고리 지휘) 등 노령 연해주에서 온 독립군 부대들도 참가하여 병력이 3,000여 명이 되었으며 모든 독립군 부대들의 대동단결에 의한 군사통일이 실현되었다.[126]

다시 1920년 4월 12일에는 이만에서 대소 36개 단체의 수뇌들이 모여 독립군대회를 개최하고 대한의용군총사령부의 이름을 '대한독립단'이라고 바꿈과 동시에 체제를 재정비하였다. 그 간부진은 다음과 같았으며, 홍범도는 여기에서 부총재의 임무를 맡았다.[127]

摠裁	徐一	軍事顧問	李靑天
副總裁	洪範圖	第1旅團長	金奎植
顧問	白純, 金虎翼	參謀	朴寧熙
外交部長	崔明祿	第2旅團長	安武
司令官	未定(金佐鎭 겸임설 있음)	參謀	李檀承
參謀部長	金佐鎭	第2旅團騎兵隊長	姜필립
參謀	李章寧, 羅仲昭		

그러나 당시 만주의 독립군 부대들은 부대별로 밀산을 거쳐 이만에 부대별로 들어가서 모든 부대들이 한 자리에 모인 것은 실제로는 이만이므로, 대한독립군단은 1921년 4월 12일 이만市에서 편성된 대한독립단을 일자를 착각하여 기재한 것이 아닌가 한다. 다른 당시의 제1차 자료에서는 1920년 12월에 밀산에서 조직된 대한독립군단은 나오지 않고 1921년 4월에 이만에서 조직된 대한독립단만 나타나고 있다.

126 「高警第29446號, 不逞鮮人團の軋轢」, 1921년 12월 16일자, 『朝鮮獨立運動』 제3권, p. 519 참조.

127 「高警第19918號, 國外情報　五月中間島地方情況並露領方面不逞鮮人の情勢」, 1921년 6월 25일자, 『朝鮮獨立運動』 제3권, pp. 382~383 참조.

그들은 대한독립단의 본부로서는 총재부를 두어 이를 총괄하게 하고, 대한독립단 본부에 '외교부'를 부설하기로 했으며, 현재의 병사로 2개 여단을 편성하여 제1여단은 노령 이만에 여단본부를 두고, 제2여단은 중국(만주) 영안현에 여단본부를 설치하기로 하였다.

또한 그들은 '대한독립단 사관학교'를 영안현 삼하장(三河漳) 동구(東溝)에 설립하기로 하고, 교관에 이범석·김공국(金共國)을 임명했으며, 교관 2면은 4월 하순에 사관학교 설립지에 도착하여 제반의 준비 및 학생모집에 착수하기로 하였다. 또한 참모부장 김좌진도 부하 10여 명을 인솔하고 영안현에 가서 사관학교 설립을 돕기로 하였다.

또한 대한독립단 총재 서일은 현천묵(玄天默)을 북간도에 파견하고 나중소를 서간도에 파견하여 독립군 단체의 통일, 볼셰비키파 및 중국의 독립군 지원, 사관학교 설립 등을 대대적으로 선전하여 독립사상을 고취하고 동지를 규합케 하기로 했으며, 또한 간도지방의 독립운동 고취를 위하여 독립군 1개 중대의 유세대(遊說隊)를 조직해서 모두 중국인 복장에 권총을 휴대하고 5월 하순에 영고탑(寧古塔)으로부터 간도에 들여보내어 각지에 분파해서 활동케 하기로 하였다.[128]

일제 측도 놀라고 있는 바와 같이 이것은 참으로 훌륭한 계획이었다. 이제 모든 독립군부대들이 하나의 지휘체계로 완전히 통합되었으며 그 총지휘는 서일과 홍범도가 맡게 되었고, 서일은 문인이었으므로 실제로는 홍범도가 총지휘를 하게 되었다. 군사작전은 김좌진이 이청천의 자문을 받아가며 전담하게 되었고, 이름높은 용장 김규식과 안무가 최전선에서 군사를 지휘하게 되었다. 사관학교에서 끊임없이 유능한 독립군 장교와 병사가 공급될 것이고 이미 3,000명의 대병력으로 편성된 2개 여단 외에도 애국청년들이 새 근거지에 줄을 이어 찾아와서 독립군의 수는 날로 증가하였다. 이제 독립운동과 독립군 무장투쟁의 앞에는 밝은 전망이 뚜렷이 보이게 되었다. 물론 이것은 치타정부

128 「高警第19918號, 國外情報」, 1921년 6월 25일자, 『朝鮮獨立運動』 제3권, p. 383 참조.

가 무기와 재정원조를 충분히 한다는 약속 위에서 세워진 것이었다.[129]

9. 만년(晩年)의 홍범도

그러나 대한독립단의 항일 무장투쟁의 웅대한 계획은 '흑하사변(黑河事變)'으로 말미암아 좌절당하게 되었다.

간도의 독립군이 시베리아의 이만에 도착할 무렵인 1921년 2월에 시베리아의 한일사회에서는 상해 임시정부를 지지하는 이동휘 계열의 상해파 고려공산당과 임시정부를 부정하고 코민테른 동양비서부의 지휘를 받는 이르쿠츠크파 고려공산당(전로한인공산당)이 군권을 장악하기 위한 헤게모니 투쟁을 벌이고 있었다. 상해파 고려공산당(이동휘, 박진순(朴鎭淳), 한형권(韓馨權), 이용(李鏞), 장기영(張基永), 채영(蔡英), 박애(朴愛) 등)은 한국인 무장부대를 일차적으로 한국의 민족해방에 바로 투입하려 하고 코민테른과 이르쿠츠크파 고려공산당(오하묵(吳夏默), 김하석(金夏錫), 최고려(崔高麗), 문창범(文昌範)…… 등)은 이를 시베리아 해방에 먼저 투입한 다음 한국민족해방에 투입하려는 노선 차이도 있었다.

코민테른 동양비서부는 1921년 3월 긴급하게 임시고려혁명군정회의를 조

129 蔡根植, 『武裝獨立運動史』, pp. 101~102에 의하면 이때 치타정부와 대한독립군단 사이에는 다음과 같은 내용의 원조 조약이 서명되어 교환되었다고 한다.
(ㄱ) 세계평화를 위해 치타정부는 한국의 노예해방을 목적함.
(ㄴ) 소비에트국은 조선독립을 위한 독립군양성에 원조 및 보호를 함.
(ㄷ) 소비에트 영토 내에서 자치와 자유로운 행동을 인가함
(ㄹ) 독립군 양성을 위하여 사관학교를 건축하여 주기로 함.
(ㅁ) 치타정부는 한국군인 양성기간 내에 한하여 다음의 무기를 대부하기로 함.
① 大砲 15문 ④ 被服 5,000착
② 機關銃 500정 ⑤ 小彈 3,000발
③ 小銃 3,000정 ⑥ 馬 50필
(ㅂ) 한국혁명군은 4년 훈련 후 征日을 개시하되 양국이 합작하여 즉시 전투할 것 『韓國獨立運動史』(애국동지원호회편)도 동일한 내용을 수록하고 있다.

직하고 만주로부터 들어오는 홍범도·김좌진·안무·최진동 등의 민족주의 독립군은 물론이요 시베리아 한국인들이 조직한 모든 의용대를 이르쿠츠크파 고려공산당의 오하묵이 지휘하는 한인보병자유대대를 중심으로 통합하여 한국인의 적군을 편성하려 하였다. 오하묵은 이를 위하여 이만의 대한독립단의 독립군 부대들을 자유시 브라고웨시첸스크(노령 흑하)로 불러들였다. 코민테른 동양비서부는 고려혁명군정회의의 총사령관에 갈란다라시월린, 부사령관에 오하묵을 임명하고 1921년 6월자유시에 도착하여 만주로부터 온 독립군부대들을 포함한 전군이 고려혁명군정의회의 산하에 들어와 통합할 것을 요구하였다. 이에 대하여 이동휘 계열의 상해파 고려공산당을 지지하는 박일리아부대(사하린의용대) 등이 거부반응을 보이자 갈란다라시월린과 오하묵 등은 사하린의용대의 무장해제를 명령하였고, 사하린의용대가 이를 거부하자 갈란다라시월린은 러시아군 제29연대를 동원하여 사하린의용대를 공격하게 함으로써 사망 272명, 익사 37명, 행방불명 250여 명, 포로 917명의 참혹한 희생을 내었다.[130] 이것이 '흑하사변(黑河事變)', '자유시참변(自由市慘變)'이라고 부르는 사건이었다.[131]

홍범도의 가족

130「高警第29446號, 不逞鮮人團の軋轢」, 1921년 12월 16일자, 『朝鮮獨立運動』 제3권, pp. 518~519 참조.

131『獨立新聞』 제124호, 1922년 5월 6일자, '黑河事變의 眞相' 및 1922년 5월 27일자, 제127호, 6월 3일자(128호), '黑河事變의 眞相(續)' 참조.

홍범도의 대한독립군은 사하린의용대의 주둔지에서 벗어나 있었고 이 군권 투쟁에 중립을 지켰기 때문에 피해를 별로 입지 않았으나, 최진동의 군무도독부군은 사하린의용대와 함께 있다가 큰 피해를 입었다. 비록 홍범도부대는 피해가 없었으나 이때 홍범도가 러시아적군에 의한 독립군 동지들의 참혹한 죽음을 보고 어떠한 감상을 가졌을까는 추측되고도 남음이 있다.

이르쿠츠크에 있는 코민테른 동양비서부는 1921년 7월 5일 다시 고려혁명군정의회에 대하여 전군을 인솔하고 바이칼호수 부근의 이르쿠츠크로 오라는 지령을 내렸다. 그러나 만주에서 온 독립군들이 이에 불복하여 이것이 바로 집행되지 못하였다. 고려혁명군정의회 사령관 갈란다라시윌린은 1921년 8월 5일 자유시의 모든 한국인 군대를 이르쿠츠크로 수송하기 시작하였다. 만주로부터 들어간 독립군부대들은 이미 무장해제되어 있는 상태였기 때문에 그들의 입장을 관철시킬 힘이 없었다. 홍범도도 대한독립군 병사들과 함께 이 대열에 포함되어 이르쿠츠크로 갔다.

코민테른 동양비서부는 1921년 8월말에 다시 고려혁명군정의회를 폐지하고 한국인 부대들은 소비에트 적군 제5군단 관할하의 한족여단으로 개편하였다. 홍범도는 노령이라는 이유로 군사지휘에서 제외되어 다른 노병들과 함께 모스크바의 관광에 보내졌다.

홍범도의 입장에서는 자기의 군대인 대한독립군을 타의로 적군에 빼앗기고 민족해방 유격대의 위대한 원로로서 예우만 받게 된 것이었다. 소련 측의 기록에는 홍범도가 이때 1922년 1월 21일 모스크바에서 개최된 극동인민대표대회(동방피압박민족대회)에 참석했다고 한 것을 보면 홍범도는 이때 타의에 의하여 상당한 기간 모스크바에 체류했던 것 같다.[132] 홍범도는 그후 1922년 전반기에 약간명의 옛 부하들과 함께 다시 시베리아의 이만으로 돌아갔다. 홍범

132 Kim, M.(마트웨이) T.(찌모페예취츠), 『원동에서 1918~1922 소비에트 주권을 위하여 투쟁한 조선인 국제주의자들』(1979) 중의 '洪範圖'(고송무, '소련에서 본 홍범도'), 「歐洲新聞」, 1985년 5월 31일자 참조.

도는 브라고웨시첸스크에서 이동휘, 문창범 등과 함께 고려중앙정청을 조직하고 9월 1일에는 치타에서 그 대표자 회의를 여는 등 한인사회의 자치활동에 참가하였다.[133] 홍범도에 대한 자료는 대부분 여기서 끝나고 있다.

한편 레닌정부는 1922년 4월 3일 레닌이 은퇴하고 스탈린이 러시아 공산당 서기장이 되어 약소민족에 대한 정책이 급전되기 시작하였다. 모스크바정부의 외교교섭으로 일본군은 1922년 10월 시베리아에서 철수하였다. 스탈린정부는 1922년 12월 30일 제1회 전연방 소비에트대회를 열고 '소비에트 사회주의 공화국 연방'을 출범시켰으며, 연해주가 완전히 그 통치 구역에 들어가자 일본과의 외교관계를 중시하는 소련정부의 정책으로 1923년 1월부터 소련 영토내의 한국인의 무장활동을 사실상 금지하였다.

홍범도의 이만에서의 활동에 대해서는 정확한 자료가 발견되지 않는다. 1923년의 『동아일보』에 홍범도가 다른 동지들과 함께 독립군을 재조직하려고 분투하는 기사가 단편적으로 보일 뿐이다.

> "최근 아라사 沿海縣 이만에서 朝鮮獨立團 軍政署議會가 열리여 각지에 있는 독립단의 령수들이 모이어 △독립군인의 모집 △무기, 군복, 양식 등의 준비 △조선내지 침입방법 등을 협의하얏는데 참석한 자 중에서 중요한 인물은 아래와 같다더라. △金佐鎭 △洪範圖 △李青天 △李秉采 △金奎植 △安武 △鄭一武외 10여명. 해삼위 전보."[134]

> "洪範圖撫松縣에
> 삼백 명 부하를 이동한다고
> 노령 秋風에 근거를 둔 고려혁명군 제3군 사령부장 홍범도는 요사히 부하 300명을 모도와 조선내지로 침입할 목적으로 撫松縣 東山 방면으로 이동을 하얏다 ……"[135]

---

133 『朝鮮治安狀況』(朝鮮總督府警務局), 1922, 金靜美, 「洪範圖」, 『朝鮮民族運動史研究』 제1집, 1984 참조.

134 『東亞日報』, 1923년 5월 11일자, 3면.

135 『東亞日報』, 1923년 11월 15일자, 3면.

"洪範圖의 動靜

길림성 사구리에서 새 활동을 계획한다. 대정 8년 8월 중에 로령방면에서 조직된 朝鮮獨立軍에 몸을 붗치엇다가 다시 작년 여름부터 洪範圖의 독립단 일파에 옴기엇다가 최근 고려혁명군에서 돌아온 평안북도 강계군에 원적을 둔 金河圖의 전하는 바를 들으면 종래 洪範圖는 길림성 북부지방에 근거를 두고 지내더니 지난 11월 상순부터는 수백 명의 부하를 거느리고 '합이빈'에서 동으로 180여 리나 되는 四溝里로 이동을 하얏다는데, 사구리에는 20년래에 조선사람이 모도혀 사는 부락으로 호수가 7백호, 인구가 5,700여 명에 이르러 적은 조선을 이루었는데, 생활이 대개 부요하므로 때때로 마적단의 습격을 받아 피해가 적지 안으므로 주민들은 마적단을 방비하기 위하야 성을 쌓든 중 洪範圖의 部隊가 도착하자 크게 기뻐하야 성대한 환영을 열었다더라."[136]

이 자료들은 홍범도가 1922년 이만에 돌아와서 소련 측의 금지조치에도 불구하고 충돌을 일으키면서까지 1923년에 중·러 국경지대의 만주쪽에서 독립군을 재조직하여 피의 무력항쟁을 전개했음을 알려주고 있다.

한참을 건너뛰어서 『동아일보』의 1926년도 기사는 홍범도가 64세의 나이로서 군사자금을 조달하려고 부하들과 함께 농업에 종사하다가 병에 걸려 오랫동안 요양 중에 1926년 4월에 별세했다는 풍성이 있다고 다음과 같이 보도하였다.

"洪範圖死亡說

로령 이만 지방에서.

이전에 의병대장으로 20여 년 동안 만주 벌판에서 극단의 排日主義者로 부하 수백여 명을 거느리고 동서로 활약하던 洪範圖(64)는 얼마 전부터 군자금을 조달하려고 부하를 거느리고 로령 '이만'村 근처에서 농사를 하던 중 우연히 원수의 병마에 걸리여 오랫동안 객창에서 고생을 하다가 지난 4월 중순에 드디어 다시는 돌아오지 못할 최후의 길을 떠나고 말앗더라는 말이 전하더라."[137]

136 『東亞日報』, 1923년 12월 14일자, 2면.
137 『東亞日報』, 1923년 12월 14일자, 2면.

이 기사는 매우 중요한 기사이다. 반면에 소련 측의 자료는 홍범도가 1923년에 극동의 집단농장의 지도자가 되고, 1927년 10월에 레닌당의 일원이 되었으며, 1943년에 크즐-오르다에서 죽었다고 다음과 같이 기록하였다.

> "1923년 그는 극동에서 한 農產組合을 이끌었다. 1927년 홍범도는 레닌당의 당원이 되었다. 홍범도는 1943년에 사망했다. 영예로운 혁명가-국제주의자가 생애의 마지막 시기를 보낸 크즐-오르다 Kzyl-Orda 시에는 동 거리가 그의 이름을 지니고 있다."[138]

집단농장 지도자 시절의 홍범도 초상

여기서 주목할 것은 『동아일보』나 소련 측 기록이나 홍범도가 1923~1924년경에 이만에서 집단농장(농업)을 이끌었었다는 기록이다. 그리고 그가 집단농장을 지휘한 목적은 군사자금을 조달하기 위하여 '부하들과 함께' 한 일이라는 것이다. 이것은 그가 1922~23년 독립군을 재건하기 위하여 피나는 투쟁을 하다가 소련 및 중국 측의 금지와 자금부족으로 난관에 부딪치자 독립군 병사들과 함께 군자금을 조달하기 위하여 둔전병 제도를 다시 실시한 것을 시사하는 것이 아닐까? 홍범도는 구한말 의병운동 퇴조기에 망명하여 백두산 부근에서 부하 병사들과 함께 둔전병 제도를 실행한 일이 있었다. 이번에는 소련 영토내에서의 일이니 그들의 제도에 따라 콜호즈(집단협동농장)를 만들 수밖에 없었을 것이다.

또한 여기서 주목할 것은 그가 1923년 이후에 콜호즈의 지도자이면서 감히 소련공산당에 가입하지 않았다는 사실이다. 이것은 홍범도 같은 거물이 아니면 소련당국이 승인할 수 없는 것이었다. 또한 이것은 1923년경의 홍범도가 독립군의 항일무장투쟁을 배신한 소련공산당을 용서하지 않고 있었음을 시

138 Kim, M.T. '洪範圖', 『歐洲新聞』, 1985년 5월 31일자.

사해 준다. 『동아일보』가 전한 바와 같이 홍범도는 1926년에 사망했다는 보도가 나올 정도로 중병을 앓았다. 소련 측도 홍범도가 1927년에야 지방공산당에 입당했다고 했는데, 이것도 사실인지 알 수 없거니와, 사실이라고 할지라도 이것은 홍범도가 병환 중에 있던 일임을 용이하게 추정할 수 있다. 그는 과연 한국민족의 무장독립투쟁에 큰 타격을 준 소련공산당을 용서하고 그에 가입했을까? 스탈린 정부는 1937년에 시베리아 일대에 거주하는 모든 한국인을 중앙아시아로 강제 이주시키는 비인도적 정책을 자행하였다. 고려혁명군정의회 부사령관이었던 충실한 국제공산주의자 오하묵도 이 정책에는 완강히 반대했던 모양으로 그도 1937년에 스탈린에 의하여 총살당하였다. 이제는 완전히 농민이 되어 버린 옛 부하병사들과 함께 집단농장의 69세의 지도자로서 홍범도는 20~30만의 한국인과 함께 중앙아시아에 강제 이주되었고, 이때 홍범도의 옛 부하 농민들로 구성된 일단은 현재의 카자크 공화국의 크즐-오르다 지방에 정착하여 새 개간지에 집단농장을 만들기 시작한 것으로 추정된다.

소련 측 자료에서 보면, 크즐-오르다에서 만년의 홍범도에 대하여 예술가 진창화의 회고담을 적고 있는데, 제2차 세계대전에 일어나자 홍범도는 73세의 나이로 정규군으로서 전쟁에 참가할 것을 자원했다가 거절당했다고 한다. 이에 홍범도는 그가 아직도 싸울 힘과 유연성을 갖고 있음을 증명해 주기 위하여 사병들이 군사훈련을 받고 있는 사격장에 나가서 의심하는 사람들을 불러모아 25미터 떨어진 거리에서 5코페이카짜리 동전을 명중시켰다고 한다.

홍범도는 가만히 있을 수가 없어서 당시 크즐-오르다에서 활동하던 소련 한인극단을 찾아가 연극 극단의 물품 돌보는 일이라도 시켜달라고 부탁하였다. 여기서 홍범도를 만난 극단의 희곡작가 태장춘은 홍범도의 의병운동과 독립군 무장투쟁의 이야기를 듣고 감동하여 홍범도의 항일무장투쟁을 주제로 한 희곡 〈홍범도〉를 창작하여 소련 중앙아시아 한인극단에서 공연하였다고 한다.[139]

---

139 김 이시오프, 『소련 한인극단』(1982), (고송무, '소련에서 보는 홍범도', 『歐洲新聞』, 1985년 5

별세 후 크즐-오르다에 세운 홍범도 흉상

홍범도는 희곡 창작과정에서 태장춘에게 자신의 영웅적 행동보다는 전우들에게 역점이 주어져야 하고, 사실들을 본래 그대로 묘사해 주기를 주장하여 연극에 알맞게 사실을 옮기려는 태장춘의 노력이 적지 않은 어려움에 부딪쳤었다고 한다.[140]

여기서 우리는 언제나 부하 전우들을 자기 몸처럼 아끼고 사랑하던 노장 홍범도의 진면목의 또 하나를 볼 수 있다.

홍범도는 1943년 75세의 나이로 크즐-오르다에서 서거했다. 그는 일찍이 1920년 6월 봉오동전투를 눈앞에 두었을 때 부관과 함께 만주의 높은 산 위로 올라가 아스라이 보이는 고국의 산맥을 바라보며 '내 몇 년 뒤에나 고국산천을 볼까'하고 눈물을 닦았었다. 홍범도는 이렇게 그리던 자기 조국이 2년 후에는 해방되는 것을 보지 못한 채, 그의 소원이던 고국산천의 흙을 다시 밟아

월 31일자) 참조.

140 고송무, '소련에서 보는 홍범도', 『歐洲新聞』, 1985년 5월 31일자 참조. 이 자료에 의하면 연극 〈홍범도〉는 1942년과 1947년 두 차례 중앙아시아 한인극단에서 공연되었으며, 1957년에는 그 후편인 〈빨치산들〉이 공연되었는데, 〈빨치산들〉은 전체적으로 높은 예술적 수준에도 불구하고 첫째 편인 〈홍범도〉보다 약했다는 평을 받았다고 한다.

보지도 못하고, 강제 이주된 곳에서 동포들의 애도 속에 서거하였다. 홍범도의 무덤은 현재 크즐-오르다에 있다.

10. 맺음말

이상에서 고찰한 바와 같이 대한독립군은 홍범도의 휘하에 있던 옛 의병들이 주축이 되어 3·1운동 직후인 1919년 3월~8월에 노령과 간도에서 창설되어 근거지를 간도의 백두산 기슭에 설치한 독립군 부대였다.

홍범도 대한독립군은 병력은 약 300~400명에 불과했으나 전투력은 막강한 용감한 군대였다.

홍범도의 대한독립군은 창설되자마자 1919년 8월 함경남도 혜산진에 국내진입을 감행하여 일본군 수비대를 섬멸하였다. 이것이 3·1운동 후 독립군이 단행한 최초의 국내진입작전이었다. 대한독립군은 이어서 1919년 9월에는 무산에 국내진입을 단행했으며, 갑산에 진입하여 금정주재소를 공격하여 점령하였다. 1919년 10월에는 다시 강계의 만포진(滿浦鎭)을 점령하고 계속하여 자성군(慈城郡)으로 진출해서 일본군과 교전하여 적 70여 명을 살상하는 큰 승리를 거두었다. 대한독립군의 1919년의 이러한 대담한 국내진입작전은 모든 독립군부대들에게 국내진입의 문을 넓게 열어 주었다.

홍범도의 대한독립군은 1920년 5월에는 안무의 국민회군 및 최진동의 군무도독부군과 연합하여 대한북로독군부를 수립하였다. 최진동이 총책임자로서 독군부장을 맡고 홍범도는 군사령관으로서 군사를 전담하였다.

홍범도의 지휘하에 대한북로독군부는 봉오동에 주둔하고 있다가, 1920년 6월 7일 독립군부대를 추격하여 찾아온 안천(安川) 소좌가 지휘하는 일본군 월강추격대 1개 대대를 매복하여 포위공격해서 일본군 157명을 사살하는 다수를 부상시키는 대승리를 거두었다. 이 봉오동전투는 홍범도가 지휘한 독립군의 완벽한 대승리의 전투였다.

봉오동전투에 패전한 일본군이 경악하여 5개 사단에서 차출한 25,000명의 대병력으로 독립군 '토벌'을 위하여 간도침입을 자행하자, 홍범도의 대한독립군은 근거지를 이도구 어랑촌으로 이동하였다. 홍범도의 대한독립군(약 300명)은 여기서 국민회군(약 250명), 의군부군(약 150명), 한민회군(약 200명), 광복단군(약 200명), 의민단군(약 100명), 신민단군(약 200명), 합계 7개 부대의 약 1,400명의 병력으로 홍범도연합부대를 편성하여 일본군을 기다렸다. 김좌진의 북로군정서(약 600명) 독립군은 서대파로부터 삼도구 청산리로 이동하여 역시 일본군을 기다렸다. 일본군 동지대(東支隊)가 5,000명의 병력으로 이도구와 삼도구를 포위하여 들어오자 독립군이 이를 공격하여 역사적인 청산리독립전쟁이 전개되었다.

청산리독립전쟁은 ① 백운평전투, ② 완루구전투, ③ 천수평전투, ④ 어랑촌전투, ⑤ 맹개골전투, ⑥ 만기구전투, ⑦ 쉬구전투, ⑧ 천보산전투, ⑨ 고동하곡전투 등 10여 개 전투들로 구성되어 일본군 1,200여 명이 전사하고 독립군이 대승리를 획득한 독립전쟁이었다. 이 전투들 중에서 ① 백운평전투, ③ 천수평전투, ⑤ 맹개골전투, ⑥ 만기구전투, ⑦ 쉬구전투는 김좌진의 북로군정서 독립군이 단독으로 수행한 전투들이었고, ② 완루구전투와 ⑨ 고동하곡전투는 홍범도연합부대가 단독으로 수행한 전투들이었으며, ④ 어랑촌전투와 ⑧ 천보산전투는 김좌진부대와 홍범도연합부대가 공동으로 수행한 전투였다. 특히 가장 규모가 크고 격전이었던 어랑촌전투는 김좌진부대와 홍범도연합부대가 공동으로 연합하여 싸웠기 때문에 승리할 수 있었던 대전투였다. 홍범도연합부대는 청산리독립전쟁에도 참전하여 빛나는 공훈을 세운 것이었다.

홍범도의 대한독립군은 청산리독립전쟁 후 북만주로 이동하여 1920년 12월 밀산에 도착했고, 1921년 1월 시베리아의 이만市에 이동하였다가 다시 자유시 브라고웨시첸스크(흑하)로 이동하였다. 여기서 홍범도의 대한독립군은 '흑하사변'을 겪고 다시 코민테른 동양비서부에 의하여 이르쿠츠크로 이동되었다. 이르쿠츠크에서 홍범도의 대한독립군을 비롯한 모든 한국 독립군은 소련적군 제5군단 한족여단에 편입됨으로써 대한독립군은 해체되고 홍범도는 노인이라는 이유로 군사지휘권에서 제외되어 원로의 예우만 받게 되었다.

홍범도는 1922년 소수의 부하와 함께 다시 이만으로 돌아와 1922~23년경에 독립군의 재건 활동을 전개하였다. 군자금이 조달되지 아니하자 이를 공급하려고 1924년경부터 부하들과 함께 집단농장을 경영하다가 1926년경에 중병에 걸렸다. 홍범도는 1927년 소련정부가 시베리아에 거주하는 모든 한국인을 중앙아시아로 강제이주시킬 때 노령 동포들과 함께 중앙아시아로 이동하여 현재의 카자크공화국 크즐-오르다에 정착하여 집단농장에서 일하였다. 1941년 제2차 세계대전이 일어나자 73세의 고령으로 전장에 나가기를 원했으나 물론 거절되었다. 홍범도는 1943년 크즐-오르다에서 그의 장엄하고 파란만장한 일생을 마쳤다.

대한독립군과 홍범도는 한국독립운동사와 한국근대사에서 찬란하게 빛나는 영원불멸의 큰 별이라고 말하지 않을 수 없을 것이다.

(『韓國學報』 제43집, 1986)

제9장

대한민국 임시정부의 수립과 활동의 역사적 의의

1. 머리말 : 임시정부 수립과 3·1운동의 관계

대한민국 임시정부는 1919년 3·1독립운동의 직접적 결과로 수립되었다.

3·1운동 봉기와 동시에 지하신문으로 발행된 『조선독립신문』 제2호(1919년 3월 3일자)는 '임시정부'의 수립에 대하여 국민들에게 다음과 같이 보도하고 공포하였다.

> "가정부(假政府)조직설(組織說). 일간(日間) 국민대회(國民大會)를 개최하고 가정부(假政府)를 조직(組織)하며 가대통령(假大統領)을 선거(選擧)한다더라. 안심안심(安心安心) 불구(不久)에 호소식(好消息)이 존(存)하리라."[1]

---

1 『朝鮮獨立新聞』 제2호, 1919년 3월 3일자, 국사편찬위원회 편, 『조선독립운동사자료』, 제5권, p. 2.

이 자료는 짧으나, 내용은 많은 것을 알려주고 있다.

첫째, 임시정부의 수립은 3·1운동과 동시에 기획되고 공포되었다. 임시정부의 수립 예정을 알린 『조선독립신문』의 발행일자는 3·1운동이 일어난 이틀 후인 3월 3일로서 3·1운동이 막 전국적으로 파급되기 시작한 때이다. 즉, 임시정부의 조직은 3·1운동의 기획추진 세력에 의해 3·1운동과 함께 동시에 기획되었고, 3·1운동의 시작과 동시에 3월 3일 국민들에게 『조선독립신문』 등을 통해 널리 알려졌으며, 그 이후의 3·1운동은 독립국가의 건설(재건)의 일환으로서 '임시정부의 수립'이 3·1운동의 목표의 핵심의 하나가 된 것이었다.

뿐만 아니라 『조선독립신문』의 발행자가 3·1운동의 핵심적인 주체세력임을 주목할 필요가 있다. 『조선독립신문』은 3·1운동 기획 때에 이미 동시에 3·1운동의 한국민족 측 기관지의 일종으로 기획되어 천도교 계열의 보성전문학교 교장 윤익선(尹益善)이 민족대표 33인의 천도교 측 한 사람인 이종일(李鍾一) 등과 협의하여 발행한 전단성격의 3·1운동 지하신문이었다.[2]

둘째, 임시정부는 민주공화제로 수립될 것임을 공표하였다.

위의 『조선독립신문』 제2호의 기사자료를 보면, 임시정부의 정치체제는 '공화정'으로 한다는 사실이 명백히 선언되고 있다. 이것은 위의 자료에서 '가대통령(임시대통령)을 선거한다더라'는 문구에서 확인할 수 있다. 더 논의할 여지도 없이 '임시대통령의 선거'는 '공화정체'를 의미하는 것이기 때문이다. 즉, 3·1운동의 목표의 핵심에는 '공화정체에 의거한 임시정부의 수립'이 처음부터 정립되어 있었다.

셋째, 임시정부의 수립절차와 방법은 '국민대회'를 거치는 방법이 천명되었다. 즉 '국민대회'의 절차를 거쳐서 공화정부를 수립한다는 것이었다.

『조선독립신문』 제2호는 3·1운동의 진전 과정에서 자발적 독립운동가들에 의하여 전국 각지에서 등사되어 널리 배포되었으며, 국외에서도 등사되어 널리 배포되었다.

---

2 『3·1운동재판기록』, pp. 26~27 및 pp. 174~175 참조.

3·1운동의 핵심 목표의 하나가 '임시정부의 수립'이라는 사실과 관련하여, 3·1운동 직후에 러시아령의 대한국민의회, 상해의 대한민국 임시정부, 국내의 한성정부, 조선민국 임시정부(안), 신한민국 임시정부(안), 대한민간정부(안)·임시대한공화정부(안)·고려임시정부(안) 등 6개의 임시정부(안 포함)들이 모두 『조선독립신문』 제2호의 임시정부 조직의 원칙을 매우 충실히 지키었다.

2. 주요 3개 임시정부의 수립

1) 노령 연해주 대한국민의회 임시정부

3·1독립운동 직후 임시정부 '안'을 제외하고 실체가 있는 임시정부만 보아도 러시아령 연해주와 상해와 서울의 3곳에 3개 임시정부가 수립 선언되었다.

3·1독립운동의 결과로 가장 먼저 임시정부를 수립한 것은 1919년 3월 21일 러시아령 연해주 블라디보스토크에서 대한국민의회의 임시정부 수립 선포였다. 국내의 3·1운동에 호응하여 1919년 3월 17일 연해주 블라디보스토크에서 대한국민의회가 소집 개최되었다. 이 대회에서는 독립선언서를 반포하고, 독립만세 시위 시가행진을 단행했으며, 3월 21일에는 한국의 독립, 국민의회 임시정부의 승인, 불여의할 때에는 일본과의 혈전을 전개할 것이라는 5개 항의 결의문과 다음과 같은 국민의회의 임시정부 각료 명단을 발표하였다.[3]

대통령	손병희(孫秉熙)
부통령	박영효(朴永孝)
국무총리	이승만(李承晚)
군무(및 선전)총장	이동휘(李東輝)
탁지총장	윤현진(尹顯振)

3 김원용, 『재미한인오십년사』, 1959, p. 452 참조.

내무총장	안창호(安昌浩)
산업총장	남형우(南亨祐)
참모총장	유동열(柳東說)
강화대사	김규식(金奎植)

대한국민의회 임시정부는 3·1운동 후 국외에서 최초로 선포된 임시 정부였다.[4]

대한국민회의 임시정부의 특징은 러시아령에서 소비에트 체제를 참작하여 국민의회가 입법·행정·사법을 모두 관장하도록 하고, 그 안의 행정부를 임시정부로 설정한 것이었다. 또한 국민의회 임시정부 각료 선임의 특징을 보면, 대통령에는 임시정부의 정통성을 확립하기 위해 3·1독립선언 대표 손병희를 추대하고, 부통령에는 국내외의 연락관계를 고려하여 박영효를 추대하였다.

국무총리에 이승만, 내무총장에 안창호를 선임한 것은 이승만·안창호의 명성과 미주 독립운동과의 관련을 매우 중시한 것이었다. 강화대사에 김규식을 선임한 것은 이미 상해 신한청년당에서 파견한 기정사실을 임시정부 대표로 추인한 것이었다.

그러므로 대한국민의회 임시정부 각료 구성은 실질적으로는 군무(및 선전)총장 이동휘, 탁지총장 윤현진, 산업총장 남형우, 참모총장 유동열 등 러시아령 연해주 지방에 체류하고 있던 독립운동가들이 지휘하도록 되어 있었다.

러시아령 블라디보스토크에서의 대한국민의회 임시정부는 3·1운동 후 국외에서 일찍이 3월 21일에 최초로 성립한 임시정부였으며, 러시아령 연해주를 비롯한 각 지방과 북간도를 포함한 수십만 명의 한국인을 기반으로 한 임시정부였기 때문에 매우 중요시되었다.

---

4 潘炳律, 「大韓國民議會의 성립과 조직」, 『韓國學報』 제46집, 1987 참조.

2) 상해 대한민국 임시정부

3·1운동 후 두 번째로 수립된 상해 대한민국 임시정부는 신한청년당과 그의 초청으로 러시아령 연해주 및 북간도에서 상해로 모인 독립운동가들이 서울의 3·1운동 추진세력과 접촉해 가면서 수립한 임시정부였다.

신한청년당의 여운형(呂運亨)이 북간도와 노령 연해주를 방문하여 독립선언의 기회임을 알리고, 독립운동의 본부를 상해에 설치하기 위해 상해에 모일 것을 요청하자, 이동녕(李東寧) 등 다수의 독립운동가들이 이에 호응하여 상해에 모일 것을 약속하였다.[5] 또한 서울의 3·1운동 기획자들은 파리 강화회의 각국 대표와 미국의 윌슨 대통령에게 보내는 독립청원서를 상해에 미리 가 있는 목사 현순(玄楯)에게 책임지어 전하도록 하였다. 이에 신한청년당의 청년 독립운동가들은 상해 프랑스 조계 보창로(寶昌路) 329호에 '독립사무소'를 설치하고 현순을 총무로 하여 서울에서 보내온 독립선언서와 각종 문서를 세계에 배포하였다.[6]

서울에서는 1919년 3월 하순에 다시 이봉수(李鳳洙)를 파견하여 임시정부 수립의 필요성을 강조하였고, 4월 8일에는 다시 강대현(姜大鉉)을 파견하여 서울에서 구상하는 임시정부 각료들의 구성을 알리었다.[7]

이러한 여건 속에서 상해에서는 세계 각지에 파견되었던 신한청년당 대표들과 노령 연해주, 서북간도, 북경 등지의 저명한 독립운동가들이 상해에 모이자 1919년 4월 10일 저녁 29인이 모여 이를 의정원 제1차 회의로 하고 밤새도록 회의를 하며 마침내 4월 11일 새벽에 상해의 대한민국임시정부를 수립하는데 성공하였다.[8] 그리고 4월 13일에는 언론에 이를 알리었다.

상해 임시정부는 국호를 '대한민국'으로 결정하고 '헌법'에 해당하는 「대한민국 임시헌장」(10개 조)을 제정하여 민주공화제를 채택하였다. 정부조직은 입

5 李萬珪, 『呂運亨先生闘爭史』, 1946, p. 25 참조.
6 朴殷植, 『韓國獨立運動之血史』, 『朴殷植全書』, 상권 참조.
7 『朝鮮民族運動』, 『韓國獨立運動』(金正明 편).
8 『韓國獨立運動史資料』 제2권, p. 386 참조.

법부로 '임시의정원'을 두고, 행정부로서는 '국무원'을 두며, 사법부는 복국을 완성할 때까지 생략하여 미루어 두기로 하였다.[9] 처음에는 내각책임제를 채택하여 의회가 행정부를 지배하는 의회민주체제를 채택하여, 행정부의 수반은 대통령을 두지 않고 '국무총리'를 두었다.[10] 4월 10일~11일 새벽에 '의정원'에서 선출된 임시정부의 각료 명단은 다음과 같았다.[11]

① 의정원(4월 10일~11일 구성)

의장	이동녕(李東寧)
부의장	손정도(孫貞道)
서기(의원)	이광수(李光洙), 백남칠(白南七)
의원	현순(玄楯), 신익희(申翼熙), 조성환(曺成煥), 이광(李光), 최근우(崔謹愚), 조소앙(趙素昂), 김대지(金大地), 남형우(南亨祐), 이회영(李會榮), 이시영(李始榮), 조완구(趙琬九), 신채호(申采浩), 김철(金澈), 한진교(韓鎭教), 진희창(秦熙昌), 신철(申鐵), 이한근(李漢根), 신석우(申錫雨), 조동진(趙東珍), 조동호(趙東祜), 여운형(呂運亨), 여운홍(呂運弘), 현창운(玄彰運), 김동삼(金東三)

② 국무원(4월 10일~11일 의정원에서 선출. 4월 14일에는 차장제를 폐지하고 위원제를 채택)

국무총리	이승만(李承晩)
위원	조완구(趙琬九), 조소앙(趙素昂), 조동호(趙東祜), 이춘숙(李春塾)
내무총장	안창호(安昌浩)

9 양영석, 「대한민국 임시의정원 연구」, 『한국독립운동사연구』 제1집, 1987.

10 김희곤, 『대한민국 임시정부 연구』, 지식산업사, 2004, pp. 83~110 참조.

11 孫世一, 『大韓民國臨時政府의 정치지도 체계』, 『三·一運動 50周年紀念論集』, 1969; 李炫熙, 『大韓民國臨時政府史』, 집문당, 1982, pp. 59~67; 李延馥, 『大韓民國臨時政府30年史』, 國學資料院, 1999, pp. 17~21 참조.

차장 신익희(申翼熙)

위원 신익희(申翼熙) 윤현진(尹顯振), 서병호(徐丙浩), 한위건(韓偉鍵), 김구(金九), 조동진(趙東珍), 최근우(崔謹愚), 김대지(金大地), 임승업(林承業)

외무총장 김규식(金奎植)

차장 현순(玄楯)

위원 현순(玄楯), 여운형(呂運亨), 백남칠(白南七), 이광수(李光洙), 장건상(張建相)

재무총장 최재형(崔在亨)

차장 이춘숙(李春塾), (위원) 김철(金澈), 최완(崔浣), 김홍서(金弘敍), 서성근(徐成根), 송세호(宋世浩), 구영필(具榮泌), 한남수(韓南洙)

법무총장 이시영(李始榮)

차장 남형우(南亨祐)

위원 김응섭(金應燮), 한기악(韓基岳)

군무총장 이동휘(李東輝)

차장 조성환(曺成煥)

위원 조성환(曺成煥), 김영준(金榮濬), 신철(申鐵), 박종병(朴宗秉), 김충일(金忠一)

교통총장 신석우(申錫雨; 다음날 경질), 문창범(文昌範)

차장 선우혁(鮮于爀)

위원 양준명(梁濬明), 신국권(申國權), 이범교(李範教), 고한(高漢), 윤원삼(尹愿三), 이규정(李奎楨), 김갑(金甲), 손보형(孫普衡), 이봉수(李鳳洙), 임현(林玄)

국무원비서장 조소앙(趙素昂)

상해 임시정부는 1919년 4월 13일 세계 각국 신문기자들을 초청하여 임시정부 수립을 알리는 기자회견을 실시했다.

또한 4월 13일에는 의정원의 선거구를 국내의 각 도와 러시아령, 중국령, 미국령으로 나누어 11개 지방으로 정하고, 지방선거회에서 의원을 투표로 개선하였고, 의장에 손정도를 선출하였다. 또한 4월 23일과 25일에는 '임시의정원법'을 통화시켜서 전원위원회와 상임분과위원회(내무·외무·재무·군무·교통·예결·청원·징계)와 특별위원회를 구성하여 현대 민주국가의 의회체제를 제대로 갖추었다.

상해 임시정부는 헌법을 제정하고 국호를 '대한민국'이라고 새로이 제정했을 뿐만 아니라 '의정원(입법부)'과 국무원(행정부)을 분립 정비해서 가장 잘 조직되고 체계화된 임시정부였었다고 볼 수 있다.

3) 한성 임시정부

이어서 서울에서는 통칭 '한성정부'라고 불렀던 임시정부의 수립이 선포되었다.

이 한성 임시정부의 특징은 3·1운동이 지적한 '13도 대표의 국민대회'를 거쳐서 수립되었다는 사실에 있었다.[12]

3·1운동의 주체세력들 중에서 일제 관헌의 체포를 모면한 인사들은 3월 상순부터 국민대회를 개최하여 임시정부를 수립하기 위한 연락과 회합을 홍진(洪震; 洪冕熹)·이규갑(李奎甲)·한남수·김사국(金思國) 등이 중심이 되어 급속히 진전시키었다. 그들은 4월 2일 천도교 대표 안상덕(安商悳), 기독교 대표 박용희(朴用熙)·장붕(張鵬)·이규갑, 불교대표 이종욱(李鐘旭), 유교대표 김규(金奎) 및 13도 지방 대표 등 약 20여 명의 각계 대표들이 인천의 만국공원에 집합하여 부근의 음식점에서 비밀회의를 열고 가까운 시일 내에 서울에서 국민대회를 개최하여 '임시정부의 수립'을 국내외에 선포하고 파리 평화회의에 임시정부

12 김희곤, 『대한민국 임시정부 연구』, 지식산업사, 2004, pp. 55~81 참조.

대표 파견을 결정하였다.[13] 그들은 그 준비위원으로 한남수·홍진·이규갑 등을 선출하였다.[14]

준비위원들은 극비리에 몇 차례의 준비회의를 거치면서, '국민대회취지서', '선포문', '임시정부 약법'을 기초했으며, 이를 약 1,000장 목판으로 인쇄하였다. 그들은 1919년 4월 23일 국민대표 25인이 서울 시내 서린동의 중국음식점 봉춘관에 모여 극비리에 정식으로 '국민대회'를 개최하고, '국민대표취지서', '선포문', '임시정부 약법'을 채택했으며, 임시정부의 각료와 평정관을 선출하고, 파리 평화회의에 파견할 임시정부와 국민대표를 선정하였다.[15]

'국민대회'에서 선임된 임시정부의 각료·평정관·파리 평화회의에의 국민대표를 다음과 같다.[16]

① 임시정부 요원

집정관총재	이승만
국무총리총재	이동휘
외무부총장	박용만(朴容萬)
내무부총장	이동녕
차장	한남수
재무부총장	이시영
군무부총장	노백린(盧伯麟)
법무부총장	신규식
학무부총장	김규식
교통부총장	문창범
노동국총판	안창호

13 이현희, 『대한민국 임시정부사 연구』, 혜안, 2001, pp. 53~94.
14 李奎甲, 「漢城臨時政府 수립의 전말」, 『新東亞』, 1969년 4월호 참조.
15 金正明, 『朝鮮獨立運動』 제2권, p. 19.
16 『朝鮮獨立運動』 제2권, pp. 19~20 참조.

참모부총장　유동열
차장　이세영(李世永)

② 평정관

조완구·박은식(朴殷植)·현상건(玄尙健)·한남수·손보형·신채호·정양필(鄭良弼)·현순·손정도·정현식(鄭鉉湜)·김진용(金晉鏞)·조성환·이규풍(李奎豊)·박경종(朴景鐘)·박찬익(朴瓚翊)·이범윤(李範允)·이규갑·윤해(尹海)

③ 파리 평화회의에의 국민대표

이승만·민찬호(閔瓚鎬)·안창호·박용만·이동휘·김규식·노백린

또한 이 국민대회에서는 '국체'를 '민주제'로 하고 정체는 '대의제'로 한다는 것을 골자로 한 6개조의 '약법'을 채택하여 선언하였다.

한성 임시정부를 조직한 국민대회의 대표자들은 4월 23일 정오를 기하여 학생과 시민대표를 ① 종로 보신각 앞 ② 서대문 ③ 동대문 ④ 남대문 등 네 곳에 내 보내어 태극기를 들고 독립만세를 부름과 동시에 "국민대회·공화(共和)만세" 구호를 외치고 위의 '국민대회취지서', '임시정부선포문', '임시정부약법', '임시정부명령' 등의 전단을 뿌리며 시위운동을 시작하였으나, 출동한 일제 군경에 의하여 '진압'되어 큰 시위로는 발전하지 못하였다. 그러나 이를 통하여 한국 국민과 일제 관헌이 모두 한성 임시정부의 수립을 알게 되었으며, 이것은 중요한 사건이므로 세계적 통신사인 United Press가 이를 전세계에 보도하여 전세계가 한성 임시정부의 수립과 국민대회를 알게 되었다.[17]

여기서 주목할 것은 한성 임시정부가 13도 대표 등의 '국민대회'를 거쳐 3·1운동 때의 임시정부의 수립요건을 충족시켰다는 사실이다.

17 『3·1운동재판기록』, pp. 135~136 참조.

3. 통합 대한민국 임시정부 수립의 성공

문제는 3·1운동의 결과 '하나'만 수립되어야 할 '임시정부'가 당시 일제 감시와 탄압 아래 긴밀한 연락의 불충분으로 말미암아 '다수' 수립된 것이 문제였다.

만일 한국민족이 3·1운동의 아들로써 3개의 임시정부를 1개로 '통합'시키지 못하는 경우에는 임시정부는 3개로 분열되거나, 어느 임시정부가 법통성을 더 많이 갖는가 경쟁을 하거나, 이에 어느 하나가 확고한 우위를 확보하지 못하면 3개의 임시정부가 모두 3개의 독립운동단체로 간주되게 되는 것이었다.

그러나 한국민족이 만일 3·1운동을 직접적으로 계승한 3개의 임시정부를 '하나로 통합'하는데 성공하기만 한다면, 그 임시정부는 3·1운동의 결과로서 3·1운동을 직접적으로 승계하는 '대표성'과 '법통성'을 갖게 되는 것이었다.

3대 임시정부의 통합을 이해하기 위해 그 각료구성을 표로 비교해보면 〈표 9-1〉과 같다.[18]

이 중에서 러시아령의 대한민국의회 임시정부의 특징은 그것이 '의회체제'라는 곳에 있었다고 볼 수 있다. 반면에 '임시정부'의 '정부' 부분은 '의회'에 부속되거나 매몰되어 선명히 드러나지 않고 있으며, 각료명단은 있었으나 정부가 활동했다는 자료는 아직 발견되지 않는다. 따라서 대한국민의회의 임시정부 통합문제는 그 명칭에서도 볼 수 있는 바와 같이 대한국민의회를 '의회'의 한 형태로 간주함이 타당했던 것이라고 볼 수 있다.[19]

18 李延馥, 『大韓民國臨時政府三十年史』, 國學資料院, 1999, pp. 20~28 참조.

19 潘炳律, 「大韓國民議會와 上海臨時政府의 統合政府 수립운동」, 『한국민족운동사연구』 제2집, 1988 참조.

‖표 9-1‖ **3개 임시정부 각료 명단**

제정부 (공표일자·장소) / 각료	대한국민의회 (1919.3.21.·노령)	대한민국임시정부 (1919.4.13.·상해)	한성정부 (1919.4.23.·서울)
대통령	손병희		이승만(집정관총재)
부통령	박영효		
국무총리	이승만	이승만	이동휘
외 무		김규식	박용만
내 무	안창호	안창호	이동녕
군 무	이동휘	이동휘	노백린
재 무		최재형	이시영
법 무		이시영	신규식
학 무			김규식
교 통		문창범(前日, 신석우)	문창범
산 업	남형우		
탁 지	윤현진		
노 동			안창호
참 모	류동설		류동열
평화대사	김규식 (윤해·고창일)	김규식	이승만·민찬호·안창호·박용만·이동휘·김규식·노백린

자료 : 이연복, 『대한민국임시정부30년사』, p. 20에서 요약.

한편, 1919년 4월 11일 수립된 상해의 대한민국 임시정부는 '의정원'과 '행정부'를 모두 국가기구상으로는 가장 잘 완비한 임시정부였으며, '헌법'도 '임시헌장'의 형식으로 러시아령 대한국민의회의 '결의문'이나 한성정부의 '약법'보다는 상대적으로 잘 갖춘 것이었다. 상해 임시정부의 체제는 의정원이 중심이 된 '의원내각제'로서 정부의 수반은 대통령을 두지 않고 국무총리를 두어 이승만을 국무총리로 선출했었다.

이에 비하여 1919년 4월 23일 선포된 한성정부는 ① 3·1운동과의 법통성이 가장 선명하고, ② 전국 13도 대표의 국민대회를 통하여 3·1운동의 주체세력에 의하여 수립되었으며, ③ 행정부 조직에서 특징을 갖고 있었다.

한성정부는 반면에 '약법'에서 민주대의제의 임시정부를 헌장화하면서도 '의회'를 제도화하지 않고 그 대신 '평정관'을 둔 한계가 있으며, '약법'도 러시아령 대한민국의회의 '결의문'보다는 헌장화되어 있으나, 상해 임시정부의 '임시헌장'보다는 소략한 것이었다.

뿐만 아니라 한성정부는 일제의 탄압으로 말미암아 처음부터 국내에서는 임시정부의 장기설치가 불가능함을 잘 알고 국외에 이를 설립하려고 했음을 주의할 필요가 있다. 이것은 한성정부가 집정관총재 이하 모든 각료(총장급)를 당시 국외에 있던 독립운동가들로서만 선출하고, 국내인사로서는 오직 차장으로서 교통부차장만을 임명한 것에서도 확인할 수 있다.

이러한 경우에 3개의 임시정부의 통합은 어차피 임시정부를 국외에 두려고 한 이상 러시아령의 대한민국의회나 상해의 대한민국 임시정부가 추진하지 않을 수 없었다.

1919년 당시 세계 각국에서 헌법 조항으로 정치적 망명자 또는 망명자의 정치활동을 허용 보호하는 헌법을 가진 나라는 프랑스뿐이었다. 따라서 한국의 임시정부는 상해의 프랑스 조계에 수립하는 것이 현명하였다.

러시아령의 대한민국의회 임시정부는 상해정부가 수립된 직후인 1919년 4월 15일 대한민국의회를 대표하여 원세훈(元世勳)을 상해에 즉각 파견해서 국민의회 임시정부와 상해 임시정부와의 통합을 제의했으며, 임시정부의 위치는 러시아령에 두자는 제안을 하였다. 원세훈은 5월 1일 다시 외무부와 교통부만 상해에 두고 나머지 임시정부의 본부는 길림성이나 시베리아에 둘 것을 제의하였다.[20]

이에 대하여 상해의 대한민국 임시정부는 의정원 회의에서 1919년 5월 13일 '각지에 산재(散在)한 각 의회를 통일할 것'을 결의했으며, 제5회 의정원 회

20 『朝鮮獨立運動』 제2권, p. 37 참조.

의(7월 11일)는 의회통일 문제에 대하여 다음과 같이 의결하였다.

① 임시정부의 위치는 상해에 둠. 단 정부의 의사 및 상해 거류민의 여론에 따라 수시 자유로 위치를 변경할 수 있음
② 임시의정원 및 러시아령 국민의회를 합병하여 의회를 조직할 것. 단, 국민의회 측이 의회의 위치를 러시아령으로 할 것을 절대 주장할 때에는 이를 허함. (단 의정원 조직에 있어서 국민의회 측에서는 6인 이내의 의원을 선출할 것)[21]

임시의정원의 이 결의안은 국민의회 측의 제안에 대하여 '임시정부'의 위치는 상해를 선호하되, 변경할 수 있으며, 의회의 위치는 러시아령에 둘 수 있으나 이 경우에는 러시아령 국민의회에서는 6인 이내의 의원만 선출해야 한다는 타협안이었다. 상해 임시정부에서는 이 결의안을 가지고 내무차장 현순이 특사가 되어 러시아령의 국민의회 실력자 이동휘와 협의한 결과, 정부와 의회의 위치를 멀리 분리하는 것은 불합리하므로 임시정부와 의회를 모두 상해에 두되 국민의회 의원의 5분의 4가 상해 의정원 의원이 되는 것으로 합의가 이루어져서 상해 임시의정원과 국민의회의 통합이 마침내 실현되었다.

한편 상해 임시정부와 한성정부의 통합문제에 대해서는 미국에서 상해로 와 내무총장 겸 국무총리 대리에 취임한 안창호의 주장에 따라 상해의 독립운동가들은 러시아령·중국령·미주 등 각지에 대표를 보내어 의견을 수렴해서 한성정부의 법통성을 중심으로 통합할 것을 제의한 다음과 같은 타협안을 제출하였다.

① 상해와 러시아령에 설립한 정부들은 일체 작소(作消)하고 오직 국내에서 13도 대표가 창설한 한성정부를 계승할 것이니, 국내의 13도 대표가 민족전체의 대표인 것을 인정함이다.
② 정부의 위치를 아직 상해에 둘 것이니 각지에 연락이 비교적 편리한 까닭이다.
③ 상해에서 설립한 정부의 제도와 인선(人選)을 작소(作消)한 후에 한성정부의 집정

21 『조선민족운동연감』, 1919년 7월 11일조.

1919년 9월 통합임시정부 수립 성공 직후(1919.9.17.)
대한민국 임시의정원(앞줄 중앙 안창호) 제6회 기념촬영

관총재 제도와 그 인선을 채용하되, 상해에서 정부독립 이래 실시한 행정은 그대로 유효를 인정할 것이다.

④ 정부의 명칭은 대한민국 임시정부라 할 것이니 독립선언 이후에 각지를 원만히 대표하여 설립된 정부의 역사적 사실을 살리기 위함이다.

⑤ 현임 정부각원(現任政府各員)은 일제히 퇴직하고 한성정부가 선거한 각원들이 정부를 인계할 것이다.[22]

이때 상해 임시정부가 1919년 8월 28일 의정원에 제출한 임시정부 개조안의 특징은 한성정부를 전적으로 따르고 계승한 것으로서, 정부의 부서도 상해정부 6부를 한성정부의 7부 1국으로 바꾸고, 정부각료도 상해정부 각료는 일제히 퇴임하고 한성정부의 명단에 따라 새로 임명하며, 오직 한성정부의 집정관총재는 그 명칭을 '대통령'으로 바꾼다는 것이었다.

22 김원용, 『재미한인오십년사』, p. 458.

이 임시정부개정안이 의정원에서 신중한 토의 끝에 1919년 9월 6일 만장일치로 통과되어, 마침내 '대한민국 임시정부'는 노령국민의회 임시정부·한성정부·상해 임시정부를 하나로 통합하여 유일한 '통합임시정부'로 된 것이다. 그리고 '통합 대한민국 임시정부'는 이전의 3개 임시정부를 완벽하게 통합하여 유일한 임시정부로서 3·1운동을 직접 계승하고 민족사에 '대표성'과 '법통성'을 갖춘 임시정부가 된 것이었다.[23]

여기서 특별히 기록되어야 할 것은 '임시헌법'의 개정이다. 상해 임시정부의 10개 조의 '임시헌장'은 일종의 극히 요약된 임시헌법으로서 국가와 정부조직의 기본원칙은 명확히 정립되어 있었으나, 아직 소략한 것이었다. 국무총리대리 안창호 등 통합추진세력은 임시정부를 한성정부를 중심으로 하여 통합함과 동시에 '임시헌법개정안'을 의정원에 제출하였다. 이 새 헌법의 특징은 상해 임시정부의 10개 조의 임시헌장을 기초로 해서 이를 전면적으로 보완하고, 행정부를 한성정부 형태로 개조하는 뜻의 전문 다음에, 8장 57개 조로 구성된 정치(精致)한 헌법으로 임시정부의 헌법으로서는 거의 완벽한 내용을 갖춘 헌법이었다. 그 골격은 대통령중심제와 의원내각제를 절충한 것인데 민주공화국 헌법으로서 어디에 내어 놓아도 손색이 없는 훌륭한 헌법이었다. 의정원은 신중한 토의와 수정 끝에 역시 1919년 9월 6일 '임시헌법개정안'을 통과시켜 마침내 통합임시정부의 헌법이 탄생하게 되었다.[24]

이에 1919년 9월 11일 임시정부는 신헌법과 신내각의 성립을 공포함으로서, 통합된 대한민국 임시정부가 성공적으로 수립된 것이다.

통합 대한민국 임시정부 수립 성공과정에서 상해 임시정부 내무총장 겸 국무총리 대리 안창호가 스스로 자기 직위를 장관이 아니라 국장급인 '노동국총판'으로 내림을 감수하면서 통합을 적극 선도한 헌신적 활동은 참으로 특기

---

23 愼鏞廈, 「統合臨時政府 수립과 沿海州 지역 한인 민족운동」, 『3·1운동과 獨立運動의 社會史』, 서울대학교 출판부, 2001 참조.

24 金榮秀, 『大韓民國臨時政府憲法論』, 삼영사, 1980, pp. 95~114 참조.

통합 임시정부 수립 성공 직후의 국무원
(앞줄 중앙 안창호, 1919.10.11.)

해야 할 것이었다.

1919년 9월 11일 공표된 통합 대한민국 임시정부의 각료는 〈표 9-2〉와 같았다.

‖표 9-2‖ **1919년 9월 통합임시정부의 각료**

대통령	이 승 만
국무총리	이 동 휘
내무총장	이 동 녕
외무총장	박 용 만
군무총장	노 백 린
재무총장	이 시 영

법무총장	신 규 식
학무총장	김 규 식
교통총장	문 창 범
노동국총판	안 창 호

민주공화제에 의한 통합 임시정부의 수립은 한국 독립운동 단체들과 한국 민족의 광범위한 지지를 받았다. 1919년 말까지 통합 대한민국 임시정부를 지지 봉대하고 그 명령에 따르겠다고 알려온 단체들은 중국령과 러시아령에 걸쳐 모두 45개 단체에 달하였다.[25]

통합 임시정부의 수립은 다음과 같은 특징을 가진 것이었다.

첫째, 대한민국 임시정부는 일본 제국주의 침략자들에 의하여 9년간 단절되었던 민족정권을 잇게 되었다.

둘째, 대한민국 임시정부는 그 정치체계에 있어서 종래의 군주제를 폐지하고 한국 역사상 최초로 헌법에 기초한 민주공화제의 정부를 수립함으로써 한국민족사에서 신기원을 열었다.

셋째, 대한민국 임시정부는 여러 계보의 민족주의 독립운동단체들과 사회주의계열인 한인사회당까지 모든 이념과 정치노선의 독립운동 세력들이 거의 모두 참가한 포괄성을 가진 '연합정부'로서 수립되었다. 대한민국 임시정부 수립 당시에는 이에 참가하지 못한 독립운동단체까지도 이를 한국민족의 임시정부로 봉대하였다.

넷째, 대한민국 임시정부는 국외의 독립운동뿐만 아니라 초기에는 연통제와 교통국을 통하여 국내통치의 일부를 실행하였다.

25 『朝鮮獨立運動』 제2권, pp. 213~223 참조.

통합 임시정부 시기의 임시정부 각료와 간부(1921.3.1.)
(둘째줄 중앙 대통령 이승만, 왼쪽 국무총리 이동휘)

4. 임시정부의 초기 몇 가지 주요 활동

1) 연통제(聯通制)·교통국(交通局)과 내정(內政)

임시정부는 1919년 7월 국무원령 제1호로 '임시연통제'를 공표해서 국내 행정을 시작하였다. 연통제의 담당 역할은 ① 정부가 발하는 법령과 기타 공문의 국내 전포, ② 독립시위운동 계속 진행, ③ 독립전쟁 개시 때의 군인·군속의 징모와 군수품 징발·보급·수송, ④ 구국금 1백 원 이상 거출할 구국 재정단원 모집, ⑤ 구국금과 정부에 납부할 기타 군자금의 수합, ⑥ 정부에서 발행할 공채의 발매, ⑦ 임시정부와 국내 각지의 통신, ⑧ 임시정부 명령의 전달 등을 담당하도록 하였다.[26]

임시정부는 이러한 역할을 수행하기 위한 연통제 조직으로 임시정부 산하에 연통부(聯通府)를 두고, 국내 각 도에는 감독부(監督府)를 두고, 감독(국무총리가 임명) 1인, 부감독(국무총리가 임명) 1인, 서기(감독이 임명) 3인, 재무(감독이 임

26 李延馥, 『大韓民國臨時政府三十年史』, pp. 128~129 참조.

명) 3인을 두도록 하였다.

각 군에는 총감부(總監府)를 두고, 총감(내무총장이 임명) 1인, 부감(내무총장이 임명) 1인, 서기(총감이 임명) 2인, 재무원(총감이 임명) 1인을 두었다.

각 면에는 사감부(司監府)를 두고 모두 감독이 임명하는 사감 1인, 서기 1인, 재무 1인을 두도록 하였다.

또한 임시정부는 1919년 7월부터 교통부 안에 교통국(交通局)을 설치하여 압록강변 및 두만강변 각 군과 국내 각 도·군·면과의 연락망을 구성 강화하도록 하였다.

임시정부는 초기에 연통제와 교통국의 비밀조직을 통하여 일정기간 국내의 내정을 실시하였다. 임시정부의 연통제와 교통국은 국내 비밀결사 독립운동과 직접 간접으로 연계되어 있었다.

2) 임시정부의 초기 외교활동

(가) 주파리위원부(La Mission Coreenne Paris) 설치와 외교활동

임시정부는 상해 임시정부가 1919년 4월 11일 수립되자 파리 평화회의에 파견되어 있는 신한청년당 대표 김규식을 외무총장 겸 대한민국 주 파리위원(특사)으로 임명하였다.

김규식은 '독립공고서(獨立控告書)'를 평화회의 의장 클레망소(George Clemenceau)에게 제출하고, 각국 원수들에게도 이를 제출하여 한국의 독립승인 요구와 일제의 한국 탄압 진상을 설명하였다.

임시정부 주파리위원부는 그 전후 다음과 같은 외교활동을 전개하였다.

① 1919년 6월 평화회의 미국대표단에게 한국독립문제 설명.
② 1919년 7월 28일 프랑스 동양정치연구회에서 한·중 양국문제에 대한 연설회 개최.
③ 1919년 7월 30일 프랑스 국민정치연구회에서 한국문제 보고회 개최.
④ 1919년 7월 31일 프랑스 동양정치연구회에서 제2차 한국문제 연설회 개최.

⑤ 1919년 8월 4일 이관용과 조소앙을 스위스 루체른에서 개최되는 제2차 '사회주의 인터내셔날(Permanent Commission of Labour and Socialist International)'에 파견하여 '한국민족 독립결정서' 통과에 성공.

⑥ 1919년 10월 황기환이 프랑스 인권옹호회에 참석하여 한국 독립 문제 보고.

⑦ 1920년 1월 4일 국제평화촉진회가 주최하는 재불중국각사회단체연합대회(在佛中國各社會團體聯合大會)에 윤해, 고창일이 참석하여 '한국독립 회복결의안' 통과에 성공.

⑧ 1920년 1월 15일 스위스 제네바에서 개최된 국제적십자 총회에 황기환이 대한적십자 구주지부장 자격으로 참석하여 일본군의 만행 규탄과 대한민국 적십자회 설립경위 보고.

⑨ 1920년 10월 12일 이태리 밀라노에서 개최된 '국제연맹옹호회 연합대회'에 이관용·윤해가 참석하여 활동함으로써 이듬해 6월 10일 개최된 동회에서 한국문제 토의.

또한 임시정부 파리위원부는 출판물로서 『한국 독립과 평화』(프랑스어, 6,500부), 『자유한국』(프랑스어, 10회, 매회 1,000부), 『통신전(通信箋)』(프랑스어, 23회, 매회 2,000부), 『일본인이 조약의 가치를 어떻게 멸시하는가』(프랑스어, 1회, 1000부)를 발행하여 널리 배포하였다.[27]

임시정부 파리위원부의 활동은 일정한 성과를 내어, 1919년 3월부터 1920년말까지 유럽 각국 신문에 한국관계 기사는 프랑스 파리와 각 지방 133개 신문에 423회 게재되었으며, 유럽 각국 48개 신문에 94회 게재되었다.[28] 특히 주목할 것은 임시정부 파리위원부의 활동의 영향으로 1920년 말 에스토니아 국회에서 '한국독립승인안'이 정식으로 상정되었다는 사실이다.[29]

27 주파리위원회 선전국, 『歐洲의 우리 事業』, 1922. 12.
28 주파리위원회 선전국, 『歐洲의 우리 事業』, 1922. 12.
29 『獨立新聞』, 1921년 1월 1일자 참조.

(나) 영국에 대한 외교활동

임시정부 파리위원부의 활동의 영향으로 영국 런던에서는 일찍이 『한국의 비극(The Tragedy of Korea)』을 저술한 맥켄지(F. A. Mckenzie)가 『한국의 자유를 위한 투쟁(Korea's Fight for Freedom)』을 저술 발행하고, 글래브스(Joseph W. Glaves) 등과 함께 한국 독립운동을 성원하였다.

이들의 노력으로 1920년 10월 26일 '대영제국 한국친우회(The League of Friends of Korea in Great Britain)'이 결성되어, 한국 독립운동에 성원을 보내주었다. 특히 맥켄지의 외교적 도움과 성원은 매우 적극적인 것이었다.

(다) 미국에 대한 외교활동

임시정부의 미국에 대한 외교는 재미독립운동가들과 교포들의 자발적 활동에 의거하여 활발하게 전개되었다. 서재필이 중심이 되어 재미동포들은 1919년 4월 14일부터 16일까지 3일간 필라델피아의 독립관(the Independence Hall)에서 '한인자유대회'를 개최했는데, 이 대회에는 140명의 한국인 대표들과 필라델피아 시장을 대표로 한 미국인 후원자들이 다수 참가하였다. 이 대회에서는 ① 상해 대한민국 임시정부 지지, ② 구미 각국에의 대한민국 '외교사무부' 설치, ③ 구미 각국 민중에의 한국독립선언 주장 설명 이해 활동, ④ 국제연맹에의 대한민국 임시정부 승인 요구 등의 결의안을 채택하였다.[30]

서재필 등의 '대한민국통신부'는 미국인 친우인 톰킨스(Tomkins) 등과 교섭하여 1919년 5월 5일 미국인 19명으로 구성된 '한국친우회(the League of Friends of Korea)'를 결성하였다. 이 단체는 한국 독립문제를 미국 의회에서 거론케 하는데 큰 활약을 하였다.

또한 서재필이 운영하는 '대한민국통신부'는 월간지로 『The Korea Review(한국평론)』를 발행하고, 『어린이 수난자』, 『대한정신』 등의 영문 소책

30 『在美韓人 50年史』, pp. 372~382 참조.

자를 발간하여 미국 전국에 널리 배포하였다. 또한 각지 순회강연도 활발히 전개하였다.

(라) 소련에 대한 외교활동

상해 통합 임시정부의 소련에 대한 외교활동은 처음에는 순조롭게 진전되었다.

임시정부는 코민테른 제2차 대회가 1920년 7월 모스크바에서 열리게 되자, 안공근(安恭根), 여운형, 한형권(韓馨權)을 모스크바 외교원으로 임명하였다. 그러나 국무총리 이동휘는 한형권만을 먼저 파견해서 레닌을 만나게 하고 상호 원조의 한·소비밀협약을 체결하였다. 그 요지는 소련은 한국 독립운동을 원조 지원하고 한국은 시베리아에서 노농정부와 (일본군에 대한) 공동작전을 한다는 것이었다.[31] 이 내용은 소련의 레닌정부가 대한민국 임시정부를 승인한 것이었다.

소련정부는 한국 독립운동 지원금으로 200만 루블을 약속하고, 그 중에서 1차분 40만 루블을 한형권이 받아 상해로 가져왔다. 그러나 국무총리 이동휘는 이를 독립운동에만 사용한 것이 아니라, 국무원 회의에 보고하지 않고 공산주의 운동 지원금에도 사용하여 문제가 일어나게 되었다. 이 때문에 이동휘는 1921년 국무총리를 사임하고 블라디보스토크으로 돌아가게 되었다.

1922년 1월 21일부터 2월 2일까지 모스크바에서 '극동인민대표대회'(일명 동방피압박민족대회)가 개최되었을 때 레닌은 한국 독립운동은 대한민국 임시정부를 강화하여 이를 중심으로 전개할 것을 권고하였다. 식민지 상태 민족의 사회주의자들은 민족주의자들과 연합하여 먼저 민족해방을 쟁취한 다음에 사회주의 혁명을 수행하는 전략을 강조한 것이었다.

이에 한형권과 윤해는 레닌정부로부터 다시 20만 루블을 수령하여 임시정

---

31 김준엽·김창순, 『韓國共産主義運動史』 제1권, p. 295 참조.

부 개편 확대 강화에 지출하게 되었다. 1923년의 전세계 한국 독립운동단체들이 상해에 모여 개최한 '국민대표회의(國民代表會議)'는 모스크바에서 수령한 자금으로 임시정부 강화를 위하여 개최한 것이었다.

(마) 중국에 대한 외교활동

상해에 통합 대한민국 임시정부가 수립되었을 때 중국은 남북으로 분열되어 북경정부와 남쪽의 광동에 호법정부(護法政府)가 수립되어 있었다. 임시정부는 북경과 만주를 지배하고 있는 북경정부와도 관계를 유지하는 한편, 손문(孫文)의 광동 호법정부에 대해서는 적극 외교관계를 추진하였다.

임시정부는 1921년 1월 국무총리대리겸 외무총장 신규식(申圭植)을 대한민국 임시정부 특사로 광동에 파견하여 공식 외교관계를 수립하게 하였다. 호법정부 대통령 손문은 1921년 11월 18일 신규식을 대한민국 임시정부 특사로서 공식 의전절차를 밟아 접견하고 대한민국 임시정부를 사실상 승인하였다. 손문은 임시정부 특사 신규식에게 북벌 후의 한국 독립운동지원과 '태평양회의'에서의 한국지원을 약속하였다.

3) 임시정부의 초기 교육·홍보 활동

임시정부는 수립 직후부터 '조국독립의 정신 아래 건전한 시대적 인물'을 양성하기 위하여 교육을 매우 강조하였다. 이를 위해 임시정부는 ① 교과서 편찬, ② 의무교육 실시, ③ 관리 양성, ④ 외국에 유학생 파견, ⑤ 서적 간행을 강조하였다.[32]

임시정부는 상해에 인성학교(仁成學校)와 삼일중학(三一中學)을 설립하였다.

임시정부의 홍보활동으로서는 상해정부 수립 후 조동호(趙東祜)가 중심이 되어 격일간으로 『우리들의 소식』을 등사판으로 발행하기 시작하였다. 안창

---

32 국사편찬위원회, 『韓國獨立運動史資料』 III, p. 180 참조.

호가 국무총리대리 겸 내무총장으로 취임하자 임시정부 홍보기관으로 조동호·이광수·이유필(李裕弼)·김병조(金秉祚) 등이 중심이 되어 기관지 『독립』을 1919년 8월 21일 격일간지로 발행하였다.

『독립』은 1919년 10월 25일자 제22호부터 제호를 『獨立新聞(독립신문)』으로 바꾸었다. 또한 1924년 1월 1일자 제169호부터는 제호를 한글로 『독립신문』으로 고쳤다. 1925년에는 박은식이 사장이 되어 『독립신문』을 담당하였다.

임시정부는 기관지 『독립신문』 이외에 『공보』를 발행하였다.

임시정부는 또한 '사료편찬부'를 설치하여, 1921년 9월 『한·일관계사』(전4책)를 편찬하였다. 이것은 고대부터 1920년까지의 한·일관계사, 일본침략사, 한국독립운동사를 사료중심으로 편찬한 것이었다.

또한 임시정부와의 직접 간접 관련 아래 나다니엘 페퍼의 『한국독립운동의 진상』(김홍제 역, 1919), 박은식의 『한국독립운동지혈사(韓國獨立運動之血史)』(1920), 김병조의 『한국독립운동사략(韓國獨立運動史略)』(1920) 등이 간행되어 배포되었다.

5. 임시정부의 초기 육군무관학교 설립과 참의부(參議府)의 군사활동 지휘

1) 임시정부의 초기 육군무관학교 설립

임시정부는 1919년 9월 11일 공포된 통합임시정부의 임시헌법에서 독립전쟁에 대비한 군사제도를 헌법상 정립했으며, 임시정부 수립 직후 상해에서 육군무관학교(陸軍武官學校)를 설립하여 6개월 속성과정으로 1920년 5월 8일 제1회 졸업식을 거행하고 초급장교 19명을 배출하였다.[33] 이 무관학교의 초대 교장은 김희선(金羲善), 2대 교장 겸 생도대장은 도인권(都寅權), 교관 겸 생도 중대

33 『獨立新聞』 1920년 6월 10일자 및 『韓國獨立運動史』(國史編纂委員會 編) 資料 2, 臨政 篇, '卒業證書授與', p. 140 참조.

장은 김철(金鐵)이었다. 이 무관학교는 제2회 졸업생 22명을 배출하고[34] 1920년 11월경부터 휴교상태에 들어가게 되었다.[35]

만주와 러시아령에는 3·1운동 직후 약 40개의 독립군 무장단체들이 조직되어 무장독립운동을 활발히 전개하기 시작했고, 그들 대부분이 이 시기에는 임시정부를 지지 봉대했으므로, 성립 직후 임시정부는 직속 독립군을 설치하지 않아도 만주의 독립군 부대들에게 일정한 영향력을 행사할 수 있었다.

그러나 임시정부는 1921년부터는 급속히 약화되기 시작하였다. 그 이유는 ㉠ 1921년 1월 연합정부에 참여했던 국무총리 이동휘의 탈퇴와 러시아령 연해주로의 퇴거, ㉡ 1923년 6월 국민대표회의의 실패와 개조파·창조파의 분열, ㉢ 1924년 9월 이승만 임시대통령 탄핵 등이 가장 큰 요인이었다. 이에 임시정부는 '국무령제'를 '국무위원제'를 채택해서 난국을 수습하였다.

2) 참의부의 조직과 활동

이 무렵 만주에서 "참의부"라는 독립군 부대가 창립되어 임시정부 산하에 들어옴으로써 임시정부 활동이 다시 한 번 활성화되었다.

만주에서 공화주의 독립군인 '대한통의부'와 복벽주의 독립군인 '의군부'의 충돌에 크게 통분하고 상심한 통의부 의용군 제 1·2·3·5중대는 1923년 6월경 중대장을 중심으로 약 500명의 병사들이 통의부와의 관계를 끊고 새로운 독립군의 창설을 추구하였다. 그들은 대표로 백광운(白狂雲) 등을 상해 임시정부에 파견하여 그간의 전말을 보고하고 그들을 이전의 '광복군사령부' 계통을 이은 임시정부 직할의 남만군정부(南滿軍政府)로 승인해 줄 것을 요청하였다.

상해 임시정부는 이 제의를 열렬히 환영하였다. 당시 임시정부는 국민대표회의의 실패로 영향력이 급락해 있었는데 남만주에 큰 규모의 직할 독립군부

---

34 「高警第2305號, 外國情報, 上海居住排日鮮人 の書信」, 『朝鮮獨立運動』(金正明 編) 제2권, p. 408 참조.

35 「高警第2305號, 外國情況, 上海居住鮮人 の狀況」, 1921년 4월 29일자, 『朝鮮獨立運動』 제2권, p. 437 참조.

임시정부의 직할 독립군인 '주만 참의부' 독립군

대가 설치되기 때문이었다. 임시정부는 『독립신문』 사장 김승학(金承學)과 국무위원급 간부 이유필(李裕弼)을 파견하여 군정부 조직에 협력케 하였다.

임시정부 파견위원의 지도를 받으며 과거 통의부 의용군, 제 1·2·3·5중대가 합심하여 1923년 8월 '참의부'를 결성하였다. 정식 이름은 '대한민국임시정부 육군 주만참의부(駐滿參議府)'였다.[36] 참의부는 남만주의 군사와 민사를 총괄하도록 했는데, 중앙의회와 민사부(民事部)를 갖춘 참의부 창설 당시의 간부진은 다음과 같았다.

참의장 겸	제1중대장	백광운(白狂雲, 일명 蔡燦)
	제2중대장	최석순(崔錫淳)
	제3중대장	최지풍(崔志豊)
	제4중대장	김창빈(金昌彬)
	제5중대장	김창천(金蒼天)

36 尹炳奭, 「1920年代 滿洲에서의 民族運動과 軍政府」, 『國外韓人社會와 民族運動』, 一潮閣, 1990, pp. 131~137 참조.

독립소대장　　허운기(許雲起)
훈련대장　　박응백(朴應伯)
중앙의회 의장　백시관(白時觀)
민사부장　　김소하(金篠厦)

참의부의 조직은 5개 중대와 독립 1개 소대의 약 600명이었다. 이 중 5분의 4는 소총으로, 5분의 1은 모젤 권총으로 무장되어 있었다. 이들의 군산훈련은 임시정부의 지원을 받고 있었으므로 중국 운남강무당(雲南講武堂)과 황포군관학교(黃埔軍官學校) 및 모스크바 국제사관학교 출신 한인 장교가 와서 훈련을 담당하였다.

또한 참의부는 기관잡지로 『정로(正路)』를 방행하였다.[37]

참의부의 군사활동은 ① 친일파 주구배의 소탕 처벌, ② 국내 진입 유격전, ③ 압록강 순시 때의 조선총독 습격 작전 등이 대표적인 것이었다.

3) 참의부의 국내진입 유격전

참의부의 활동지역은 압록강 강변을 연하여 있었기 때문에 비교적 국내진입 유격전에 지리적으로 유리하였다. 이에 참의부는 10명 이내의 소조 유격대를 편성하여 대담하게 국내진입 유격전 공격을 감행하고 돌아가는 작전을 빈번히 수행하였다. 1924년의 대표적인 국내진입 유격전을 뽑아 들면 다음과 같다.[38]

① 1924년 1월 23일 : 참의부 유격소조를 국내에 진입시켜 평안북도 초산군 평강(坪江) 일제 경찰관주재소를 습격 섬멸하였다.

② 1924년 2월 18일 : 유격대 23명이 국내에 진입하여 벽동군 태평동(泰平洞)에서 일제 경찰대를 공격 적 4명을 사살, 3명 부상의 전과를 내고, 참의부 대원은 4명이 포로되었다.

---

37 『高等警察要史』 p. 123 참조.
38 『독립운동사』 제5권, pp. 467~472 참조.

③ 1924년 2월 19일 : 참의부 제1중대 전원이 국내진입 중 백동군 마하리(摩下里)에서 일제 경찰을 조우하여 1명을 사살하고 참의부 대원도 1명 전사.

④ 1924년 4월 9일 : 참의부 대원 2명이 십팔도구(十八道溝)에 파견되었다가 일제 형사 1명의 검문에 이를 사살했으나 중국 경찰의 응사에 2명 모두 전사.

⑤ 1924년 5월 19일 : 10명의 유격대를 위원군 마시탄에 파견하여 압록강 순시 중인 조선 총독 사이토(齋藤)를 습격.

⑥ 1924년 5월 29일 : 제2중대 제2분대장 김창하(金昌河) 등 7명을 국내에 진입시켜 후창군 우항령(牛項嶺)에서 일제 경찰대를 공격 1명 사살, 1명 부상, 총 2정과 실탄 30발 노획.

⑦ 1924년 6월 8일 : 10명의 유격대를 국내진입시켜 강계군 성간면 외중동(外仲洞)에서 일제 경찰 1명 사살.

⑧ 1924년 6월 12일 : 유격대 5명을 국내진입시켜 태천군 강서면(江西面)에서 일제 경찰대를 기습하여 적 12명을 사살하고 총 2정, 탄환 224발을 노획.

⑨ 1924년 6월 13일 : 제2중대 유격대원 5명이 초산군 치혈에 국내진입하여 일제 경찰 1명 사살.

⑩ 1924년 6월 17일 : 유격대 5명을 국내에 진입시켜 초산군 남면 직동(直洞)에서 일제 경찰 1명, 친일 주구배 1명을 사살.

⑪ 1924년 6월 19일 : 제2중대 제1소대가 국내진입작전 수행 중 귀성군 천마동(天摩洞)에서 일제경찰과 조우하여 적 1명을 사살하고 참의부 대원도 1명 전사.

⑫ 1924년 6월 25일 : 유격대 9명이 국내진입 작전을 수행 중 자성군 이평면(梨坪面)에서 일제 경찰수색대와 조우하여 전투해서 적 2명을 사살하고 유격대 3명 전사.

⑬ 1924년 7월 2일 : 유격대 6명을 국내 진입시켜 용천군 양시(楊市)에서 일제 경찰 2명 사살, 유격대원도 2명 전사.

⑭ 1924년 7월 12일 : 제2중대 소속 유격대 6명을 국내진입시켜 위원군 화창면(和昌面) 일제 경찰관주재소를 소탕, 유격대원 1명 전사.

⑮ 1924년 7월 13일 : 유격대 8명을 국내진입시켜 강계군 종서면 황청동에서 일제 경찰 3명을 사살하고, 친일파 3명 처단 및 그 가옥 소각. 유격대원도 4명 전사.

⑯ 1924년 7월 13일 : 유격대 6명을 국내진입시켜 초산군 남면에서 친일파 1명 처단.

⑰ 1924년 7월 21일 : 유격대 소조를 국내진입시켜 초산군 산수동(山水洞)에서 친일파 1명 처단.

⑱ 1924년 7월 : 제2중대 소속 유격대 5명을 국내진입시켜 초산군에서 일제 경찰 1명 사살, 밀정 1명 처단.

⑲ 1924년 8월 9일 : 유격대 1대를 국내진입시켜 귀성군 조악동(造岳洞)의 금광사무소를 공격해서 일제 경찰 1명 사살.

⑳ 1924년 8월 9일 : 유격대 1대를 국내진입시켜 창성군 덕동(德洞)의 금광사무소를 공격해서 일제 경찰수비대 3명 사살.

㉑ 1924년 8월 25일 : 제2중대 소속 6명의 유격대를 국내진입시켜 일본군 수비대를 습격해서 장총 4정, 탄환 70발, 군복 다수 노획.

㉒ 1924년 : 참의부 사령부 소속 유격대 5명을 국내진입시켜 의주군 고령삭면(古寧朔面)에서 일제 경찰 2명 사살.

㉓ 1924년 : 제1중대 제2소대 제 1분대장 안정길(安廷吉) 등 7명의 유격대를 국내진입시켜 강계군에서 일제 경찰수비대 2명을 사살하고 연광(鉛鉱)사무소 및 창고 소각, 유격대원 1명 전사.

㉔ 1924년 : 제2중대 소속 유격대 3명을 국내진입시켜 귀성군 남시(南市)에서 일제경찰 1명 사살.

㉕ 1924년 : 유격대 7명을 국내에 진입시켜 남동(南洞)에서 일제 경찰 1명 사살, 1명 부상.

4) 참의부 유격대의 일제 조선총독 습격

참의부 독립군 국내진입 유격전에서 특기할 것은 1924년 5월 19일의 일제 총독 사이토 공격사건이다. 일제 총독 사이토가 압록강변을 시찰하러 왔다는 첩보를 받은 참의부 참의장 겸 제1중대장 백광운(白狂雲)은 제2중대 제1소대에게 국내진입하여 이를 공격하도록 명령하였다. 이에 제2중대 제1소대는 소대장 한웅권(韓雄權)의 지휘하에 8명의 유격대를 편성해서 국내진입하여 평안북도 위원군 마시탄(馬嘶灘) 강변에 매복하였다. 일제 총독 사이토가 경비선을 타고 국경순시를 하며 마시탄을 통과할 때, 유격대는 일제 사격을 가하며 공격하였다. 이에 경악한 일제 경비선은 응사하면서 전속력으로 도주하여, 사이토는 간신히 목숨을 건졌으나 일제 통치력의 위신이 크게 추락하게 되었다.

현지에서 참의부의 기관지 『경종(警種)』도 이를 선전했고,[39] 상해 임시정부의 『독립신문』도 이를 대대적으로 선전하였다.[40]

6. 임시정부의 한인애국단(韓人愛國團)의 특공활동

1) 임시정부가 편성한 '한인애국단'

일제가 1931년 9월 만주침략을 자행사면서 한·중 양국민 사이를 이간하고 한국독립운동을 더욱 탄압하자 임시정부는 김구에게 '특무대(특공대)'를 편성하여 대응하도록 국무회의에서 의결하였다.

임시정부가 김구(金九)에게 위임하여 편성한 임시정부 특무대로서의 한인애국단의 특공활동을 일람표로 작성하면 〈표 9-3〉와 같다.

‖표 9-3‖ **한인애국단의 특공활동 내용 일람표**

순서	일자	특공대원	특공작전 목표	장소	성과
1	1932. 1. 8.	李奉昌	일본 천황에 대한 투탄 특공	東京	부분성공
2	1932. 2. 12.	중국인 피고용 잠수부	일본 군함 出雲號 안에 설치되어 있는 일본군 사령부 폭파	上海	실패
3	1932. 2.	尹奉吉 등	부두의 일본군 무기창고 폭파	上海	실패
4	1932. 4.	李德柱 兪鎭植	조선총독에 대한 투탄 특공	서울	실패
5	1932. 4. 29	尹奉吉	상해 점령 일본군 司令官 등 軍·政 요인에 대한 투탄 특공	上海	성공
6	1932. 5. 26.	崔興植 柳相根	관동군 사령관·關東廳 장관·南滿鐵道 총재 등에 대한 투탄 특공	大連	실패

39 『警種』 제39호, 1924년 6월 9일, '倭總督襲擊事件을 聞하고' 참조.

40 『獨立新聞』 제175호, 1924년 5월 31일자, '倭總督襲擊詳報' 참조.

위의 일람표에서도 알 수 있는 바와 같이 한인애국단의 활동은 일본 왕(천황), 일본군 사령부, 일본군 무기창고, 조선 총독, 일본군 사령관 등 군·정 수뇌, 일제 관동군 사령관, 일제 관동청 장관, 남만철도회사 총재 등 일본 제국주의의 최고위 지휘자나 일본군 시설물·무기고 등에 폭탄을 던져 폭파시키는 것이었다.

작전의 지역적 범위는 일본제국의 수도 동경(東京)을 비롯하여 일본군이 점령하고 있는 한국, 관동주(關東州)·중국 상해 등 동북아시아 지역 전체에 걸친 것이었다.

여기서 또한 먼저 주목해야 할 것은 특공작전의 시기와 기간이다.

한인애국단의 특공작전의 시기와 기간은 일람표에서도 바로 알 수 있는 바와 같이 1931년 11월부터 이듬해 5월 26일까지 약 7개월 동안이었다. 이것은 임시정부의 긴 독립운동 기간에 비추어 보면 매우 짧은 기간이었다.

한인애국단의 활동기간이 이렇게 짧다는 사실은 백범이 한인애국단의 방법을 일시적 권도(權道)의 방법으로 사용했음을 시사하는 것이라고 볼 수 있다.

백범이 한인애국단을 창설한 것은 당시 대한민국 임시정부가 국무회의를 열고 특공대(당시 호칭 특무대)를 창설하기로 의결하고 특공대의 대장으로 백범을 임명했기 때문이었다.

당시 임시정부를 포위하고 정밀한 첩보활동을 하고 있던 일제 정보당국은 이에 대하여 당시 다음과 같이 보고하였다.

> 소화 6년(1931년—인용자) 9월 滿洲事變 후 韓國臨時政府에서는 누차 國務院會議를 개최하고 협의한 결과 임시정부의 頽勢를 만회하고 중국민중의 항일기세가 오른 것을 기회로 … 特務隊라는 기관을 設하고 불원 北京여행의 예정이었던 內田滿鐵總裁를 암살하기로 결정하고, 金九를 대장으로 임명하고 此의 계획 並 실행의 일체를 일임함과 공히 임시정부 자금수입의 반액을 특무대에 지급하리고 하고, …[41]

41 국사편찬위원회 編, 「櫻田門 및 虹口公園投彈에 대한 供述槪要」, 『韓國獨立運動史資料』 제2권, pp. 256 참조.

위의 자료에서 '한인애국단'은 비상한 애로를 타개하기 위해 대한민국 임시정부의 국무회의에서 여러 차례의 회의의 결과 '특무대'로서 조직하기로 결정하여, 그 조직과 활동을 백범이 책임져 맡도록 전권을 임시정부가 백범에게 위임해서, 1931년 11월에서 중국 상해에서 편성된 임시정부의 특무대(특공대)임을 알 수 있다.

여기서 '비상한 애로'란 무엇인가?

그것은 우선 일제 관동군이 조작한 1931년 7월 '만보산 사건'으로 말미암아 중국인의 반한(反韓)감정이 극도에 달하여 이제는 만주와 중국 관내(關內)에서 한국민족 독립운동이 불가능하게 되어버린 애로였다. 중국 만주와 관내에서 독립운동을 전개하려면 중국인의 협조 또는 최소한 방관이 필요한데, 만보산 사건으로 말미암아 중국인들이 한국인을 극도로 증오하게 되었으므로, 이제는 이 애로를 타개하고 한·중 양 민족의 우호와 연대를 회복할 특수한 대책과 작전이 절실히 필요하게 되었다.

상해의거 직전의 김구와 윤봉길 기념사진

다음은 일본군의 9·18 만주침략 점령이다. 일본 제국주의자들은 1931년 9월 18일 관동군(關東軍)으로 만주를 침략하여 3개월만에 전 만주를 군사 점령해 버렸다. 뿐만 아니라 일제는 이듬해인 1932년 3월 1일에는 괴뢰 '만주국(滿洲國)'을 수립하여 중국 동북지방을 중국에서 분리시켜 버렸다. 만주국은 명칭 이었을 뿐 실제로는 일본의 식민지였으며, 일본 관동군의 직접적 지배 아래 있었다. 중국인들은 만주를 일본에게 빼앗기고 울분에 떨었으나 어찌할 방법이 없었다. 만주의 한국 독립운동도 큰 타격을 입게 되었다. 임시정부는 이 애로를 타개하기 위해서도 특단의 대책과 작전이 필요하게 되었다.

셋째는 1932년 1월 28일의 '상해사변(上海事變)'이라고 부르는 일본군의 중국 상해 침략 점령 사건이다. 일제는 오래전부터 상해점령과 중·일전쟁 도발을 획책하다가, 중국신문 『國民日報(국민일보)』가 이봉창 의사의 일본 국왕에 대한 투탄 의거를 "韓人李奉昌狙擊日皇不幸不中(한인 이봉창 저격일황 불행부중, 한국인 이봉창이 일본 천황을 저격했으나 불행히 명중하지 않았다)"라고 보도하자, 이 신문 보도와 일본인 승려 1명의 피살을 구실로 내세워 1932년 1월 28일 상해를 침략 공격하였다. 일본군은 10만 명의 병력과 비행기 100여 대의 항공대까지 투입하여 공격하였다. 이에 대항하여 중국 측은 채정해(蔡廷楷)가 지휘하는 정예 제19군을 상해 방어에 투입하고, 장치중(張治中)이 지휘하는 중앙군 제5군(제87사단과 제88사단)과 의용군을 또 투입하여 도합 30만 명의 중국군이 방어에 나섰다. 그러나 1개월여의 치열한 시가전 끝에 결국 일본군이 상해를 점령해 버리고 말았다. 중국인들은 상해를 점령당하여 치욕과 울분에 떨었으나 어찌할 수가 없었다.

상해 프랑스 조계 안에 있던 대한민국 임시정부는 일본군에 포위된 상태에 놓이게 되었고, 독립운동가들도 다수가 상해를 떠나게 되었다. 임시정부는 이러한 위기에 대해서도 애로를 타개하고 특단의 대책과 작전이 시급히 필요하게 되었다.

임시정부의 명을 받고 김구는 이에 특공대의 이름을 '한인애국단(韓人愛國團)'이라 지어 붙이고 민족 독립쟁취를 위해 죽음을 각오한 애국청년들을 엄선하여 단원으로 가입시켰다.

한인애국단은 극비의 특무대였기 때문에 단원의 정확한 수와 이름을 알 수 없다. 일제 정보기관은 한인애국단의 인원을 약 80명으로 추정했으며, 그 핵심단원으로 10여 명을 든 바 있다. 이를 중심으로 한인애국단 단원의 명단을 정리해 보면 다음과 같다.[42]

단장 김구(金九)

단원 안공근(安恭根), 김동우(金東宇), 김해산(金海山), 엄항섭(嚴恒燮), 김홍일(金弘壹, 王雄), 안경근(安敬根), 손창도(孫昌道), 김의한(金毅漢), 백구파(白九波), 김현구(金鉉九), 손두환(孫斗煥), 주엽(周), 양동호(楊東浩), 이덕주(李德柱), 유진식(兪鎭植), 이봉창(李奉昌), 윤봉길(尹奉吉), 유상근(柳相根), 최흥식(崔興植), 이수봉(李秀峰), 이성원(李盛元), 이성발(李盛發), 왕종호(王種浩), 이국혁(李國革), 노태영(盧泰榮), 김경호(金競鎬), 김철(金澈)

그러나 백범만이 정확히 알고 있는 단원의 이름을 밝힌 적이 없고, 가명을 많이 사용했기 때문에, 정확한 것은 현재 알 길이 없다.

한인애국단의 목적은 한국독립운동 상의 위에 든 애로를 타개하기 위해서 특공작전을 감행하되 가장 효과가 큰 작전 목표물과 대상을 선정하려고 하였다.

작전 목표와 대상으로서는 ① 일본 제국주의의 침략야욕이 강한 상징적 인물과 시설, ② 국제적 홍보와 선전 효과가 가장 큰 대상, ③ 일본 제국주의에 대해 동시에 실제적 대타격을 가할 수 있는 목표와 대상을 선정해서 특공을 가하려는 것이었다.

한인애국단이 추진한 6개의 작전 중에서 성공한 작전은 이봉창(李奉昌) 의거와 윤봉길(尹奉吉) 의거였다. 실패한 작전은 출운호(出雲號) 폭파, 조선총독에 대한 특공, 관동군 사령관 등에 대한 특공이었다. 중단한 작전은 상해 부두의 일

42 『白凡逸志』 백범학술원판, pp. 322~346; 『韓國獨立運動史資料』 제2권, 臨政篇 II, pp. 256~258 ; 國會圖書館 編, 『韓國民族運動史料』 3, 中國篇, pp. 826 및 『朝鮮統治史料』 제10권, pp. 708~712에서 종합 작성함.

본군 무기고 폭파였다.

2) 특공작전의 성과

한인애국단의 성공한 작전 가운데서 이봉창 의거는 일본 천황의 마차에 명중하지 않았으므로 '부분적 성공'이라고 볼 수 있으나, 그 정치적 목적에 비추어 보면 매우 '큰 성공'이었다. 다음 몇 가지 점을 주목할 필요가 있다.

첫째, 한국민족의 강렬한 독립의지와 독립운동의 전투적 용감성을 전 세계에 널리 알렸다.

한국 독립운동 특공대원이 일본제국의 수도에 들어가 철통같은 경비망을 뚫고 일본제국의 상징이며 일본 침략군 최고 통수권자인 일본 '천황(天皇)'을 수류탄으로 특공했다는 사실에 전 세계가 놀랐으며, 일본 제국주의자들의 간담을 서늘하게 하였다.

전 세계 사람들은 한국 독립운동이 일본제국의 수도에서 일본인들이 신(神)으로 떠받들고 있는 일본 천황(국왕)까지 폭탄을 던져 공격하고 있음을 알고 강렬한 한국독립운동의 과감성을 재인식하게 되었다.

둘째, 일본 제국주의자들에 실제적인 큰 타격을 주고 일제의 내각까지 교체시키는 정치적 성과를 내었다.

의거 직전의 선서문을 붙인 이봉창 의사의 기념사진

일본 제국주의자들은 그들의 현인신(現人神)이고 국가 상징이며 일본군 최고 통수권자인 '천황'이 수도 복판에서 특공 받은 사실에서 매우 큰 정신적 타격을 받았다.

일제는 이 타격의 책임을 물어 결국 일본 군부의 수상 사실과 내각 총사직 및 내각교체까지 이르게 되었다.

셋째, 일제에게 동북지방을 빼앗

기고 울분에 쌓인 중국인들을 크게 고무하고, 붕괴되었던 한·중 양 민족의 연대를 회복하는데 기여하였다.

중국인들은 한국인 이봉창의 특공작전을 크게 환영하고 이에 고무되었다. 중국신문들은 일제히, "韓國李奉昌狙擊日皇不中"(한국인 이봉창이 일본천황을 저격했으나 불행히 명중하지 않았다)이라는 제목으로 이를 크게 보도하였다. 특히 청도(青島)의 국민당기관지 『國民日報(국민일보)』는 "韓國李奉昌狙擊日皇不幸不中"(한국인 이봉창이 일본천황을 저격했으나 불행히 명중하지 않았다)이라는 제목으로 그 명중하지 않았음을 애석해하였다. 청도에 주둔한 일본군과 일본경찰은 국민일보사를 습격하여 파괴하였다. 그 밖에 복주(福州), 장사(長沙) 등 여러 곳의 신문들이 '不幸不中(불행부중)'이라는 문구를 썼다 하여, 일본 측이 중국 정부에 엄중한 항의를 한 결과 '不幸'자를 쓴 신문들은 모두 정간을 당하였다.[43]

이봉창의 특공작전으로 비록 일본천황을 명중시키지는 못했다 할지라도, 임시정부의 독립운동은 매우 큰 정치적 성과를 얻은 것이었다.

뒤이어 감행된 윤봉길 의사의 상해 홍구공원 특공작전은 기대를 훨씬 넘은 최대의 성과를 내었다. 다음의 몇 가지 점을 특히 주목할 필요가 있다.[44]

첫째, 일제의 상해 점령 일본군 사령부(사령관 육군대장 白川義則)를 거의 섬멸하는 대전과를 내어 일본 제국주의에게 실제로 심대한 타격을 주었다.

원래 상해 점령 일본군 사령부는 안전을 위해 상해 부두 외곽에 정박한 군함 출운호(出雲號) 안에 있었다. 일본군은 4월 29일이 '천장절(天長節)'(일본 천황의 생일 경축일)이므로, 이번 경축식은 일본군의 상해 점령 경축을 겸하여 홍구공원에서 거행하기로 하였다. 이를 위해 상해 점령 일본군 사령부 사령관(육군대장 白川義則) 이하 최고위 간부 등이 사열과 경축식에 참석하게 되었다. 이것은 일본군 사령부 최고 지휘관들 전체가 4월 29일 오전 9시부터 12시까지 홍

43 『白凡逸志』, 백범학술원판, p. 331 참조.

44 愼鏞廈, 「尹奉吉의 상해 홍구공원 특공의거」, 한국근현대사학회·국가보훈처, 『대한민국 임시정부수립 80주년 기념논문집』, 2000 ; 신용하, 『의병과 독립군의 무장독립운동』, 지식산업사, 2003 참조.

구공원으로 잠깐 이동함을 의미하는 것이었다.

김구는 이 시간을 기민하게 포착하여 한인애국단원 윤봉길을 투입해서 일본군 사령부의 이동체에 특공을 가하도록 한 것이었다.

윤봉길이 투척한 폭탄은 백천(白川) 대장과 식전(植田) 중장의 바로 앞 단상 중앙에 떨어져 지축을 울리는 요란한 굉음을 내면서 폭발하였다. 단상 7명의 일본군 군·정 수뇌들은 모두 일시에 쓰러지고 경축식장은 삽시간에 수라장으로 변하였다.[45]

상해파견 일본군 총사령관 육군대장 백전의칙(白川義則)은 중상을 입고 입원했다가 사망했으며, 중장 식전겸길(植田謙吉)은 중상을 입고 오른쪽 발가락도 절단하였다. 제3함대 사령관 해군중장 야촌길삼랑(野村吉三郎)은 중상을 입고 오른쪽 눈도 뽑아내었으며, 주중국공사 중광규(重光葵)는 중상을 입고 오른쪽 다리도 절단하였다. 상해거류민단장(행정위원장) 하단정차(河端貞次)는 중상을 입고 즉사했으며, 상해 총영사 촌정(村井)과 거류민단 서기장 우야(友野)는 중상을 입었다.[46]

윤봉길의 특공작전은 크게 성공하여 일본침략군 사령부의 총사령관 이하 단상에 앉아있던 군·정 수뇌 7명을 사실상 모두 섬멸한 것이었다.

이것은 일본 제국주의 침략군에게 실제로 매우 큰 타격을 준 것이었다.

둘째, 윤봉길 의거는 한국민족의 완강한 독립의지와 전투적인 독립운동을 전 세계 사람들에게 널리 알리는 큰 성과를 내었다.

일제는 국제도시 상해에서 일본군의 승전과 위력을 세계에 과시하기 위하여 세계 각국 외교관들과 언론인들을 홍구공원의 경축식장에 다수 초대했었다. 이 자리에서 한인애국단원 윤봉길이 폭탄을 던져 일본군 사령관 등 군·정 요인 7명을 모두 쓰러뜨렸으므로, 전 세계 언론인들과 외교관들이 즉각 이를

---

45 *Honolulu Star Bulletin*, 1932년 4월 29일자, 'High Japanese Officers Hurt in China Blast' 참조.

46 『尹奉吉判決書』 및 『上海二於ケル尹奉吉爆彈事件顚末』, pp. 5~8 참조.

전 세계에 널리 알려서 한국인의 줄기찬 독립운동을 널리 홍보하게 되었다.

이것은 한국 독립운동을 고무하는데 큰 영향을 끼치게 되었다.

셋째, '만보산 사건' 이후 붕괴되었던 한국과 중국 양 민족의 연대를 다시 회복하여 강화시켜 주고, 중국 안에서의 한국민족 독립운동의 여건을 만들어 주었다.

처음에는 중국인의 저항으로 알았다가, 한국 청년 윤봉길의 항일 독립운동임이 밝혀지고 보도되어 전 세계는 더욱 놀라게 되었다.[47]

특히 중국인들은 30만 명의 대군을 투입하여 저항하고서도 패배하여 일본군에게 상해를 점령당하고 치욕과 울분에 떨다가 한국 청년 윤봉길의 의거로 일본침략군 사령부의 총사령관 이하 군·정수뇌 이동체가 일시에 궤멸되자 일제히 환호했으며, 윤봉길을 극구 칭송하고 한국인들에게 무한히 감사하였다.[48] '만보산 사건'으로 말미암은 한국인에 대한 중국인의 악감정과 적대감은 하루아침에 씻은 듯이 없어졌을 뿐만 아니라, 도리어 한국인에 대한 감사와 협조로 급반전되어, 만주와 관내 등 중국에서의 한국 독립운동의 활성화 여건을 만들어 주었다.

넷째, 대한민국 임시정부의 독립운동을 침체에서 부활시키고 활성화시키는 결정적 계기를 만들어 주었다.

한인애국단의 성과에 놀라고 고무되어 다수의 한국인들이 임시정부의 중요성과 독립운동을 재인식하여 재정적 지원과 정신적 지원을 재개하였다.

뿐만 아니라 중국 국민당을 비롯한 중국 여러 단체와 관·민들도 대한민국 임시정부의 독립운동에 여러 가지 편의와 원조를 제공하여 임시정부는 새로운 부흥의 전기를 마련하게 되었다.

예컨대 중국 중앙군 사령관 장개석(蔣介石)은 "중국군 30만 명이 해내지 못

---

47 *North China Daily News*, 1932년 4월 30일자, 'Korean Bomb Outrage at Hongkew Park' 참조.

48 *North China Star*, 1932년 4월 30일자, 'Minister Shigemitsu and Consul General Dangerously Hurt When Young Korean Throws Bomb' 참조.

한 일을 한 한국청년이 해내었다"고 윤봉길의 특공작전을 격찬하고, 중국군 사관학교 안에다 한국 독립군 장교 훈련반을 설치하도록 도와주었다. 그리고 여기서 양성된 한국청년들이 후일 임시정부의 광복군(光復軍)과 조선의용대(朝鮮義勇隊) 창설의 핵심 세력이 되었다.[49]

다섯째, 일제의 잔혹 무비한 식민지 통치하에서 신음하고 있던 한국민족의 독립정신을 다시 한 번 일깨워 주고, 독립운동에 새로운 활기를 불어넣어 주었다.

특히 1931년 9·18 만주침략 후 강화된 일제의 무력탄압과 침략 전쟁 속에서 윤봉길 의사 특공작전의 대성공이 한국 독립운동에 준 고무와 고취는 참으로 큰 것이었다.

여섯째, 일본 제국주의의 중국 관내침략, 중·일전쟁을 일단 약 5년간 지연시키고 중국의 항일전열 정비의 기회를 마련해 주었다.

임시정부는 일제의 중·일전쟁 도발을 저지하기 위한 목적으로 윤봉길의 상해 홍구공원 특공작전을 감행한 것은 아니었다. 임시정부로서는 일제에게 심대한 타격을 가하면서 한·중 연대를 회복하고 독립운동을 고양시킬 것을 목적으로 했지 중·일 전쟁은 당장 발발해도 좋고 지연되어도 상관없는 것이었다. 그러나 항일전 대비가 없는 중국으로서는 중·일전쟁이 없거나 지연되는 것을 간절히 소망할 수밖에 없었다.

당시 상해를 점령한 일본군 사령부의 고급 장교들은 중·일전쟁 도발 시기를 놓고 2개 파로 양분되어 치열한 논쟁과 파쟁을 겪고 있었다. 한 파는 상해를 점령한 여세를 몰아 중·일전쟁을 일으켜서 만주에서처럼 단 시일에 중국 관내도 점령해 버릴 것을 주장하였다. 다른 한 파는 중국 측 뿐만 아니라 일본 측 자신이 아직 중·일전쟁을 단기간에 끝낼 준비가 안 되어 있으니 우선 정전협정을 맺고 중·일전쟁 시작은 연기할 것을 주장하였다. 양 파의 주장이 첨예하게 대립하여 해결이 어려웠으므로 일본군 대본영에서는 육군의 권위 있는 원로를 파견하여 양 파의 주장을 검토하고 중·일전쟁 개시 여부를 결정

49 『白凡逸志』, 『白凡金九全集』 제2권, pp. 764~765 및 pp. 774~777 참조.

하도록 하였다. 이 목적으로 차출된 것이 육군대장 백천의칙이었다.

백천은 일찍이 시베리아 파견군에 사단장으로 파견되어 1920년 청산리 독립전쟁 때에는 한국독립군 '토벌'에 참가했던 시베리아 파견군 사단장이었다. 그 후 관동군 사령관을 역임하고 육군대신에 임명되었다. 대신의 임기를 마치고 은퇴하여 귀향해 있었는데, 다시 육군에 복귀해서 상해 파견군 사령관에 임명되었다.

백천의 주 임무는 현지에 가서 정확한 정세와 고급 장교들의 보고를 검토해서 확전에 의한 중·일전쟁 개전 여부를 정확히 결정하라는 것이었다.

백천은 이러한 상태에서 윤봉길 의사의 특공을 받고 중상을 입어 병원에서 즉각 참모회의를 소집하여, 지금 바로 확전하면 윤봉길을 모방해서 중국 청년들이 각성하여 강력한 저항을 할 것이므로 일단 정전을 한 다음 일본이 더 준비한 후에 확전하도록 결정하고, 중국 측과 정전협정을 맺도록 결정하여 서둘러 정전협정문에 서명한 후 사망하였다. 일제의 도발에 의한 중·일전쟁 도발은 일단 연기된 것이었다.

3) 특무대 독립군의 특공작전의 성격

대한민국 임시정부는 이상과 같은 한인애국단의 독립운동 방략을 '특무대(特務隊)' 독립운동이라고 당시에 성격 지었다.[50] 임시정부가 명명한 '특무대'는 요즈음 용어로는 '특공대(特攻隊)'를 의미한 것이었다.[51]

백범 김구는 한인애국단을 '특무대독립군(特務隊獨立軍)'(독립군 특공부대)이라고 생각했으며, 따라서 한인애국단원의 활동을 독립군의 활동과 같은 것으로서의 '특공작전'으로 생각하였다. 김구가 이렇게 생각했다는 사실은 그가 선발하여 훈련시킨 사관학교 '한인특별반' 출신 후보생들로 1934년 12월 '한국

50 국사편찬위원회 편, 「樓田門 및 虹口公園投彈에 대한 供述概要」, 『韓國獨立運動史資料』 제2권, pp. 256 참조.

51 현재 特務隊는 주로 첩보대 또는 첩보기관을 가리키는 용어로 사용되고 있으나, 당시에 '特務隊'는 문자 그대로 특수임무를 담당하는 부대로서 特攻隊도 여기에 포함해 사용하였다.

특무대독립군(韓國特務隊獨立軍)'을 편성하여 한인애국단과 동일한 작전을 수행하려 한 곳에서도 알 수 있다.[52]

그러나 김구는 이러한 특공작전이 '테러'로 보일 수도 있음을 알고 있었다.[53] 그는 그것이 '테러'로 해석되어도 구애받을 필요가 없는 난국 타개의 당당한 독립군 특무대 작전이라고 생각하였다.

한편 일본 제국주의자들은 백범의 특공작전을 공식적으로는 시종일관 '테러'라고 해설하고, 백범을 테러리스트로 선전하였다. 물론 한인애국단의 대성과를 악의적으로 폄하하기 위한 것이었다.

그러나 그들의 비밀문서에서는 이와 달리 해석하였다. 최근 신운용씨가 일본 외무성 사료관에서 발굴한 자료는 윤봉길 의거에서 폭사한 상해 점령 일본군 사령관 육군대장 백천의칙의 죽음을 '공무사망'이 아니라 '전사'라고 규정한다고 밝혔다.

일제의 이 자료는 윤봉길 의사의 백천에 대한 투탄 공격이 만주에서의 "조선독립을 위한 편의대원(便衣隊員)의 공격과 동일한 것"이라는 것이며, 따라서 백천의 사망은 '공무 사망'이 아니라 '전사'로 규정한다는 것이다.[54]

여기서 일제가 말한 편의대(便衣隊)는 '민간출신 독립군 유격대로서 필요할 때는 편의상 민간인 복장을 입혀 유격작전으로 공격하게 하는 부대'를 가리킨 것이다. 일제는 만주에서의 독립군 유격대를 '편의대'로 자주 설명해 왔다.

여기서 일제가 윤봉길 의거를 만주에서 조선독립을 위한 편의대의 공격과 같은 것'이라고 한 것은 한인애국단을 만주 독립군 유격대를 별칭한 편의대와 같은 것이고, 윤봉길 의사의 투탄공격을 편의대와 같은 유격 특공대의 특공작전이라고 해설한 것이었다. 일제는 따라서 '조선독립을 위한 특공대의 특공작전을 받아 폭사한 백천은 '전사'라고 규정한 것이었다.

---

52 『思想彙報』 제7호, p. 35 및 독립운동사편찬위원회 편, 『독립운동사』 제4권, p. 769 참조.

53 『白凡逸志』, 백범학술원판, p. 298 참조.

54 日本陸軍省, 『滿洲事變, 上海事件, 上海二於ケル天長節式中爆彈兒變事件』 1932. 9. 문서번호 A1.1.O. 21-18-8. 『東亞日報』, 2002년 4월 27일자 참조.

일제도 비밀자료에서는 한인애국단의 활동이 '테러'가 아니라, 본질적으로 만주 독립군 유격대와 같은 조선독립을 위하여 싸우는 '민간복장의 특공대의 특공작전'이라고 시인한 것이다.

임시정부는 홍구공원 의거 직후 가흥→항주→진강→장사→광주→남해→유주→기강 등지로 전전하다가 1939년 중경에 정착하게 되었다.

7. 임시정부의 한국광복군(韓國光復軍) 창군과 '대일(對日) 선전포고' 재선언

1) 임시정부의 '한국광복군' 창군

『백범일지』에 의하면, 윤봉길 의거가 있은 직후 한국 측에서는 박찬익(朴贊翊), 중국 측에서는 진과부(陳果夫, 당시 국민당 조직부장 겸 江蘇省 주석)의 주선으로 1933년 5월 남경 중앙군관학교(南京 中央軍官學校) 구내 장개석 관저에서 제1차 김구·장개석 회담(金九·蔣介石 會談)이 열리게 되었다.

장개석은 백범의 한인애국단 활동, 특히 윤봉길의 상해 홍구공원 투탄 특공에 감동하고 있었으므로, 이 회담이 이루어지게 된 것이었다.

회담은 필담으로 이루어졌는데 백범이 특공작전 '계획서'를 제출하면 장개석이 이를 지원하겠다는 합의였다.[55]

회담 후 즉각 백범이 '계획서'를 제출했더니, 진과부를 통하여 중앙군관학교 낙양분교(洛陽分校)에서 한국 독립군 군관을 1기에 100명씩 양성해 주겠다고 약속하였다. 백범은 이에 만주에서 이청천(李青天)·이범석(李範奭)·오광선(吳光善)·김창환(金昌煥) 등을 초청하고, 한국 청년들 100명을 모집하여 제1차로 낙양분교에서 독립군 장교 훈련을 받게 하였다. 이것이 뒤에 1940년 한국광복군(韓國光復軍) 창군의 기간세력이 되었다.

---

55 『白凡逸志』, 백범학술원판, pp. 360~362 참조.

광복군 총사령부 성립 직후 기념사진(앞줄 중앙 김구 주석과 이청천 총사령)

백범과 장개석, 그리고 장개석의 최고위 요인들과의 외교관계는 꾸준히 발전하였다. 임시정부가 1932년 4월 29일 이후 각지를 전전하다가, 일제의 1937년 7월 7일 중·일전쟁 도발 후, 1939년 중경(重慶)에 정착하게 되자, 김구는 1940년 9월 장개석에게 한국광복군 '조직계획안'을 제출하였다. 남의 땅 위에서 임시정부의 군대를 편성하는 것은 그 나라 정부수반의 허락을 얻기가 지난한 일이었다. 그러나 그 동안의 돈독한 외교관계의 발전으로 인하여 중국 국민당 군사위원장 장개석은 기꺼이 광복군 조직계획안을 승낙해 주었다. 그러나 장개석의 부하 참모들은 중국 국내에서 외국 군대의 창설에 반대했으므로 이것은 용이하게 진전되지 않았다.

1940년 9월 17일 한국광복군총사령부의 성립에 의한 광복군 창군은 김구의 오랜 구상과 용단으로 미주·하와이·멕시코·쿠바 동포들의 보내온 성금을 사용하여, 매우 자주적으로 이루어진 것이었다. 중국 측에서는 군사위원장 장개석만 그 동안의 외교관계로 쾌락했을 뿐이었다.[56] 다른 중국군 군사참모들

56 ① 愼鏞廈, 「한국광복군의 창립과 무장독립운동」, 『한국무장독립운동에 관한 國際學術大會論

은 내심 반대했으나, 위원장이 쾌락했으므로 부득이 하여 방관하면서 '한국광복군 9개행동준승'과 같이 행동에 굴레를 씌우는 역할을 하였다.

한국광복군의 창군은 임시정부 활동의 매우 큰 성과였다고도 볼 수 있다.

2) 임시정부의 '대일선전포고(對日宣戰布告)' 재선언

일제가 1941년 12월 8일 진주만을 기습하여 제2차 세계대전을 태평양에서도 일으키자, 중경에 있던 대한민국 임시정부는 재빨리 이틀 후인 12월 10일 일본 등 주축국(主軸國)에게 선전포고의 성명을 전 세계를 향해 발표하였다. 그 내용은 다음과 같다.[57]

> 대한민국 임시정부 對日宣戰성명서
>
> 우리들은 삼천만 한인 및 정부를 대표하여 중, 영, 미, 소, 加 및 及 기타제국의 對日宣戰을 삼가 축하하나이다. 일본을 격파하고 동아를 再造하는 가장 유효수단인 까닭이다. 자에 특히 下와 如히 성명하노라.
>
> 1. 한국전체인민은 이미 반침략진선에 참가하여 일개 전투단위가 되어 軸心國에 대하여 宣戰한다.
> 2. 1910년 합방조약 급 일절 불평등조약의 무효와 동시에 반침략국가의 한국에서의 합리적 기득권익을 존중함을 거듭 선포한다.
> 3. 倭寇를 한국과 중국 및 태평양에서 완전구축하기 위하여 최후승리까지 血戰한다.
> 4. 일본의 卵翼에서 조성된 長春과 南京政府를 절대로 승인치 않는다.
> 5. 루즈벨트·처칠 선언의 각항은 견결히 주장하여 한국독립실현에 적용하며, 특히 민주진선의 최후승리를 豫祝한다.
>
> 대한민국 23년 12월 10일
> 대한민국 임시정부 주석 김구
> 외무부장 조소앙

文集』, 1988 ; 『의병과 독립군의 무장독립운동』, 지식산업사, pp. 439~465, 2003
② 韓詩俊, 『韓國光復軍 연구』, 일조각, 1993, pp. 84~138 참조.

57 백범김구선생전집편찬위원회 편, 『白凡金九全集』 제5권, 대한매일신보사, 1999, p. 102 참조.

이 대(對)일본 선전포고는 한국독립운동사에서 매우 중요한 것이다. 물론 한국민족은 이미 1905년 전후부터 일본 제국주의를 한반도에서 추방하기 위해 의병들이 선전을 포고하고 한일무장투쟁을 벌였다. 특히 3·1운동 직후부터의 큰 규모의 독립군의 전투 활동과 임시정부의 광복군의 활동은 이미 일본에 대하여 선전포고를 하고 전투행위를 한 것과 사실상 같은 것이었다.[58]

그럼에도 불구하고 1941년 12월 10일 새삼스럽게 일본에 대한 선전포고를 성명한 것은 다분히 외교적 성격을 가진 것이었다.

임시정부 주석 김구는 1941년 12월 즉각 대한민국 임시정부도 반침략진영 강화에 더하기 위해 특히 이번에 대일선전을 성명했는바 양국이 함께 세계 공적을 징계하여 인류에게 정의가 있고 동아시아 태평시대가 열리게 될 것을 확신한다는 요지로 중화민국 외교부장을 통해 중국정부에 이를 통보하였다.[59]

임시정부의 對일본 선전포고는 그 기민한 대응도 주목되었지만, 한국민족을 대표하여 '대한민국 임시정부'라는 주체가 일본 등 주축국을 묶어서 '적'으로 선언하고 중국·미국·영국 등 연합국의 일원으로 국제적 연대의 군사활동을 하겠다는 사실이 국제적으로 주목을 받기 시작하였다.

8. 임시정부 외교와 카이로 선언의 성과

대한민국 임시정부 주석 김구의 장개석(蔣介石)과의 정상외교는 마침내 큰 성과를 내어, 1943년 11월 '카이로 선언'에서 연합국 수뇌의 한국독립의 약속을 세계에 선언하는 큰 성과를 내게 되었다.[60]

미국 대통령 루즈벨트는 영국 외상 이든과, 종전 후에 한국은 '국제공동의

58 김희곤, 『대한민국 임시정부 연구』, 지식산업사, 2004, pp. 147~188 참조.

59 「大中華民國國民政府外交部長郭轉呈, 1941. 12.」, 『白凡金九全集』, 제5권, p. 114 참조.

60 愼鏞廈, 「대한민국 임시정부와 카이로 선언」, 한국근현대사학회·국가보훈처 편, 『대한민국 임시정부 수립 80주년 기념 논문집』, 2000 참조.

신탁통치' 하에 두고 만주와 대만은 중국에 돌려주기로 합의한 직후, 중국의 장개석과 회담하여 미국의 전략에 동의 협력을 얻어야 할 필요에 직면하게 되었다.

왜냐하면 일본군이 버마 점령에 성공하여 승승장구 남하하고 있는데, 미군이 싸우고 있는 남태양전선이 더욱 위협받게 되었기 때문이었다. 미국과 영국은 1943년 5월 8일 런던에서 합동참모회의를 개최하여 대응전략을 수립했는데, 그 요지는 중국군을 증모 강화하고, 미국·중국·영국이 연합하여 버마 주둔 일본군을 공격해서 중국으로 가는 버마 경유 육로를 재개통하여 병기와 보급물자를 공급해서 중국 관내에서 일본군과 싸우고 있는 중국군의 전투력을 대폭 강화하여 일본군의 병력을 중국 관내에 묶어둠으로써 일본군의 인도점령과 오스트레일리아·뉴질랜드에로의 남하를 불가능하게 한다는 것이었다.

이를 위해서 중국은 5개 사단을 차출하여 버마의 일본군을 공격해야 하는데, 이미 지쳐 있는 중국을 설득하기가 용이한 일이 아니었다.

루즈벨트는 1943년 5월 장개석에게 양국 사이의 전략문제를 협의하기 위해 양국 수도의 중간지점에서 1943년 가을 중에 수뇌회담을 가질 것을 제의했다.

중국 측도 미군의 병기와 보급과 공군지원이 절대적으로 필요한데, 영국과는 달리 미국이 중국을 동열로 우대하므로 회담준비는 급진전되었다. 이렇게 하여 1943년 11월에 카이로 회담이 열리게 된 것이다.

중국은 한국문제에 대하여 대한민국 임시정부의 계속된 요청을 받고, 카이로 회담에서 전후 한국의 독립을 미국으로부터 보장받아 성명하려고 하였다.

미국은 반면에 카이로 회담에서 한국문제에 대해서 완전독립이 아니라 '신탁통치'를 중국과 합의하려고 하였다.

영국은 회담의 의제상 참석하게 되었으나 미국이 중국을 대등한 열강의 일원으로 대우하는 것을 못마땅하게 생각했으며, 한국문제에 대해서는 '신탁통치'를 적극 지지하되 성명문에서는 식민지 민족들에 대해서는 일체 언급이 없도록 해서 인도·버마 등 식민지 민족주의자들을 자극하지 않으려고 하였다.

대한민국 임시정부 주석 김구의 요청에 응하여 드디어 중국 국민당정부 수뇌 군사위원장 장개석은 1943년 7월 26일 임시정부 요인들을 회견하였다. 임시정부 주석 김구의 앞서의 요청에 응해서 장개석이 초청한 임시정부 요인은 임시정부 주석 김구(金九), 외무부장 조소앙(趙素昂), 선전부장 김규식(金奎植), 의정원 의장 홍진(洪震), 광복군 사령 이청천(李青天), 부사령 김원봉(金元鳳) 등 6인이었다. 이 중에서 회견 때에는 의정원 의장 홍진은 사정상 참석하지 못하였다.[61]

이 회견의 내용에 대해 중국 측 문서(吳비서장 교열)의 기록을 요약하면 다음과 같다.[62]

한국 측에서 김구·조소앙이, 영국과 미국은 조선의 장래의 지위에 대하여 국제공관 방식을 채용하자는 주장이 자못 있는데 중국 측은 이에 현혹되지 말고 한국독립 주장의 지지를 관철해 주기를 바란다고 요청하였다.

이에 대하여 장개석은 "영국과 미국 측은 이(한국에 대한 國際共管) 논조를 확실하게 갖고 있으므로, 장래 쟁집(爭執)이 반드시 매우 많을 것이다. 그러므로 한국내부의 정성 통일과 공작 표현이 반드시 필요하다. 중국은 역쟁(力爭)하겠다"[63]고 약속하였다.

이것은 대한민국 임시정부의 요청에 응하여 장개석이 영국·미국의 국제공동관리 신탁통치안에 반대하고 대항하여 한국의 독립을 보장하기 위하여 힘써 싸울 것을 약속한 획기적인 것이었다.

그뿐 아니라 바로 이때에는 장개석이 미국 대통령 루즈벨트로부터 '카이로 회담'을 제의받고 합의했던 때이므로, 蔣이 "바야흐로 역쟁에 착수하겠다"고 약속한 것은 '카이로 회담'에서 자기는 영국·미국의 한국 신탁통치안에 반대하고 한국의 (완전)독립을 보장받기 위하여 역쟁하겠음을 약속한 역사적이고

61 「韓國臨時政府領袖 金九等 晋見總裁」, 『白凡金九全集』 제5권, p. 253 참조.
62 「總裁接見韓國領袖談話紀要」, 1943. 7. 26, 『白凡金九全集』 제5권, pp. 251~252 참조.
63 「總裁接見韓國領袖談話紀要」, 『白凡金九全集』 제5권, p. 252 참조.

획기적인 것이었다.

1943년 7월 26일의 장개석과 대한민국 임시정부 주석 김구 등 요인들과의 회담은 획기적인 것이었으며, 이 회담에서 '카이로 회담'에서의 장개석의 한국 독립 보장을 위한 역쟁이 명료하게 약속된 것이었다.

또한 이 자리에서 장개석은 대한민국 임시정부 주석 김구 등 요인들에게 "한국은 전후에 독립될 것이며 이것은 중국정부의 결정된 정책"[64]이라고 약속하였다. 이것은 장개석이 곧 열릴 카이로 회담에서 루즈벨트 및 처칠과 직접 만나 '전후 한국의 독립'을 보장받도록 역쟁하겠다는 약속도 물론 포함한 것이었다.

1943년 11월의 카이로 회담에서 미국 대통령 루즈벨트는 전후 식민지에 국제공동의 신탁통치 문제를 거론하되, 한국에 대해서는 미국·중국·소련 3개국에 의한 국제공동의 신탁통치 안을 중국의 장개석과 영국의 처칠에게 제안하여 동의를 얻을 작정이었으며, 중국의 동의 획득에는 자신이 있다고 예측했다.[65]

그러나 중국의 장개석이 11월 23일 제안한 것은 한국의 독립을 약속하는 성명을 카이로 회담에서 즉각 발표하자는 것이었다. 장개석은 한국의 독립보장을 강력히 촉구하였다. 장개석은 대한민국 임시정부의 요청에 응해서 1943년 7월 26일 임시정부 주석 김구 등 요인들에게 약속한 사항을 실천한 것이었다. 장개석의 입장은 한국의 독립이 일본과 기타 세력의 중국대륙 침략을 차단하는 구조가 된다고 본 것이었다.

한편 영국의 처칠은 미국의 국제공동의 신탁통치안에도 반대했을 분 아니라, 蔣介石의 한국의 독립 보장에는 더욱 반대하였다. 영국의 외무차관 카도간은 카이로 선언문에 한국독립에 관한 보증성명을 넣는 것도 적극 반대하였

---

64 中國國民黨黨史會藏, 「1943年 8月 5日 '韓國臨時政府宣傳部長 金奎植對旅美韓僑廣播講詞' 副本」, 胡春惠, 前揭書, p. 236 참조.

65 *Foreign Relation of the United States, 1943*, The Conference at Cairo and Teherans, p. 257 참조.

다.[66] 영국 측은 일본의 한국지배를 계속 허용하는 것이 일본과 강화협정을 맺는 것을 용이하게 할 것이라고 본 때문이었다.[67] 또한 한국의 독립보장은 인도의 독립운동을 직접 고무할 것이었기 때문이었다고 볼 수 있다.

카이로에서의 3국 수뇌의 의견차이를 조정하는 과정에서 장개석은 완강하게 영국 측 입장에 반대하고 한국의 독립을 보장하는 성명을 회담선언문에 넣자는 중국 제안에 루즈벨트가 지지해 주도록 각별히 노력하였다.[68]

미국은 카이로 회담에서 중국의 의견을 매우 중시했고 중국의 비중을 매우 높이 두었으므로, 중국 측 주장과 미국 측 제안을 모두 포용하고자 하였다. 영국은 한국에는 이해관계가 직접 없다고 보아 미국의 제안에 결국 동의하였다.

그 결과 카이로 회담에서는, 다음과 같은 카이로 회담 선언문이 1943년 11월 27일(추후 공식일자로는 12월 1일) 채택 공포되었다.

> "각국 사절단은 일본국에 대한 장래의 군사작전을 협정하였다. 3대 연합군은 해로·육로·공로로써 야만적인 적군에 대하여 가차 없는 압력을 가할 결의를 표명했다. 이 압력은 이미 증대되어가고 있다.
>
> 3대 연합국은 일본국의 침략을 제지하고 일본국의 침략을 징벌하기 위하여 현재의 전쟁을 수행하고 있는 바이다. 위 연합국은 자기 자신들을 위해서 이득을 요구하고 있는 것이 아니며 또한 영토 확장의 의도도 없다. 위 연합국의 목적은 일본국으로부터 1914년 제1차 세계대전 개시 이후에 일본국이 장악 또는 점령한 태평양의 모든 도서들을 박탈할 것과, 아울러 만주·대만·팽호도 등 일본국이 중국인들로부터 절취한 일체의 지역을 중화민국에 반환함에 있다. 또한 일본국은 그가 폭력과 탐욕에 의하여 약취한 모든 다른 지역으로부터도 축출될 것이다. 위의 3대국은 한국 민중의 노예 상태에 유의하여 적당한 시기에 한국이 자유롭게 되고 독립하게 될 것을 결의하였다.(The Aforesaid three great powers, mindful of the enslavement of the people of Korea, are determined that in due course Korea shall become free

66 Chang, Chi-yun, *Record of the Cairo Conference*(Taipei), 1953, pp. 4~10 참조.

67 Cho, Soon Sung, *Korea in World Politics 1940-1950*(Berkeley and Los Angeles), 1967, p. 18 참조.

68 Chang, Chi-yun, *Record of the Cairo Conference*, p. 6 참조.

and independent.)

이러한 목적으로 위의 3대 연합국은 일본과 교전 중인 여러 연합국들과 협조하여 일본의 무조건 항복을 촉진하는 데 필요한 엄중하고도 장기적인 작전을 계속할 것이다."[69]

위의 카이로 선언문에서 한국에 관련된 부분을 보면, "위의 3대국은 한국민중의 노예상태에 유의하여 ① 적당한 시기에(in due course), ② 한국이 자유롭게 되고 독립하게 될 것(Korea shall become free and independent)을 결의했다"는 부분이다. 이 중에서 ② '한국이 자유 독립하게 될 것'이라는 부분은 중국 장개석의 제안을 채택한 것이고, ① '적당한 시기'에는 미국 루즈벨트의 제안을 채택한 것임을 알 수 있다.

카이로 선언의 공표를 보는 세계 약소민족들의 반응은 다양하였다.

인도 독립운동의 지도자 네루(Jawaharal Nehru)는 이 시기의 조류에 대해 연합국은 한국에게 자유독립국이 될 것임을 보장한 반면 인도는 계속 영국의 위임통치(British tutelage)하에 놓이게 될 것이라는 소식을 들었다고, 한국의 처지를 부러워하면서 인도를 이렇게 다루고 있는 나라들을 비판하고, 인도는 무력감과 분노와 참담함을 절감하지 않을 수 없다고 개탄하였다.[70]

대한민국 임시정부는 카이로 선언을 검토한 후 한국독립 보장은 크게 환영하였다. 그러나 'in due course'(당연한 순서)에는 반대하기로 결의하고, 임시정부를 대표하여 주석 김구가 1943년 12월 5일 신문기자 회견을 실행하여 한국 측은 '당연한 순서'가 어떻게 해석되든지 간에 이 표현을 반대하며 일본이 패전하면 한국은 즉시 독립되어야지 그렇지 않을 때는 상대가 누구든지 역사적인 독립전쟁을 계속하겠다"는 요지의 성명을 발표하였다.[71]

---

69 U.S. Department of State, *In Quest of Peace and Security: Selected Document on American Foreign Policy, 1941-1951*(Washington), 1951, p. 10 참조.

70 Nehru, Jawaharal, *Nehru, the First Sixty Years*(edited by Dorothy Horman) (NewYork), 1965, pp. 101~102 참조.

71 『新韓民報』, 1943년 12월 9일자 「카이로회의 발표에 대한 김구 씨의 성명」, 『韓國獨立運動史』

제2차 세계대전 당시 세계의 국제정치는 약소민족 독립운동과 함께 열강이 주도하였다. 따라서 열강이 특정 약소민족에 대해 독립을 공동으로 약속해 선언한 것은 매우 중요한 것이었다.

제2차 세계대전 도중에 연합국 열강 수뇌들이 독립을 희망하는 수백 개 약소민족들에 대해 공동으로 독립을 약속해 선언한 것도 카이로 선언에서의 한국독립 외에는 없었다.

임시정부의 외교는 연합국 수뇌들의 카이로 회담에서 중국 수뇌를 통한 한국독립의 공동 약속 선언의 쟁취라는 빛나는 외교적 성과를 낸 것이었다.

9. 임시정부의 '연합정부'로의 개편과 활동

1) '대한민국 건국강령'과 통일·연합의 조건 형성

'대한민국 건국강령'을 작성한 임시정부 외교부장 조소앙

중경에 정착한 임시정부는 김구 주석의 지휘 아래 1940년 9월 17일 광복군을 창군하고, 이어서 1941년부터는 그 동안 임시정부에 참여하지 않고 별도의 활동을 전개해온 민족혁명당 등 좌파 독립운동단체의 임시정부 참여를 적극 권고하였다. 이와 함께 여러 독립운동 세력들은 일제의 패망을 전망하면서 승리하여 조국에 귀환한 후의 새 민주공화국 수립 기본원칙을 구체적으로 준비하였다.

독립운동 세력 중에서 일제의 패망을 구체적으로 전망하고 맨 처음 '건국'을 구체적으로 준비한 것은 대한민국 임시정부였다.

대한민국 임시정부는 일제가 태평양전쟁을 도발하여 제2차 세계대전을 태

자료 3, p. 239 참조.

평양에까지 확대하기 2개월 전인 1941년 10월 26일부터 4차에 걸친 의정원(국회) 심의를 거쳐 해방 후의 '건국'을 위한 '대한민국 건국 강령'을 1941년 11월 28일 발표하였다.[72]

이것은 한국민족 독립운동사와 한국현대사에서 매우 중요한 것이며, 획기적인 것이었다.

이 '건국강령'의 요점은 건국과정을 i) 광복기와 ii) 건국기로 나누고, 다시 이를 각각 3단계로 나누어 건국의 정치·경제·교육의 균등한 민주주의 체제를 강령적으로 선언한 것이었다.[73]

광복군 창군과 대한민국 건국강령 공포 후 1941년 3·1절 22주년 기념식 직후 김구, 조소앙, 신익희, 김원봉의 사진(자료: 대한민국임시정부 기념사업회·대한민국임시정부기념관건립추진위원회 편, 『사진으로 보는 대한민국임시정부: 1919-1945』, 한울)

임시정부의 '건국강령'의 특징은 정치·경제·교육의 균등을 원칙으로 하되, 정치·교육 부문에서는 선진적 자유민주주의 체제를 원칙으로 하고, 경제부문에서는 일부 사회민주주의 원칙을 도입하여 사회주의 독립운동 정당·사회단체들의 강령과 정책을 수용한 것이었다.[74]

임시정부는 독립운동에 민족주의 노선과 사회주의 노선의 분화가 있음에

72 國史編纂委員會 編, 『韓國獨立運動史資料』 제1권, 「建國綱領修改委員會會議錄」, pp. 357~60 참조.

73 국사편찬위원회 편, 『韓國獨立運動史資料』 제1권, 「大韓民國建國綱領」, pp. 360~65 참조.

74 愼鏞廈, 「趙素昻의 社會思想과 三均主義」, 『韓國學報』 제104집, 2001 참조.

유의하여 해방 후에는 '통일' 독립국가를 건설하기 위한 준비로 그들이 민족주의자들이었음에도 불구하고 사회주의자들을 통합한 연합전선을 형성하려고 일부러 경제 부문에 사회주의적 요소를 도입한 것이었다. 그 결과 임시정부의 건국강령은 정치·교육 부문에서는 자유 민주주의가 지배하고 경제 부문에서는 사회주의를 일부 도입한 강령이 되었다.

사회주의 독립운동단체들 중에서 맨 먼저 조선민족해방동맹(朝鮮民族解放同盟, 대표 金星淑)이 1941년 12월 1일 '한국임시정부옹호선언'을 발표하여 임시정부 참가의사를 공표하였다.[75]

대표적 좌파 독립운동단체인 조선민족혁명당(朝鮮民族革命黨)도 같은 날인 1941년 12월 10일 제6차 전당대표대회에서 ① 민족혁명당은 임시정부에 참가할 것을 결정하여 지지를 보냄과 동시에 ② 임시정부가 조선민족 전체기구를 훌륭히 대표할 수 있도록 임시정부 확대를 주장하였다.[76]

이어서 다음해인 1942년 3·1절을 맞아 조선의용대도 대한민국 임시정부가 '해외 조선혁명의 최고통일기구, 최고지휘부'가 되어야 한다고 재중국 동포들에게 성명하였다.[77]

이에 민족주의 독립운동세력과 사회주의 독립운동세력의 대한민국 임시정부로의 연합과 통일이 급속히 추진되었다.

2) 군사통일과 광복군에의 조선의용대의 편입

임시정부의 연합정부로의 개편과 통일에 대해서는 임시정부의 여당인 한국독립당과 임시정부에 참가하려는 조선민족혁명당 사이에 의견이 일치되었으

75 朝鮮民族解放同盟 中央書記局, 「擁護韓國臨時政府宣言」, 국사편찬위원회 편, 『한국독립운동사 자료』 제3권, pp. 530~534 참조.

76 朝鮮民族解放同盟書記局, 「擁護韓國臨時政府宣言」, 국사편찬위원회 편, 『한국독립운동사 자료』 제3권, pp. 530~534 참조.

77 「朝鮮義勇隊爲紀念三·一革命二十三週年敬告中國同胞書」, 秋憲樹 編, 『資料韓國獨立運動』 제3권, pp. 110~112 참조.

나 그 방법과 순서에 대해서는 두 당의 견해가 상당한 차이가 있었다.[78]

민족혁명당은 먼저 '정치통일'을 선행하고 이어서 '군사통일'을 실현하자고 하였다. 이때 민족혁명당의 '정치통일'의 실현 방법은 임시의정원 의석의 일정 수의 민족혁명당 등에의 할양이었다. 또한 '군사통일'은 광복군과 조선의용대의 합병에 의해 '조선민족혁명군'의 새 명칭을 가진 군대를 편성하는 것이었다.[79]

한편 김구와 한국독립당은 먼저 '군사통일'을 선행하고 그 결과에 따라서 '정치통일'을 실현하자고 하였다. 또한 '군사통일'도 광복군이 통일의 중심축이 되어 조선의용대가 광복군에 합편되는 것이고, 따라서 군대의 명칭도 '한국광복군'을 그대로 지키는 것이었다.[80]

1942년 3월 1일 광복군 제5지대장 나월환(羅月煥)을 대원 박동운(朴東雲)이 암살하는 사건이 일어났다.[81] 임시정부 주석이며 광복군 통수권자인 김구는, 이 문제의 수습을 계기로 1942년 4월 1일 종래의 광복군 제1·2·5지대를 통합하여 제2지대로 편성하고 참모장 이범석(李範奭)을 제2지대장에 임명하였다. 이때 '제1지대'를 비워둔 것은 1938년에 창설된 조선의용대가 1940년에 창군된 광복군보다 먼저 창설되었으므로, '군사통일'에 조선의용대를 '제1지대'로 예우하여 합편하려는 의도를 조선의용대 측에 보인 것이었다.

임시정부는 이때 1942년 4월 20일 제28차 국무회의에서 "조선의용대를 한국광복군으로 합편하여 군대를 통일케 하기로" 결의하였다.[82] 물론 이것은 아직 조선의용대의 동의를 받은 것은 아니었다.

조선의용대 대장 김원봉(金元鳳)은 광복군에의 합편의 조건으로 광복군에

---

78 金榮範, 「重慶臨時政府下 1942년의 軍事統一」, 『백범과 민족운동 연구』 제1집, 백범학술원, pp. 163~195 참조.

79 「朝鮮義勇隊 改編宣言」, 『한국독립운동사 자료』 제3권, pp. 523~525 참조.

80 金榮範, 전게논문, 참조.

81 韓詩俊, 『韓國光復軍硏究』, 일조각, 1993, pp. 160~161 참조.

82 국사편찬위원회 편, 『韓國獨立運動史資料』 제1권, p. 448 참조.

'부사령'직을 만들어 조선의용대 측에 줄 것을 요구하였다. 중국 군사위원회도 중재하여 이 요구의 수용 의견을 제시하였다.[83]

임시정부는 5월 13일 제30차 국무회의에서 "한국광복군에 부사령 1직을 증설하여 총사령을 보좌하며 총사령 유고시 그를 대리케 하기로" 결의하였다.[84] 그리고 이 결의와 부사령에 조선의용대 대장 김원봉을 임명할 뜻을 조선의용대와 중국 군사위원회에 통보하였다. 조선의용대의 통수권을 가진 중국 군사위원회도 이에 동의하여 김원봉(金若山)을 광복군의 부사령으로, 조선의용대를 광복군 제1지대로 편입하는 데 동의 결정을 통보해왔다.[85]

임시정부는 이에 5월 18일 김원봉을 광복군 부사령으로 임명하고, 조선의용대를 광복군 제1지대로 합편하는 작업을 수행하도록 하였다.[86]

김원봉은 이 작업을 실행하여, 1942년 7월에는 '조선의용대 개편선언'이 발표되었다.[87]

김원봉은 조선의용대(중경 부근 대원 약 50명과 화북지대 약 80명, 도합 130명)를 광복군 제1지대로 개편하고, 1942년 12월 5일 광복군 부사령 겸 제1지대장으로 취임하였다.[88] 이에 임시정부의 군사통일이 마침내 성공한 것이었다.

임시정부는 1942년 5월 김학규(金學奎)를 제3지대장 겸 제6징모분처주임에 임명하여 적구(일본군 점령지) 후방에 들어가서 장정을 징모하고 일본군 안의 한적사병(韓籍士兵)을 탈출 훈련시켜 제3지대를 편성 활동케 하였다.

이에 군사통일을 완성한 임시정부 산하 한국광복군은 1943년 당시 다음과 같은 최고사령체제를 갖춘 통일군대가 되었다.

---

83 『白凡金九全集』 제6권, p. 398 참조.

84 국사편찬위원회 편, 『韓國獨立運動史資料』 제1권, p. 448 참조.

85 「國民政府軍事委員會辦公廳 軍事處來函(金九에게)」, 『白凡金九全集』 제6권, pp. 401~402 참조.

86 愼鏞廈, 「白凡金九의 韓國光復軍 창군」, 『白凡金九의 思想과 獨立運動』, 서울대출판부, 2003, pp. 152~159 참조.

87 「朝鮮義勇隊改編宣言」, 『韓國獨立運動史資料』 제3권, p. 523.

88 金榮範, 「重慶臨時政府下 1942년의 軍事統一」 참조.

김구
통수부 주석

이청천
총사령

김원봉
부사령 겸 제1지대장

김홍일
참모장

이범석
제2지대장

김학규
제3지대장

광복군 최고 지휘관들

광복군 통수부 주석 김구(金九)
총사령 이청천(李青天)
부사령 김원봉(金元鳳)
참모장 김홍일(金弘壹)
제1지대장 김원봉(겸임)
제2지대장 이범석(李範奭)
제3지대장 김학규(金學奎)

1940년의 광복군 창군 준비 때에는 '한국광복군'의 영문표기를 'Korean Independence Army'로 표시했었다. 그러나 이제는 '군사통일'을 달성하여 한국광복군이 임시정부의 사실상 '국군(國軍)'이 되었으므로, 창군과 군사통일 후부터는 한국광복군을 영문으로 'Korean National Army'라고 표기하였다.[89]

임시정부의 군사통일의 성공은 획기적인 것이었으며 광복군의 실제 군사력을 증강시켰을 뿐 아니라 임시정부의 국제적 위상을 강화하고 연합국에 대한 대외교섭력을 크게 강화하였다.

3) 의회통일, 정치통일의 실현

임시정부의 군사통일 다음에는 우선 '의회통일'의 형태로 바로 '정치통일'이 급속히 추진되었다. 원래 조선의용대는 정치통일을 군사통일보다 선행시킬 것을 주장했으므로, 조선의용대는 1942년 7월 임시정부와 김구의 요구에 응하여 광복군에의 합편에 의한 군사통일을 수용하는 '조선의용대 개편선언'을 공표할 때에 동시에 '정치통일'의 즉각 실행을 강력하게 요구하였다.[90]

임시정부 주석이며 한국독립당 위원장 김구는 즉시 이를 기꺼이 수용하였다. 임시정부는 1942년 8월 '임시의정원 의원 선거규정'을 개정하여 한국독립당 이외의 좌파 인사들도 의정원 의원에 선출될 수 있도록 만들었다. 이어 1942년 10월 20~23일 의정원 의원 23명의 보선을 실시하였다. 그 결과 조선민족혁명당이 9명, 조선민족해방동맹 2명, 조선혁명자연맹 2명 등 13명의 좌파 정당·단체 의원과 그 밖의 무소속 의원들이 선출되었다.[91]

마침내 1942년 10월 25일 '통일의회'로서 제34차 의정원 회의가 개최되었다. 오랫동안 각계가 희망하던 '의회통일' '정치통일'이 실현된 것이다.

'의회통일'과 '통일의회'의 개회는 의정원 구성과 운영에 대변화를 가져왔다. 종래 23명이던 의원 수가 두 배인 46명으로 증원되었으며, 한국독립당의

---

89 愼鏞廈, 「韓國光復軍 창군과 그 역사적 의의」, 『3·1운동과 독립운동의 사회사』, 서울대출판부, 2001, p. 537 참조.

90 金榮範, 「重慶臨時政府下 1942년의 軍事統一」 참조.

91 독립운동사편찬위원회, 『독립운동사』 제4권, 2003, pp. 963~964 참조.

'일당'체제가 좌파 정당·단체가 참여한 '다당체제'로 변화되었다. 전체 의원 46명 중 한국독립당이 29명으로 62%를, 조선민족혁명당을 비롯한 좌파가 17명으로 38%를 차지하게 되었다.[92]

의회 통일 달성 이후의 임시의정원의 구성은 대체로 민족주의 정당인 한국독립당이 약 3분의 2의 의석을 가진 여당으로, 민주사회주의 정당인 조선민족혁명당·조선민족해방동맹·조선혁명자연맹 기타 무소속 등이 약 3분의 1의 의석을 가진 야당으로 통일의회를 성립하여 민족독립운동을 의회주의적으로 전개하게 되었다.

4) 연합정부 성립과 정치통일의 완성

군사통일과 의회통일 다음에는 임시정부의 행정부에도 좌파 정당·단체들을 참여시켜 임시정부를 '연합정부'로 개편해서 '정치통일'을 완성하는 문제가 제기되었다.

중경임시정부는 1944년 4월 20일 개회된 제36차 임시의정원 회의에서 제5차 개헌인 '대한민국 임시헌장'을 통과시켰다. 이때 통과된 '대한민국 임시헌장'은 전문과 7장 62개조로 구성된 매우 방대하고 정치한 헌법이었다. 이 헌법에서는 주석 외에 부주석을 신설하고, 행정부를 국무위원회와 행정연락회의로 구분했으며, 국무위원 수를 종전의 6~10인에서 8~14인으로 증원했고, 행정부 부서도 종래의 5개 부를 7개 부로 증설하였다.[93]

제36차 임시의정원 회의에서는 '대한민국 임시헌장'에 의거하여 주석(主席)에 한국독립당 위원장 김구를 재선하고, 신설된 부주석(副主席)에는 조선민족혁명당 위원장 김규식(金奎植)을 선출하였다. 이어서 14명의 국무위원에는 다음과 같이 한국독립당 9명, 조선민족혁명당 3명, 조선민족해방동맹 1명, 무정

92 韓詩俊, 「白凡金九와 重慶臨時政府」, 『백범과 민족운동 연구』 제1집, 백범학술원, pp. 133~163 참조.

93 「제36회 臨時議政院議事錄」 및 『大韓民國臨時政府公報』 제81호(1944년 6월 6일), 韓詩俊, 전게논문, 참조.

부주의자총연맹 1명의 국무위원을 선출하였다.[94]

한국독립당	이시영(李始榮), 조소앙(趙素昻), 조성환(曺成煥), 황학수(黃學秀), 조완구(趙琬九), 차리석(車利錫), 박찬익(朴贊翊), 김붕준(金朋濬), 안훈(安勳, 趙擎韓)
조선민족혁명당	김원봉(金元鳳), 장건상(張建相), 성주식(成周寔)
조선민족해방동맹	김성숙(金星淑)
조선무정부주의자총연맹	유림(柳林)

임시정부 주석 김구는 종전의 행정부 5개 부서(내무·외무·군무·법무·재무)에 추가된 신설 2개 부서(문화·선전)의 장관을 다음과 같이 임명하여 '연합정부'의 행정부 체제를 갖추었다.

주석	김구(金九, 한국독립당)
부주석	김규식(金奎植, 민족혁명당)
내무부장	신익희(申翼熙, 한국독립당)
외무부장	조소앙(趙素昻, 한국독립당)
군무부장	김원봉(金元鳳, 민족혁명당)
법무부장	최동오(崔東旿, 한국독립당)
재무부장	조완구(趙琬九, 한국독립당)
선전부장	엄항섭(嚴恒燮, 한국독립당)
문화부장	최석순(崔錫淳, 민족혁명당)

위의 '연합정부'의 구성을 보면, 국무위원은 14명 중 64%인 9명이 한국독립당이고, 36%인 5명이 민족혁명당을 비롯한 좌파 정당의 위원으로서, 민족주

94 『新韓民報』, 1944년 5월 4일자, 「임시정부 연합내각 조직」 및 韓詩俊, 전게논문, 참조.

의 정당인 한국독립당이 약 3분의 2의 의석, 민족혁명당 등 좌파 정당이 약 3분의 1의 의석을 차지하고 있음을 알 수 있다.

또한 주석·부주석을 포함한 정부 장관들의 구성을 보면, 한국독립당이 주석 김구를 비롯한 6명, 민족혁명당이 부주석 김규식을 비롯한 3명으로서, 정확하게 한국독립당이 3분의 2석, 민족혁명당이 3분의 1석을 차지하였다. 막강한 권력의 주석에는 한국독립당의 김구가 선출되었지만, 부주석에 김규식, 특히 군무부장에 김원봉이 임명된 것을 주목할 필요가 있다.[95]

즉 1944년의 최후의 임시정부는 김구 주석의 지휘 아래 민족주의 정당인 한국독립당이 약 3분의 2, 민주사회주의 정당인 민족혁명당 등 좌파가 약 3분의 1의 비율로 '연합정부'를 완성하여 중국 관내 민족독립운동세력의 '통일'을 이루고 강력한 독립운동을 전개했음을 알 수 있다.

10. 임시정부와 광복군의 국내진입 해방 작전

1) 임시정부의 연합군과의 합작추진과 광복군공작대의 인도·버마 전선 파견

중경 임시정부는 주석 김구의 주도하에 광복군을 연합군의 일원으로 참전케 하고 궁극적으로는 연합군이 한반도에 상륙하는 조국 해방의 날에 연합국의 일원으로 연합군의 선봉대가 되어 한반도에 상륙해서 조국해방작전의 전위대가 되는 것을 추구하였다.

이에 광복군은 먼저 영국군과 합작하여 사관 공작대를 인도·버마 전선에 파견하고, 미군과의 합작도 모색하면서, 광복군의 발전을 위한 웅대한 설계를 하고 중국과의 '한국광복군 9개 항 행동준승'을 폐기하였다.

95 金榮範, 「1940년대 초 재중국 '민족좌파'의 임시정부 참여 再論—外因·外壓論 및 政略論을 넘어서」, 『백범과 민족운동 연구』 제7집, 2009 참조.

광복군은 3개 지대가 중국의 항일전선의 최전선과 적 후방에서의 선전전·심리전 활동에 성과를 내기 시작하자 연합국 참모들은 특히 이를 높이 평가하였다. 이에 한국광복군 총사령부와 駐인도 영국군 동남아전구사령부가 합작하여 광복군의 심리전 공작대를 인도·버마 전선에 파견하기로 하고, 광복군 부사령(조선민족혁명당 대표) 김원봉과 駐인도 영국군 동남아전구 사령관대리 맥켄지(Colin McKenzie) 사이에 1943년 5월 협정이 체결되었다.[96] 광복군은 앞서 쓴 바와 같이 영문으로 'Korean Independence Army'라고 표기하지 않고 이 협정 때에는 물론 'Korean National Army'로 표기하였다. 이 협정에 의거하여 제1차로 印度에 파견된 工作隊의 대원은 다음과 같았다.[97]

대장　한지성(韓志誠, 제1지대 출신)
부대장　문응국(文應國, 제2지대 출신)
대원　안원생(安原生, 총사령부 출신)·이영수(李英秀, 제1지대 출신)
최봉진(崔奉鎭)·송철(宋哲)·박영진(朴永晋)·김상준(金尙俊)
나동규(羅東奎)·김성호(金成浩)(이상 제2지대 출신)

한국광복군공작대는 영문으로 'Korean National Army Liaison Unit'라는 명칭으로 1943년 8월에 인도에 도착하여, 주인도 영국군 제201부대와 함께 최전선인 임팔(Imphal)전선에 파견되어 일본군에 대한 대적(對敵)방송, 적문서 번역, 전단 작성, 포로 심문 등 심리전 활동을 전개하여 큰 성과를 내었으며, 1945년 9월 10일까지 영국군과 합작하여 매우 성공적으로 활동하였다.

96 秋憲樹, 『資料韓國獨立運動』 제2권, pp. 222~223; 『韓國獨立運動史資料』 1, 臨政篇 Ⅰ, pp. 385~386 및 金承學, 『韓國獨立史』, p. 303 참조.
97 독립운동사편찬위원회 편, 『독립운동사』 제6권, pp. 477~478 참조.

2) 광복군의 국내진입을 위한 총동원계획

또한 광복군총사령부는 장차 광복군이 국내에 진입할 날에 대비한 전력증강을 위하여 1943년 10월 19일에 이청천(李青天)·김원봉(金元鳳)·이복원(李復源) 세 의원의 이름으로 군사정책에 관한 건의안을 임시의정원에 제출하여 통과되었다.[98]

이 제안을 보면 광복군 총사령부 창립 초기에는 3개 사단으로의 발전 목표를 설정했다가, 조선의용대의 편입에 의한 군사통일로 광복군이 국군(National Army)이 되었다고 자신을 갖게 되자 국내진입 이전에 국외의 모든 동포청년들을 총동원한 총병력 30만 명으로의 발전을 정책 목표로 확대하고 있음을 알 수 있다. 광복군은 연안의 조선의용군은 물론이요 만주의 한인무장대도 당연히 국군으로서의 광복군에 포함하여 계산하였다. 이 군사정책 실천을 위하여 1944년 3월, 4월에 제정한 '공작계획'과 '공작사항'을 보면 광복군의 병원을 보충하기 위하여 만주의 2백만 동포는 물론이오, 러시아령 연해주에서 1937년 중앙아시아로 강제 이주당한 한국인 동포들로부터도 병력을 초모하기 위하여 이란에 대표를 파견할 계획을 세웠다.[99] 그러나 이 군사정책의 목표는 당시의 임시정부와 광복군의 실력으로서는 매우 벅찬 것이었다고 볼 수 있다.

한편 임시정부는 광복군의 군사정책을 지원하기 위하여 1944년 3월 정부안에 국내공작특파위원회(위원장 金九, 위원 曺成煥, 成周寔)와 군사외교단(단장 李青天)을 설치하여 활동을 시작하였다.[100] 또한 그동안 휴간되었던 『독립신문』을 속간하여 임시정부는 1919년 9월 통합임시정부 수립 직후와 같은 성황과 활기를 되찾게 되었다. 각 정당 단체들은 4월 24일 연합정부를 지지 옹호하는 성명을 내었으며, 6월에는 프랑스 망명정부와 폴란드 망명정부가 대한민국 임시정부를 승인하는 통고를 해왔다.

---

98 「提案審査報告書 (2)」; 『韓國獨立運動史資料』 1, 臨政篇 Ⅰ, pp. 563~564.
99 秋憲樹 編, 『資料韓國獨立運動』, 제1권, p. 174 참조.
100 『韓國獨立運動史資料』 1, 臨政篇 1, pp. 168~173 참조.

3) 광복군의 특수훈련과 국내정진(國內挺進) 준비

임시정부는 광복군이 완전히 자주적 통수권을 회복하자 미군 O.S.S.와 합작해서 특수훈련을 시행하고 국내정진을 준비하였다.

광복군은 '한국광복군 9개 항 행동준승'의 폐기에 성공한 후, 중국 측과의 우여곡절의 교섭 끝에 대한민국 임시정부의 광복군에 대한 통수권을 중국 측이 인정하면서, 쌍방이 상호협조의 군사활동을 전개할 것을 규정한 중국과의 새로운 군사협정으로서 1945년 4월 4일 '한국광복군에 관한 한·중 양방상정판법(兩方商定辦法)'을 체결하는 데 성공하였다.[101]

또한 인도·버마전선에 파견된 광복군 공작대의 활동성과가 매우 큼이 증명되자, 중국에 주둔한 미 공군에서도 이에 관심을 가져, 광복군 총사령부에서는 1944년 12월 엄도해(嚴道海), 안원생(安原生), 안병무(安炳武), 진춘호(陳春浩), 안우생(安偶生), 송면수(宋冕秀) 등을 駐중국 미국대사관에 파견하여 '한국인공작반(韓國人工作班)'을 설치하게 되었다. 미군 측에서는 미국 국방부 전략정보처(Office of Strategic Service, 약칭 O.S.S.)가 광복군 제2지대와 제3지대에서 선발된 대원들에게 특수훈련을 시키어 '독수리작전(Eagle Project)'이라는 암호의 작전계획으로 연합군이 한반도에 상륙할 때에 미리 한국영토내에 투입할 특수병력을 양성하기 위해서 한국광복군 총사령부와 주중국 미군 사이에 1945년 3월경 다음과 같은 사항의 '한·미 군사합작'에 합의하게 되었다.[102]

한국광복군과 미국 O.S.S. 사이에 이러한 합의에 기초해서 광복군 제2지대에서 약 90명과 제3지대에서 22명이 차출되어 1945년 5월부터 3개월 과정으로 특수훈련을 받게 되었다.

광복군 대원들에 대한 O.S.S.의 특수훈련이 종료가 임박하자, 광복군은 1945년 8월에 제2지대장 이범석을 총지휘관으로 하는 국내정진군 총지휘부를 편

---

101 위의 책, p. 538 참조.

102 冀容郁, 「태평양전쟁기 미국 전략공작처(O.S.S.)의 한반도 공작」, 『백범과 민족운동연구』 제4집, 2006 참조.

광복군의 훈련 광경

성하고 국내진입을 준비하였다. 즉 국내를 3개 지구로 나누어 제1지구(평안도, 황해도, 경기도) 대장에는 안춘생(安椿生), 제2지구(충청도, 전라도) 대장에는 노태준(盧泰俊), 제3지구(함경도, 강원도, 경상도) 대장에는 노복선(盧福善)을 임명하여 각도 대원은 2~4개조로 편성하고 각 組의 인원은 3명씩으로 다음과 같이 편성하였다.[103]

국내정진대장	이범석(李範奭)
부관	김성근(金星根)
제1지구대장	안춘생(安椿生)(이하 지구별 대원 성명 생략)
제2지구대장	노태준(盧泰俊)
제3지구대장	노복선(盧福善)
본부요원	이재현(李在賢)·민영수(閔泳秀)·김석동(金奭東)· 이윤장(李允章)·강일성(江一成)·오건(吳健)·최철(崔鐵)· 한경수(韓景洙)·김동걸(金東傑)

103 『독립운동사』 제6권, pp. 500~502 참조. 金光載, 『韓國光復軍의 活動 연구—미 O.S.S.와의 합작훈련을 중심으로』, 박사학위논문, 1999, pp. 173~176에 의하면 이러한 국내정진대의 편성은 광복군 자료에는 나오지 않고, 해방 이후 당시 관련자들의 회고에 의한 것이라고 한다.

광복군은 50명의 제1대를 8월 20일경 국내에 침투시키기로 하였다.[104]

4) 임시정부의 국내외 항일독립운동 세력과의 연계추진

연합정부로서의 중경 임시정부는 중·영·미 등 연합국과의 합작과 공동작전을 준비했을 뿐 아니라 국내외 항일 독립운동 세력과의 연계를 추진하였다.

임시정부 주석 김구는 연안의 독립동맹과 연계와 연대를 맺고 강화하기 위하여 1944년 3월 독립동맹 위원장 김두봉에게 서신을 보내어 김구 자신의 연안 방문 의사를 표명하였다.[105] 이에 대해 1944년 10월 16일 김두봉은 김구에게 보낸 답장에서 "지역 파벌을 불문하고 성심 단결할 것과 서로 연락을 취하여 압록강에서 군대를 조직할 수 있다면 자신이 나서서 알선하겠다"[106]는 내용의 답장을 보내왔다.

임시정부 주석 김구는 이듬해인 1945년 4월 임시정부 국무위원이며 의정원 의원인 장건상(張建相, 민족혁명당)을 임시정부 특사로서 비밀리에 연안의 독립동맹에 파견하였다.[107] 5월 중순 연안에 도착한 장건상은 독립동맹 위원장 김두봉에게 독립동맹의 중경 임시정부에의 참여와 중경에서 개최 예정인 "독립운동가대표대회"에의 대표파견을 요청하였다.[108] 김두봉과 독립동맹 측은 모두 임시정부 측 제안에 찬성하고 독립동맹 대표자를 선정해 중경에 파견할 것을 약속했으며, 특히 김두봉은 자신이 중경으로 갈 것을 약속하였다.[109] 이러한 합류가 실현되기 전에 해방을 맞았지만, 임시정부가 주석 김구를 중심으로

---

104 金俊燁, 『長征—나의 光復軍時節』, 1987, p. 411 참조.

105 「金九·金奎植이 金枓奉에게 보낸 서신」, 『白凡金九全集』 제8권, pp. 721~726; 韓詩俊, 전게논문, 참조.

106 「金九·金奎植이 金枓奉에게 보낸 서신」, 『白凡金九全集』 제8권, pp. 721~726; 韓詩俊, 전게논문, 참조.

107 鄭秉峻, 「해방직전 임시정부의 민족통일전선운동」, 『대한민국임시정부수립 80주년 기념논문집』, 1999 참조.

108 李庭植 면담, 金學俊 편집·해설, 『혁명가들의 항일 회상』, 민음사, 1988, pp. 209~211 참조.

109 李庭植 면담, 金學俊 편집·해설, 『혁명가들의 항일 회상』, pp. 211~212; 張建相, 『사실의 전부를 기술한다』, 희망출판사, 1966, pp. 423~424; 鄭秉峻, 전게논문 참조.

하여 연안 독립동맹과 긴밀한 연대를 추진했음을 명확히 확인할 수 있다.

또한 임시정부 주석 김구는 중앙아시아에서 천신만고 끝에 1944년 봄 중경 임시정부를 찾아온 이충모(李忠模)를 김일성(金日成)의 항일빨치산부대에 파견하여 항일전의 연계를 추진하였다.[110] 김구의 신임장을 갖고 연대를 제의하러 가던 이충모는 산서성 태원(太原)까지 가서 길이 막혀 지체되다가 해방을 맞아 중경으로 돌아왔다.[111] 김구는 1944년 9월 장개석과의 면담 때 이충모의 보고에 근거하여 중앙아시아 한국인과의 연대 협조를 부탁했으며,[112] 이충모 자신도 임시정부와 중앙아시아 한국인과의 연대, 소련 안의 한국인의 항일전 참가를 위한 중국정부와 소련정부의 협상이 중요하다고 호소하기도 하였다.[113]

한편 김일성은 그의 회고록에서 1942년 12월 중경 임시정부 특파원 金모가 항일빨치산을 찾아 목단강까지 왔다가 만나지 못하고 돌아갔으며, 김일성도 중경 임시정부와 합작을 통해 조국해방을 위한 최종작전에 광복군의 무력으로 동참할 수 있다는 견해를 표명했고, 처음에 반대했던 김책(金策)·최용건(崔庸健)도 이에 찬성했다. 김일성은 88교도대에 있던 중국공산당의 유아류·로동생·왕붕에게 중경 임시정부와의 연대를 위한 서한을 맡겼지만, 이들은 해방될 때까지 이 서한을 전달하지 못하였다. 또한 김일성은 연안의 허정숙을 통해 연안 독립동맹 및 중경 임시정부와의 연대를 시도하려고 강병선이 주도한 신의주 지하조직에게 관내 항일조직과의 연계를 확보하라고 지시했고, 이 공작원은 김일성 빨치산세력과 중경 임시정부 및 연안 독립동맹의 합작을 위한 중간 연락지점을 만들려고 노력했다고 하였다.[114]

---

110 金九 선생의 아드님 金信 장군 증언; 도진순, 『한국민족주의와 남북관계』, 서울대출판부, p. 289.

111 鄭秉峻, 전게논문 참조.

112 「韓國臨時政府의 承認과 協助를 요청하는 備忘錄 및 要求條件(金九—蔣介石)」 (1944.9.5.), 『白凡金九全集』 제5권, pp. 527~532 참조.

113 「在蘇韓僑問題와 韓國의 將來」 (李忠模—中國國民黨; 1944.9.23.), 秋憲樹, 『資料韓國獨立運動』 제2권, pp. 435~437 참조.

114 김일성, 『세기와 더불어』 제8권, 1988, pp. 409~417; 정병준, 전게논문 참조.

임시정부는 또한 국내진입에 의한 복국의 준비로 1944년 10월 3일 국무회의 의결을 거쳐 국내비밀공작을 진행하기 위해 김구 주석이 주관하는 국내공작위원회를 설치하였다. 위원에는 김원봉(金元鳳), 성주식(成周寔), 김성숙(金星淑), 조경한(趙擎韓) 등 5인을 선정하였다.[115]

또한 임시정부 주석 김구는 국내진입작전을 연합국 상륙 직후 제주도 진입부터 시작하려고 구상하여 광복군 대원 문덕홍(文德洪)을 국내공작원으로 파견하였다. 문덕홍은 부산에서 활동하다가 일제에게 발각되어 체포당했다고 한다.[116]

이상과 같이 임시정부는 중경의 오지에서도 최후의 결전이 임박해오자 연안·동북·국내의 모든 독립운동 세력과 연계하면서 국내진입작전을 준비한 것이었다.

5) 임시정부의 제주도 이동 상륙작전 구상

임시정부 주석 김구는 미군 O.S.S.와 합동하여 국내진입작전을 준비하면서, 미군이 오키나와를 점령한 후 이어서 제주도에 상륙하면 즉각 임시정부를 제주도로 옮겨 제주도를 거점으로 본토에 상륙할 것을 구상하였다. 김구는 미국의 중국 전구사령관 웨드마이어(Albert Wedmeyer; 魏德邁)에게 다음과 같이 제의했다고 중국 측 정보자료는 기록하였다[117]

> "金九는 이미 웨드마이어(魏德邁) 장군에게 서한을 보내어 미국정부에 전달 보고해 줄 것을 요청했는데, 일단 미군이 조선 남부의 濟州島를 해방시키면 韓國臨時政府는 즉시 미군의 협조하에 제주도에 진입하여 전체 한국인사를 영도해서 미국 측 작전에 협조하겠다는 것이다."[118]

---

115 「國內工作委員會設置案」, 『大韓民國臨時議政院文書』, p. 853 참조.

116 『白凡金九全集』 제11권, 金九선생이 文德洪 국내파견 때 촬영한 사진 및 鮮于鎭 증언; 韓詩俊, 「白凡金九와 重慶臨時政府」 참조.

117 韓詩俊, 「白凡金九와 重慶臨時政府」, 『백범과 민족운동 연구』 제1집, 2003. 참조.

118 『白凡金九全集』 제5집, p. 649. 「金九已函魏德邁將軍請其轉告美政府 一旦美軍解放朝鮮南部之

당시 미군은 오키나와를 점령한 다음에는 일본 본토에 상륙하지 않고 먼저 제주도에 상륙하여 제주도를 해방시킨 다음 이어서 한반도에 상륙하여 한국을 모두 해방시킨 후에 고립된 일본열도를 1946년 봄에 상륙 점령한다는 작전 계획을 갖고 있었다.

임시정부 주석 김구는 미군이 제주도를 해방시키면 중경의 대한민국 임시정부를 즉시 제주도로 진입 이동시켜서 미군이 한반도에 상륙할 때 광복군이 선두에서 상륙 교두보를 만들고 제주도의 임시정부는 광복군과 미군에 바로 이어서 한반도 해방의 선두에 서서 국내에 진입 개선하려 한 것이었다.

김구가 1945년에 웨드마이어를 방문한 것은 두 차례 있었다. 첫 번째는 1945년 4월 17일 외무부장 조소앙과 함께 중국전구사령부를 방문하여 '미군 당국에 요청하는 군사원조 안건에 대한 개요'라는 제안서를 제출했을 때였다.[119] 두 번째는 1945년 5월 1일 김구가 웨드마이어의 중국전구사령부를 방문하여, 중국군사위원회가 한국광복군을 규제하던 '한국광복군행동 9개준승'이 폐지되고 한국광복군의 지휘통수권이 1945년 5월 1일부터 완전히 대한민국 임시정부의 전결에 들어갔으므로 광복군 관계 교섭을 중국 군사위원회를 통하지 말고 직접 대한민국 임시정부와만 직접 교섭 관계할 것을 통보한 때였다.[120]

1945년 4월 17일~5월 1일은 광복군과 미군 O.S.S.가 합동으로 한반도 국내 진입작전을 위한 광복군 특수훈련을 맹렬히 실행하던 시기였다. 이때 임시정부 주석 김구는 광복군과 미군을 뒤따라 임시정부를 맨 먼저 해방된 제주도에 이동 상륙시켜 한반도 진입의 선두에 서서 미군과 협조하여 조국해방의 선두에서 헌신하려 한 것이었다.

그러나 광복군의 국내진입작전과 임시정부의 제주도이동 계획은 미국의 일

濟州島 韓國臨時政府卽願在美軍協助下進入該島 領導全韓人士協助美方作戰」 참조.

119 「대한민국임시정부 대표단의 방문(Visit of Representatives of Korean Provisional Government)」, 『한국독립운동사 자료』 제21권, pp. 190~192 및 p. 357.

120 韓詩俊, 「白凡金九와 重慶臨時政府」 참조.

본 본토에 대한 원자폭탄 투하로 일본이 1945년 8월 10일 무조건 항복의사를 연합국에 통보하고, 8월 15일 무조건 항복을 세계에 공표함으로써 실현되지 않은 채 제2차 세계대전이 종결되어 조국의 광복을 맞게 되었다.

대한민국 임시정부 주석 김구는 1945년 8월 상순 西安으로 가서 광복군 제2지대 사무실에서 미군 O.S.S. 총책임자 도노반(William B. Donovan) 장군과 국내진입에 관한 작전협의를 한 후, 두곡(杜曲) 종남산(終南山)에 있는 광복군의 특수훈련을 받고 있는 비밀훈련소를 시찰하고 다시 서안(西安)으로 나왔을 때 일본이 항복했다는 소식을 받게 되었다.[121]

이상과 같이 임시정부와 한국광복군은 웅대한 목표와 계획을 갖고 국내진입해방작전을 추진했으나, 작전목표도 수행하기 전에 일본의 항복을 맞았다. 그러나 광복군이 중경에서의 최악의 여건에서 창군되어, 이 정도 규모로라도 성장한 것은 피나는 분투에 의한 것이었다. 특히 조선의용대를 편입하여 군사통일을 실현하고 이어 정치통일을 실현함으로써 임시정부가 명실상부한 통일연합정부로 발전하고 광복군이 통일독립군이 된 것은 획기적인 의미를 가진 것이었다고 볼 수 있다.

또한 한국광복군이 1945년 8·15까지 온갖 어려운 조건에도 굴하지 않고 중국 관내에서 항일무장항전, 적 후방공작을 감행했을 뿐 아니라 영국군 및 미군 O.S.S.와 합작하여 항일작전을 수행하고 국내진입작전을 감행하려고 최후의 순간까지 무장독립투쟁을 전개한 사실은 높이 평가받아야 할 것이다.

II. 맺음말 : 대한민국 임시정부의 역사적 의의

위에서 설명한 바와 같은 대한민국 임시정부는 다음과 같은 특징과 역사적 의의를 가졌다고 지적할 수 있다.

---

121 『白凡逸志』, 백범학술원판, 2002, 나남, pp. 407~408.

첫째, 대한민국 임시정부는 일본 제국주의 침략자들에 의하여 9년간 단절되었던 한국인의 민족정권을 잇는 정통성을 가진 한국민족의 망명임시정부였다고 볼 수 있다.

둘째, 대한민국 임시정부는 그 정치체제에서 종래의 모든 종류의 군주제를 폐지하고 한국 역사상 최초로 헌법에 기초한 민주공화제(民主共和制)의 정부를 수립함으로써 한국 민족사에서 신기원을 열었다.

셋째, 대한민국 임시정부는 여러 계보와 각파의 독립운동단체들(사회주의 계열의 한인사회당 포함)이 거의 모두 참가한 통일성을 가진 임시정부로 수립되었다. 최초의 통합 임시정부는 민족주의자들을 다수로 하고 소수의 사회주의자들이 참가한 '연합정부'로 성립되었다. 대한민국 임시정부 수립 당시에는 이에 참가하지 못한 독립운동 단체까지도 이를 한국민족 전체의 임시정부로서 봉대하였다.

넷째, 대한민국 임시정부는 한국민족의 독립운동에 대한 상징성만 가진 것이 아니라 중요한 독립운동을 실질적으로 지휘했으며, 그 자신이 매우 중요한 독자적 독립운동을 전개하였다. 임시정부는 초기에 독립군 무장독립운동까지도 지도하고 때로는 지휘하였다. 예컨대, 서로군정서, 북로군정서, 국민회군, 참의부 독립군 등은 임시정부가 지도하였다.

다섯째, 대한민국 임시정부는 국외(國外)의 독립운동뿐만 아니라 초기에는 '연통제(聯通制)'를 실시하여 국내통치의 일부를 실행한 정부였다.

여섯째, 대한민국 임시정부는 1932년 1월 28일 일본군이 상해사변을 일으켜 상해를 침략 점령하자, 특공대(한인애국단)를 조직하도록 결의하고 김구에게 위임하여 이봉창 의거, 윤봉길 상해 홍구공원 의거 등을 일으켜 일본 제국주의와 일제 침략군에게 대 타격을 가하고 독립운동을 고양시킨 큰 성과를 낸 정부였다.

일곱째, 대한민국 임시정부는 1940년부터 독자 무력으로서 광복군(光復軍)을 편성하여 국내 진입 해방작전을 추진한 정부였다.

여덟째, 대한민국 임시정부는 1941년 11월 '대한민국 건국강령'을 제정 반포하여 광복 후의 서울에서의 대한민국 정부수립을 추진하고 준비하였다.

아홉째, 대한민국 임시정부는 외교에도 진력하여 중국 수뇌 장개석과의 외교활동 결과 '카이로선언'에서 한국 독립을 연합국 수뇌가 세계에 공약하게 되었다.

열째, 대한민국 임시정부는 1942~45년에는 민족주의 세력 2/3, 사회주의 세력 1/3의 원칙으로 다시 '연합정부'를 구성하여 광복 후의 통일정부 수립에 대비한 정부였다.

열한째, 대한민국 임시정부는 그것이 임시이지만 '정부'였기 때문에 국권을 잃고 신음하던 모든 한국민족의 정신적 대표기관이었으며, 정신적 지주(支柱)였다. 한국민족은 국내에 있던지 국외에 있던지 간에 일제침략기에 국권을 빼앗기고서도 '우리의 임시정부'가 국외에 존재한다는 사실만으로도 한없는 정신적 고취와 의지를 얻었다.

열두째, 대한민국 임시정부는 1919년에 수립된 후 일제가 패망한 1945년까지 독립운동을 전개하면서 무려 27년간이라는 최장기간 존속하면서 최후의 순간까지 독립운동을 전개한 정부였다. 임시정부를 제외하고는 그 어떠한 독립운동기관·단체도 이만큼 오래 존속하면서 철저하게 광복의 날까지 민족해방 투쟁을 전개하지 못하였다.

열셋째, 대한민국 임시정부는 세계 약소민족 독립운동사(세계사)에서 가장 임시정부다운 임시정부였다. 제2차 세계대전 말기에 프랑스와 폴란드가 영국에서 잠깐 임시 망명정부를 수립한 일은 있었으나, 그것은 극히 짧은 기간의 일이었다. 그밖의 어떠한 약소민족도 제1차 세계대전 직후부터 제2차 세계대전 종결 때까지 임시정부를 수립하여 독립운동을 전개한 민족은 한국민족을 제외하고는 없었다.

지금까지 고찰한 바와 같이, 1919년 수립된 대한민국 임시정부는 3·1 운동의 아들로서 탄생하여 민족사적 정통성을 갖고 많은 독립운동을 지휘하였다.

물론 임시정부도 한때 약화된 시기가 있었다. 임시정부는 한국민족 독립운동사에서 1919~1945년까지 가장 오래 존속한 기관이었기 때문에, 성쇠의 부침이 있었던 것은 당연한 일이었다고 볼 수 있을 것이다.

임시정부 수립 90주년을 맞는 오늘날에도 대한민국 임시정부가 한국민족사와 한국 독립운동사에서 이룬 위대한 업적은 불멸의 것으로 빛나고 있다고 말해야 할 것이다.

(이화여대 이화학술원 총서 『대한민국임시정부의 현대사적 성찰』, 2010 수록)

찾아보기

ㅁ

ㅂ

ㅅ

ㅇ

ㅈ

ㅊ

ㅋ

ㅌ

ㅍ

ㅎ

개정증보판

한국근대민족운동사 연구

1판 1쇄 펴낸날 2017년 9월 25일

지은이 | 신용하
펴낸이 | 김시연

펴낸곳 | (주)일조각
등록 | 1953년 9월 3일 제300-1953-1호(구 : 제1-298호)
주소 | 03176 서울시 종로구 경희궁길 39
전화 | 02-734-3545 / 02-733-8811(편집부)
02-733-5430 / 02-733-5431(영업부)
팩스 | 02-735-9994(편집부) / 02-738-5857(영업부)
이메일 | ilchokak@hanmail.net
홈페이지 | www.ilchokak.co.kr

ISBN 978-89-337-0735-7 93910
값 30,000원

* 이 도서의 국립중앙도서관 출판예정도서목록(CIP)은 서지정보유통지원시스템 홈페이지(http://seoji.nl.go.kr)와 국가자료공동목록시스템(http://www.nl.go.kr/kolisnet)에서 이용하실 수 있습니다.
(CIP제어번호 : CIP2017023530)